天大法学文库

孙佑海 主编

# 《联合国国际货物销售合同公约》优先适用问题研究

杨梦莎 —— 著

法律出版社 | LAW PRESS

# 总　序

作为中国第一所现代化大学，天津大学已经走过了一百二十余载的风雨历程，其前身北洋大学是中国教育史乃至整个近现代史的一座伟大丰碑。如今，当人们谈起这座位于渤海之滨的学术殿堂时，首先想到的或许是其工科特色。的确，天津大学的建筑、精密仪器等学科远近闻名。然而，天津大学不仅有严谨、担当的工科，还有深厚的法科底蕴。在北洋大学创办之初，法科（律例学门）就位列各学科之首，开创了中国现代高等法学教育的先河。作为中国的第一所现代化大学，天津大学颁发出我国第一张大学文凭不足为奇，巧合的是，第一张大学文凭的获得者恰恰是法科学生——王宠惠，这不仅是天大法学人的骄傲，更是值得中国法学界铭记的历史时刻。

北洋法学有着辉煌的历史，曾培养出张太雷、王宠惠、徐谟、王正廷等杰出校友。张太雷同志是杰出的无产阶级革命家，著名的政治活动家、宣传家，中国共产党和人民军队早期重要领导人之一，为中国革命做出卓越贡献。王宠惠先生曾将德文版《德国民法典》译成英文作为英美法系国家的法学教材，并赢得法学界的广泛赞誉，他还代表中国参加《开罗宣言》的起草，代表中国参加《联合国宪章》的签署，为维护中国国家利益进行不懈斗争。徐谟先生学贯中西，国际法功底深厚，担任国际法院大法官。王正廷先生是著名的国际法学家，为废除不平等条约作出重要贡献，还积极推动奥林匹克运动在中国的发展，被誉为“中国奥运之父”。

由于种种原因，天津大学的法科教育一度中断。直到1994年设立经济法专业，1997年成立法学系。2015年是天大法学的重要时刻，在党和国家领导人的大力支持下，天津大学正式复建法学院。自学院复建以来，在全体教师共同努力和社会各界的支持下，天津大学法学在教书育人、高水平论文、科研项目、国际化、新法科建设等方面都取得了重要突破。2019年，在社会各界的大力支持下，天津大学获批法学一级学科博士学位授予权，这既是对天津大学法学的肯定，也是对我们的鞭策。

《天大法学文库》旨在继承和发扬前辈艰苦奋斗、勇于创新的精神，鼓励和促进天津大学法学院教师探索学术前沿、勇攀科学高峰，展示天大法学人的研究成果，加强与学界同人的交流与合作，为中国的法治事业略尽绵薄之力。

孙佑海

2019年12月

# 序

《联合国国际货物销售合同公约》(United Nations Convention on Contracts for the International Sale of Goods, CISG,以下简称 CISG 公约)是国际商法的基础性公约。有数据显示,截至 2016 年,已经有 4500 多个法院判决和仲裁裁决适用了 CISG 公约。围绕该 CISG 公约的著作和论文汗牛充栋,但专门讨论 CISG 公约适用的专著尚不多见。杨梦莎博士的专著《〈联合国国际货物销售合同公约〉优先适用问题研究》是专门研究 CISG 公约优先适用问题的一部佳作。

在 CISG 公约通过之前,《统一提单的若干法律规定的国际公约》(通称《海牙规则》)和《关于统一国际航空运输某些规则的公约》(通称《华沙公约》)分别创设了海上货物运输和国际航空运输的统一规则,并得到了欧美主要国家的接受。CISG 公约作为调整国际货物买卖的统一法公约,对国际商事交易的影响更为深远,这是基于两个原因。第一,国际货物买卖合同是国际贸易的基础合同,不仅涵盖买卖双方的权利义务,对于运输和支付也都有所涉及,因此,对买卖合同进行规范的统一规则,其内容最为丰富,相关权利义务也最为成熟。第二,《海牙规则》和《华沙公约》都只是统一国际海上货物运输和国际航空运输的"某些"规则,而CISG公约则是一个相对自足的规则体系。因此,研究CISG公约的适用问题对于把握国际商事公约的适用规律具有典型意义。

该书将各国适用CISG公约的模式概括为希腊的宪法依据模式,中国、德国的立法依据模式,美国的自执行条约模式,意大利的法律原则依据模式和国际商会仲裁院的选法职权依据模式,并逐一分析了各种模式的特点和利弊。这种分类和概括是笔者的一个创新,可以更为明晰地解释公约适用的各种不同形态。

该书的第二个创新是深入分析了CISG公约优先适用存在的各种问题。既往研究一般限于分析公约在某个国家适用存在的具体问题,基本没有做一般性的概括。该书将CISG公约优先适用的问题总结为三个方面:忽视CISG公约的适用;国内法前置适用问题、CISG公约与国内法平行适用问题。作者以CISG公约与国内法的替代关系为标准进行分类,并按照问题的严重程度排列,并综合各国情况依次进行翔实分析,深化了对CISG公约优先适用所存问题的研究。

CISG公约优先适用存在的问题成因何在?学者们也有较多的分析。笔者在前人分析的基础上,提出四类成因。一是国内立法成本影响,二是司法成本影响,三是法律传统影响,四是联邦制国家法律体系结构影响。如此全面和立体的分析,在同类研究中尚属少见,体现了笔者的匠心独运。

关于CISG公约优先适用的前景,笔者认为,CISG公约作为一项国际公共物品,具有内在的优势,适用的前景可期。并认为,应该从完善公约适用的判例法体系、加强国内立法和司法保障、加强国际商法教育三个方面推进CISG公约的优先适用。这些建议源于理论分析,又有较强的针对性,具有参考价值。

CISG公约适用问题,文献资料丰富。该书的内容,既包括对施米托夫、戈德曼、伯格、波奈尔等国际商法著名学者核心观点的引用和剖析,也包括了Zeller、Andersen、Ferrairi、Schwenzer、Spagnolo、Schlechtriem等CISG公约研究大家的主要著述和精彩见解,还包含了数以百计的典型判例。笔者围绕CISG公约优先适用问题，依照自己的论述逻辑，将上述著述和判例精彩呈现，并提出和论证自己的观点和见解，是国际商法和 CISG 公约研究的又一个范例。

当然，该书也有一些可以进一步完善的地方。例如，CISG 公约适用的形态各异，存在的问题较多，成因复杂，笔者的分析总体上是客观公允的，但在某些细节问题上，还可进一步细化和深入。又如，英国为什么没有加入 CISG 公约？日本、韩国适用 CISG 公约的情况为什么不理想？CISG 公约的适用揭示了国际商事公约适用哪些规律？这些问题，可以留待进一步研究。

综合而言，论文选题具有显著的理论和现实价值，资料翔实，分析框架合理，脉络清晰，研究结论多有创新之处，表达流畅，体例规范，是一部具有较高学术水平的著作。该书的出版，不仅对人们客观认识 CISG 公约优先适用的内涵、依据、模式、问题、成因和对策大有裨益，对 CISG 公约和国际商法的研究具有推动作用，而且对我国法院、仲裁庭、律师和企业避免适用错误、正确适用 CISG 公约也有借鉴和参考价值。

该书是在笔者博士学位论文的基础上修改完成的。作为笔者的博士生导师，我很高兴看到笔者的相关研究成果已经发表在学术刊物上，更高兴在 CISG 公约通过 40 周年之际看到该书的付梓出版。期待笔者有更多的学术作品问世。

是为序。

左海聪

对外经济贸易大学法学院教授、

中国法学会国际经济法学研究会副会长

2020 年 9 月 1 日于天津津南八里台

# 前 言

全球化时代的到来改变了国际商贸法律体制的“主平台”。自20世纪以来，人类社会的发展和科学技术的迅猛进步深化了各国政治、经济、文化和制度的相互影响。全球化趋势使国际交往逐渐模糊或超越了固有的国家边界概念，世界整体开始形成相互依存的局面。作为全球化内涵的重要组成部分，经济全球化使各国商事交往不断发展成为突破国家边界的全球市场。随之而来的问题是，传统上以国家主权为界限的国内商事法律及解决国内立法分歧的冲突规则不再是管辖国际商事纠纷的最理想法律形态，甚至逐渐演变为国际商贸扩展的法律障碍。国家主权视阈下的传统国内商事立法和冲突法规则面临着挑战，逐渐突破国家边界限制的国际贸易迫切需要从国际层面寻找统一的解决办法，以满足其快速扩张的需求。①

为了降低或消除国内法对国际商贸的阻碍作用，“现代商人法”的概念被不满于国际贸易受制于国内法调整的

① Klaus Peter Berger, “The New Law Merchant and the Global Market Place-A 21st Century View of Transnational Commercial Law”, in Klaus Peter Berger (ed.), *The Practice of Transnational Law*, Kluwer Publisher, 2001, p. 1.

国际法学者提出，用以积极寻求一种独立适用于国际商事交易，并能够反映国际商事特征和需求的法律制度。① 因此，现代商人法产生的根本意图就是将国际商事关系从主权国家视阈下的国内法和冲突法范式中解脱出来。因而从本质上看，现代商人法实质属于一种旨在使国际商事争议得到非国内化处理的国际商事法律适用理论。这种新的国际商事法律体系的成功建立，不但需要实现内部实体法律规则的自治化发展，同时需要建立属于自己的法律适用理论和技巧，以摆脱在法律选择和法律解释中仍然需要诉诸其他法律体系的弊端。

众所周知，传统上国际商事法律适用理论采用国际私法冲突法方法。而采用这种法律选择方式的结果是自然而然地将准据法定域于国内法，或将国际商事争议与国内商事争议共同纳入国内商事实体法的管辖范畴，显然仅凭传统冲突法方法无法实现国际商法的价值追求。国际商事争议与国内商事争议诸多差异的存在也使传统冲突法方法存在一定的不合理性，冲突法法律选择方式的机械性、间接性特点也持续受到学者的诟病。作为传统商人法法源，一般法律原则、国际商事惯例、国际标准合同等国际商法法源的适用由于一直过度依赖国内冲突法方法（尤其是当事人意思自治原则），被诸多学者认为其由于不具有外部自治性而不被视为独立的法律体系。为了超越传统冲突法范式的弊端并摆脱诉诸国内法法律适用规则，现代商人法产生了一种实体法律规则适用的崭新视角，即一方面创制独立支配国际商事主体私人权利义务的统一法法源形态，另一方面由该实体法律规定的范围决定其自身的适用，显著区别于定域国家的冲突法选择方式。作为全球化时代背景下产生的新的法律规则和适用规则体系，国际商法与国内法和国际私法的关系如何，已经在多大程度上替代和排除国内法制而实现国际统一法制目的，都需要从理论和实践两方面予以仔细论证。

事实上，自20世纪中期现代商人法理论提出至今，国际商法法律适用规则依然存在理论上的争议和模糊，并面临着国内层面的实践困难，这正是本书研

① 徐国建：《现代商人法论》，载《中国社会科学》1993年第3期。

究的出发点。在理论方面，尽管许多学者都已认同在全球化时代现代商人法理论更具有理论优越性和先进性，更契合国际商事交往的现实需要；但具体到国际商法法律渊源的适用层面，国际商法在司法实践中的适用依据和方法论是什么，国际商法与国际私法、国内法的适用顺位等问题仍然存在广泛争论，各国立法和司法制度的多样性和复杂性使这些学术争论仍在继续且并无定论。与国际商法统一管辖国际商事争议的理想规划相比，在实践中国际商法统一适用理念似乎并未深入到所有国内司法者心中。在国际商事裁决中，并未形成一种清晰明确、统一的国际商事条约适用方法论，国际商事统一法的实现进路确实面临着来自国内法律体系的阻碍。

以国际商法最重要的实证主义路径国际商事条约法源形态为例，虽然其具有国际法下的条约法定约束力保障，部分解决了商人法因超国家国际性的衍生执行困难问题，但国内立法、司法和法律传统等影响依然使国内司法实践产生了偏离国际商事条约优先适用义务的空间。即使是缔约国众多而在全球具有广泛接受性、被视为最成功的统一法典范《联合国国际货物销售合同公约》，自 1980 年通过至今已四十年，仍然处于获取法庭、实践者和商人认可的阶段。

CISG 公约在国际商事合同领域创设的统一法规则，及其采用的统一法理念成为战后商法统一进程的重要里程碑。该公约由联合国国际贸易法委员会（United Nations Commission on International Trade Law，UNCITRAL）起草，该委员会一直致力于统一国际私法，并努力避免联合国机构中普遍存在的地缘政治冲突。1980 年 CISG 公约得到通过，作为 UNCITRAL 起草通过的第一个多边公约，无疑对后续国际统一法的发展具有重要意义。CISG 公约的成就证明了国际层面确实可以制定统一实体法规则，其必将影响后续统一实体法规则的发展。

从宏观角度观察，虽然将 CISG 公约作为准据法适用的司法和仲裁裁决判例数量已经十分丰富，可以说 CISG 公约已经获得了可喜的普遍适用，但其在各缔约国的国内适用和接受程度呈现出极大的不平衡性和差异性，并未在国内适用方面获得均等的认同和接受。各国适用 CISG 公约案件数量的多少，可以直观地反映出CISG公约在缔约国的接受程度和适用频率。毋庸置疑,一个积极适用国际商事条约的国家必然会产生丰富的判例法,而消极适用CISG公约的缔约国国际商事条约判例数量往往寥寥。根据"UNILEX"数据库和美国佩斯大学CISG公约数据库统计综合分析可得,目前共有93个缔约国宣称履行条约义务,包括除英国以外几乎所有的主要贸易国家。① 德国、中国、美国、俄罗斯、荷兰、瑞士、法国、奥地利、比利时等国家适用CISG公约程度较高,这九个缔约国几乎贡献了全球70%的CISG公约判例法;但另一些缔约国适用CISG公约的情况并不理想,甚至有的国家完全没有适用CISG公约的判例。这些忽视或轻视CISG公约适用的缔约国不仅包括几内亚、圭亚那、赞比亚、乌拉圭、亚美尼亚、多米尼加等贸易经济并不发达的国家,甚至在日本、加拿大、澳大利亚、巴西、阿根廷这样的主要贸易国家,CISG公约的影响仍然微弱,国内法仍然是适用于国际商事争议的主流法源。② 这意味着虽然CISG公约已经成为当今世界贸易最重要的法律基础,③但事实上CISG公约并未获得均等的国内适用,这种CISG公约广泛接受性与实际适用程度的反差应予以反思和重视。

从微观角度观察,各国司法判例对CISG公约的适用方法和适用依据更呈现出纷繁复杂的特点,判法各异尚不统一。在很多司法案例当中,虽然CISG公约具有明显的可适用性,而被法官"束之高阁"地忽视或排除适用。而在另一些判例中,即使法官适用了CISG公约,但是并非基于CISG公约本身适用规则,而依据了错误的法律认识和法律说理。例如一些缔约国适用CISG公约的司法和仲裁判例仍然基于传统冲突法固定模式,缺乏对CISG公约统一法属性的深层次理解。④ 各缔约国适用CISG公约的判例数量和裁决水平也基本上成

---

① UNCITRAL,http://uncitral. un. org,最后访问时间:2020年9月22日。

② Franco Ferrari, *The CISG and its Impact on National Legal Systems*, European Law Publishers, 2008, pp. 413 – 480.

③ Ulrich Magnus,"The Vienna Sales Convention Between Civil and Common Law—Best of All Worlds?", *Journal of Civil Law Study*, 2010:(3), p. 71.

④ Bruno Zeller,"The Challenge of A Uniform Application of the CISG-Common Problems and Their Solutions", *Macquarie Journal of Business Law*, 2006:(3), p. 309.

正相关性,一般而言,积极主动适用 CISG 公约的国家都能够正确理解 CISG 公约优先适用方法,反之忽视或消极适用 CISG 公约的国家仍然在掌握该公约适用方法论的道路上摸索。这说明对 CISG 公约适用规则的理解程度直接影响着缔约国适用 CISG 公约的整体水平。

CISG 公约的国内适用问题从侧面表明,统一法目的的真正实现不是一蹴而就的。尽管在学理层面,国际统一实体条约的统一适用及其优越性被学者反复重申,但在实践中国际商事条约统一法愿景的实现,依然面临着来自国内法和国家主权的诸多障碍。我们可以看到国际商法替代国内法实现国际商事法律的自治、统一,关键是需要跨越国内适用这一障碍。虽然国际商事条约的起草、制定和通过需要缔约国代表和专家学者付出艰巨的努力,但这仅仅实现了统一法任务的第一步,即法源的统一性或文本统一性(textual uniformity),实现了文本法律条文的相似性。而统一法的深层次含义是适用统一性(applied uniformity),即适用法律文本的法律结果(legal result)的相似性。正如 lexmercatori. com 网站创始人拉夫尔(Ralph Amissah)所言:“采纳统一法规则和统一法律是不够的,因为这并不能够保证他们的统一适用,缺乏统一适用建立统一法的目的基本上无从实现。”①文本统一性仅仅是一种形式上的统一,而适用统一性才是实质上的统一,后者才是统一法的目的和核心意义。而从“字面上的统一”跨越到“适用统一”需要“统一理解”(uniform understanding)和“统一解释”(uniform interpretation)两个条件。② 而国内切实履行条约所实现的结果统一性往往比前者更难达成。国际商事条约能够被国内法院和仲裁院正确适用才是真正实现统一法立法宗旨的根本保障。因此,对国际商事条约适用问题的专门研究显得尤为必要,不仅应当在理论上明晰国际商事条约适用的规则及方法,也应当从实证角度考察国际商事条约替代国内法的已然状态、面临问题及成因。

---

① Ralph Amissah,“The Autonomous Contract: Reflecting the Borderless Electronic Commercial Environment in Contracting”, http://www. jus. uio. no/Im/the. autonomous. contract. 07. 10. 1997. amissah/doc. html.

② Peter Schlechtriem, Ingeborg Schwenzer ed., *Commentary on the UN Convention on the International Sale of Goods(CISG)*, Oxford, Oxford University Press, 2005, p. 6.

目前已有的国际商法理论研究侧重于对国际商法的法律性、自治性、独立性、统一性等问题进行探讨,对国际商法法律适用理论的系统研究仍然欠缺,而国际商法的自治性、独立性、统一性等特征实质都是为了支持其替代并排除国内法适用这一效果的实现。归根结底,国际商法创造了一种法律适用的新的理念范式,对国际商法独立法律适用范式的研究更能够揭示现代商人法的根本目的。时至今日,CISG公约已经生效适用逾三十年,统一法所追求的消除国际商事交往法律障碍的宗旨是否实现,有必要进行实证考察和反思评估。在当下国际商贸法律制度单边主义倾向凸显、国际商贸法律制度碎片化特征持续存在的背景下,统一法如何进一步发挥自身作用更值得进一步思考。

鉴于此,本书第一章较为系统地梳理了国际商法法律适用规则的理论演变,并以崭新的理论视角探讨了国际商事条约优先适用的理论依据,对实现国际商事统一法目的具有理论意义。第二章、第三章和第四章则以法律适用规则为视角对CISG公约国内适用问题展开了大量实证研究。其中,本书第二章通过对国际商事仲裁庭和国内法院适用CISG公约案例进行比较研究,较好地对CISG公约适用现状进行了客观性的整体评估,并总结归纳了缔约国遵守CISG公约适用规则的成功经验;本书第三章和第四章则分别对现存的CISG公约错误适用问题及问题成因进行考察。本书第五章一方面从宏观上对国际商事条约甚至国际商法的未来发展前景进行预测和评价,另一方面从微观上针对CISG公约适用存在的问题,提出进一步推进CISG公约优先适用的对策方法,倡导学界加强对国际商事条约适用法律范式及规则问题的研究,以使国内司法机关和仲裁机构树立国际商事条约的正确方法,继而提升一国国际商事条约适用比例和裁决水平。

这不仅有利于实现国际商法统一法目标,同样有利于保障商事主体的利益,提高一国国际商事审判和仲裁水平。从长远来看,如果一国法院或仲裁庭长期忽视对国际商事条约的适用,或错误地适用CISG公约,无疑将降低一国法院或仲裁院解决国际商事争议的能力,从而落后于其他国家,最终损害一国国际经贸的发展。近年来,我国相继提出了“一带一路”倡议和构建“开放型经济新体制”的国家战略，在此背景下，我国对外国际经贸交往必将提升到一个崭新的阶段。国际商事条约的正确和有效适用对扩大我国国际商贸交往、提升我国法院和仲裁机构审理国际商事争议的能力、巩固我国国际经贸大国地位无疑具有重要的意义。

# 目录

# 第一章　国际商事条约优先适用的理论分析

全球化时代的到来改变了国际商事贸易法律体制的“主平台”。作为全球化内涵的重要组成部分，经济全球化情势的改变促使各国商事交往不断发展为突破国家边界的全球市场。随之而来的问题是，传统上以国家主权为界限的国内商事法律及解决国内立法分歧的冲突规则不再是管辖国际商事纠纷的最理想法律形态，甚至逐渐演变为国际商贸扩展的法律障碍。因而当国际商事交往程度逐渐扩展到全球层面时，国际商事法律体系也迫切需要重新脱离国内法体系，在国际法制层面探索符合自身特征的法制规则。为了降低或消除国内法对国际商贸的阻碍作用，“现代商人法”的概念被不满国际贸易受制于国内法调整的国际法学者提出，用以积极寻求一种独立适用于国际商事交易，并能够反映国际商事特征和需求的法律制度。①因此，现代商人法产生的根本意图就是将国际商事关系从主权国家视阈下的国内法和冲突法范式中解脱出来。

① 徐国建：《现代商人法论》，载《中国社会科学》1993年第3期。

国际商事条约优先适用法律规则正是为服务现代商人法统一调整国际商事关系的立法宗旨而设定。作为国际商法的重要法律渊源形态，国际商事统一私法条约的立法目的是建立独立于国内法的、统一适用于国际商事争议的法律规则体系。这意味着国际商事条约的适用希望实现这样一种状态：任何落入国际商事条约适用范围的国际商事争议，都应当由国际商事条约统一管辖，而与国内法调整划清界限。因而国际商事条约在国际商事司法裁决中必须处于高于国内法而且最为优先适用的准据法地位。国际商事条约优先适用规则正实现了国际商法价值追求和调整手段的匹配融合。为了实现统一适用的效果，国际商事条约不仅从实体法层面使用统一法编纂方法创设了最大程度符合国际贸易需求、独立于国内法的实体规则体系，更从冲突法层面考虑竭力寻求使国际商事交易全面摆脱国内法影响之道，建立了与一般国际条约不同的特殊适用规则。① 这一更为契合国际商法宗旨的法律适用规则的具体含义、理论依据及原理方法等问题，有必要予以深入探讨。

## 第一节　国际商事条约优先适用的含义探析

国际商事条约优先适用（preemptive application）是国际统一实体法特有的法律适用方法，其是指当国际商事争议落入国际商事条约的调整范围内，缔约国法官应相较于冲突法和国内法而言优先适用相应条约作为准据法，从而使国际商事条约统一管辖相应国际商事争议的法律适用规则。具体而言，国际商事条约优先适用具有优先于冲突法适用和优先于国内实体法适用这两层前后递进和相互关联的含义。

### 一、优先于冲突法适用

#### （一）国际商法法律适用理论沿革

商人法的起源可以追溯到中世纪商人法（*lex mercatoria*）。中世纪商人法

---

① Filip De Ly, *International Business Law and Lex Mercatoria*, Emerald Publishing Limited Publisher, 1992, p. 274.

是商事主体在长期商业交往中自发发展起来的一种独立于国内法律体系的商业习惯和规则体系。因而中世纪商人法是一种自治性、普遍性的规则,也具有"超国家法"形式。商事主体之间的商事争议由类似仲裁调解的专门商事纠纷解决机构"灰脚法庭"(Court of Piepowders)或"行商法庭"管辖,里昂·塔克曼(Leon E. Trakman)等学者将灰脚法庭形态视为现代商人法与商事仲裁法庭的前身。在英国等中世纪的欧洲国家,灰脚法庭是在市集或市场期间由市镇组织的特殊法庭,其特点之一就是拥有无限的司法权。国王在授权建立市集时主动向灰脚法庭下放了审判的权力,因为传统国内封建法律并不能够迎合城市和商业迅速发展的需求。"灰脚法庭"通过直接适用商人之间业已形成的商事习惯和规则,实现对商事争议快速及时的解决。① 可见中世纪商人法的法律适用是一种并不受国内法影响的直接适用方式。国际私法学者也普遍认同,实体法方法是国际私法历史上出现得最早的方法。此时的中世纪商人法由于具有"超国家法"性质,因而没有所谓的法律冲突争议存在,商人法本身直接实现实体正义。正如美国的荣格教授所提到的,发达的法律制度可以不需要法律选择规则而独立存在,形式正义只是实现实体正义的一种手段。②

自16世纪开始,随着欧洲民族国家的相继兴起,处于统一状态的中世纪商人法被并入国内民商法典中,各国开始在本国法律体系当中发展出符合自身民族国家特征的商事习惯法,各主权国家"法律冲突"随之产生。各国继而确立了冲突法规则以解决一国涉外商事争议的法律冲突问题。国际私法冲突法方法通过一种程序主义正义方式去最大程度上追求实体正义,因而国际私法的冲突法法律适用规则采用的是一种间接性的准据法选择方法,作为"间接规范"的冲突规则所起到的作用仅仅是指定某一国家法律体系,在将该国家的相关法律规则作为涉外民事关系的准据法。一般而言,国际私法中国际合同法律适用方式可以大致分为"客观论"和"主观论"两种主要方法。合同法律适用"客观论"是指以某种客观连接点来确定合同准据法,最早为巴托鲁斯主张。

---

① 赵立行:《论中世纪的"灰脚法庭"》,载《复旦学报》(社会科学版)2008年第1期。

② [美]弗里德里希·K.荣格:《法律选择与涉外司法》,霍政欣、徐妮娜译,北京大学出版社2007年版,第57页。

“客观论”方法主要表现为“最密切联系原则”方法确定与合同履行有最紧密关系的连接点。而合同法律适用的“主观论”则是指根据当事人双方意思来确定合同准据法的主张,即“当事人意思自治”理论,一般认为由16世纪法国学者杜摩林正式提出。19世纪中叶以后,合同法律适用领域中“主观论”逐渐取得了主导地位被普遍采纳。

一些国际商法学者认为,国际商法的选择适用可以或应当通过国际私法冲突法方法予以实现。大部分学者将“主观论”下的“当事人意思自治原则”视为国际商法法源得以在国内法庭和仲裁庭选择适用的“桥梁”。① 这是由于冲突法“客观论”主要采用“合同特征履行”方法判定“最密切联系”准据法,而这种方式本身就会限制统一法的适用。对于具有复杂国际连结点的国际商事合同而言,很难确定哪种义务是“特征性”的,因其履行可能关涉多个国家或法律体系。同时“当事人意思自治原则”将法律选择的一部分权力下移给当事人,而不再由主权国家所垄断。通常各国国内法在允许当事人选择商人法作为准据法方面具有较少的限制。1954年,国际商法奠基性学者施米托夫(Clive M. Schmitthoff)提出著名的“新商人法”理论,该理论中强调国际商法的特殊性,并认为国际条约、统一法和商事惯例在国际商法法源中处于核心地位。其发现,商事惯例的编纂已经不仅仅依靠商人自发行为产生,亦开始由国际商会等国际层面的国际组织制定。但在国际商法法律适用方面,施米托夫采用了更为务实保守的观点,认为除非这些国际组织强制要求适用,国际商事惯例的约束力仍然依赖当事人并入合同。对于国际商法法源与国内法律体系的关系问题,施米托夫也并未给出明确的回答。虽然其将国际商法视为一种自治性法律体系,但这并不意味着国际商法存在于国内法体系之外,而仅仅是国际法体系中具有特殊性质的法律规则。欧根·朗根(Eugen Langen)也认为冲突法根植于国内法当中,因此当事人选择适用于其合同的准据法只能限制在国内法允许的范围之内。同样当事人选择非国内法规则时,也取决于国内准据法在多大程度上承认这种法律选择。

① 郑远民:《现代商人法研究》,法律出版社2001年版,第271~272页。

不同于以上学者的观点，一些国际商法学者认为国际商法应当摆脱冲突法的间接适用方法论，而以统一实体法代替冲突法，该思想的代表人物包括菲利普·卡恩（Philippe Kahn）、贝特霍尔德·戈德曼（Berthold Goldman）等。这一新的法律选择范式首先是建立在对冲突法间接法律适用方法的批判之上。其认为，商人法的存在使传统的法律选择与准据法理论在国际商事领域的适用面临质疑与挑战。传统上国际商事争议准据法的法律选择方法是通过法院地冲突规则指定应适用的法律。传统法律选择方法致力于采取空间联系远近的地域标准寻找调整商事争议适当的国家法律，即准据法（proper law）"适当性"的标准是通过地理意义上的"国家"来决定，而并不是依据准据法内容本身来界定。① 这也是传统法律选择方法被批评为"立法管辖权选择规则"的原因。并且从法律社会性角度看商事主体之间具有约束力的商事规则在国内法及国内法院体系中可能被弃而不用，从而导致判决结果的不一致，阻碍国际商事关系的正常发展。② 为了使国际商事交易免受到来自国内冲突法和实体法的影响，国际商事统一实体法提出了新的法律选择思想——实体性规则法律选择方法。

例如另一位著名的国际商法学者法国学者戈德曼提出的"商人法理论"认为，商人法的适用应通过商人法自身所发展的冲突规则，即"实体性跨国规则"（transnational substantive rules）予以实现。根据这种规则，商人法可以得到选择和直接适用。③ 这种实体性跨国规则目的是追求实体正义，而拒绝认同传统方法的理论假设：适当国家的法律必然是适当的法律。决定某一实体性规则是否适用的标准应由实体性规则本身所决定。戈德曼主要通过法国判例法以支持其跨国实体规则理论，但该理论的范围却很少被深入分析，因而阻碍了该

---

① ［美］西蒙尼德斯：《20世纪末的国际私法——进步还是退步？》，宋晓译，载梁慧星主编：《民商法论丛》（总第24卷），金桥文化出版（香港）有限公司2002年版，第395页。

② Philippe Kahn, *La vente commerciale internationale*, Paris, Sirey, 1961, pp. 232 - 236.

③ 向前：《"自治商人法"理论——戈德曼现代商人法思想评述》，载《云南大学学报》（法学版）2006年第1期。

理论的发展。[1] 美国的荣格教授也是实体法方法的重要代表人物，其在美国州际法律冲突的背景下提出了实体法律方法。荣格教授在《法律选择与涉外司法》一书中提出了目的论，包括实体性、司法性和优先性三个特点。实体性体现在其试图创设出新的法律规则来调整每个涉外案件，而不是在与案件有实质联系的国家法律中选择其法律。司法性是指荣格目的论赋予法官几乎无约束的自由裁量权。优先性则强调目的论排除其他任何方法论，是一种掌控性的指导原则。荣格完全排除了冲突法范式的法律选择方法，而极大支持实体法律选择方法，并且认为法官为了追求"真正的国际私法"目的时应发挥更大主观能动性和积极作用。法官在面对涉外纠纷的判决规则时，不应当像适用国内法一样而是应当同国际裁决机构一般行事。徐国建教授也认为，现代商人法是独立于国内法和国际公法之外的自治性实体法，其是在冲突规范调整国际商事关系出现缺陷后，用于取代冲突规范的准据法法源，因而现代商人法与冲突规范是互不相容的。国际商事条约的选法规则通过内部自我规定的"冲突规范"实现，而无须借助国内冲突规则。

综上所述，中世纪商人法的法律适用是一种直接实现实体正义的直接法律适用方法。但随着16世纪国内民商事立法的滥觞和商人法的式微，商人法法源也将长期依赖国内冲突法的选择和指引。在全球化时代，这种由间接法律适用方法向直接适用法律选择方法的范式转变，成为现代商人法由国内层面再回归国际层面的主要表现之一。

(二)国际商事条约与冲突法的关系

从法律选择范式来看，目前国际商事条约的实体法法律选择方式与冲突法法律选择方式处于一种共存的状态。但随着经济全球化深化发展，以国际私法为主调整国际商事关系的法律体系，已经无法满足国际商事交往的发展需求，甚至给国际商事贸易带来了消极影响。冲突规则体系无法解决查询外国法、适用外国法律的困难问题，从而提高了商事交易的成本。国内商法的碎片化状态和冲突规则选法的不确定性，增加了相同商事争议出现不同裁判结

---

① Filip De Ly, *International Business Law and Lex Mercatoria*, Emerald Publishing Limited Publisher, 1992, p. 77.

充当起填补国际商事实体规则漏洞的缺省规则(default rules)。但在尚未实现统一的国际商事领域,国内法仍然是一种次优的法律适用规定。

其次,国际商法的独立发展迫切需要摆脱对冲突法规则的依赖。国际商法统一立法目的的实现并不能够通过传统国内国际私法的冲突规则达成。众所周知,传统上涉及国际商事争议的国内法适用需要借助国际私法冲突规则的指引实现。这意味着国内法和冲突规则是一个不可分割的整体,依赖冲突法规则适用国际商事条约,意味着将国际商法与国内法视为同等地位的法律规则,两者在选择适用时并不存在先后顺序,而主要以当事人选择或最密切联系原则为判断依据。此外,国际私法冲突规则的产生根植于国家主权背景之下,因而冲突法适用的出发点更多的是为了实现法院地国家主权的利益,而满足国际商事社会的需求并不是国际私法的主要考量。

因此,国际商法需要建立独立的法律适用规则,首先就要摒除对冲突法方法的依赖。对于国际商法是否具有独立法律选择适用问题的争论,甚至成为学者论证国际商法是否属于自治性法律体系的关键分歧所在。自“国际商法”或“现代商人法”概念产生之初,对于国际商法是否属于自治性的法律体系,能够真正成为满足国际商贸需求的独立法律体系,国内外学者一直存在广泛争议。总体上看,这些质疑和否定国际商法自治性的理由可以总结为内部自治性和外部自治性两个方面。内部自治是指商人法本身的渊源、内容和结构形成自治性体系,要求其拥有一定数量的且内在协调一致的规则和原则。现代商人法试图制定出自己的法规,该法规与国内法无关并独立于任何国内法。①外在自治则关注商人法与国内法部门之间的关系,要求在与国内民商法、冲突法及仲裁法之间的关系上,商人法应该具有“自给自足”的能力,即商人法应该具有自身明确的适用范围和填补漏洞的机制,而无须将商事问题的解决诉诸国内法部门。一些学者从外部自治性角度出发,认为国际商法并不是完全自治性的法律体系,因为国际商事惯例和习惯必须通过当事人纳入合同的方式予以适用,并且是否允许国际商法法源适用仍然依赖国内法的允许和授权。

---

① [英]施米托夫:《国际贸易法文选》,赵秀文选译,中国大百科全书出版社1993年版,第16页。

志联邦共和国就建议删除第1条第1款b项，因为国际私法条款应用在合同的订立和应用在实质条文规定是有所不同的，因而建议修订该条款只适用于当事人的合同权利义务。① 而国际商会则认为第1条第1款b项是一个很有用的办法，这使得CISG公约不像《国际货物买卖统一法公约》第2条规定的那样，为了适用统一法目的而排除国际私法的适用。② 起草第一委员会最终否决了德意志联邦共和国的修正案，但作为妥协，CISG公约允许缔约国通过第95条进行声明保留。

CISG公约第1条第1款b项经常被教条式地错误理解为该条款本身属于国际私法规范。事实上，该条本身并不是国际私法意义上的冲突规则，而是利用国际私法冲突规则作为前提条件实现了对CISG公约更大程度上的优先适用。③ CISG公约第1条第1款a项侧重于从法律适用方法上直接排除冲突规则的适用，而b项实质上是从实体法意义上承认了CISG公约在缔约国国内法律体系中具有明显的相较于缔约国国内实体法而言的优先效力和排除效力。因而即使国际私法指引了缔约国法律，CISG公约仍应当被优先地适用。CISG公约第1条第1款b项的设立体现了其试图最大程度扩大适用范围的野心。这是国际私法学家为实现扩大CISG公约适用范围这一政策性目标而创设的条款，这就使该条款本身具有合理性，且恰恰证明了统一法条约的优先适用效力。国际贸易法专家约翰·霍诺尔德(John Honnold)认为，b项的设立使CISG公约替代了国内法的适用，同时也替代了外国国内法的适用。④ 这不同于第1条第1款a项适用还存在一个隐含的前提条件：管辖法院应当位于缔约国，并且CISG公约作为管辖法院法律体系中的组成部分。而第1条第1款b项则消弭了这种缔约国法院管辖限制，即使商事争议诉诸非缔约国法院或仲裁庭，但

① 《关于各国政府和国际组织对国际货物销售合同公约草案以及关于执行、保留及其他最后条款的条文草案的评论和建议的分析》，文件A/CONF.97/C.1/L.7。

② 《关于各国政府和国际组织对国际货物销售合同公约草案以及关于执行、保留及其他最后条款的条文草案的评论和建议的分析》，文件A/CONF.97/9。

③ [德]彼得·施莱希特里姆：《〈联合国国际货物销售合同公约〉评释》，李慧妮编译，北京大学出版社2006年版，第12页。

④ John O. Honnold, *Uniform Law for International Sales under the* 1980 *United Nations Convention*, Netherlands, Kluwer Law and Taxation Publisher, 2009, pp. 82 – 83.

## 二、优先于国内实体法适用

除一般法律原则、国际贸易惯例、国际标准合同等传统商人法法源外，国际商事统一立法成为新的商人法法源形态，同时构成了现代商人法与中世纪商人法的主要区别。[①] 即现代商人法不再仅仅依靠商人社会自发形成习惯法，各国政府和非政府国际机构开始参与组织统一国内法的立法工作。尤其“二战”后，国际政治稳定加速了国际民商事交往发展，进一步推动国际商事统一化和国内商事立法国际化的发展。其中，以 UNCITRAL 国际统一私法协会(International Institute for the Unification of Private Law, UNIDROIT)等为代表的国际组织成为致力于统一、协调国际商事立法和实践的主要力量，其主要任务就是通过颁布国际商事统一实体条约、进行法律重述和制定示范法等形式，打破大陆法系与普通法系国家长期存在的二元分歧状态，不断推进各国商事法律的协调统一。在全球化时代背景下，这种法律机构制定国际条约的做法成为规范国际贸易法律的新范式，开启了统一立法的新纪元。[②]

国际商事条约这一现代商人法法源形式的产生，标志着国际商事争议准据法类型的扩展，成为与传统国内准据法共存的法律规则体系。因而需要确定的一个问题是国际商事条约与法院地国内法两者之间的关系。鉴于 CISG 公约与国内法都规范国际合同，因而明确两者之间的关系很有必要。如上文所述，国际商事条约优先适用根本目的强调的是统一实体法在国际商事法源中作为准据法的优先地位，以保障国际商事实体法能够成为司法裁判者的首选选项，而首先地充当实体法裁判依据。因而与此相适应，统一实体法法律适用规则应当处于优先于国内法适用的地位，尤其当两种法律适用规则存在法律选择冲突时。相反，如若法庭仍然优先适用国内法规定，显然违背国际商法超越国内法的目的。

更为关键的是，在与国内法体系的关系上国际商事统一条约意图排除国

---

① [英]施米托夫:《国际贸易法文选》，赵秀文选译，中国大百科全书出版社 1993 年版，第 247 页。

② Kenneth C. Randall, John E. Norris, "A New Paradigm for International Business Transactions", *Washington University Law Quarterly*, 1993:(71), p. 600.

## 第二节 国际商事条约优先适用的理论基础

虽然本书重点在于探讨统一法适用的现实问题，仍然无可避免地需要触及和回归统一法的根本宗旨等基础理论问题，这是决定统一法为何存在的前提，以及衡量统一法适用程度的标准。国际商事条约优先适用的理论依据是什么？何以获得相较于国内法和冲突法的优越性？回答这一问题也就是回答国际商事条约优先适用的必要性及合理性、合法性依据是什么，这是探讨国际商事条约优先适用的基本逻辑起点。

目前，学者对国际商事统一法创立的依据提出了各自的争论观点，主要目的都是论证国际商法相较于国内法和国际私法的优越性，总体上看这些支持理由大致可以分为两大类。

第一，主体适格观点。持有此观点的学者认为，由国内法调整国际商事争议本身就存在不合理性，因为国际贸易具有其独有的国际性特征。这意味着并不是由于国内法的差异造成法律适用范式不适格问题，而是由于国内法本身就存在调整国际贸易的固有限制。正如雷内·大卫（Rene David）形象地比喻到："使用国内法工具解决本质上属于国际的问题就像是'做办不到的事'（square the circle）。"①

第二，法律分歧障碍观点。更多的学者认为，国内法之间的分歧是统一法存在和发展的根本原因。在这一观点下，学者们又分别从不同角度予以阐述论证依据。一些学者认为，国家法多样性是统一法的基本逻辑前提。马克·安塞尔（Marc Ansel）持有最为激进的观点，其认为国内法差异存在的本身就是统一法存在的理由。其认为这种国内法不一致性与现代经济发展要求相悖并且对发展国际关系是有害的，因而统一法优越于允许并基于法律差异存在的

---

① Sandeep Gopalan, "The Creation of International Commercial Law: Sovereignty Felled?", *San Diego International Law Journal*, 2004:(5), p. 282.

法建立和发展必要性的一个侧面,但都没有从更深层次的理论层面论证。以上学者的论证都具有合理性,而以法学理论为依据论证国际商事统一法的必要性、优越性及合法性则更可以增加说理的逻辑性和说服力。从理论视角看,权力分配理论可以有效支持国际商事法律体系从国内法脱离的必要性;法经济学理论的交易成本分析工具"国际公共物品"概念,可以更为直观地反映国内法在调整国际商事贸易的缺陷性。国际法中的"条约必须遵守"原则则是国际商事条约优先适用的直接现实依据和效力保障。

## 一、理论依据

### (一)权力分配理论

国际商法创立的根本目的就是将国际商事关系从国内法调整范畴中独立出来,而放在国际层面上统一管辖。从国际私法角度看,这是统一实体法取代冲突法和国内法的法律选择和适用范式的转变,而从国际社会和国家主权角度看,这实质上是一定程度限制了国家对国际商事关系的主权,或使主权国家让渡了一部分立法和司法权交于国际层面,以使国际商法对跨国商事事务所牵涉的各国主权权力进行重新安排。因而探讨国际商事条约优先适用这一命题仍脱离不了对"国家主权"(sovereignty)这一传统基石性概念的再次追问,以厘清国际商法和国内法的关系、国际商法得以超越国内法的理论依据。

一般认为,国家主权概念具有"对外独立,对内最高"的两层含义。其中"对内最高"是指国家对本国内部事务享有最高管辖权。主权的对外属性则派生于其对内属性,是指主权国家享有依照自己的意志、独立自主地行使对内和对外事务的最高决定权,而不受任何外来力量的干涉。因而代表国家主权的国内法和国内司法机关享有管辖国内商事关系的权力。当商事交往逐渐超越国家界限,国际商事关系在相当长时期内也仍然由冲突法选择的国内法调整。但随着"全球化"这一国际情势的改变和不断深化,各国经济政治交往日益密切,国际社会和国家主权的关系已经发生了深刻变化。传统上威斯特伐利亚时代的绝对国家主权概念已经变得过时或不合时宜,因无法适应当代国际社会的现实情况引发理论困境。

全球化客观现实基础改变所带来的主权问题无疑需要以新的理论视角予

1.“权力分配理论”概述

“权力分配理论”由被誉为“国际经济法之父”的约翰·杰克逊(John H. Jackson)提出,该理论的产生背景是美国关于是否接受“乌拉圭回合一揽子协议”所导致的“1994 年主权大辩论”,其提出的主要目的是驳斥“入世有损主权”的主张。因而“权力分配理论”主要针对国际经贸政策议题产生,而对诸如领土主权、人权等政治性范畴并不涉及。“权力分配理论”提出了新的“当代主权观”(Sovereignty Modern)实质与国际关系结构主义理论一脉相承。杰克逊教授新的当代主权观同样并未完全否定国家主权,但却反对在“陈旧”意义上使用国家主权概念。一方面,其认为国家主权这一概念仍然应当存在,而不是像形式主义所认为的国家主权概念在全球化时代将逐渐消亡,因而无须从理论上另造一个时髦词汇替代“主权”概念。另一方面,杰克逊教授明确反对主权对内绝对权力这一陈旧观念,因为“大量的条约及国际习惯法会将国际法律规范强加于国家,从而使国家无法对其公民恣意采取极端行为”。因而“权力分配理论”同结构主义观点一样,都对全球化背景下产生的不同主权观进行了一定程度上的折中或调和,而并未极端地支持主权消亡或“另起炉灶”的建构主义观点。更为可贵的是,权力分配理论从结构主义理论视角,进一步探讨了全球化时代国家主权的权力形态构建和权力限制问题。针对国家主权在当代国际经贸政策规范的制定和实施过程中将起到何种作用这一关键问题,杰克逊教授提出了更能够切实指导国家经济政策决策进程的实用对策。[①]

“权力分配理论”认为,主权概念是一个复杂的概念列阵,由多层次内涵意义组成。虽然国家主权这一“质”的属性是不可分割的,但是国家治权这一“量”的概念即政府治理国家的权力确是可以限制或分割的。国家治权表现为立法权、司法权、行政权等一个个“主权切片”。国家主权与治权并不是相同的概念,换言之,全球化时代国家主权并不消失而真正受到限制的是国家治权或国家管辖权。[②] 由于“全球化”这一现实情势的改变,生产国际化对传统国家官

---

① 杨帆:《论杰克逊的“当代主权观”——以“权力分配论”为核心》,载《法律科学》2015 年第 2 期。

② 程琥:《全球化与国家主权——比较分析》,清华大学出版社 2003 年版,第 185 页。

理时往往是困难或低效率的。相反,权力分配向下纵向分配也具有地方性价值追求考量。传统探讨主权国家如欧盟、美国国内纵向权力分配时的“附属性原则”依然可以应用于国家与国际权力分配方面。根据“附属性原则”,若非必要公共决策,决策应该尽可能地在最靠近选民的组织层次做出,因为地方性权力机构最为了解当地具体情况,因而应当向下进行权力分配。同理,当面对完全属于主权国家的必要管辖事项或并无国际机制调整必要时仍应当保有国家主权权力。其他政策目标和价值追求同样能够影响权力分配的方向。例如,一个政策考量是防止政府机构权力的滥用,但此时权力分配的方向可能是向上、也可能是向下的纵向分配。另一个重要的决策因素是“规则导向”(rule orientation)政策目标,特别是为经济目的时,国际规则体系能够提供额外的确定性、安全性和可预见性。

2. 国际商事统一条约议题的理论运用

面对国际商事关系这一议题,我们同样可以在“权力分配理论”指导下,依据不同利益和价值判断论证规则制定权如何在国际层面和国内层面进行权力配置。

以施米托夫为代表的国际商法学者普遍认为,经济全球化的发展使得现代商人法完成了从国内法回归国际层面的循环。16 世纪商人法是接近统一的习惯法规则,为商人社会所广泛遵守。而自 17 世纪商人法法典化以来,早期商人法被民族国家国内民商法所取代,各国商事立法的歧异性真正产生。商人法作为规范国际商事交易的法律渊源地位逐渐式微,由此法官和仲裁庭形成了依据冲突法指引的国内法解决国际商事争议的方法论体系。而 20 世纪初以来,尤其“二战”以后国际商事关系的迅猛发展,国内法的适用日益受到诘难。鉴于国家法和普通国际法无法适应跨国公司交易活动的需要,全球新商人法便应运而生,并逐渐摆脱国内法回归国际层面。在经济全球化时代,国际商事法律关系由国内法调整范围分离出来,开始具有由国际贸易法制自身调整的趋势。作为自治性法律体系,国际商法法源形态的创新和发展及其与传统国内商法法源之间的疏离现象,实质仍属于一种法律制定程序的去国家化(denationlization)过程,从法律制定权力、司法权力角度看是一种立法权的纵向上要求有关调整商事关系的法律规范能够与之相适应。① 因而在国际贸易领域,法律全球化至关重要,要促进国际商事交易发展必须突破国家主权界限。国际商事交易也应当有统一化的法律体系调整,以替代或排除国内立法。②

其次,国内法作为国家主权的表现形式,无法像国际商事条约一样能够真正代表国际商事社会的实践需要。现代商人法产生于国际贸易社会,并因切合这一社会特点得以持续存在,这正是现代商人法作为法律的生命力之所在。从不同的国际立场和国内立场,制定出来的法律必然基于不同的法律目的和政策考量,这就解释了为什么国际层面更适合制定国际商事法律。国内立法以实现各国国家主权为主要出发点,即使是国内统一立法如《美国统一商法典》和欧盟法都存在明显的政治动机。显著区别于国内立法,国际商法产生的目的是满足国际贸易的实际需求,以一种全球化的法律服务创造和维持跨国层面的商事交往。国际商事条约会从针对国际商事交往的特殊具体问题出发,提供比国内法律更为现代化的解决方法。

第一,国内法缺乏调整特定国际商事领域的能力,国际商事条约可以在某些国内法律真空领域提供法律规则设计。典型的例子是《移动设备国际利益公约》。由于国际移动设备的特殊性质,如果缺乏一个国际登记机构很难了解这些移动设备多样的担保权益。单一国内法显然无法建立国际登记机制,而国际商事条约的起草更能够密切反映国际商事主体的期待和实践。因而经济全球化时代,国际法律规制是更为有效的调整国际商贸方法,这促使国内法逐渐边缘化。③ UNCITRAL 在 1971 年《渐进性编纂国际贸易法》报告中就指出,“国际贸易需要其自己的拥有自身特定角色和完整功能的一般法律……国际贸易法律关系具有国际性质的这一事实就使其超越了国内法的调整范围,并使其由脱离国内法事项的法律调整,即国际贸易的一般法律,单独提供国际贸

① [美]哈罗德·J. 伯尔曼:《法律与革命——西方法律传统的形成》,贺卫方等译,中国大百科全书出版社 1993 年版,第 333 页。

② 吴思颖:《国际商事合同统一化:原理、目标和路径》,法律出版社 2011 年版,第 23 页。

③ Sandeep Gopalan, “The Creation of International Commercial Law: Sovereignty Felled?”, *San Diego International Law Journal*, 2004:(5), p. 268.

合理期待，能够在最大程度上促进国际经济交往的活跃程度。[①]

(2)冲突法的主权权力价值追求

国际私法法律适用规则是国家主权的副产品，因而冲突法法律选择的根源仍然追溯到国家主权。因此，国际私法更多是为了体现国家民族利益而满足适用国内法的需求，对待外国法的态度取决于本国民族国家立场上的抉择。[②] 因而冲突法方法仍囿于威斯特伐利亚主权国家思想体系，指引国内法解决国际民商事问题，无法突破国家主权自我限制的束缚。国家主权概念将跨国民商事交往也作为权力博弈的战场，严重干扰了跨国民商事纠纷的合理解决，使跨国民商事交往的管制权力处于无政府的混乱状态。这种国家主权原则无疑会妨碍国际民商事新秩序的构建，与全球化背景下各国平等互利的原则相违背。这集中体现为冲突法总是努力选择本国实体法，排除外国实体法的适用机会。

首先，冲突法主权权力导向导致冲突法规则包含反致、法律规避、法院地强制性规则、直接适用的法等制度用以维护法院地国家利益。这些制度的出发点都是保护本国国家主权利益并对适用外国法进行限制，不可避免地使冲突法的适用持续呈现出一种保护法院地国家利益的倾向。因而有学者认为，适用法院地法是国际私法的一种固有倾向，“国际私法发展的历史一方面是为外国法的适用寻求理由与依据的历史，另一方面也可以说是限制外国法的适用，进而保障法院地法适用的历史。国际私法就是在适用与限制外国法的矛盾运动过程中形成和发展起来的”。[③]

其次，冲突法主权权力导向使冲突法规则适用持续表现出法院地法的适用倾向。从理论上来看，冲突法规则提供了一种特殊的正义，即采用公平和公正的方式分配法律体系的权力以管辖法律争议。而这种公平选择法律的思想基础是萨维尼的法律关系本座说中所主张的平等对待内外国法律的思想。因

① 宋阳：《国际商法与国内法关系问题研究》，法律出版社2016年版，第118页。

② 裴普：《从对外国法的适用与限制看国际私法的矛盾统一》，载《现代法学》1998年第2期。

③ 徐伟功：《美国法律适用中“回家去的趋势”及我国法律适用中的法院地法倾向》，载《河南财经政法大学学报》2013年第5期。

最后,冲突法主权权力导向另一个体现是冲突法间接法律选择方法论,实质是国家之间划分立法管辖权的表现。在以主权权力导向的国际私法范式下,有关国际私法的不同理论争议实质上都脱离不了绝对主权的限制。不论是各国主权权力平等的理论还是保护法院地主权权力的理论,国际私法基本问题设置都存在共同的问题,即冲突法法律选择方式都以如何解决立法管辖权冲突为方法论,将国家、法域和法律捆绑在一起考虑。而国际商事交易很难且太过于武断定域于单一法律体系,这种连接点准据法选择方法将无视潜在的政策和实体规则的内容。因而一些学者认为国际私法规则主要目的是行使政府管辖权而不是争议的解决。

传统冲突法理论只是机械地凭借冲突规范的指引来解决法律冲突,往往无法估计个案的公正,其机械性、盲目性和简单性的缺点日益暴露。为了"软化"冲突规范的僵硬性,当事人意思自治原则、最密切联系原则、合同准据法的分割理论及特征履行理论等被相继提出。美国第二次冲突法革命期间,学者掀起了一场声势浩大的冲突法革命,他们反对机械司法,主张自由裁量主义,通过具有灵活性的法律选择方法来实现法律适用结果上的实质正义,即政策定向和结果选择的方法在法律选择中受到重视。但这些改革都未能改变国际合同"国内法处理"并受国内法支配的命运。① 这场旨在追求实质正义的冲突法改革虽然并未像16世纪法国达让特莱的极端属地主义理论、19世纪德国维希特的法院地法说等狭隘地域主义理论的代表一样维护法院地法,但在其发展过程中依然加剧了法院地法倾向问题。

美国冲突法革命产生的理论中极具法院地法主义倾向的代表性学说,包括柯里的"政府利益分析说"和艾伦茨威格的"法院地法说"。两种学说虽然理论基础及具体内容不同,但都表现出法院地法优先的倾向。柯里的"政府利益分析说"的理论基础从国家利益角度出发,极力反对通过冲突规范来选择法律,而主张本国政府利益是适用法律的唯一标准。该理论的方法原理为:法院首先分析被请求适用的外国法(州法)对该案是否存在政府利益,并且与法院

① 徐国建:《现代商人法论》,载《中国社会科学》1993年第3期。

(Public Goods)理论则从成本和收益视角出发,更可以揭示国际商事统一法的优越性特征。

1. 国际商事条约的国际公共物品属性

公共物品是指任何人的消费都不会减少其他任一消费者对该物品消费的物品。一般而言,公共物品具有非竞争性和非排他性两个主要特征。非竞争性是指每个个体在消费该物品的同时并不会妨碍他人消费,非排他性是指没有支付成本也能从该物品中获得收益,任何相关个体都不能被排除在外。因而经济学理论认为,公共物品无法由市场主体提供,而应当由政府予以提供。经典的公共物品理论主要用于研究一国国内范围的公共物品外部性及供给问题。随着全球化趋势的发展跨国性公共物品和全球性公共物品的研究开始吸引学者的研究注意力。

全球化情势的产生和迅猛发展使得国际社会和主权国家关系发生了重大变化,许多事项开始超越国家界限成为一种全球性问题。在美国经济学家保罗·萨缪尔森(Paul Samuelson)提出的经典"公共物品"概念基础上,学者们在经济全球化背景下对这一概念进行了延伸,用以解决全球性问题与国内政策制定权力机构之间的错配障碍。1966 年美国经济和社会学家曼瑟尔·奥森(Mancur Olson)最早正式提出"国际公共物品"(International Public Goods)的概念。[①] 1999 年考尔·英奇(Kaul Inge)则首次正式提出了"全球公共物品"(Global Public Goods)的概念,并且具有更为广泛的影响力。[②] 考尔将"全球公共物品"定义为具有如下特征的物品:"从受益范围来看包含多个国家;从成员组成看,扩展到几个,甚至全部人群;从世代看,既包括当代,又包括未来数代,或者至少在不妨碍未来数代发展选择的情况下满足目前几代。"这一定义从时间和空间两个层面,依循传统公共物品概念的非竞争性和非排他性角度进行阐释,并且更为强调全球公共物品在全球范围内的"受益性"(benefit)和"可获

---

① M. Olson, "The Logic of Collective Action: Public Goods and the Theory of Groups", *American Journal of Sociology* 72, 1996:(2), pp. 159 – 192.

② Kaul, Inge et al., eds. *Providing Global Public Goods: Managing Globalization*, New York: Published for the United Nations Development Programme (UNDP), Oxford University Press, 2003, p. 95.

度等抽象意义上的公共品。在定义国际公共物品时,学者有意识拓宽了国际公共物品的定义范围,并不是严格的从非竞争性和非优先性特征出发,而主要从一定国际范围的"受益性"角度定义国际公共物品。

因此,根据已有国际公共物品的定义和分类,国际商事条约无疑可以被认定为国际公共物品的一种表现形式,其是用于推进全球经济和贸易发展所必需的公共条件和制度。首先,从国际范围的"受益性"角度看,国际商事条约面向全球开放拥有众多缔约国,因而在全球范围都拥有广泛的接受性。国际商事条约的国际性使得其可以在国际范围内有效调整国际商事争议,维护国际商事主体的权利义务并促进国际商贸的发展。其次,国际商事条约满足非竞争性和非排他性特征。对国际商事条约公共物品的使用就是商事主体、法庭或仲裁庭适用条约规定,这种使用方式无疑具有非竞争性和非排他性。因为每个国际商事条约适用主体在适用条约的同时都并不会妨碍其他主体的适用,并且国际商事条约可以通过网上资源免费获得,任何主体都可以适用国际条约而不被排除在外。最后,从国际公共物品分类角度看,国际商事条约是一种桑德尔认为的"准公共物品",也是考尔认为的"全球条件"。国际商事条约是人为创设的国际制度,同时是一种动态的国际制度。各缔约国必须通过适用国际商事条约不断提供判例法的方式保障国际商事条约这一公共物品的"供给"问题。

2. 国际商事条约的国际公共物品优越性

国际公共物品理论主要用于解决追求本国利益最大化的理性国家,在处理国际事务时的义务、责任及合作问题,以引导国际社会通过合作突破国际公共物品的供给障碍。目前公共物品理论已经被广泛用于研究全球环境治理、国际货币和金融危机等问题。因此国际公共物品理论以成本收益作为价值判断,可以作为上文提及的国家主权与国际社会进行权力分配的理由之一,因而此处不予赘述。本部分重点从国际商事条约作为国际公共物品属性的优越性方面进行详述。

国际商事条约作为统一法的首要意义,就是作为直接适用的法律规则,为国际商事主体和司法者提供一种中立性的"共同法"。该共同法的核心概念、统一法通过法律协调和相似规则实现法律适用结果确定性和可预见性,可以有效降低当事人合同谈判和签约的成本及法律风险,并且使得商人在统一法的适用国家更易拓展市场范围,从而促进新的市场融合消除市场发展障碍。正如1909年英国上诉法院法官肯尼迪所言,"人类从统一法获得的确定性收益无须赘言。想象一下船主、银行家或商人知晓与其贸易相关的外国合同法、财产法、民法等和本国国家法律几乎完全一致时,其内心的安全感和平静"。①

UNCITRAL《国际贸易中应收款转让公约》序言中就表明了统一法法律适用确定性对促进贸易经济发展的作用,"重申坚信平等互利基础上的国际贸易是促进各国间友好关系的一项重要因素,考虑到适用于应收款转让的法律制度的内容和选择并不确定,由此产生的问题对国际贸易构成了障碍,渴望就应收款的转让制订原则和通过规则,从而建立确定性和透明度,促进关于应收款转让的法律现代化,同时保护现有的转让惯例和便利新惯例的发展,还渴望确保应收款转让情况下对债务人利益的充分保护,认为采用一套有关应收款转让的统一规则将有助于以更可承受的费率获得资本和信贷,并从而促进国际贸易的发展"。但值得一提的是,法律适用确定性并不必然可以降低交易成本。当事人意思自治通过在当事人之间起草详尽的合同规则同样可以实现当事人之间的法律确定性。但通过当事人意思自治原则所实现的法律确定性仍然无法避免昂贵的谈判和起草成本。因而相较于统一法,当事人意思自治所实现的是一种有限的确定性,并且即使在合同订立之时双方当事人对合同条款词语含义的理解仍然存在差异。

(1)降低或消除准据法查明成本

各国法律差异性使商事主体和司法者经常面对查询和了解外国法的困难。虽然冲突规则可以便利当事人的法律选择,但各方当事人仍然需要事前或事后熟悉已选择的作为合同准据法的国内法,并且在缺乏法律选择条款时法庭仍然需要裁决适用哪国法律。因而冲突法方法无法根本上解决交易成本

① Lord Justice Kennedy, "The Unification of Law", *Journal of the Society of Comparative Legislation*, 1909:(10), pp. 212 – 215.

知的外国法管辖。德国学者恩斯特·拉佩(Ernst Raape)将这种不确定状态称为“跳入黑暗”。这种法律差异性使得商事交易主体很可能在缺乏统一正确法律共识的基础上交易,因不熟悉的法律而造成意想不到的损失,从而增加国际商事往来的不确定性,使商人在交易中缺乏预见性和安全感。同时,各国法律适用的不同会导致不同的裁决结果,诱使商事主体利用这种裁决的不同选择能够做出有利于其裁决的法院,从而产生机会主义的法院选择(forum shopping)问题。①

而国际商事条约在世界范围内建立了统一的商事规则体系,从而克服了因使用不同国家民商法给国际商业发展带来的障碍。② 当统一规则在所有地区都同样适用时,则更高的法律确定性目标就实现了。作为各国共同适用的统一法,国际商事条约能够减少或消除裁决的差异性,从而消除当事人法院选择的必要性。这种法院选择是当事人双方权力较量的结果,而中立性的法律规则提供了另外一种选项。

(3)降低判决承认和执行成本

国际商事条约作为共同法在不同国家内同时予以适用,并要求不同缔约国法官对国际商事条约予以统一解释和统一适用。因而适用国际商事条约统一法的各国法院或仲裁庭,对相同商事争议的裁决是基本一致的。这种准据法的一致性和法律适用的一致性,将有利于各国法院对商事案件作出一致的判决,从而极大降低了他国法院以公共秩序保留等理由而拒绝承认和执行国际商事仲裁裁决和别国法院判决的比例。③

综上所述,国际商事条约具有国际公共物品属性,这一理论视角一方面从交易成本价值判断角度再次论证了国际商事条约超越国内法和冲突法的必然性,另一方面国际公共物品属性定位更能够揭示国际商事条约的优越性。其

---

① Paul Stephan, "The Futility of Unification and Harmonization in International Commercial Law", *Virginia Journal of International Law*, 1999:(39), pp. 743-746.

② Filip De Ly, *International Business Law and Lex Mercatoria*, Emerald Publishing Limited Publisher, 1992, p. 228.

③ 曾皓:《国际条约在涉外民事审判中的适用》,载《湖南公安高等专科学校学报》2003年第1期。

构的功能联系在一起,认为商法的约束力不是取决于由国家权力机关制定和颁布的事实,而是取决于商业社会和国家权力机关承认国际商法是一种自治形式体系的事实。① 从国际商法法源形态来看,商人习惯法、一般法律原则法源形态直接产生于商人社会并由商人直接适用,因而其直接获得了来自商业社会的承认。而主权国家对商事惯例、一般法律原则法源形态的承认则较为有限,主要通过主权国家所承认的当事人意思自治原则为连接点,在主权国家承认和许可的情况下才能在其管辖范围内适用。因而对于商人习惯法的国内适用,当事人意思自治或合同自由原则和仲裁两者之间的相互作用更为根本,此时国家主权和国际商业社会都承认了商事主体的法源选择权利。② 而对于国际商事条约法源形态而言,其不但能够被商事主体主动选择适用,同时主权国家将国际商事条约纳入本国法视为获得了国家承认和同意,即具有了法律效力。③ 因此受"条约必须信守"原则约束的缔约国司法机构具有主动保障国际商事条约适用的义务。这意味着相交于中世纪商人法法源更为受到商事仲裁的重视,国内法院和法官在适用国际商事条约方面具有更为明确的义务。

"条约必须信守"国际习惯法原则是缔约国适用国际条约的基本理论依据。主权国家有权决定接受某项条约义务,"国家同意"是使国际条约义务合法化的基础,也是主权国家的权力移交国际层面合法化的基础。根据传统国际法中的"国家同意"理论,基于主权国家的同意条约义务,或经由主权国家的行为及其法律确信的国际习惯法义务是合法有效的。遵守国际商事条约义务因而获得了主权国家的同意,是善意履行条约义务的具体体现。从"权力分配理论"角度看,同意加入国际条约与否决定的做出,事实上就是主权国家在衡量是否将其主权权力向上配置的最终决策。国际商事条约对缔约国具有约束力的内涵,就是缔约国"同意"接受国际商事实体条约所承认的统一适用理念。

---

① Ole Lando, "The *Lex Mercatoria* in Internatioanl Commercial Arbitration", *International and Comparative Law Quarterly*, 1985:(34), p. 752.

② [英]施米托夫:《国际贸易法文选》,赵秀文选译,中国大百科全书出版社 1993 年版,第 19 页。

③ [英]施米托夫:《国际贸易法文选》,赵秀文选译,中国大百科全书出版社 1993 年版,第 23 页。

的应有内涵。[①] 而依据国内法执行条约的传统方法,无疑是将条约适用方式问题视为条约调整范围之外的外部漏洞,这种谬误可以通过对条约统一解释所驳斥。

首先,CISG公约第1条是CISG公约优先适用的直接依据。CISG公约第1条第1款a项和第1条第1款b项分别规定了CISG公约的两种适用方式,学者一般将其归纳为“直接适用”和“间接适用”。从国际商事条约与冲突法及其与国内实体法的关系视角看,这两个条款实质上分别表明了CISG公约具有优先于冲突法和国内实体法的适用地位。第1条第1款a项规定了CISG公约的直接适用方式,即以当事人双方营业地是否位于缔约国作为CISG公约适用的前提条件。因而该条款并未将CISG公约的适用诉诸冲突法方法,这就已经可以表明CISG公约起草者有意使CISG公约的适用排除对冲突法的依赖。秘书处关于《联合国国际货物销售合同公约草案的评注》文件中明确表示,CISG公约的重点集中于营业地位于不同国家的当事人之间的货物销售,其主要目的就是减少诉诸国际私法规则的必要,从而减少寻求法律最有利的法院而耗费精力。[②] 而CISG公约第1条第1款b项虽然需要借助冲突规则发挥一定的媒介作用,但该条款实质上间接地将缔约国国内法律体系分成了国际商事条约与国内法两个相互独立的平行规则体系。一旦冲突规则定域了某一缔约国法律体系,CISG公约由于具有优先于国内实体法的效力而应当替代国内实体法得到适用。

其次,CISG公约序言部分言明了统一法的立法目的和原则,是优先适用解释的有力依据。CISG公约序言规定,国际统一法方法的根本目的就是建立独立于国内法的自治法律体系,统一管辖涉外商事争议。CISG公约序言表明,CISG公约是为“减少国际贸易的法律障碍,促进国际贸易的发展”而制定的“照顾到不同的社会、经济和法律制度的国际货物销售合同统一规则”。CISG公约序言虽然并不是规定权利义务的实质性规则,但其同样属于条约义务范

---

① Lisa Spagnolo, “Exclusion by Conduct of Legal Proceedings: *Iura Novit Curia* and Opting Out of the CISG”, *International Trade and Business Law Review*, 2014:(17), p. 482.

② 《联合国国际货物销售合同公约草案的评注》,文件A/CONF. 97/5。

约》第6.1条、《联合国独立保证和备用信用证公约》第5条和《联合国电子商务示范法》第3.1条等,学者普遍将之称为“统一解释”义务。

CISG公约第7条明确要求在法官或仲裁员解释条约时遵守这样一种先后顺序:首先依据条约本身的一般法律原则,在缺乏一般法律原则时再依据冲突法指引的国内法予以解释。这种自给自足的内部化与法典化统一法解释方法是CISG公约对抗各缔约国适用分歧状态的有力保障,以避免在法律适用阶段各国国内法影响或减损CISG公约统一法立法初衷。对CISG公约第7条进行文义解释可知,CISG公约事实上将诉诸冲突法和国内法置于最后的“缺省规则”地位,这意味着在条约调整范围内,CISG公约的适用必然优越于国内法、冲突法规则,否则与统一法方法的根本逻辑相违背。

因此,对CISG公约进行整体解释、目的解释和文义解释可以得出结论,CISG公约优先于冲突法和国内实体法适用,是CISG公约作为统一实体法条约的应有内涵,也是起草者精心设计通过一系列法律条款予以保障的立法初衷。因此,CISG公约优先适用法律规则属于法官或仲裁员必须遵守的条约法定义务范畴。

(三)优先适用的法定义务体现

作为国际条约的一种,国际商事条约的优先效力来源于国际公法下的条约法定约束力。这种法定约束力的对象是主权国家的司法机构而并不是商事主体。当国际商事当事人自觉选择适用国际统一立法时,当然实现了排除国内法适用的效果。但国际商事条约优先适用的法定效力主要针对当事人并未协议选择准据法时,缔约国司法机关具有主动优先选择并适用国际统一法条约的义务。因为国际商事条约优先适用的法定约束力基础是其被以纳入国内法的形式予以适用,而并不像国际惯例一样更多地依赖当事人的协议选择或来源于合同效力。因此,国际商事条约的优先效力实质上仍然来源于国家主权同意,这种国家主权同意改变了国家主权实施模式,国家权力机关承认国际商事条约所具有的优先效力,并自觉自愿在涉及条约管辖范畴的国际商事争议时,国内法主动避让国际商事条约的优先适用。因而CISG公约“优先适用”是缔约国司法者必须遵守的条约义务,而不是可有可无、并不影响适用CISG

法适用时,其和“协议”具有相同性质。而合同协议的条款能够被缺少法律选择时冲突规则所指引的法律所替代,因而不具有优先效力。但当事人选择并入的是被并入国内法的国际条约时则不同,“当 CISG 公约可以使用,因为其被批准,因而拥有与立法或国会法案相同的性质”。仲裁庭认为,该案中虽然当事人合同明确选择 CISG 公约并不能因此削弱 CISG 公约的法定性质,基于 CISG 公约第 1 条第 1 款 a 项和第 100 条规定,应当依据 CISG 公约“法律性质”(statutory nature)作为准据法选择依据。此案裁决具有重要意义,其说明司法者有必要区分并阐明国际商事条约的适用依据,因为这将影响到 CISG 公约的适用方式。当 CISG 公约作为当事人协议选择的准据法时其性质同合同条款一样,不当然具有排除冲突法和国内法的效力。

第二,当国际商事条约适用前提条件并未满足的情况下,法官或仲裁员可以将国际商事条约规则作为国际惯例予以适用。例如,在 1989 年国际商会仲裁院裁决的一个买卖合同纠纷当中,①仲裁员就主动考察了 CISG 公约的可适用性问题,并在 CISG 公约适用前提条件并不满足的情况下创造性地将其作为“贸易惯例”予以适用。该案中,土耳其卖方诉瑞士买方支付未支付的部分货款,而买方则依据卖方提供货物与订货要求不相符为由提出支付损害赔偿的反诉。该案中双方当事人并未约定准据法问题。由于当事人双方的买卖合同于 1979 年订立早于 CISG 公约生效之日,因此买卖双方营业地所在国都并未批准加入 CISG 公约。根据 CISG 公约第 100 条规定,CISG 公约只适用于对缔约国生效之日或其后订立的合同,因而本案超出 CISG 公约适用范围。依据当时的 1975 年国际商会仲裁规则第 13.3 条的规定,在缺乏当事人准据法选择时,允许仲裁员依据国际私法规则确定合适的准据法。仲裁庭因而认为该案中应当适用卖方营业地所在国土耳其的国内法。但仲裁员发现,当适用卖方营业地所在国国内法会导致买方因并未满足检查货物瑕疵“极短和特定时间要求”而无法获得赔偿,仲裁员认为这种结果是不公平的。为了规避适用卖方营业地所在国国内法导致的严厉结果,仲裁员决定在有关货物相符性问题上

① ICC Arbitration, Case No. 5713, 1989, http://www.cisg.law.pace.edu/cases/895713i1.html.

约的司法实践具有重要的意义。

总体上看，要实现在法律选择和法律适用阶段国际商事条约能够被优先地适用，法官或仲裁员必须严格遵守一种存在先后适用顺序的法律适用方法，以保障只有在适用国际商事条约这一首选项无法实现的情况下，才能够“退而求其次”地选择国内法选项。

**一、第一步：考察国际商事条约的可适用性**

在法院地存在生效的国际商事条约的情况下，法官应当首先根据具体案件情况对相应国际商事条约是否具有可适用性（applicability）进行考察。即法官通过对条约规定的自身适用条件、适用范围进行解释，判断对于案件争议而言，条约是否具有初步（*prima facie*）可适用性。这一直接考察国际商事条约可适用性的做法，显著区别于法官首先依据冲突法规则确定法律的适用方式，是国际商事条约优先于冲突法内涵的具体方法体现。

现代商人法在法律体系复归国际层面的同时，在法律适用规则上也在由国内法间接法律适用模式向直接法律适用模式靠拢。不同于冲突法地理定域的方法论，统一实体法的直接适用方法是通过以实体规则的“适用范围”（scope of application）为标准实现自我适用。这意味着法官或仲裁庭面临国际商事争议时，首先应当考察该国际商事争议是否归入相关国际商事条约的调整范围，而并不再是依据冲突规则选择准据法。即以国际商事条约本身适用条件或调整范围作为考察依据，只要符合统一实体法条约的适用范围或适用条件时，该统一法“自动地”和“直接地”适用，产生替代（displace）或排除（exclude）国内商事实体法适用的效果。

以往对国际商事条约第一章“适用范围”的研究，主要从实体规则分析角度出发单纯论述条约的适用条件，而较少发掘其法律适用的“冲突法”法律选择属性。CISG 公约的性质虽然属于实体法条约，以直接规定商事主体当事人权利义务为主要内容，因而 CISG 公约被视为一国合同法法律渊源但不是国际私法法源。① 但事实上较为独特的是，从法律选择角度来看，国际商事条约适

① 陈卫佐：《法院地国家国内法中的冲突规则与国际条约的关系》，载《法学研究》2013 年第 2 期。

事争议,而国内商事争议仍由国内买卖法调整。虽然国际商事条约在缔约国生效后成为缔约国国内法的一部分才能直接被公司和个人适用,但其本身的国际性和统一性并不因此消失。即缔约国法官或仲裁员并不能使用国内法的传统方式适用国际商事条约,而必须排除国内法、国内判例甚至国内法律传统对国际商事条约统一适用的影响,摒除国内的法律适用方法和技巧,而发展出国际商事条约特有的国际法律体系。换言之,在面对可适用于特定国际商事争议的国际商事条约时,法官或仲裁员应当直接考察 CISG 公约本身的适用条件问题,而不需要诉诸国内冲突规则。正如 1979 年联合国国际贸易法委员会秘书处于《联合国国际货物销售合同公约草案评注》中声称,"如果当事人的营业地分别处于公约的两个缔约国时,公约就将适用,哪怕法院地的国际私法规则可能指向第三国的法律,比如合同缔结地的法律"。①

**二、第二步:考察当事人法律选择合意**

在国际私法范式下,当事人法律选择合意的确定往往是法官或仲裁员首先需要考察的法律选择要素。"当事人意思自治原则"本身属于冲突规则的一种,尤其在国际商事合同法律关系中,当事人法律选择合意成为合同冲突法法律适用的首要原则。但区别于首先考察当事人是否存在法律选择的传统冲突法思路,法官优先适用国际商事条约时,考察当事人的法律选择合意应当放在确立国际商事条约具有初步可适用性之后。因为作为冲突法规范性质的"当事人意思自治原则"已经被国际商事条约排除适用,而在国际商事条约法律体系当中,当事人法律选择合意仅仅起到改变国际商事条约初步可适用性的作用。因而应当再次强调,考察当事人法律选择合意是国际商事条约适用方法的第二步骤。

尽管在具体操作中国际商事条约优先适用第一步骤与第二步骤两层含义之间的界限并不会特别明确,但法官或仲裁员至少应当清楚地明白,是否优先考察当事人法律选择合意的做法,存在冲突法方法和实体法法律选择方法之间的本质区别。任意性国际商事条约通常赋予当事人部分或全部排除国际商

---

① 《联合国国际货物销售合同公约草案的评注》,文件 A/CONF. 97/5。

主要因素。

**三、第三步:统一适用国际商事条约**

当国际商事条约被确定为准据法之后,法官或仲裁员应当遵守国际商事条约的统一适用(uniform application)义务,而不应当再回到国内实体法的适用或使用国内法及其判例法用于解释条约。

国际商事条约统一适用的内在逻辑是,国际商事条约规定虽然在吸纳和参考国内法基础上制定而成,但其自身是与国内法相独立的自治性法律体系。[①] 因而不能够将国内法法律概念或表述简单套用在对CISG公约规定的理解上,即使是CISG公约与国内法采用了一致或相似的立法表述,两者的含义由于分别属于国际商事条约体系和国内法律体系而具有不同的内涵。因此,国际商事条约是整体上排除了相应国内实体法的适用,而“排他”(exclusively)地统一适用于国际商事关系。这也说明了,即使国内法的相关规定与国际商事条约规定一致或相似,也不能够成为违反国际商事条约优先适用的例外情况。

国际商事条约是一个自给自足的法律体系,不仅通过法律编纂和创制手段建立了独立于国内法的实体性规则体系,并通过设立属于自己的统一法解释规则保障公约的独立动态发展。CISG公约第7条承担了指导公约统一解释的重任,其可以说是CISG公约最为重要的条款,是保障公约未来是否成功的关键。[②] CISG第7条规定了三条解释指导性规则:国际性、一致性和善意原则。该条款明确要求优先考虑CISG公约的“国际性”和“一般法律原则”,在寻求国际商事条约内部化解释无果的情况下才最后寻求国内法和冲突法的帮助,以实现公约内部化的自我完善和发展。这说明国际商事条约的法律解释资源也同样存在一种先后次序,即优先适用国际商事条约的内部规定和一般法律原则,而有意识回避对国内法渊源的适用。

---

① 左海聪、杨梦莎:《论〈国际商事合同通则〉解释补充〈联合国国际货物销售合同公约〉之功能——以损害赔偿制度为例》,载《比较法研究》2016年第1期。

② Phanesh Koneru, “The International Interpretation of the UN Convention on Contracts for the International Sale of Goods: An Approach Based on General Principles”, *Minnesota Journal of Global Trade*, 1997:(6), pp.105 - 106.

判例法。(7)国内法解释国内合同法的判例法，例如UCC第2条。①

尽管学者对如何统一解释CISG公约提出了不同的观点和方法，但可以肯定的是学者已经普遍达成了共识，CISG公约解释应首先判断该公约自身条款或一般法律原则能否适用，并最大程度摒除依赖国内法判例对其解释的影响。法官在适用统一实体法时应当摒弃国内法法律适用的影响，而应当在全球范围内或区域范围内实现法律解释和适用方法上的统一，即相同的统一实体法规范在不同国家应当获得相同的解释和适用。而从国际商事条约与国内实体法关系角度看，国际商事条约统一适用义务其实是国际商事条约优先适用规则含义在法律适用阶段的体现。

综上所述，国际商事条约优先适用实质上给法官在准据法选择阶段施加了额外的义务，即在法律选择的岔路口上，摒弃“冲突法”法律选择方式，而选择国际商事条约确立的直接法律选择规则。② 在准据法选择阶段，国际商事条约要求法官遵循法律选择上的顺序义务，优先考虑统一实体法条约的可适用性问题。只有在条约不能适用或被当事人排除适用时再选择冲突规则指引的国内法。即使是存在冲突法法律选项，法庭也必须绕开法院地冲突规则，而首先基于CISG公约本身的适用条件决定其是否适用。③ 如果国际商事条约满足其自身适用范围得以适用，则产生替代国内法的效果；④如果CISG公约自身适用条件并不满足，则法官仍然需要寻求冲突法适用规则。因此纵使一个商事案件含有国际性因素也并不必然导致法院地国家国内法中的冲突规则的适用，在CISG公约自身的适用前提得以满足的情况下使用国际私法规则是

---

① Sunil R. Harjani, “The Convention on Contracts for the International Sale of Goods in United States Courts”, *Houston Journal of International Law*, 2000:(23), pp. 49 - 90.

② 石慧：《论法院适用〈联合国国际货物销售合同公约〉的路径——与冲突法规则之间的关系》，载《法学杂志》2015年第12期。

③ Franco Ferrari, “Specific Topics of the CISG in the Light of judicial Application and Scholarly Writing”, *Journal of Law and Commerce*, 1995:(15), p. 34.

④ Arthur Rosett, “Critical Reflections on the United Nations Convention on Contracts for the International Sale of Goods”, *Ohio State Law Journal*, 1984:(45), p. 273.

# 第二章　CISG 公约优先适用的法律模式

CISG 公约被视为最成功的国际商事统一法典范，在全球范围内具有广泛的接受性。目前共有 93 个缔约国宣称履行条约义务，囊括了除英国以外几乎所有的主要贸易国家。可以说，CISG 公约已经成为当今世界贸易最重要的法律基础。[①] CISG 公约第一部分相关条文明确规定了具有优先适用要求的法律适用规则，各缔约国是否遵守及如何遵守公约法律适用规则能够很大程度上反映国际商事条约优先适用国内承认和接受的整体情况。因而对 CISG 公约这一国际商事合同共同法律基础实践适用情况的整体观察尤为必要。

评估 CISG 公约缔约国的公约适用情况并不是件易事，因为许多国内判例受制于司法体制等原因并不能够被查询到，尤其仲裁案件裁决可能并不对外公开。但庆幸的是，佩斯大学和 UNCITRAL 的 CISG 公约数据库已经统计了相当丰富的判例作为研究 CISG 公约的基础材料。此

---

① Ulrich Magnus, "The Vienna Sales Convention Between Civil and Common Law—Best of All Worlds?", *Journal of Civil Law Study*, 2010: (3), p. 71.

约国法官采取了不同的法律论证模式(modes of legal reasoning)。因而有必要总结各缔约国国内适用CISG公约的法律模式,这是评价各国CISG公约适用情况的基础,也可以为别国CISG公约判例法发展起到良好的借鉴作用。

## 第一节 宪法依据模式:希腊

### 一、国际条约国内法地位的宪法保障

国际法与国内法的关系问题本身属于国际公法范畴,并且主要由一国宪法规定。我们发现作为国际条约的一种,国际商事条约的国内优先适用仍然离不开对有关国际条约一般问题的讨论。

任何一个国家的法律都存在一个由不同位阶的法律组成的法律体系,在这个法律体系中,下位法的效力低于上位法的效力,当下位法与上位法发生冲突时,法官应当适用上位法而不适用下位法。当一国缔结的国际条约成为国内法或获得国内法效力以后,很自然地就应成为一国法律体系的组成部分,与该国其他法律产生地位上的区分问题。因而一国宪法中确立的国际条约与国内法的地位问题会显著影响到司法机关适用国际条约的效果。只有国家立法机关在宪法或宪法性法律中对国际条约与国内法的关系明确表明立场,国家司法机关、行政机关和其他机关才能够按照国内法的规定在具体案件中依法适用国际条约。

具体而言,国际条约与国内法的地位总体上可以划分为四类:(1)国内法优于国际条约。(2)国内法与国际条约地位相等。(3)国际条约优于国内法,此处“国内法”指除一国宪法以外的国内立法。(4)国际条约优于宪法。① 当一国宪法规定,国内法优越于国际条约时,实质上抹杀了国际条约的国内效力,因而法官会优先适用国内法而不是国际条约规定,极易产生国际违约责任。例如,英国宪法性原则规定,英国国会可以颁布一个国内法法令来废除先

---

① 李浩培:《条约法概论》,法律出版社2003年版,第324页。

## 二、希腊司法实践

虽然希腊在佩斯大学 CISG 公约数据库中公布的案例仅有 13 件，但通过考察这些判例裁决水平我们发现，希腊尤其国内的雅典法庭已经掌握了正确适用 CISG 公约的方法，明确了 CISG 公约属于不包含冲突法而是直接予以适用的实体法律规则。并且在裁决说理上，希腊法庭明确从国内法与国际条约的关系视角出发，依据 1975 年希腊宪法第 28 § 1 条确定了 CISG 公约具有超越或优先于相关国内法规定的效力。

根据希腊 1975 年宪法第 28 § 1 条，“公认的国际法准则和国际条约，自法律批准之日并根据其本身所规定的条件生效之日起，成为希腊本国法律的组成部分，并具有超越任何与之相抵触的法律条款的效力”。在实践中，希腊法院优先适用 CISG 公约的国内立法依据就是本国宪法的该条款规定。例如，2005 年希腊拉里萨独任一审法庭审理的一个案件中，①买卖双方当事人分别位于 CISG 公约缔约国希腊和南斯拉夫，因而满足 CISG 公约第 1 条第 1 款 a 项的适用条件。该法庭进而根据希腊宪法第 28 § 1 条，认为 CISG 公约规定具有优先(prevail over)于国内法规定的效力。2009 年，希腊雅典一审法院审理的“防弹背心案”中采取了同样的说理模式论证 CISG 公约的优先效力。② 该案有关营业地位于瑞士的卖家帝斯曼迪尼玛(DSM Dyneema)起诉营业地位于希腊的买家 Electromichaniki Kimis EPE 的有关销售制作防弹背心材料的合同纠纷。由于希腊和瑞士都是 CISG 公约缔约国且该案商事纠纷落入公约调整范围，因而法官适用 CISG 公约替代国内法和冲突法的适用。该案审理法官清晰地指出了 CISG 公约的国际统一实体法属性及适用上的特殊性，“CISG 公约属于创造法律(create law)且具有直接效力(directly enforceable)的国际条约，该公约并不包含国际私法规则而是直接执行的实体规则，并且替代国内法的相关条款”。希腊学者狄奥尼西斯(Dionysios P. Flambouras)对该案的评论中认

---

① Greece 2005 Decision 165/2005 of the Single-Member Court of First Instance of Larissa, http://cisgw3.law.pace.edu/cases/050165gr.html.

② Greece 2009 Decision 4505/2009 of the Multi-Member Court of First Instance of Athens, http://cisgw3.law.pace.edu/cases/094505gr.html.

平也表现出较高的水准。通过考察已有德国 CISG 公约判例法发现,总体上德国各层级法院都掌握了 CISG 公约优先适用的法律适用方法:首先考察 CISG 公约适用前提条件而并不是冲突法法律选择模式。并且在履行 CISG 公约统一适用义务方面,德国也能够从 CISG 公约第 7 条一般法律原则出发,为填补 CISG 公约漏洞做出了许多重要的判例法贡献。① 值得一提的是,德国最高法院具有大量适用 CISG 公约的判例,最高法院的判例已经形成了良好的国内法先例,从而得以有效指导下级法庭的审判水平。可见在德国,国际商事统一法相较于国内商法而言完全处于压倒性"胜利"地位。

考察德国各级法院适用 CISG 公约的相关判例可知,德国法院几乎不会忽视 CISG 公约的适用,并且基本上已经形成了稳定的 CISG 公约直接适用法律方法,即并未首先考察本国国际私法的适用情况而是直接考察 CISG 公约的适用条件是否满足。在德国 CISG 公约判例法中,优先适用 CISG 公约已经成为法官的固定司法模式,而依据德国国际私法选择的国内法则是一种补充性法源。② 许多判例中法官也明确表明 CISG 公约具有优越于国际私法和本国国内法的地位。③ 德国之所以形成一种各层级法院普遍性的国际统一商事条约较高司法适用水平,除德国正确掌握国际商事条约适用法理原因以外,一个重要的因素是德国国际私法在立法上就承认了国际商事条约的优先适用地位。

德国国际私法法律渊源主要由德国制定的国际私法规范、德国缔结或者参加的国际私法条约和欧盟法中的国际私法规范几部分组成。德国曾是世界上第一个全面系统地规定国际私法立法的国家,1896 年颁布、1900 年施行的《德国民法典施行法》(Einführungsgesetzbuch zum Bürgerlichen Gesetzbuches, EGBGB)是德国国际私法的主要国内法律渊源,并曾代表了当时国际私法国内

① Peter Huber, "Typically German? -Two German Contributions to the CISG", *Annals of the Faculty of Law in Belgrade International Edition*, 2011, pp. 150 – 151.

② Germany 21 August 1995 District Court Ellwangen, 1 KfH O 32/95, http://cisgw3.law.pace.edu/cases/950821g2.html.

③ 3 KfH O 653/93, Germany 15 September 1997 District Court Heilbronn, http://cisgw3.law.pace.edu/cases/970915g1.html.

且法律依据是 EGBGB 第 3(2)条和 CISG 公约第 1 条。再如,2000 年德国杜伊斯堡地区法庭审理的“披萨盒案”中,法官依旧同时援引了 EGBGB 第 3(2)条和 CISG 公约第 1 条第 1 款 a 项作为选择 CISG 公约为准据法的法律依据。①

因此,德国国际私法本身就明确承认了国际商事条约优先于国内冲突法规则的地位,使德国法庭在法律适用规则层面并不会面临国际商事条约优先适用义务和国内冲突法之间的法律冲突,因为两者规定是一致的。这种国内国际私法立法和国际商事条约义务的相符性,使德国法院法官可以同时援引 EGBGB 第 3(2)条和 CISG 公约第 1 条作为其优先适用的法律依据。

**二、中国:民商法立法依据模式**

我国是为数不多的具有最高人民法院适用 CISG 公约判例的国家之一。据数据库统计,中国贡献的 CISG 公约判例处于全球第二的位置,国内外学者也普遍认为中国是 CISG 公约的积极拥护者。由于我国国内合同法主要移植了 CISG 公约的规定,加之国内法学教育非常重视对 CISG 公约的研究,因而我国国内法官和律师等实务界人事对 CISG 公约都普遍具有良好的认知程度。从判例法裁决水平来看,我国最高人民法院已有正确优先适用 CISG 公约的判例,这些直接适用 CISG 公约的最高法院判例甚至被公布于最高人民法院公报中用以指导下级法院判决。近些年最高人民法院的指导案例中,法院优先适用 CISG 公约的方法论已经基本被固定下来,对指导下级法院和未来案例具有重要意义。但与德国各层级法庭都具有较高 CISG 公约适用水平相比,我国一些下级法院仍然存在错误适用 CISG 公约的问题。但可以预见,由于中国最高人民法院指导判例的确立,中国下级法院的 CISG 公约裁决水平将逐渐统一到一个较高水平。

但从立法方面来看,我国宪法仅对国际条约缔结程序作出了规定,缺乏关于国际条约在国内地位、国际条约与国内法关系问题的相关规定。我国《涉外民事关系法律适用法》本身也并未就国内冲突法与国际条约的关系问题进行说明。尽管如此,在涉及国际条约与国内法关系问题时,我国司法者仍然能够

① 49 C 502/00, Pizza cartons case, Germany 13 April 2000 Lower Court Duisburg, http://cisgw3.law.pace.edu/cases/000413g1.html.

持此观点学者从条约的缔结程序和法律的制定程序基本相同的角度，认为这是中国采取民主集中制的一个特点。① 根据我国《宪法》第67条、第81条、第89条有关条约缔结程序和职权分工的规定，国际条约签订后需要经全国人大常委会审查予以批准后，再由中华人民共和国主席根据全国人大常委会的决定予以批准。因而宪法中所规定的条约和重要协定的缔结和我国法律的制定程序基本上是相同的。因而可以推论出，需要由全国人大常委会批准的条约和重要协定在我国国内法中与全国人大和全国人大常委会制定的法律具有相同的法律效力和地位。② 因而在缺乏宪法层面的法律规定依据，仅有民商事等专门法律有关法律适用选择的规定，并不能明确法律效力的高低。③

第三，还有学者认为，不能一概而论国际条约在我国国内法中的地位。因为不同的国际条约具有不同的效力等级，因而笼统地谈论条约在我国法律体系中的地位和适用问题是不严谨的。只有当处于同一效力等级的国际条约与国内立法冲突时，条约才具有优先适用的效力。④ 在我国，国际条约可以分为我国、我国政府和政府部门缔结的条约或协定几类。立法者身份的不同决定了法律文件的等级效力，同样国际条约的等级也是由其生效的机关的地位所决定的。因而根据《缔结条约程序法》（以下简称《缔结法》）第3条，全国人大常委会批准的“条约和重要协定”与全国人大及全国人大常委会制定的法律具有同等效力。根据《缔结法》第5条规定，我国政府对外缔结的协定与国务院部委规章具有同等效力。

考察我国CISG公约判例法可以看出，大部分CISG公约判例法将《民法通则》第142条作为CISG公约适用的国内法依据，但法官在具体适用《民法通则》第142条时仍然存在不同的理解。第一，一部分法官以《民法通则》第142条的规定为法律依据，从国际条约国内法地位角度论证国际商事条约在我国具有优先于国内法的效力。例如，在2004年“中国熊猫公司与顺德市韦邦家具

---

① 王铁崖：《国际法引论》，北京大学出版社1998年版，第209页。

② 孙焕为：《试论条约在中国国内的适用》，载黄进主编：《武大国际法评论》（第2卷），武汉大学出版社2004年版。

③ 刘永伟：《国际条约在中国适用新论》，载《法学家》2007年第2期。

④ 车丕照：《论条约在我国的适用》，载《法学杂志》2005年第3期。

CISG 公约可适用性条件是否满足，并且在认为国内立法与 CISG 公约规定并不存在冲突时保留适用国内法，从而违反了统一适用 CISG 公约的义务。这种错误理解在“美国宝得利股份有限公司与中国电子进出口广东公司生姜买卖合同纠纷案”中体现得尤为明显。① 该案法院审理认为，“鉴于原告营业所所在地美国和被告营业所所在地中国均为 CISG 公约缔约国，原被告双方建立的货物销售合同关系不属于 CISG 公约第 2 条、第 3 条排除适用的范围，而我国国内法对国际货物买卖合同没有明确的规定，根据《民法通则》第 142 条第 2 款规定的精神，本案应考虑适用 CISG 公约的有关规定”。很明显，“我国国内法对国际货物买卖合同没有明确的规定”成为法官决定是否适用 CISG 公约的考察标准之一，而这显然并不符合国际商事条约的优先适用方法原理。

综上所述，由于我国宪法并未对国际条约的国内地位问题作出规定，我国涉外法律适用法中也缺乏国际条约与国内法适用关系的具体阐述。因而我国大部分法官在适用 CISG 公约等国际商事条约时通过寻求以《民法通则》第 142 条为代表的民商事立法获得法律依据。但对该条款的不同理解也使我国法官在具体适用该条款时产生了两种不同的方式。

## 第三节　自执行条约依据模式：美国

美国一直是国际统一法实践的积极参与者。一方面，国内《统一商法典》的成功经验成为美国加入国际统一私法制定的动力。② 另一方面，美国希望通过积极参与 UNCITRAL 及 UNIDROIT 国际私法条约的协商和起草，从而在国际统一法条约的规定中反映美国的利益诉求。在美国，国际商事条约代表了最为典型的一类自执行条约。③ 美国 CISG 公约判例法中也经常提到 CISG 公

① 参见(2004)穗中法民三初字第 297 号。

② Peter H. Pfund, George Taft, “Congress’ Role in the International Unification of Private Law”, *Georgia Journal of International and Comparative law*, 1986:(16), pp. 674 – 675.

③ Michael P. Van Alstine, “Federal Common Law in an Age of Treaties”, *Cornell Law Review*, 2004:(89), p. 922.

Interior 案中,美国第九巡回法庭确定了一些考量因素,“条约的目的和立法者的宗旨,现有国内法程序和机构适合直接执行,替代执行方式的有效性和可行性,自执行或非自执行的直接和长期社会效果”。[①] 这种划分标准取决于条约文本用语的自身规定,只有条约用语表明其需要国会立法予以补充时,才属于非自执行条约。这一标准因而被称为“条约语言标准”,这种标准充分尊重条约本身,因而与美国宪法所承认的国际条约一般而言属于美国法律的观点是一致的。[②]

第二,条约私人诉讼权判断标准。如果没有法律规定原告可以通过诉讼寻求执行条约,那么立法行为也是必要的。[③] 一些条约本身只约束当事国政府,属于政治性协定,将效力扩及当事国自然人、法人需要国内立法予以补充。“直接效力”是指缔约国或参与国承认该条约能为其国内个人直接创设权利和义务,个人能在国内法院直接援用该条约来主张自己的权利,并要求国内法院保护这种权利和义务。[④] 因而自执行条约被广泛用于保护外国公民的财产和权利。美国对《酷刑公约》《种族灭绝公约》中任何条约解释不得创立任何民事程序中的权利。如果没有法律赋予当事人实施该国际条约的起诉权,则需要立法机关的额外立法。例如,在 1983 年 Frolova v. USSR 案中,法庭考察标准已经明显超过单纯考察条约的意图本身,而从以下因素中判定一国际条约是否意图自执行:(1)国际条约的语言和整体目的;(2)被条约施加的义务性质;(3)替代执行机制的有效性和可行性;(4)是否隐含允许诉讼私权;(5)司法机构解决争议的能力。[⑤] 再如,在 2003 年 Hamdi v. Rumsfeld 案中,法官认为只有条约整体目的是提供私权救济时,则是自执行条约。[⑥]

第三,条约规定事项是否为宪法性事项。如果条约建立的标准显示是立

---

① Saipan v. United States, 502 F. 2d 90. 97 (9 Cir. 1974).

② [美]乔丹·J. 波斯坦:《自动执行的国际条约》,赵建文译,载《环球法律评论》1990 年第 6 期。

③ 袁发强:《宪法对冲突法的影响》,法律出版社 2007 年版,第 180 页。

④ 余敏友、陈卫东:《欧共体围绕 WTO 协定直接效力问题的争论及其对我国的启示(一)》,载《法学评论》2001 年第 3 期。

⑤ Frolova v. Union of Soviet Socialist Republics, 761F. 2d 370.

⑥ Hamdi v. Rumsfeld, 316 F. 3d 450, 468 (4th Cir. 2003).

建议并认为该公约应当被宣告为非自执行条约。在加入 WTO 协定时,美国国会特别声明 WTO 协定或 WTO 争端解决机构裁决对美国法都不产生直接效力。二是立法机关在批准条约时不予明确,由司法机关依据一定的标准作出决定。从很大程度上来看,判定是否为自执行条约属于司法问题而不是立法问题。Foster v. Neilson 案中法庭就认为,宣告条约是否为自执行条约是一种条约解释问题。该案法官重点放在条约的文义表达上,如果条约自身规定这种授权应予确认则应承认其自执行地位,而条约文本规定自身"应被批准"则应当视为需要未来的立法行为。例如在 British Caledonian Airway 案中,法庭就认为"一个条约是否为自执行或是否需要特殊执行立法以生效并给予其条款效力,主要是一国国内法庭的解释问题"。①

从上述考察标准来看,CISG 公约符合了被确立为自执行条约的条件。CISG 公约立法历史确实表明,UNCITRAL 工作组有意将自执行条约性质注入 CISG 公约条款,目的就是使 CISG 公约条款直接适用于买卖交易而无须国内立法的协助,这将反过来加速条约的实施与接受。② 并且 CISG 公约直接调整商事主体的私人权利义务问题,可以被商事主体直接援用,且 CISG 公约规定本身并不涉及政治性及宪法性问题。CISG 公约自执行条约地位也在司法判例中得到了法官的认可和肯定。例如,2005 年美国联邦上诉法庭在 Chicago Prime Packers, Inc. v. Northam Food Trading Co. 案中,法庭认为营业地分别位于美国和加拿大的当事人之间的合同争议应由自执行条约 CISG 公约调整。③

**二、CISG 公约的自执行条约效力**

自执行条约地位使国际商事条约的国内适用同时存在宪法和司法机制的保障,极大推动了国际商事统一法在美国的适用。

首先,美国宪法赋予了自执行条约享有高于国内州法低于宪法的联邦法

---

① British Caledonian Airways, 665 F. 2d at 1160.

② James E. Bailey, "Facing the Truth: Seeing the Convention on Contracts for the International Sale of Goods as an Obstacle to a Uniform Law of International Sales", *Cornell International Law Journal*, 1998:(32), pp. 273 - 275.

③ Chicago Prime Packers, Inc. v. Northam Food Trading Co., 408 F. 3d 894 (7th Cir. 2005).

福尼亚州联邦地区法庭审理的 Asante Technologies, Inc. v. PMC-Sierra, Inc. 案,[①]该案涉及营业地位于加拿大的卖方和营业地位于美国的买方之间的电子元件买卖合同争议。买方认为卖方交付的货物不符合约定的技术标准,因而向加利福尼亚州地区法院提起合同违约和侵权诉讼,但并未提及 CISG 公约的适用问题。随后卖方提出了将案件移交加利福尼亚州联邦地区法庭的申请,卖方认为根据美国宪法第 1441(c)条的规定,当案件本身同时存在独立的联邦问题和州法问题时,整个案件应当移交联邦法庭审理。而买方则认为根据美国宪法第 1331(a)条,美国地区法院享有产生于美国缔结条约的所有民事诉讼的初始管辖权,并且自执行条约直接赋予了私人主体诉讼私权利。联邦地区法院审理认为,决定一个诉讼是否基于联邦法产生应当以"原告诉状中能支持其诉求的事实为准原则"(well-pleaded complaint rule)为指导,该原则是美国联邦问题管辖权的程序法规则,其要求除非有效提起的诉求中出现了联邦法问题,否则联邦法庭不能行使事项管辖权。联邦法庭认为,当联邦法完全优先取代州法时就享有联邦优先抗辩(federal preemption defense),这意味着联邦法禁止了州层面的诉讼,诉讼应被视为产生于联邦法。由于双方当事人营业地分别位于加拿大和美国,两国都为 CISG 公约缔约国因而根据 CISG 公约第 1 条第 1 款 a 项应由 CISG 公约调整合同争议。由于 CISG 公约在美国属于具有超越本国法和州法效力的自执行条约,CISG 公约的适用问题本身就属于联邦问题,因而法庭享有案件管辖权。此外,在 2002 年美国佛罗里达联邦地区法庭审理的 Impuls v. Psion-Teklogix 案[②]及 2015 年美国纽约南区法院审理的 D & G Group, S. R. I. v. H. A. Import USA 案中,[③]法庭都将 CISG 公约适用于否作为判断联邦法庭是否具有联邦问题管辖权的主要依据。可见,国际商事条约的联邦法地位使得美国国内法与国际条约形成两套平行的规则,其效果是使得国际商事争议和国内商事争议得以分别适用国际商事条约和国内法。

---

① Asante Technologies, Inc. v. PMC-Sierra, Inc., 164 F. Supp. 2d 1142 (N. D. Cal. 2001).

② Impuls v. Psion-Teklogix, 234 F. Supp. 2d 1267, (S. D. FLA. 2001).

③ D & G Group, S. R. I. v. H. A. Import USA, F. Supp. 3d, (S. D. N. Y 2015).

## 第四节 法律原则依据模式:意大利

### 一、"特殊法优于一般法"法律依据

通过考察意大利适用CISG公约的判例法可知,意大利适用CISG公约的判例已经表现出较高的裁决水平,形成了良好的国际商事条约适用传统,法官裁决已经持续表现出遵守统一实体法条约优先于国际私法适用的惯性。首先,意大利法院法官已经能够正确适用CISG公约第1~6条适用规则,明确了CISG公约统一实体法的性质并遵循CISG公约直接适用法律方法。其次,意大利判例法在判决说理中已经明确了统一实体法条约优先于国际私法和冲突法适用的地位。更为重要的是,意大利法域在阐释这种CISG公约优先性时为全球CISG公约判例法发展贡献了另一类新的法律适用技巧,以"特殊法优先于一般法"法律原则为法律依据。

意大利的国际条约接受制度受二元论影响,因此国际条约在意大利生效必须通过制定国内立法,意大利法官不能够直接适用条约。同时,意大利宪法法院认定,国际条约在意大利具有同普通国内成文法相同的效力,两者在发生冲突时遵循"后法优于前法"原则。因此,意大利显然无法像希腊一样通过宪法保障国际条约高于国内法的地位,也无法像美国一样通过赋予CISG公约自执行条约的地位而突破与国内法"后法优于先法"的效力限制。但我们观察到,意大利CISG公约判例法另辟蹊径地发展出了以"特殊法优于一般法"法律原则为法律依据的司法裁决模式。

在学术探讨方面,一些学者已经提出了从"特殊法"视角论证国际商事条约的优先效力。[①] 例如,德国国际私法学者冯·霍夫曼和托恩就认为,EGBGB第3(2)条规定具有学理上的依据,因为国际条约中的冲突规则的属人适用范围和事项适用范围通常较为有限,其作为"特别规则"而优先于德国立法者在

---

① Ani Nadareishvili, *Applicaition of the CISG by Courts and Arbitral Tribunals: Comparative Analysis*, (master's thesis, Central European University, 2015), p. 9.

法之前必须优先考察相关国际条约创立的统一法规则，因为其特殊性、具体性决定了应当优先于冲突规则。

该案的法律说理很好地形成了判例法先例效力，极大影响了意大利法院后续案件的裁决。2000 年，意大利维杰瓦诺地区法庭审理了 Rheinland Versicherungen v. Atlarex 一案，①该案审理法官亚历山大·里齐耶里（Alessandro Rizzieri）有关于 CISG 公约适用问题援引了 1999 年 Tessile v. Ixela 案作为先例，并且采用了相同的法律说理。亚历山大·里齐耶里法官首先根据合同国际性判定 CISG 公约可适用：该案涉及德国买方代理人 Rheinland Versicherungen 保险公司与意大利卖方 S. r. l. Atlarex 之间的用于制作鞋底的橡胶买卖合同争议，而德国和意大利均为 CISG 公约缔约国。紧接着其论述了 CISG 公约实体法规则的特殊性，即无须特别诉诸国际私法规则或 1955 年《海牙公约》，而是通过 CISG 公约本身的规则予以适用。最后，为了论证 CISG 公约相较于国际私法和国内法的优先性，亚历山大·里齐耶里法官援引了 1999 年帕维亚地区法庭审理的 Tessile v. Ixela 一案，依旧从 CISG 公约适用范围更为有限的特殊性出发。其认为，CISG 公约特殊性表现为其仅适用于营业地位于不同缔约国的国际合同争议，而《海牙公约》可适用于任何国际销售合同，因而诉诸统一实体法应当优先于（precedence over）国际私法规则，因为其是“特殊的”（special）并“直接地”（directly）解决争议。该案审理法官亚历山大·里齐耶里在 2004 年意大利帕多瓦地区法庭审理的“农产品案”、②2004 年“披萨盒案”③和 2005 年“兔子案”④中依然延续了同样精彩正确的法律裁决和说理模式。

---

① Rheinland Versicherungen v. Atlarex, Italy 12 July 2000 District Court Vigevano, http://cisgw 3. law. pace. edu/cases/000712i3. html.

② SO. M. AGRI s. a. s di Ardina Alessandro & C. v. Erzeugerorganisation Marchfeldgemüse GmbH & Co. KG, Italy 25 February 2004 District Court Padova, http://cisgw 3. law. pace. edu/cases/040225i3. html.

③ Scatolificio La Perla S. n. c. di Aldrigo Stefano e Giuliano v. Martin Frischdienst GmbH, Italy 31 March 2004 District Court Padova, http://cisgw 3. law. pace. edu/cases/040331i3. html.

④ Ostroznik Savo v. La Faraona soc. coop. a. r. l, Italy 11 January 2005 District Court Padova, http://cisgw 3. law. pace. edu/cases/050111i3. html.

买家口头通知的事实，并且认为买家在收货六个月之后才发出书面通知是并不及时的。对于实体法律选择的问题，该案审理法官弗朗西斯科·科尔泰西(Francesco Cortesi)首先意识到国际私法问题，认为意大利确认国际销售合同的准据法规则为1955年《海牙公约》。这是因为意大利最高法院在一些判例中已经明确，在意大利准据法选择问题应当适用1955年《海牙公约》而不是1980年《罗马合同义务法律适用公约》(Rome Convention on the Law Applicable to Contractual Obligations，以下简称《罗马公约》)，例如，意大利最高法院2000年7月19日审理的"金属加工厂案"。① 但法官紧接着观察到，统一实体法规则应当优先于《海牙公约》的国际私法规则，因而必须确定本案争议是否落入1980年CISG公约的调整范围之内。在论述相较于《海牙公约》的优先性时，弗朗西斯科法官注意到统一实体法规则的直接适用避免了国际私法典型的双重步骤方式，即先确定准据法再适用准据法。并且CISG公约调整的国际货物销售合同的"国际性"，依赖于合同双方当事人营业地位于不同缔约国，而《海牙公约》则适用于所有国际销售合同，调整范围无疑更广。因而法官总结认为，CISG公约因其直接确定实体问题更为特殊，因而优先于无论国际私法条约还是国内国际私法。此外，更为难得是该案法官还额外地引用了一些学者对统一实体法直接适用法律方法优势的说理，用以加强对优先适用CISG公约的法律依据。其认为统一实体法条约相较于国际私法具有额外适用优势，可以避免国际私法所带来的法院选择问题，一种旨在挑选最有利于诉讼当事人利益的法域的行为。不同缔约国都适用相同的实体法显然可以避免法院选择困扰。虽然这仅仅是一种理论上的优势，适用CISG公约可能由于国内程序法的不同导致不同的法律适用，但CISG公约来自不同法域的判例法可以被轻松获取因而可以发展出统一解释，以解决不同解释适用所带来的风险。

该案法官弗朗西斯科在另一起案件——2008年意大利福尔利地区法庭审

---

① Metal processing plant case, Italy 19 June 2000 Supreme Court, http://cisgw 3. law. pace. edu/cases/000619i3. html.

为先例,遵循了“特殊法优于一般法”的法律说理模式,尤其主要强调统一实体法条约直接调整方式的特殊性。

截至2009年意大利福尔利地区法院审理“水箱及附件案”时,①弗朗西斯科法官已经明确承认意大利已经形成了持续承认统一实体法条约优先于国际私法方法适用的判例法传统,并且在法律说理上也持续采用了定位于特殊法优先效力的考察。该案法官也明确了统一实体法相较于国际私法的特殊法属性表现在两个方面,即调整范围的有限性和调整方式的直接性。

此外,意大利CISG公约判例法表现出参考他法域判例的积极意愿,多个案例中意大利法官援引了德国、英国、荷兰、法国等不同法律体系的外国判例进行裁决说理。例如,在Al Palazzo S. r. l. v. Bernardaud di Limoges S. A. 案中,在论证CISG公约可适用性问题时分别援引了OLG Mtinchen、②LG Muinchen、③OLG Celle④等多个德国判例;在判定CISG公约第35条检查货物的“合理时间”问题时,由于CISG公约缺乏具体明确的规定,意大利法庭参考了荷兰判例Fallini Stefano & Co. S. N. C. v. Foodik BV、⑤瑞典判例CME Cooperative Maritime Etaploise S. A. C. V. v. Bos Fishproducts Urk BV⑥等多个外国判例。尽管外国适用CISG公约先例并无法律约束力,但确是保障CISG公约自我解释的有效方法。意大利法庭适用CISG公约判例法也有力证明了,

---

① Cisterns and accessories case, Italy 16 February 2009 Tribunale di Forli, http://cisgw3. law. pace. edu/cases/090216i3. html.

② Oberlandesgericht [OLG] [Provincial Court of Appeals] Munchen 7 U 2246/97, 9 July 1997 (F. R. G.), http://cisgw3. law. pace. edu/cases/970709g2. html.

③ Landgericht LGI [District Court] Munchen 21 0 23363/94, 29 May 1995 (F. R. G.), http://cisgw3. law. pace. edu/cases/950529gl. html.

④ Oberlandesgericht [OLG] [Provincial Court of Appeals] Celle 7 U 2246/97, 24 May 1995 (F. R. G.), http://cisgw3. law. pace. edu/cases/950529gl. html.

⑤ Fallini Stefano & Co. S. N. C. v. Foodik BV, Arrondissementsrechtbank [Rb.] [District Court] Roermond 900336, 19 Dec. 1991 (Neth.), http://cisgw3. law. pace. edu/cases/911219nl. html.

⑥ CME Cooperative Maritime Etaploise S. A. C. V. v. Bos Fishproducts Urk BV, Arrondissementsrechtbank [Rb] Zwolle HA ZA 95 - 640, 5 Mar. 1997 (Switz.), http://cisgw3. law. pace. edu/cases/970305nl. html.

## 一、国际商事仲裁实体法律适用规则流变

在国际商事仲裁中,并不存在同国内法庭一样直接适用的冲突法规则,对于仲裁员基于何种法律依据适用国际商事条约一直存在理论和实践争议。而这种实体法律适用规则的争议与仲裁权法律属性理论流变息息相关,逐渐呈现出脱离国内法及冲突法束缚的自治性特征,仲裁员法律选择的自由裁量权也随之逐渐扩张。一方面CISG公约的优越性使仲裁机构更倾向于适用国际商事统一法律文件,另一方面仲裁员法律选择裁量权使得其可以采取更为灵活的法律依据主动适用CISG公约。

### (一)仲裁所在地冲突法

一种观点认为,如果仲裁庭位于缔约国内,应当适用仲裁地国内冲突法(arbitral forum)作为实体法律选择规则。这种认为仲裁庭应当受到仲裁地法律约束的观点,深受早期仲裁权属性"司法权理论"的影响。1937年司法权理论由A.贝尔纳提出,该理论认为仲裁是国家司法的一种特殊形态。① 虽然仲裁源于当事人之间的仲裁协议,但仲裁裁决、仲裁协议的效力以及仲裁员的权力和裁决的执行都完全依赖于仲裁执行地国家法。智利学者克莱因(Klein)认为,只有国家才有权执法,法律允许当事人提交仲裁的目的是使仲裁能够执行公共职能。② 因而国家对仲裁具有绝对的控制和管理权力,仲裁需要遵循执行地国法律。司法权理论认为,裁决是法院行使国家主权的形式,当事人只有在仲裁地法明确允许或默示接受的范围内才可以提交仲裁,因而仲裁协议的效力由仲裁执行地法律予以评判,仲裁员的职权同法官一样来自本地法,仲裁裁决的执行也依赖国家主权。因此在司法权理论之下,仲裁员的法律适用受到国内法的严格限制,必须适用仲裁地国内法。③

然而推定争议合同准据法是仲裁庭所在地法律的判断在现代国际商事仲

---

① 韩健:《现代国际商事仲裁法的理论与实践》,法律出版社2000年版,第34~35页。

② F. E. Klein, "The Law to be Applied by the Arbitrators to the Substances of the Dispute", in Pieter Sanders, J. C. Schultsz & A. J. Van Den Berg eds., *The Art of Arbitration*, Kluwer publishing, 1982, p. 189.

③ 韩健:《现代国际商事仲裁法的理论与实践》,法律出版社2000年版,第35~36页。

择仲裁员，选择适用的实体法和程序法以及仲裁地等，因而仲裁员的法律选择必须依据当事人的明示或默示选择。

（三）仲裁冲突法

另一部分学者认为，仲裁庭应当依据仲裁规则中的实体法律选择规定即“仲裁冲突法”（arbitral conflict of laws）确定准据法。因而在当事人并未选择合同准据法时，仲裁庭应当适用仲裁机构仲裁规则中的实体法律选择规定选择适当的法律。此时仲裁庭适用国际商事条约的法律基础是仲裁规则中有关实体法律选择的规定。① 这种适用仲裁机构自身仲裁规则的做法，试图强调仲裁权的独立性和自治性，而将仲裁与单纯的司法或契约属性分离开来，认为仲裁是独立于司法体制和契约属性之外的自治制度。这种观点被称为仲裁自治理论，由鲁贝林·德维丝（Rubellin Devichi）所提出。

通过考察当代主要国内和国际商事机构仲裁规则，我们发现大部分仲裁规则中的实体法律选择规则基本上呈现出非国内法化倾向，即并不再要求仲裁庭必须适用仲裁地冲突法规则，而是充分尊重当事人选择法律的权利和仲裁员选择法律的自由。大部分国际和国内商事仲裁规则有关实体法律选择规则的表述为，仲裁员首先考察当事人是否做出了明确的实体法律选择，在缺乏当事人法律选择的情况下适用仲裁员认为适当的冲突规则，而仲裁地冲突法并不再起到决定性作用。例如，1961 年《欧洲国际商事仲裁公约》第 7（1）条规定，“如果当事人没有决定应适用的法律，仲裁员可按照其认为可适用的冲突规则的规定，适用某种准据法”。UNCITRAL《国际商事仲裁示范法》第 28（2）条规定，“如当事各方没有任何选择，仲裁庭应适用其认为可适用的法律冲突规则所确定的法律”。可见，国际商事仲裁的非国内法化改革使仲裁庭得以脱离国内冲突法规则的束缚。但总体上看，目前国际商事仲裁规则仍然以冲突法范式为主要法律选择方法，尊重当事人法律选择并一定程度上扩大了仲裁员冲突规则选择的自由。

---

① Nils Schmidt-Ahrendts, “CISG and Arbitration”, *Annals of the Faculty of Law in Belgrade International Edition*, 2011, p. 214.

制的自由。这种直接适用法律方式具有简化法律适用程序和法律选择合理性的优势,迎合了国际商法的适用需求。①

在国际层面,1998年《国际商会仲裁规则》在1975年《国际商会调解与仲裁规则》的基础上修订而成,其修订对国际商事仲裁的法律适用起到了改革性、标志性作用。1998年《国际商会仲裁规则》第17条有关仲裁实体法律适用规则删除了仲裁庭适用冲突规则选择法律的表述,而是规定在当事人没有对实体法律作出约定时,适用仲裁员"认为适当"的"法律规则"。"法律规则"(rule of law)措辞区别于"法律"(law),意味着法律选择的范围不仅包括国内法,还包括国际商法或其他非国内法渊源。并且这一修订绕开了使用"冲突规则"的措辞,这意味着仲裁庭并不必须使用冲突法方法,而可以直接决定其认为应当适用的实体法律。再如《苏黎世商会调解和仲裁规则》第18条第2款规定,"仲裁庭应适用与争议有关的实体法,对于国际性的法律关系则适用由瑞士国际私法规则或与当事人有关的国际条约确定的实体法"。仲裁庭可以适用"与当事人有关的国际条约确定的实体法"无疑是一种实体法直接适用方式,《苏黎世商会调解和仲裁规则》将这种直接适用方法承认为与适用法院地冲突规则方法相互并列的法律选择方式。1985年伦敦国际仲裁院(London Court of International Arbitration,LCIA)的《伦敦国际仲裁规则》第13条"仲裁庭的额外权力"规定,除非当事人另有协议,仲裁庭有权主动决定管辖或者适用于当事人间合同、仲裁协议或争议的法律。类似地,UNCITRAL《联合国国际贸易法委员会仲裁规则》第35条第1款、2000年美国仲裁协会《国际仲裁规则》第29条第1款、2001年《斯德哥尔摩商会仲裁院仲裁规则》第22条第1款等都明确规定了仲裁庭可以在当事人未选择法律的情况下,由仲裁庭选择可适用的或者合适的法律或法律规则。虽然这些仲裁规则中并未明确提及参照"商人法",但大多数学者认为这些条款可以解释为对商人法的承认,并授权在国际商事争议中适用商人法。

在国内层面,一些国家国际商事仲裁规则的改革也表现出明显的自治性

---

① 陈翔:《当代国际商事仲裁实体法适用之比较研究》,华东政法大学法学院2010年博士学位论文,第8页。

家性质的体系。因而自治理论认为仲裁产生的土壤为国际商业社会,在解决商事争议方面仲裁的作用等同于国际法院,仲裁权从顺利处理国际商事关系这一基本需要出发,充分满足商事主体对灵活高效的需求。这种自治理论倾向加速了国际商事仲裁与国内法的相互独立,当事人意思自治和仲裁员意思自治被予以充分尊重,并且现代仲裁规则开始引进对国际商事规则的适用。[①] 法国学者富沙尔(Fouchard)也认为,商人法更符合国际商事仲裁与国际商事团体的需要,因为其属于国内体制之外的超国家法律体制,更有利于国际商事纠纷的解决。相比国内法,仲裁员更熟悉且更易获得国际商事立法。[②] 洛文菲尔德(Lowenfeld)也认为,商人法理论可以视为国际商事仲裁最大程度上规避冲突法规则所做出努力的结果表现,商人法理论实质上表达的就是仲裁员脱离仲裁地法律适用的自由裁量权,而商人法就提供了这样一种替代性争议解决方法。[③] 因而国际商事仲裁员具有适用实体法规则的自由,而无须通过冲突法程序这一角度来解释国际商事实体法的适用。[④]

在自治理论影响和国际商事仲裁独立趋势下,仲裁的法律适用规则在不同程度上脱离依赖于产生于国家法律体系的冲突法规则。许多国内和国际仲裁规则都在逐渐突破传统冲突法范式的约束,向直接法律适用方式靠拢。仲裁规则中对直接法律选择方式的授权,同时意味着法官在审查仲裁裁决时不会以不适用冲突规则为由撤销仲裁裁决。法国国际商事仲裁实践表明,法国法院承认依商法或其他非国内法律渊源作出的仲裁裁决,即使是在当事人没有约定而是由仲裁庭决定适用这些规则的情况下。1979 年"诺尔索洛诉帕伯

① Fillip De Ly, "The Place of Arbitration in the Conflict of Laws of International Commercial Arbitration: An Exercise in Arbitration Planning", *Northwestern Journal of International Law and Business*, 1991:(12), p. 62.

② E. Gaillard, J. Savage eds., *Fouchard Gaillard Goldman on International Commercial Arbitration*, Kluwer Law publishing, 1999, pp. 802 – 803.

③ Andreas F. Lowenfeld, "*Lex Mercatoria*: An Arbitrator's View", *Arbitration International*, 1990:(6), p. 133.

④ 郑远民、陈令枫:《试论现代商人法的适用》,载《河北法学》2004 年第 8 期。

(一)仲裁所在地冲突法依据

即使在最为保守地认为仲裁庭应当受仲裁地法律约束的观点下，仲裁庭通过法律解释方法也可以一定程度上实现对国际商事条约的选择适用。但在仲裁地冲突法约束的前提下，仲裁庭如何适用国际商法法源学者之间存在不同观点。

一些学者认为，由于仲裁庭实体法律选择应当同国内法庭一样受包括冲突法在内的法院地法约束，因而无法再遵守自治性国际商法的法律适用规则。例如，弗兰西斯·曼(Francis Mann)反对国际商法的主要原因就是基于国际商事仲裁法律适用的考虑，其认为国际商事仲裁应当建立与仲裁地的联系，仲裁员有义务查明并适用仲裁地的冲突法和程序法，因而戈德曼提出的自治冲突规则在国际商事仲裁中应当并无适用空间。① 但另一部分学者则认为，虽然司法权理论下国际商法的适用空间受到极大限制，但由于该理论要求仲裁庭应当受仲裁所在地法律约束，意味着仲裁庭应当同仲裁所在地法院一样适用法律。由于国际商事条约被并入国内法，仲裁庭应当同缔约国法院一样依据CISG公约第1条第1款a项适用该公约。因为CISG公约第1条构成了法院地法，而仲裁庭拥有遵守法院地法的义务。但在仲裁冲突法前提下，仲裁庭并不受CISG公约第1条第1款b项的约束，因为该条通过冲突规则指引到另一缔约国法律，仲裁庭并无适用别国法律的义务。

(二)"商事惯例"适用依据

即使并未实现国际商事仲裁规则自治性改革的情况下，国际商事仲裁员仍然有可能脱离国内法的束缚，甚至有可能一定程度上超越当事人合意，实现主动适用商人法。这是因为许多国际商事仲裁规则中都规定，仲裁庭"在任何情况下"都应当考虑"贸易惯例"(trade usage)。例如，在国际商事规则方面，UNCITRAL《联合国国际贸易法委员会仲裁规则》第35条第3款规定，"所有案件中"，仲裁庭均应"考虑到适用于有关交易的任何贸易惯例"。1961年《欧洲国际商事仲裁公约》第7条第1款规定，"如果当事人没有决定应适用的法律，

① Friedrich K. Juenger, "The *Lex Mercatoria* and Private International Law", *Louisiana Law Review*, 60, 2000:(4), pp. 1133 - 1134.

一规定为参考适用商人法提供了法律依据，但小部分学者仍然认为国际商事惯例依然需要依据冲突法来适用。戈德曼认为，当仲裁庭本身就选择商人法为准据法时，这一规定就显得多余，因为商事惯例本身就属于商人法的一部分；但如果国内法作为准据法时，这一规定就显得尤为必要，并且具有替代国内法的效果。

但似乎从这些仲裁规定的立法文字本身中，并不能够明显看出其规定国际商事惯例与国内法之间的关系，因而关于这一规定存在不同的法律解释。一种观点认为，国际商事惯例的地位超越国内准据法，包括国内强制性规定。另一种观点认为，这一条款并未明确规定国际商事惯例的优先效力，而是仍应当借助冲突规则指定的国内准据法予以确定。这意味着当国内准据法与国际商事惯例存在冲突的时，应当优先考虑国内法规定尤其强制性规定。最后，还有一些学者认为合同条款优先于国际商事惯例的适用。例如，UNCITRAL《国际商事仲裁示范法》第28(4)条规定，仲裁庭“按照合同条款”“并考虑到适用于该交易的贸易惯例作出决定”的措辞，可以解释为合同条款优先于国际商事惯例适用。

结合CISG公约在国际商事仲裁中的实践来看，一些学者认为，“考虑贸易惯例”的适用意味着在国际货物买卖合同中，如果买卖双方所属国均为CISG公约缔约国，关于合同订立及买卖双方当事人的权利与义务，就可以适用CISG公约，而无论当事人是否对公约的适用作出规定。① 但我们发现在一些案件中，“考虑商事惯例”规定被用于在商事争议超出国际商事条约调整范围或未满足国际商事条约适用前提条件的情况下，仲裁庭直接适用条约的依据。自CISG公约生效之初，国际商会国际仲裁院（ICC International Court of Arbitration，ICA）就已经对CISG公约的适用产生了浓厚兴趣。虽然在ICA早期适用CISG公约案例当中，由于CISG公约并未对当事人营业地所在国生效或超出CISG公约调整范围等原因，仲裁员并未依据法定基础确立其优先性的准据法地位。但ICA仲裁员已经开始充分尊重CISG公约法理，主动考察

① 赵秀文：《国际商事仲裁及其适用法律研究》，北京大学出版社2002年版，第182页。

一个将 CISG 公约独立作为准据法的案例——“酒店建材案”。① 不同于先前许多案例中仲裁员参考 CISG 公约规定或援引 CISG 公约用以支持国内法说理的做法,ICA 终于等来了真正落入 CISG 公约调整范围的商事争议,并将 CISG 公约由辅助性法源提升为独立适用的准据法。该案中,营业地位于澳大利亚的卖方与营业地位于南斯拉夫的买方订立了供应并安装酒店建材的合同。合同中包含授权“仲裁和准据法”的条款,但双方并未约定任何准据法。“根据仲裁庭的确信,CISG 公约适用于当事人缺乏准据法协议的本案中。”仲裁庭首先考察了 CISG 公约的可适用性问题,双方合同订立时 CISG 公约对澳大利亚和南斯拉夫生效,并且合同争议也属于 CISG 公约调整范围,因而仲裁庭认为根据 CISG 公约第 1 条第 1 款 a 项规定,CISG 公约直接适用于该案。仲裁庭紧接着面临的问题是 CISG 公约适用的依据问题,其实质是统一法和国际私法在国际商事仲裁中如何协调的问题。依据当时适用的 1975 年《国际商会调解与仲裁规则》第 13 条规定,仲裁员在当事人未选择准据法时,应当依据第 13.3 条适用冲突规则选择的法律,并且需要依据第 13.5 条考虑相关贸易惯例。而早期的 ICA 仲裁案例表明,依据第 13.5 条“贸易惯例”模式为依据适用 CISG 公约时,仲裁庭的目的多是解决超出 CISG 公约调整范围时的适用问题。因而 CISG 公约作为“贸易惯例”适用时,CISG 公约被视为与冲突法平行适用的辅助性法源,而不是依据其法定基础独立适用的准据法。因而该案仲裁庭选择了在第 13.3 条基础上,采用法律解释方法实现了对 CISG 公约的独立适用。仲裁庭认为,第 13.3 条中的“冲突规则”(rule of conflict)是国际法的通用(general)表达,而不是一种仅给予冲突法以优先权的狭义(narrow)表达。因而第 13.3 条并不狭隘地要求仲裁员仅诉诸冲突法规则。同时仲裁庭巧妙地分析了 CISG 公约第 1 条的性质问题,其认为虽然 CISG 公约第 1 条只决定了 CISG 公约自身的适用条件问题,并且不像一般冲突规则旨在解决不同法律之间的竞争问题,但该条实质上可以视为表达了一种真正的冲突规则。② 因而该

---

① ICC Arbitration, Case No. 7153, 1992, http://cisgw3. law. pace. edu/cases/927153i1. html.

② Dominique Hascher, "Commentary on ICC Case 7153 of 1992", *Journal of Law and Commerce*, 1995:(14), pp. 220 - 224.

国际商事仲裁的“友好仲裁”(*amiables compositeurs*)制度,是指仲裁庭可以在当事人授权的情况下,在认为适用严格法律规则会导致不公平结果的情况下,不适用严格的法律规则而是在“公允及善良原则”(*ex aequo et bono*)指导下,依据仲裁员所认为的公平标准进行裁决的制度。“友好仲裁”可以对严格法律适用规则提供一种公平的修正,因此当事人授权“友好仲裁”可能成为适用自治冲突规则或其他法律选择方法的工具。

但对于“公允及善良原则”能否成为国际商法的适用依据,学者之间依然存在不同的意见。菲利普·德·李(Filip De Ly)对此持有肯定态度,其认为虽然“友好仲裁”制度在实践中并不常适用,但该制度却与国际商法法源的适用密切相关,其可能成为国际商法一般法律原则、国际商事惯例和跨国实体规则适用的“跳板”。[①] 虽然在法国、荷兰等直接给予仲裁员宽泛自由裁量权的国家,不适用冲突规则不能等同于“友好仲裁”,但在其他没有授权直接法律选择方法的国家,拒绝适用冲突规则可能等同于进行了“友好仲裁”。法国学者洛坎(Loquin)也将“友好仲裁”与国际商法的适用联系在了一起,其认为当存在当事人法律选择时商人法规则仅能够通过准据法的选择而被适用,但在缺乏当事人法律选择时,友好仲裁能够授权仲裁员直接适用商人法规则而无须诉诸冲突法分析。[②]

但另一些学者则持相反态度,认为仲裁员适用国际商事条约、国际商事一般法律原则的依据不可能是“公允及善良原则”,尽管该原则最为典型地体现了仲裁员拥有宽泛的自由裁量权。[③] 该原则的主要作用是为了保障仲裁员以追求裁决公正性为目的能够忽视已有法律规则或超出仲裁协议范围做出个案裁决。因而只要仲裁员确实基于法律规则做出裁决,其都并不是在行使“公允

① Filip De Ly, *International Business Law and Lex Mercatoria*, Emerald Publishing Limited Publisher, 1992, pp. 122 – 123.

② Eric Loquin, “L' Amiable Composition en Droit Compari et International, contribution ǎ l' étude du non-droit dans l' arbitrage commercial”, *Revue internationale de droit compare*, 34, 1982: (2), pp. 468 – 470.

③ Maren Heidemann, *Methodology of Uniform Contract Law-The UNIDROIT Principles in International Legal Doctrine and Practice*, Berlin: Springer Pubulishing, 2007, pp. 206 – 207.

庭仲裁员组成来自不同的法律体系，因而法律解释方法并不像国内法院一样从本国出发，更能够尊重国际商事条约法理。① 因为国际商事仲裁的基础就是当事人之间的仲裁协议，因而国际商事仲裁庭更尊重当事人意图并较少受到来自国内冲突法的约束。这一观点实质上从国际商法的“当事人意思自治”适用基础出发，认为国际商事仲裁权具有契约性属性因而更为尊重当事人协议选择法律从而产生了国际商法法源适用优势。作者研究认为，不仅如此，国际商事仲裁中仲裁员自由裁量权是仲裁员得以发挥法律适用主观能动性的现实基础，并成为国际商事条约在内的国际商法法源适用的新的推动力。随着仲裁权自治性理论的影响，仲裁规则法律适用模式越来越表现出非国内化和直接适用法律方法倾向，实质上归根结底都是在逐步扩大仲裁员的权力。在仲裁规则立法层面解除仲裁员法律适用方面的约束，能够使其真正以满足国际商事需要为根本出发点选择并适用法律，真正实现实体正义。

## 本章结论

通过对不同缔约国适用 CISG 公约判例进行比较分析可得，各缔约国在国内法律适用法中直接承认国际商事条约优先适用地位的国家并不多，只有德国在 EGBGB 中明确规定了国际商事条约优先于国内法的适用地位，可以说德国是统一实体法理念的积极拥护者和实践者。而中国、美国、希腊、意大利等国家在法律适用立法层面上并没有直接体现统一实体法与国内冲突法、国内实体法的关系地位问题。但立法层面的不确定却并未根本性地影响到国际商事条约在司法判例中被优先适用，各国司法者同样并未采取相同的法律适用或解释方式，而是更多地从本国立法、司法制度和法律传统的已有基础或授权前提出发，灵活地通过法律适用技巧实现了对条约的优先适用或直接适用。虽然各国司法机构优先适用 CISG 公约司法裁决基于不同的说理模式，但其共

---

① Nils Schmidt-Ahrendts, “CISG and Arbitration”, *Annals of the Faculty of Law in Belgrade International Edition*, 2011, pp. 221 – 223.

# 第三章　CISG 公约优先适用的问题表征

从法律渊源性质区分，现代商人法可以分为具有法律约束力的硬法、无法律约束力的软法两种类型。硬法包括国际条约或国际协定，以及其他任何形式的国内立法；软法则包括示范法、法律重述、立法指导、商事惯例等其他无法律约束力的法律形态。但软硬法的区别不能够绝对与其法律适用达到的法律结果一致性的程度画等号。例如 CISG 公约虽然被视为具有法律约束力的统一法，但实践中 CISG 公约的统一适用极为薄弱，一方面因为缺乏国际监管机关和政治压力保障公约适用的统一性程度，另一方面源于 CISG 公约本身将当事人意思自治（第 6 条）和当事人商事惯例（第 9 条）放在了优先适用顺位上，造成 CISG 公约适用存在较多的灵活性。而《跟单信用证统一惯例》（Uniform Customs and Practice for Documentary Credits, UCP）这一软法性质的统一法，在适用中的统一程度反而较高，其几乎适用于所有同类型的信用证交易中，实践中银行也几乎不会允许当事人通过意思自治排除 UCP 的适用。因而这一软法统一法事实上获得了最为有利的国际内法模式中。这种适用错误主要发生在 CISG 公约生效适用的初期阶段，但同样不乏一些国家至今仍然存在这一严重错误。忽视 CISG 公约适用问题又可以具体分为司法者忽视 CISG 公约可适用性的优先考察与滥用 CISG 公约排除规则两种情形。

对 CISG 公约统一法宗旨进行目的解释和对 CISG 公约第一部分条款进行整体解释，我们可以看出统一法的适用方法论具有明显的先后次序，CISG 公约第一部分条款顺序安排实质就体现了这一点。法官在面对国际商事合同纠纷时，首要的任务就是依据 CISG 公约第 1 ~ 5 条考察该公约是否具有初步适用性，在此基础上根据第 6 条最后考察当事人是否具有排除 CISG 公约适用的意图。这种统一法适用方法论的目的在于尽可能扩大 CISG 公约的适用程度，以最大化实现统一商事合同法律的效果。从文义解释角度看，CISG 公约第 6 条的措辞是当事人可以“排除”(exclude)公约适用，这显然是建立在公约具有初步可适用性的基础之上。因而 CISG 公约强调的是当事人排除 CISG 公约适用的权利，而并未采用冲突法下当事人意思自治原则通常的意义：当事人具有选择准据法的权利。这导致在冲突法方法下，法官通常优先考察当事人准据法选择的意图，而统一法下当事人意图是法官最后一步的考虑。进一步分析可得，事实上 CISG 公约希望适用统一法成为一种优先的常态，而仅仅留有一个当事人“减损”(derogate) CISG 公约适用的例外，但并未像冲突法方法一样过度强调当事人选择准据法的自由。这意指统一法对当事人意思自治存在一定的限制，这一限制的目的仍是保障统一法的统一适用。但反观 CISG 公约适用的司法实践，我们发现有太多案例显示法官仍然纠结于国际私法和 CISG 公约优先适用之间的关系，或仍然采取冲突法方法优先考察当事人法律选择。

**一、忽视 CISG 公约优先适用性**

忽视 CISG 公约优先适用法理的结果是，虽然国际商事条约具有明显的可适用性而被法官忽略适用，特别是在当事人或律师并未提及或意识到国际商事条约可适用的情况下。忽视 CISG 公约适用问题尤其发生在一些消极适用 CISG 公约的缔约国中，这些国家并未完全掌握国际商事条约适用的正确方法论，因而仍然在正确适用 CISG 公约的道路上摸索。加拿大和澳大利亚这两个正表现出更为努力正确适用 CISG 公约的态度,开始参考 CISG 公约国际判例解释 CISG 公约条款。2005 年,加拿大最高法院出现了首个提及 CISG 公约的判例 GreCon Dimter Inc. v. J. R. Normand Inc. 案,①但该案中加拿大最高法院未能够正确解释当事人法律选择条款,依旧错失了最高法院树立 CISG 公约正确判例的机会。② 虽然通过研究加拿大判例我们可以观察到,忽略适用和错误适用 CISG 公约的情况在不断改善,但总体上看这种进展是缓慢的,似乎并未达到一种理想状态,尤其相较于加拿大在全球国际贸易中的地位而言。③

另一个在国际商事条约适用方面表现令人失望的贸易大国是澳大利亚。许多澳大利亚本国学者研究认为,澳大利亚在理解和适用 CISG 公约方面并没有享有很好的声誉。④ 一些澳大利亚学者也调查研究认为,澳大利亚适用 CISG 公约的案例数量极少,司法机关持续地表现出对 CISG 公约正确适用理念和积极性的缺乏,并且澳大利亚律师界在法律选择阶段具有自动排除 CISG 公约适用的倾向。⑤ 虽然澳大利亚最高法院(High Court)是承认国际统一法理念的,并认为法律的统一性是推动国际贸易确定性和可预见性的重要特征,特别是在有关《华沙公约》的判例中。⑥ 例如 Air Link Pty Limited v. Paterson 案中,法庭承认"本法庭的裁决必须密切关注任何有关国际法的发展,包括其他

---

① GreCon Dimter Inc. v. J. R. Normand Inc. (2005), 255 D. L. R. (4th) 257, [2005] 2S. C. R. 401, 336 N. R. 347.

② Antonin I. Pribetic, "The (CISG) Road Less Travelled-Case Comment on GreCon Dimter Inc. v. J. R. Normand Inc.", *Canadian Business Law Journal*, 2007:(44), p. 92.

③ Rajeev Sharma, "The United Nations Convention on Contracts for the International Sale of Goods: The Canadian Experience", *Victoria University of Wellington Law Review*, 2005:(36), p. 858.

④ Lisa Spagnolo, "The Last Outpost: Automatic CISG Opt Outs, Misapplications and the Costs of Ignoring the Vienna Sales Convention for Australian Lawyers", *Melbourne Journal of International Law*, 2009:(10), pp. 141 - 216; Christopher Kee, Edgardo Munoz, "In Defence of the CISG", *Deakin Law Review*, 2009:(14), pp. 99 - 124.

⑤ Lisa Spagnolo, "The Last Outpost: Automatic CISG Opt Outs, Misapplications and the Costs of Ignoring the Vienna Sales Convention for Australian Lawyers", *Melbourne Journal of International Law*, 2009:(10), p. 159.

⑥ Bruno Zeller, "The Challenge of a Uniform Application of the CISG-Common Problems and Their Solutions", *Macquarie Journal of Business Law*, 2006:(3), pp. 313 - 314.

诉瑞士卖方的合同纠纷，诉讼程序中原告完全基于南澳大利亚货物销售法案进行诉讼，并未意识到CISG公约可适用于该案。直到已经进行了四次庭审后，案件审理的伯利法官才意识到并指出，CISG公约是南澳大利亚法律的一部分，因此应当适用CISG公约而不是适用澳大利亚货物销售法案于本案。法官立即要求双方基于CISG公约提出进一步意见，但却遭到了原告律师的拒绝，并认为该案中CISG公约无须适用。这一观点被伯利法官所驳回，其认为不适用CISG公约对于原告的诉求来说是致命的。

此外，澳大利亚的邻国新西兰的CISG公约适用情况同澳大利亚一样并不乐观。新西兰自1994年批准加入CISG公约，然而直到2010年才出现第一个实质依据CISG公约裁决的案例Smallmon & Transport Sales & Anor。① 从经验考察，新西兰商事主体经常在合同中排除CISG公约适用，并且CISG公约教育甚少出现在新西兰法学院。因而总体上看，CISG公约在新西兰法律中处于边缘地位。②

对条约的忽视适用问题不仅仅发生在较少适用CISG公约的缔约国，即使在积极拥护条约的中国和美国，在适用CISG公约初期也同样存在这一问题。据我国学者统计，在我国法院适用CISG公约的案例中，首先考虑合同双方当事人有无作出法律选择的案例仍然占据主流，而仅有很少的判例显示，法官首先考虑了CISG公约的可适用性问题。③ 例如，在我国2002年上海市第一中级人民法院审理的"Gammatex International Srl诉上海东方鳄鱼服饰有限公司案"中，CISG公约具有可适用性但法官并未适用，我们并不清楚法官是并未意识到CISG公约的可适用性还是虽然意识到CISG公约的可适用性但仍因为当事人

① Smallmon & Transport Sales & Anor (High Court Christchurch), CIV - 2009 - 409 - 000363, 30 July 2010, French J.

② Petra Butler, "The Use of the CISG in Domestic Law", *Annals of the Faculty of Law in Belgrade International Edition*, 2011, pp. 9 - 10.

③ 石慧：《论法院适用〈联合国国际货物销售合同公约〉的路径——与冲突法规则之间的关系》，载《法学杂志》2015年第12期。

Products 案中,法庭甚至完全拒绝讨论 CISG 公约可适用性问题。①

综上所述,许多缔约国法官都存在忽视优先考察国际商事条约可适用性的问题,与 CISG 公约第一部分法理相违背。这意味着在主动维护国际商事条约统一法义务方面,法官并没有发挥应有的积极作用。这一方面源于司法者本身对国际商事条约优先适用和直接适用法理的漠视,并未脱离传统国内法的适用惯性。因而上述许多判例中,审理法官自身在案件审理过程中都并未意识到 CISG 公约的可适用性问题。另一方面我们发现,当事人及律师的法律适用主张在很大程度上影响着法官的准据法选择,在当事人及其律师并未主动提及 CISG 公约适用的情况下,法官可能并不会主动适用公约,而是尊重当事人准据法选择,实质是一种实体法上的错误。这种优先考察当事人法律选择的做法仍然是冲突法范式下的思维模式,而统一实体法的适用则要求法官无论当事人是否已有准据法选择,都应当优先考察 CISG 公约是否具有可适用性。忽视 CISG 公约可适用性问题不仅仅会导致程序上的拖延和诉讼成本的增加,更为重要的是会对案件实体审理结果及当事人权利义务产生极大影响。

**二、滥用 CISG 公约排除规则**

忽视国际商事条约可适用性问题是指法官自身根本并未意识到相关条约应当予以适用调整案件争议,而国际商事条约排除规则的滥用问题则是指法官虽然已经意识到存在可适用的条约,但通过错误地解释 CISG 公约排除规则(opt-out rule)轻易地实现了规避 CISG 公约适用的结果。

任意性国际商事条约通常允许当事人有权排除条约部分或全部的适用,例如 CISG 公约第 6 条。这种灵活性的适用规定目的是保障当事人意思自治和合同自由,因而更好地适应国际商事主体的贸易需求。但我们观察到,CISG 公约第 6 条排除规则在全球范围内都被滥用成为规避 CISG 公约适用的惯用手段,尤其在缔约国律师和商事主体并不十分熟悉 CISG 公约的初期,从业律师经常会“标准性”地建议当事人在合同起草阶段就排除 CISG 公约适用,因为

---

① Genys Victoria M. ,“Blazing a Trail in the New Frontier of the CISG: Helen Kaminski Pty. Ltd. v. Marketing Australian Products, Inc.”, *Journal of Law and Commerce* 17, 1998:(2), pp. 415 -426.

认的冲突规则有着本质的不同,虽然两者都起到了改变法律适用的作用。国际商事条约适用范围中的当事人意思自治原则规定,主要强调的是当事人具有排除适用 CISG 公约的自由,而不是冲突法规则中强调当事人选择法律的自由。对 CISG 公约条款进行文义解释就可以看出,CISG 公约第 6 条规定"当事人可以不适用公约"、"减损"或"改变"其效力,因而该条被称为 CISG 公约的排除规则条款。这显然不同于传统国际私法领域中当事人意思自治原则的含义,其主要赋予当事人选择准据法的权利,因而两者承担并发挥着不同的功能作用。这是因为当满足国际商事条约的法定适用条件后,CISG 公约的优先适用就是一种应然的状态,具有了自动适用的绝对效力,除非当事人之间的合意才能打破这种初步可适用性假设。

从 CISG 公约立法历史和立法目的可以看出,CISG 公约起草者一方面强调 CISG 公约本身是非强制性的,各当事人可以完全或部分地不适用公约,而另选择 CISG 公约以外的法律作为合同应遵守的法律。但另一方面更为重要的是,CISG 公约起草者仍然希望 CISG 公约的适用成为一种应然的常态,并且当事人排除 CISG 公约适用并不应当被扩大化解释。首先,在 CISG 公约订立起草时,学者对 CISG 公约适用方式问题进行了讨论。对于 CISG 公约是不是应当仅仅在当事人选择适用(opting-in)时才能够适用存在很大争议。加拿大就曾经建议 CISG 公约只有在合同当事人"希望适用"时才适用,而非第 6 条规定的那样,除非各当事人"不希望适用",否则 CISG 公约的规定应适用。① 最终立法者将 CISG 公约适用设立为一种"自动适用"方式(允许当事人协议排除),而不是依赖当事人选择适用。其次,秘书处编写的《联合国国际货物销售合同公约草案的评注》中提到,在 CISG 公约第 6 条的起草过程中,起草者已经意识到并担忧当事人排除权利可能被法官根据并不充分的理由而判定不适用 CISG 公约,因而有意删除了"不适用可以是明示的或暗示的"表述。② 可见,CISG 公约意图引导法官在分析公约可适用性时遵循与条款顺序设定一样的步

---

① 《关于各国政府和国际组织对国际货物销售合同公约草案以及关于执行、保留及其他最后条款的条文草案的评论和建议的分析》,文件 A/CONF. 97/C. 1/L. 10。

② 秘书处编写的《联合国国际货物销售合同公约草案的评注》,文件 A/CONF. 97/5。

官得以适用国内法规则审查当事人合意。这是国际商事条约优先适用效力作用于当事人自治原则规定本身的特殊表现。之所以强调这一点,是因为国际商事条约对当事人意思自治的审查规定与国内法显著不同,如果法官错误地忽视这一点极易导致对条约可适用性的错误裁决。

CISG 公约第 6 条的存在确实给予了当事人选择或排除该公约适用的巨大权利,这种权利虽然作为 CISG 公约第一部分的最后一个条款予以规定,但却拥有推翻 CISG 公约初步可适用性的能力,从而成为 CISG 公约适用范围的一个“缺口”。因而一些学者认为,CISG 公约作为任意性条约的存在,最终是否选择适用 CISG 公约实质仍掌握在当事人手中。CISG 公约第 6 条削弱了自己作为成文法的效力,如果合同准据法能够轻易被减损适用,则失去了 CISG 公约的意义,因为第 6 条体现的合同自由原则与 CISG 公约序言中强调的“考虑到在公平和互利基础上发展国际贸易是促进国家间友好关系的重要因素”这一宗旨相矛盾,使得第 6 条的存在很可能无法保护处于弱势地位的商事主体,而仍然由经验更丰富的交易方主导合同的订立。[1] 这些观点显然建立在单独解释 CISG 公约第 6 条的基础上,并未将其放在 CISG 公约统一法目的下进行系统解释,从而过分夸大了第 6 条的消极作用。事实上,如何具体解释和适用国际商事条约的排除规则是非常复杂的问题。在统一法背景下,国际商事条约独立发展出解释当事人意思自治原则的判例法,显著区别于普通国内冲突法所承认的当事人意思自治原则的内涵。在国内法和国际条约两种不同的体系下解释当事人意思自治原则,对当事人协议排除意图的判断可能产生不同的结果。

由于国际商事条约的主要政策性目标就是扩大适用程度,法官轻易认定当事人排除其适用成立无疑会削弱这一目的的实现。因而总体上看,国际商事条约的优先适用义务使大部分法官在认定当事人排除 CISG 公约适用时采取了更为谨慎的态度,法官倾向于对当事人协议排除 CISG 公约采取更高的判定标准。这种严格解释并未影响到当事人意思自治原则,而是旨在保障更加

---

① Monica Kilian, “CISG and the Problem with Common Law Jurisdictions”, *Journal of Transnational Law and Policy*, 2001:(10), pp. 225 - 226.

据该合同条款和日本并不属于 CISG 公约缔约国的事实，认为该案件中 CISG 公约不应当适用，因为该合同条款构成了 CISG 公约第 6 条规定的默示排除。但一名仲裁员提出了区别于多数意见的反对意见，其认为 CISG 公约应当根据第 1 条第 1 款 b 项适用并且选择意大利法的合同条款事实上是确认了 CISG 公约的可适用性，而不是排除其适用。1993 年意大利蒙扎地方法庭审理的 Nuova Fucinati v. Fondmetall International 案也持有这一观点。① 该案涉及意大利卖方与瑞典买方之间的铬铁合金买卖合同争议。由于合同订立之时瑞典并不是 CISG 公约缔约国，因而法官认为 CISG 公约第 1 条第 1 款 a 项不适用。双方当事人选择“意大利法”为合同准据法，法官认为这种当事人合同选择并不属于冲突法规则，不能够根据 CISG 公约第 1 条第 1 款 b 项得到适用，b 项仅在当事人没有合同准据法选择时存在。在中国，2005 年“中国北京陈光辉龙电子技术发展有限公司诉法国泰利斯公司案”中，②原告认为应当适用中国法和 CISG 公约，而被告认为中国法仅指中国国内法不包括 CISG 公约在内。北京市高级人民法院裁决认为双方当事人已经选择了“中国法”，因此排除了 CISG 公约的适用。2005 年，在加拿大最高法院审理的 GreCon Dimter Inc. v. J. R. Normand Inc 案中，③德国 GreCon 生产商（卖方）与加拿大 Normand 公司（买方）签订了设备买卖合同，该设备用于 Normand 公司转卖给另一家加拿大公司 Tremblay。由于德国生产商迟延交付货物，Tremblay 起诉 Normand 公司和德国 GreCon 生产商。在 GreCon 与 Normand 之间的买卖合同中，规定了准据法选择条款：“本协议由德国法予以调整和解释，以排除任何其他州或国家法律（不包括冲突法原则）。”加拿大最高法院认为这一准据法条款足以排除 CISG 公约适用。

国际商事仲裁院的一些早期案例也持有这一观点。例如，在 1995 年 ICA

---

① Nuova Fucinati v. Fondmetall International, Italy 14 January 1993 District Court Monza, http://cisgw3.law.pace.edu/cases/930114i3.html.

② Beijing Chen Guang Hui Long Electronic Technology Development Ltd. v. Thales (France) Co., Beijing High People's Court, 2005, http://cisgw3.law.pace.edu/cases/050318c1.html.

③ GreCon Dimter Inc. v. J.R. Normand Inc. (2005), 255 D.L.R. (4th) 257, [2005] 2S.C.R. 401, 336 N.R. 347.

案”中，[①]法庭认为CISG公约根据第1条适用，并且当事人在备忘录中协议提及适用“德国法”的事实并不与CISG公约适用相违背，因为选择“德国法”本身的做法不能够构成CISG公约第6条的默示排除。

在意大利，不同于上文提及的否定CISG公约适用的做法，一些地区法庭认为当事人选择缔约国法并不能够视为排除公约。[②] 例如2005年帕多瓦地区法庭审理的Ostroznik Savo v. La Faraona soc. coop. a. r. l案中，在斯洛文尼亚卖方和意大利买方之间的兔子供货合同中，约定合同由“法国巴黎国际商会的法律和规章”调整，这种表述表面上看来是当事人意图排除意大利或斯洛文尼亚国内法的适用。但法庭认为统一实体法条约例如CISG公约应当优先于冲突法方法，因而法官应当尽可能地倾向于使用统一实体法条约当中的实体规则。法官同时强调本案中诉诸国际商会法律或规则不能够视为默示排除CISG公约。

在美国，美国纽约联邦地区法庭审理的St. Paul Guardian Insurance Company et al. v. Neuromed Medical Systems & Support et al. 案中，[③]当事人双方在合同中约定“德国法”为准据法，法庭认为这并不构成对CISG公约第6条下的排除适用。因为双方当事人都并未在合同中明确排除CISG公约，并且CISG公约作为德国法的一部分，当事人选择德国法理应包括作为国内法一部分的CISG公约，因而应当依照CISG公约第1条第1款a项直接适用公约。

一些案件甚至完全否定了通过合同进行默示排除，认为只有明示排除才是有效的。[④] 支持这种观点的主要依据是，CISG公约本身构成缔约国法律的

---

① Plants case, Germany 23 October 2006 District Court Bamberg, http://cisgw3. law. pace. edu/cases/061023g1. html.

② Ostroznik Savo v. La Faraona soc. coop. a. r. l, Italy 11 January 2005 District Court Padova, http://cisgw3. law. pace. edu/cases/050111i3. html.

③ St. Paul Guardian Insurance Company et al. v. Neuromed Medical Systems & Support et al., United States 26 March 2002 Federal District Court [New York], http://cisgw3. law. pace. edu/cases/020326u1. html.

④ District Court (LG) Landshut, 5 April 1995, http://cisgw3. pace. edu/cases/950405gl. html; Orbisphere Corp v. United States, 726 F Supp 1344, Federal Court of International Trade, USA, 24 October 1989, n 7, http://cisgw3. law. pace. edu/cases/891024ul. html; Tribunal of International Commercial Arbitration at the Russian Federation Chamber of Commerce and Industry, Award 54/1999, 24 January 2000, [1], http://cisgw3. 1aw. pace. edulcases/000124rl. html.

Can. Ltd. 案件中,[①]法庭认为选择特定美国州法法律不能够视为是对 CISG 公约的有效排除,因为根据美国宪法最高条款,CISG 公约属于自执行条约,构成各州应当遵守的法律。然而在美国其他一些判决中法官存在相反理解。例如,在 Am. Biophysics Corp. v. Dubois Marine Specialties 案中,[②]法庭认为当事人在合同当中并未提及 CISG 公约但是选择了美国罗得岛州州法就有效地排除了对 CISG 公约的适用。

可见,对当事人合同中选择缔约国法律是否有效排除 CISG 公约适用问题,各个缔约国之间甚至同一国家的不同法院之间都存在不同的理解。当事人在合同中仅泛泛表明选择一缔约国法律而并未明确某一具体法律规则时,无法构成对 CISG 公约可适用性的有效排除。这是因为 CISG 公约生效后就被纳入缔约国法律体系中,因而选择某一缔约国法律应当包括作为该国法律体系一部分的 CISG 公约。此外,回归到统一法与冲突法方法论比较层面考虑,统一法下当事人选择的法律应当具体定域于法律规则本身,而并不是冲突法下当事人合意选择只是指向某一法律体系的法律行为。[③] 因而统一法下当事人有效选择或排除法律都应当具体到法律规则层面,而选择某一缔约国法律仍然仅仅是定域于法律的行为,不能够视为具有明确的排除 CISG 公约意图。最后,从立法目的上考察,认同当事人这一做法并不利于扩大统一法适用。在 CISG 公约起草的维也纳会议上,选择一国法律就一律等同于排除 CISG 公约适用这一建议被明确地遭到了反对。[④] 如果想要通过选择一国的法律排除 CISG 公约而仅适用该国的国内买卖法,则需要当事人有明确的相应意思表示。因为很可能当事人不是有意识地背离国际商事条约而选择其他法律,而只是忽略了国际商事条约的可适用性。综上所述,CISG 公约的主流学说和判例法发展已经显现出了这样一种趋势:当事人在合同中选择适用缔约国法律,并且

---

① Travelers Prop. Cas. Co. of Am. v. Saint-Gobain Technical Fabrics Can. Ltd., 474 F. Supp. 2d 1075 (D. Minn. 2007).

② Am. Biophysics Corp. v. Dubois Marine Specialties, 411 F. Supp. 2d 61(D. R. I. 2006).

③ Filip De Ly, *International Business Law and Lex Mercatoria*, Emerald Publishing Limited Publisher, 1992, pp. 72 – 73.

④ 《联合国国际货物销售合同公约草案的评注》,文件 A/CONF. 97/5。

如果当事人全部基于国内法进行诉争,是否能够认为其具有有效默示排除CISG公约适用的意图?一些法官认为,在审判程序中当事人未提及CISG公约的可适用性,就等同于达成了默示排除的协议。[①] 例如,在奥地利最高法院审理的Ho Myung Moolsan Co. v. Manitou Mineral Water, Inc.案中,[②]在原告并未反对的情况下双方当事人事实上一直依据纽约州州法进行诉讼直到审判。2001年美国加利福尼亚联邦地区法庭审理的China National Metal Products v. Apex Digital案件中,[③]法庭以当事人双方基于加利福尼亚州州法进行诉讼和抗辩为由,判定应当适用加利福尼亚州州法。该案中中国卖方与美国买方约定DVD买卖合同争议由仲裁条款调整,却并无准据法选择条款。中国卖方随后向美国法庭申请确认权利和扣押财产以支持仲裁裁决的申请。在法庭审理过程中,中国卖方认为加利福尼亚州州法适用于销售合同,却并未提及CISG公约的适用。虽然买方保留有要求适用CISG公约的权利,但事实上买方仍然在诉讼程序中基于加利福尼亚州州法进行抗辩。法庭认为,双方当事人并未提出中国法或CISG公约是否适用的问题,而是全部依据加利福尼亚州州法进行诉讼,因而除非当事人提供中国法或CISG公约或提供外国法如何具体适用,否则仍应适用美国加利福尼亚州州法。

在智利,智利最高法院也持有此种观点。2008年智利最高法院上诉审理了Jorge Plaza Oviedo v. Sociedad Agricola Sacor Limitada案,该案有关营业地位于阿根廷的买家与营业地位于智利的卖家之间的羊皮买卖合同纠纷,买方起诉卖方并未履行合同并要求损害赔偿。双方当事人并未选择准据法,在诉讼过程当中也并未提出CISG公约的可适用性争议。智利法官和最高法院因此认为,当事人在诉讼程序中并未提出CISG公约适用就等同于默示排除了其

---

① Tribunale Civile di Cuneo, Italy, 31 January 1996, http://cisgw3. law. pace. edu/cases/96013 1i3. html; Tribunale di Vigevano, Italy, 12 July 2000, http://cisgw3. law. pace. edulcases/000712i3. html.

② Ho Myung Moolsan Co. v. Manitou Mineral Water, Inc., 665 F. Supp. 2d 239 (S. D. N. Y. 2010).

③ China National Metal Products v. Apex Digital, Inc., 155 F. Supp. 2d 1174 (C. D. Cal. 2001).

为方式及会产生类似法律效果的行为方式都有效。[①] 而在诉讼程序当中基于某一国内法进行诉讼和抗辩,无疑属于合同事后行为,此时当事人是否具有法律选择的意思表示需要通过 CISG 公约第 8 条予以解释。2012 年版《〈联合国国际货物销售合同公约〉判例法摘要汇编》也规定:"在第 8 条适用的情况下,排除对国内法解释规则的执行,因为第 8 条详尽地处理了解释的问题。"

因此综上所述,国际商事条约在解释当事人法律选择意图时采取了更为谨慎的态度。尤其当事人选择国内法规范主张权利这一行为本身,并不能够充分地或轻易地等同视为对 CISG 公约全部或部分的排除。因而总体上看,法官在适用国际商事条约中的排除规则采取一种严格限制解释方式,这使得实践中能够达到真正排除 CISG 公约适用的情况是很有限的。当事人协议排除(明示或默示)必须采取一种明确的方式,必须达到知晓国际商事条约可适用性的前提下仍坚持诉诸国内法或非统一法的程度。具体而言,第一,明示排除 CISG 公约适用是指根据 CISG 公约第 6 条达成了排除适用合意。有效排除 CISG 公约的适用,必须在合同中具有明确的语言表述。合同中具有"排除 UNCITRAL 立法"的表述可以视为具有排除 CISG 公约的明显意图。[②] 第二,判定有效的默示排除,法官必须首先确认双方当事人知晓 CISG 公约适用可能性。另外,默示排除 CISG 公约时当事人必须明确选择特定的法律作为准据法,缺乏有效的法律选择条款,冲突规则不能予以适用。如合同中指明选择具体的国内立法或法典可以视为具有排除 CISG 公约的合意。[③] 尤其法官判定诉讼程序中是否存在当事人默示排除,关键必须根据 CISG 公约第 8 条综合考察各种因素,判断当事人是否具有明确、真实的默示排除意图。

---

① [德]彼得·施莱希特里姆:《〈联合国国际货物销售合同公约〉评释》,李慧妮编译,北京大学出版社 2006 年版,第 48 ~ 49 页。

② Olivaylle Pty Ltd v. Flottweg GmbH & Co KGAA (No. 4) (2009) 255 ALR 632.

③ Oberlandesgericht [Court of Appeal] (OLG) Stuttgart, Germany, 31 March 2008, http://cisgw3. law. pace. edulcases/080331gl. html.

售合同关系不属于CISG公约第2条、第3条排除适用的范围,而我国国内法对国际货物买卖合同没有明确的规定,根据《民法通则》第142条第2款规定的精神,本案应考虑适用CISG公约的有关规定"。这些案件裁决的共同点都是存在"依照《民法通则》第142条规定,公约得以适用"的类似表述,足见其将《民法通则》作为了CISG公约适用的效力依据。

其次,更为普遍的错误是,实践中许多判例将"不同规定"错误地解读为适用国际商事条约的前置条件,导致中国法庭和仲裁庭出现倾向优先考虑中国冲突法和国内法规定的适用错误,并将其作为适用CISG公约的预备步骤。① 虽然根据我国《民法通则》及民商事立法有关规定,可以推论出国际条约在我国具有优先于国内法的地位。但许多案件中法官在适用国际商事条约时,并不是直接依据国际条约的优先效力,而是以《民法通则》第142条本身作为条约适用的效力来源,或将该条作为条约适用的"跳板"。例如,在上海市第一中级人民法院审理的"上海王瑞祥时尚女装有限公司诉美国发展有限责任公司与上海丝绸有限责任公司案"中,②法官认为,由于双方当事人并未选择合同准据法,所以应当根据最密切联系原则确定准据法,本案中应当适用中国法。但由于国际货物买卖双方当事人营业地位于CISG公约不同缔约国,根据《民法通则》第142条第2款,CISG公约应当予以适用。再由于CISG公约规定与中国合同法规定并无区别,因而应当适用中国合同法。该案中,法官认为中国法和CISG公约规定并不存在不同,因而放弃了对CISG公约的适用。足见法官将国内法或国内法与CISG公约规定的比较作为了CISG公约适用的前置条件,这实质上仍然属于优先适用国内法的一种表现。

**二、国内冲突法前置适用**

CISG公约第1条第1款a项和b项分别规定了CISG公约直接适用和间接适用两种方式。虽然CISG公约本身并未言明两个条款之间的关系,但许多

---

① Xiao Yongping, Long Weidi, "Selected Topics on the Application of the CISG in China", *Pace International Law Review*, 2008:(20), p.71.

② Shanghai Wangruixiang Fashion Co. Ltd. v. U.S. Trend Co. Ltd., Shanghai Silk (Group) Co. Ltd., Shanghai No. 1 Intermediate People's Court, 2003, http://cisgw3.law.pace.edu/cases/030623c1.html.

这一问题产生的实质原因仍是法官受到了已有含有冲突法规则的国内法规的影响。德国著名统一法学者彼得·施莱希特里姆(Peter Schlechtriem)认为,德国法院不需要在解决一个案件时从 EGBGB 第 3 条入手,但是当然从援引 EGBGB 第 3(2)条起也不是错误的。[①] 这说明结合国内法适用 CISG 公约的做法至少是不必要的。另一位德国学者曼考斯维奇(Mankowski)则持相反观点,其认为尽管 CISG 公约第一部分规定了适用条件,但 CISG 公约并不能凭借其自身成为准据法,因为德国 EGBGB 第 27(1)条是其成为准据法的依据。[②] 而规避 CISG 公约第 1 条第 1 款 a 项而转而通过 b 项适用 CISG 公约,看似实现了相同的适用结果,但这种做法实质是法官将统一实体法法律适用与本国冲突法方法相妥协的结果。并且这意味着法官并不情愿完全脱离冲突法方法,或将 CISG 公约视为与国内法一般无二的普通国内法而不是一种特殊法。因而这种适用方法不仅是错误的而且是十分“危险”的,从长远来看并不利于统一实体法目的和宗旨的实现。

## 第三节 平行适用国内法问题

另一种违背国际商事条约优先适用法理的典型问题是平行适用国内法,其发生在准据法选择之后的具体法律适用和法律解释阶段。平行适用国内法是指即使法官正确地选择了国际商事条约作为准据法,但依然可能在法律适用阶段忽视条约的优先性质,而错误地适用国内法或以与适用国内法相同的方式适用国际条约。

**一、双重准据法问题**

一般认为,如果国际商事条约与一国国内立法存在一定程度上的相符性,

---

① [德]彼得·施莱希特里姆:《〈联合国国际货物销售合同公约〉评释》,李慧妮编译,北京大学出版社 2006 年版,第 8 页。

② Maren Heidemann, *Methodology of Uniform Contract Law-The UNIDROIT Principles in International Legal Doctrine and Practice*, Berlin, Springer Pubulishing, 2007, p. 194.

出发,而并不是首先考察 CISG 公约可适用性问题。其次,该案仲裁庭完全忽视了国际商事条约与国内法之间的排除与替代的关系,认为可以并行不悖同时适用两者,甚至 CISG 公约只是起到补充国内法的作用。因此该案法官将 CISG 公约作为了国内法的"缺省规则"处于落后于国内法适用的地位。这显然并不是 CISG 公约倡导的法律选择理念。作为特殊的国际规则,仲裁庭应当优先地全面地适用 CISG 公约,并排除埃及国内法的适用。①

我国也存在许多平行适用国际商事条约与国内法的判例。例如,在"深圳风神实业发展公司诉法国欧亚国际技术发展公司案"中,②当事人双方营业地位于不同缔约国,法庭认为 CISG 公约根据第 1 条第 1 款 a 项适用。然而裁决中法官将《涉外经济合同法》与 CISG 公约一同适用,并且不加以任何说理。在"珠海泰立调光设备有限公司与 Aterlight Electronic Control&Audio Systems Limited 合同纠纷案"中,③广东省高级人民法院审理认为,"泰立公司和 T 公司没有约定处理纠纷应适用的法律。由于卖方营业所所在地和合同履行地均在珠海市,依照最密切联系原则本案应适用中华人民共和国法律。泰立公司和 T 公司营业所所在地分别位于中国和新西兰。中国和新西兰均批准加入 1980 年《联合国国际货物销售合同公约》。根据《民法通则》第 142 条第 2 款的规定,中华人民共和国缔约或者参加的国际条约同中华人民共和国的民事法律有不同规定的,适用国际条约的规定。故本案亦应适用《联合国国际货物销售合同公约》的规定"。该案中,法官依然并未脱离传统的冲突法思路,利用最密切联系原则指引中国法的适用,并且法官认为适用中国法的同时"亦应适用"CISG 公约。显然,该案中法官仍然缺乏对 CISG 公约优先适用的正确认识。

尤其在当事人同时选择 CISG 公约和国内法时,法官倾向于认定 CISG 公约可以与国内法同时适用。例如,在"新加坡大光行有限公司与江苏省机械进出口集团股份有限公司国际货物买卖合同纠纷案"中,④当事人双方在原审法

---

① Amin Dawwas, Yousef Shandi,"The Applicability of the CISG to the Arab World", *Uniform Law Review*, 2011:(16), pp. 831 – 832.

② 参见(2000)武开法经初字第 25 号。

③ 参见(2004)粤高法民四终字第 274 号。

④ 参见(1999)经终字第 448 号。

会得到不同的法律解释。① 尽管统一立法表面上实现了统一,但其包含的技术术语仍然可能在不同法律体系存在不同含义。当技术术语表达越抽象时,冲突解释存在的空间越大。并且 CISG 公约需要从其整体予以考察,而不能仅从单一条文出发,这往往会在法律解释过程中产生"谬以千里"的结果。如果法官选择适用了与国际商事条约相似的国内法规定,法官就仍然会依据国内法通行的法律概念和理念解释法律条文,这会导致不一样的解释结果,与国际商事条约的统一法目的相悖。因而即使国内法采取并入或转化方式移植了国际商事条约的实质条款,也不能选择适用国内法,即使国内法与国际商事条约在法条表述上存在相似性,但仍然需要被排除适用。

## 二、"回家去趋势"问题

除在准据法选择阶段,法官可能由于国内法与 CISG 公约的相似性而出现平行适用问题外,另一个常见的问题是许多判例中,即使法官选择了 CISG 公约作为准据法,但法官却事实上仍然继续适用国内法规定。这种表面上尊重 CISG 公约准据法地位而在实际法律适用过程中更为隐蔽地回归国内法适用范式的现象,被学者们形象地称为"回家去趋势"(homeward trend)问题。②

### (一)"回家去趋势"问题的实证考察

这种"透过国内法的镜头"适用 CISG 公约的情况在实践中并不鲜见,也被许多学者予以探讨和研究。因而仅仅在案件中选择了 CISG 公约作为准据法,并不足以完全保障 CISG 公约的优先适用,表面上遵循直接适用方法论而实际上偏离 CISG 公约第 7 条统一解释方法,仍然会使得国内法影响到 CISG 公约的国际性和统一性。

产生这一问题的主要诱因是法官对适用国内法及其判例具有强大的惯性。当国内法适用惯性足够强大时会明显影响法官对 CISG 公约的统一解释。

---

① Sarah Howard Jenkins, "Construing Laws Governing International and US Domestic Contracts for the Sale of Goods: A Comparative Evaluation of the CISG and UCC Rules of Interpretation", *Temple International Law and Comparative Law Journal*, 2012:(26), p. 185.

② Christopher Sheaffer, "The Failure of the United Nations Convention on Contracts for the International Sale of Goods and a Proposal for a New Unifrom Code in International Sales Law", *Caradozo Journal of International and Comparative Law*, 2007:(15), p. 477.

中,参与案件的墨西哥律师同样并未恰当援用CISG公约,并未引导或说服法官参考其他法域的判例解释公约。墨西哥法院对CISG公约的消极态度同样影响了其对其他统一法的适用,例如1993年UNCITRAL《仲裁示范法》和UNCITRAL《电子商务示范法》,这些统一法立法都被分散地并入墨西哥商法典和民法典当中,却并未得到法官的重视。

(二)"回家去趋势"问题的判例法分析

通过考察CISG公约判例法,在如下CISG公约规定的适用中各国法庭持续表现出典型的"回家去趋势"错误,而共性是这些CISG公约规定都存在一定的模糊之处,客观上产生了法官更大的解释空间。

1. CISG公约第8条的统一解释问题

CISG公约第8条允许法庭或仲裁庭使用合同订立前和订立之后的行为解释合同条款,特别是该条第3款规定,"在确定一方当事人的意旨或一个通情达理的人应有的理解时,应适当地考虑与实施有关的一切情况,包括谈判情形、当事人之间确立的任何习惯做法、惯例和当事人其后的任何行为"。这种规定与普通法系的主流观点不同,普通法系国家普遍认为脱离合同的明确文字表述考察当事人主观意愿是不可取的,因而书面合同本身是确定当事人意图的全部证据。[①] 因而对当事人之间额外口头约定的法律认可在普通法系法律传统上被否认,用以明确当事人意图的外来材料和行为被排除回避。这种CISG公约与国内法规定之间的冲突常常成为统一解释问题的主要原因。

以美国为例,CISG公约与UCC存在显著冲突的规定之一就是"口头证据规则"。在美国合同法中,"口头证据规则"被广泛适用因而对于美国律师而言十分重要。其是指口头证据不能与合同条款相抵触,也不得用于补充完整合同。但CISG公约并未采取美国合同法中的这一概念,其使得书面合同可以被证言或其他证明书面合同与买卖双方真实协议不符的证据所反驳或推翻。[②]

---

① Bruno Zeller, "The Parol Evidence Rule and the CISG: a Comparative Analysis", *The Comparative and International Law Journal of Southern Africa*, 2003:(36), pp. 308-324.

② John P. McMahon, "Applying the CISG: Guides for Business Managers and Counsel", http://www.cisg.law.pace.edu/cisg/guides.html.

判例法,而寻求 UCC 及其国内解释作为指导。①

Filanto, S. p. A. v. Chilewich Intl Corp. 案是美国法庭第一个对 CISG 公约进行正确司法解释的判例。② 该案原告 Filanto 是意大利鞋子生产商,对被告美国国际贸易公司 Chilewich 提起违约之诉。该案的主要争议在于认定合同承诺及当事人之间合同是否成立。根据 UCC 第 2 - 207 条规定,即使承诺实质修改了要约的内容,合同同样成立。而依照 CISG 公约规定,如果对合同的承诺与要约内容不一致,只构成反要约因而合同并不成立。因此本案中不同准据法的选择将实质影响审理结果。该案主审法官根据 CISG 公约第 1 条第 1 款 a 项选择公约作为本案准据法,并且正确依据了 CISG 公约第 18 条第 1 款和第 8 条第 3 款进行了裁决。但遗憾的是,虽然本案法官对 CISG 公约的选择适用采取了积极的态度,本案中法官并未对 CISG 公约进行统一解释,而是参照了对外关系法律重述及纽约南区法院的两个判例等国内法进行法律说理。

Filanto, S. p. A. v. Chilewich Intl Corp. 案成为美国正确适用 CISG 公约判例法的先例,也继而被一些案件裁决所延续,例如 1998 年 MCC-Marble Ceramic Center, Inc. v. Ceramica Nuova D' Agostina 案件。③ 该案中,原告 MCC-Marble 是位于美国佛罗里达州的瓷砖零售公司,被告 Ceramica Nuova D' Agostino 是位于意大利的瓷砖生产企业。买方签订了标准合同,但是买卖双方约定标准条款并不适用于本案。买方用标准合同条款向卖方额外订购了一批瓷砖。在一次交付中,卖方并未交付买方订购的瓷砖,因而买方起诉卖方未交付货物的违约行为,卖方进而向买方提出未支付货款的反诉。买方认为其并未支付货款因为瓷砖并不符合质量要求,但卖方抗辩称买方并未在 10 天内向卖方提出货物不相符。买方告知法庭,其与卖方口头约定标准合同并不适用于其交易。

该案案情具有两个关键争议问题:第一,如何认定当事人的订约主观意图;第二,口头证据能否证明当事人订约的主观意图。这两个争议问题如由

---

① Delchi Carrier S. p. A. v. Rotorex Corp. , 71 F. 3d 1024 (2th Cir. 1995).

② Filanto, S. p. A. v. Chilewich Intern. Corp. , 789 F. Supp. 1229 (S. D. N. Y. 1992).

③ MCC-Marble Ceramic Center, Inc. , v. Ceramica Nuova d' Agostino, S. p. A. , 144 F. 3d 1384 (11th Cir. 1998).

定极易导致相悖的解释。对何时构成根本违约，CISG公约第25条提供了一些答案，“一方当事人违反合同结果，如使另一方当事人蒙受损害，以至于实际上剥夺了他根据合同规定有权期待得到的东西，即为根本违反合同，除非违反合同一方并不预知而且一个同等资格、通情达理的人处于相同情况中也没有理由预知会发生这种结果”。该条款将债权人的利益作为评判的密切标准，这种标准类似于一种主观标准，强调的是当事人受损害的程度或对债权人产生的后果和意义，而并不强调客观上违约造成损害本身的严重程度。但该条并未规定具体认定根本违约的可操作性标准，正因如此使得国内法规定“趁虚而入”地左右对CISG公约条款的理解。

在意大利法庭，关于根本违约的认定就存在“回家去趋势”问题。例如，在1998年Italedcor SAS v. Yiu Industries案件中，①意大利法庭仅仅审查了国内判例法就做出裁决，而错误地解释了CISG公约下的根本违约问题。② 该案涉及意大利买家诉香港卖家未在约定时间内交付纺织品货物的违约争议。该案法官认为，该案中卖方存在根本违约，考虑到双方当事人在订立合同后做出的澄清，本案情形下约定交付时间属于根本条款，然而卖方并无任何理由地拖延了约定时间，显然卖方向买方传真宣称先收到货款再交付货物并不构成正当理由。因而基于以上考虑，该案法官做出撤销合同偿还支付货款的裁决。然而本案中卖方的迟延交付是否就等同于剥夺了受损方合同下的合理期待？该案法官并未要求买方提供任何证据证明交付货物时间属于关键要素，而是仅仅认为合同持续时间本身就足以证明迟延交付本身就构成了根本违约。显然，该案法官并未参考其他缔约国司法判决的做法本身就是错误的。事实上，CISG公约判例法中确实很少有法庭支持交付时间是合同基本条款的观点。逾期履行合同，不论是逾期交货还是逾期付款本身都不构成根本违约。只有当履行合同的时间十分重要时才有可能构成根本违约，也并不排除供货时间本

---

① Italdecor SAS v. Yiu's Industries (H. K.) Ltd., Corte app. di Milano [Regional Court of Appeals] [CA] Mar. 20, 1998 (It.), http://cisgw3.law.pace.edu/cases/980320i3.html.

② Angela Maria Romito, "CISG: Italian Court and Homeward Trend", *Pace International Law Review*, 2002:(14), pp.193-203.

再次合理使用,例如低价销售则不构成根本违约,不能主张撤销合同但可以获得损害赔偿其他救济方式。在德国最高法院审理的 Cobalt sulphate 案中,①德国买方认为卖方提供的硫酸钴不符合合同要求,因为双方约定货物必须是德国进口。买方尝试撤销合同,其一个理由就是认为从南非进口的硫酸钴造成了违约,因为买方货物主要出口印度和东南亚地区,而这些地区禁运南非产品。德国最高法院并未认可买方的论证,因为买方并不能够列举出这些国家的潜在买家或先前存在与这些国家存在交易的证据,并且并不能证明这些货物不能够在德国使用或出口到其他国家。因而德国最高法院以买方缺乏证据为由,判定并不存在根本违约。这种"合理使用测试"被瑞士联邦法院所采纳。1998 年,瑞士联邦法院审理的 Meat 案中,②该案合同有关销售冷冻肉买卖合同争议,卖方交付的冷冻肉并未达到合同约定标准,价值损失了 25%。瑞士联邦法院明确援引了德国最高法院在 Cobalt sulphate 案中的裁决,认为该案中并不存在根本违约。因为交付的冷冻肉能够被买方以较低的价格合理使用,并且获得价格折损的损害赔偿。

3. CISG 公约第 38 ~ 39 条统一解释问题

CISG 公约第 38 条和第 39 条分别规定了买方在"按情况实际可行的最短时间"内检查货物,并在"合理时间"内通知卖方货物不相符的义务,即买方的验货通知义务。关于检查货物期限、货损通知的规定,以及通知迟延的情况下可能产生的法律后果这一问题,在 CISG 公约制定过程中是最受争议的问题之一。在 CISG 公约草案中,起草者就试图迁就更灵活的货损通知规定的想法,以"按情况实际可行""合理"时间段的措辞代替"短期内"或固定时间段的措辞。这种立法方式兼顾了很多实际情况,如由于货物种类不同、买方特殊条件、验货地点等客观情况所带来的差异,并且避免了先例性的固定期限所带来的不便。

但针对何为"按情况实际可行的最短时间"及"合理时间"的问题,CISG 公约给各国留下了评判空间,因而各缔约国解释具有极大的差异性。部分原因

---

① (German) Bundesgerichtshof, 3 April 1996, CISG-Online No. 135.

② (Swiss) Bundesgericht, 28 October 1998, CISG-Online No. 413.

判例一样直接适用国内法进行法律解释。[①] 这种诉诸 CISG 公约条款、判例法及相关学术研究的解释方式，无疑符合了 CISG 公约统一解释义务，其解释结果可以视为并不存在“回家去趋势”问题。

## 本章结论

通过考察 CISG 公约判例法，我们发现 CISG 公约的国内适用确实面临着来自已有国内法和冲突法适用的影响。对这些适用问题进行抽象类型归纳，可以大致分为忽视 CISG 公约适用问题、国内法前置适用问题及平行适用国内法问题三类。忽视条约适用是最为严重的一种规避 CISG 公约适用的问题，其往往意味着法官并未认识或真正掌握 CISG 公约优先适用的方法，而仍然处于法律适用的冲突法模式之中。国内法前置适用问题则主要表现为法官以国内法或冲突法作为 CISG 公约适用本身的前置条件，从而违背了 CISG 公约优先适用和直接适用的义务。平行适用国内法问题则是更为隐蔽地一种错误适用情形，表面上看法官选择了 CISG 公约作为准据法，但实际上并未真正排除国内实体法的适用。

因此，司法者对国内实体法和国内冲突法两者的适用惯性确实会对 CISG 公约优先适用带来一定的消极影响。其一方面表现为法官自身缺乏对国际商事条约优先适用理念和方法论的理解，而仍然以本国冲突法作为法律选择的指导方式；另一方面，即使缔约国法官并不缺乏对国际商事条约的正确理解，但仍然可能由于国内法的使用惯性原因绕开选择适用国际商事条约。同国际私法一样，国际商事条约在国内法院适用也面临着国内化倾向问题。而 CISG 公约自身条文规定的模糊性也一定程度上增加了 CISG 公约统一适用的难度，促使司法者依旧偏向适用更为“唾手可得”和成熟完善的国内法法源。

---

① Annabel Teiling, “CISG: U. S. Court Relies on Foreign Case Law and the Internet”, *Uniform Law Review*, 2004:(9), p. 431.

## 第一节 国内立法影响

### 一、国内实体法影响

上文已经提到,我国主要依据《民法通则》第142条作为优先适用CISG公约的依据。《民法通则》第142条第2款规定,“中华人民共和国缔结或者参加的国际条约同中华人民共和国的民事法律有不同规定的,适用国际条约的规定”。该条实质上在规定国际条约与国内法关系的同时,对条约的适用方式也通过单一法条笼统一并解决。因而我国缺乏宪法层面对国际条约国内法律地位的明确规定,也并未像德国民法典施行法一样从法律适用上明确国际条约的优先适用顺序,导致了我国法官对《民法通则》第142条存在不同的解读,从而影响了CISG公约的直接适用。

首先,许多学者研究认为我国法院存在的国内法前置适用问题的主要症结所在是我国《民法通则》第142条的规定。有关“中华人民共和国缔结或者参加的国际条约同中华人民共和国的民事法律有不同规定”的表述并未真正反映国际商事条约优先适用的方法论,这一模糊的规定导致了在理论层面的争论和司法适用中的困惑。一部分学者将该条解读为国际条约与国内法具有“不同规定”是适用国际商事条约的前提条件。因而一些学者认为,国际民商事条约在我国不是完全的直接适用,而是有限制的直接适用。[①] 只有当国际民商事条约与我国国内法规定“不同”,才会优先直接适用其规定。“不同”的含义如何判断缺乏立法空白,但实践中可能包括:我国国内法规定与国际法存在冲突;我国法律规定空缺,国际条约可以填补空缺等。因而一些学者认为国际法与国内法存在冲突是适用国际条约效力的来源,[②]或者国内法与国际条约相

① 王勇:《论国际民商事条约在中国的适用方式及其完善对策》,载《华东师范大学学报》(哲学社会科学版)2011年第6期。

② 廖艳嫔:《国际商事条约在我国司法实践中的适用》,载《河北法学》2011年第1期。

题可以通过加强国际商法教育和培训得到解决。而另一方面,甚至更为重要的是,我们需要关注法官在主动适用条约时是否受到国内程序法的限制。国际商事条约完成了对国内商事实体法的统一,但并未统一各国程序法律,而程序规则在法院地具有普遍效力。统一实体法这一新的法律规则的产生,会使法官面临着统一实体法与国内程序法之间的冲突。由于法官必须受法院地程序法约束,各地程序法的多样性也使得法官在适用 CISG 公约时采取不同的适用方式。其中,"法官知法"(*iura novit curia*)程序性原则就显著影响了法官主动适用国际商事条约的程度。

依照惯例,在面对具有国际性的争议时,法官采用本国现行的国际私法规则确定适用哪些实体规则。法院是国家司法机关,其职权权力直接来源于国家主权。因而法官行使职权的核心是维护国家利益和遵守法律规定。作为代表国家实施主权职能的司法机构,"依法审判"是司法活动的根本原则,因而法官有义务适用本国的冲突规范以确定适用的法律。由于除德国以外的大多数国家并未在国际私法中承认统一实体法的优先适用地位,因而这种必须适用国内冲突规范的职权要求必然导致国内法的适用,从而一定程度上减损国际商事实体法的适用程度。法国学者拉加德(Lagarde)就认为,国内法院具有适用国内冲突法的义务,因而商人法不能够被直接适用于国际商事交易,因为这会与法官冲突法义务相冲突。①

因而正如比利时学者奥·兰多(Ole Lando)所言,商人法能否被法院适用可能关键争议并不是在于探讨其是否属于独立的法律渊源或法律体系,而与法官的裁判职权存在密切联系。② 当一国程序法赋予法官选择实体法律的较大自由裁量权时,法官就可以一定程度上突破冲突法的束缚,自由灵活地实现统一实体法与国内立法之间的协调。正如本书第二章探讨国际商事条约优先适用法律模式所得出的结论,法官或仲裁员等司法者在适用 CISG 公约方面发

---

① Paul Lagarde, "Approche critique de la *lex mercatoria*", in Berthold Goldman, Le Droit des Relations Économiques Internationales, Études Ooffertes, 1982, pp. 144 - 146.

② Ole Lando, "The *Lex Mercatoria* in Internatioanl Commercial Arbitration", *International and Comparative Law Quarterly*, 1985:(34), p. 752.

问题。因而仲裁员如何适用或解释准据法都只能够依据公共政策考察标准予以审查,而法律适用问题本身并不属于司法审查范围。

同理各国程序法对法官适用法律职权的规定,直接影响着对国际商事条约的适用结果。一般而言,“法官知法”原则是指法律争议当事人无须提供适用其案件的准据法,或无论当事人如何选择准据法,法官可以自由决定适用的法律,并对适用法律负责。[①] 即法官依职权(*ex officio*)适用法律,法官有权力和义务适用本国法律、查明外国法,甚至法律理论、判例法或一般原则,无论当事人是否提及准据法的适用且不受当事人法律诉求限制。而对“法官知法”原则的含义或范围理论各国立法存在不同理解。《布莱克法律词典》第六版中,对“法官知法”的定义是法官可依职权适用法律,法官亦有权维持自然正义。阿瑟·恩格尔曼(Arthur Engelman)最早对“法官知法”原则进行明确的定义,其认为“法官知法”原则是指在法官知悉法律的前提下,当事人应当彻底依赖法官适用的法律判决案件,而仅仅需要向法院提交裁判需要的事实,而无须证明法律。[②] 米尔建·达马斯卡(Mirijan Damaska)认为“法官知法”原则是指法官在适用法律上具有绝对支配地位,有权适用双方当事人在诉讼过程中未曾主张的法律来裁决案件,而不具有向当事人释明法律的义务。[③] 这些学者对“法官知法”原则的定义肯定了法官极大的适用法律的自由和权力,在法律适用方面法官具有超越当事人的绝对权力。

由于理论层面上“法官知法”原则可能与当事人的听审请求权(right to be heard)、辩论权相冲突,因而大多数法域中对法官自由适用法律的权力进行不同程度的限制,甚至仍被限制在当事人诉求范围之内。总体上看,民法法系国家普遍承认该原则,例如瑞士和德国均承认法官有义务完全独立于当事人提

---

① Francesco G. Mazzotta,“The International Character of the UN Convention on Contracts for the International Sale of Goods: An Italian Case Example”, *Pace International Law Review*, 2003:(15), pp. 437 – 451.

② Arthur Engelmann, *A History of Continental Civil Procedure*, Boston, Little Brown& Company publishing, 1927.

③ M. Damaska, *The faces of Justice and State Authority*, New Haven, Yale University Press, 1986, p. 116.

用。例如,上文提及的 2001 年美国加利福尼亚联邦地区法庭审理的 China National Metal Products v. Apex Digital 案件中,[①]法庭以当事人双方基于加利福尼亚州州法进行诉讼抗辩为由,判定应当适用加利福尼亚州州法。法庭认为,双方当事人并未提出中国法或 CISG 公约是否适用的问题,而是全部依据加利福尼亚州州法进行诉讼,因而除非当事人提供中国法或 CISG 公约或提供外国法如何具体适用,否则仍应适用美国加利福尼亚州州法。显然本案中美国法庭同许多普通法国家一样对"法官知法"原则并不完全接受,当事人承担了主要的法律举证责任。这意味着法官只有在当事人提出 CISG 公约适用请求之后才能够考察其可适用性问题,这显然与 CISG 公约优先适用义务相违背,法官在此国内程序法限制下并不能够发挥主动适用 CISG 公约的应有作用。

其次,"法官知法"原则能够保障法官并不局限于当事人提出的法律诉求,而一定程度上以裁决公正性为目的超越当事人的法律主张,尤其在当事人并未意识到 CISG 公约可适用性时纠正法律适用的实体法错误。一些 CISG 公约适用案件显示,法官明确依据"法官知法"原则适用 CISG 公约,尤其成为在当事人及律师并未提出适用 CISG 公约时法官主动适用 CISG 公约的合法依据。例如,1996 年意大利库内奥地区法庭审理的 Sport d' Hiver di Genevieve Culet v. Ets. Louys et Fils 案件。[②] 该案涉及营业地位于法国的卖家与营业地位于意大利的买家之间的运动服买卖合同争议,由于当事人双方营业地都位于 CISG 公约缔约国,因而法官依据 CISG 公约第 1 条第 1 款 a 项适用了 CISG 公约。在有关准据法适用的法律裁决说理中法庭认为,"法官应当参照《维也纳公约》决定争议适用的实体规则。尽管当事人并未提及 CISG 公约,其规则应当由法官依据'法官知法'(*iura novit curia*)原则予以遵守,而与当事人诉求相区分"。可见该案法官认为,在正确适用 CISG 公约方面法官应当具有类似于仲裁员的

① China National Metal Products v. Apex Digital, Inc., 155 F. Supp. 2d 1174 (C. D. Cal. 2001).

② Sport d' Hiver di Genevieve Culet v. Ets. Louys et Fils, Italy 31 January 1996 District Court Cuneo, http://cisgw3.law.pace.edu/cases/960131i3.html.

官有义务将此新法律观点告知当事人。具体到 CISG 公约适用方面,其引申出的一个问题是,当法官意识到国际商事条约的可适用性而当事人并未请求适用 CISG 公约时,法官是否应当在一审程序中引导当事人和律师意识到条约适用可能性的存在,并作为认定是否存在默示排除条约适用意图存在的主要依据? 笔者认为,法官在法律选择阶段主动向当事人释明 CISG 公约的可适用性问题是非常有必要的,这对于保障当事人实体权利和当事人排除 CISG 公约适用权利都具有重要意义。在第三章提及的 GPL Treatment 案就是一个例证,该案中 CISG 公约可适用性问题在审理后期才被法官及当事人认识到,不仅极大拖延了诉讼时间,而且使原告面临几乎败诉的风险。设想在案件审理初期如果法官就主动意识到并向当事人释明了 CISG 公约的可适用性问题,将减少不必要的诉讼成本并保障当事人权利义务诉求。此外,法官主动向当事人释明 CISG 公约的可适用性问题将有利于判定当事人是否具有真正排除 CISG 公约适用的意图。第三章"CISG 公约排除规则的滥用"部分提到,当事人有效排除 CISG 公约适用必须具有明确的意图,如果一方或双方当事人并未意识到统一法条约存在的情况下而并未提及适用 CISG 公约,法官不能够轻易认定当事人存在排除 CISG 公约适用的协议。而如果法官主动向当事人释明 CISG 公约的可适用性后,双方当事人仍然协议排除 CISG 公约适用,就可以认定形成了当事人排除适用的真实合意。如果法官告知之后双方当事人仍未达成协议,则法官应当依职权直接适用 CISG 公约。因此,法官有义务在程序中介入并告知国际商事条约的可适用性,避免造成法律适用错误。

综上所述,"法官知法"原则能够保障各国法官在统一适用国际商事条约方面发挥主导作用,使法官依职权主动考察条约适用性问题,不论这是否是当事人的诉求。在"法官知法"原则支持下,法官能够积极引导当事人增强对 CISG 公约可适用性的理解,从而极大地提高条约在司法裁决中的适用比例,同时可以有效节约诉讼成本、保障当事人的利益。

### 三、条约执行立法影响

从国际公法角度看,国际条约的国内生效问题在"一元论"和"二元论"国家产生了不同的方式。"一元论"国家认为,国内法和国际法属于同一个法律

pursuant to subsection (1) may exclude its application in accordance with the terms of the Convention and, in particular, by providing in the contract that other law applies in respect of the contract。翻译该条文可知,该条为了说明当事人具有排除CISG公约适用的权利,合同当事人可以根据CISG公约条款排除CISG公约的适用,特别是通过在合同中规定合同适用其他法律。这一规定的前半句当事人"可以根据公约条款排除其适用"并不会引起争议,这是CISG公约第6条赋予当事人的权利。但问题主要存在于后半句"尤其通过在合同中规定其他法律适用于合同",这一规定可能直接地误导法官审查当事人合同准据法条款的方式。根据该条文义表述,一个可以推导出的直接结论是当事人只要在合同中选择了其他法律,就构成了对CISG公约的有效排除。这显然与CISG公约第6条法理相违背,可能造成了上文第三章第一节提到的"国际商事条约排除规则滥用"问题。

通过考察加拿大CISG公约判例法,确实印证了加拿大法域普遍存在错误适用CISG公约第6条的典型问题。在可以查询到的加拿大判例中,加拿大法官几乎无一例外地认定当事人选择一缔约国法律就等同于构成了对CISG公约的默示排除。例如,2002年加拿大萨斯喀彻温省王座法庭(中级法院)审理的Beechy Stock Farm Ltd. v. Managro Harvestore Systems Ltd.案,案件关于营业地位于德国的生产商与营业地位于加拿大的买方之间的牲畜喂食系统买卖争议。① 法官认为,该案中双方当事人选择了德国法作为合同准据法,因此CISG公约被排除适用。这种认定标准甚至得到了加拿大最高法院的承认。在2005年加拿大最高法院审理的GreCon Dimter Inc. v. J. R. Normand Inc. et al.案中,该案涉及营业地分别位于德国的卖家与加拿大买家之间的设备买卖合同争议。② 双方当事人同样在合同中约定适用德国法为准据法,因而法官根本并未讨论CISG公约的可适用性问题,即认为这已经构成了对CISG公约的有效排除。

---

① Beechy Stock Farm Ltd. v. Managro Harvestore Systems Ltd., Court of Queen' Bench Saskatchewan, 3 April 2002, http://cisgw3.law.pace.edu/cases/020403c4.html.

② GreCon Dimter inc. v. J. R. Normand inc., Supreme Court of Canada, S. C. R. 401, 2005 SCC 46.

分国家并不存在对CISG公约教条式地歧视,但不了解CISG公约适用法理和适用方式却成为一种客观上的障碍。

无疑相较于国内法而言,国际商事条约对于司法者属于新的法律规则体系,对于这样一个陌生法律体系的接受必然需要经历一个循序渐进的过程。除非商事主体、律师及司法者足够熟悉国际商事条约之后,CISG公约相较于国内法的优越性很难被其认可。换言之,国际商事条约只有被商事主体和司法者充分熟悉,否则适用CISG公约仍然类似于陌生的外国法,仍然会存在不确定的法律风险。

对于商事主体及律师而言,这种潜在法律风险存在的结果致使商事主体更偏向于继续停留在适用更为熟悉的国内法体系阶段,直到国际商事社会整体上普遍完成了CISG公约适用的模式转型。马丁·F.科勒(Martin F. Koehler)对2006年美国和德国实务界的CISG公约适用情况进行了调查,调查结果显示实务界倾向于排除适用统一实体法,其认为导致这一现象的主要原因是律师界对统一实体法及其优越性表现出较少的了解。① 71.6%的被调查律师和当事人表示,其在主要或大部分国际贸易合同争议中排除了CISG公约,只有约为9.9%的调查者表示从未排除过CISG公约的适用。而导致实务界倾向于排除CISG公约而选择国内法的主要原因是对CISG公约的不熟悉。53.1%的被调查者表示其"对CISG公约根本不了解",38.3%的被调查者表示"没有适用的必要",35.8%的被调查者表示"没有看出统一法的适用具有什么优势"。律师界倾向于选择更为熟悉的国内法,因而很少向其委托方提供适用统一实体法的选项。25%的商人也表示,其可能因为贸易对方不熟悉统一实体法而转而选择适用国内法。因此,实务界和律师界通常以缺乏足够的先例指导为由而较少援引CISG公约作为准据法。② 由于对CISG公约的不了解,对其援用反而需要额外的法律调查成本,以理解CISG公约相关条款的准确含义,

① Martin F. Koehler, "Survey regarding the relevance of the United Nations Convention for the International Sale of Goods (CISG) in legal practice and the exclusion of its application", http://www.cisg.law.pace.edu/cisg/biblio/koehler.html.

② V. Susanne Cook, "CISG: from the Perspective of the Practitioner", *Journal Law and Commerce*, 1998:(17), p.351.

出额外的知悉成本以适用国际商事条约,国际商事条约作为统一法的优越性就被隐藏在了司法模式转型成本之下,进一步掣肘了国际商事条约的有效适用。

实践证明,积极拥护 CISG 公约适用的德国和中国国内司法者和商事主体对 CISG 公约都具有较高的了解程度。德国 1989 年批准加入 CISG 公约,CISG 公约于 1991 年 1 月 1 日正式生效,在此之前德国最高法院已经存在适用 CISG 公约前身 ULIS 的许多判例,例如 1979 年“芝士案”、[①]1986 年“水泥浆搅拌机案”、[②]1989 年“木工机床案”[③]及 1990 年“压印机案”等。[④] 因此德国已经拥有足够的统一法适用经验,在适用 CISG 公约方面继续表现出更为积极主动的态度。[⑤] 1991 年 CISG 公约在德国生效之时,已经有许多评论、教科书和学术论文覆盖到了这一新的法律领域。马丁 · 科勒(Martin F. Koehler)对 CISG 公约在中国法律实务界的接受程度进行调查显示,中国律师对 CISG 公约表现出更为接受和了解的态度。因为 CISG 公约的制定很大程度上影响了中国合同法的制定,相较于不熟悉的外国法而言中国律师更倾向于适用 CISG 公约。[⑥]

但即使是拥护统一法的典范德国,在其接受 CISG 公约前身的海牙统一法时依然存在迟疑态度。德国法庭花费了多年才真正适用海牙统一销售法,在此之前法官也经常建议当事人排除适用海牙统一销售法而选择德国民法或商法典。美国也经历过同样的问题,尽管 CISG 公约在美国具有超越州法和替代

---

① Cheese Case, Germany 24 October 1979 Supreme Court, http://cisgw3. law. pace. edu/cases/791024g1. html.

② Cement Mixer Case, Germany 10 December 1986 Supreme Court, http://cisgw3. law. pace. edu/cases/861210g1. html.

③ Woodworking Machines Case, Germany 5 July 1989 Supreme Court, http://cisgw3. law. pace. edu/cases/890705g1. html.

④ Stamping Machine Case, Germany 28 November 1990 Supreme Court, http://cisgw3. law. pace. edu/cases/901128g1. html.

⑤ Ingeborg Schwenzer, "National Preconceptions That Endanger Uniformity", *Pace International Law Review*, 2007:(19), p. 109.

⑥ Martin F. Koehler, Guo Yujun, "The Acceptance of the Unified Sales Law (CISG) in Different Legal Systems: An International Comparison of Three Surveys on the Exclusion of the CISG's Application Conducted in the United States, Germany and China", *Pace International Law Review*, 2008:(20), p. 50.

CISG公约必将带来不可避免的司法成本的增加。[①] CISG公约的“不完整性”(incompleteness)成为增加统一适用难度的主要因素。[②] CISG公约的“不完整性”首先体现在该公约适用范围的有限性上。CISG公约第4条规定了其自身排除的适用范围,这些不由其调整的事项根据CISG公约第7条第2款仍应交由国际私法指引的国内法调整。这就加剧了CISG公约适用的复杂性和适用难度,因为其无法完全排除国内法的介入。其次,CISG公约的不完整性体现在其规定的妥协性。CISG公约是典型的采用协调方法创制的统一法文本,在普通法和大陆法系等不同法律体系之间艰难的达成折中,必然是一种最低限度的统一。[③] 这使得CISG公约法律条款采用了较为宽泛的语言表达,这种模糊性给CISG公约适用留下了较大的解释空间。

CISG公约是一个特殊的自给自足条约体系,面对CISG公约原则性或模糊立法规定、内部漏洞问题都需要法官通过判例法不断探索CISG公约精准的条文内涵。因而以CISG公约第一部分为依据的统一适用义务,对司法者的法律适用技巧和素质提出了更高的要求。法官适用国际商事条约需要发挥一定的主观能动“造法”功能。在司法经济考量下,许多法官会主动规避CISG公约第7条规定的统一适用条约义务,而回归到国内法的适用模式当中。当各国法院适用CISG公约偏离了统一法义务必将产生裁决的分歧,那么即使是作为共同法的国际商事条约依然可能产生法院选择的危险。

(一)CISG公约统一解释产生原因

不可否认,国际商事条约在追求统一法目标的同时不可避免地存在一些“限制”。这是国际条约作为国际商事统一协调方式所存在的必然缺陷。为最大限度协调不同法律传统和缔约国期待,国际商事条约在制定过程中无法达成协议的事项会被以模糊(ambiguous)或漏洞(gaps)的形式遗留下来。特别是

---

① Philip Hackney, “Is the United Nations Convention on the International Sale of Goods Achieving Uniformity?”, *Louisiana Law Review*, 2001:(61), p.481.

② Christian Nick, “The Case for Ireland's Accession to the UN Convention on Contracts for the International Sale of Goods”, *Dublin University Law Journal*, 2010:(32), pp.346–364.

③ Alejandro M. Garro, “Reconciliation of Legal Traditions in the U.N. Convention on Contracts for the International Sale of Goods”, *International Lawyer*, 1989:(23), p.444.

确定CISG公约调整范围的一个特殊问题，就是区分条约内部漏洞（internal gaps）和外部漏洞（external gaps），内部漏洞指在条约调整范围之内但未规定的问题，而外部漏洞则是指超出条约调整范围的问题。对于CISG公约外部漏洞并不能发展出统一法实体规则因而仍由国内法律调整，而对于CISG公约内部漏洞，法官仍然需要继续面对统一适用的任务，这对法官素质提出了更高的要求。

确定CISG公约涵盖范围本身并没有看上去那么简单，法官在区分CISG公约内部漏洞和外部漏洞时就面临着挑战。一般而言，CISG公约第一章适用范围是确定其调整范围的主要依据。学者通常将CISG公约适用范围归纳为：(1)主体范围或主观范围，即根据CISG公约第1条规定，交易双方营业地必须位于不同国家，并且至少有一方营业地所在国为CISG公约缔约国；(2)客体范围，依据CISG公约第2～5条规定，CISG公约只适用于销售合同的订立和买卖双方因此种合同而产生的权利和义务，但并不管辖“供私人、家人或家庭使用的货物的销售”“经由拍卖的销售”“根据法律执行令状或其他令状的销售”“公债、股票、投资证券、流通票据或货币的销售；船舶、船只、气垫船或飞机的销售”“电力的销售”“供应货物一方的绝大部分义务在于供应劳力或其他服务的合同”“合同的效力，或其任何条款的效力，或任何惯例的效力”“合同对所售货物所有权可能产生的影响”“卖方对于货物对任何人所造成的死亡或伤害的责任”等问题。这些条款将很多与买卖合同密切相关却又不只属于买卖合同、在其他类型的合同中也可能出现的事实问题排除在外。但CISG公约第4条中“特别是”（in particular）的表达，意指第4条仅是一个指示性条款，并没有穷尽列举所有超出CISG公约调整范围的事项。① 经过多年的CISG公约判例法的发展，CISG公约内部漏洞的范围更加清晰地体现出来。例如，最为典型的问题是CISG公约损害赔偿制度中的利息确定问题。由于实践中损害赔偿形式多样，因而CISG公约在损害赔偿制度方面的规定总体上看十分笼统和概括，而对损害赔偿利息计算等问题并未予以明确，使得许多缔约国裁决中都遇到

---

① Dionysios P. Flambouras, “Case Law of Greek Courts for the Vienna Convention (1980) for International Sale of Goods”, *Nordic Journal of Commercial Law*, 2009:(2), p.49.

公约法理和判例以纠正错误适用行为,而不是轻易地维持国内法的适用惯性。一些学者也发现,欧洲法院和仲裁员适用具有丰富的适用 CISG 公约前身 ULF 和 ULIS 的经验,在 CISG 公约批准通过时欧洲法官和仲裁员已经非常习惯适用统一法解决国际贸易争议,CISG 公约的产生仅仅是加速了这一过程。① 因而可见适用统一法并不是难以跨越的障碍,统一法的学习成本和统一适用成本并不是无限制的,而是一个由难到易、由大渐小的变化过程。

(二)统一法适用法理与实践

根据罗马法"谁制定的法律谁有权解释"的理念,只有缔约国全体一致进行的解释才能视为有权解释。② 例如 1929 年《华沙公约》的适用过程中对"承运人"(carrier)的理解,在倾向于以侵权法为基础与倾向以合同法为基础规制承运人责任的国家之间产生了严重分歧。为此 1961 年举行了外交会议并通过了瓜达拉哈拉协议,主要目的就是解决各国解释分歧问题。一些条约还会成立国际法庭或常设秘书处监管国内法庭的条约适用情况。但对于缔约国众多且缺乏国际执行机构保障的 CISG 公约来说,条约的后续修订或进行有权解释的可行性极低。③ 因而条约解释的任务就落在各国司法裁判者手中。由于条约解释方法本身就十分复杂,且采取不同的条约解释技巧会对条约适用执行产生极大的影响,每一种解释方法都不同程度上涉及国际条约缔约国的"同意"问题。因为条约解释方法必须达到最大程度符合缔约国同意原则的效果,才能不违背"国家同意理论",使条约解释的结果超出缔约国同意范围的事项。这就要求条约解释方法最大程度上尊重条约本身的目的宗旨、适用范围。而条约解释违背"国家同意理论"的一种极端情况就是,各国裁判者在每个案件审理时,倾向于适用特定国家关于条约解释的单边观点,那么在实施统一适用

① Jeffrey R. Hartwig, "Schmitz-Werke & Co. v. Rockland Industries Inc. and the United Nations Convention on Contracts for the International Sale of Goods: Diffidence and developing International Legal Norms", *Journal of Law and Commerce*, 2003:(22), p. 84.

② 李浩培:《条约法概论》,法律出版社 2003 年版,第 334 页。

③ [美]约翰·H. 杰克逊:《国家主权与 WTO 变化中的国际法基础》,赵龙跃、左海聪、盛建明译,社会科学文献出版社 2009 年版,第 215 页。

虽然统一解释补充方法的概念已经得到普遍认同,但许多学者和司法者认为,类似于“国际性质”“一般法律原则”等抽象模糊的语言导致CISG公约统一适用仍缺乏来自官方具体明确的方法及步骤指导。在司法实践和学术讨论中提及的符合CISG公约第7条法理的CISG公约解释方法,主要包括条约法解释方法、判例法解释方法、类比推理方法和一般法律原则方法。

1.条约法解释方法

CISG公约第7条的核心目的就是建立一种CISG公约“自给自足”的解释方式,因而CISG公约条款本身是最重要的解释依据。《维也纳条约法》解释方法与CISG公约第7条是一般法与特殊法的关系。① 其规定的有关条约解释一般国际法原则不仅可以适用于国际商事条约,而且是帮助内部化解释CISG公约自身规定及立法宗旨的重要工具。

为了避免轻易运用国内法,法官有义务首先运用《维也纳条约法》第31条、第32条解释方法自行解释,对CISG公约条款的隐含含义和整体目的进行深度挖掘。条约法解释方法具体包括文义解释、体系解释、目的解释和历史解释方法,即法官仲裁员主要依据条约本身条文、体系结构、立法目的、起草制定历史解释CISG公约,以避免主要参考国内法律传统。但这种自由而有弹性的解释方法过于抽象,且完全依赖于法官仲裁员个人对CISG公约的理解,因而极易造成多元化解释结果,难以避免法官仲裁员个人仍基于国内法理论解释。同时不同语言版本和国家保留的存在,也成为统一解释CISG公约的障碍,其可能导致相互冲突的解释结果。

2.类比推理方法

类比推理方法(analogy)是指将CISG公约特定条款适用于非常相似的案件。许多学者认同,即使类推方法并未明确地被CISG公约规定为填补漏洞的方法,但其确实是可行的补遗方法。② 当CISG公约制定者不能够预见到某些

---

① 刘瑛:《〈联合国国际货物销售合同公约〉解释问题研究》,复旦大学2007年博士学位论文,第4~5页。

② Gert Brandner, “Admissibility of Analogy in Gap-filling under the CISG”, http://www.cisg.law.pace.edu/cisg/biblio/brandner.html.

题所体现的一般法律原则仍较为困难,且不同法官仲裁员也极易得出不同的结论。虽然 CISG 公约的一般原则为国际解释提供了工具,但在实际使用这些原则时仍然需要谨慎考察如何适用于具体案件,以使当事人可以最大程度上获得可预见性和法律确定性的判决。①

CISG 公约起草者就对参考一般法律原则方法存在迟疑态度,因为其知晓法官可能从民族中心主义出发进行解释,不同法律传统的存在将不可避免地导致对 CISG 公约一般法律原则进行不同的解释。② 例如在美国,美国国内的一般法律原则解释方法与 CISG 公约第 7 条下所指的一般法律原则解释方法存在本质差别。在美国法律传统下,普通法一般原则处于主导地位,除非 UCC 的特定条款替代这些一般原则。但相反,CISG 公约下条款规定本身处于主导地位,而一般法律原则需要从公约本身的条款中分析产生。显然至少在法律解释方法上,CISG 公约解释方法与美国法律传统并不相同。另一个问题是虽然一些法律原则可以直接适用,例如当事人意思自治原则,而诸如合理标准(reasonableness test)等原则仅在特定案件中才可以适用,法官仲裁员也必须予以区分。可见适用一般法律原则补充方法并不简单易行。

从理论上看,CISG 公约漏洞应优先依据该公约承认的一般法律原则填补。但实践中第 7 条解释方法确实造成了一定程度上的不确定性,并实质上给国内法的适用留下了的可能性。从优先效力这一视角看,CISG 公约第 7 条实质并未完全排除国内法适用,而是将是否存在一般法律原则事实上作为了划定国内法适用与否的标准。即只要在 CISG 公约承认一般法律原则的统辖之下的问题,都必须强制性的适用公约内部系统解释方式,此时国内法仍然没有适用的空间。而只有在缺乏可以指导的公约一般法律原则,且公约"未明确解决"的问题,仍然需要由冲突规则指引的国内法予以管辖。一些学者认为,CISG 公

---

① Laura Lassila, "General Principles and Convention on Contracts for the International Sale of Goods (CISG)-Uniformity under an Interpretation Umbrella", *Russian Law Journal*, 2017: (2), pp. 113 - 128.

② James E. Bailey, "Facing the Truth: Seeing the Convention on Contracts for the International Sale of Goods as an Obstacle to a Uniform Law of International Sales", *Cornell International Law Journal*, 1998: (32), p. 298.

际层面的复归,那么法院判决的重要性必然将更加得到重视。一方面,国际商事条约判例法能够保障统一适用,判例裁决说理能够提供更为明确具体的指引,从而指导其他法院在相同问题上做出相似判决。虽然国际商事条约判例并不存在类似英美法律上的遵循先例制度,但参考外法域已有裁决是保障统一法宗旨的题中之义。另一方面,国际商事条约判例法承担了一定的“造法”功能,这是填补条约漏洞和模糊规定的必要手段,也是避免条约僵化而保持条约动态发展的途径。

公开 CISG 公约的裁决可以形成示范效应,保障 CISG 公约裁决一致性以提高其统一适用的可能性。这意味着 CISG 公约判例法解释方法要求法官仲裁员在一定程度上考虑外法域判决。① 但实践中各国法官却在与其他国家司法合作方面表现得极为不情愿。正如迈克尔·博奈尔(Michael Bonell)评论到,实践中很少会有裁决采纳其他国家法庭在同一个问题上的解决办法。② 约翰·默里(John E. Murray)对 CISG 公约的前景发展也持有消极态度,其认为主要原因并不在于该公约自身存在缺陷,而是由于交叉参考其他 CISG 公约先例十分困难,这种困难直接导致了 CISG 公约被法庭和实践者忽视。③

判例法解释方法也存在诸多问题:首先,统一解释并不等同于考虑外法域判决,即使法官仲裁员考察了大多数法域的国内法律,也不意味着满足了统一法解释要求。这是因为外国裁决本身可能就是不符合 CISG 公约解释规则的,并且外国判例法之间会产生相互矛盾和冲突的 CISG 公约解释和推理结论。这就需要法官在参考外国判例法时在比较的基础上进行甄别和有选择的借鉴,只有符合 CISG 公约优先适用规则并依照 CISG 公约立法目的和精神的判例才真正具有参考意义。在国际商会仲裁院第 7331 号案件中,仲裁员认为

---

① Helen Elizabeth Hartnell, “Rousing the Sleeping Dog: The Validity Exception to the Convention on Contracts for the International Sale of Goods”, *Yale Journal of International Law*, 1993:(18), p.21.

② Michael Joachim Bonell, Fabio Liguori, “The U. N Convention on the International Sale of Goods: A Critical Analysis of Current International Case Law”, *Uniform Law Review*, 1997:(2), p. 385.

③ John Murray, “The Neglect of CISG: A Workable Solution”, *Journal of Law and Commerce*, 1998:(17), p.369.

首先,通过考察CISG公约判例法我们发现,具有遵循先例法律传统的普通法系国家司法者,在适用CISG公约时通常会考察本国是否已经存在相关适用CISG公约的判例。如果有类似先例的存在法官往往会更为"保险"地选择适用CISG公约,甚至援用相关先例作为裁决依据。反之,如果一国缺乏相关CISG公约适用判例时,普通法系法官会以缺乏相关适用CISG公约先例为由拒绝适用CISG公约,无论其他法域是否已经存在丰富的CISG公约判例法基础。① 以美国为例,虽然美国已有许多适用CISG公约的判例,但一些判例裁决中显示,美国法庭仍然认为缺乏实质适用CISG公约的判例法存在,并以此为理由坚持适用UCC。1992年,在Filanto, S. p. A. v. Chilewich Intl Corp.案中,②法庭虽然承认了CISG公约联邦合同法的地位,但认为"目前美国并没有实质解释适用CISG公约的判例",虽然"可以预言这将在未来改变"。但认为美国缺少CISG公约判例的观点持续十多年还未改变,依然出现在许多判例说理中。1995年,Delchi Carrier S. p. A. v. Rotorex Corp.案件中,法庭认为"事实上并没有CISG公约下的判例法存在"。③ 1998年,在Calzaturificio Claudia s. n. c. v. Olivieri Footwear Ltd.案中,法庭认为,"解释和适用CISG公约的判例法十分稀少(sparse)……几乎没有CISG公约判例法存在"。④ 同样的表述出现在2005年的Caterpillar v. Usinor Industeel案件中,⑤原告基于CISG公约、伊利诺伊州法和法国法提出诉求,并持续宣称只要落入CISG公约调整范围之内的诉求,CISG公约的效力应当超越UCC。法庭却认为,很少有联邦判例法解释CISG公约的优先效力(preemptive effect),因而法庭在认定是否应当由联邦法庭对传统上由州法管辖事项行使优先管辖权时,存在迟疑态度。法庭进而通过分析CISG公约条款,限制了CISG公约的适用。可见,这种依赖先例的法

---

① Monica Kilian, " CISG and the Problem with Common Law Jurisdictions", *Journal of Transnational Law and Policy*, 2001:(10), p. 233.

② Filanto, S. p. A. v. Chilewich Intern. Corp., 789 F. Supp. 1229, 1237(S. D. N. Y. 1992).

③ Delchi Carrier S. p. A. v. Rotorex Corp., 71 F. 3d 1024 (2th Cir. 1995).

④ Claudia v. Olivieri Footwear Ltd. (S. D. N. Y. 1998).

⑤ Caterpillar, Inc. &Caterpillar Mexico, S. A. v. Usinor Industeel, Usinor Industeel (U. S. A.), Inc. &Leeco Steel Products, Inc., 305 F. Supp. 2d 658(E. D. Tex. 2004).

三章中"回家去趋势"问题研究部分已经指出,Delchi Carrier SpA v. Rotorex Corp. 案存在明显的适用国内法解释国际条约的错误,而这种错误案例却被当作先例仍然被2011年美国联邦上诉法庭所援引,从而继续延续了错误的判例法。

遵循先例的法律传统之所以对CISG公约优先适用产生了负面的影响,一方面,是因为法官在选择准据法时加入了是否存在本国先例考虑因素,而不再单纯以CISG公约调整范围为判断依据。这与CISG公约所要求的直接适用义务相违背,因为是否存在已有本国判例从来不应当是CISG公约适用与否的决定性因素。另一方面,英美法律遵循先例法律传统是一种以国内法域为界限的法律适用模式。这种参照先例较为狭隘地局限于本国的判例法,与国际商事条约统一适用所要求的参考别国法院裁决内涵并不相同。虽然CISG公约并不存在英美法系判例法传统,但事实上CISG公约后续判例法对于其动态发展和统一适用具有重要意义。根据CISG公约第7条在全球范围内参考其他国家裁决而不仅仅是本国判例对于统一适用CISG公约而言成为一种推定的义务。当CISG公约的概念规定被明显地被某个法律体系所影响,或该国创造性地建立了CISG公约解释的判例法时,则参考该法律体系的判例非常重要。尤其在国内法层面上的判例法不存在时,外国法院的判决也会被作为权威引用。许多法庭在其审判过程和审理意见中参考了其他国家已有的解释和适用CISG公约的权威意见。但目前由于CISG公约仍然缺乏一个缔约国法庭层面的直接协商国际机构平台或统一法庭,对CISG公约后续判例法的承认可能由于缺乏国家同意被视为对国家主权的侵犯。① 因此国际商事条约的统一适用实质上同WTO协议一样产生了条约续造方面的困难。别国条约实施过程当中产生的对条文进行解释的判例可能使缔约国承担原始条文中没有明确规定的附加义务,或者因此承担相较于在缔约过程中大于真正意图的义务。因为这些未经主权国家通过条约明确"同意"的判例是否可以在主权国家予以适

① Sarah Howard Jenkins, "Construing Laws Governing International and US Domestic Contracts for the Sale of Goods: A Comparative Evaluation of the CISG and UCC Rules of Interpretation", *Temple International Law and Comparative Law Journal*, 2012:(26), p. 189.

例法”,并认为该案中经销协议并不属于销售合同因而不属于 CISG 公约调整范围。2014 年美国亚利桑那联邦地区法庭审理的 Adonia Holding GmbH v. Adonia Organics LLC 案中,①法庭依然认为较少存在 CISG 公约调整经销协议的判例,因而认为经销协议超出了 CISG 公约买卖合同调整范围。尽管在美国可能确实并不存在界定经销协议的判例法,但从 CISG 公约全球判例法来看,已经存在适用 CISG 公约于特定经销协议的判决,并且这些判例已经代表了 CISG 公约具有调整经销协议资格的先例。例如,意大利最高法院审理的 Imperial v. Sanitari、德国汉堡仲裁庭审理的“中国食品案”等案件已经表明,虽然只调整当事人经销关系的框架性经销协议并不属于 CISG 公约调整范围,但根据个案情况当经销协议中已经规定了买卖双方有关销售货物的权利义务时,则符合 CISG 公约适用条件。② 很显然,该案中美国法庭就忽视了他国相关的判例法,一概而论地认为有关经销协议的争议都并不落入 CISG 公约调整范畴当中。

因此,英美法系国家这种严格遵循先例传统的做法,使得法官在裁决事项缺乏本国先例时更易于转向更为熟悉的国内法做出裁决,同时使得该国法官很难基于并不具有法定约束力的外国先例作为裁判基础,不愿超出国界参考其他国家判例法裁决。这显然与 CISG 公约所追求的去中心化适用体系相背离,缔约国必须发展出一种新的国际法律方法,这种国际法律方法要求吸纳其他国家及法律传统的适用方式和技巧。③

**二、法律解释方法**

一些学者观察到,普通法系国家在适用 CISG 公约情况方面似乎并不如大

---

① Adonia Holding GmbH v. Adonia Organics LLC., No. 2:14-cv-01223, 2014 WL 7178389 (D. Ariz. Dec. 16, 2014).

② Jelena Perovi: “Selected Critical Issues Regarding the Sphere of Application of the CISG”, *Belgrade Law Review*, 2011:(3), pp. 187 – 190.

③ Harry Flechtner, “The Several Texts of the CISG in a Decentralized System: Observation on Translations, Reservations and Other Challenges to the Uniformity Principle in Article 7(1)”, *Journal of Law and Commerce*, 1998:(17), pp. 187 – 207.

鼓励广义而灵活的解释方法。CISG 公约统一法宗旨不仅意图建立新的非国内法,而且承认商事实践产生的规则应予以认可,并鼓励法庭适用这些规则。出于维护 CISG 公约统一解释的目的,各国法院判决和相关资料,如关于 CISG 公约的评释和数据库都应得到考虑。因而法律学者认为 CISG 公约不仅仅是普通法系所认为的立法规则,采用狭义方法解释公约并不适当。① 此外,学术研究对于国际商事条约适用同样具有重要的指导作用。2001 年成立的 CISG 公约咨询委员会(Advisory Council of the United Nations Convention on Contracts for the International Sale of Goods)就致力于推进 CISG 公约的统一解释,其定期发布关于 CISG 公约解释和适用的有关意见。CISG 公约咨询委员会的评论和意见是指导公约适用的最重要学术指导。尤其当学术研究已经对某个问题形成一致的认识,则出于对 CISG 公约统一解释的需要,这样的一致观点也应当得到遵循。民法法系法官经常利用学术研究进行法律解释,但这种解释方法在普通法系国家而言较为鲜见。②

然而另一些学者并不认同这种观点,其认为在解释国际条约的时候,普通法学国家法官同样可以采取更为广义的、偏向大陆法系的法律解释方法,而并不是固守文义解释方法。③ 近些年来,越来越宽松自由的解释方法被普通法系国家采纳。尤其可以认为,美国法庭对统一法解释方法并不陌生。作为国内层面采用统一法立法方法的成果,UCC 的“法典”解释方法与 CISG 公约的统一法解释方法极为类似。法官在解释 UCC 时也遵循这样一种解释方法,即将其视为真正的法典,并也保证其确定性和统一性的方法予以解释。格兰特·吉尔默(Grant Gilmore)认为,“法典”……在法律领域内处于优越地位……其本身被视为涵盖对所有可能问题的答案……当法庭遇到漏洞或未能预见的情

---

① Bernard Audit,“The Vienna Sales Convention and the Lex Mercatoria”, in Thomas E. Carbonneau ed., *Lex Mercatoria and Arbitration*, Juris Publishing, 1998, p.153.

② John Felemegas, *Introduction to an International Approach to the United Nations Convention on Contracts for the International Sale of Goods* (1980) *as Uniform Sales Law*, Cambridge University Press, 2007, pp. 16 - 17.

③ Henning Lutz,“The CISG and Common Law Courts: Is There Really a Problem?”, *Victoria University of Wellington Law Review*, 2004:(35), p.715.

实践是各州在履行国际义务方面仍然扮演着关键角色。这种联邦法律制度的权力分配和博弈同样可能使国际商事条约面临来自州法的竞争压力，并导致国际商事条约的适用变得不再统一。

## 一、联邦法与州法的博弈

在联邦体制国家，有关国际法下的义务由联邦政府及联邦立法管辖，而州法院和州立法在面对国际关系问题时进行司法和立法的避让。这种法律管辖权分配体制具有美国宪法及判例法的明确依据。《美国宪法》第 1 条第 10 款规定，"无论何州，不得缔结条约、结盟或加入联邦"。早在 1840 年，最高法院 Holmes v. Jennison 案在面对州引渡立法时评论到："宪法的主要目的之一就是只要有关对外关系问题，使我们一个民族，一个国家……"①1889 年，美国最高法院在 Chae Chan Ping v. United States 案中再次重申了州政府和联邦政府的权利分配，"地方事务交由地方政府管辖，国家事务被委托给联邦政府……对于地方利益国家各州是存在的，但为了国家目的，面对与其他国家关系时，我们是同一个民族，同一个国家，同一个权力"②。1937 年美国最高法院在 United States v. Belmont 案中明确否定了纽约和其他州在有关国际事务上的权力。③ 1969 年 Zschernig v. Miller 案中，法庭裁决禁止从共产主义国家继承的州法无效，认为该州立法违反了联邦政府对外事务的绝对控制权，尽管州立法并不存在与联邦立法的冲突。④ 因此，该案裁决表明，即使在缺乏国会或总统等国家行为时，州立法依然不能够干预外国事务。该案裁决被最高法院作为先例，继续在 Am. Ins. Ass'n v. Garamendi 案中用以论证，加利福尼亚州有关要求欧洲保险公司披露有关纳粹大屠杀政策信息的州立法无效，法庭认为尽管并没有具体的联邦立法与加利福尼亚州州法相冲突，但这无疑与总统强调的国家一致对外处理有关"二战"期间产生的欧洲公司赔偿诉求相违背。⑤ 因此，联邦管辖国际条约等国际法履行是宪法所要求的，即使国际习惯法也属于联邦普

① Holmes v. Jennison, 39 U.S. 540 (1840).

② Chae Chan Ping v. United States, 130 U.S. 581 (1889).

③ United States v. Belmont, 301 U.S. 324 (1937).

④ Zschernig v. Miller, 389 U.S. 429 (1968).

⑤ Am. Ins. Ass'n v. Garamendi, 539 U.S. 396 (2003).

也是其规定与UCC第9条规定一致,因而并没有产生与州法实质的冲突。① CISG公约是美国自执行条约的典范,其无须立法机关补充立法。② CISG公约成为自执行条约的一个重要现实原因就是CISG公约适用范围仅限于对外贸易,因此完全属于美国宪法第I§8条规定的国会和联邦政府的管辖事项。并且CISG公约第6条和第12条的有限适用条款使其对州法侵害很小,纯粹的国内商事交易仍由州法管辖。③ 正如一位经常参与国际私法条约谈判的美国国务院官员指出:"联邦主义问题和批准统一私法条约产生的可能问题是我在参与国际谈判期间心中的首要考量。联邦主义问题正是美国迟迟未加入海商法条约的主要原因。"④

来自联邦法与州法的争论使得美国在批准一个国际统一条约时必须考虑对州法可能带来的影响。州层面不愿让渡国家主权,实质仍是国家主义(nationalism)与国际主义的博弈现象。⑤ 这导致了美国虽然积极参与统一条约的谈判,在批准签署时却保持了谨慎的态度。不仅仅在美国,同样属于联邦法制国家的加拿大也面临相同的问题。其宪法权力分配的规定要求联邦立法层面事项由联邦立法管辖,省级立法事项由省级立法管辖。⑥ 因而在联邦法制国家,"州权力"或"州自由"考量会掣肘联邦政府积极加入国际商事条约的谈判和生效。

其次,国际商事条约国内履行同样存在州政府权力影响。州履行国际条

---

① Amelia H. Boss, "The Future of the Uniform Commercial Code Process in an Increasingly International World", *Ohio State Law Journal*, 2008:(68), p.390.

② Michael P. Van Alstine, "Federal Common Law in an Age of Treaties", *Cornell Law Review*, 2004:(89), p.922.

③ Peter Winship, "Changing Contract Practices in the Light of the United Nations Sales Convention: A Guide for Practitioners", *International Law*, 1995:(29), p.537.

④ Amelia H. Boss, "The Future of the Uniform Commercial Code Process in an Increasingly International World", *Ohio State Law Journal*, 2007:(68), p.370.

⑤ William Tetley, "Uniformity of International Private Maritime Law-The Pros, Cons and Alternatives to International Conventions-How to Adopt an International Convention", *Tulane Maritime Law Journal*, 2000:(24), p. 810.

⑥ Jeffrey L. Freisen, "The Distribution of Treaty-Implementing Powers in Constitutional Federations: Thoughts on the American and Canadian Models", *Columbia Law Review*, 1994:(94), p.1415.

际儿童绑架民事问题的海牙公约》的国内履行,就出现了联邦政府和州政府的双重实施结构。一方面,该公约在联邦层面被视为自执行条约,具有替代各州有关外国公文外交领事立法要求的效力;另一方面,许多州法通过制定统一儿童监护和执行法案绕开了参照联邦法实施条约义务。另一个典型案例是UNIDROIT《国际遗嘱形式统一法公约》,在美国管辖遗嘱形式通常为州法而不是联邦法事项,因而在加入该公约之前对条约是否会干涉州法的传统管辖权存在广泛争议。联邦政府和美国统一州法全国委员会都计划各自通过《国际遗嘱形式统一法公约》实施立法,但结果是联邦政府最终并未通过其实施立法。因而很多情况下,尽管联邦政府签署实施条约并不存在来自宪法上的障碍,或表面上不承认州政府像联邦政府一样具有履行条约义务,但实践中联邦政府在面对固有由州政府管辖事项时仍然显得犹豫不决,甚至做出让步。

而对于自执行条约而言,其并不需要补充执行立法而能够被法官直接司法适用。因此,州层面不能通过制定州执行立法的途径影响其适用,但州法与自执行条约仍然存在一种平行竞争的紧张关系。由于自执行条约往往属于私法性而不是政治性条约,其调整范围可能与传统上州管辖范围存在更为明显的冲突关系。我们发现尽管州层面无法再通过"并入"国内法的立法模式履行条约,但州政府层面制定的国内统一法却继续影响着自执行条约的适用。从广义上看,"统一法"并非像"非国内法"(non-national law)、"跨国法"(transnational)等概念一样,从法律来源上强调法律制定过程中缺少国家立法或司法机关的参与,而是从功能上看强调法律之间的协调。换言之,广义上的统一法并不狭隘地从法律来源角度定义,统一法概念也不应当仅仅在全球化背景下予以理解。这意味着国内法层面同样存在统一法,《美国统一商法典》(Uniform Commercial Code,UCC)就是典型的国内统一法文件。国际统一法的出现使其与国内统一法成为平行存在的准据法法律体系。这种重叠性使得需要一种规则区分两者的作用范围和相互关系。

**二、CISG 公约与 UCC 的竞争**

19 世纪末美国内战结束经济迅速发展,美国各州间的跨州贸易大量增加,而各州的法律差异严重妨碍了商业贸易的开展。为了使全国法律尽可能实现了履行统一法条约义务而修订国内商法,会忽略地方各州的实际需求。①

在美国,由于UCC在美国处于州法地位,CISG公约等自执行条约处于具有优越于州法和UCC的联邦法地位。CISG公约作为自执行条约具有联邦法的优先适用效力。除非当事人另有约定,CISG公约自动适用于当事人营业地位于不同公约缔约国的货物买卖协议,因而当CISG公约适用时其具有超越UCC的优先适用效力,但CISG公约不能适用时其无法替代UCC。因此CISG公约和UCC各自具有其自身的适用领域,就造成了国内统一法和国际统一法两者之间的纵向冲突。② 恰恰正是由于CISG公约自执行条约的属性,使得美国国会无须制定额外的国内补充立法以适用条约,但也因此联邦法层面并无任何条款明确规定CISG公约与国内货物销售法之间的协调关系。③ 例如《联合国承认及执行外国仲裁裁决公约》在美国不属于自动执行的法律,其于1970年12月29日在美国生效,但生效后并不能够被司法机构直接适用。美国国会为适用该公约发布了联邦仲裁法修正案,该修正案共16条随后被编纂为联邦仲裁法案的第201~208条。修正后的法案第208条专门规定了国际仲裁法与联邦(州)仲裁法之间的协调关系:国内联邦仲裁法案适用于"根据本章进行的诉讼和程序,但以该章与本章或美国成文的公约不相抵触为限度"。与《纽约公约》不同,CISG公约缺乏联邦实施立法,因此并无协调其与国内法关系的联邦机制。

尽管CISG公约在美国被赋予了自执行条约的地位,但通过搜集相关案例和学术调查我们发现,美国司法实践中并未予以CISG公约足够的优先地位,CISG公约仍然面临着来自UCC的巨大压力。虽然美国法院已有许多正确适用CISG公约的案例,但依旧存在没有完全改变国内法适用惯性的问题,这显

① Arthur Rosett, "Critical Reflections on the United Nations Convention on Contracts for the International Sale of Goods", *Ohio State Law Journal*, 1984:(45), p. 304.

② Richard E. Speidel, "The Revision of UCC Article 2, Sales in Light of the United Nations Convention on Contracts for the International Sale of Goods", *Northwestern Journal of International Law and Business*, 1996:(16), pp. 165–188.

③ Arthur Rosett, "Critical Reflections on the United Nations Convention on Contracts for the International Sale of Goods", *Ohio State Law Journal*, 1984:(45), p. 265.

UCC应在多大程度上修订以实现与CISG公约的协调。起草委员会成员皮特·温希普(Peter Winship)教授认为,必须对UCC与CISG公约两者之间的差异进行系统比较研究,才能够得出UCC修订范围的正确结论。其研究结论认为,UCC的资助者美国统一州法全国委员会并不太可能像挪威一样完全不予修改地接受CISG公约,但作为对美国生效的国际条约完全忽略其存在更不可行。温希普教授建议采用一种折中策略,根据两者之间的差异和可协调程度划分为三类事项:第一类,两者之间差异十分重要因而需要修改的事项,主要包括质量担保和合同救济问题;第二类,两者之间差异相对并不重要,因而无须修订的事项,例如货物保管和货物检查问题;第三类,两者可以互相协调的事项,例如UCC第2条的适用范围可以参考CISG公约适用范围,UCC第1条准据法选择规定可以用于解决CISG公约第7条第2款援引准据法问题。①

1995年修改草案中表现出受CISG公约影响修改UCC部分条款的倾向,官方评论将探讨和比较两者的相应条款。但是最终起草委员会并未将CISG公约作为UCC的修订范本,这一立场主要反映了美国统一州法全国委员会对国际商事统一法的一贯矛盾情绪。

UCC与CISG公约在法律属性、适用范围、解释原则等方面都存在较大差异。第一,UCC与CISG公约从法律属性上看存在差异。虽然两者从广义上看都属于消除法律差异的“统一法”。但UCC属于国内统一法,在国内已有合同法原则的普通法背景下起草,其目的并不是要完全替代已有国内合同法。因此UCC并不需要对所有合同法的内容进行协调规定,并未被UCC替代的问题仍应由国内合同法予以补充。例如,UCC第2条并未替代合同成立原则,普通法或美国合同法法律重述可以填补漏洞。而CISG公约作为国际统一法,其目的就是独立于国内法律,并希望自身成为一种大陆法系传统中的自给自足的发展体系。第二,两者的适用范围存在差异。CISG公约适用范围较为有限,其并不调整私人家庭消费货物买卖,并不调整合同效力或其任何条款的效力或任何惯例的效力。UCC第2条作为《美国统一商法典》的一部分,其同时调整

① Peter Winship,“Domesticating International Commercial Law: Revising U. C. C. Article 2 in Light of the United Nations Sales Convention”, *Loyola Law Review*, 1991:(37), p.43.

的优先适用义务。这意味着法官适用 CISG 公约并不能够再依据同国内法一样的国内模式,而需要摒弃已有的国内司法模式向统一法适用模式转型。扭转这种受国内立法、司法体制和法律传统影响所形成司法适用模式,显然并非易事。

国内已有立法、司法模式、法律传统或法律体系结构都不同程度上影响到了法官或仲裁员对这一新的统一法规则的接受和认可程度。缔约国国内已有实体法、程序法或冲突法可能并不契合国际商事条约优先适用的需求,这就使得法官在遵守本国法律义务之下表现出优先适用 CISG 公约的尴尬。并且国际商事条约优先适用作为一种新的规则体系适用理念,需要法官和商事主体重新学习和理解,国际商事条约统一适用义务也一定程度上增加了法律适用的复杂性和司法成本。普通法系国家已有的遵循先例、法律解释方法等法律传统也在影响着法官采用同适用国内法一样的方式适用公约。此外,在美国、加拿大等联邦体制国家由于受联邦法与州法之间的权力分配博弈影响,处于联邦法地位的 CISG 公约依然面临着来自州层面立法的巨大压力和适用惯性。

因此,统一法国际商事法律体系的成功建立,更为困难的是需要法官克服已有国内法体系的适用惯性。如何协调和规避已有国内法适用模式以实现 CISG 公约的优先适用,需要法官积极发挥主观能动性。

用灵活性也会偏离统一法的制定初衷。如何恰当地设立适用统一性的合理标准,在适用可预见性和灵活性之间保持平衡?松德贝里(Sundberg)在讨论《统一国际航空运输某些规则的公约》时以“挑选法院”作为衡量最低的统一性标准。其认为“微小的瑕疵并不足以成为实质的缺陷,只要这种瑕疵不会促使原告挑选对其裁决最为有利的法院。因此能够允许小细节的变化,如果最基本的(统一法)概念能够被维持”。[①] 而在国际商事领域,统一性的标准可能更高,因为微小的适用差别可能意味着金钱损害赔偿的巨大差异,从而成为引发当事人挑选法院的诱因。因而我们无法设定一个固定的衡量标准,在讨论统一法的适用统一性程度时需要根据不同的统一法文本有所区别。统一法自身的国际性或国内性、根本宗旨和适用范围、政治目标和立法目的、是否存在适用和监管机构等不同要素都会影响其所要达成的统一化程度。但值得借鉴的是,当统一法的适用完全背离到与适用国内法和国际私法无异的程度时,这种统一适用显然是失败的。只要法官、仲裁员等司法者尊重并采用了CISG公约优先适用的法律方法,那么统一法的宗旨及目的就能够有所保障,即使个案的裁决结果存在微小的差异。

## 一、CISG公约优先适用的优越性

国际商事贸易适用统一法的原因和优势几乎没有学者进行理论质疑,但统一法的适用统一性能否真正实现却一直存在批评的声音。[②] 一些学者因此对国际商事条约的前景持有消极态度,其基本理由和依据都聚焦于CISG公约存在的统一适用障碍上,认为统一法使命和前景蒙着阴影。[③]

持否定态度的学者主要认为,统一法是一种理论概念问题,只能实现法源文本的统一性,而根本无法实现适用上的统一性,因为缺乏统一的法律解释主

---

① Jacob W. F. Sundberg,“Air Charter”, *Revue internationale de droit compare*, 1963, p. 587.

② Gopalan Sandeep,“Transnational Commercial Law: The Way Forward”, *American University International Law Review*, 2003:(4), pp. 803 – 850.

③ John Murray,“The Neglect of CISG: A Workable Solution”, *Journal of Law and Commerce*, 1998:(17), p. 373; Christopher Sheaffer,“The Failure of the United Nations Convention on Contracts for the International Sale of Goods and a Proposal for a New Unifrom Code in International Sales Law”, *Caradozo Journal of International and Comparative Law*, 2007:(15), pp. 461 – 495.

过了适用统一实体条约的成本，冲突法方法无法解决外国法查明成本问题。当事人和法庭查明未知的外国法需要耗费额外的诉讼成本，并且即使可以查到外国法，准确适用外国法仍然是更为艰巨的任务。

麦克斯·莱茵斯特(Max Rheinstein)曾经对40个美国法庭适用外国法的判例进行调查，结果显示其中32个案件存在错误适用外国法的情况。① 当适用外国法的成本较高，极易出现外国法无法查明、查明错误、适用错误等情况，法官依然可能放弃外国法的适用，转而维持法院地法的适用。则国际私法中的"回家去趋势"依然无法扭转，最终导致涉外商事争议普遍仍由国内法管辖。无节制地适用法院地法是无视当事人利益的表现，并且加剧当事人"挑选法院"的现象，因为法院地法将会占据主导地位，促使当事人制造各种连接点。"挑选法院"将对司法资源配置造成人为影响，一些国家司法机构会不堪重负，造成案件积压，也不利于当事人及时获得救济，而另一些法院的司法资源闲置和浪费，同时对被告造成严重的不公。②

因此较为不理想的"统一"相较于完全差异性的法律选择无疑是进步的，并且这种完全理想的"统一"状态虽然并不可能存在但逐步实现确具有可行性。因而国际商事条约自身限制不应被过分夸大，一定的模糊性和不确定性是任何成文法都会面临的问题，不论国内法还是国际法。当面对国内成文法的限制时，英美法系国家主要通过判例法、大陆法系国家主要通过司法解释、判例指导制度实现对成文法的修正与完善。国际商事条约在面临成文法典的开放文本与不确定性问题时，实现统一适用国际法律体系的途径实质上与国内法并无二致，同样可以通过判例法与学术研究的技术路径予以实现。③

其次，从历史与发展的视角来看，CISG公约等国际商事条约的国内接受和统一适用是一个先难后易逐渐加速的过程，不能够因为当前一些问题的存在

---

① Ole Lando, "Some Features of the Law of Contract in the Third Millennium", *Scandinavian Study Law*, 2000:(40), p.348.

② 徐伟功：《美国法律适用中"回家去的趋势"及我国法律适用中的法院地法倾向》，载《河南财经政法大学学报》2013年第5期。

③ Maren Heidemann, *Methodology of Uniform Contract Law—The UNIDROIT Principles in International Legal Doctrine and Practice*, Berlin, Springer Pubulishing, 2007, p.44.

依据善意原则解释买方行为，并参考了 CISG 公约咨询委员会和域外澳大利亚法院判例进行裁决。该案被视为波兰法院 CISG 公约适用的里程碑，波兰最高法院在该案中的统一法法理分析和法律技巧都将对波兰下级法院产生指导作用，激励和指导下级法院采取同样的分析范式，进而对国际商事社会都具有重要意义。①

**二、CISG 公约优先适用的可行性**

从司法成本考察，上文研究可得国际商事条约统一适用确实给各缔约国法庭或仲裁庭增加了一定的司法成本。但从历史角度观察，这种学习成本的付出是一定的或呈现出逐渐递减的效应。一缔约国完全掌握国际商事条约优先适用方法论之后，则无须再花费更多的司法成本，因而表现出"先难后易"的状态。因此统一适用 CISG 公约事实上并不是难以逾越的鸿沟。

前文研究已经表明，实务界对国际商事条约适用的消极态度源于不了解，但并不能因此否认国际商事条约作为中立准据法的优越性，且这种认知上的障碍会随着时间的推移逐渐扭转甚至消失。法官迟滞适用 CISG 公约的主要原因源于对统一法法理的忽视和基于额外司法成本付出的考量，当法庭适用国际商事条约仍未形成传统而欠缺足够的判例法和先例指导时，这反过来削弱了实务界选择适用国际商事条约的积极性。固然法官对条约的错误适用受到来自各国立法司法或法律传统的不同程度影响，但这些错误适用方式并不是难以克服甚至是较易解决的。从纵向时间角度考察，各缔约国适用国际商事条约都必须经历一个发展过程，并且越来越多的国家表现出正确适用 CISG 公约的趋势。这说明国际商事条约优先适用的真正实现并不是一蹴而就的，其必然需要经历由国内法适用模式向国际条约优先适用模式转型的漫长阶段。而这种转型的实现必然面临着法经济学上"路径依赖"惯性的阻碍。

从理论层面考察，国际商事条约优越性的显现存在一定的"时间差"。如上文所述，国际商事条约作为统一法的优越性存在于理论层面，只有通过统一适用于国际商事贸易才能够真正实现。当所有国家都共同适用国际商事条约

---

① Aleksandra Jurewicz, "A Milestone in Polish CISG Jurisprudence and Its Significance to the World Trade Community", *Journal of Law and Commerce*, 2010:(28), pp. 63 – 74.

约越来越成为被鼓励和推崇的做法。近些年最高人民法院的指导案例中,法院优先适用统一法条约的方法论已经基本被固定下来,对指导下级法院和未来案例具有重要意义。

第二,国际商事条约优先适用具有外部化动力,少数国家忽略 CISG 公约适用的做法并不会成为一种持续的常态。以 CISG 公约为例,其已经具有的来自全球范围的广泛接受性,这是其得以发展壮大的根基。全球化会推动越来越多的国家和商事主体认知和熟悉国际商事条约的适用,当大多数缔约国已经形成了成熟的国际商事条约优先适用模式后,适用国际商事条约更为明显地成为一种趋势,这就形成了一股强大的外部压力,从而加速少数消极适用条约国家的转型。对于一国司法者而言,为了避免本国司法制度水平不显著落后于其他国家,各国法官或仲裁员会自觉提升对国际商事条约的学习和适用。对于律师等实务者而言,这种适用趋势迫使其更为熟悉和了解国际商事条约,只有如此才能满足商事主体的实践需求。并且当国际商事条约形成了数量巨大的判例法和更为明确的优先适用方法论之后,落后国家司法适用转型的成本也会显著降低。

1999 年美国路易斯安那州联邦地区法庭审理的 Medical Marketing v. Internazionale Medico Scientifica 案就是一个能够证明外部动力影响国内审判的例证。该案中,营业位于意大利的当事人就质疑了美国仲裁庭适用 CISG 公约的方式,确定仲裁裁决效力的法庭认为适用 CISG 公约正确与否甚至成为案件的主要争议。[①] 该案涉及营业地位于意大利的卖家与营业地位于美国的买家之间的医疗设备买卖合同争议,买方声称卖方交付的医疗设备并不符合美国政府安全标准。由于双方当事人约定合同争议诉诸仲裁,仲裁员裁决认为卖方确实交付产品未符合美国安全标准,应当向买方进行损害赔偿。随后买方作为原告根据美国仲裁法案(Federal Arbitration Act)向法院起诉对仲裁裁决进行司法确认,但卖方却以仲裁员超出权力范围为根据认为仲裁裁决错误。

美国仲裁法案中具体列出了仲裁裁决可能被撤销的四种情况:(1)如果裁

---

① Medical Marketing v. Internazionale Medico Scientifica, http://cisgw3.law.pace.edu/cases/990517u1.html.

仲裁裁决有效。很显然,美国联邦地区法院虽然并未支持卖方撤销仲裁裁决的主张,但确实认同了卖方认为错误适用 CISG 公约会导致仲裁裁决错误并撤销仲裁裁决的观点,因为整个案件中美国联邦地区法院以仲裁庭是否正确适用了 CISG 公约,即是否参考了德国外法域判例作为本案的主要争议进行审理。这无疑对于美国联邦地区法院而言具有重要意义,使美国联邦法院间接地承认了参考外国法院判决作为先例对于国际统一法的必要性。

综上所述,可以预测国际商事条约的优先适用形成过程,将是一种前期慢速后期加速前进的态势。国际商事条约的全球推进路径也并不是一个各国齐头并进的过程,而是需要依靠贸易大国成为先导力量,自发自觉地实现国际商事条约的适用模式转型,然后带动后进国家进一步完善条约的适用。一些国家主动创造出正确适用 CISG 公约的判例,为其他国家适用相同问题提供参照。这样看来,中国应当成为推动国际商事条约的重要力量。除了我国具有巨大的贸易需求推动外,我国作为经济大国将承担更大的责任,必将更为深度参与全球经济治理,提高我国在全球经济治理中的制度性话语权。

**三、国际统一法适用的新问题**

对 CISG 公约适用的理论及实践研究对预测其他国际统一实体法的适用前景同时具有一定借鉴参考意义。作为里程碑式的国际统一法成果,CISG 公约在不同法律体系中试图找寻共识的创制方法,极大影响到后续统一法的产生。例如 1997 年 UNCITRAL《联合国跨境破产示范法》《联合国独立担保和备用信用证公约》等都选择了同 CISG 公约一样的法律协调方法(harmonization process),融合已有各国国内法法律体系中的已有规则,并在不同国家之间找到规则共同点。这种统一法的法律协调创制路径只有在较少涉及一国政治经济敏感问题的领域,更容易找寻到规则的共同点或规则平衡。① 例如,破产法传统上属于国内法领域,并与一国的政治和经济利益密切相关。因此 1997 年《联合国跨境破产示范法》在分析和比较各国国内法法律及实践的基础上,仅仅在外国代表和债权人介入本国法院程序、对外国程序承认和补救、与外国法

① Camilla Baasch Andersen, "Defining Uniformity in Law", *Uniform Law Review*, 2007:(12), pp. 5 – 56.

环境。电子商务的产生和运行进一步弱化了区位和边界的概念,显然对主要采取电子邮件系统进行的电子商务贸易而言,当事人的地理位置等连接因素的重要性进一步弱化,这也使得传统上通过连接因素判定准据法和管辖法院的国际私法无法完全适应电子商务国际贸易的发展特点,因而统一法规则相较于冲突法规则而言更能够满足电子商务的需要。①

因此,同CISG公约一样采取法律协调创制方法制定的统一法规则,可能与CISG公约一样面临同样的国内法适用惯性带来的障碍。而当国际统一法超越国内法实现"从无到有"的规则创制时,其适用当然会相较于CISG公约等法律协调方法产生的统一法而言,较少地受到来自国内法的影响或干涉。因为国际层面"原生"的统一法规则并未基于任何已有国内法体系,并在各国国内法产生相应法律冲突之前扫除了国际商法的适用障碍。

国际法律统一的内在动力主要分为结果导向和政策驱动,结果导向强调国际商事统一法成功与否应当以经济利益作为衡量标准,政策驱动导向更为强调不同标准的融合。制定统一法的政治目标与该法产生的领域息息相关,这一方面解释了为什么在贸易法领域中统一法的蓬勃发展,而在其他领域差异化的政治诉求难以达成统一的立法目的;另一方面也解释了为什么不同统一法文件的实际"统一"程度和范围存在差异,因其背后所要实现的政治目的存在差异。

一般认为,统一法应当主要致力于促进国际贸易和国际法律体系的建立,这一努力的主要目的在于加强私法经济领域中商人法及市场实践的作用,而不是以平衡各缔约国司法权和司法方法为出发点。一些评论声称,相较于CISG公约,UNIDROIT的《国际商事合同通则》、UNCITRAL《联合国电子商务示范法》等20世纪90年代的统一法更多地考虑了经济政策问题。② 一般而言,国际层面"原生"的统一法规则相较于CISG公约及相同模式的统一法而

① Renaud Sorieul, "The United Nations Convention on Contracts for the International Sale of Goods (CISG) as a Set of Uniform Rules for Electronic Commerce", *Business Law International*, 2000:(3), p.381.

② Camilla Baasch Andersen, "Defining Uniformity in Law", *Uniform Law Review*, 2007:(12), pp.5 –56.

问题。国际商事条约是人为创设的国际制度,同时是一种动态发展的国际制度,各缔约国司法者都成为国际商事条约国际判例法体系(international jurisprudence)的创造者和供给者,通过不断提供CISG公约判例法而保障国际商事条约的自我完善和自我发展。因而为了符合国际商事条约在国际层面统一动态发展的需求,应当将全球范围内各缔约国判例法统归视为国际商事条约法律体系的组成部分,而不应当再割裂地作为分立的国内判例法体系存在。

首先,建立CISG公约国际判例法体系,将有效解决国际商事条约公共物品供给不足的问题。如本书第二章所言,国际统一法属于一种国际公共物品,具有非竞争性和非排他性,其在接受国之间相互共享并形成一个适用该法的跨越司法管辖权的群体,这一群体被一些学者称为"司法咨询制度"(jurisconsultoria)。[①] 这一概念首先被维姬·罗杰斯(Vikki Rogers)和阿尔伯特·克里泽(Albert Kritzer)提出,其认为统一国际贸易法采用全球法律咨询制度才是分析其他外国法域国际销售术语的合理设置。[②] 在这一群体范围内司法者互相咨询统一法适用中的问题,一般采用参考学术文章或援引其他法域法律先例的方式实现。

CISG公约国际判例法体系是一种动态发展的法律体系,为避免公约本身的僵化问题,CISG公约统一解释方法实质上赋予了缔约国法官创造符合公约宗旨的实体规则的权力。因而CISG公约是一种自给自足的法律体制,而不是静止的局限于条文文本的遵守,国际商事条约判例法本身作为对公约内部漏洞的补充或模糊性规定的解释,成为CISG公约文本的另一种发展,与CISG公约条文一起构成了国际商事条约法律体系。因而一缔约国接受国际商事条约,不仅狭义地只遵守条约文本,还具有遵守别国CISG公约判例法的义务。例如,2000年意大利维杰瓦诺地区法庭审理的Rheinland Versicherungen v.

① Camilla Baasch Andersen, "The Uniform International Sales Law and the Global Jurisconsultorium", *Journal of Law and Commerce*, 2005:(24), pp. 159-179.

② Vikki Rogers, Albert Kritzer, "A Uniform International Sales Law Terminology", http://cisgw3.law.pace.edu/cisg/biblio/rogers2.html.

机关功能的相互协调。[①] 所有的统一法在适用该统一法文件的国家之间形成了一种法律合作共同体，在这一共同范围内适用统一法存在一种“礼让”(comity)。约翰·霍纳德(John Honnold)曾经强调法官在适用统一法时应当具有一种清晰而明确的意识，即他们在适用一种国际法律而不是国内法，“我们应当期待或要求法庭在解释国际条约时，意识到他们是具有相同目标的全球法官群体的同事”。[②] 因此各国法官不应当以本国法官的身份适用国际统一法文件，而应当采取相同的法律解释方法，从而保障统一法可以形成一种协调统一的群体性发展。

但雷采伊等一些学者对此持有消极态度，其认为“各个主权国家的每位法官都是其本国法规的解释者，法官之所以能够成为该国的司法者就是通过学习其本国的法律制度。正如最快的鸟儿也无法放飞自我，所以法官根本无法完全忘记其所学的法律”。[③] 尽管被一些学者视为难以实现的理想状态，但CISG公约的判例法共享是较为成功的。[④] 一些统一法领域已经存在的司法咨询制度也成为驳斥这一消极观点的最好现实证据。

如果缔约国法官仅局限于本国判例法而忽视其他CISG公约法域裁决时，一国适用公约就会形成一种相对封闭和狭隘的适用环境，无法接受外法域裁决的指导。因而需要建立一种国际机制将不遵守公约优先适用义务的法院或仲裁庭拉回到公约统一秩序当中。整体上看，CISG公约优先适用并不是一个各国齐头并进的过程，而是需要依靠德国、中国等公约适用典范成为先导力量，自发自觉地实现国际商事条约的适用模式转型，然后带动后进国家进一步完善条约的适用。因此，CISG公约国际判例法体系的建立将在国际层面形成

---

① Anne-Marie Slaughter, “The New Real World Order”, *Foreign Affair*, 1997:(5), pp. 183 - 197.

② John Honnold, “Uniform Laws for International Trade: Early ‘Care and Feeding’ for Uniform Growth”, *International Trade and Business Law Journal*, 1995:(1), pp. 1 - 10.

③ L. Reczel, “Background to the Establishment of UNCITRAL”, in United Nations Publications, *Uniform Commercial Law in the Twenty-First Century: Proceedings of the Congress of the United Nations Commission on International Trade Law*, New York, 1992, p. 6.

④ Gopalan Sandeep, “Transnational Commercial Law: The Way Forward”, *American University International Law Review*, 2003:(4), pp. 803 - 850.

判例法和学术研究是国际商事条约动态蓬勃发展的“两驾马车”。遵守 CISG 公约第 7 条法理所衍生出来的判例法,一方面填补了 CISG 公约内部漏洞,小心谨慎地扩展和改变了已经老化的 CISG 公约条款,避免了公约僵化问题使其保持动态的统一化发展;另一方面判例法对阐明公约一般性或模糊性规定具有重要作用。虽然 CISG 公约并不存在英美法系的先例指导制度,但 CISG 公约判例法同样至关重要,其本身可以视为 CISG 公约不断发展和扩展的一部分,不断保持 CISG 公约蓬勃的生命力。而学术研究则发挥了指导判例发展的辅助作用,尤其在多国判例衍生出不同做法时解决这一困惑。因此建立 CISG 公约国际判例法体系关键是需要协调发挥 CISG 公约判例法和学术理论的作用。事实上,在跨国判例共享和学术合作协商方面已经存在国际层面的努力。

首先,许多 CISG 公约统一法数据库的建立使参考外法域判例成为可能。实现统一法司法协调的技术性前提就是使得其他法域的判决可以轻易获得,为了保障各缔约国能统一正确适用公约规则,UNCITRAL 建立了一套非常重要的缔约国国内案例汇报系统“CLOUT”(Case law on UNCITRAL Texts)。这一制度不仅要求各缔约国主动公开适用 CISG 公约案例,并且相关统一法学者也会对各国公开判例进行评论。虽然这些评论并不具有法律效力,但却事实上实现了监督各缔约国适用公约的作用,成为统一协调公约法律适用结果的有力现实基础。除此之外,其他有关 CISG 公约判例法数据库还包括 UNIDROIT 建立的“UNILEX”数据库,主要收集 CISG 公约和 PICC 的国际判例,以及佩斯大学 CISG 公约数据库收录了更为广泛的司法和仲裁判例。尽管这些网上数据库已经收集了大量 CISG 公约判例,但这些数据库仅仅是完成了各缔约国部分判例法的收集工作,数量仍然是有限的,并缺乏进一步的分析和评论。UNCITRAL 和佩斯大学数据库判例法由各缔约国制定的国家通讯员负责公布各缔约国判例,但各国通讯员数量极其有限,且大多是一种自愿机制。这显然无法满足 CISG 公约判例法蓬勃统一发展的需求。目前各国许多适用 CISG 公约裁决并不对外公开或别国法院无法获得,别国法院裁决的不可获得性显著阻碍了统一判例法的形成。一方面由于建立信息支持服务的经济考量因素,另一方面不同语言也造成了障碍。

重制约 CISG 公约咨询委员会可信度的原因是，虽然 CISG 公约咨询委员会的成员包括来自世界各地的未特定参与任何国家或“法律传统”的学者，但 CISG 公约咨询委员会成员仍然主要来自一部分发达国家，而缺乏来自发展中国家特别是中国的专家学者。这显然使其具有了一定“俱乐部”意味，一定程度上丧失了作为全球性解释机构的信誉。

除 CISG 公约咨询委员会外，其他非官方机构的努力还包括 2005 年 UNCITRAL 与维也纳国际仲裁中心（Vienna International Arbitration Centre）联合会议等。但可以看出，目前已有的国际层面努力面临的最大的问题是缺乏来自 UNCITRAL 官方机构的支持，使得这些非官方机构自发性的倡议效果微弱。尽管 UNCITRAL 起草了 CISG 公约，但其并不是公约的官方解释机构，仅仅负责整理及公布各国的判例法摘要。因此推动 CISG 公约国际商事条约法律体系，关键是要在官方层面采取进一步推进对策。

首先，在 UNCITRAL 官方层面建立统一咨询委员会将有力指导各缔约国司法实践。从统一法适用结果上来衡量，在全球范围内统一程度最高的是欧盟法。相较于美国统一州法全国委员会采用示范法这一软法形式，欧盟条例是具有法律约束力的法律规定，其超越欧盟成员国国家主权在整个欧盟范围内实现了法律法规的统一化。尽管由于政治考虑，欧盟及相关研究较少采用“统一法”（uniform law）这一表述，而更多地采用“法律协调”（law harmonization）这一较为软化的词汇，但实际上欧盟法律的适用实现了最高程度的法律一致性。欧盟法的适用相较于国际统一法或美国统一示范法等具有一个适用上的优势，其具有欧盟法院（European Court of Justice）和欧盟委员会（European Commission）等监管机构，能够对欧盟法律的适用中存在的问题和错误作出及时指导和纠正。

同理作为 CISG 公约的倡导者和起草者，联合国国际贸易法委员会应对 CISG 公约适用问题作出能够代表起草者和缔约方意愿的阐明和解释。许多学者都曾经倡议建立 CISG 公约官方解释委员会，官方机构无疑会比 CISG 公约咨询委员会具有更强的法律约束力。例如，迈克尔·博奈尔（Michael Bonell）教授曾经在 1987 年倡议在 UNCITRAL 建立一个永久性的“编辑委员会”，由来然仅具有参考意义。这说明UNCITRAL统一咨询委员会的建立实际上不会遭到来自缔约国司法者的强烈反对,并且相较于非官方性质的CISG公约咨询委员会报告而言,UNCITRAL官方报告的法律说服力、影响力都更胜一筹。

其次,应当在UNCITRAL官方机构建立缔约国司法者之间横向的司法合作和交流平台,并扩大各缔约国CISG公约判例法的共享机制,一定程度上推进公约领域下的司法全球化(Judicial Globalization)。在CISG公约统一法法律体系之下,各缔约国司法者都是实现公约价值追求的工具,一定程度上超越了本国国内法的束缚而形成一个全球化的司法整体。因此,正如学者卡蜜拉·安德森(Camilla Andersen)所说,CISG公约的统一适用需要建立"全球司法协商"(global juriconsultorium)制度,强调各法域之间的司法合作和交流是十分必要的。① 目前在国际层面上主要由学者在积极倡议并监督国际商事条约的统一适用,但并不存在各缔约国司法者之间的直接交流平台。这使得各缔约国司法者仍然在各自分离地适用CISG公约。一些国家已经发展出CISG公约谈判阶段主动遗留问题的建设性解决办法,为别国法院适用CISG公约提供了更为具体明细的参考标准。这种有价值的司法经验无疑应当通过司法交流制度扩散到其他缔约国国内。

**二、完善国内法律体制**

除在国际层面上有必要建立国际商事条约国际判例法体系外,各缔约国在国内层面同样需要主动消除来自立法、司法、法律传统和国家法律体制等方面对统一适用国际商事条约造成的消极影响。在这些影响因素中,立法和司法方面的影响对司法者而言无疑是更为直接和根本性的,而法律传统、国家法律体制等影响同样可以通过立法和司法途径得到有效纠正或弱化。因而如果一国在国内立法或判例法方面明确了国际商事条约与国内法(包括冲突法)之间的关系和适用顺序,将有效提升国际商事裁决的司法能力。并且更为关键的是,要整体提高一缔约国国际商事条约的适用水平和程度,国内法律体制的推进对策必须采取一种自上而下的路径,才能在全国法律体系中形成示范模

① Camilla Andersen, "The Global Jurisconsultorium of the CISG Revisited", *Vindobona Journal of International Commercial Law and Arbitration*, 2009:(13), p. 43.

规定的，应当适用国际条约的规定，但中华人民共和国声明保留的条款除外”。而在2017年正式颁布的《民法总则》中，并未对国际条约与国内民商法的关系问题作出规定。因此，我国《涉外民事关系法律适用法》对国际商事条约适用问题存在空缺，同时《民法典》替代《民法通则》会导致第142条规定的失效，这使得我国法院将在适用国际商事条约时面临无法可依的问题。[①] 为明确国际商事条约在我国的适用顺序及地位问题，较为理想的方式是学习德国的经验，通过补充制定国内国际私法规定予以完善。

（二）司法保障机制

相较于立法保障机制，司法保障机制是更为直接有效地促进CISG公约适用的途径。正如第二章研究结论所得，各国司法者在国际商事条约适用领域发挥着更加独立和重要的作用，甚至一定程度上超越了立法规定的限制。这意味着在国内立法规定缺乏CISG公约与国内法适用关系明确规定的情况下，国内法院依然可以通过司法系统保障CISG公约的正确适用。

首先，法官正确适用CISG公约才是扭转国内法适用路径依赖的关键。事后法律裁判阶段的准据法选择会极大影响到事前当事人法律选择倾向。实务界对CISG公约适用的消极态度无法自我修正并且会逐渐地形成一种恶性循环，长期对统一实体条约适用的消极态度反过来加剧了对统一法的漠视。统一法目的的实现和学术层面支持的统一法适用优势，会由于实务界适用的滞后而难以实现。而打破这种恶性循环的关键，在于提高法官在适用统一实体条约中的能动作用。如果法官同样表现出对适用国际商事条约的消极态度，在审理国际商事争议时增加排除适用国际商事条约的比率，将会给实务界传到错误的信号，并加剧忽视条约适用的恶性循环。国际商事条约作为准据法使用频率降低，当事人、律师学习了解国际商事条约的机会也会降低。但同样可以预见，如果法院坚持主动适用、优先适用CISG公约等国际商事条约的立

---

① 根据《中华人民共和国民法典》第1260条规定：“本法自2021年1月1日起施行。《中华人民共和国婚姻法》、《中华人民共和国继承法》、《中华人民共和国民法通则》、《中华人民共和国收养法》、《中华人民共和国担保法》、《中华人民共和国合同法》、《中华人民共和国物权法》、《中华人民共和国侵权责任法》、《中华人民共和国民法总则》同时废止。”

虏伯公司构成根本违约,请求判令解除合同,德国克虏伯公司返还货款并赔偿损失。最高法院审理认为,该案国际货物买卖合同纠纷的双方当事人营业地分别位于新加坡和德国,而该两国均为 CISG 公约的缔约国,且当事人未排除该 CISG 公约的适用,因此本案审理首先适用该公约。对于审理案件中涉及的问题公约没有规定的,例如合同效力问题、所有权转移问题,应当适用当事人选择的美国法律。该案明确了在"当事人并未排除 GISG 公约"的适用时,应"首先"适用 CISG 公约的做法,并且被作为最高法院为"一带一路"建设提供司法服务和保障的典型案例,"增强了我国司法实践中公约适用的统一性、稳定性和可预见性,有力保障了国际贸易的有序进行"。

2. 国内上诉程序

司法实践中,很多条约适用错误的纠正都是通过上诉程序完成。当一审法庭错误地忽略了国际商事条约的适用,更为严厉的保障机制则是通过上诉程序以法律适用错误为理由驳回判决,成为保障条约正确适用的下一道防线。

例如,2008 年智利审理的 Industrias Magmmer Cuerosy Pieles SA v. Sociedad Agricola Sacor Limitada 案件中,当事人都未提及适用 CISG 公约,但在上诉程序中法官得以重新考察了 CISG 公约的准据法地位。① 在意大利,1998 年意大利米兰上诉法庭审理的 Bielloni Castello v. EGO 一案,有关于意大利卖方与法国买方的打印机买卖合同纠纷。在米兰地区法庭的一审程序中,法官使用意大利国内法作出了有利于买方的裁决。但由于法庭并未考虑到合同有关于货物交付的合同修订,因而卖方提出上诉。米兰上诉法院认为,为了正确判断当事人的权利义务关系,意大利民法典中的实体规定并不适用于本案合同争议,而应当由 CISG 公约通过第 1 条第 1 款 a 项直接调整。这种准据法选择错误通过二审程序得到了纠正。② 在我国,中国广东高级人民法院在"陆海有限公司诉揭东县海富水产发展有限公司案"二审程度中,纠正了一审法庭忽

---

① Industrias Magmmer Cuerosy Pieles SA v. Sociedad Agricola Sacor Limitada, Corte Suprema, Chile, 22 September 2008, http://cisgw3. law. pace. edu/cases/080922ch. html.

② Bielloni Castello v. EGO, Italy 11 December 1998 Appellate Court Milan, http://cisgw3. law. pace. edu/cases/981211i3. html.

伐克的国际私法和程序法制定的准据法”。最高法院因而撤销了下级法院裁决并要求发回重审。在2006年斯洛伐克最高法院上诉审理的“弹力运动衣案”,该案涉及营业地分别位于斯洛伐克买方与捷克卖方之间的合同争议。①日利纳地区法庭是本案一审法庭,其在一审程序中并未考虑CISG公约的可适用性问题,而是援引了斯洛卡克商法典作为准据法,并作出了不利于买方的裁决。买方因此提出上诉请求,上诉法院审理认为,一审法院以斯洛伐克民法典作为准据法裁决买方负有支付货款义务并不正确,因此以法律适用错误为由撤销了一审裁决。上诉法庭的做法进而得到了最高法院的认可。2008年斯洛伐克尼特拉地区法庭上诉审理的“土豆案”再次纠正了科马尔诺下级法院错误适用国内法的做法。②

尽管大部分上诉法院都具有纠正和指导下级法院法律适用的严格责任,但一些国家的上诉程序明确限制上诉范围为当事人已经提出的诉讼范围,而限制了上诉法院的诉讼管辖权。这样规定是为保护当事人的诉讼权利,那么在一审程序中没有出现的争议并不能够在二审提出。这样可能在初审阶段被法庭忽略的国际商事条约,在二审程序中同样可能不能够被纠正。例如,美国GPL Treatment案例中CISG公约具有明显的可适用性,该案一审法庭为摩特诺玛郡地区法庭一直采用UCC作为裁决法律依据,三分之二的法官认同这一法律适用,而一名法官提出反对意见认为应当适用CISG公约。但当案件上诉至俄勒冈州高级法院时,俄勒冈州高级法院并未对法律适用错误问题予以纠正,而是驳回了有关裁决CISG公约的诉求。

**三、加强国际商法教育**

CISG公约作为全球国际货物销售法领域的“通用语言”,在商事实践中占有非常重要的地位,理应得到各国商事主体、司法者和律师群体的重视。正确适用CISG公约必须以增强各国司法者和国际商事主体对国际商事统一实体

---

① Elastic fitness clothing case, Slovak Republic 26 October 2006 Supreme Court of the Slovak Republic, http://cisgw3. law. pace. edu/cases/061026k1. html.

② Potatoes case, Slovak Republic 15 October 2008 Regional Court in Nitra, http://cisgw3. law. pace. edu/cases/081015k1. html.

的法律适用方法,才能够实现达到相似法律适用结果的目的。

国际商法教育则是扭转忽视或轻视国际商事条约统一法理念的基础性和前瞻性措施。全球化背景下的新一代司法者必须能够主动提升自己处理国际案件或涉外案件的能力,而学习和正确适用国际统一法是必备的业务素质之一。正如英国学者罗伊·古德(Roy Goode)所言,“如果统一法过程希望加速的话,其希望本质上在于要求法学院减少他们对国内法的先占和国内法优先于其他法律体系假设,至少在一定程度上国际化其中世纪式的法律教学方法。我们希望加速法律协调化进程,并培养未来具有超越其本国法律体系视野的律师和法官的话,主要方法在于在学生当中普及对外国法律的认知”。①

但在学术教学中,我们很遗憾地发现 CISG 公约经常被忽视或轻视。② 因而在国际商事条约领域,学术界建立起该领域正确的法律方法是一件急迫的事情。墨西哥学者亚历杭德·罗奥苏·纳冈萨罗斯(Alejandro Osuna-Gonzalez)认为,墨西哥忽视 CISG 公约适用的情况并不能够全部归责于法官本身,墨西哥法学院同样应当承担部分责任。墨西哥法学院必须在未来通过教授 CISG 公约并将其作为强制性课程,以提高法官对 CISG 公约的适用意识。③ 美国学者威廉·道奇(William S. Dodge)在一篇文章中强调,美国法学院缺少对 CISG 公约的专门教育导致律师对 CISG 公约的不熟悉,因而建议将 CISG 公约加入合同法课程当中。④ 马丁·克勒(Martin F. Koehler)对德国和美国适用 CISG 公约情况调查显示,德国法庭在正确适用 CISG 公约方面相较于其他国家更为成功,德国实务界对 CISG 公约的了解程度远远高于美国,仅有 6.1% 的德国商人表示不了解 CISG 公约,而约为三分之一的美国商人表示其缺乏足够的 CISG 公约适用判例法因而倾向于排除 CISG 公约。并且马丁·克勒调查认

① Roy Goode,“Reflections on the Harmonisation of Commercial Law”, *Uniform Law Review*, 1991:(54), pp. 57 – 75.

② [德]彼得·施莱希特里姆:《〈联合国国际货物销售合同公约〉评释》,李慧妮编译,北京大学出版社 2006 年版,第 1 页。

③ Alejandro Osuna-Gonzalez,“The Intepretation in Mexico of the United Nations Convention on Contracts for the International Sale of Goods”, *Villanova Law Review*, 2013:(58), p. 620.

④ William S. Dodge,“Teaching the CISG in Contracts”, *Journal of Legal Education*, 2000:(50), p. 72.

一状态是并不存在的，国际商事条约也并不苛求实现，各国适用中的差异是统一法条约所预料到的不可避免的状态。从历史与发展的视角看，CISG 公约等国际商事条约的国内接受和统一适用是一个先难后易、逐渐加速的过程，并不能够因为当前一些问题的存在而否定其未来前景。更应当看到，虽然国际商事条约的适用依然面临着一些问题和阻力，但在全球化时代国际商事条约才真正代表了国际商事法律制度的方向和趋势。这使其具有了国家自身贸易需求推动的适用 CISG 公约的内部推动力，与大多数尊重公约适用的国家形成的外部推动力，使少数国家忽略公约适用的做法并不会成为一种持续的常态。

针对国际商事条约面临的国内适用问题及成因，要进一步推动国际商事条约的国内适用程度，应从国际层面和国内层面同时采取推进对策，并通过加强国际商法教育提升司法者与商事主体对公约优先适用理念的认知。在国际层面上，缺乏来自官方层面的各缔约国判例法共享与学术交流平台制约着公约统一适用的进一步实现。因此应当建立跨法域界限的公约国际判例法体系，以保障 CISG 公约正确适用判例法的持续供给，并对各缔约国判例法发展形成良好的指导和示范效应，降低统一适用的司法成本，避免法官以此为缘由轻易地回归到国内法适用模式当中。在国内层面，各缔约国应当主动消除来自国内立法、司法、法律传统等对公约适用造成的消极影响，在立法尤其国际私法中明确 CISG 公约相较于国内法的优先适用地位，在最高或高级层级法院确立正确公约适用先例都是直接有效的方式。

适用表现出消极态度，在这些国家国内法仍然是调整国际商事关系的主流法源。通过对不同缔约国适用 CISG 公约判例进行比较分析可得，各缔约国对 CISG 公约优先适用法律规则的理解、接受及遵守程度直接影响和决定了该国适用 CISG 公约的整体水平和程度。具体而言，积极选择适用 CISG 公约的国家，基本上能够理解和遵守 CISG 公约优先适用规则，而反之消极适用 CISG 公约的缔约国仍然在掌握 CISG 公约正确适用规则的道路上摸索。

总结积极适用 CISG 公约缔约国的成功司法经验可知，这些国家司法者都通过充分发挥司法主观能动性，采用灵活的法律适用技巧论证了 CISG 公约优先适用的法律依据，并逐渐形成了具有各国特色的法律裁决模式。虽然各缔约国在立法层面上直接承认国际商事条约优先地位的国家并不多，只有德国在国际私法立法规定中明确了国际商事条约优先于国内法适用的顺位。但立法层面的不确定却并未根本性地影响到国际商事条约在司法判例中被优先地适用。中国、美国、希腊、意大利等国家司法者更多地从本国立法、司法制度和法律传统的已有基础或授权前提出发，采取了不同的法律适用或解释方式。虽然各国司法机构优先适用公约基于不同的法律说理模式，但其共性都是承认国际商事条约具有优先于国内法的适用地位。可以看出相比立法机构而言，目前各国司法机构在保障国际商事条约优先适用方面起到了更为关键性的作用，司法能动性的发挥甚至一定程度上超越了本国既有立法的限制。

不可否认，CISG 公约的国内适用确实仍然存在一些问题，面临着来自原有国内法和冲突法适用惯性的影响。对这些适用问题进行抽象类型归纳，可以大致分为忽视条约适用问题、国内法前置适用问题及平行适用国内法问题三类。虽然 CISG 公约在全球范围内具有广泛的接受性，也同样并未遭受法官或仲裁员明确地排斥、反对或“歧视”，但在司法实践中摒弃已有国内司法模式向统一法适用模式转型显然并非易事。国内既有立法、司法模式、法律传统或法律体系结构都不同程度上影响到了法官或仲裁员对统一法规则的接受和认可程度。

即使 CISG 公约统一适用的完全达成仍然面临一些困难和问题，但并不能够因此而否定国际商事条约统一管辖国际商事争议的优越性。从历史与发展

# 参考文献

## 一、专著

[1] Andre Janssen, Olaf Meyer, *CISG Methodology*, Munich, Sellier European Law Publishers, 2009.

[2] Filip De Ly, *International Business Law and Lex Mercatoria*, Amsterdam, Elsevier Science Publishers Ltd., 1992.

[3] Franco Ferrari, *The CISG and Its Impact on National Legal Systems*, Munich, Sellier European Law Publishers, 2008.

[4] Maren Heidemann, *Methodology of Uniform Contract Law—The UNIDROIT Principles in International Legal Doctrine and Practice*, Berlin, Springer Pubulishing, 2007.

[5]程琥:《全球化与国家主权——比较分析》,清华大学出版社2003年版。

[6][美]弗里德里希·K.荣格:《法律选择与涉外司法》,霍政欣、徐妮娜译,北京大学出版社2007年版。

[7][德]格哈德·克格尔:《冲突法的危机》,萧凯、邹

*Law Review*, 2013:(58).

[2]Aleksandra Jurewicz,"A Millstone in Polish CISG Jurisprudence and Its Significance to the World Trade Community", *Journal of Law and Commerce*, 2009:(1).

[3]Amelia H. Boss,"The Future of the Uniform Commercial Code Process in an Increasingly International World", *Ohio State Law Journal*, 2007:(68).

[4]Amin Dawwas, Yousef Shandi,"The Applicability of the CISG to the Arab World", *Uniform Law Review*, 2011:(16).

[5]Angela Maria Romito,"CISG: Italian Court and Homeward Trend", *Pace International Law Review*, 2002:(1).

[6]Annabel Teiling,"CISG: U. S. Court Relies on Foreign Case Law and the Internet", *Uniform Law Review*, 2004:(9).

[7]Ann Morales Olazabal, Robert W. Emerson, Karen D. Turner, Rene Sacasas,"Global Sales Law: An Analysis of Recent CISG Precedents in US Courts 2004 -2012", *Business Law*, 2011:(4).

[8]Antonin I. Pribetie,"An Unconventional Truth: Conflict of Law Issues Arising under the CISG", *Nordic Journal of Commercial Law*, 2009:(1).

[9]Antonin I. Pribetic,"The CISG Road Less Travelled-Case Comment on GreCon Dimter Inc. v. J. R. Normand Inc.", *Canadian Business Law Journal*, 2005:(1).

[10]Arthur Rosett,"Critical Reflections on the United Nations Convention on Contracts for the International Sale of Goods", *Ohio State Law Journal*, 1984:(45).

[11]Bradford Stone,"Contracts for the International Sale of Goods: The Convention and the Code", *Michigan State International Law Review*, 2015:(23).

[12]Bruno Zeller,"The Challenge of a Uniform Application of the CISG—Common Problems and Their Solutions", *Macquarie Journal of Business Law*,

2010:(32).

[24]Christine Moccia,"The United Nations Convention on Contracts for the International Sale of Goods and the Battle of the Forms", *Fordham International Law Journal*, 1990: (13).

[25]Christopher Kee, Edgardo Munoz,"In Defence of the CISG", *Deakin Law Review*, 2009:14(1).

[26]Christopher Sheaffer,"The Failure of the United Nations Convention on Contracts for the International Sale of Goods and a Proposal for a New Unifrom Code in International Sales Law", *Caradozo Journal of International and Comparative Law*, 2007:(2).

[27] David Frisch, "Commercial Common Law, the United Nations Convention on the International Sale of Goods, and the Inertia of Habit", *Tulane Law Review*, 1999:(74).

[28] David M. Golove, "Treaty-Making and the Nation: The Historical Foundations of the Nationalist Conception of the Treaty Power", *Michigan Law Review*, 2000:(5).

[29]Dennis J. Rhodes,"The United Nations Convention on Contracts for the International Sale of Goods: Encouraging the Use of Uniform International Law", *Transnational Lawyer*, 1992:(5).

[30]Dionysios P. Flambouras,"Case Law of Greek Courts for the Vienna Convention (1980) for International Sale of Goods", *Nordic Journal of Commercial Law*, 2009:(2).

[31] Filip De Ly, "The Place of Arbitration in the Conflict of Laws of International Commercial Arbitration: An Exercise in Arbitration Planning", *Northwestern Journal of International Law and Business*, 1991:(1).

[32]Filip De Ly,"Sources of International Sales Law: an Eclectic Model", *Journal of Law and Commerce*, 2005:(25).

[33] Francesco G. Mazzotta, "The International Character of the UN

Uniformity Principle in Article 7(1)", *Journal of Law and Commerce*, 1998:(17).

[45] Harry M. Flechtner, "Another CISG Case in the U. S. Courts: Pitfalls for the Practitioner and the Potential for Regionalized Interpretations", *Journal of Law and Commerce*, 1995:(15).

[46] Helen Elizabeth Hartnell, "Rousing the Sleeping Dog: The Validity Exception to the Convention on Contracts for the International Sale of Goods", *Yale Journal of International Law*, 1993:(18).

[47] Henning Lutz, "The CISG and Common Law Courts: Is There Really a Problem?", *Victoria University of Wellington Law Review*, 2004:(35).

[48] Hiroo Sono, "Japan's Accession to and Implementation of the United Nations Convention on Contracts for the International Sale of Goods (CISG)", *Japanese Yearbook of International Law*, 2010:(53).

[49] Ingeborg Schwenzer, "National Preconceptions That Endanger Uniformity", *Pace International Law Review*, 2007:(19).

[50] Jacob S. Ziegel, "Canada's First Decision on the International Sales Convention", *Cannada Bussiness Law Journal*, 1999:(32).

[51] Jacob S. Ziegel, "The Future of the International Sales Convention from a Common Law Perspective", *New Zealand Business Law Quarterly*, 2000:(6).

[52] Jacob W. F. Sundberg, "A Uniform Interpretation of Uniform Law", *Scandinavian Study Law*, 1966:(10).

[53] James E. Bailey, "Facing the Truth: Seeing the Convention on Contracts for the International Sale of Goods as an Obstacle to a Uniform Law of International Sales", *Cornell International Law Journal*, 1999:(32).

[54] Jeffrey L. Freisen, "The Distribution of Treaty-Implementing Powers in Constitutional Federations: Thoughts on the American and Canadian Models", *Columbia Law Review*, 1994:(94).

[55] Jeffrey R. Hartwig, "Schmitz-Werke & Co. v. Rockland Industries Inc.

Council Come of Age?", *Berkeley Journal of International Law*, 2009:(27).

[67] Joshua Karton, Samantha Wynne, "Canadian Courts and Uniform Interpretation: An Empirical Reality Check", *Uniform Law Review*, 2013:(18).

[68] Julian G. Ku, "The Crucial Role of the States and Private International Law Treaties: A Model for Accommodating Globalization", *Missouri Law Review*, 2008:(4).

[69] Julian G. KU, "The State of New York Does Exist: How the States Control Compliance with International Law", *North Carolina Law Review*, 2004:(82).

[70] Kenneth C. Randall, John Norris, "A New Paradigm for International Business Transactions", *Washington University Law Quarterly*, 1993:(3).

[71] Kurt H. Nadelmann, "Ignored State Interests: The Federal Government and International Efforts to Unify Rules of Private Law", *University Pennsylvania law Review*, 1954:(3).

[72] Laura Lassila, "General Principles and Convention on Contracts for the International Sale of Goods(CISG)-Uniformity under an Interpretation Umbrella", *Russian Law Journal*, 2017:(2).

[73] Lisa Spagnolo, "Exclusion by Conduct of Legal Proceedings: *Iura Novit Curia* and Opting Out of the CISG", *International Trade and Business Law Reivew*, 2014:(17).

[74] Lisa Spagnolo, "The Last Outpost: Automatic CISG Opt Outs, Misapplications and the Costs of Ignoring the Vienna Sales Convention for Australian Lawyers", *Melbourne Journal of International Law*, 2009:(10).

[75] Lori Fisler Damrosch, "The Role of the United States Senate Concerning 'Self-Executing' and 'Non-Self-Executing' Treaties", *Chicage-Kent Law Review*, 1991:(2).

[76] Marius Sollund, "The U. N. Convention on Contracts for the International Sale of Goods, Article 7(1)-The Interpretation of the Convention and

*für ausländisches und internationales Privatrecht*, 2007:(71).

[89] Peter Huber, "Typically German? -Two German Contributions to the CISG", *Belgrade Law Review*, 2011:(3).

[90] Peter J. Spiro, "Globalization and the Foreign Affairs Constitution", *Ohio State Law Journal*, 2002:(63).

[91] Peter J. Mazzacano, "Canadian Jurisprudence and the Uniform Application of the UN Convention on Contracts for the International Sale of Goods", *Pace Internationa Law Review*, 2005:(1).

[92] Peter Schlechtriem, "Requiements of Application and Sphere of Applicability of the CISG", *Victoria University Wellington Law Review*, 2005:(36).

[93] Peter Schlechtriem, "Uniform Sales Law-The Experience with Uniform Sales Laws in the Federal Republic of Germany", *Juridisk Tidskrift*, 1991:(92).

[94] Philip Hackney, "Is the United Nations Convention on the International Sale of Goods Achieving Uniformity?", *Lousiana Law Review*, 2001:(61).

[95] Rajeev Sharma, "The United Nations Convention on Contracts for the International Sale of Goods: The Canadian Experience", *Victoria University of Wellington Law Review*, 2005:(36).

[96] Richard E. Speidel, "The Revision of UCC Article 2, Sales in Light of the United Nations Convention on Contracts for the International Sale of Goods", *Northwestern Journal of International Law and Business*, 1996:(16).

[97] Rolf Knieper, "Celebrating Success by Accession to CISG", *Journal of Law and Commerce*, 2005 - 2006:(25).

[98] Ronald A. Brand, Harry M. Flechtner, "Arbitration and Contract Formation: First Interpretations of the U. N. Sales Convention", *Journal of Law and Commerce*, 1993:(12).

[99] Samir Islam, "The Negative Effects of Ill-Advised Legislation: The Curious Case of the Evolution of Anti-Sharia Law Legislation into Anti-Foreign

Universal Values: The Use of the CISG as a Model for Law Reform and Regional Specificites", *Loyola of Los Angeles International and Comparative Law Review*, 2018:(41).

[110] Ulrich Magnus, "The Vienna Sales Convention Between Civil and Common Law—Best of All Worlds?", *Journal of Civil Law Study*, 2010:(1).

[111] Urs PeterGruber, "The Convention on the International Sale of Good (CISG) in Arbitration", *International Business Law Journal*, 2009:(15).

[112] V. Susanne Cook, "CISG: from the Perspective of the Practitioner", *Journal Law and Commerce*, 1998:(17).

[113] V. Susanne Cook, "The Need for Uniform Interpretation of the 1980 United Nations Convention on Contracts for the International Sale of Goods", *University of Pittsburgh Law Review*, 1998:(50).

[114] William S. Dodge, "Teaching the CISG in Contracts", *Journal of Legal Education*, 2000:(50).

[115] William Tetley, "Uniformity of International Private Maritime Law-The Pros, Cons and Alternatives to International Conventions—How to Adopt an International Convention", *Tulane Maritime Law Journal*, 2000:(24).

[116] William W. Park, Alexander A. Yanos, "Treaty Obligations and National Law: Emerging Conflicts in International Arbitration", *Hastings Law Review*, 2006:(58).

[117] Xiao Yongping, Long Weidi, "Selected Topics on the Application of the CISG in China", *Pace International Law Review*, 2008:(20).

[118] Yves Derains, "New Trends in the Practical Application of ICC Rules of Arbitration", *Northwestern Journal of International Law and Business*, 1981:(1).

**三、中文论文**

[1]车丕照:《论条约在我国的适用》,载《法学杂志》2005 年第 3 期。

[2]陈寒枫、周卫国、蒋豪:《国际条约与国内法的关系及中国的实践》,载

[16]姜作利:《论 CISG 统一解释及适用中参考外国判例法的合理性》,载《山东师范大学学报》(人文社会科学版)2018 年第 3 期。。

[17]李慧:《从联合国国际货物销售合同公约看“统一法”中的不统一》,载《理论前沿》2005 年第 14 期。

[18]李旺:《当事人意思自治与国际条约的适用》,载《清华法学》2017 年第 4 期。

[19]李巍:《中国合同法的司法解释对国际货物买卖的影响——与〈联合国国际货物销售合同公约〉的比较》,载《政法论丛》2016 年第3 期。

[20]刘廷涛:《CISG 适用默示排除意思自治之分析——以约定适用中国法律为视角》,载《中南大学学报》(社会科学版)2014 年第 4 期。

[21]刘瑛:《论〈联合国国际货物销售合同公约〉在中国法院的直接适用》,载《法学评论》2009 年第 5 期。

[22]刘瑛:《论排除适用条款与 CISG 的适用》,载《政法论丛》2019 年第 4 期。

[23]刘瑛:《〈联合国国际货物销售合同公约〉解释规则研究》,载《江西财经大学学报》2006 年第 3 期。

[24]李双元、邓杰、熊之才:《国际社会本位的理念和法院地法适用的合理限制》,载《武汉大学学报》(社会科学版)2001 年第 5 期。

[25]鲁世平、李卉:《国际统一实体法的渐进性和不平衡性》,载《大连海事大学学报》(社会科学版)2006 年第 2 期。

[26]廖艳嫔:《国际商事条约在我国司法实践中的适用》,载《河北法学》2011 年第 1 期。

[27]吕岩峰:《“适当论”:国际合同法律适用理论的归结与扬弃》,载《法制与社会发展》1999 年第 5 期。

[28]裴晋:《从对外国法的适用与限制看国际私法的矛盾统一》,载《现代法学》1998 年第 2 期。

[29][美]乔丹 · J. 波斯坦:《自动执行的国际条约》,赵建文译,载《环球法律评论》1990 年第 6 期。

[44]许军珂:《当事人意思自治原则对法院适用国际条约的影响》,载《法学》2014 年第 2 期。

[45]徐伟功:《美国法律适用中“回家去的趋势”及我国法律适用中的法院地法倾向》,载《河南财经政法大学学报》2013 年第 5 期。

[46]宣增益、王延妍:《我国法院对〈联合国国际货物销售合同公约〉的适用》,载《法学杂志》2012 年第 5 期。

[47]杨帆:《论杰克逊的“当代主权观”——以“权力分配论”为核心》,载《法律科学》2015 年第 2 期。

[48]杨树明、曾文革:《论统一实体法规范》,载《现代法学》1999 年第 1 期。

[49]于志宏:《国际货物买卖合同法律适用问题分析》,载《武汉大学学报》(社会科学版)2003 年第 4 期。

[50]虞子瑾、李健:《论我国条约司法适用制度的困境与出路》,载《政治与法律》2016 年第 8 期。

[51]张美红:《法国国际商事仲裁程序完全“非国内化”模式及我国的选择》,载《社会科学家》2014 年第 9 期。

[52]张玉卿:《〈联合国国际货物销售合同公约〉的适用与解释》,载《国际经济法学刊》2007 年第 3 期。

[53]赵立行:《论中世纪的“灰脚法庭”》,载《复旦学报》(社会科学版)2008 年第 1 期。

[54]郑远民、陈令枫:《试论现代商人法的适用》,载《河北法学》2004 年第 8 期。

[55]邹国勇:《德国国际私法渊源的新发展》,载《时代法学》2007 年第 1 期。

[56]左海聪:《直接适用条约问题研究》,载《法学研究》2008 年第 3 期。

[57]左海聪、杨梦莎:《论〈国际商事合同通则〉解释补充〈联合国国际货物销售合同公约〉之功能——以损害赔偿制度为例》,载《比较法研究》2016 年第 1 期。

同于传统银行信贷，管理方式上的削足适履或者机械地形式主义，反而给金融租赁公司的运营带来了很大的困扰。在高速发展时期，该等管理困扰尚能被成绩所掩盖，但在日趋严格的监管态势之下，因各类违规操作而遭受监管部门处罚的情形也在逐渐增加。

如何把金融租赁行业经验进行总结和推广以完善相应公司治理和内部管理？《案解金融租赁公司全流程法律风险管理》无疑为前述问题的解答做了很好地注解。案例教学作为最有效的教学方式，在商业领域和法律裁判领域均不少见。但商业案例往往从商业营销或者战略角度分析，缺乏连贯性地管理视角；或者法律案例仅从法律合同角度进行评判，难以融进公司管理架构之中。本书作者作为金融租赁多年从业人员，从租赁产品划分、租前尽调、租中合同审核及放款、租后管理等角度，选取相应的司法案例予以评析，无疑是种全新的尝试。本书一大特点即是贴近管理实务，以管理者和从业者的操作视角，从金融租赁产品设计中易出现的瑕疵、租前尽职调查的重点关注事项、租中操作易发风险、租后管理重点关注事项、项目出现逾期之后如何综合采用各类司法措施，甚至如何防范易发生的职务犯罪等，均选取了相应的案例并进行评析，从业人员在实操中遇到的各类问题均能在本书中对应找到参考坐标；本书另一大特点即是其编排方面的创新，其既区别于传统法律案例优先排列各方当事人以及各自诉请的方式，也区别于从合同成立生效、合同履行方面的法律角度，而是遵循商业 MBA 咨询案例中“事实优先”的表述，从案件事实为第一切入口，就各方争议进行表述，然后是法院裁判结果和相应评析；所精选的业内案例，不仅在事实方面让人有所思考借鉴，而且相应司法程序的完整介绍亦有很大参考意义。该书的全新编写方式让人耳目一新，法律专业和管理流程的融合一定程度上填补了金融租赁管理方面的空白。在全党开展党史学习教育之际，“以史为鉴”、特别是以金融租赁自己的历史案例为鉴，对从业者应该是种有益的启发。

中国银行业协会首席法律顾问

亦为一“生产公司”，只不过其生产的是无形的金融产品。为生产、销售并管理相应金融产品，企业通常在“三会一层”的公司治理架构层面之下设定不同的职能部门，并规定各部门的职能和运作机制，一旦机制触发，则后续各运行流程，包括对风险的评判、金融产品的设计、金融产品的生产和交割、金融产品的后期管理和维护等，都将依职能开展进行。在金融租赁产品“生产运营”管理中，通常可分为租前、租中和租后三个不同管理阶段，笔者尝试通过相关司法案例，分析金融租赁公司在不同管理阶段中可能存在的不足或易发生法律风险的地方，并就相关司法案例中所折射出的法律和管理问题予以列明。

此外，随着跨境业务、境内外企业破产情况的增加，特别是自 2017 年以来连续发生的境外航空公司申请破产保护的情况，笔者亦拟就境外美国法项下破产重整的基本法律规定以及出租人可采取的应对进行初步探讨。随着 2020 年新冠疫情蔓延肆虐全球、更叠加大国博弈的历史背景下，各国经济在可预见范围内将持续下滑，原有“竞争与合作”并存的国际政经环境将明显转为更多的地方保护主义，国际竞争将远大于合作，跨境出海的中国企业更需提前做好必要境外法律知识和资源储备。

需要说明的是，囿于笔者经验，本书将重点从金融租赁公司角度出发进行分析，其中涉及的法律法规，除金融租赁行业监管内容之外，其他相关规定应适用于其他融资租赁企业。特别是随着中国银行保险监督管理委员会 2020 年 6 月正式发布的《融资租赁公司监督管理暂行办法》，在监管口径逐步一致的情况下，金融租赁公司的相关管理要求，对于融资租赁公司亦有一定借鉴意义。针对自 2021 年 1 月 1 日起实行的《民法典》，本书在涉及各具体法律问题时，亦将一并予以更新。

仅从案例看公司管理，未必能得出一个全面或系统性的结论，特别是公司内部管理纷繁复杂，仅是如公司治理、风险管理、合规内控管理、财务管理和人力管理等方面，便有浩如烟海的对应专业管理书籍。本书依照管理方面通常涉及的“人、财、物、产、供、销”作为切入点，主要选取了和“产”相关的某些方面的法律案例，因此仅能视作管中窥豹之努力罢。在言必称大数据的今天，法律案例之获取应非难事，

续表

| 名称 | 发布部门 | 发文字号 | 发布日期 | 效力性 | 简称 |
| --- | --- | --- | --- | --- | --- |
| 《中华人民共和国商业银行法》 | 第八届全国人民代表大会常务委员会 | 主席令第四十七号 | 1995年5月10日 | 经多次修订，目前为2015年修正版，现行有效 | 《商业银行法》 |
| 《中华人民共和国银行业监督管理法》 | 第十届全国人民代表大会常务委员会 | 主席令第十一号 | 2003年12月27日 | 经修订目前为2006年修正版，现行有效 | 《银行业监督管理法》 |
| 《中华人民共和国企业破产法》 | 第十届全国人民代表大会常务委员会 | 主席令第五十四号 | 2006年8月27日 | 现行有效 | 《破产法》 |
| 《中华人民共和国反洗钱法》 | 第十届全国人民代表大会常务委员会 | 主席令第五十六号 | 2006年10月31日 | 现行有效 | 《反洗钱法》 |
| **司法解释** | | | | | |
| 《最高人民法院关于审理融资租赁合同纠纷案件适用法律问题的解释》 | 最高人民法院 | 法释〔2014〕3号 | 2014年2月24日 | 现行有效已被修订 | 《融资租赁司法解释》(2014) |
| 《最高人民法院关于公证债权文书执行若干问题的规定》 | 最高人民法院 | 法释〔2018〕18号 | 2018年9月30日 | 现行有效 | 《公证债权文书规定》 |

续表

| 名称 | 发布部门 | 发文字号 | 发布日期 | 效力性 | 简称 |
|---|---|---|---|---|---|
| 《最高人民法院关于适用〈中华人民共和国民法典〉有关担保制度的解释》 | 最高人民法院 | 法释〔2020〕28号 | 2020年12月31日 | 现行有效 | 《担保制度解释》 |
| 行政法规 | | | | | |
| 《优化营商环境条例》 | 国务院 | 国务院令第722号 | 2019年10月22日 | 现行有效 | 《优化营商环境条例》 |
| 部门规章及规范性文件 | | | | | |
| 《动产抵押登记办法》 | 原国家工商行政管理局 | 国家工商行政管理局令第30号 | 2007年10月17日 | 现已失效 | 《动产抵押登记办法》 |
| 《固定资产贷款管理暂行办法》 | 原中国银行业监督管理委员会 | 中国银行业监督管理委员会令2009年第2号 | 2009年7月23日 | 现行有效 | 《固定资产贷款管理暂行办法》 |
| 《流动资金贷款管理暂行办法》 | 原中国银行业监督管理委员会 | 中国银行业监督管理委员会令2010年第1号 | 2010年2月12日 | 现行有效 | 《流动资金贷款管理暂行办法》 |
| 《个人贷款管理暂行办法》 | 原中国银行业监督管理委员会 | 中国银行业监督管理委员会令2010年第2号 | 2010年2月12日 | 现行有效 | 《个人贷款管理暂行办法》 |
| 《商业银行服务价格管理办法》 | 原中国银行业监督管理委员会、国家发展和改革委员会 | 中国银行业监督管理委员会、国家发展改革委令2014年第1号 | 2014年2月14日 | 现行有效 | 《商业银行服务价格管理办法》 |

续表

| 名称 | 发布部门 | 发文字号 | 发布日期 | 效力性 | 简称 |
| --- | --- | --- | --- | --- | --- |
| 《应收账款质押登记办法》(2019) | 中国人民银行 | 中国人民银行令〔2019〕第4号 | 2019年11月22日 | 现行有效 | 《应收账款质押登记办法》(2019) |
| 《中国银保监会办公厅关于预防银行业保险业从业人员金融违法犯罪的指导意见》 | 中国银行保险监督管理委员会 | 无 | 2020年2月20日 | 现行有效 | 《预防从业人员金融违法犯罪指导意见》 |
| 《非银行金融机构行政许可事项实施办法》(2020) | 中国银行保险监督管理委员会 | 中国银行保险监督管理委员会令〔2020〕年第6号 | 2020年3月23日 | 现行有效 | 《非银金融机构行政许可实施办法》(2020) |
| 《中国银保监会关于印发银行保险机构涉刑案件管理办法(试行)的通知》 | 中国银行保险监督管理委员会 | 银保监发〔2020〕20号 | 2020年5月22日 | 现行有效 | 《银行保险机构涉刑案件管理办法》 |
| 《融资租赁公司监督管理暂行办法》 | 中国银行保险监督管理委员会 | 银保监发〔2020〕22号 | 2020年5月26日 | 现行有效 | 《融资租赁公司监督管理暂行办法》 |
| 《金融租赁公司监管评级办法(试行)》 | 中国银行保险监督管理委员会 | 无 | 2020年6月30日 | 现行有效 | 《金融租赁监管评级办法》 |
| 《中国人民银行金融消费者权益保护实施办法》 | 中国人民银行 | 中国人民银行令〔2020〕第5号 | 2020年9月15日 | 现行有效 | 《金融消费者权益保护实施办法》 |

## 第2章 租前尽职调查

Chapter 2

## 第4章 租后管理

Chapter 4



## 第5章 司法措施的采取

Chapter 5

依据《民法典》《金融租赁公司管理办法》(2014)《融资租赁公司监督管理暂行办法》等法律法规,融资租赁为法律上有名合同。《民法典》第三编第十五章规定:“融资租赁合同是出租人根据承租人对出卖人、租赁物的选择,向出卖人购买租赁物,提供给承租人使用,承租人支付租金的合同。”而根据企业会计准则分类,租赁可分为融资性租赁和经营性租赁两大类,其中融资性租赁通常包括售后回租和直租。在前述统一定义之下,各融资租赁公司在租赁产品设计和分类上,实践中存在不同的做法,如在商务营销策划中,有融资租赁公司根据租赁物的不同,设定了如飞租通、航运通、车租通等推介产品。在实际业务开展中,为因应客户不同的“融资”或“融物”需求,各租赁公司基于融资租赁演化出了不同的产品结构和模式,这些演化后的产品模式,自有其内在的不同的法律风险和控制要求,而产品风险差异通常也作为融资租赁公司实施内部授权管理的重要依据。笔者拟就不同租赁产品的风险特点,结合相关案例,略作总结分析。

租模式,将导致终端承租人无法获得上牌所需发票,进而无法开展相关运营。基于以上原因,存在部分业务实质为直租业务,但却按售后回租进行审批和操作的情形。

该产品模式存在的风险在于,不能简单套用售后回租产品的风险控制管理模式,如承租人在开展租赁业务前确实未形成自有资产的,应参照交易为直租产品的实质,对于建设和交付期、资金支付及安全、租赁物交接等各风险因素进行充分考虑和设计。

### (c) 分成租赁产品

有些金融租赁公司对于长期看好的行业,如航运或环保行业,打算在市场低迷的情况下投资购置相应资产。但投资完成后,如果无法将收购资产投入运营,则出租人将面临巨额的资产持有成本。因此,部分租赁公司从业人员为了使类似产品能够尽快通过内部风险审批,避免资产购置之后未能投入运营的成本沉没风险,在方案设计之初,通常会先锁定一家实际运营公司作为承租人。尽管如此一来内部审批能较快获得通过,但出租人也将面临资产投资退出时点的难题:如果不和承租人签署长期租约,则出租人很可能需要频繁更换承租人,甚至很可能面临巨额的资产持有成本问题;但如果签署长期租约,一旦锁定租约价格过低,则在面临资产可变现获利的巨大商机时,会受到既有租约的限制和阻碍。

基于以上情况,部分金融租赁公司参考借鉴了风险投资中的对赌协议内容,提出了类似的对赌条款。以船舶中的散货船为例,由于船舶基本是以单船设立项目公司开展运作的,因此,针对每条船可计算出市场日租金在何种水平时,该条船可达到运营盈亏平衡点。再以该单船盈亏平衡点为基础,并参考波罗的海干散货指数(Baltic Dry Index,BDI),设定 BDI 到达何种情况时,承租人需按约定的比例向出租人额外支付分成租金。另外,如在租赁期限内触发了双方同意处置船舶的条件时,对该船舶处置后的收益,出租人和承租人亦按照约定比例分享。分成机制的设定,为金融租赁公司以融资租赁产品为工具主动开展投资行为、优化资产配置提供了一定的操作空间。但和投资银行领域风险对赌条款不同的是,在“租金分成”的设定中,由于锁定的是特定参数(如船舶的行业 BDI),很有可能承租人实际运营营性租赁产品存在的问题主要包括:①车辆牌照作为无形资产能否对应给予融资,如直接使用标准经营性租赁产品,在购入经营性租赁资产时的出租车牌照这一无形资产价值,将无法在购买对价中体现;如直接入账体现,则对融资租赁公司的租金收入考核压力、以无形资产作租赁物的合规压力均需要予以考虑。②如何实现对出租车运营主体的经营管理控制,由于融资租赁公司自身无法针对出租车辆开展运营,因此,在购入相应车辆之后即需要考虑对运营管理方的经营管理控制方案,通常相关控制方案通过第三方进行,但需要考虑合作第三方的可靠性,以及将来可能面临的道德风险。③如何实现现金流控制和投资回流,类经营性租赁产品其表现形式多为传统的融资租赁业务加上分成条款,但对于分成时点的设定以及分成条款项下实际现金的回流,均需要考虑实际可操作性,避免条款无法操作而悬空。④租赁物的残值处理,在类经营性租赁项下租赁物包括车辆及其附随车辆牌照的情况下,需要考虑后续残值处理的可操作性,特别是由于出租车运力转让本就需要行政部门的审批,因此,牌照处理价值如无法直接通过转让实现,就需要在分成条款中对此予以联动规划。

## 案例 1:类投行化产品的融资租赁模式选择

### 案件主要事实

根据天津市高级人民法院 2017 年 5 月 15 日作出的(2016)津民初 94 号民事判决书,相关案件主要事实为:

2015 年 8 月 26 日,原告某甲金融租赁公司与被告河南某乙茶叶集团有限公司(以下简称某乙茶叶集团)就开展售后回租合作签署了《融资租赁合同》,合同约定:某乙茶叶集团将其自有的绿茶生产线等设备,账面价值约人民币 3.5 亿元,按人民币 2 亿元的价格出售给原告,同时某乙茶叶集团再将该设备

## 诉讼主张及答辩意见

原告某甲金融租赁公司向法院所提诉讼请求为:(1)判令被告某乙茶叶集团向原告支付未支付设备租金及全部未到期租金共计人民币151,046,000元及违约金14,189,007元(自2016年4月16日暂计至2016年12月31日),上述金额共计165,235,007元,并向原告支付逾期支付违约金直至全部支付完成时止;(2)判令被告信阳某丙公司对原告所提诉讼请求金额之和承担质押担保责任;(3)判令被告信阳其他两家关联担保公司对原告所提诉讼请求金额之和承担连带担保责任;(4)本案诉讼费、保全费、律师费等与本案诉讼相关的一切费用由各被告承担。

在本案中,各被告某乙茶叶集团、信阳某丙公司以及信阳其他两家关联担保公司未提交答辩意见。

## 法院认定及判决

天津市高级人民法院作出一审判决,主要认定及判决内容如下:

审理法院认为,原告某甲金融租赁公司与某乙茶叶集团签订的《融资租赁合同》及《补充协议》,与信阳某丙公司签订的《非上市公司股权质押合同》、与信阳其他两家关联担保公司签订的《法人保证合同》均为各方当事人真实意思表示,且不违反法律、行政法规的强制性规定,应为合法有效。合同签订后,原告依约发放了1.6亿元购买价款,某乙茶叶集团未能按期向原告支付租金,已经违反了合同约定,应承担相应的违约责任,故原告主张其支付全部租金及截至2016年12月31日违约金共计165,235,007元事实及法律依据充足,本院予以支持。被告信阳其他两家关联担保公司与原告签订了《法人保证合同》,承诺对本案《融资租赁合同》项下的全部债务提供连带责任保证,上述合同均为合法有效,现原告主张上述二被告对某乙茶叶集团的给付责任承担连带保证责任事实及法律依据充足,本院予以支持。被告信阳某丙公司以其持有的某乙茶叶集团公司87.52%的股权向原告提供质押担保,并办理了相应的质押登记,原告依法对股权享有质押权,其主张对质进行现场催收后，经评估决策最终于 2016 年 10 月正式发起诉讼。

某乙茶叶集团由于其项目的还款来源主要为资本市场运作，而并非承租人自身公司经营所产生现金流，因此，一旦资本运作未能如期推进或者新的融资出现问题，承租人即会发生大面积违约，因此，对于参照投行化设计的产品，特别是在租金结构和风险缓释措施的设计上，既需考虑类投行化业务的业务特点，亦需加强对特定事件的监控和及时预警；特别是上市安排或者引进战略投资一类，由于此类后续融资安排对企业存续具有非常重要的意义，在后续租后检查和风险预警中应作为重点事件予以关注，一旦出现与原安排不一致的情况，应第一时间采取应对措施，绝不能抱任何侥幸心理。

针对投行化产品设计，结合相关案例，笔者亦曾探讨过五类模式，具体包括：

①可转债模式，具体操作为，在总的授信额度中切割部分金额设定为“可转债”，该部分“可转债”作用类似于股权投资，在租赁期限内针对“可转债”金额部分不计收利息，金融租赁公司有权选择在期末或在触发特定条件时按约定价格认购承租人股权或者选择主张相应收益。该模式实际操作中的问题在于，由于是债权和股权工具的糅合，业务部门需要设定两套不同的谈判和估值方案，加大了交易的复杂程度；而且在期末，如实际选择股权认购，仍需要寻找第三方持股主体或者由原股东回购或再出售给其他第三方。

②合伙模式，即比照私募基金管理公司中的普通合伙人（以下简称 GP）和有限合伙人（以下简称 LP）模式，选取具有行业经验的承租人作为 GP，出租人本身作为 LP 出资，共同对看好的项目进行收购，该收购是采用股权收购或资产收购取决于承租人和厂商相应的资产现状；租赁期间，承租人只需要支付较低金额的租金即可。该模式对于拟持有资产并长期看好行业的企业，具有一定意义，但该模式亦存在一些执行操作中需要克服的障碍，即如资产售出企业存在资产真实出表需求时或者承租人主体资信比较一般时，需在客户信用风险和投资收益上进行平衡或选择；此外，出租人和承租人之间收益如何设定和分配亦是需要重点考虑的问题。

③固定收益类证券投资通道，金融租赁公司能采用该模式源于 2014 年 3 月修

## 案例 2：联合承租产品的融资租赁模式选择——融资租赁被判定为借贷

### 案件主要事实

根据最高人民法院2016年12月27日作出的(2016)最高法民终286号民事判决书，一审法院天津市高级人民法院审理认定的主要事实如下：

2011年6月20日，原告某×金融租赁有限责任公司(以下简称某×公司)与被告柳林县浩某煤焦有限责任公司(以下简称浩某公司)、山西联某能源投资有限公司(以下简称联某公司)签订了《融资租赁合同》，合同约定：乙方(浩某公司)将其拥有真实所有权并有处分权的租赁物转让给甲方(某×公司)，再由甲方(某×公司)将租赁物出租给乙方(浩某公司)和丙方(联某公司)使用，甲方(某×公司)支付租赁物转让款后，依法取得租赁物所有权，租赁期限内由承租人占有和保管租赁物。《融资租赁合同》还约定：租赁物的转让价款为人民币300,000,000元整，租赁期限为三年，租赁物起租日为甲方向乙方支付租赁物转让价款之日。租金以租赁成本和租赁利率为基础计算，由租赁成本与租赁利息构成，租赁利息按中国人民银行公布的人民币1~3年期贷款基准利率上浮20%确定。租赁利息是按照租赁利率、以租赁成本余额计算的利息。租金共分12期支付，承租人按照等额本息法每季度向甲方支付一次租金。租赁期限内，如遇中国人民银行公布的一至三年期贷款基准利率调整时，甲方将按照新公布的利率上浮20%重新确定租赁利率。甲方将于中国人民银行新利率执行当日按新的租赁利率向乙方和丙方计收租金。承租人同意在任何情况下均按照《实际租金支付表》及《租金调整通知书》的约定向甲方支付租金。《融资租赁合同》同时约定：承租人应向甲方支付租赁手续费人民币9,000,000元、租赁保证金30,000,000元，甲、乙、丙三方一致同意，该款项由甲方在支付止，因未支付到期租金产生的违约金；(3)河某公司、邢某、李某对上述第1、2项给付义务承担连带给付责任；(4)浩某公司、联某公司不支付上述第1、2项款项时，浩某公司、联某公司协助某×公司对租赁物进行处理，处理所得价款用于支付上述第1、2项款项；(5)本案诉讼费用由浩某公司、联某公司、河某公司、邢某、李某依法承担。

## 一审法院认定及判决

一审法院认为，案涉《融资租赁合同》系各方当事人真实意思表示，且约定的内容并不违反有关融资租赁合同的相关法律、行政法规的强制性规定，合法有效，各方当事人均应依约履行。合同签订后，某×公司依约履行了合同义务，浩某公司、联某公司欠付到期租金显属违约。某×公司依合同约定，按照浩某公司、联某公司确认的租金调整通知书上的租金数额主张相应欠付租金应予支持。各一审被告抗辩主张到期租金数额应扣除租赁保证金，因《融资租赁合同》中已明确约定租赁保证金的冲抵顺序，故各一审被告主张保证金只应冲抵到期租金，一审法院不予支持。因本案某×公司仅主张违约金与租金，故保证金应按先违约金后租金的顺序予以扣除。双方签订的《融资租赁合同》约定，若承租人未按合同约定支付到期应付租金、租赁保证金等款项，承租人应就逾期未付款项按日万分之五向某×公司支付违约金，直至全部付清之日止。某×公司依该约定主张浩某公司、联某公司支付相应违约金，符合合同约定，一审法院予以支持。依据《破产法》第46条之规定，未到期的债权，在破产申请受理时视为到期，附利息的债权自破产申请受理时起停止计息。因山西省吕梁市中级人民法院已于2015年3月6日裁定受理相关债权人对浩某公司、联某公司的重整申请，故浩某公司、联某公司给付违约金的期限应自各期租金付款日届满次日起至2015年3月6日。

关于本案是否中止审理问题。各一审被告抗辩主张山西省吕梁市中级人民法院已裁定受理相关债权人对浩某公司、联某公司的重整申请，某×公司已申报债权，且邢某被司法机关采取强制措施未到庭参加诉讼，故本案应中止审理。《破产法》第20条规定，人民法院受理破产申请后，已经开始而尚未终结的有关债务人的

1项浩某公司、联某公司的给付义务承担连带给付责任，河某公司、邢某、李某承担保证责任后，有权向浩某公司、联某公司追偿；(3)驳回某×公司的其他诉讼请求。

## 二审上诉及判决

1.上诉主张及答辩意见

在一审判决后，浩某公司和联某公司向最高人民法院提起上诉。其上述的请求为：(1)撤销本案一审判决；(2)改判驳回某×公司主张租金中的3900万元和全部违约金的诉讼请求或将本案发回重审；(3)本案一审及二审诉讼费用由被上诉人承担。

其主张事实和理由是：

(1)案涉主合同是借款合同关系不是融资租赁合同关系。①各方自认且一审查明的事实是借款合同关系；②本案虽有租赁物，但租赁物的价值就是租金本身，合同中约定的租金体现的不是租赁物的购买价值及出租人的出租成本的利润，而是承租人借用资金的利息成本，属于名为融资租赁实为借贷。

(2)案涉借款合同为无效合同。①案涉借款合同违反禁止企业间互相借贷的规定，属于《合同法》第52条第5项[①]有关“违反法律、行政法规强制性规定”的情形，应当认定合同无效；②合同无效，应返还、赔偿和追缴本金。根据《合同法》第200条[②]有关“借款的利息不得预先在本金中扣除。利息预先在本金中扣除的，应当按照实际借款数额返还借款并计算利息”的规定，借贷以实际出借金额为准，已经扣除的保证金依法不应计入租金。

(3)一审判决漏判。根据《融资租赁司法解释》(2014)第4条[③]中“融资租赁

---

① 对应《民法典》第153条第1款，内容有修改，修改后表述为“违反法律、行政法规的强制性规定的民事法律行为无效。但是，该强制性规定不导致该民事法律行为无效的除外。”后文不再赘述。

② 对应《民法典》第670条，内容无修改。后文不再赘述。

③ 对应《民法典》第760条，为司法解释条款被《民法典》吸收，内容有修改，修改后对应表述为“融资租赁合同无效，当事人就该情形下租赁物的归属有约定的，按照其约定；没有约定或者约定不明确的，租赁物应当返还出租人。但是，因承租人原因致使合同无效，出租人不请求返还或者返还后会显著降低租赁物效用的，租赁物的所有权归承租人，由承租人给予出租人合理补偿。”后文不再赘述。

任32家公司合并重整管理人,但上述文书所载明的破产程序及管理人的变化并未消灭联某公司及浩某公司本身的民事主体资格,联某公司及浩某公司亦未提交证据证明联某公司、浩某公司与山西联某能源有限公司已进行了吸收合并。故联某公司、浩某公司以二者合并重整及管理人的变化为由主张二者已合并为一个主体即山西联某能源有限公司的主张,无事实和法律依据,本院不予采信。

②案涉《融资租赁合同》所附的《租赁物所有权转移证书》虽载明案涉合同项下的租赁物所有权转移给某×公司,但并未载明租赁物的具体名称、型号;浩某公司2010年的资产负债表及2009年、2012年的审计报告也未载明租赁物的名称及型号;柳经贸字〔2009〕27号、晋经能源字〔2007〕429号、晋环函〔2007〕年793号、吕水行审字〔2009〕20号文件批复,系对相关项目的审批,而并未涉及租赁物的名称及型号。故某×公司以上述证据证明特定租赁物实际存在,事实依据不足。

(2)关于案件争议焦点及裁判

二审法院就案件争议焦点裁判如下:

①关于案涉《融资租赁合同》的性质与效力问题

浩某公司、联某公司在本案一审期间并未就案涉《融资租赁合同》的性质及效力提出异议,但就案涉《融资租赁合同》履行时,某×公司实际支付的资金总额提出异议,并在二审期间以案涉《融资租赁合同》不是融资租赁合同而是借款合同为据,主张扣减未实际支付的金额。因案涉《融资租赁合同》的性质直接涉及合同履行金额的确定及各方的权利义务关系,故本院有必要在二审期间就确定案涉《融资租赁合同》性质的相关事实予以进一步查明。

根据《合同法》第237条①有关"融资租赁合同是出租人根据承租人对出卖人、租赁物的选择,向出卖人购买租赁物,提供给承租人使用,承租人支付租金的合同"的规定,租赁物客观存在且所有权由出卖人转移给出租人系融资租赁合同区别于借款合同的重要特征。作为所有权的标的物,租赁物应当客观存在,并且为特定

① 对应《民法典》第735条,表述完全一致,后文不再赘述。

义务,对是否构成融资租赁法律关系作出认定。对名为融资租赁合同,但实际不构成融资租赁法律关系的,人民法院应按照其实际构成的法律关系处理。因现有证据仅能证明案涉当事人之间有资金的出借与返还关系,而不足以证明存在实际的租赁物并转移了租赁物的所有权,根据《合同法》第196条[①]"借款合同是借款人向贷款人借款,到期返还借款并支付利息的合同"的规定,应当认定某×公司与浩某公司、联某公司之间系借款合同关系而非融资租赁合同关系。

浩某公司、联某公司虽以三方之间的合同系企业间借贷,违反了法律、行政法规的强制性规定为由,主张无效,但其并未提供相应的法律、行政法规的强制性规范依据。故其有关案涉合同应当认定为无效的主张,于法无据,本院不予支持。该合同有关资金出借和到期还款的约定系各方当事人的真实意思表示,无违反法律、行政法规的强制性规定的情形,应当认定合同有效。

②关于还款金额的计算及数额问题

关于本金。案涉《融资租赁合同》虽名为融资租赁合同,但无充分证据证明存在特定的租赁物,并且实际转让了租赁物的所有权,故实际构成借款合同关系,有关借款金额及还款本金应当按照借款合同关系确定。某×公司主张案涉合同的租赁成本为3亿元,案涉合同第7条亦约定浩某公司、联某公司应当向某×公司支付900万元租赁手续费,并由某×公司扣收3000万元租赁保证金,但某×公司并未提供有效证据证明其在履行过程中办理了相应的"租赁"手续且产生了相应的900万元手续费;3000万元租赁保证金亦已由某×公司在支付全部款项时预先扣除,实际发生的借款金额为2.61亿元而非3亿元,故浩某公司、联某公司与某×公司之间的借款本金应当认定为2.61亿元。某×公司有关租赁保证金和租赁手续费的收取不影响租赁成本(融资本金)的确定、案涉《融资租赁合同》项下的租赁成本应为3亿元的主张,与本院查明的事实及实际发生的资金出借金额不符,其亦未提供其他证据证明实际的资金成本为3亿元,故本院对某×公司的该项主张不予采信。

---

① 对应《民法典》第667条,表述完全一致,后文不再赘述。

欠付利息，且某×公司在一审诉请时又同时主张了违约金。根据2015年最高人民法院《关于审理民间借贷案件适用法律若干问题的规定》第30条①有关“出借人与借款人既约定了逾期利率，又约定了违约金或者其他费用，出借人可以选择主张逾期利息、违约金或者其他费用，也可以一并主张，但总计超过年利率24%的部分，人民法院不予支持”的规定，某×公司同时主张利息和违约金，应当以年利率24%为限，超过部分，本院不予支持。

综上，浩某公司、联某公司应当向某×公司支付利息及违约金，利息及违约金的计付方式为：以80,136,388.92元为本金，以中国人民银行公布的同期人民币一至三年期贷款基准利率上浮20%计息，按照等额本息法，分别自2013年9月21日、2013年12月21日、2014年3月21日、2014年6月29日始，至2015年3月6日止，确定每期欠付本息，并就逾期未付款项按日万分之五的标准计付违约金，利息及违约金的总额以年利率24%为限。

(3)关于原审是否存在漏判问题

浩某公司、联某公司以《融资租赁司法解释》(2014)第4条中“融资租赁合同被认定无效，当事人就合同无效情形下租赁物归属有约定的，从其约定”的规定为据，主张一审判决在驳回某×公司要求处置租赁物的诉讼请求时，还应同时明确：既然租金全部支持，合同履行完毕，不存在返还租赁物或处置所谓租赁物。但根据案涉《融资租赁合同》的权利义务约定及本院查明的事实，无证据证明特定的租赁物实际存在，案涉《融资租赁合同》名为融资租赁合同，实为借款合同，不存在租赁物的返还问题，亦不适用《融资租赁司法解释》(2014)第4条有关融资租赁合同的规定。某×公司虽在一审期间诉请浩某公司、联某公司不支付欠付款项时协助处理租赁物以清偿欠付款项，但一审判决亦已驳回了某×公司的该项诉请。故对浩

---

① 对应《最高人民法院关于审理民间借贷案件适用法律若干问题的规定》(2020年第二次修正)第29条，内容有修改，修改后表述为“出借人与借款人既约定了逾期利率，又约定了违约金或者其他费用，出借人可以选择主张逾期利息、违约金或者其他费用，也可以一并主张，但是总计超过合同成立时一年期贷款市场报价利率四倍的部分，人民法院不予支持。”后文不再赘述。

款项按日万分之五的标准计付违约金,利息及违约金的总额以年利率24%为限)。③河某公司、邢某、李某对浩某公司、联某公司的上述第2项给付义务承担连带给付责任。河某公司、邢某、李某承担保证责任后,有权向浩某公司、联某公司追偿。④驳回某×公司的其他诉讼请求。

**法律风险及要点解读**

本案例因其典型性,在融资租赁行业内多有引用,但大部分关注在于融资租赁被认定为借贷的原因以及最高人民法院的相关审判逻辑,特别是其中有关租赁物要求特定化、真实存在并进行所有权转移等具体要求。但在笔者看来,本案例尚有另一可以关注的法律问题,即承租人浩某公司和联某公司,在业务起初采取的是联合承租的产品模式。尽管本案件被认定为借贷关系是因为出租人未能证明租赁物的特定化且真实存在,并未涉及联合承租这一模式问题;但具体到案件审理中,无论是承租人各方,还是审理法院,均未主张或提及因联合承租而导致合同性质需要重新认定。换言之,联合承租业务模式尽管在业内存在相当争议,但一旦选用并正式开展业务,需要符合融资租赁基本的业务逻辑,即应严格按照选取适格和特定化的租赁物,并完成相应所有权转移。

**B. 零售售后回租产品**

2020年9月由中国人民银行印发的《金融消费者权益保护实施办法》明确规定:金融消费者是指购买、使用银行、支付机构提供的金融产品或者服务的自然人。因此,金融租赁公司作为接受银保监会监管的金融机构,如其向自然人提供了相应金融产品或服务时,应履行经营者相关义务,落实法律法规和相关监管规定中关于金融消费者权益保护的相关要求,包括保障金融消费者财产安全权、知情权、自主选择权、公平交易权、依法求偿权、受教育权、受尊重权、信息安全权等权利。

**(a) 厂商租赁产品**

厂商租赁产品并非法律概念,在融资租赁行业通常是指出租人与设备制造厂

### (c) 自营零售业务产品

除了前述零售产品外，另有部分租赁公司通过自有外包团队直接开展自营零售业务，相关零售产品针对的是自然人或单个小企业客户，受众较广，符合投资分散性原则，也对应了目前汽车行业高速发展的大背景。相关自营零售产品存在的问题包括：①零售终端的尽职调查、租后管理区别于对公客户，租赁公司通常因人力资源限制，无法由融资租赁公司自身完成，需要借助外包人员开展前期双人尽职调查和身份确认、签约用印管理等操作事项，但外包人员能否严格按照融资租赁公司要求开展相关操作存在不确定性，且按监管规定，核心岗位和核心职能并不能外包；②为争夺市场份额和相应客户需求，融资租赁公司需要解决能否给承租人的保险费等融资的问题；③在直接开展零售业务的情况下，特别是在涉及自然人客户时，需要区分和对公司业务截然不同的监管要求，包括如反洗钱管理、消费者权益保护管理等问题；④需要考虑零售业务是否设立专业子公司进行风险隔离；⑤零售业务发生违约时，如何就租赁物快速取回及市场再营销进行充分考虑；⑥如零售业务需要采取法律诉讼手段的，鉴于零售业务单笔金额不大的特点，需要考虑后续如何就批量涉诉进行管理。

## 案例3：厂商租赁产品的融资租赁模式选择
## ——融资租赁被判定为无效

### 案件主要事实

根据江西省九江市中级人民法院作出的(2018)赣04民初261号一审民事判决书，案件主要法律事实如下：

2013年7月13日，出租人某G金融租赁有限公司、承租人陶某卫签订了承租人履行其在本合同项下的义务,承租人同意出租人根据本合同所对应的《合作协议》项下的合作模式安排以下措施控制合同风险:保证金+连带责任保证+权益转让模式。保证金:承租人向出租人缴存保证金。保证金金额=实际融资金额(租赁本金-首期租金)×5%。连带责任保证:九江某挖掘机械有限公司为承租人履行其在本合同项下的全部义务提供连带责任保证担保,承担保证责任后,即有权以自己名义向承租人进行追索。权益转让:承租人出现本合同约定的严重违约情形时,权益购买方XG工程机械集团有限公司将根据《合作协议》的约定向出租人支付承租人到期应付未付的租金、未到期的租赁本金、违约金、名义价款及其他应付款项,出租人将租赁物所有权及相关权益一并转让与权益购买方。……承租人确认:权益受让方或保证责任承担方向出租人支付完相关款项后,即有权以自己的名义直接向承租人提起诉讼及/或其他方式予以追索,包括但不限于拖机、锁机、收回租赁物、变卖租赁物等救济措施,承租人应配合权益受让方采取上述措施,若因此产生争议,承租人与权益受让方应自行协商解决,与出租人无关。……"

上述合同附件一《租赁物接收确认函(售后回租)》载明:"某G金融租赁有限公司:我方确认,有关各方于本确认函签署日完成了以下事项:一、我方将下列《租赁物(工程机械)清单》所列工程机械转让并以占有改定方式交付给贵司,以代替实际交付,同时应视为贵司已将《租赁物(工程机械)清单》所列工程机械作为租赁物交付给我方。二、自本确认函签署日起,下列《租赁物(工程机械)清单》所列工程机械的完整所有权即归贵司所有。设备型号XE700C,发动机编号79615871;设备型号XE700C,发动机编号79612703;设备型号XE700C,发动机编号79615815;设备型号XE700C,发动机编号79622310。"承租人陶某卫在该确认函上签章。

上述融资租赁合同签订后,2013年9月18日,案外人李某平向陶某卫名下的租金扣划账户转账481,222.6元,该笔金额次日作为2013年9月租金被受让人及得到该称号的任何人;由甲方利用其在金融及资金方面的优势,以融资租赁的方式为乙方及其下属子公司、丙方及其下属子公司生产或销售的全部工程机械系列产品销售回款提供配套租赁服务,具体每笔《融资租赁合同》项下的租赁物以《业务确认函》的约定为准;权益购买方履行完毕权益购买义务后或经销商履行连带责任保证后,有权以自己名义直接向承租人追索或在其所在地法院直接对承租人提起诉讼行使追偿权。该《合作协议》中,关于经销商模式下"不良《融资租赁合同》的处理"的约定为:如经销商未能在甲方发出通知后5个工作日内完全履行连带保证责任,甲方有权向权益购买方(乙方或丙方)发出《权益购买通知书》,权益购买方则应在《权益购买通知书》发出之日起5个工作日内无条件购买甲方在该《融资租赁合同》项下的全部权益并足额支付权益购买价款;权益购买方支付完毕全部权益购买价款后,甲方应将该《融资租赁合同》项下的剩余权益全部转让给权益购买方(包括但不限于《融资租赁合同》项下的物权、债权、担保权益、保险权益及其他相关权益),并配合权益购买方办理相关手续,权益购买方履行权益购买义务后,有权要求承租人履行支付义务及要求经销商履行连带责任保证。该《合作协议》中第11条第1款关于授权条款的约定为:"经各方协商一致,在本合同及纳入本合同项下的每笔《融资租赁合同》的履行期限内,乙方不可撤销地授权乙方下属子公司作为乙方的委托代理人,代理乙方出具《业务确认函》,乙方下属子公司在《业务确认函》上盖章即视为乙方及乙方下属子公司共同发出,做出了共同的意思表示,乙方及乙方下属子公司均接受相关条款的约束,并承诺无条件对《业务确认函》所确认的融资租赁业务履行权益购买义务。"

(2)2013年7月24日,XG挖掘机械有限公司向某G金融租赁有限公司出具《业务确认函》,内容为:"陶某卫已通过我司审批,同时我司已取XG工程机械集团有限公司的有效授权,以下声明代表我公司与XG工程机械集团有限公司共同的意思表示:同意贵司(作为出租人)与该客户(作为承租人)开展同有效，也只能约束某G金融租赁有限公司和李某平。(3)本案已过诉讼时效。自租金停止支付起，XG挖掘机械有限公司没有采取催讨行为，其权益依法不再受法律保护。(4)某G金融租赁有限公司未依约进行必要租金催收，应对扩大损失自行担责。(5)柳某云不应承担连带责任。柳某云没有在融资租赁合同上签名，对陶某卫签订该合同毫不知情；XG挖掘机械有限公司也无证据证明本案租赁物用于夫妻共同经营或收入用于共同生活，本案租赁合同债务不属夫妻共同债务，柳某云不必承担还款责任。

## 一审法院认定及判决

一审法院认为，本案当事人争议的焦点为：1. 出租人某G金融租赁有限公司、承租人陶某卫于2013年7月13日签订的《工程机械设备融资租赁合同》是否真实、有效？2. XG挖掘机械有限公司是否有权向陶某卫、柳某云主张本案融资租赁合同债权？

关于第一点。本案《工程机械设备融资租赁合同》及其附件由陶某卫本人自愿签订，陶某卫作为完全民事行为能力人具有订立合同的能力，且依法享有订立合同的权利，根据《合同法》第4条、第8条、第9条、第32条、第44条等规定，该书面合同自包括陶某卫在内的合同当事人签字或盖章时成立，自成立时对当事人具有法律效力。

陶某卫辩称其在内容部分空白的合同上签字缺乏证据证明；即便该事实存在，亦不影响合同的真实性：当事人自愿在空白合同上签名，可以表明其对合同内容的任意性授权，即放任该合同承载的任意内容或任意合同内容其均予以接受，陶某卫作为完全民事行为能力人应对自己任意授权行为承担责任。

案外人李某平不是案涉合同的当事人，根据合同的相对性，案涉合同对李某平没有法律效力；陶某卫是否出于帮助李某平的原因签订融资租赁合同，不影响融资租赁合同效力。陶某卫在合同附件一《租赁物接收确认函》上签名、捺手印，根据该函内容及“合同通用条款”第6.1条约定，该行为视为出租人已向承租人交付了租赁物；陶某卫辩称其未收到租赁物与证据不符，至于其是否将租赁物交由他人实律属性,该六笔租金应视为陶某卫交付;至于该款是否来源于案外人李某平、李某平是否为租赁物的实际使用人,均不影响本案租赁合同法律关系。陶某卫关于其受李某平委托订立本案融资租赁合同、合同相对人某G金融租赁有限公司及九江某挖掘机械有限公司在订立合同时知道李某平与陶某卫之间的委托的代理关系,缺乏证据证明,也与其自述的某G金融租赁有限公司和九江某挖掘机械有限公司告诉李某平个人没有办法租赁这么多设备、每个自然人承租限额不能超过2000万元、李某平可以借一些人的名字来签合同的事实矛盾,不能成立。

陶某卫支付了头六笔租金后,未再履行分期支付租金义务,XG挖掘机械有限公司共计为陶某卫垫付应付租金11,782,160.42元;依据《合作协议》第3条第10(3)款、第5条第7款及《工程机械设备融资租赁合同》第二部分"合同专用条款"第6款的约定,权益购买方(权益受让方)XG挖掘机械有限公司有权以自己的名义通过直接向承租人陶某卫提起诉讼的方式追索债权,要求陶某卫向其履行租金支付义务,故XG挖掘机械有限公司提出的陶某卫向其支付垫付款11,782,160.42元的诉请有理,应予支持。XG挖掘机械有限公司为陶某卫垫付最后一期租金为2017年8月租金,根据《民法总则》第189条[①]关于"当事人约定同一债务分期履行的,诉讼时效期间自最后一期履行期限届满之日起计算"的规定,XG挖掘机械有限公司2018年10月提起本案诉讼(XG挖掘机械有限公司递交诉状时间为2018年10月24日,本院立案时间为2018年11月7日),并未超过诉讼时效。但本案并无证据证明XG挖掘机械有限公司在为陶某卫陆续垫付应付租金11,782,160.42元(根据融资租赁合同专用条款第4.1条的约定,租金由租赁本金和租赁利息组成)后,及时向陶某卫主张了债权,根据《合同法》第119条[②]的规定,XG挖掘机械有限公司未采取适当措施防止违约损失扩大,应承担相应责任,故对其要求陶某卫支付垫付款利息的诉请(根据XG挖掘机械有限公司主张的事实及举证的"租金支付证明",XG挖掘机械有限公司诉请给付的利息117.8万元,并非该公司在垫付

① 对应《民法典》第189条,内容无修改。后文不再赘述。
② 对应《民法典》第591条,内容无修改。后文不再赘述。

上诉人已收回多少台？

本案所涉《融资租赁合同》虽由上诉人陶某卫作为承租方签订，但户名为陶某卫的银行卡支付租金的明细反映，系统自动扣划的五期租金均由案外人李某平转账存入。XG挖掘机械有限公司在另一与李某平的民事诉讼案件中提供的证据，即李某平出具给XG挖掘机械有限公司的《计划返厂设备明细》，其中有一台机械设备系本案《融资租赁合同》项下的机械设备。XG挖掘机械有限公司提供的李某平2016年10月15日出具的《李某平、李某文整体应付情况》载明，对应某G金融租赁有限公司名下的XE700C机型有16台，与本案《融资租赁合同》下机械设备机型相同。本案中，被上诉人XG挖掘机械有限公司未提供证据证明该合同所涉租赁物均由上诉人陶某卫实际使用，也无与上诉人陶某卫就有关案涉租赁物进行任何商谈接洽。李某平在(2019)赣民终309号案出庭作证陈述，由于某G金融租赁有限公司对个人融资额有不得超过2000万元的限制，为达到融资目的，其找了6名公司员工替其签订合同，合同均由其本人实际履行。本案上诉人陶某卫是其中之一。对此，某G金融租赁有限公司、XG挖掘机械有限公司均知情。上述证据表明，本案陶某卫与某G金融租赁有限公司签订的《融资租赁合同》系双方以虚假的意思表示而实施的民事法律行为，其隐藏的民事法律行为为某G金融租赁有限公司与李某平之间达成的签订《融资租赁合同》的合意，本案《融资租赁合同》的承租人实际为李某平。根据《民法总则》第146条①的规定，行为人与相对人以虚假的意思表示实施的民事法律行为无效；以虚假的意思表示隐藏的民事法律行为的效力，依照有关法律规定处理。因此，本案某G金融租赁有限公司与陶某卫签订的《融资租赁合同》无效。某G金融租赁有限公司与李某平之间的《融资租赁合同》是否有效，应将李某平追加为本案被告后经过依法审理进行确认。本案的其他几个焦点问题，应在审理隐藏的民事法律行为时查明。原审法院认定本案《融资租赁合同》系某G金融租赁有限公司、陶某卫的真实意思表示，从而认定该合同有效，属事实认定错误，应依法予以撤销。

---

① 对应《民法典》第146条，内容无修改。后文不再赘述。

所有权人。2018 年4 月12 日，王某毅作为承租人，与某 S 金融租赁公司（出租人）在乌鲁木齐市签署《车辆融资租赁合同》，约定：为实现融资租赁之目的，承租人同意向出租人转让承租人享有所有权之车辆，再向出租人租回该车辆，出租人同意上述转让并将该车辆租赁给承租人使用，承租人采用售后回租方式租用上述车辆，并向出租人支付租金及其他应付款项；本合同项下的租金本金为人民币 312，000 元，按照融资的年利率 8.5% 收取利息，租金每月2210 元，承租人须于每一租金支付日前将所需款项汇入出租人账户，作为出租人支付的租金；在该份合同中还记载"本合同约定，出租人向任何第三方主体转让本合同项下的债权，无须告知承租人"。同一日，王某毅与某 S 金融租赁公司签订一份《车辆转让协议》，但实际未办理过户登记手续。合同签订当日，某 S 金融租赁公司实际向王某毅账户汇入租金本金 298，150.4 元。后双方签订了《车辆抵押合同》，并于 2018 年 4 月 12 日办理了抵押登记，登记的抵押权人是某 S 金融租赁公司。

签订前述协议同一日，王某毅在一份《借条》上签名，确认其通过居间人微贷金融公司设立的"微贷网"平台借款 312，000 元，并出具一份收条，载明"本人收到微贷网平台投资人借给本人的人民币现金 312，000 元"。同一日，王某毅（乙方）与微贷金融公司（甲方）签订一份《居间服务协议》，约定：鉴于乙方拟通过甲方的居间服务与某 S 金融租赁公司签署融资租赁相关协议，为明确甲乙双方的权利义务，达成如下约定：甲方有权根据本协议约定的服务项目收取相应的服务费用，具体费用以乙方另行签署的费用单或其他文件约定为准。甲乙双方确认本协议部首所列的指定送达地址为双方进行通知的送达地址，任何一方指定送达地址发生变更的，均需告知其他方；一方变更地址后未通知其他两方的，其他方通知送达指定送达地址后即视同送达。甲乙双方关于本协议履行及相关事宜的通知及文件，应按照本协议载明的通讯地址以特快专递或挂号信邮寄。以特快专递或者挂号信方式寄送的，寄送后的第三个

## 法院认定及判决

法院认为:

1. 本案被告王某毅虽与案外人某S金融租赁公司签订了《车辆融资租赁合同》,但双方实际未办理租赁物的过户手续,租赁物仍在承租人王某毅名下,即出租人某S金融租赁公司对租赁物不享有所有权,仅办理了抵押物登记,实际双方是以抵押权作为债权保障完成的资金融通。这与融资租赁法律关系中,出租人对租赁物享有所有权的法律关系特征不符,故本案不构成融资租赁法律关系,而应按照借款关系处理。

借款人应当按照约定按时足额归还借款本金及利息。本案中,原告千微科技乌市一分公司提交的证据能够证明其主张的事实,即千微科技乌市一分公司受让取得对王某毅的债权、王某毅通过微贷网提供的平台借款298,150.4元、王某毅到期未偿还借款本金、在期限届满后陆续偿还了部分款项、千微科技乌市一分公司将款项按照月息3%的标准优先用于扣除利息、再冲减本金。被告王某毅经本院合法传唤,无正当理由拒不到庭参加诉讼,亦未向本院提交书面答辩意见,应视为对自己实体权利和诉讼权利的放弃,故本院对原告千微科技乌市一分公司主张的事实予以确认,认定被告王某毅应偿还原告千微科技乌市一分公司借款本金287,591元,同时,应当按照月息2%的利率支付原告千微科技乌市一分公司2018年12月12日至2019年11月12日的利息63,270元(287,591元×2%×11个月)。被告王某毅还应按照年息24%的利率向原告千微科技乌市一分公司支付自2019年11月13日起至实际履行日期间的利息。

2.《合同法》第81条①规定:“债权人转让权利的,受让人取得与债权有关的从权利,但该从权利专属于债权人自身的除外”。《物权法》第192条②规定:“抵押权不得与债权分离而单独转让或者作为其他债权的担保。债权转让的,担保该债权

---

① 对应《民法典》第547条,内容有修改,修改后表述为“债权人转让债权的,受让人取得与债权有关的从权利,但该从权利专属于债权人自身的除外。受让人取得从权利不因该从权利未办理转移登记手续或未转移占有而受到影响。”后文不再赘述。

② 对应《民法典》第407条,内容无修改。后文不再赘述。

(2019)陕0104民初9429号《民事判决书》中,基于与上述案例相似的案件事实,法院认为涉案"《车辆转让协议》《车辆融资租赁合同》《车辆抵押合同》《债权转让协议及债权转让通知书》等是当事人真实意思表示,对双方均具有约束力。经债权转让,原告取得对被告的债权"。也就是说,陕西地方法院对相关融资租赁合同的法律效力予以了确认,与上述新疆地方法院的判决存在明显不同。

实践中,鉴于部分城市存在车辆号牌额度的政策限制,或基于向出租车或客运公司开展业务所需,通常将车辆所有权仍登记在承租人名下,出租人与承租人再另行签署明确约定车辆所有权权属的合同或协议。就上述情况下出租人所有权的认定,通常认为,依据《公安部关于确定机动车所有权人问题的复函》,根据现行机动车登记法规和有关规定,公安机关办理的机动车登记,是准予或者不准予上道路行驶的登记。车辆作为特殊动产,其物权的设立、变更、转让和消灭并不以登记为生效要件,登记仅产生对抗第三人的效力,应仅以交付、占有改定或指示交付为其物权变动的生效要件。换言之,即使未办理车辆所有权登记,或存在车辆登记所有权人"名不副实"的事实,只要车辆根据法律规定或合同约定进行了交付(包括实际交付、占有改定或指示交付),出租人即享有车辆的所有权。上述不同的审理结果即体现了各地法院在针对车辆所有权转移方面存在的不同裁判思路。

此外,和互联网平台开展合作还需关注互联网平台本身存在被认定为"涉嫌非法吸收公众存款"违法犯罪行为的法律风险,如仅以本案例涉及的微贷网为例,2020年7月4日,浙江省杭州市公安局上城分局发布了"警方通报",依法对微贷(杭州)金融信息服务有限公司涉嫌非法吸收公众存款立案侦查。尽管融资租赁公司开展车辆融资租赁业务与互联网平台本身的违法犯罪行为并无关联,但在互联网合作平台涉嫌犯罪的情况下,原有方案设计中的互联网平台回购、租赁资产管理等,均存在踏空的风险。

证人处签名并捺印。

原告某M金融租赁公司当日将车辆交付给王某凯，王某凯则依约还款，每月还款金额24,079.94元，期限36个月。被告王某凯支付租金48,729.88元，其中含罚息1226.12元，自2019年2月开始停止支付租金。原告主张经结算现被告王某凯尚欠原告某M金融租赁公司未付租金818,147.97元及至2019年7月15日止的罚息16,886.2元。

同日，被告曲沃龙某辉公司、孙某荣对上述《融资租赁合同》出具了《连带责任保证函》；某M金融租赁公司和曲沃龙某辉公司、王某凯签订了《三方挂靠协议书》，协议约定王某凯将所购车辆挂靠在曲沃龙某辉公司名下；某M金融租赁公司和曲沃龙某辉公司签订了《机动车辆抵押合同》，约定将所购车辆作为抵押物，抵押给某M金融租赁公司，抵押物的实际所有权为某M金融租赁公司，为方便管理登记在曲沃龙某辉公司名下；但未办理抵押登记。

另查明，被告王某辉曾为被告曲沃龙某辉公司的法定代表人。2018年11月10日王某辉将该公司以5万元转让给现法定代表人张某彬，并签订了“转让协议”，约定对曲沃龙某辉公司2018年11月10日以前的所有责任由王某辉负责。

原告就自己的主张向法庭提供了以下证据：购车合同、委托付款申请书、融资租赁合同、租赁物交付验收单、融资租赁合同、连带责任保证函、三方挂靠协议书、机动车辆抵押合同、抵押物清单、付款凭证、王某凯与杨某红结婚证等。

被告王某凯经质证对证据真实性无异议，但认为融资租赁合同中杨某红的签名系王某凯代签；首付款是王某辉所出，其只是应名购车，不是车辆的所有人。

被告王某辉经质证对证据真实性无异议，但主张王某凯并非真正的购车方，真正的购车方为曲沃龙某辉公司，因曲沃龙某辉公司与山西某宇汽车贸易有限公司合作，首付款也系山西某宇汽车贸易有限公司垫付，×××甲车是王某辉承租，2019年1月22日、23日该车被山西某宇汽车贸易有限公司偷走，手续全在原告,相当于我们租原告的车,按租赁合同约定,一个月不还款,可将车扣回,现我要求不再继续租赁并将车给原告退回。

被告曲沃龙某辉公司辩称:我公司不应该承担还款责任。车是王某辉购买,只是挂靠在公司名下,公司垫付了3万多元。这两辆车都是发生在公司转让之前,我们有转让协议。连带责任保证函都没有签字和日期,三方协议甲方没有签字,也无公章,该车是在公司转让后上的户,但是抵押情况并不清楚。被扣的这辆车×××甲车我公司未出具担保,原告从来没有联系过我公司,我公司不应该承担责任。

被告杨某红、孙某荣未予答辩。

## 一审法院认定及判决

一审法院认为,王某凯从曲沃龙某辉公司处购车,双方签订了买卖合同,原告依约为其提供融资租赁,原告与被告王某凯之间签订了融资租赁合同,系双方当事人真实意思表示,且不违反法律禁止性规定,应为合法有效。原告某M金融租赁公司已按约向山西某宇汽车贸易有限公司支付了融资租赁款,被告王某凯未按约支付租金构成违约,应承担违约责任;被告王某凯为完全民事行为能力人,其在融资租赁合同、委托付款申请书、购车合同处签字系其真实意思表示,故被告王某凯辩称只是应名,不应承担还款责任的理由不足,本院不予支持。原告某M金融租赁公司主张被告王某凯尚欠原告某M金融租赁公司未付租金818,147.97元及至2019年7月15日止的罚息16,886.2元,并以逾期金额为基数按照每日按千分之一计算罚息,法院认为参照2015年最高人民法院《关于审理民间借贷案件适用法律若干问题的规定》第29条[①]之规定,双方约定的租金、罚息、律师费等已经超过年利率的24%,超出部分不予支持。

被告王某凯主张融资租赁合同上承租人处签字并非杨某红本人所签,但鉴于

① 对应《最高人民法院关于审理民间借贷案件适用法律若干问题的规定(2020年第二次修正)》第28条第1款,内容有修改,修改后表述为"借贷双方对逾期利率有约定的,从其约定,但是以不超过合同成立时一年期贷款市场报价利率四倍为限。"后文不再赘述。

主张认为:本案虽名为融资租赁合同纠纷,但实为融资借贷纠纷,被上诉人融资借贷数额明为664,015.5元,但除去当时支付的首期租赁还款69,700元,实际仅借贷594,315.5元。本案严重涉嫌“套路贷”,本案中被上诉人实际的融资额也仅为594,315.5元,除去偿还的48,729.88元,尚欠545,585.62元。并主张撤销原判第一、二、三判项,改判上诉人对被上诉人的本金545,585.62元及其自2019年2月起按年利率24%计算的罚息承担连带清偿责任。

依据2020年7月2日山西省临汾市中级人民法作出的(2020)晋10民终1531号民事判决书,法院认定及判决如下:

法院认为,本案争议焦点为:上诉人曲沃龙某辉公司应当支付被上诉人某M金融租赁公司租金的数额是多少。上诉人曲沃龙某辉公司认为,被上诉人实际融资额为594,315.5元,除去偿还的48,729.88元,尚欠545,585.62元。对于该主张,上诉人未能提供相关证据予以证实。被上诉人某M金融租赁公司则认为,根据融资租赁合同以及委托付款申请表,可以明确看出上诉人在正常还款的情况下,其实际应付的金额为24,079.94元×36期,共计866,877.84元,减去已偿还的48,729.88元,上诉人应向被上诉人支付的租金本金为818,147.97元。为证明其主张,被上诉人向一审法院提供了融资租赁合同、委托付款申请书、租赁支付表、租赁物交付验收单、上诉人出具的连带责任保证函等证据予以证实。本院认为,被上诉人在一审中提供的相关证据,能够充分证明原审被告王某凯从上诉人曲沃龙某辉公司处购车,被上诉人某M金融租赁公司依约为王某凯提供融资租赁,并签订《融资租赁合同》。被上诉人某M金融租赁公司已按约向山西某宇汽车贸易有限公司支付了融资租赁款,原审被告王某凯未按约支付租金构成违约,应承担依约支付租金的义务。上诉人曲沃龙某辉公司在连带责任保证函上签字,对该债务应承担连带清偿责任,原审法院判令“曲沃县龙某辉物流有限公司对上述第一、二项债务承担连带还款责任”,并无不当。上诉人曲沃龙某辉公司的上诉请求,缺乏事实和法律依据,本院不予支持。原判正确,应予维持。依照《民事诉讼法》第170条第1款第1项之规定,判决如下:驳回上诉,维持原判。

地方金融监督管理局2020年8月25日印发的《市金融局关于引导我市融资租赁公司合规发展汽车融资租赁业务的意见》(津金监局〔2020〕8号)文件中,即明确要求“应以合理的方式确保承租人知悉并明确同意融资租赁合同中约定的各项费用收费水平、收取时点和收取方式,利息不得从租金本金中先行扣除”。尽管该文件适用范围为在天津市依法设立的从事汽车融资租赁业务的外商投资融资租赁公司和内资试点融资租赁公司,相关车辆融资租赁业务开展时,仍需关注在放款时进行“轧差”的法律及合规监管风险。需进一步说明的是,前述“轧差”操作为直接在放款时进行扣除,另有其他非典型的“预先在本金中扣除利息”的情形,如在某些交易中虽然贷款人进行了全款投放,但又于投放当日要求借款人支付部分款项的,属于变相预先扣除的情形,具体可参考最高人民法院(2020)最高法民终140号民事判决书相应认定及判决内容。

### (二)直接租赁产品

直接租赁指出租人根据承租人对租赁物和供货人的选择或认可,将其从供货人处取得的租赁物按合同约定出租给承租人占有和使用,并向承租人收取租金的交易活动。在直租产品中,由于租赁物在交付承租人之前存有建设期,因此,直租其自身存在的法律合规风险与售后回租产品存在明显差别:

**A.建设期风险**

在直接租赁产品交易模式下,由于从融资租赁等相关合同的签署到租赁物实际交付之前,存在一定的建设期,因此,在出租人向供货人支付了部分或全部购置款之后,建设期内需考虑支付资金安全以及相应购置租赁物能否按时交付的法律风险。

针对支付资金安全,不同行业存在不同的操作模式和惯例。如以船舶建造行业为例,通常由船舶建造人向银行开具对应已收金额的预付款还款保函,如船舶建造人未能按期交付的,则出租人在依合同解除船舶建造合同的基础上,可据此向银行主张保函权利。在飞机制造行业,在波音737Max事故之前,不论是公务机还是商用飞机,由于制造厂商具有较强势谈判地位,且制造厂商本身商业信誉良好,实所主张的到期租金主张获得法院判决支持的情形，如天津市高级人民法院作出的（2015）津高民四终字第13号民事判决书以及浙江省杭州市西湖区人民法院（2016）浙0106民初5493号民事判决书。《民法典》第742条规定："承租人对出卖人行使索赔权利，不影响其履行支付租金的义务。但是，承租人依赖出租人的技能确定租赁物或者出租人干预选择租赁物的，承租人可以请求减免相应租金。"该规定即是针对出卖人未交付或延迟交付租赁物的情况下，非因出租人因素的，承租人向出卖人的索赔不应影响其租金支付的义务，因此，强制起租之约定应并不违反相关强制性或禁止性规定，只是需要关注该商业安排的可行性问题。

**B.供货人选择**

在直租产品中，尽管供货人通常是由承租人指定的，出租人也无须承担未能交付的法律风险，但对供货人的选择和尽职调查仍十分重要，盖因供货人的实际建设能力关系到租赁物能否按时交付、关系到租赁项目能否按期起租等重大问题。除此之外，如供货人和承租人存在关联关系，需要避免在租赁物价格上的虚高，甚至是可能存在的法律欺诈风险。

在供货人未能按照采购合同按期交付租赁物而导致法律纠纷的情况下，如以船舶建造行业存在的弃船纠纷为例，在承租人和船厂发生弃船争议的时候，出租人往往需要根据现实，或选择站在船厂角度共同向承租人施压，或选择站在承租人角度主张还款保函，或者站在中立角度等待二者之间的争议结果。具体而言，出租人如拟以船厂未能按时交付为由主张还款保函的，在部分法院判决案例中，明确了出租人不应响应承租人主张还款保函的要求，出租人是独立的合同主体，违约事实发生后，任何一方都不能使损失扩大，如因出租人响应承租人的不当要求导致船厂新的损失，法院会判出租人就扩大的损失承担责任，因此，出租人如响应承租人的弃船要求，必须要审查其要求是否合理；换言之，出租人如拟站在中立角度，则在船厂行使其留置权甚至将船舶对外转让时，出租人很有可能面临即使主张购买船舶，但却无优先购买权的境地，则出租人之后就只能依据承租人与船厂之间的争议结果向承租人主张。综合来说，在承租人和船厂发生船舶建造纠纷的时候，仔细审查并人通常在付款之后一定期限内才能从供货人处获得相关发票,因此,直租项下发票的获取对出租人提出了更高的管理要求,出租人需要避免在直租项目下发票一直未能获取的重大不利情形,譬如在下一节点付款之前要求供货人将前一节点发票予以开立。

**E. 重大支付节点的确认**

由于直租项目通常按照建设节点对外支付,在分期付款的情况下,某支付条件和节点是否成就,是出租人和承租人极易发生争议的地方。因此,在重要建设节点的认定上,需要对出租人和承租人出现认识不一致提前进行明确约定。在实务交易中,承租人如因自身经营出现问题而不愿意继续建造或购买,但考虑到直接解除建造或购买合同会面临违约赔偿的情况下,承租人通常会以建造或购买合同项下技术未达条件而拒绝予以确认支付,这时出租人如果没有相应的提前设计,极易处于非常被动的地位:如果完全按照承租人的指示,不予支付,则出租人将直接面临供货人的责难;如果按照采购合同履行支付,则承租人势必认为在技术上没达到其认可的条件,将来拒绝接受租赁物,融资租赁合同亦无继续履行之可能。因此,在根据建设节点设定对外支付的直租项目中,合同权利义务需要提前进行明确,一者,需要明确付款义务和技术确认的衔接,即承租人的付款指示或被委任为驻厂代表对相关租赁物建造采购技术环节的确认,均为附随于融资租赁合同之义务,是否成就付款节点,在发生争议的情况下,应由出租人根据买卖合同最终认定;二者,针对承租人"弃物不租"之行为,在融资租赁合同中加以限定,若承租人就付款通知拒绝出具并确认或者被委任为驻厂代表后对技术环节无合理理由拒绝确认,则视其为预期或根本违约,弃物不租的事实即告成立。

另外,从争议避免角度出发,需要出租人就具体行业涉及的建造或购买技术节点进行一定专业上的判断,一旦判定实际技术状态和文件状态相距甚远,即应及时提出意见,而不是简单地对文件进行接收。

**F. 直租项目融资租赁合同和采购合同关系**

根据《融资租赁司法解释》(2014)第 11 条[①]之规定,若出租人与出卖人订立的

---

① 对应《民法典》第 754 条第(1)项,为司法解释被《民法典》所吸收,内容无修改。后文不再赘述。

## 案例6：设备直租产品的融资租赁模式选择——融资租赁被判定为借贷

### 案件主要事实

根据天津市第二中级人民法院2017年12月22日作出的(2017)津02民初142号民事判决书，相关案件主要事实如下：

2012年8月15日，河北如某实业集团有限公司(以下简称如某公司)与案外人辽宁东方宇某工程机械有限公司(以下简称东方宇某公司)签订了《工矿产品购销合同》(编号：WJJ20120815)，约定如某公司向东方宇某公司按照设备清单采购所列设备。

2012年10月10日，以原告某M金融租赁公司为出租人，以被告如某公司为承租人，双方签订了《融资租赁合同》《补充协议》《委托购买合同》。约定："鉴于：为实现融资租赁之目的，出租人同意根据承租人对供应商和租赁设备的指定，由出租人向供应商购买租赁设备，再将设备以融资租赁的方式出租给承租人使用。出租人与承租人协商一致，自愿签订本融资租赁合同。"租赁设备的购买价款为《买卖合同》或《委托购买合同》中约定的设备购买价款150,000,000元(实际成本以原告实际支付总额为准)。对于《融资租赁合同》项下的租赁物，出租人委托承租人向租赁设备供应商辽宁东方宇某工程机械有限公司购买，委托购买价款为150,000,000元。《补充协议》约定《融资租赁合同》项下的租赁物采取分期购买方式，首期设备购买款为100,000,000元，租金总额为116,096,691.97元。《补充协议》附件约定了首期设备清单。起租日为2012年11月15日，租赁期限为36个月，还租期共计12期，3个月为一期，第一期还款日为2013年2月15日，最后一期还款日为2015年11月15日。年租赁利率为8.9175%，参照同期人民银行1~3年上述保证担保、质押担保、抵押担保的担保范围均为权利人在主合同项下全部租金、违约金、损害赔偿金及原告实现债权而支付的各项费用(包括但不限于诉讼费、仲裁费、律师费、差旅费及主合同项下租赁物取回时拍卖、评估等费用)和其他所有承租人应付款项。

原告于2012年10月17日向如某公司指定的租赁设备供应商东方宇某公司支付了设备购买款人民币100,000,000元。

庭审中,原告认可如某公司已经先期给付7,000,000元作为第一期预付款,1,500,000元作为手续费,4,500,000元作为管理费,如某公司第一期至第五期(2013年2月15日至2014年2月15日)租金依约支付,第六期租金如某公司仅支付34,762.45元,第七期至第十二期租金均未再支付。

根据原告付款通知单显示第六期至第十二期"租金"到期日以及本金金额分别为:第六期,2014年5月15日,本金8,871,079.33元;第七期,2014年8月15日,本金9,068,848.95元;第八期,2014年11月14日,本金9,271,027.6元;第九期,2015年2月13日,本金9,477,713.58元;第十期,2015年5月15日,本金9,694,238.48元;第十一期,2015年8月14日,本金9,913,976.06元;第十二期,2015年11月13日,本金10,111,635.95元。

## 诉讼主张及答辩意见

原告某M金融租赁公司向法院提出诉讼请求:(1)判令被告如某公司向原告支付租金72,329,489.58元;(2)判令被告如某公司向原告支付留购价款人民币1元;(3)判令被告如某公司向原告支付违约金23,915,779.56元(暂计算至2016年12月5日,实际计算至全部付清之日止,违约金按日万分之五计算);(4)判令被告如某公司向原告支付本案支出的律师费400,000元;(5)判令被告郭某甲、郭某乙对被告如某公司的上述全部债务承担连带清偿责任;(6)判令确认原告对被告如某公司提供的质押物(被告如某公司持有的被告大石桥家某公司20%股权)折价百三十七条的规定，结合标的物的性质、价值、租金的构成以及当事人的合同权利义务，对是否构成融资租赁法律关系作出认定。对名为融资租赁合同，但实际不构成融资租赁法律关系的，人民法院应按照其实际构成的法律关系处理。”故本案当事人签订的合同，形式上虽有租赁条款的约定，在本案出租人对租赁物并未实际享有所有权的情况下，并不存在租赁合同法律关系，同时考虑到，双方《融资租赁合同》中约定了“年租赁利率为 8.9175%，参照同期人民银行 1～3 年期贷款基准利率上浮 45%；租赁期内，如遇中国人民银行贷款基准利率调整时，出租人将对本合同租赁利率作出同方向、同幅度的调整”等内容，即双方实际上是“借钱还钱”关系。根据上述约定再结合本院前述分析意见，案涉融资租赁交易，只有融资，没有融物，双方之间的真实意思表示名为融资租赁，实为借贷法律关系。

2. 关于涉案合同的效力及各担保人应否承担担保责任问题。案涉《融资租赁合同》虽应定性为借贷法律关系，但该定性不影响双方订立合同之初关于“融资”的真实意思表示，因案涉《融资租赁合同》并不违反法律法规强制性规定，涉案主合同应视为有效合同，但其中的“融物”合同内容并未实际履行。本案的保证合同、质押合同、抵押合同亦是各合同相对方真实意思表示，内容和形式不违反法律强制性规定，亦应有效。原告与如某公司之间的主合同如何定性，并未增加各担保人的担保责任抑或扩大各担保人的担保范围，故各担保人仍应依约在原告与如某公司因借贷关系发生的债权债务范围内承担担保责任。据此，原告与如某公司因借款形成主债权债务，对该债务，郭某甲、郭某乙应承担连带责任保证。如某公司、丰某公司分别按照编号为（营大）股质登记设字[2012]第 1200119497 号，（营大）股质登记设字[2012]第 1200212158 号载明的权利内容承担质押担保责任。大石桥家某公司按照辽宁省国土资源厅采矿权抵押备案“辽国土资采抵备字(2012)31号”载明权利内容承担担保责任。各担保人在承担了担保责任后，有权向如某公司追偿。

3. 如某公司已付的预付租金、管理费以及已付租金等费用的性质。基于双方实际形成借贷法律关系，原告收取的预付款、手续费、管理费，缺乏合同和法律依

45%计息,按照等额本息法,自第六期“租金”到期日次日开始,分别在每期“租金”到期日次日始,至实际付款日止,确定每期欠付本息,并就逾期未付本金按日万分之五的标准计收违约金,利息和违约金的总额以年利率24%为限。](被告河北如某实业集团有限公司已支付第六期利息34,762.45元)。(2)被告郭某甲、郭某乙对上述给付事项承担连带保证责任,并在承担保证责任后,有权向被告河北如某实业集团有限公司追偿。(3)被告河北如某实业集团有限公司不履行上述第一项债务时,原告某M金融租赁公司有权对被告河北如某实业集团有限公司、被告辽宁丰某有色金属集团有限公司分别持有的被告大石桥市家某矿业有限责任公司20%、80%的股权折价或者拍卖、变卖后的价款优先受偿。(4)被告河北如某实业集团有限公司不履行上述第一项债务时,原告某M金融租赁公司对辽国土资采抵备字(2012)31号登记的采矿权拍卖、变卖该抵押物的价款优先受偿。(5)驳回原告某M金融租赁公司的其他诉讼请求。

## 法律风险及要点解读

在以设备作为租赁物的融资租赁交易中,因未能证明租赁物真实存在或未能证明租赁物已完成所有权转移,而导致被判定为借贷关系的,不在少数。和设备售后回租交易模式存在明显差别的是,本案件作为在“营改增”全面推行之前开展的设备直租业务,由于直租产品本身就存在的建设和交付等问题,如租赁物在建设期内未能按期交付租赁物的,出租人更是难以提供相关发票或者租赁证明。遵循法院在本案中的裁判思路,需关注直租这一产品本身存在建设期未能按时交付的风险,避免因租赁物未能按期交付而直接被判定为借贷关系。

率4.75%上浮15%),如遇中国人民银行贷款基准利率调整时,中某鹰公司可以对租赁利率作出同方向、同幅度的调整,从下一期租金开始调整。租赁期满,租赁物自动归精某通用公司所有。如本合同在起租日之前因任何原因被提前终止,则承租人应该在提前终止日前支付全部已经产生的租前息。《租赁附表》约定租前息金额 = 融资租赁本金 ×7.5%/360 × 放款日至起租日日历天数,租前息于起租日一次性支付。本合同不论因任何原因被解除、被确认无效或者被撤销而解除的,承租人在本合同项下已经向出租人支付的租前息、手续费、租金等款项均不予退还,承租人还应当赔偿出租人受到的一切损失(包括但不限于出租人在交易合同项下支付的全部租赁固定翼飞机购买价款、自本合同解除之日起按照全部租赁固定翼飞机购买价款日万分之五计算的赔偿金)。并特别约定若飞机因制造商问题无法正常交付,则承租人需在原定正常交付日之后的十五日内偿付出租人之前所付全部购机款和相关费用。

同日,中某鹰公司与精某集团公司签订了《法人保证合同》,约定精某集团公司对精某通用公司在《融资租赁合同》项下的全部债务向中某鹰公司提供不可撤销的连带责任保证。保证期间自本合同成立之日起至承租人在主合同项下全部履行债务期限届满之日后两年止。

2016年12月28日,中某鹰公司与精某通用公司、精某北京公司及精某高杰(浙江)公务机有限公司签订《融资租赁合同变更协议》,约定《融资租赁合同》添加精某北京公司、精某高杰(浙江)公务机有限公司为《融资租赁合同》的联合承租人。联合承租人将作为项目收款方及还款方,履行一切融资租赁合同的义务。精某高杰(浙江)公务机有限公司于2019年9月5日变更登记名称为精某浙江公司。

2016年12月28日,精某集团公司签署《保证人继续承担保证责任的承诺函》,精某集团公司确认,同意中某鹰公司与精某通用公司就融资租赁合同进行变更,同意添加精某北京公司、精某浙江公司为《融资租赁合同》的联合承

(以全部购机款3200万元为基数,以实际欠款天数按照年利率7.5%计算);(4)请求判令精某通用公司、精某北京公司及精某浙江公司向原告支付律师费25万元;(5)请求判令精某集团公司对精某通用公司、精某北京公司及精某浙江公司的上述全部债务承担连带清偿责任;(6)本案诉讼费、保全费等全部诉讼费用由四被告承担。

被告精某通用公司、精某北京公司、精某浙江公司、精某集团公司共同答辩称:合同是否解除,请法院判决,但原告提出的解除合同的依据是不足的。即使解除合同,原告提出的赔偿租前息以及逾期付款违约金,没有法律依据。原告只支付2880万元的款项,并不是3200万元,扣除了所谓的保证金320万元。

## 法院认定及判决

审理法院认为,根据《合同法》第237条有关"融资租赁合同是出租人根据承租人对出卖人、租赁物的选择,向出卖人购买租赁物,提供给承租人使用,承租人支付租金的合同"的规定,租赁物客观存在且所有权由出卖人转移给出租人系融资租赁合同区别于借款合同的重要特征。没有确定的、客观存在的租赁物,亦无租赁物的所有权转移,仅有资金的融通,不构成融资租赁合同关系。

本案中某鹰公司与精某通用公司签订了《融资租赁合同》,中某鹰公司自述在合同履行中,其是委托精某通用公司去购买美国日食飞机。根据《民用航空法》第27条之规定,民用航空器的融资租赁,是指出租人按照承租人对供货方和民用航空器的选择,购得民用航空器,出租给承租人使用,由承租人定期交纳租金。又根据《民用航空法》第36条第1款之规定,外国制造人生产的任何型号的民用航空器及其发动机、螺旋桨和民用航空器上设备,首次进口中国的,该外国制造人应当向国务院民用航空主管部门申请领取型号认可证书。经审查合格的,发给型号认可证书。当事人双方也均清楚该飞机购买入境需要型号认可证书,而签订案涉《融资租赁合同》时该飞机并没有相关型号认可证书,该租赁物并非确定可以转移所有权的标的物。案涉飞机在2017年至2018年因没有相关型号认可证书而不能购买

(1)关于应返还本金

中某鹰公司于2016年9月28日,向精某通用公司支付了2880万元。合同解除后,该款项应予退还。中某鹰公司与精某通用公司、精某北京公司及精某浙江公司签订《融资租赁合同变更协议》,添加精某北京公司、精某浙江公司为《融资租赁合同》的联合承租人,约定联合承租人作为项目收款方及还款方,履行一切融资租赁合同的义务。根据该合同约定,精某北京公司及精某浙江公司作为债务加入方,与精某通用公司应共同承担2880万元款项返还义务。中某鹰公司请求精某通用公司、精某北京公司及精某浙江公司返还《融资租赁合同》项下全部购机款3200万元,与其实际发生的资金出借金额不符,本院不予支持。

(2)关于计息标准及利息金额

根据《融资租赁合同》约定,自出租人部分或全部支付融资租赁本金之日至起租日为租前期,租前期内承租人应按照《租赁附表》约定向出租人支付租前息。租前息以出租人已实际支付的融资租赁本金为基数,租前息金额=融资租赁本金×7.5%/360×放款日至起租日日历天数,租前息于起租日一次性支付。如本合同在起租日之前因任何原因被提前终止,则承租人应该在提前终止日前支付全部已经产生的租前息。该项约定不违反法律、行政法规的强制性规定,应作为案涉借款合同解除前利息计算的依据。精某通用公司、精某北京公司及精某浙江公司应支付《融资租赁合同》项下自2016年9月28日至2019年6月18日利息为2880万元×7.5%/360×993天=5,958,000元。中某鹰公司请求以3200万元作为计算基数依据不足,不予支持。

(3)关于赔偿金

根据《融资租赁合同》约定,本合同不论因任何原因被解除,承租人应当赔偿出租人受到的一切损失(包括但不限于出租人在交易合同项下支付的全部租赁固定翼飞机购买价款、自本合同解除之日起按照全部租赁固定翼飞机购买价款日万分之五计算的赔偿金),该条款是合同解除后的结算条款,应作为赔偿损失的计算依据。精某通用公司收到解除合同通知后未返还案涉款项,构成违约,故精某通用公司、精某北京公司及精某浙江公司应共同给付以实际支付的购买价款2880万元元,以及自2019年10月24日起至实际给付之日止的赔偿金(以2880万元为基数,按日利率万分之五计算);(4)被告精某集团公司对本判决第二、三项给付事项在36,068,400元范围内承担连带清偿责任,承担连带清偿责任后,有权向被告精某通用公司追偿;(5)驳回原告中某鹰公司其他诉讼请求。

## 法律风险及要点解读

本案例亦为直接租赁产品,租赁物为飞机,但由于拟作为租赁物的飞机并没有获得相关型号认可证书,法院认为该租赁物并非确定可以转移所有权的标的物,且出租人未能提供其就此采取了补救措施的相关证据,因此即使在案件各当事人均未对融资租赁关系提出质疑的情况下,法院依据相关事实直接将相关交易判定为借款合同关系而非融资租赁合同关系。在实务操作中,确实存在部分交易利用直租产品存在建设期这一特点,以建设期对标相应的融资期限,待建设期到期之前再解除直租合同,以达到变相直接融资的目的,但由于实践中法院很难判定是主动利用建设期还是客观无法交付租赁物的不同情形,因此,因未能交付租赁物而将直租交易判定为借贷的案例并不多见。

需要说明的是,本案判决由于将融资租赁合同判定为借款合同,未提及向美国日食航空(ONE Aviation Corporation)订购的日食550固定翼飞机相关飞机采购协议是否解除以及后续应如何处置。根据《融资租赁司法解释》(2014)规定,出租人与出卖人订立的买卖合同解除、被确认无效或者被撤销,且双方未能重新订立买卖合同的;或者因出卖人的原因致使融资租赁合同的目的不能实现的,出租人或者承租人有权向法院请求解除融资租赁合同。仅就该条规定而言,原告若未能提供其要求解除飞机采购协议或者要求被告配合解除飞机采购协议的相关事实证据,则其直接向法院提出解除融资租赁合同的主张,确实给相关证明工作带来比较多的困难。

码头配套项目的建设安装工程、渔民安置区和渔港新村建筑安装工程。

同日，出租人某M公司与承租人某D产业公司、某钻公司签订了《总承包合同权利与义务转让协议》，约定某钻公司同意某D产业公司将其与某钻公司签订并已经履行的《总承包合同》中的某D产业公司的权利义务全部转让给某M公司。在该协议的附件二中，三方确认在该协议签订时，某D产业公司尚未向某钻公司支付的设备购买价款和其他款项（不包括某D产业公司逾期未付款项）为15亿元。

同日，某M公司与某D产业公司签订了《风险金合同》，约定租赁物购买价款为分期支付，某D产业公司同意在某M公司支付每一期租赁物购买价款之前将风险金一次性支付至某M公司账户，支付金额为某M公司支付每一期租赁物购买价款的6%。

同日，某M公司分别与海南某海实业集团有限公司（以下简称某海实业公司）签订了《法人保证合同》，与实际控制人L某签订了《自然人保证合同》，约定某海实业公司、L某为某产业公司在《融资租赁合同》项下的全部债务提供连带责任保证。

同日，某M公司与三亚某度假酒店有限公司（以下简称某H度假酒店公司）签订了《抵押合同》，约定某H度假酒店公司将三亚某度假酒店贵宾楼商业用途房屋所有权以及其所占用的国有出让土地使用权抵押给某M公司，为某D产业公司在《融资租赁合同》项下的全部债务提供抵押担保。后某M公司与某H度假酒店公司共同办理了抵押登记。

同日，某M公司与三亚某J城市建设投资有限公司（以下简称某J建设公司）签订了《抵押合同》，约定某J建设公司将三亚市某路段商铺A段部分及商铺B、C部分商业用途房屋所有权以及其所占用的国有出让土地使用权抵押给某M公司，为某D产业公司在《融资租赁合同》项下的全部债务提供抵押担保。后某M公司与某J建设公司共同办理了抵押登记。

2016年11月29日,某M公司与某D产业公司签署《债权债务确认函》,确认截至2016年11月15日某M公司应收某D产业公司租前息共计15,816万元。

## 诉讼主张及答辩意见

出租人某M公司向法院提出诉讼请求如下:(1)判令某D产业公司向某M公司支付截至2016年3月10日的租前息94,662,222.22元及违约金,违约金以每季度应付的租前息金额为基数,按照日万分之五的标准自2015年3月16日后每期应付之日起计算至实际给付之日,暂计算至2018年4月22日为43,135,023.33元;(2)判令某D产业公司向某M公司返还《融资租赁合同》项下租赁物购买价款473,572,618元并支付相应利息,以某D产业公司未返还款项为基数,按照年利率8%的标准计算,自2016年3月11日起计算至实际付款之日,暂计算至2018年4月22日为128,130,393.34元,上述款项暂合计为739,500,256.9元,扣除风险金7080万元后为668,700,256.9元;(3)判令某海实业公司、L某对某D产业公司的上述全部债务承担连带清偿责任;(4)判令某M公司对某H度假酒店公司《抵押合同》项下抵押财产折价或者拍卖、变卖后的价款,在某D产业公司上述给付义务范围内优先受偿;(5)判令某M公司对某J建设公司《抵押合同》项下抵押财产折价或者拍卖、变卖后的价款,在某D产业公司上述给付义务范围内优先受偿;(6)判令某M公司对某E投资公司《非上市公司股权质押合同》项下质押财产折价或者拍卖、变卖后的价款,在某D产业公司上述给付范围内优先受偿;(7)判令某M公司对某F渔业公司《非上市公司股权质押合同》项下质押财产折价或者拍卖、变卖后的价款,在某D产业公司上述给付范围内优先受偿;(8)本案诉讼费、保全费等费用由七被告承担。

某D产业公司辩称:(1)本案《融资租赁合同》不具备融物的特征。融资租赁应当同时具备融资和融物的这两个特征,本案中没有具体约定哪些设备,也没有发生设备所有权的转移,不具有融资租赁融物的基本特性。因此,根据最高人民法院有权和使用权，故双方签署的《融资租赁合同》不符合《合同法》关于融资租赁的规定，双方不构成融资租赁合同法律关系。

《融资租赁司法解释》(2014)第1条规定，人民法院应当根据《合同法》第二百三十七条的规定，结合标的物性质、价值、租金的构成以及当事人的合同权利和义务，对是否构成融资租赁法律关系作出认定；对名为融资租赁合同，但实际不构成融资租赁法律关系的，人民法院应按照其实际构成的法律关系处理。涉案《融资租赁合同》约定某M公司的主要义务是提供款项，某D产业公司的主要义务是返还本金并按照年利率8%支付利息。该权利义务模式符合法律对借款合同的规定，故涉案《融资租赁合同》的性质应为民间借贷法律关系。某M公司作为金融租赁企业，虽然发放贷款超越经营范围，但其与某D产业公司签订的合同系真实意思表示，不违反法律的效力性规定，双方之间的民间借贷法律关系应为有效。但是其中的租前息及其风险金等部分条款内容，应当按照借款合同予以调整。某D产业公司关于涉案合同无效的抗辩主张不能成立。

2. 关于某D产业公司应偿还借款的具体数额

(1)关于本金

2015年最高人民法院《关于审理民间借贷案件适用法律若干问题的规定》第27条[①]规定，借据、收据、欠条等债权凭证载明的借款金额，一般认定为本金。预先在本金中扣除利息的，人民法院应当将实际出借的金额认定为本金。本案中，2013年8月16日至2015年3月12日，某M公司向某D产业公司分6次提供了贷款，总计11.8亿元。但某M公司根据与某D产业公司签订的《风险金合同》，在支付贷款金额前都要求某D产业公司向某M公司支付每一期价款的6%作为风险金。虽然涉案《风险金合同》要求某D产业公司支付的是所谓的风险金并非利息，但某D产业公司实际获得的贷款本金仅为某M公司出借数额的94%，故借款本金总额应为110,920万元。

某D产业公司主张其在合同履行过程中向某M公司支付了500万元利息、

① 对应《最高人民法院关于审理民间借贷案件适用法律若干问题的规定(2020第二次修正)》第26条，内容无修改。后文不再赘述。

年利率未超过24%,符合司法解释的规定,应予支持。

涉案租赁附表约定租前息及租金按季(每三个月)支付,每季度末月的十五日为支付日。某M公司提供借款的时间不同,应根据不同的付款时间计算租前息的支付时间,进而确定逾期时间。2015年3月15日之前的租前息,某D产业公司已支付完毕。2016年3月10日之后未付利息的逾期违约金某M公司未请求,属于对自身权利的处分,本院予以支持。综上,本院仅统计2015年3月16日至2016年3月10日利息的违约金,汇总合并计算后,未付利息总计为88,978,044.45元,其中2,136,933.33元应自2015年4月16日起支付逾期违约金;2,548,444.44元应自2015年5月16日起支付;12,491,555.55元应自2015年6月16日起支付;6,272,933.34元应自2015年7月16日起支付;3,843,555.56元应自2015年8月16日起支付;12,491,555.55元应自2015年9月16日起支付;6,341,866.67元应自2015年10月16日起支付;3,843,555.56元应自2015年11月16日起支付;12,355,777.78元应自2015年12月16日起支付;6,341,866.67元应自2016年1月16日起支付;3,843,555.56元应自2016年2月16日起支付;16,466,444.44元应自2016年3月11日起支付。上述违约金均应从应支付之日给付至实际给付并按日利率万分之五计算。

3.关于担保责任的问题

某M公司分别与某海实业公司签订了《法人保证合同》,与L某签订了《自然人保证合同》,约定某海实业公司、L某为某D产业公司在《融资租赁合同》项下的全部债务提供连带责任保证。上述合同均为合法有效,根据《担保法》第18条①规定及《保证合同》的约定,某M公司主张对上述二被告对某D产业公司的给付义务承担连带保证责任,事实及法律依据充足,本院予以支持。

某H度假酒店公司将其所有的三亚某度假酒店贵宾楼商业用途房屋所有权以及其所占用的国有出让土地使用权抵押给某M公司,为本案《融资租赁合同》项

① 对应《民法典》第688条,第2款内容有修改,修改后第2款表述为"连带责任保证的债务人不履行到期债务或者发生当事人约定的情形时,债权人可以请求债务人履行债务,也可以请求保证人在其保证范围内承担保证责任。"后文不再赘述。

以及其所占用的国有出让土地使用权,就本判决第一、二、三项给付事项承担抵押担保责任,原告某M金融租赁公司就上述抵押物折价或者拍卖、变卖所得价款在海南某D海洋产业发展有限公司应承担的付款责任范围内具有优先受偿权;(7)被告某J建设公司将以所有的三亚市某路段商铺A段部分及商铺B、C部分商业用途房屋所有权以及其所占用的国有出让土地使用权,就本判决第一、二、三项给付事项承担抵押担保责任,原告某M金融租赁公司就上述抵押物折价或者拍卖、变卖所得价款在海南某D海洋产业发展有限公司应承担的付款责任范围内具有优先受偿权;(8)原告某M金融租赁公司有权以被告北京E投资有限公司持有的海南某D海洋产业发展有限公司9%的股权折价或者拍卖、变卖该财产所得价款,在海南某D海洋产业发展有限公司承担的付款责任范围内优先受偿;(9)原告某M金融租赁公司有权以被告三亚某F渔业发展有限公司持有的海南某D海洋产业发展有限公司91%的股权折价或者拍卖、变卖该财产所得价款,在海南某D海洋产业发展有限公司承担的付款责任范围内优先受偿;(10)驳回原告其他诉讼请求。

## 法律风险及要点解读

本案一审判决后,海南某D海洋产业发展有限公司向上一级法院提起了上诉,主张认为某M公司收取的合同咨询费和手续费,应从借款本金中扣除,并应以此为基础重新确定应还本金及利息。据笔者了解,目前该案件已被上诉法院发回重审。

和前面两个设备直租被判定为借贷、飞机直租被判定为借贷案例类似,本案例涉及租赁物为在建港口设施,后因当地政府征用而未能实现交付,审理法院以涉案项目为在建工程、无任何租赁物清单或发票等材料、无租赁物所有权转移证明等为由,将相关融资租赁合同判定为借贷。由于直租合同都存在建设期,因此,如因供应商等原因导致租赁物无法交付的,出租人是否都需要面临相关融资租赁合同被判定为借款合同的法律风险,相关问题值得商榷和探讨;另一值得商榷的问题是,本案例直接将相关法律关系界定为民间借贷,没有考虑到金融租赁公司作为持牌经营金融机构,其本身即具有的融资功能。

定，图纸送审由原告负责。原告应该向被告或被告的代表递交每份计划和图纸的副本四份以及其他被告所提出的合理的技术信息。所有计划及图纸应该在建造开始之前提交；此外，第 4 章还就被告任命代表进驻原告处对 811 船的建造进行检查作出了约定；造船合同第 7 章第 1 条约定，原告应于 2012 年 6 月 5 日或之前在安全系泊状态下在船厂码头将船舶交付给被告；第 4 条约定，船舶的所有权和风险自交付时由原告转移给被告；第 8 章约定，合同的交船期仅因下列原因而自动展期：(1) 因修订、更改和补充而对交船时间的协议延长、展期或推迟；(2) 因被告代表没有及时参加试航而相应延长；(3) 因被告没有及时支付到期款项而相应延长。除自动展期外，其他原因造成的交船日期推迟不得超过 90 天，否则被告有权在上述 90 天期间届满后的 14 天内取消合同并按照合同第 9 章的约定要求原告退还已支付的款项和该款项按照 8% 年利率计算的利息；第 18 章约定，原告应在被告认可的银行开立造船专项账户。原告承诺被告支付的所有预付款专款专用，同意并授权被告可以随时核查上述造船专项账户的资金支付情况。

2010 年 10 月 27 日，原、被告和第三人某 S 金融租赁有限公司签订了三方协议，约定被告将造船合同项下的部分权利和义务转让给第三人，由第三人支付造船合同第二期预付款以后的款项（第二期款项中的人民币 875 万元由被告提前支付给第三人），并取得 811 船的所有权，再将该船融资租赁给被告使用，造船合同项下的其他权利义务仍由被告行使。

2010 年 12 月 14 日，被告按照原告的要求向其在靖江建行开立的账号为 ×××的账户（以下简称 6270 账户）支付了第一期预付款人民币 875 万元。2011 年 1 月，原告将 811 船的送审图纸交给了被告。2011 年 3 月 4 日，原告向被告交付了 811 船的生产总体计划：2011 年 9 月 16 日开工，2011 年 11 月 1 日上船台，2012 年 1 月 30 日下水，2012 年 4 月 30 日交船。2011 年 6 月 9 日，原告为 811 船申请了 IMO 编号为 9618630。

实际建造的情况，且多次变更计划，故要求原告将811船开工的相关准备工作和生产计划、资料报被告核实，以确认该船是否满足开工条件；原告同意将上述材料在2011年12月9日前交给被告。但直到2012年1月16～17日，原告才将811船的中国船级社退审图、2012年第2周分段舾涂计划汇总表、2012年1月分段建造/分段舾涂节点计划和项目管理网络图等文件交给被告，被告认为811船于2012年1月18日基本满足了开工条件并签署了开工证书。同日，被告要求原告按照9020账户重新开立第二期付款通知单。2012年1月30日，原告向被告邮寄了新开立的付款通知单，被告于2012年2月2日收到，并于同月6日告知原告第三人尚未收到新开立的付款通知单，要求原告再寄一份给第三人，以完善付款手续。2012年2月7日，原告向第三人寄送了付款通知单。

2012年2月16日，被告按照三方协议的约定，向第三人支付了人民币875万元。第三人在收到上述款项后，于2012年2月20日向原告支付了人民币5250万元。2012年6月12日，811船在船坞搭载合拢，原、被告及中国船级社三方签署了上船台证书。第三人于2012年7月11日向原告支付了第三期预付款人民币3500万元。

另查明，原、被告于2010年10月22日还签订了一份编号为810的造船合同（以下简称810船），约定原告为被告建造810船，交船日期为2012年3月5日，合同的其他条款与811船的造船合同相同。原告为该轮申请的IMO编号为9618628。810船于2011年7月15日举行开工仪式，2011年11月5日开始切割钢板，2011年12月19日上船台，被告和第三人向原告的6270账户支付了前三期款项。2012年6月9日，被告要求解除合同，原告予以同意，并于2012年7月15日将该船的预付款全部退还。

2012年6月15日，原告通知被告，其决定将810船的编号变更为811（以下简称争议船舶），将811船的编号变更为812，船东变更为舟山某昌海运告请求法院判令被告支付造船款人民币875万元及利息人民币317.315万元，赔偿原告因被告拒不接船而遭受的其他经济损失人民币189.66万元，并承担本案全部诉讼费用。

被告辩称：(1)原告主张南京某江海运股份有限公司错误解除造船合同，没有任何事实和法律依据。(2)原告称南京某江海运股份有限公司违反合同未按时支付第二、四、五期预付款是不能成立的：①某S金融租赁公司按照造船合同和三方协议的约定支付了第二期预付款；②原告没有满足第四、五期预付款的付款条件。(3)原告主张的损失不能得到支持，理由如下：①南京某江海运股份有限公司不存在错误解除合同的行为，原告所称的南京某江海运股份有限公司欠付造船款人民币875万元的主张不能成立；②南京某江海运股份有限公司不存在违反合同未支付第二、四、五期预付款的行为，原告称给其造成人民币317.315万元利息损失的主张不能成立；③南京某江海运股份有限公司不存在错误解约、拒不接船的行为，原告所称因南京某江海运股份有限公司拒不接船而遭受经济损失人民币189.66万元的主张不能成立。

第三人陈述称：(1)原、被告及第三人订立三方协议，作为对第三人支付造船预付款的担保，原告申请靖江建行向第三人出具了三份保函，被告和第三人分别向原告支付了部分款项；(2)根据三方协议的约定，原告与被告的纠纷，第三人不参与亦不承担任何责任。

## 一审法院认定及判决

一审法院认为：本案为船舶建造合同纠纷。原、被告双方对合同的性质存在争议，原告认为船舶建造合同属于买卖合同，被告认为该合同属于承揽合同。一审法院认为，本案船舶建造合同由造船合同和三方协议两份文件构成，由于三方协议仅规定被告将造船合同项下的部分权利和义务转让给第三人，并未改变造船合同的主要内容，故应以造船合同确定合同的性质。

在造船合同中，原告称为“卖方”，被告称为“买方”，合同款项称为“预付款”，人“另有约定”。本案造船合同通过在交付标的物前不转移所有权的方式保障原告的债权，在内容上属于《合同法》第 264 条的“另有约定”，在目的上与该条一致，不能以此否定合同的性质。因此，本案将在承揽合同的框架内确定当事人的权利义务并考察其履行行为。

根据造船合同和三方协议的约定，承揽人的权利义务属于原告，定作人的权利义务属于被告和第三人，其中，第三人的权利是在船舶交付后取得所有权，义务是支付合同第二期预付款以后的款项（第二期款项中的人民币 875 万元由被告提前支付给第三人）；定作人的其他权利义务属于被告。在合同履行过程中，当事人在被告是否存在违约行为上在争议，具体包括以下三个问题：(1)被告是否有权拒绝原告用 810 船代替 811 船；(2)被告是否迟延支付第二、四、五期款项；(3)被告是否有权在 2012 年 9 月 20 日解除合同。对此，一审法院认为：

(1)被告是否有权拒绝原告用 810 船代替 811 船

由于船舶建造合同属于承揽合同，而承揽合同的一个重要特征就是标的物特定化。对于本案而言，造船合同的标的物 811 船为特定物，该船最晚在船坞搭载合拢时，即 2012 年 6 月 12 日已经特定化，具有不可替代性。从原告将 810 船的编号变更为 811，将船体上的 IMO 编号由 9618628 变更为 9618630，船名由“长发门”变更为“长贵门”的行为来看，原告实际上是用 810 船替换 811 船，该行为不符合承揽合同对于标的物特定化的要求，属违约行为。

此外，虽然 810 船和 811 船按照相同的图纸建造，但施工人员、建造时间和工程进度并不完全相同，更为重要的是，810 船是一条未能在合同期内完工的船舶（该船最晚应于 2012 年 6 月 4 日交付，但此时船舶还未下水），故原告用 810 船替换 811 船也有违诚实信用原则。

综上，被告有权拒绝原告用 810 船代替 811 船。

(2)关于被告是否迟延支付第二、四、五期款

对于第二期款项，根据三方协议的约定，该款项由第三人支付，但被告应提前向第三人支付人民币 875 万元。故应考察被告的付款时间是否在第三人第二期付

款通知单也不符合合同约定。在被告的要求下,原告于 2011 年 12 月 6 日设立了专项账户,并于 2012 年 2 月 7 日向第三人寄送了修改后的付款通知单,该通知单经被告和第三人认可。由于各方当事人不能证明第三人收到通知单的时间,本院根据第三人于 2011 年 11 月 21 日收到原告 2011 年 11 月 19 日寄送材料的事实,认为第三人的收件时间为 2012 年 2 月 9 日。

根据造船合同第 2 章第 3 条的约定,第二期付款时间为付款人收到保函后的 5 个工作日内,但由于保函只是上述三个付款文件之一,本院认为该条款的真实意思是在付款条件成就后,给予付款人 5 个工作日的付款准备期。因此,第三人的付款时间为收到最后一份文件(付款通知单)后的 5 个工作日内,即 2012 年 2 月 16 日之前。而被告支付人民币 875 万元的时间即为 2 月 16 日,并不违反造船合同和三方协议的约定。

对于第四、五期款项,根据三方协议的约定,该款项由第三人支付,故被告不存在延期支付的问题。此外,根据合同的约定,第四、五期款项支付条件是 811 船下水和交付,但原告在 2012 年 6 月 15 日用 810 船替换 811 船的行为已经表明其不再履行建造 811 船的义务,而此时该船在船坞搭载合拢的工作仅仅进行了 3 天,远未达到下水的标准。因此,第三人也没有支付上述两笔款项的义务。

(3)被告是否有权在 2012 年 9 月 20 日解除合同

如前所述,第三人支付第二期款项的最晚时间为 2012 年 2 月 16 日,但实际支付日期为 2012 年 2 月 20 日,迟延了 4 天。根据造船合同第 8 章约定,原告的交船日自动展期 4 天,即顺延至 2012 年 6 月 9 日。造船合同第 8 章还约定,除自动展期外,其他原因造成的交船日期推迟不得超过 90 天。因此,原告最晚交船日期为 2012 年 9 月 7 日。显然,原告没有在此时完成 811 船的建造工作。因此,被告有权依据合同的约定在交船期间届满后的 14 天内,即 2012 年 9 月 21 日前解除造船合同。

综上,被告在履行造船合同和三方协议的过程中并不存在违约行为。

对于原告诉请的损失是否真实合理的问题,一审法院认为,原告诉请的前提是被告存在违约行为并错误解除合同,但事实上被告并不存在违约行为,反而是原告没有在合同约定的期限内完成船舶的建造工作,被告依据约定解除了造船合同和驳回上诉,维持原判。

### 法律风险及要点解读

上述案例,尽管主要体现了承租人和船厂之间的法律纠纷,但对于出租人而言,正如在本章节有关直租产品风险的分析,在承租人和船厂发生弃船争议的时候,出租人往往需要根据现实,或选择站在船厂角度共同向承租人施压,或选择站在承租人角度主张还款保函,或站在中立角度等待二者之间的争议结果。

## 案例 10:直租产品融资租赁模式选择——租赁物被抵押给第三人

### 案件主要事实

根据安徽省淮南市中级人民法院于2016 年8 月9 日作出的(2016)皖04民初4 号民事判决书,相关案件主要事实如下:

2012 年3 月30 日,某 A 金融租赁股份有限公司(以下简称某 A 租赁公司)、溧阳某 X 钢铁配套设施有限公司(以下简称溧阳某 X 公司)、北京某 Z 新能源技术股份有限公司(以下简称北京某 Z 公司)三方签订了《融资租赁合同》及《买卖合同》各一份,合同约定,承租人溧阳某 X 公司指定某 A 租赁公司向北京某 Z 公司购买干熄焦发电机发电项目设备出租给承租人溧阳某 X 公司使用。合同签订后,北京某 Z 公司向溧阳某 X 公司交付了约定的设备。

2013 年8 月8 日,某 Y 现代物流有限责任公司(以下简称某 Y 物流公司)与溧阳某 X 公司签订《抵押合同》,合同约定,溧阳某 X 公司以其享有处分权,价值25,252.10 万元的焦化配套设备为某 Y 物流公司设定最高额抵押,

## 一审法院认定及判决

一审法院认为,本案的焦点为溧阳某X公司抵押给某Y物流公司的干熄焦发电机发电设备的所有权是否属于出租人某A租赁公司所有。经查,出租人某A租赁公司提交的证据仅能证明某A租赁公司受溧阳某X公司指定从北京某Z公司购买了干熄焦发电机发电设备,且北京某Z公司将该套设备交付给溧阳某X公司使用的事实。但某A租赁公司并没有提供该套设备具体名称、型号、规格、材质等详细设备清单,也没有提交购买该套设备的相关发票。溧阳某X公司抵押给某Y物流公司的设备为干熄焦节能发电项目设备,与某A租赁公司主张的"干熄焦发电机发电设备"名称不符,且某A租赁公司主张的设备价值为11,525.2万元,与溧阳某X公司抵押给某Y物流公司的设备价值也不一致。某A租赁公司提交的证据不足以证明溧阳某X公司抵押给某Y物流公司的设备与《融资租赁合同》及《买卖合同》约定的设备系同一套设备。一审法院判决驳回了某A租赁公司的诉讼请求。

## 二审法院判决

针对一审判决结果,某A租赁公司上诉至安徽省高级人民法院,2017年4月17日,安徽省高级人民法院作出了(2016)皖民终966号民事判决书:(1)撤销安徽省淮南市中级人民法院(2016)皖04民初4号民事判决;(2)溧阳某X钢铁配套设施有限公司抵押给某Y物流有限责任公司的干熄焦发电机发电设备的所有权属于某A租赁公司所有。

在二审上诉期间,为了证明某A租赁公司的租赁物即为抵押给某Y物流公司的抵押物,某A租赁公司申请了调查令,调取了相应资产评估报告备查文件、工作底稿、记录等文件,其中评估报告工作底稿中的焦化配套设备待评估及其设备申报表、设备资产清查核实计划、机器设备清查核实情况说明,证明资产评估报告中的干熄焦节能发电项目设备就是某A租赁公司主张确认所有权的干熄焦发电机发的融资租赁查询义务人”。但根据《民法典》第745条之规定,出租人对租赁物享有的所有权,未经登记,不得对抗善意第三人。换言之,这是否意味着出租人只要按要求进行了相应登记(如中登网登记),即可产生对世抗辩权,因此即使是非金融企业的第三人,亦应进行融资租赁交易查询呢?相关法律问题有待后续进一步的司法明确。

## 案例11:直租产品融资租赁模式选择——未技术确认即签收开工证明

有关直租项下出租人付款节点的义务,以船舶直租模式为例,一般是先由船厂和承租人签订船舶建造合同,出租人作为融资方介入后,为满足将来获得船舶所有权以出租并完成登记之要求,通常会要求签署关于船舶建造合同的《三方转让协议》,由出租人受让承租人在船舶建造合同项下的权益,并履行后续船舶建造的支付义务。即通过《三方转让协议》,将《船舶建造合同》和《融资租赁合同》予以连接,将三方当事人之间的权利义务予以确定。在三方转让协议中,通常会明确出租人除了付款义务外,其他造船合同项下包括监造、技术确认及船舶交接等,仍由承租人承担。具体操作中,一般会再由出租人给承租人出具一份授权代理协议,明确由承租人作为出租人的驻厂代表,并就各项授权权责进行明确;或者,直接在三方转让协议中就此进行明确。但仅就授权代理而言,通常会涉及建造合同项下付款节点的确认问题,即如出现承租人和供货商就付款节点上存在争议时,出租人往往需要面临如何妥善处理此类纠纷的问题。

本案例项下承租人南通某K船务有限公司(以下简称承租人某K公司)涉及的船舶建造纠纷,即是承租人在面临市场变化而将后续船舶建造合同取消引起的法律纠纷。出租人某C金融租赁有限公司(以下简称出租人某C公司)在收取了元、于5月3日向船厂某H公司支付人民币400万元、于5月4日向船厂某H公司支付人民币400万元、于5月31日向船厂某H公司支付人民币750万元。上述支付款共计人民币1750万元,包括DD026号船第一期预付款人民币875万元和DD027号船第一期预付款人民币875万元。

承租人某K公司为筹措资金,将上述两份造船合同转让给出租人某C公司,由出租人某C公司支付造船合同项下尚未支付部分的船舶价款并取得上述两条船舶的所有权,再以融资租赁的形式将船舶出租给承租人某K公司使用,为此承租人某K公司和出租人某C公司就DD026号、DD027号两条船签订了两份融资租赁合同、两份造船合同转让双方协议(以下简称双方协议)。两份双方协议内容基本相同,协议约定:"承租人某K公司继续履行其在建造合同下除付款义务以外的一切义务,出租人某C公司向船厂某H公司支付建造合同下第二期至第五期付款,但承租人某K公司还应就建造合同下第二期船款支付总造价5%的自筹款项人民币875万元,该自筹款项部分应在出租人某C公司首笔支付款项预计到期前至少5个银行工作日根据出租人书面通知付至出租人指定账户内,由出租人某C公司统一支付给船厂某H公司。""在承租人某K公司未违反协议的情形下,因出租人某C公司原因没有及时履行支付船舶价款的付款义务,出租人某C公司自行对船厂承担延迟付款的违约责任,如果船厂向承租人某K公司索赔而承租人某K公司实际遭受了损失的,出租人某C公司应予以赔偿。"

承租人某K公司、船厂某H公司和出租人某C公司还就DD026号、DD027号两条船签订了两份内容基本相同的有关船舶建造和销售合同的三方协议(以下简称三方协议)。协议约定:"船厂某H公司确认同意承租人某K公司将建造合同转让给出租人某C公司,由出租人某C公司支付建造合同下第二期至第五期付款,出租人某C公司保证根据建造合同中约定的支付规则支付船舶建造款项。"

船厂某H公司为履行上述船舶建造合同共支付以下费用：船舶柴油机首期货款人民币325.6万元，船舶柴油发电机组定金人民币144万元，船舶舵机首期部分货款人民币20万元，船舶人孔盖等货款人民币389,381.76元，船舶钢板货款人民币3,487,126.03元，船舶设计技术部分服务费人民币231万元，船舶详细设计和生产设计部分服务费人民币118万元，船级社审图、检验及发证服务费人民币121.8万元，澳大利亚审图费、税费人民币10,505.16元，保函手续费人民币17,500元。

## 诉讼主张及答辩意见

承租人某K公司提起的诉讼主张为：(1)判令二被告连带返还船舶建造预付款人民币1750万元；(2)判令二被告赔偿按8%年利率计算的利息损失(自2011年4月13日起至裁决给付之日)；(3)诉讼费用由二被告承担。

船厂某H公司辩称：(1)融资租赁合同的当事人是承租人某K公司和出租人某C公司，三方协议的当事人是承租人某K公司、出租人某C公司和船厂某H公司，两个合同当事人不同。融资租赁合同是融资租赁关系，三方协议是债权、债务转让关系，两个合同法律关系性质也不同。从三方协议的内容看，三方协议是一份独立合同，其生效或终止均不以融资租赁合同生效或终止为条件，因此，融资租赁合同的解除并不导致三方协议同时解除……三方协议并未解除，仍然为有效协议。(2)根据三方协议，承租人某K公司失去了向船厂某H公司主张人民币1750万元预付款和利息的法律权利。(3)根据船舶建造和销售合同的约定，船厂某H公司有权保留买方已付款项，在未弥补船厂某H公司因履行船舶建造合同支付的成本、费用及因买方违约遭受的经济损失等情况下，买方无权要求船厂某H公司返还已付款项。船厂某H公司作为建造方已经为涉案船舶建造花费了成本和费用，也遭受了一些损失，应在本案中进行清算，建造合同虽然已经解除，但合同中的清算条款仍然有效，只有在清算完毕后才涉及承租人某K公司需要船厂某H公司返

1750万元款项系履行该合同项下第一期分期付款义务,因该款项的返还问题产生的争议自然属于因船舶建造合同产生的争议,因此承租人某K公司有权依据船舶建造和销售合同要求船厂某H公司向其返还船舶建造预付款。船厂某H公司否认三方协议已经解除的事实,进而认为依据三方协议承租人某K公司无权向其主张权利,但未提供否定本院上述生效判决的证据,因此其理由不成立,本院不予支持。

(2)合同解除后三方当事人的违约情况

依据DD026号和DD027号船舶建造和销售合同的约定,买船方支付第二期款项的付款条件包括三项:①买方收到卖方银行开立的第二期预付款保函原件;②买方收到卖方的付款通知原件;③买方确认收到卖方、船级社和买方代表三方签字的开工证书原件。

就DD026号船舶而言,本院第69号案生效判决认定"船厂某H公司提交的证据材料,可以证明出租人某C公司于2011年9月8日取得开工证书原件,江苏银行南通分行于2011年9月7日开具了以出租人某C公司未受益人的预付款保函,但不能证明出租人某C公司是否实际收到预付款保函原件、付款通知原件,本院认定出租人某C公司支付第二期款项的付款条件并未成就,出租人某C公司未支付第二期款项的行为不构成违约行为"。关于开工证书,上述生效判决认定出租人某C公司已经收到原件,本案庭审时三方当事人对此也无异议。关于第二期预付款保函原件,船厂某H公司在本案审理时补充了一份经公证的电子邮件,该邮件记载,船厂某H公司曾要求出租人某C公司返还第二期预付款保函原件,出租人某C公司向船厂某H公司询问银行地址,并将保函原件寄回了江苏银行南通分行,因此可以认定出租人某C公司收到了第二期预付款保函原件,船厂某H公司在本案补充提交的电子邮件足以推翻第69号案件生效判决对该项事实的认定。关于付款通知原件,在本院审理第69号案件时,船厂某H公司提交了其将该付款通知原件寄给出租人某C公司的国内特快专递单复印件和一份电子邮件。本案审理时,船厂某H公司除将邮件进行公证外没有补充提交其他证据,上述邮件是船厂某H

公司于本判决书生效之日起十日内返还原告南通某K船务有限公司预付款人民币1750万元;(2)被告上海某H海洋工程股份有限公司给付原告南通某K船务有限公司上述款额的利息;(3)驳回原告南通某K船舶有限公司的其他诉讼请求。

## 二审上诉及判决

一审判决后,船厂某H公司提起上诉,要求撤销一审判决,改判驳回承租人某K公司请求或从1750万元中结算扣除应当由承租人、出租人承担的船舶建造成本13,508,512.95元及相应利息,或者裁定驳回起诉,或者发回一审法院重审,并由两被告承担案件诉讼费用。

二审法院认为,相关案件系船舶建造合同纠纷。二审期间,三方当事人对涉案DD026号、DD027号船舶《融资租赁合同》《船舶建造和销售合同》被解除、预付款1750万元实际支付给船厂且迄今未返还、DD027号船舶支付第二期款项的三个付款条件均未成就等无异议。结合各方当事人的诉辩主张,二审法院确定本案争议焦点为:(1)涉案"三方协议"是否已解除;(2)当事人是否存在违约行为;(3)一审法院是否存在严重程序错误。经审理认定后,二审法院于2017年9月30日作出了(2017)津民终393号民事判决书,判决如下:船厂某H公司的上诉请求不能成立,应予驳回;一审判决处理结果并无不当,应予维持。

另外需要说明的是,上述各相关当事方,在承租人向法院主张船舶建造合同解除并要求返还已支付的预付款得到法院支持判决之后,船厂另行向法院发起诉讼,要求承租人和出租人就船舶建造成本、费用及损失予以赔偿。根据天津海事法院作出的(2017)津72民初888号民事判决书,一审法院判令承租人应向船厂赔偿电机组定金损失、船板购置费用、船舶详细设计费、保函手续费等各类费用和相应利息。天津市高级人民法院在(2018)津民终305号民事判决书作出了维持原判的终审判决。

要选准相应租赁资产,控制资产购置成本,并做好相应残值管理及市场营销管理。

**B. 租赁物瑕疵担保风险**

尽管经营性租赁项下物之所有权一直为出租人,但鉴于金融租赁公司并不占有和使用租赁物,因此,需要就租赁期限内可能发生的租赁物瑕疵,明确出租人不承担相应风险。

**C. 停租风险**

和上述出租人不承担瑕疵担保类似,承租人在经营性租赁项下租金支付义务应是绝对的,不存在因特定事由(如船舶入坞修理)而导致承租人停租的情形。

**D. 断租或市场再营销风险**

在承租人因租赁资产运营不善主动弃约,或者出租人因承租人违约主动取回租赁资产的情况下,出租人需要考虑到断租取回资产之后的市场再营销问题,避免资产经营迟滞而带来各项意外成本和支出的增加。

**E. 被动涉诉风险**

承租人在资产运营过程中,若因其和第三方商业往来存在争议而导致被第三方诉讼的,往往也会将持有资产所有权的出租人列为被告,需要考虑相应的被动涉诉风险。

## 案例 12:出售后再以经营性租赁租回产品

根据2006年原租赁会计准则,承租人和出租人在租赁开始日,应当根据与资产所有权有关的全部风险和报酬是否转移,将租赁分为融资租赁和经营租赁。对于融资租赁,承租人在资产负债表中确认租入资产和相关负债;对于经营租赁,承租人在资产负债表中不确认其取得的资产使用权和租金支付义务。基于相关会计租户、提交图纸文件等事项。

终止租约后，某Z融资租赁公司对相关物业开展了多轮次市场再营销活动。至2012年11月29日，某Z融资租赁公司与北京某M投资有限公司（以下简称某M投资公司）签署了《买卖合同》《北京望京甲路乙号租赁合同》及相关协议，约定某Z融资租赁公司将租赁物业以6.8亿元价格出售给某M投资公司，物业交付日期为2013年3月31日前。某Z融资租赁公司于2012年12月收到全部购房款6.8亿元。

2012年12月23日，某Z融资租赁公司与北京新X公司签署了《补充协议二》，进一步就后续物业交接等事宜进行了明确约定：(1)北京新X公司负责在2013年3月31日前清退所有租户，如北京新X公司未能完成清退工作，则应向某Z融资租赁公司支付违约金，违约金的计算方式为每逾期一日，按照原《租赁合同》约定的整个租赁物业租金七折标准支付；(2)香港新X公司和实际控制人李某某同意为北京新X公司履行补充协议项下的全部义务和责任提供无条件的、不可撤销的连带责任保证。

但北京新X公司未能依约按时完成租赁物业的清退义务，对某M投资公司后续使用该物业产生了极其严重的影响，经某Z融资租赁公司努力协调，2013年5月17日，某Z融资租赁公司、北京新X公司和某M投资公司签署了《三方协议书》，约定：(1)北京新X公司负责尽快向某M投资公司交付租赁物业，并自协议签署之日起至物业二交付前，按16,343元/日的标准向某M投资公司支付补偿金；(2)某Z融资租赁公司对北京新X公司履行三方协议书项下的义务享有监督权力，有权督促北京新X公司按照三方协议书的约定履行各项义务；(3)协议的签署不影响某Z融资租赁公司与北京新X公司、某Z融资租赁公司与某M投资公司签署的其他任何协议的效力。

《三方协议书》签署后，北京新X公司仍然未能按期完成物业清退工作，直至2014年3月31日，北京新X公司通过其律师表示放弃物业中的剩余物转,出租人亦获得了相关租赁物业的巨大升值。但从案例推进过程中来看,在经营性租赁项下,租赁物的选择和市场再营销无疑是项目成功非常关键的因素。

## 三 资产交易类产品

### A. 转租赁

关于转租赁,现行法律法规并无明确定义,仅在2000年由中国人民银行下发的《金融租赁公司管理办法》(中国人民银行令〔2000〕第4号)第48条中有相应规定:"本办法中所称转租赁业务是指以同一物件为标的物的多次融资租赁业务。在转租赁业务中,上一租赁合同的承租人同时又是下一租赁合同的出租人,称为转租人。转租人从其他出租人处租入租赁物件再转租给第三人,转租人以收取租金差为目的的租赁形式。租赁物品的所有权归第一出租人。"但在后续颁发的监管规定中,未再有关于转租赁的定义。目前实务操作中,该产品操作模式,多为出租人与承租人(中间租赁公司)形成售后回租关系,承租人(中间租赁公司)与终端承租人亦形成为融资租赁关系。此类产品存在的法律瑕疵在于,根据现行有效的《金融租赁公司管理办法》(2014),售后回租业务要求之一即为租赁物应为承租人自有物件,但由于之前底层融资租赁关系的存在,承租人(中间租赁公司)对于租赁物的所有权是具有合同权利限制和法律瑕疵的。为弥补该瑕疵,如某融资租赁公司在其开展的转租赁项目中,曾要求出租人、承租人(中间租赁公司)和终端承租人签署多方协议,明确所有权转移链条的完整性,并就背靠背两份租约的穿透进行明确约定。需要说明的是,该瑕疵弥补主要针对底层资产为单一客户的情形,若底层资产为多笔对公或多笔零售业务,则该瑕疵弥补存在相当操作和配合难度。

该产品的出现既有避免直接购买应收账款形式下的超范围经营的考虑,也存在部分融资租赁公司内部人员的绕权审批行为。该产品需关注的法律合规风险主要包括:①需要加大对基础底层资产的审核力度;②需要加强对底层资产的控制,的资产收益权转让而是融资，故其交易设计难以符合相关监管文件的真实性转让原则、不得安排回购、数据报告义务等要求，存在合规风险；同时，作为金融机构，融资租赁出租人仅能根据银监会的批准从事特定领域的业务，其中并不包括借贷业务，出租人进行实为借贷的该业务存在被认定超范围经营的风险。有部分地方银保监会监管机构已明确叫停此类业务。

**C. 租赁资产转让**

根据《金融租赁公司管理办法》（2014）第26条之规定，经银监会批准，金融租赁公司可以经营转让和受让融资租赁资产业务。但与租赁资产收益权类似，关于融资租赁资产，法律法规并未有统一定义，业界对此的认识亦不一致，有公司认为融资租赁资产是融资租赁公司在融资租赁交易下享有的债权（及相应的从权利、附随权利）以及对租赁物的所有权（物权）两者之和，债权与物权必须整体转让/受让，否则不属于融资租赁资产转让/受让。

根据《合同法》第79条[①]之规定，债权人可以将合同的权利全部或者部分转让给第三人，但根据合同性质不得转让、按照当事人约定不得转让或依照法律规定不得转让的除外。在不存在除外情形的条件下，租赁公司转让/受让其在融资租赁交易下的债权应是符合前述法律的，但就合规性而言，首先，监管机构对仅转让或受让债权而不包括租赁物所有权是否属于转让/受让融资租赁资产范畴态度尚不明确；其次，受让租赁债权、应收租赁款、应收账款等类似权利可能被认定为保理，出租人作为金融机构允许从事的经营范围并不包含保理业务，可能被监管部门认定超范围经营，同时，若只受让债权而不拥有租赁物所有权，作为金融租赁公司开展的交易，监管机构可能认为其丧失"融物"的特点故存在合规风险。

另根据《合同法》第80条[②]之规定，债权人转让权利的，应当通知债务人；未经通知，该转让对债务人不发生效力。根据该条规定，若债权转让未通知债务人，债务人无义务向作为受让方的出租人履行债务，出租人权益可能因此受损。除此之

---

① 对应《民法典》第545条，内容有修改，具体见正文表述。后文不再赘述。
② 对应《民法典》第546条，内容有修改，具体见正文表述。后文不再赘述。

人约定有追索权保理的,保理人可以向应收账款债权人主张返还保理融资款本息或者回购应收账款债权,也可以向应收账款债务人主张应收账款债权。保理人向应收账款债务人主张应收账款债权,在扣除保理融资款本息和相关费用后有剩余的,剩余部分应当返还给应收账款债权人。”第767条规定:“当事人约定无追索权保理的,保理人应当向应收账款债务人主张应收账款债权,保理人取得超过保理融资款本息和相关费用的部分,无需向应收账款债权人返还。”

## 案例13:转租赁产品的融资租赁模式选择——法院确认转租赁第一层售后回租协议的法律效力

### 案件主要事实

根据湖南省长沙市中级人民法院于2020年7月29日作出的(2019)湘01民初3654号民事判决书,相关案件主要事实为:

2019年5月31日,原告湖南某H融资租赁有限公司作为出租人,被告某X金融租赁公司作为承租人签订了《融资租赁合同(回租)》,该合同约定由原告以售后回租的方式向被告购置申龙牌新能源客车751台,并出租给被告使用。租赁本金为193,746,300元,租赁利息为25,465,296元,租金采取等额本息的支付方式,分为36期,每期租金为6,089,211元。该合同第11.2.1条约定:在本合同期限内,承租人的根本违约,构成对本合同义务的严重违反,出租人可依法采取宣布合同项下租赁提前到期等救济措施。第11.2.2条约定:本合同期限内,有下列任何一情形发生时,构成本合同项下承租人根本违约:(1)承租人未按时、足额支付任何到期租金或其他应付款项,金额达到一期租金以上且持续时间在15日以上的……第11.3条约定:出租人可选的违约告向原告支付了2019年6月15日至10月15日五个月的租金本息和2019年10月15日至11月15日一个月的利息共计30,898,823.01元后,未再支付租金本息,至今尚欠租金本息187,628,713.98元。同时,被告与原告签署《应收账款质押合同》作为担保,将其与终端承租人签署的27笔融资租赁合同项下应收租金质押给原告并办理质押登记。

## 诉讼主张及答辩意见

原告为维护自己的合法权益,诉至相关法院,请求如下:(1)判令被告向原告偿还全部未付租金本息共计187,628,713.98元(本金169,592,050.1元,利息18,036,663.88元),以及租赁物留购价款1元;(2)判令被告向原告支付截至2019年11月27日的逾期利息35,376元,2019年11月27日之后应付逾期利息应以剩余全部未付租金为基础按照日万分之五的标准计算至全部租金和利息清偿完毕为止;(3)判令被告向原告支付违约金4,939,800元;(4)原告就被告提供质押担保的应收账款优先受偿,不足受偿部分再由被告另行支付;(5)判令被告承担本案的全部诉讼费用。

被告某X金融租赁公司辩称:(1)双方之前签署的《融资租赁合同(回租)》的性质不是融资租赁合同,而是借贷合同。《融资租赁合同(回租)》附件"租赁物清单"中所列并非法律上的物,而是合同。融资租赁合同如果没有明确特定的租赁物,则不符合融资租赁关于"融物"要素的基本要求。原告未取得车辆所有权,车辆属于动产,且并未在被告的占有之下,标的车辆为被告与长葛市某A公共交通有限公司等27家公司签署的《融资租赁合同》项下的租赁物,并由该27家公司实际占有使用……由于案涉《融资租赁合同(回租)》的性质属于借贷合同,因此就不存在所谓的"租赁手续费";且原告未提供任何租赁服务,也不应收取任何费用,因此已支付的"租赁手续费"应作为"砍头息"从借款本金中扣除。(2)《应收账款质押合同》系无效合同,原告对应收账款无优先受偿权。(3)此外,被告为东某集团理质押登记,原告有权就该质押的应收账款优先受偿,故原告要求就被告提供质押担保的应收账款优先受偿的诉请,于法有据,法院予以支持。被告辩称被告签署《应收账款质押合同》时原告未审查相关决议,《应收账款质押合同》无效,原告对应收账款无优先受偿权,缺乏法律依据,法院不予采信。

综上,一审法院判决如下:(1)被告某X金融租赁公司于本判决生效后十日内向原告湖南某H融资租赁有限公司支付租金本息187,628,713.98元、租赁物留购价款1元及逾期利息和违约金(逾期利息和违约金以租金本息187,628,713.98元为基数,从2019年11月16日起按照年利率12%的标准计算至实际清偿租金本息完毕之日止);(2)原告湖南某H融资租赁有限公司就被告某X金融租赁公司提供质押担保的应收账款优先受偿,不足受偿部分再由被告某X金融租赁公司另行支付;(3)驳回湖南某H融资租赁有限公司的其他诉讼请求。

## 法律风险及要点解读

该案例由于涉及东某集团,针对某X金融租赁公司发起的法律诉讼,有部分已受理案件的法院将相关案件移送至被指定管辖的法院。在笔者所了解的尚在审理的案件中,另有一家M金融租赁公司与某X金融租赁公司开展了《租赁资产转让及回购》的业务合作,与本案例所介绍的两租赁公司之间直接签署《融资租赁合同(回租)》有所不同,在M金融租赁公司发起的法律诉讼中,除了针对某X金融租赁公司的法律诉讼,在考虑是否就终端承租人直接进行法律诉讼时,亦需要考虑可能导致针对某X金融租赁公司已采取的司法保全被部分解除的风险。

该案件的审判结果,一方面在确认两融资租赁公司之间融资租赁关系的同时,另一方面对于因指定管辖被移送的其他案件,已有的法院判决无疑具有相当参考意义。

支付全部剩余租金 76,689,977.2 元;(2)判令被告某 K 建设公司向原告支付逾期付款违约金 1,888,750 元(截至 2018 年 6 月 5 日),并给付自 2018 年 6 月 6 日起至实际给付租金之日止的逾期付款违约金(违约金按逾期未付款项的日万分之五计算);(3)本案案件受理费、保全费、公告费由被告承担。

被告某 K 建设公司辩称,认可融资租赁的事实,认可案外人某 M 租赁将债权转让给原告的事实,剩余未偿付租金和违约金的计算符合合同约定,无异议。

## 法院认定及判决

法院经审理认为,案外人某 M 租赁与被告某 K 建设公司签订的《转让合同》《融资租赁合同》是各方当事人的真实意思表示,内容不违反法律法规规定,应依法确认有效。依《融资租赁合同》的性质及合同约定,本案合同出租人已经履行了融资出租义务。案外人某 M 租赁转让《融资租赁合同》项下的债权符合《合同法》第 79 条之规定,亦应依法确认有效。被告应按合同约定向原告履行合同义务。依合同约定本案融资租赁合同租赁物所有权,在被告未付清租金前仍属原告所有。

现某 K 建设公司未依照合同约定按期足额支付第 10 期租金,符合案涉《融资租赁合同》约定的租金加速到期情形,原告主张某 K 建设公司支付全部未到期租金,具有合同依据,应予支持。被告对原告主张的未到期租金数额 76,689,977.2 元无异议,本院照准。关于违约金,某 K 建设公司未按期支付第 10 期租金,应按照合同约定,自应付租金之日起(法定假日提前),即 2018 年 1 月 15 日,以日万分之五的标准计算支付违约金至租金实际偿付为止。某 K 建设公司未按期支付第 11 期租金,应按照合同约定,自应付租金之日起(法定假日提前),即 2018 年 4 月 13 日,以日万分之五的标准计算支付违约金至租金实际偿付为止。

法院主要判决如下:(1)被告某 K 建设开发总公司于本判决生效之日起十日内支付原告某 J 国际融资租赁(天津)有限公司租金 76,689,977.2 元;(2)被告某 K 建设开发总公司于本判决生效之日起十日内支付原告某 J 国际融资租赁(天津)有限公司违约金(以 15,937,995.44 元为基数,自 2018 年 1 月 15 日起计算至 2018

变相收取利息;但若从形式上看似乎与项目并不挂钩,但实质上未提供相应服务内容的,需要关注被认定为变相收取利息的法律风险。根据《九民会议纪要》相关审判指导意见,否定了以服务收费代替收取利息的授信业务模式,银行以服务费、咨询费、顾问费、管理费等为名变相收取利息,法院可根据服务实际情况确定应否支付或予以酌减。该审判指导精神对银行收费的规范性、公允性提出更高要求,银行在贷款业务中收取的各类中间服务费用,需按照“质价相符”的原则提供相应服务。根据某商业银行统计数据,2013~2019 年以来,该商业银行有 10 家分行因贷款收取财物顾问费、贷款承诺费等费用,被银保监会、发改委、物价局、工商局等监管部门以“质价不符”为由,作出行政处罚 12 起,处罚金额合计 1946 万元。

鉴于融资租赁业务并不同于传统银行信贷,基于“融物”和租赁的事实基础,有部分融资租赁公司在租金期数上进行了必要的调整,并不再收取相关中间收入费用,如部分融资租赁公司采用了“首付款”或者“首期租金”的做法。但对于首付款的法律性质,目前亦存在争议,有部分观点认为应尊重意思自治原则,若当事人之间明确约定首付款为违约金性质的,则一般不在总租金中冲抵;若约定不明的,则可以从格式条款进行衡平考虑,将首付款纳入总租金范畴,即预先缴纳款项可冲抵合同债务。

除上述类似于息差一部分的中间收入费用之外,融资租赁公司另有一类中间业务如远期购买承诺等,该产品类似于银行所开展的表外业务,因此其所形成收入无对应融资租赁项目,尽管“经济咨询”通常为融资租赁公司业务经营范围之一,但仍需关注监管部门对此类业务的监管意见。

关于租金，合同约定：租金具体金额以《租赁附表》中的约定为准。合同项下年租赁利率为 8.04%（参照同期中国人民银行一年期贷款基准利率上浮 40%）。租赁期限内，如遇中国人民银行贷款基准利率调整时，原告将对租赁利率作出同方向、同幅度的调整。利率调整日之前各期和调整日当期租金不变，从利率调整日下期租金开始，每期租金均按调整后的租金金额收取。

关于违约责任，双方《融资租赁合同》第 16.2(5)条约定，承租人任何一期租金未按本合同约定向出租人支付租金的，视为承租人根本违约。根据合同第 16.2(1)条约定，若承租人未按照本合同约定支付到期应付租前息、租金及其他应付款项，或未能按期偿付出租人代承租人支付的任何费用时，承租人应就逾期未付款项按日万分之五向出租人支付违约金，直至全部付清之日止。合同第 16.2(6)条约定，若承租人发生逾期违约或根本违约，出租人除有权按照本合同约定要求承租人承担违约责任、赔偿损失外，还有权采取一种或多种救济方式：(a)提前终止本合同，向承租人追索本合同项下承租人应付的所有到期未付租金、违约金、损害赔偿金、全部未到期租金和其他应付款项，承租人所付款项不足以支付全部欠付款项时，按照费用、违约金、损害赔偿金、租金、留购价款的顺序予以清偿……

合同第 15 条约定，承租人委托海南某泰实业有限公司（以下简称海南某泰）、三亚某林房地产开发有限公司（以下简称三亚某林）、湖北某重机械制造有限公司（以下简称湖北某重）和实际控制人梁某某为本合同项下某 T 公司义务的保证人，海南某泰、三亚某林为某 T 公司履行本合同义务提供抵押担保，抵押内容以双方签订《抵押合同》为准。海南某泰、三亚某林的股东以其持有的公司股权为承租人合同义务提供质押担保，具体内容以《股权质押合同》为准。保证人对承租人义务承担连带保证责任。关于争议解决方式，合同约定有关本合同的一切争议，如协商不能解决时，任何一方均可向天津市有管辖权的人民法院提起诉讼。附件一为出售回租设备清单，具体为 8#八辊五连全部债务提供不可撤销的连带责任保证。

张某业、解某平系海南某泰的股东，分别占公司90%和10%的股份，二人于2012年10月10日与出租人签署《质押合同》约定的以各自持有的海南某泰的全部股权为《融资租赁合同》中承租人的债务提供质押担保，并在海南省工商行政管理局办理了股权出质设立登记。

海南某泰与梁某浩同系三亚某林的股东，分别占有55.58%和44.42%的股份，二被告于2012年10月10日与出租人签订《质押合同》，约定以各自持有的全部股份为《融资租赁合同》中承租人的债务提供质押担保，并在海南省三亚市工商行政管理局办理了股权出质设立登记。

上述事实有《融资租赁合同》一份、《保证合同》四份、《质押合同》四份、《租赁设备接受书》一份、《所有权转移证明》一份、《付款通知书》两份、《中国某某银行电子回单》三份及相关材料在案佐证。

## 诉讼主张及答辩意见

原告诉讼主张为：(1)被告承租人某T公司支付拖欠的租前息人民币壹佰零叁万陆仟肆佰玖拾叁元捌角肆分(小写：¥1,036,493.84元)，按日万分之五支付上述租前息从2012年12月15日起至付清之日止的逾期付款违约金；(2)被告承租人某T公司支付拖欠的租金人民币贰亿贰仟柒佰柒拾万贰仟柒佰贰拾肆元伍角(小写：¥227,702,724.50元)，并按第一期租金和第二期租金各自拖欠日期之日起至付清之日止，按日万分之五支付逾期付款违约金；(3)鉴于被告承租人某T公司根本违约，除上述到期租金外，其余未到期租金计人民币贰亿贰仟柒佰柒拾万贰仟柒佰贰拾肆元伍角(小写：¥227,702,724.50元)全部提前到期，在判决生效后由被告承租人某T公司一次性支付原告；(4)在被告承租人某T公司的全部债务范围内，原告享有对海南某泰提供抵押的坐落于海南省乐东县某甲港，土地证号“佛罗国用(201×)第×××号”“佛罗国用(201×)第××××号”“佛罗国用真实意思表示,且不违反法律强制性规定,应认定有效。另外,根据《金融租赁公司管理办法》(2014)第4条:售后回租业务"是指承租人将自有物件出卖给出租人,同时与出租人签订融资租赁合同,再将该物件从出租人处租回的融资租赁形式。售后回租业务是承租人和供货人为同一人的融资租赁方式"。本案承租人以自有轧机等机械设备出售给出租人,再将该设备从出租人处租回的融资租赁方式不违反国家法律和行政法规的强制性规定,属合法交易行为,应认定有效。

出租人与保证人海南某泰、三亚某林签订的《保证合同》是否有效是本案争议焦点之一。被告海南某泰、三亚某林抗辩称,出租人在2012年9月19日跟承租人签署《融资租赁合同》时并未经过海南某泰和三亚某林的同意。出租人是在签完《融资租赁合同》后,9月29日才到海南跟海南某泰和三亚某林签的《保证合同》,两保证人是根据出租人的要求才将《保证合同》的签署日期改为9月19日的,故《保证合同》为假合同。法院认为,海南某泰和三亚某林并非《融资租赁合同》的当事人,出租人与承租人签订《融资租赁合同》与其无关,并不需要经过海南某泰和三亚某林的同意。此外,在没有相反证据证实合同签订日期的前提下,应以合同上的签署日期为准,即使合同日期与实际签署日期不一致,也是合同双方当事人对合同签署日期的调整与确认,该行为是双方的真实意思表示,《保证合同》合法有效。海南某泰和三亚某林所出具的抵押物依照《担保法》第34条第1款第3项[①]规定是可以设定抵押的财产,且已经过本院(2012)津高民二初字第0014号民事判决办理了抵押登记,抵押权应认定成立。

出租人与湖北某重、梁某某分别签订的《保证合同》,以及出租人与保证人海南某泰、张某业、解某平、梁某浩分别签订的《质押合同》均系双方当事人的真实意思表示,不违反法律法规的强制性规定,均应认定合法有效。

出租人和承租人是否充分履行《融资租赁合同》义务是本案的另一个焦点。依据出租人和承租人签订的《融资租赁合同》第3.3条约定:"出租人与承租人确认本合同项下设备购买价款为577,470,000元。"该合同第3.3(9)条还就付款方

① 对应《民法典》第395条第1款第(1)(2)项,内容有修改,修改后的表述为:"(一)建筑物和其他土地附着物;(二)建设用地使用权。"后文不再赘述。

式做了特别约定,即出租人“收到承租人出具的付款通知书,该通知书应明确付款账户、开户行等必要的付款信息”后再将设备购买价款支付至承租人指定账户。依据合同约定,承租人向出租人发出两份付款通知书后,出租人按照承租人的指定于2012年12月4日向案外人某W钢铁有限责任公司电汇人民币181,394,985.52元,向某J(上海)实业有限公司电汇人民币236,070,145.24元和15,000,000元,出租人向承租人指定的账户共计支付人民币432,465,130.76元。虽然《融资租赁合同》约定设备购买价款为577,470,000元,但除此两份付款通知书外,承租人未继续通知出租人付款,自动放弃追索剩余融资款的权利,后出租人寄发给承租人的《租金付款通知单》明确“融资额”为432,465,130.76元,承租人对《租金付款通知单》未提出任何异议,从《融资租赁合同》的履行情况可以看出,双方实际上对融资额进行了调整,合意将融资额调整为432,465,130.76元。被告海南某泰、三亚某林和张某业辩称,出租人与其协商担保时曾口头承诺在《融资租赁合同》之外再向承租人追加发放1.61亿元贷款,作为海南某泰和三亚某林处理债权债务使用,但《保证合同》签署后,出租人并未履行承诺向承租人提供这笔贷款。根据“谁主张,谁举证”的原则,被告海南某泰、三亚某林和张某业未提供任何证据证明出租人作出过此承诺,三被告的此抗辩理由不能成立。而根据《融资租赁合同》的约定,承租人应于2013年3月15日、6月15日、9月15日分三次向出租人支付三期到期租金,但经出租人催告后,承租人至今未支付任何一期租金,未支付到期租金已达全部租金的四分之三。依据《融资租赁合同》第16.2(5)条约定,若承租人存在“任何一期租金未按本合同约定向出租人支付租金”的情形时,视为“承租人根本违约”,故承租人拒绝支付租金的行为已构成根本违约。

关于承租人违约责任如何承担的问题。在承租人根本违约的情形下,《融资租赁合同》第16.2条对承租人的违约责任作了明确约定,该条第1项约定“若承租人未按本合同约定支付到期应付租前息,租金及其他应付款项,或未能按期偿付出租人代承租人支付的任何费用时,承租人应就逾期未付款项按日万分之五向出租人支付违约金,直至全部付清之日止”。该条第6项还约定出租人有权“提前终止本合同,向承租人追索本合同项下承租人应付的所有到期未付租金、违约金、损害赔偿金、全部未到期租金和其他应付款”。据此,承租人的根本违约行为已经满足双方约定的租金提前到期的条件,出租人依据合同约定有权向承租人追索合同项下全部四期租金及前三期租金和租前息的逾期付款违约金。

关于《保证合同》的效力及担保责任如何承担的问题,双方也存在较大争议。上述四宗土地已经过本院(2012)津高民二初字第 0014 号的生效民事判决,并办理了抵押登记手续,抵押权有效成立。根据两份《保证合同》的约定,如果承租人拒绝支付《融资租赁合同》项下所欠的租金、逾期付款违约金和租前息,出租人有权直接要求保证人海南某泰和三亚某林承担保证责任,向出租人支付承租人应付的全部款项。在承担保证责任后,保证人海南某泰和三亚某林有权向承租人追偿。此外,出租人还分别与保证人湖北某重和梁某某签订了《保证合同》,依据《保证合同》,出租人同样有权直接要求保证人湖北某重和梁某某承担保证责任,向出租人支付承租人应承担的全部债务。上述四被告在承担担保责任后,均有权向被告承租人追偿。

除四份《保证合同》之外,出租人与张某业、解某平、海南某泰、梁某浩分别签订了《质押合同》(股权质押类),其中约定出质人张某业以其持有的海南某泰的 90% 股权(认缴出资额为人民币 1350 万元)出质给出租人;约定出质人解某平以其持有的海南某泰的 10% 的股权(认缴出资额为人民币 150 万元)出质给出租人。

此外,海南某泰以其持有的三亚某林的 55.58% 股权(认缴出资额为人民币 1667.46 万元)出质给出租人;梁某浩以其持有的三亚某林的 44.42% 股权(认缴出资额为人民币 1332.54 万元)出质给出租人。

针对此《质押合同》,被告海南某泰、三亚某林及张某业辩称,出租人明知海南某泰股权净资产仅为 4500 万元,无力承担《融资租赁合同》的担保义务却仍与海南某泰签订股权《质押合同》,故股权质押合同不能成立。针对三被告的抗辩,法院认为,在股权《质押合同》中,出质人提供的是有限担保责任,即在其股权范围内承担质押担保责任,至于海南某泰股权净资产是否有能力承担《融资租赁合同》的全部债务,此种风险由质权人自行承担,并不能因此否定《质押合同》的法律效力,进而免除出质人的质押责任。由于上述四份《质押合同》均系各方当事人的真实意思表示,不违反法律的强制性规定,且已在当地工商行政部门办理了股权质押登记手续,质权依法成立有效。《质押合同》第4.1条对质押担保范围作出了约定:“质押担保范围为:主合同项下租金、违约金、损害赔偿金、为实现债权而发生的相关费用(包括但不限于诉讼费、仲裁费、财产保全费、差旅费、律师费、执行费、评估费、拍卖费及主合同项下租赁物取回时拍卖、评估等费用)、债权人为实现质权而发生的相关费用和承租人应付的款项等。”关于质押权的实现,《质押合同》第8.1条约定,出现“承租人依据主合同约定应对质押权人履行支付租金、违约金、损害赔偿金等任何支付义务的”情形时,“质权人有权行使质权,以所得款项清偿债权。”据此,出租人有权要求出质人张某业、解某平、海南某泰、梁某浩四被告在《质押合同》约定的股权质押范围内承担担保责任,向出租人支付承租人应承担的债务。上述四被告在承担质押担保责任后,均有权向承租人追偿。

关于《融资租赁合同》项下租赁物所有权最终归属的问题。《融资租赁合同》第20.1条约定“租赁期限届满,在承租人清偿本合同项下所有应付租金以及其他应付款项后,双方约定租赁设备自动归承租人所有”。据此,出租人应在各被告履行支付租金以及其他应付款项或担保责任后,将租赁合同项下的租赁物所有权转移给承租人所有。

综上,天津市高级人民法院作出判决如下:(1)被告宜昌某T有限公司在本判决生效后十日内支付原告某M金融租赁公司租金455,405,449.00元,并自租金和租前息到期之日起至付清之日止,按日万分之五的比例支付逾期付款违约金;(2)被告海南某泰实业有限公司、三亚某林房地产开发有限公司、湖北某重机械制造有限公司、梁某某对上述给付款项承担连带保证责任,四被告在承担担保责任后,有权向被告宜昌某T有限公司追偿;(3)被告海南某泰实业有限公司以其名下坐落于海南省乐东县某甲港,土地证号“佛罗国用(201×)第×××号”“佛罗国用(201×)第××××号”“佛罗国用(201×)第×××××号”的土地使用权承担担保责任,在承担担保责任后,被告海南某泰实业有限公司有权向被告宜昌某T有限公司追偿;(4)被告三亚某林房地产开发有限公司以其名下坐落于海南省乐东县某甲港,土地证号“佛罗国用(2009)第××号”的土地使用权承担担保责任,在承担担保责任后,被告三亚某林房地产开发有限公司有权向被告宜昌某T有限公司追偿;(5)被告张某业、解某平、梁某浩对上述给付款项在各自股权质押范围内承担偿还责任,三被告在承担担保责任后,有权向被告宜昌某T有限公司追偿;(6)上述各被告付清上述款项后,租赁合同项下的租赁物所有权转移给宜昌某T有限公司所有。

据笔者所了解,该案件尽管出租人于2013年便拿到了法院生效判决,但因该土地地理位置不利快速处置原因、拍卖过户产生巨额土地增值税补缴义务以及三拍以45,500万元价格流拍等情况,出租人提起了以物抵债申请,并于2015年12月29日获得天津市高级人民法院出具的执行裁定书,裁定四宗土地交付申请人抵偿债务,四宗土地使用权自本裁定送达申请执行人之日其转移;申请执行人可持裁定书到有关机构办理相关产权过户登记手续。

## 法律风险及要点解读

1. 对创新产品的风险论证

如果说前面三大类融资性租赁产品、经营性租赁产品和资产交易类产品都属于表内产品的话,提供中间增信业务无疑属于表外产品。根据相关项目产品设计,由于出租人无须实际提供资金,能够为融资租赁公司带来可观收益。究其实质,交易背景为承租人向供应商采购原材料,由供应商采取事先铺货的方式,为确保承租人对供应商的支付义务,承租人申请出租人给承租人就上述供货商铺货提供担保。在方案设计中,由于出租人不能直接对外提供担保,遂变更成由承租人提供其名下设备,出租人和承租人开展远期售后回租业务并签署相应的《融资租赁合同》,额度为5亿元,有效期为1年,承租人暂不提用。在具体操作中,先由供应商根据出租人审批的授信额度给与承租人相应的铺货额度;并由出租人、承租人和供货商签署三方协议,每次供货商发货前,出租人在付款承诺书上确认,若承租人未能在2

个月赊账期内支付货款给供货商,则由出租人代替承租人付款,并视同为融资合同项下对承租人的付款。在承租人经营状况良好的情况下,承租人通常不会选择触发出租人的融资租赁交易,因为出租人的资金成本通常比较高;承租人如果已根据供货商的付款通知书支付了相应的款项,则供货商将发送《赎回付款通知书》给出租人。根据该方案设计,除了融资租赁系列合同,另有由出租人、承租人和供货商签署三方协议。

通过对该案件的解读,可看出该产品本身存在的缺陷和瑕疵,在项目起初,如果能借鉴风险资本投资中的前期方案充分设计和论证,或者由专门的产品结构设计部进行论证,包括明确在触发增信义务之后的应对措施,就不会出现因为产品结构本身缺陷而给融资租赁公司带来损失的情况了。

尽管对于创新产品的评价更多像是基于事后的评价,而且比照传统银行的表外保函业务而言,该项目也算不得创新,但和银行表外保函业务所具有的严格的风险资产计算方法和管理规则相比较,该产品对于产品触发之后的后续应对是存在前期设计不足的问题的,需要考虑的问题包括:①是否涉金融租赁公司超范围经营问题;②《购买承诺》通常比较简单,包括付款义务的触发,且该等文件通常向第三方披露;而《融资租赁合同》尽管设定了种种付款前提,但该等协议内容仅限于出租人和承租人两方;③与银行保函业务存在差别的是,银行作为担保人,履行担保责任后即刻可对债务人提出包括财产保全等措施,不存在任何时间空隙,而租赁公司提供的此类增信义务,后续要求项目公司履行义务的依据是《融资租赁合同》,即使出租人根据融资租赁合同进行了放款,但如拟采取法律措施,须证明项目公司存在违反融资租赁合同的情形;④即使触发了付款义务,由于该款项通常是支付给其他投资人,因此,出租人要获得相关资产还需要承租人的配合。

2. 对问题资产处置初期的应对策略

在出现风险预警之后,相关租赁公司所采取的各项应对策略,确也有一些值得肯定之处:①增信义务触发之后,积极落实后续融资租赁关系的确定以及风险缓释措施的争取,如在之上法院判决中所看到,基本确定的法律关系为2012年9月签署的各类融资租赁合同和担保协议，事实上该业务发生早于前述日期，保证人在后续庭审中亦提出抗辩，即其以为出租人会继续增加1亿元授信，故配合完成相关融资租赁协议的签署，事实上，如果没有在项目出现风险预警之后第一时间将相关融资租赁协议落实签署，则后续出租人拟主张的租赁债权及各类担保将面临更多的抗辩和质疑；事实上，此类“虚与委蛇、内紧外松”的应对方式，能够在项目出险初期通过获得承租人或担保人信任，顺利完成违约取证、有效资产查实，并为后期法院庭审和有效资产保全方面，提供有利抓手。②对有效风险资产的调查和落实，承租人同时还和其他金融租赁公司开展有业务，但和其他债权人相比，该案件中的租赁公司比较有利的地方在于获得了两处新增土地抵押，事实上该两处土地为涉及当地政府提供担保的业务提供了反抵押担保，但由于市场部门及时获取相关信息并采取法律行动，因而使出租人在两块土地的抵押权获取上处于有利地位。

# 第 2 章

# 租前尽职调查

Chapter

2

在开展租赁业务授信之前,各租赁公司通常需要对授信主体、租赁物、财务信息以及项目具体情况等进行必要的尽职调查,以尽职调查所获各数据和事实为基础,市场部门、中后台部门,方能做出准确分析和判断。但在实践中,囿于调查人员人力、经验等因素,尽职调查中容易出现工作不到位、基础工作不扎实的情形,特别是与风险投资中派驻大量中介机构人员进入目标企业进行现场调查、企业访谈不同,金融租赁中的前期调查工作很大程度上主要依赖前台市场人员。鉴于篇幅和能力限制,笔者并不打算就财务尽职调查和业务经营尽职调查方面展开论述,除此之外,在租前尽职调查过程中,重点可以从交易对手主体身份、租赁物、租赁相关交易背景等方面开展。从以下相关案例中,可看出一旦租前尽职调查中遗漏重大瑕疵,将会给出租人后续业务开展带来各种负面影响,除了承担不利法律后果之外,有些情形甚至需要承担行政责任或者刑事责任。

## 一　需就交易对手主体身份开展尽职调查

在授信融资业务开展中，通常需要解决的第一问题即“谁融资”的问题，因此，针对交易对手主体身份开展尽职调查，既是最基础的工作也是最重要的工作。这部分内容不仅是开展业务的题中之义，同时监管部门亦对此有诸多明确要求。如以反洗钱管理为例，作为反洗钱义务主体，需要在“了解你的客户”的原则指导下，金融机构及其工作人员应当了解客户及其交易目的和交易性质，了解实际控制客户的自然人和交易的实际受益人；而在跨境业务中，如在涉及美元交易而导致可能适用美国长臂管辖的情况下，更需要采取必要的客户尽职调查措施以确保不涉及国际金融制裁问题。

## 案例16：顶名办理车贷——杨某凯合同诈骗犯罪

### 案件主要事实

根据吉林省白城市洮北区人民法院于2019年7月19日作出的（2018）吉0802刑初526号刑事判决书，经法院审理查明的案件主要事实为：

2017年6月至9月，被告人杨某凯通过微信朋友圈，为马某（已起诉）宣传办理车辆贷款信息，并帮助马某联系16名顶名办理车辆贷款人员。该16人成功办理车辆贷款后分别获得相应的好处费，车辆由马某抵押出售，致使上海某易融资租赁有限公司损失1，359，774.36元，被告人杨某凯获得30，000余元好处费。

其中，在庭审中举证、质证中涉及的部分证据摘录如下：

1. 证人证言

(1)证人马某证实

我和洮南的杨某凯是通过办理贷款业务认识的，认识之后通过打电话的方式跟杨某凯说我这能够办理征信黑户贷款购车，办理成功后会给他7000元的好处费，我会帮贷款人还款3个月，车辆办理成功之后会抵押出去，不归贷款人使用。办理成功的车辆贷款我基本上都是偿还了1期，杨某凯一共给我联系了多少人记不清了，成功办理的有10多人，杨某凯联系的贷款人有的人是我和"大龙"开车去洮南接的，有的人是自己坐跑线车来的白城。我和王某贺去过洮南杨某凯的店里给其联系的客户办理过业务，就是办理贷款购车填的贷款申请表和贷款人身份信息。我开始填过几次之后就把贷款申请表留在了杨某凯那里，有客户的话，在杨某凯那里直接就把贷款申请表填好了，然后告诉杨某凯跟贷款人交代好，接到贷款公司的回访电话时候让贷款人把年收入说的高一些，把自己"包装"一下方便贷款审批。杨某凯知道王某贺的身份，王某贺是贷款公司的业务员，杨某凯应该知道王某贺是哪家公司的业务员，贷款申请表上面注明了是上海某易金融公司。办理成功之后钱大部分是通过银行转账的方式给杨某凯的，杨某凯给我提供的是一张中国工商银行的卡，卡号没有记住，少部分是通过现金的形式给的杨某凯，现金是杨某凯来白城领客户将车抵押的时候将钱给他的，车好像是抵押给了崔某龙，但杨某凯不认识崔某龙。杨某凯一共获利9万元左右，每台车他给客户分多少钱我不清楚。杨某凯、张某伟、王某南这三个人都帮我联系过人办理顶名贷款购车，杨某凯联系的是洮南市及周边村镇、通榆县及周边村镇、通榆周边内蒙地区的人，张某伟找的是洮南市的人，王某南找的是××区、镇赉县的人。杨某凯的媳妇家在某通县农村有亲属，通过他的亲属在各村子之间互相通知来联系想参与顶名贷款购车的人，张某伟和王某南具体怎么联系的人我不清楚，他们3

人具体联系了多少人我记不清了，但按地区划分，通榆和内蒙的都是杨某凯联系的，杨某凯联系的人有一部分办理成功了，还有一部分是没有通过贷款审批的，大约有40人。

(2)被害人石某陈述

我是上海某易融资租赁有限公司长春分公司的工作人员，我们单位是一家租赁公司，与白城市三家汽车4S店有合作关系，分别是白城市某P车展有限公司、白城市某G汽车销售服务有限公司、白城市某D轿车销售维修有限公司。我们平时为买车的客户进行贷款，但是最近我们发现，我们单位曾经雇用一名叫王某贺的人，经他手办理的汽车贷款中，发现39起存在骗取贷款及其车辆的情况。因为这39起贷款都已经逾期很长时间未还款，在我们打电话催收的时候，发现这些人都是他人冒名购买的，并从中赚取好处费，实际购车人并不是他们，据他们所说实际购车人分别是自称张某伟和马哥的两个人，我们在车上装载的GPS等定位设备，也被对方全部破坏或者安装到其他车辆上面。2017年6月22日，从王某贺入职开始到现在为止其办理了50起车辆贷款服务，发现其中39起存在问题。我们公司一共被骗了300多万元人民币贷款额，车辆全部失联，无法找到了。我们单位能够提供具体金额明细及车辆等详细信息以及车主情况材料。据4S店的工作人员以及其他被冒用名字购买车辆的人讲，车辆的首付款都是张某伟、马哥两个人交纳的。现在王某贺已经被我们公司解雇了，当时与对方签订的劳动合同我们带来了，能提供对方的详细信息。王某贺对我们公司说自己是正常办理的车辆贷款业务，中间不存在虚假违规行为。我通过这两天的调查了解，知道了那位马哥的联系方式是189××××，开一辆马自达6轿车，其他信息就不清楚了。但是我们找到了一个叫张某卓的人(39起骗取车贷中的一名车主)，并向他询问了张某伟、马哥等人的一些情况。

(3)被告人杨某凯的供述

我现在和朋友合伙开了一家饭店,开饭店之前在洮南火车站附近的门市房做信贷金融业务。2017年6月左右,我在洮南市征信查询处带人去查征信认识的马某,马某跟我说找征信黑户的人可以办理汽车贷款,办理成功之后给我每台车7000元好处费。马某说黑户办理汽车贷款,不需要上征信,贷款不需要客户偿还,马某会为贷款人还款一个月,因为是用金融公司的钱还款,一个月就可以,成功办理出来的车辆不归贷款人使用。2017年7月至9月,我通过微信好友消息、朋友圈宣传的方式联系到人办理汽车贷款,发布的内容大概是"征信黑户、白户办理汽车贷款业务"。征信黑户就是在银行有贷款没有结清,有不良信贷记录的人员,这些人无法在银行办理贷款,这些征信黑户再办理下来贷款之后还不还款都无所谓。我一共为马某联系了20多人,但成功办理下来的就10多人,这些人都是通榆县和内蒙地区的人,基本上都是看到微信消息找到的我,还有五六个人是中介介绍过来的,具体是谁介绍的记不清了,都是微信里的人。我跟客户介绍贷款购车就跟马某跟我说的一样,黑户办理成功,贷款不需要贷款人偿还,车辆不归贷款人使用,每台车给3000~4000元好处费。联系到人之后,我和马某联系,有时候马某会和大龙一起开车来洮南接人,有时候也让客户自己坐跑线车到白城去,马某会在白城接他们,车费由马某出,到洮南来接的时候接完就直接回白城,不作停留。大龙具体是干什么的我不清楚,每次马某开车来洮南都是大龙给他当司机,驾驶一辆金色的马自达6轿车,车牌号记不清了。马某是如何办理贷款业务的我不清楚,有一次在洮南火车站附近的饭店里,马某给张某伟的一个客户填过贷款申请表,我看到了,张某伟跟我一样也是给马某联系办理汽车贷款的。马某是通过哪家金融公司办理的汽车贷款我不知道,贷款申请表由马某填写,是因为有的客户不识字。马某为客户填写的身份信息是真实的,但收入或者职业的选项里有虚假成分,因为都是征信黑户,还有就是农民,信息不包装一下很难成功办理贷款。我联系到的客户,贷款办理的什么车辆我不知道,因为我没有跟马某去白城办理过任何贷款购车的业务,办理成功的车辆都是归马某处理的,马某具体怎么处理的我不清楚。车辆贷款办理成功后,马某一般都是三四天左右给我钱,有时候马某来我这接人就会把上一批客户的钱给我,有两三次是客户把钱带回来的,马某没通过我直接将客户那部分钱给他们了,我的钱都是马某给的,每台车给客户 4000 元,我自己留 3000 元,由中介介绍来的,再从我的钱中分 1000 元给中介。给每个客户 4000 元,是马某拟定的方案,他跟我说每个客户给 3000 ~4000 元就可以,我就给客户 4000 元,15 名客户我一共获利 30, 000 多元人民币。我能够辨认出介绍给马某的人,经过对公安机关提供的人员信息辨认后,我认出我介绍给马某的人有张某伟、通榆县乌某镇、姜某文等,共计 15 人。

## 法院认定及判决

审理法院认为,被告人杨某凯以非法占有为目的,伙同他人以签订合同贷款购买车辆为手段,骗取上海某易融资租赁有限公司长春分公司车辆,拒不归还贷款,总价值 1, 359, 774. 36 元,属数额特别巨大,其行为已构成合同诈骗罪,应依法予以惩处。依照相关法律之规定,判决如下:(1)被告人杨某凯犯合同诈骗罪,判处有期徒刑十年六个月,并处罚金 30 万元。(罚金于判决生效后 30 日内缴纳。刑期从判决执行之日起计算。判决以前先行羁押的,羁押一日折抵刑期一日。即自 2018 年 8 月 14 日起至 2029 年 2 月 13 日止)(2)责令被告人杨某凯于判决生效后一个月内退赔被害单位上海某易融资租赁有限公司经济损失 1, 359, 774. 36 元人民币(包含在马某案退赔总数内)。

## 法律风险及要点解读

车辆融资租赁业务一定程度上可以和银行的零售业务进行类比，但和传统银行开展零售业务（如信用卡业务）不同，一般融资租赁公司在针对自然人客户时，缺乏有效的资源和手段对客户身份进行核实，这也是为何大量金融租赁公司作为金融机构，一直对车辆融资租赁裹足不前的原因。为避免类似的职业骗贷人，车辆融资租赁业务开展中需要避免类似顶名办理车辆贷款的情形；而金融租赁公司作为金融机构，更需符合反洗钱、反欺诈和反恐怖融资的监管要求，严格履行客户身份识别义务，避免与身份不明的客户进行交易。

# 案例17：冒称国企身份——因承租人主体调查不清险被骗贷

## 案件主要事实

2017年3月22日，某A租赁公司经内部融资租赁评审会审议，就承租人郑州市某P建设投资有限公司6亿元授信项目进行了审议，根据承租人上报的相关材料，其为郑州市国资委100%全资企业，资金用途为郑州农副产品储运交易中心建设及前期运营。3月23日，出租人有权人签发了审批通知书。

2017年3月27日，出租人派员赴承租人处进行取印及签约；3月28日，在现场签约人员提出疑惑并经其内部初步讨论后，出租人放款中心暂停了相关放款流程，并及时向相关人员进行了汇报。

2017年3月29日，出租人风险部门就相关问题进一步核实查证，并找出郑州市国资委于3月24日在其网站上所做声明截图，据《声明》所载："近期发现有个别企业假冒郑州市市管国有企业名义，伪造市国资委公文在市工商局办理有关手续,并从事银行贷款、与第三方开展经济合作等行为,严重损害了郑州市国资委作为政府机关的公信力,我们将保留追究其法律责任的权利。同时提醒广大公众留意,以免造成不必要的损失,特此声明。现并将市管国有企业名录附后,供大家查询。"该名单中无承租人郑州市某P建设投资有限公司。

2017年4月1日,某A租赁公司叫停该项目。

## 在项目尽调阶段存在的疑点问题

1. 承租人的调换:2017年3月3日,在就该项目进行尽职调查时,承租人原为"郑州市某S发展投资有限公司"(注:该公司为郑州国资委企业100%子公司),以所谓的大公"AA"级另一兄弟平台公司"郑州市某P建设投资有限公司"作为担保人,风险经理到企业办公地接触原承租人财务主管,并就项目访谈交流。3月6日,客户经理提出调整交易结构,即原担保人变更为承租人,即承租人变更为现有"郑州市某P建设投资有限公司",在此情况下,风险经理未再去该公司开展现场尽调作业。

2. 股东身份:承租人上报其为郑州市国资委100%全资企业,而工商查询显示股东为"郑州市国有资管理局100%",在后续仅就书面材料进行审理的情况下,易被认定此为工商登记部门存在笔误或者登记失误。

3. 财务报表:承租人所提供的报表显示其有大量的应收、预付款项,总金额超过200亿元,单一最大应收企业金额高达50亿元人民币,但对于一个资产规模高达400亿元、年收入80亿元的省级政府类平台公司却一直没有银行介入;仅2016年有一笔某G银行4500万元的短期借款,经办人解释为"2016年之后郑州市财政局才允许该公司进行融资"。

4. 资金用途:对于承租人申报资金用途所在的郑州农副产品储运交易中心项目,承租人未提供任何详细支持凭证,承租人"强势"口头表示详细资料无法提供,视出租人所能提供资金量决定后续推进。

5. 董事长到龄未退休：针对国有企业董事长66岁仍未退休原因，承租人解释为该董事长与中央国资委比较熟悉，在中央和地方政府之间起到重要的润滑剂的角色，地方官员比较倚重于他；新的董事长任命将随后下发。

### 法律风险及要点解读

作为金融租赁公司开展授信经营的主要交易对方，对于承租人主体信息的真实性和有效性审核，无论怎么强调都不过分，在部分融资租赁公司内部下发的操作规程中，即明确要求业务人员须严格按要求对承租人开展授信前期的基础信息调查及核实工作，针对客户基本信息的调查重点即是真实性和有效性。但在实践操作过程中，特别是遇到此类恶意且精心编制的虚假文件，能否及时就真实性和有效性进行核定，一定程度上取决于风险链条上的各相关人员；鉴于此类主体不实的情况往往涉及刑事犯罪，不同于普通债权纠纷争议，因此，无论遭遇何种市场经营压力，涉及承租人主体身份存重大疑问的，应当待疑问解决后方能正式进入投票环节。

除上述内部管理要求之外，如金融租赁公司作为金融机构，在其被认定为反洗钱义务主体的情况下，亦需要按规定履行客户身份识别义务，2019年12月，某金融租赁公司因违反反洗钱相关规定，未按规定履行客户身份识别义务，被属地监管部门处以了“双罚”的行政处罚，这是近年来金融租赁公司因违反反洗钱管理义务而遭受的首单行政处罚。也即对交易对手的主体身份开展尽职调查，不仅是公司业务开展的内在要求，也是反洗钱管理义务的履行，更是避免刑事法律风险的题中之义。

## 二 需就租赁物开展尽职调查

根据《金融租赁公司管理办法》(2014)之规定，适用于融资租赁交易的租赁物为固定资产。2019 年中国银保监会下发的《关于开展“巩固治乱象成果　促进合规建设”工作的通知》(银保监发〔2019〕23 号)文件中，就相关租赁物合规监管要求进一步明确，即金融租赁公司在业务经营中，不得违规以公益性资产、在建工程、未取得所有权或所有权存在瑕疵的财产作为租赁物。

在过往与租赁物相关的案例审判中，对于因租赁物存在瑕疵而未能认定为融资租赁关系的，各级人民法院通常根据《融资租赁司法解释》(2014)第 1 条第 2 款，即依“对名为融资租赁合同，但实际不构成融资租赁法律关系的，人民法院应按照其实际构成的法律关系处理”之规定，将不构成为融资租赁关系的交易认定为借贷关系，相关案例统计亦可印证这一点。经天津市相关法院案例初步统计，因租赁物存在瑕疵而被认定为借贷的情形有：(1)出租人不能提供必要的证据证明租赁物确实存在，或经核实发票、投保单造假，即认定租赁物不存在的，否定融资租赁法律关系；(2)租赁物为使用中的钢材、沙子等消耗性生产资料以及易耗物和消耗品，出租人取回租赁物可能性较低的；(3)租赁物为房地产未办理不动产过户登记的；但出租人能举证其积极主张办理过户登记，承租人故意不配合而未能办理过户登记的不宜否定；(4)售后回租合同，租赁物低值高估的；(5)租赁物清单笼统不具体，不足以证明租赁物特定化的；(6)租赁物为在建商品房、保障房项目，以开发商为承租人的售后回租；(7)租赁物为酒店、建筑物内动产或者附属设施，如相关酒店和建筑物已被抵押的，承租人若未获得相应许可，出售相关资产时为无权处分行为，相关融资租赁合同被认定为借贷关系；(8)以在建工程作租赁物的。

2019 年 11 月，最高人民法院下发了《九民会议纪要》，进一步就判定合同是否有效的“强制性规定”予以明确，即强制性规定涉及金融安全、市场秩序、国家宏观政策等公序良俗的，应当认定为“效力性强制性规定”；违反规章一般情况下不影响合同效力，但该规章的内容涉及金融安全、市场秩序、国家宏观政策等公序良俗的，应当认定合同无效。根据会议纪要内容，特别是针对适用强监管的金融领域，需要破除“违规不影响合同法律效力”的惯性思维。会议纪要对于借款合同的审判指导精神，在区别金融借贷与民间借贷的基础上，对过去把民间借贷通常认为有效的审判实践进行了一定调整，对于被认定为“高利转贷”和“职业放贷人”的民间借贷行为，明确应依法认定此类行为无效。在《九民会议纪要》正式颁布之前，相关案例判决即有端倪，如最高人民法院2018年在针对天策公司和伟杰公司签订《信托持股协议》的判决中，即以该《信托持股协议》明显违反原中国保险监督管理委员会制定的《保险公司股权管理办法》中关于“禁止代持保险公司股权”的规定，在一定程度上具有与直接违反《中华人民共和国保险法》等法律、行政法规一样的法律后果，同时还将出现破坏国家金融管理秩序、损害包括众多保险法律关系主体在内的社会公共利益的危害后果，据此判定《信托持股协议》为无效。

鉴于最高人民法院新的审判思路，会议纪要出台之后，部分法院即作出了相应调整，如天津市高级人民法院于2020年1月印发了《关于审理融资租赁合同纠纷案件若干问题的审判委员会纪要(一)》，在相关通知中，对于融资租赁合同性质和效力的认定方面规定如下：若融资租赁合同被认定为民间借贷的，需要依据最高人民法院《关于审理民间借贷案件适用法律若干问题的规定》，审查民间借贷合同的法律效力；对于涉及违反金融安全等强制性规定的，应依法认定合同无效。

另外，自2021年起正式实施的《民法典》第737条规定：“当事人以虚构租赁物方式订立的融资租赁合同无效”。因此，若因虚构租赁物无效的，无效之后融资租赁合同该如何处理，目前业内亦存在不同的观点和看法：一种观点认为如果是出租人单方被欺诈的情形，应依据《民法典》第148条“一方以欺诈手段，使对方在违背真实意思的情况下实施的民事法律行为，受欺诈方有权请求人民法院或者仲裁机构予以撤销”之规定，即出租人既可主张撤销权，亦可主张继续按融资租赁关系处理，唯需关注《民法典》第152条撤销权消灭情形。另一种观点则认为如果虚构租赁物是出租人和承租人通谋的，则应根据《民法典》第146条“行为人与相对人以虚假的意思表示实施的民事法律行为无效。以虚假的意思表示隐藏的民事法律行为的效力，依照有关法律规定处理”之规定，即按照目前通行的借贷关系进行处理。还有一种观点则援引原《合同法》第52条中关于“以合法形式掩盖非法目的”，认为在某些情况下也可认定相关融资租赁合同无效。第三种观点与笔者所了解某些融资租赁从业人员的顾虑和担心存在一定程度重合，因为融资租赁公司并不能直接发放贷款，若被判定为借贷关系，其是否构成为违反金融安全等强制性规定从而导致借贷也无效，对此是否应进一步区分金融租赁公司和融资租赁公司，目前尚无一致性意见。基于以上，对《民法典》第737条后续如何解读需要更进一步的相关司法解释。此外，若某些以虚假的增值税发票作为租赁物存在依据或者伪造采购合同的，此类虚构租赁物的行为不仅应受前述民事法律规范调整，若实际触及刑事法律规范的，尚且应按照实际可能涉及的如合同诈骗、贷款诈骗，或者虚开增值税发票、伪造印章等罪名进行相应处理。

无论如何，金融租赁公司作为受严格监管的非银行金融机构，需严格按照监管规定开展业务，审慎选取适格租赁物，若一旦被认定为违反了金融安全的强制性规定的，相关交易即使被认定为借贷关系的，需要进一步关注借贷关系的效力性法律风险。

## 案例18：租赁展业时租赁物已停止经营——需赴现场核实租赁物

### 案件主要事实

根据天津海事法院2012年12月19日作出的（2012）津海法商初字第462号民事判决书，相关案件主要事实如下：

2011年8月30日，原告某M金融租赁有限公司（以下简称某M租赁公司）与被告天津某G港湾建设有限公司（以下简称天津某G公司）签订融资租赁合同，约定由被告天津某G公司以融资租赁方式，承租原告从某Z国际租赁有限责任公司购买的“008号”绞吸式挖泥船。《融资租赁合同》约定：租金每季度支付一期，共20期60个月，租赁期间届满，天津某G公司以人民币6800万元留购船舶或续租。起租日为“出租人支付完租赁船舶购买价款之日后第一个日历日的15日”，租金后付。“年租赁利率为8.15%(参照同期中国人民银行五年以上期贷款基准利率7.05%+1.5%),”租赁利率随中国人民银行贷款利率作同方向、同幅度调整。对承租人欠付的租金部分，如遇利率上调，则按新的租赁利率作相应调整，如遇利率下调，则按原租赁利率执行。合同附件二租赁附表载明：每期租金7,646,082.38元，租金总额为人民币152,921,647.70元。合同同时约定，承租人同意在任何情况下均以租金支付通知书载明金额支付，原告支付通知载明的租金数额为人民币7,726,345.42元。《融资租赁合同》还约定，若承租人未按本合同约定按期足额支付到期应付租金及其他应付款项，或未能按期偿付出租人代承租人支付的任何费用时，承租人应就逾期未付款项按日万分之五向出租人支付违约金，直至全部付清之日；承租人连续2期或累计3期未按本合同约定向出租人支付租金的，视为承租人根本违约；若承租人发生预期违约或根本违约，出租人除有权要求承租人承担违约责任、赔偿损失外，还有权采取多种救济方式，包括提前终止合同，要求承租人立即支付合同项下承租人应付的所有到期未付租金、违约金、损害赔偿金、全部未到期租金和其他应付款项。

另查明，原告与被告北京某S贸易有限公司(以下简称北京某S公司)订有《保证合同》，签署时间为2011年8月30日。该合同书上盖有北京某S公司公章，并署“徐某某”人名章。签署合同书时，原告收取北京某S公司董事会决议一份，该决议书上签署“徐某某”“王某某”“郭某某”字迹。经北京某S公司上级公司决定，2011年8月19日，徐某某不再担任北京某S公司法定代表人，但2011年8月30日前，工商登记未作变更。相关鉴定结论表明：保证合同上的公章印模与存档于北京市工商局的北京某S公司2010年《年检报告书》公章印模是同一公章所盖；保证合同上的“徐某某”人名章与存档于北京市工商局的北京某S公司2010年《资产负债表》上的“徐某某”人名章不是同一枚印章所盖;董事会决议上的三名董事签名中,“徐某某”签名字迹与存档于北京市工商局的北京某S公司多份文件中的徐某某书写字迹是同一人书写;董事会决议上“王某某”“郭某某”签名字迹与两人取样的书写字迹特征有差异,不是同一人书写。《保证合同》载明,被告北京某S公司对融资租赁合同项下承租人全部债务承担不可撤销的连带担保责任,保证范围为承租人在主合同项下应向债权人支付的全部租金、违约金、损害赔偿金、债权人为实现债权而支付的各项费用(包括但不限于诉讼费、仲裁费、律师费、差旅费及主合同项下租赁物取回时拍卖、评估等费用)和其他所有承租人应付款项。保证期间自本合同生效之日起至主合同履行期限届满之日后两年止。

另查明,为办理涉案融资租赁业务,原告收取天津某G公司手续费人民币510万元。为融资租赁合同顺利履行,原告与被告天津某G公司订立保证金合同,天津某G公司向原告交纳3000万元保证金,原告可从此款项中抵扣天津某G公司所负债务。本案中,原告未实际抵扣诉请款项。

另查明,原告于2011年10月17日支付完租赁物全部价款人民币1.7亿元。租赁物购买时处于天津某G公司实际占有、使用之中。根据《融资租赁合同》的约定,第1期租金支付日期为2012年2月15日,后每三个月支付一期。由于被告天津某G公司未支付租金,原告于2012年5月提起本案诉讼,请求两被告给付第一期租金、未到期租金、违约金、留购款、拍卖船舶偿债等。审理期间,2012年8月,原告变更当前诉讼请求。本院向两被告发出“审理期间可继续履行租金义务的通知”,并确认履行情况可作为抗辩理由。至庭审结束,两被告未履行。

另查明,被告天津某G公司自融资租赁合同订立时即处于经营亏损状态。2011年10月,租赁船舶已处于停产检修状态,一直没有生产项目。当前,该公司没有办公场所,欠付员工工资,大量债款无力偿还,船舶经其请求由原告与被告北京某S公司出资,委托案外人管护。

## 诉讼主张及答辩意见

由于承租人天津某G公司拒不支付租金，经原告发出通知，担保人北京某S公司亦不履行保证责任，原告遂诉至法院，请求判令：(1)被告天津某G公司支付拖欠三期租金人民币23,179,036.26元，并按日万分之五支付违约金，直至付清之日止(三期违约金分别自2012年2月16日、2012年5月16日、2012年8月16日起算，计算至被告付清之日)；(2)确认《融资租赁合同》项下被告天津某G公司应付的未到期租金人民币131,347,872.14元，船舶留购款6800万元全部提前到期，被告支付上述款项；(3)被告北京某S公司对天津某G公司所有债务承担连带责任；(4)两被告未按判决规定期限清偿以上债务，涉案船舶由法院拍卖以清偿债务；(5)诉讼费、保全申请费由两被告共同承担。

承租人天津某G公司的答辩意见为：(1)原告主张的天津某G公司根本违约与合同不符；(2)总租金为20期，两期不还就视为根本违约，约定不合理；(3)天津某G公司愿意继续履行合同；(4)天津某G公司向原告交纳了人民币3000万元保证金，原告可以通过保证金抵扣方式偿还欠款。

被告北京某S公司辩称：(1)在法院送达应诉通知前不知道保证合同，不应当承担保证责任；(2)预期违约和根本违约没有合同法的明确规定，不能以一两期没有支付租金就认为构成根本违约；(3)原告可以以保证金抵扣租金；(4)留购款不属于租金，即使租赁提前到期，也不能认为留购款必须强制给付；(5)不认可连带保证责任；(6)原告与承租人有恶意串通、利益输送的嫌疑；(7)原告超过举证期限变更诉讼请求，不符合法律规定，不能以诉讼中变化情况作为支付全部租金的理由；(8)船舶所有权属于原告，原告没有必要也没有权利要求法院拍卖属于自己所有的船舶。

## 一审法院判决

基于以上，一审法院天津海事法院作出判决如下：(1)解除原告与被告的融资租赁合同;(2)被告天津某G公司于本判决书生效之日起十日内给付原告租金人民币22,938,247.14元;(3)被告天津某G公司于本判决书生效之日起十日内赔偿原告违约金(每期本金人民币7,646,082.38元,自2012年2月16日、2012年5月16日、2012年8月16日起至相应本金付清之日止,按日万分之五分三期计算);(4)被告天津某G公司于本判决书生效之日起十日内偿付原告前述判项未包含的购船成本人民币157,195,621.52元及相应利息(自2012年8月16日起,至本判决书确定的履行期限内的实际履行之日止,按中国人民银行同期同类贷款利率计算);(5)被告北京某S公司对上述第2、3、4项被告天津某G公司债务承担连带责任;(6)如果未能按本判决指定的期间履行给付金钱义务,应当依照《民事诉讼法》第229条之规定,加倍支付延迟履行期间的债务利息;(7)被告天津某G公司上述债务履行完毕,船舶所有权归其所有,原告协助办理过户手续;(8)驳回原告其他诉讼请求。

## 二审上诉及判决

保证人北京某S公司随后提出二审上诉。根据天津市高级人民法院于2013年6月28日作出的(2013)津高民四终字第16号民事判决书,二审法院认定和判决如下:

1. 二审法院认定

二审法院认为,相关案件系融资租赁合同纠纷。案件的争议焦点是:(1)承租人的行为是否构成根本违约以及承租人应如何承担民事责任;(2)本案所涉《保证合同》的法律效力以及北京某S公司应否承担保证责任。

融资租赁合同是出租人根据承租人对出卖人、租赁物的选择,向出卖人购买租赁物,提供给承租人使用,承租人支付租金的合同。本案中,出租人某M租赁公司与承租人天津某G公司于2011年8月30日签订的《融资租赁合同》系双方当事人的真实意思表示,内容不违反相关法律、行政法规的强制性规定,合法、有效。作为订立融资租赁合同的前提,出租人某M租赁公司与某Z国际租赁有限责任公司及承租人天津某G公司共同订立《"008"号轮船舶买卖合同》,出租人依约支付了涉案船舶的全部价款并取得了船舶所有权,根据《"008"号轮船舶买卖合同》的约定以及涉案船舶一直由承租人占有、使用的实际情况，可以认定某M租赁公司已经履行了出租人应尽的义务，承租人天津某G公司应依约支付租金。根据双方关于租赁期限及起租日的约定，第一、二、三期租金的到期日分别为2012年2月15日、5月15日、8月15日。承租人收到出租人出具的《租金付款通知单》后，未能履行付款义务。根据《融资租赁合同》的约定，承租人的行为已构成根本违约，在该情形下，出租人除有权要求承租人承担违约责任、赔偿损失外，还有权采取多种救济方式，包括提前终止合同，要求承租人立即支付合同项下其应付的所有到期未付租金、违约金、损害赔偿金、全部未到期租金和其他应付款项。本案中，出租人以承租人拒不支付租金为由，除要求承租人支付到期租金外，同时请求确认承租人应付的未到期租金及涉案船舶租赁期末的留购款全部提前到期。显然，出租人提出上述主张系基于双方关于承租人存在根本违约行为时其所能采取的救济方式的约定，根据该项约定，出租人采取上述救济方式时伴随着终止合同的法律后果。依据《合同法》第93条[①]（"当事人协商一致、可以解除合同。当事人可以约定一方解除合同的条件。解除合同的条件成就时，解除权人可以解除合同"）之规定，二审法院认定出租人行使中途解约权。原审法院根据承租人违约的实际情况及出租人的主张，判令解除双方之间的融资租赁合同关系，符合上述法律规定及双方约定，对该处理结果本院予以维持。

关于合同解除后，承租人应如何承担民事责任的问题。《合同法》第97条规定，合同解除后，尚未履行的，终止履行；已经履行的，根据履行情况和合同性质，当事人可以要求恢复原状、采取其他补救措施，并有权要求赔偿损失。就本案而言：

首先，原审法院审理期间，涉案《融资租赁合同》项下的前三期租金已到期，承租人应给付前三期租金，并应按双方约定支付相应违约金。虽然出租人提起本案诉讼之时，《融资租赁合同》项下的第二期租金尚未到期，但在原审法院审理期间，第二、三期租金陆续到期，而承租人在接到原审法院"审理期间可继续履行租金义务的通知"后，仍未履行付款义务。因此，出租人关于承租人支付拖欠的三期租金

---

① 对应《民法典》第562条，内容有修改，修改后表述为"当事人协商一致，可以解除合同。当事人可以约定一方解除合同的事由，解除合同的事由发生时，解除权人可以解除合同。"后文不再赘述。

及相应违约金的请求，于法有据，应予支持。在租金计算问题上，虽然《融资租赁合同》中关于“年租赁利率”的表述出现前后矛盾，但根据双方约定，承租人应以《租金支付通知书》中载明的日期、金额等向出租人支付租金，若该《租金支付通知书》与《租赁附表》所载内容不一致，均以《租金支付通知书》为准。原审法院关于“年租赁利率为8.15%的表述有效”的认定及据此确定的租金数额有误。但鉴于出租人就该问题并未提出上诉，本院不作调整。

其次，根据《合同法》第97条的规定，《融资租赁合同》的解除不影响承租人因其违约行为承担相应的赔偿责任。尽管《合同法》及涉案《融资租赁合同》均赋予出租人在承租人未依约支付租金的情况下，要求承租人立即支付全部租金而非到期租金的权利，以作为对承租人违约行为的惩罚，但该惩罚结果过于严重，且导致双方当事人权利义务失衡，亦不符合双方订立合同的目的和初衷，故原审法院对出租人的该项请求予以调整正确。本案中，出租人与承租人约定的租金系根据出租人的购船成本及按双方商定的利率计算出的利润确定的。承租人所应支付的前三期租金中含本金12,804,378.48元（第一期本金4,182,332.38元+第二期本金4,267,547.41元+第三期本金4,354,498.69元），在出租人要求承租人提前还款且双方合同关系解除的情况下，承租人应赔偿出租人剩余购船成本157,195,621.52元（1.7亿元−12,804,378.48元）及相应利息。

再次，关于涉案船舶的处理问题。出租人与承租人订立《融资租赁合同》的目的在于支付购船成本后，按约收回购船成本及获取正常融资利息，而非获取暴利，更非希冀船舶。出租人作为金融租赁性质的公司，保留涉案船舶的所有权并非其订立合同的初衷。在承租人支付完到期租金、违约金、剩余购船成本等款项后，原审法院判令涉案船舶归其所有的处理结果，并无不当。

最后，关于保证金抵扣问题。承租人依据与出租人所签《保证金合同》的约定，向出租人支付保证金3000万元。根据双方的约定，该保证金系为保障《融资租赁合同》项下承租人义务得以履行的保证金，如果承租人未依约履行付款义务，出租人有权决定该笔应付款项是否从保证金中抵扣，故在合同履行期间，出租人对已到期租金未予抵扣的做法并不违反双方的约定。在涉案《融资租赁合同》依法解除、双方权利义务提前终止的情况下,该笔保证金应用于抵扣出租人在《融资租赁合同》项下的债权。根据双方关于"承租人未能按照约定履行债务,出租人有权在未经承租人同意的前提下按费用、其他应付款项、违约金、应付租金的顺序自行从承租人交纳的保证金中抵扣相应未付款项"之约定,本院认定该笔保证金从承租人应赔偿出租人的剩余购船成本157,195,621.52元中予以抵扣,即承租人应赔偿出租人剩余购船成本127,195,621.52元(157,195,621.52元-30,000,000元)。原审法院认定承租人及保证人关于保证金抵扣相应租金的主张成立,但对保证金未做处理欠妥,应予纠正。

关于本案中《保证合同》的效力问题。2011年8月30日,出租人与承租人签订《融资租赁合同》当日,保证人与出租人签订《保证合同》,保证人确认,其作为保证人,同意就承租人在上述《融资租赁合同》项下对出租人所负的全部债务承担不可撤销的连带保证责任。保证人以该《保证合同》虚假为由,主张合同无效,其不应承担保证责任。对此,本院认为:

首先,相关鉴定结论表明,《保证合同》中保证人的印章真实,故应认定《保证合同》有效。作为保证人法定代表人的徐某某,其持有多枚人名章的情形亦属正常,因此,虽然《保证合同》中加盖的"徐某某"人名章与送检样本中"徐某某"人名章非同一枚印章所盖,但该结论不能否定《保证合同》的效力。

其次,根据《公司法》第16条的规定,公司向其他企业投资或者为他人提供担保,依照公司章程的规定,由董事会或者股东会、股东大会决议。本案中,出租人在签订《保证合同》时,收到一份保证人于2011年8月10日作出的董事会决议,内容系该公司董事会同意就涉案船舶为承租人提供担保,并授权公司经营管理人员负责办理相关事宜。该份董事会决议中有该公司三名董事,即徐某某、王某某、郭某某手写签名。虽然鉴定结论显示董事会决议中王某某、郭某某的签名非本人书写,但该董事会决议作为保证人内部决议的书面载体,出租人不负有审查其内容及相关人员签名是否真实之义务,相关董事签名不真实的鉴定结论不能否定其对外效力。而且,该董事会决议中盖有保证人的公章,出租人有理由相信该董事会决议系保证人真实意思表示,保证人对其承担担保责任亦充分知晓。

最后,保证人在原审期间提交了2011年8月19日《调整董事会成员的通知》,该通知虽记载了"提议徐某某同志不再担任北京某S贸易有限公司董事长及董事"的内容,但该证据仅系保证人上级单位关于人事任免的内部文件,不具有对外效力,而且本案现有证据表明,签订《保证合同》时,保证人工商登记的法定代表人未作变更,故徐某某以北京某S公司法定代表人身份签订《保证合同》的行为对保证人具有约束力。

根据上述分析,涉案《保证合同》系北京某S公司的真实意思表示,形式、内容均合法,保证人应根据《保证合同》的约定,对承租人所负债务承担连带保证责任。关于保证人承担连带保证责任后的追偿问题,根据《担保法》第31条①"保证人承担保证责任后,有权向债务人追偿"及原《担保法司法解释》第42条②"人民法院判决保证人承担保证责任或者赔偿责任的,应当在判决书主文中明确保证人享有《担保法》第31条规定的权利"之规定,保证人在承担保证责任后,有权向承租人进行追偿。原审判决对该问题未予明确欠妥,予以纠正。

2. 二审法院判决

二审法院基于以上分析,最终判决:(1)维持天津海事法院(2012)津海法商初字第462号民事判决第1项、第2项、第3项、第5项、第6项、第7项、第8项;(2)变更天津海事法院(2012)津海法商初字第462号民事判决第4项为:天津某G港湾建设有限公司于本判决书生效之日起十日内偿付某M金融租赁股份有限公司前述判项未包含的购船成本127,195,621.52元及相应利息(自2012年8月16日起,至本判决书确定的履行期内的实际履行之日止,按中国人民银行同期同类贷款利率计算);(3)北京某S贸易有限公司承担保证责任后,有权向天津某G港湾建设有限公司追偿;(4)驳回北京某S贸易有限公司的其他上诉请求。

---

① 对应《民法典》第700条,内容有修改,修改后的表述为"保证人承担保证责任后,除当事人另有约定外,有权在其承担保证责任的范围内向债务人追偿,享有债权人对债务人的权利,但是不得侵害债权人的利益。"后文不再赘述。

② 《担保制度解释》未见对应表述。

### 法律风险及要点解读

在上述案件中，通过诉讼中所查明事实，即可得知在签署相关租赁合同时，租赁物已基本处于停产的状态，所以对于租赁物的现场核实，是在租赁业务开始前便需做好的工作。除此之外，本案中还涉及担保，以及债权人对担保人内部决议审查义务的问题，鉴于本案例在此援引主要为其租赁物现场核查问题，故对于担保问题，本案例解读并未涉及，有关法人保证相关内容可详见本书关于保证的章节。

## 案例 19：需关注以已抵押设备作为租赁物存在的法律瑕疵

### 案件主要事实

根据上海市浦东新区人民法院于 2014 年 6 月 20 日作出的(2014)浦民六(商)初字第 1664 号民事判决书，相关案件主要事实如下：

2013 年 4 月 9 日，原告某 W 融资租赁有限公司作为出租人，被告宜昌某 J 工贸集团有限公司(以下简称某 J 公司)作为承租人，双方签订编号为××××××的《融资租赁合同》，约定：以售后回租的方式，由原告以 5000 万元的价款向被告某 J 公司购买中密度板备料工段、锅炉之热能中心和锅炉之设备制作等三套设备，再将该设备出租给被告某 J 公司使用，被告某 J 公司依约向原告支付租金及相关费用；原告根据约定确认收到被告某 J 公司出具的《卖据》时视为被告某 J 公司已向原告交付租赁物，原告即取得租赁物的所有权；被告某 J 公司在签署本合同时向原告出具《租赁物接收确认书》以证明租赁物已由原告交付给被告某 J 公司继续使用；租赁期限三年，自 2013 年 4 月 12 日起至 2016 年 4 月 11 日止；租赁期满后，由被告某 J 公司回购租赁物，名义出让金额为1000元;租金由租赁本金和租赁利息组成,租赁本金即为合同项下租赁物的购买价款5000万元,租赁利息按实际天数计算,计算方式为租赁利息=未还租金本金×实际天数×租赁利率/360,租赁利率为9%;总租金为56,973,198.51元,分36期,自2013年4月20日起每月20日支付,除第1期租金为1,314,986.63元和第36期租金为1,598,666.46元外,其余34期租金均为1,589,986.63元;若被告某J公司未按约定期限还款,就逾期部分,自逾期之日起按照逾期融资租赁款罚息利率计收利息,逾期融资租赁款罚息利率为租赁利率的150%(9%×150%=13.5%);对被告某J公司不能按期支付的利息,融资租赁款期内按照租赁利率计收复利,融资租赁款期后按罚息利率计收复利;被告某J公司应当向原告支付租赁保证金750万元,在原告首次支付租赁物购买款前一次性支付或在租赁本金中直接抵扣;被告某J公司应当向原告支付租赁手续费150万元,在原告首次支付租赁物购买款前一次性支付,该手续费收取后无论出现何种情形不予退还。

原告与被告某J公司在《融资租赁合同》第5条对违约事件及违约责任作出约定。第5.1.3条规定,被告某J公司发生逾期支付合同项下的租金或其他款项等情形的,构成违约。第5.2.1条约定,一旦出现违约事项,除合同另有约定外,原告有权要求立即解除合同,并有权选择下列任一处理方法:(1)被告某J公司以已到期租金(本金和利息)、未到期租金本金、回购价款、违约金等原告应收款的总金额(如有保证金,该总金额扣除保证金)购回租赁物;(2)原告收回租赁物,被告某J公司支付到期租金本息、未到期租金本金、回购价款、违约金等原告应收款的总金额(如有保证金,该总金额扣除保证金)的20%的违约金及赔偿超过违约金的实际损失。第5.2.2条约定,一方如有违约或侵权行为,须承担另一方为实现债权而支出的诉讼费用、律师代理费和其他费用(包括但不限于利息、滞纳金、审计费、评估费、鉴定费、政府规费等)。

双方还约定，合同项下一方向对方发出的通知、信件等应当发送至合同文首载明的地址（原告地址上海市浦东新区源深路×××号、被告某J公司地址湖北省枝江市七星台镇工业园区）、联系人和通信终端；一方向对方发出的信件，自交邮后第7日视为送达；合同履行中如发生争议，双方均同意将争议提交出租人所在地有管辖权的人民法院管辖。

原告与被告某J公司同时还签署《卖据》作为《融资租赁合同》附件1，明确被告某J公司自愿以5000万元的价格将合同附件2《租赁设备清单》上所列的租赁物出让给原告，并承诺在签订合同之前该设备的权属是明确地、无争议地归被告某J公司所有。合同附件2《租赁设备清单》上则列明：设备名称中密度板备料工段、锅炉之热能中心和锅炉之设备制作，发票金额83,418,811.96元。被告某J公司还于2013年4月9日出具《租赁物接收确认书》作为合同附件6，确认已收到合同项下的租赁物，且所有租赁物能够完全满足其承租使用的合同目的。

2013年4月9日，被告薛某强及案外人王某元、邱某忠作为保证人向原告出具《保证函》，明确：三保证人应被告某J公司要求，为被告某J公司履行原告与被告某J公司之间于2013年4月9日签署的编号为××××××的《融资租赁合同》及其附表、附件项下之全部和任何义务承担连带保证责任；担保期间为自《保证函》生效之日起至《融资租赁合同》项下的债务履行期限届满之日后两年止；原告在合同项下加速合同到期或解除合同，保证人同意立即履行保证责任，包括向原告支付合同项下全部到期和未到期的所有租金、利息、违约金、损害赔偿金、租赁物件留购价款及其他应付款项和原告实现权利的费用（包括诉讼费用、仲裁费用、律师费用、公证费用、执行费用等）。

上述合同签订后，原告于2013年4月12日，在扣除被告某J公司应向原告支付的保证金750万元后，向被告某J公司支付了剩余的租赁物购买价款4250万元。被告某J公司分别于2013年4月19日、5月20日、6月20日、

7 月 19 日及 8 月 20 日按照约定的日期和金额向原告支付了第 1 期至第 5 期的租金共计 7,674,933.15 元，但自 2013 年 9 月 20 日起被告某 J 公司未再按约支付相应的租金。2013 年 11 月 28 日，原告向被告某 J 公司发出《催收函》，提出被告某 J 公司未按时支付租金构成违约，要求被告某 J 公司支付剩余租金及其他费用 41,974,230.20 元，该《催收函》通过上海浦东申通快递有限公司发往《融资租赁合同》上列明的被告某 J 公司的收件地址湖北省枝江市七星台镇工业园区，该快递件于 2013 年 12 月 2 日派送至被告某 J 公司处并被签收。其后，被告某 J 公司仍未支付租金，原告遂起诉至法院。

另查明，本案系争《融资租赁合同》项下涉及的租赁设备，常州××容器有限公司、江苏××轻工机械有限公司 2010 年至 2011 年向被告某 J 公司出售时发票记载总金额为 83,418,811.78 元（不含税）。被告某 J 公司于 2011 年 11 月以上述设备为抵押物，为其向某 H 银行股份有限公司枝江支行授信借款提供担保，并办理了相应的抵押登记。某 H 银行股份有限公司枝江支行事后知晓被告某 J 公司又就已抵押的设备与原告签订了《融资租赁合同》。原告亦是事后知晓《融资租赁合同》项下的租赁物上已设有抵押权。

再查明，2014 年 1 月 7 日，原告与枝江市马家店法律服务所签订《委托代理合同》，约定：原告因与被告融资租赁合同纠纷一案，委托枝江市马家店法律服务所代理诉讼、执行及破产事宜；由该所法律工作者侯某某与湖北某 T 律师事务所律师胡某某作为代理人；诉讼代理费为 6 万元，直接打入枝江市马家店法律服务所收款人侯某某的银行账户。同月 15 日，原告向侯某某的银行账户汇入 6 万元，收款人侯某某于 2014 年 1 月 8 日通过湖北省枝江市国家税务局向原告开具相应的发票。

## 诉讼主张及答辩意见

原告认为，原告与被告某 J 公司之间的融资租赁合同合法有效，被告某 J 公司未按约支付租金已构成违约，应承担违约责任，被告薛某强作为保证人亦应承担相应的担保责任，遂诉请法院判决：(1)解除原告与被告某J公司签订的《融资租赁合同》；(2)被告某J公司支付原告租赁物回购款41,874,230.20元、律师代理费6万元和其他损失10万元，其中租赁物回购款的具体金额由扣除保证金750万元后的未付租金41,798,265.36元、至2013年11月30日到期未付租金的逾期罚息74,530.62元、复利434.22元和租赁期满租赁物名义回购价1000元构成(逾期罚息的计算方式：2013年9月20日到期未付租金1,589,986.63元至2013年10月19日的逾期罚息=1,589,986.63元×30×13.5%/360=17,887.35元，2013年10月20日到期未付租金3,179,973.26元至2013年11月19日的逾期罚息=3,179,973.26元×31×13.5%/360=36,967.19元，2013年11月20日到期未付租金4,769,959.89元至2013年11月30日的逾期罚息=4,769,959.89元×11×13.5%/360=19,676.08元，逾期罚息合计74,530.62元；复利的计算方式：2013年10月20日应付逾期罚息17,887.35元至2013年11月19日的复利=17,887.35元×31×13.5%/360=207.94元，2013年11月20日应付逾期付款罚息54,854.54元至2013年11月30日的复利=54,854.54元×11×13.5%/360=226.28元，复利合计434.22元)；(3)被告薛某强对被告某J公司的义务承担连带清偿责任；(4)案件诉讼费用由两被告承担。

被告某J公司辩称，原告与被告某J公司签订的虽是《融资租赁合同》，但租赁物具体指向、评估价值等均不明确，且因被告某J公司之前已将该合同项下的有关租赁设备抵押给了银行，再将设备出售给原告属无权处置，故该《融资租赁合同》是无效合同，原告由此没有取得租赁物的所有权，亦不能再将其出租给被告某J公司，双方之间实际上是借贷关系，原告支付给被告的钱款系借款，原告只能主张被告返还扣除已付租金金额后的借款款项。至于原告基于融资租赁合同有效而提出的解除合同及支付租金、赔偿损失等诉请，被告认为，原告要么要求解除合同返还租赁物，要么要求支付租金，只能择其一主张；对于逾期罚息、复利的计算按合同约定；对于律师代理费的主张，费用标准和支付应符合有关规定，而本案中律师代理费由个人收取不合法，且原告在本案中的诉讼代理律师与收款人不一致，故该主张缺乏事实依据；10万元其他损失的主张，缺乏事实依据。

被告薛某强辩称，同意被告某J公司的答辩意见。另外，《融资租赁合同》无效，保证合同作为从合同自然无效，且被告薛某强在保证函上签字非本人自愿，是应被告某J公司原法定代表人邱某忠要求所为，故被告薛某强认为，其不应承担保证责任。

## 法院认定及判决

法院认为，本案当事人的争议焦点是：(1)原告与被告某J公司之间是融资租赁关系还是借贷关系以及该法律关系是否有效；(2)被告薛某某的保证行为是否有效；(3)原告行使合同解除权并要求被告某J公司支付未付租金而不要求返还租赁物的主张有无合同及法律依据；(4)原告主张的律师代理费及其他损失有无事实依据。

关于争议焦点一，原告与被告某J公司之间是融资租赁关系还是借贷关系以及该法律关系是否有效，本院认为，融资租赁合同是出租人根据承租人对出卖人、租赁物的选择，向出卖人购买租赁物，提供给承租人使用，承租人支付租金的合同。商务部《融资租赁企业监督管理办法》(商流通发〔2013〕337号)第8条规定："融资租赁企业可以在符合有关法律、法规及规章规定的条件下采取直接租赁、转租赁，售后回租、杠杆租赁、委托租赁、联合租赁等形式开展融资租赁业务。"因此，售后回租属于合法的业务形式。综观本案原告与被告某J公司签署的《融资租赁合同》及其附件的内容以及被告某J公司原购买系争租赁设备的发票，双方业务方式为售后回租，租赁物名称、数量及价值指向明确，租赁物真实存在，租金由租赁本金即原告向被告某J公司支付的设备购买款和租赁利息组成，租金总额亦低于被告某J公司原购买设备的总价款，并且租赁期限、租金支付方式以及其他权利义务的约定均符合我国《合同法》关于融资租赁合同的规定，故原告与被告某J公司之间的交易构成融资租赁法律关系，并非单纯的借贷关系。虽然被告某J公司在与原告签署《融资租赁合同》前已将该合同项下的有关租赁设备抵押给了相关银行,相关银行和原告对此均是事后知晓,但根据抵押权人某H银行股份有限公司枝江支行寄交本院的《情况说明》及《函告》的内容和作为抵押物受让人的原告在本案中的诉称意见,抵押权人和抵押物受让人即原告并没有对该抵押设备的转让主张无效,况且原告在本案中的诉讼请求亦不影响抵押权人的利益,被告某J公司作为抵押人现以其自身擅自转让抵押物而主张《融资租赁合同》无效,缺乏法律依据,故被告将租赁物出售给原告时租赁物上已设抵押权的事实不影响原告对租赁物所有权的受让和本案《融资租赁合同》的效力。原告与被告某J公司之间的《融资租赁合同》系双方真实意思表示,不违反法律、行政法规强制性规定,应为合法有效,两被告认为租赁物具体指向不明、原告没有取得租赁物的所有权、《融资租赁合同》无效以及双方实为借贷关系的抗辩,法院不予采纳。

关于争议焦点二,被告薛某强的保证行为是否有效,被告薛某强认为《融资租赁合同》无效,保证合同作为从合同自然无效,且其在保证函上签字非本人自愿,不应承担保证责任。对此,本院认为,被告薛某强系被告某J公司的法定代表人,具有完全民事行为能力,作为保证人在《保证函》上签名系其本人行为,亦未提供证据证明该行为系受欺诈、胁迫所为而违背其真实意思。《融资租赁合同》合法有效,被告薛某强就此提供的担保,不违反法律、行政法规强制性规定,亦属合法有效,应承担相应的保证责任。被告薛某强认为保证合同无效,其不应承担保证责任的抗辩,法院不予采纳。

关于争议焦点三,原告行使合同解除权要求被告某J公司支付应付租金而不要求返还租赁物的主张是否有合同及法律依据,两被告认为,被告某J公司未按约支付租金,原告要么解除合同收回租赁物,要么要求支付租金,只能择其一主张,现原告既要解除合同又要求被告支付租金,不符合法律规定。原告表示,其主张解除合同并要求被告支付应付租金,是根据《融资租赁合同》第5.2.1条关于违约责任的规定,原告解除合同,并有权要求被告某J公司按合同约定的价款购回租赁物,该回购价款中包括被告某J公司应付的租金,被告某J公司支付该款后,租赁物所有权归被告某J公司。对此,本院认为,当事人可就融资租赁合同解除条件、解除后租赁物的归属以及违约责任等作出约定。本案被告某J公司未按合同约定的期限和金额支付租金,构成违约,符合本案《融资租赁合同》约定的解除条件,经原告催告后至今仍不支付,原告由此可以行使合同解除权,并依双方约定要求被告承担违约责任。现原告主张解除合同的同时要求被告某J公司按约定价款购回租赁物,系依据《融资租赁合同》第5.2.1条的约定主张权利,其所主张的应付租金属于原告解除合同后被告某J公司购回租赁物应付价款的构成,性质上不同于继续履行《融资租赁合同》应付的租金,与《合同法》第248条①"承租人经催告后在合理期限内仍不支付租金的,出租人可以要求支付全部租金;也可以解除合同,收回租赁物"的规定并不相悖,故原告请求解除融资租赁合同、要求被告某J公司按应付租金、已到期租金的逾期罚息、复利及名义出让金额等原告应收款项购回租赁物,符合《融资租赁合同》的约定,本院应予支持。关于应付租金的具体金额,本院确认扣除保证金750万元后为41,798,265.36元;关于已到期未付租金的逾期罚息及复利的具体金额,原告明确主张至2013年11月30日的到期未付租金的逾期罚息及复利,两被告亦认可合同约定的计算方式,经本院审核,原告诉请中关于逾期罚息及复利的计算方式和金额符合本案《融资租赁合同》的约定,故本院确认至2013年11月30日被告某J公司到期未付租金4,769,959.89元的逾期罚息为74,530.62元、复利为434.22元;关于名义出让金额,本院确认为1000元;综合上述具体金额,本院确认被告应支付原告合同解除后回购租赁物的价款为41,874,230.20元。

关于争议焦点四,原告主张的律师代理费及其他损失有无事实依据,两被告认为原告在本案中的代理律师与收款人不一致,律师代理费由个人收取亦不合法,原告主张律师代理费缺乏事实依据。对此,本院认为,原告与被告某J公司在《融资租赁合同》第5.2.2条约定:一方如有违约或侵权行为,须承担另一方为实现债权而支出的诉讼费用、律师代理费和其他费用。现原告提供的证据表明其向案外人侯某

---

① 对应《民法典》第752条,内容有修改,仅个别字句调整,由原表述中的"要求"调整为"请求"。后文不再赘述。

某所支付的6万元系原告委托枝江市马家店法律服务所代理原告与被告某J公司间的融资租赁合同纠纷一案诉讼而支付的法律服务费，原告与枝江市马家店法律服务所签订的《委托代理合同》明确由该所法律工作者侯某某与湖北某H律师事务所律师胡某某作为原告代理人，诉讼代理费直接打入该所法律工作者侯某某的银行账户，此代理费的支付方式是否违反有关收费管理规定，属于行政监管查处范围，不影响原告为本案诉讼已实际支付律师代理费的事实，本案原告诉讼代理人与收款人不一致亦不影响此费用支出的事实，该笔费用属于因被告某J公司违约造成原告的经济损失，按照双方合同约定应由被告某J公司承担，并且该费用金额低于湖北省律师服务收费政府指导价标准和湖北省乡镇法律服务收费标准，故原告依合同约定要求被告某J公司承担原告为实现债权而支出的律师代理费的诉请，本院予以支持。至于原告要求被告某J公司承担其他损失10万元的主张，因原告未提供相应的证据证明损失的实际发生，故两被告认为该项诉请缺乏事实依据的答辩意见，本院予以采纳。

基于以上，上海市浦东新区人民法院作出判决如下：(1)解除原告某W融资租赁有限公司与被告宜昌某J工贸集团有限公司于2013年4月9日签订的编号为××××××××的《融资租赁合同》；(2)被告宜昌某J工贸集团有限公司应于本判决生效之日起十日内支付原告某W融资租赁有限公司租赁物回购款人民币41,874,230.20元，被告宜昌某J工贸集团有限公司支付该款项后，《融资租赁合同》项下的租赁物归被告宜昌某J工贸集团有限公司所有；(3)被告宜昌某J工贸集团有限公司应于本判决生效之日起十日内支付原告某W融资租赁有限公司律师代理费人民币60,000元；(4)被告薛某强对被告宜昌某J工贸集团有限公司的上述第二、三项付款义务承担连带清偿责任，被告薛某强承担保证责任后，有权向被告宜昌某J工贸集团有限公司追偿；(5)驳回原告某W融资租赁有限公司的其他诉讼请求。

## 法律风险及要点解读

该案例的意义在于，尽管出租人未核查出所选取的租赁物在租赁关系之前，已被抵押给银行，但由于抵押权人并未就所有权转移提出异议，因此，相关租赁关系仍得以确立。另,《民法典》第406条规定:“抵押期间,抵押人可以转让抵押财产。当事人另有约定的,按照其约定。抵押财产转让的,抵押权不受影响。抵押人转让抵押财产的,应当及时通知抵押权人。抵押权人能够证明抵押财产转让可能损害抵押权的,可以请求抵押人将转让所得的价款向抵押权人提前清偿债务或者提存。转让的价款超过债权数额的部分归抵押人所有,不足部分由债务人清偿。”《民法典》该条的本意是促进抵押财产的再流转,理论上意味着只要能获得抵押权人认可或同意,出租人可就已设定抵押的租赁物开展业务,但业务实践中,融资租赁公司内部对于已设定抵押的租赁物开展业务通常是明确禁止的。

## 案例20:以构筑物等共有财产为租赁物存在法律瑕疵

### 案件主要事实

根据浙江省杭州市中级人民法院于2015年11月3日作出的(2015)浙杭执异初字第4号民事判决书,相关案件主要事实如下:

2013年9月5日,某X国际信托有限公司(以下简称某X信托公司)与浙江某L大酒店有限公司(以下简称浙江某L大酒店)签订《信托贷款合同》一份,同日某X信托公司与浙江某L大酒店签订《抵押合同》一份,约定浙江某L大酒店将其所有的位于三门县海××镇××大道××号(房产证号为:三房权海游字第200802894—××号,共24本房产权证,总计建筑面积52,251.91平方米)的房产为前述《信托贷款合同》中的债务提供抵押担保,该《抵押合同》第4条约定抵押担保的范围:债权人在主合同项下所享有的全部债权,包括主债权贷款本金、利息(含法定/约定利息、罚息、复利)、违约金、损害赔偿金、债权人为实现债权和担保权利而支付的一切费用(包括但不限于诉讼费、仲裁费、财产保全费、执行费用、公证费、律师费等)、因债务人违约而给债权人造成的损失和其他所有应付费用。第6条约定:抵押物的效力及于抵押物的从物、从权利、代位权、附合物、加工物和孳息。第7条约定:在本合同有效期内,未经抵押权人书面同意,抵押人不得对抵押物做出赠与、转让、出售、出租、再抵押或其他任何方式的处分。某X信托公司、浙江某L大酒店于2013年9月5日在三门县建设规划局办理了抵押登记,三门县建设规划局出具了三房他证海游字第T20132569号《房屋他项权证》,注明是第二顺位抵押登记。2013年9月6日,某X信托公司向浙江某L大酒店发放贷款2.5亿元。2009年9月18日,抵押权人某Z银行股份有限公司三门县支行向浙江省三门县工商行政管理局办理了浙江保罗大酒店所有的位于浙江省三门县××镇××大道××号总计建筑面积为22,419.66平方米的商业用房的抵押物登记(编号为三工商字第09115号)。2013年9月10日,浙江某L大酒店与某Z银行股份有限公司三门县支行一起向浙江省三门县工商行政管理局办理了编号为09115的前述抵押物的注销登记。

2014年5月16日,某G金融租赁有限公司(以下简称原告或某G租赁公司)作为出租人与承租人浙江某L大酒店、嵊州某L大酒店、浙江某N服饰有限公司签订《融资租赁合同》《预收租金合同》《协议书》,出租人某G租赁公司于同日就《融资租赁合同》在中国人民银行征信中心办理了编号为0138869000017042××××的动产权属统一登记—初始登记。《融资租赁合同》中约定的出租人支付给承租人的3000万元设备购买价款已经付清。2014年11月12日出租人与承租人浙江某L大酒店、嵊州某L大酒店、浙江某N服饰有限公司签订了《补充协议》。《融资租赁合同》第1.1条约定:本合同所称租赁设备是指本合同附件一《出售回租设备清单》中载明的设备及其附属设施和装备,以下简称"租赁设备"或"设备"。第1.2条约定:嵊州某L大酒店、浙江某L大酒店同意向出租人公司转让设备,出租人同意上述转让。

第1.6条约定：出租人有权要求嵊州某L大酒店、浙江某L大酒店提供设备分别归其所有的产权证明文件原件（包括但不限于设备原始购买合同、发票等）。《出售回租设备清单》包含了原告提出的异议财产清单中的财产。

出租人与浙江某L大酒店、嵊州某L大酒店、浙江某N服饰有限公司签订《融资租赁合同》时，浙江某L大酒店在没有取得抵押权人某X信托公司及三门县海××镇××大道××号大楼除浙江某L大酒店以外的其他业主的同意的情况下，将原告异议财产清单中的财产作为该《融资租赁合同》的标的物转让给出租人。

2014年10月13日，某X信托公司作为申请人，以浙江某L大酒店、鲍某某、浙江某F服饰有限公司、三门县某C房地产公司为被申请人，向杭州仲裁委提出仲裁申请，2014年10月17日，杭州仲裁委作出（2014）杭仲（金）调字第00118号调解书，调解内容如下：(1)浙江某L大酒店归还某X信托公司借款本金24,980万元，暂计至2014年9月22日的利息17,820,279.54元（此后至实际还款日的利息、罚息按合同约定计算），于2014年10月20日前付清；(2)浙江某L大酒店直接支付给某X信托公司本案仲裁费690,451元、律师费20万元，于2014年10月20日前付清；(3)鲍某某、浙江某F服饰有限公司、三门县某C房地产公司对上述第一、二项还款义务承担连带责任；(4)若浙江某L大酒店于2014年10月20日前不能履行上述第一、二项还款义务时，某X信托公司有权以折价、变卖、拍卖等方式对浙江某L大酒店名下位于三门县海××镇××大道××号（房产证号为：三房权海游字第200802894—××号）的房地产按抵押顺位优先受偿。

2014年5月、7月，浙江省宁波市中级人民法院、浙江省嵊州市人民法院先后查封了浙江某L大酒店位于台州市三门县××镇××大道××号的房产及相应土地使用权，经浙江省杭州市中级人民法院与浙江省宁波市中级人民法院、浙江省嵊州市人民法院协调，浙江省嵊州市人民法院于2014年11月13

日、浙江省宁波市中级人民法院于2014年11月27日分别函复浙江省杭州市中级人民法院,同意将各自查封的相应房产及土地使用权移交浙江省杭州市中级人民法院处置。

2014年12月22日浙江省杭州市中级人民法院发布拍卖公告,载明拍卖范围:台州市三门县××镇××大道××号,房屋建筑面积为52,251.91平方米及相应的国有出让土地使用权总面积6726.95平方米,本次拍卖仅为上述房产(含房产内不可拆卸的固定装修)及相应土地使用权,不包含该房产内的可移动拆卸的设备、设施、桌椅板凳、床、电脑等动产。

2015年3月31日,浙江省杭州市中级人民法院受理了出租人某G租赁公司提出的执行异议,请求事项是:确认某G租赁公司对部分强制执行的标的物的所有权,并返还某G租赁公司该部分财产。(财产范围与本案的异议财产清单一样)浙江省杭州市中级人民法院经审查,于2015年4月29日作出(2015)浙杭执异字第4号执行裁定,驳回某G租赁公司的异议。某G租赁公司不服,在法定期限内向浙江省杭州市中级人民法院提起了案外人执行异议之诉。

另查明:位于浙江省三门县××镇××大道××号大楼主楼地上28层外,还有地下层,浙江某L大酒店于2007年12月24日领取了营业执照,开办了浙江某L大酒店有限公司三门金陵某L大酒店。该大楼除第8层至第13层外,其余地上22层及地下层的房屋所有权登记在浙江某L大酒店名下,第8层至第13层房屋所有权登记在浙江某L大酒店、三门县某C房地产公司及自然人俞某等人名下。

再查明:2015年1月7日,天津市第二中级人民法院受理了原告某G租赁公司诉浙江某L大酒店、嵊州某L大酒店、浙江某N服饰有限公司、浙江某F服饰有限公司、三门县某C房地产公司、鲍某的融资租赁合同纠纷,某X信托公司作为有独立请求权的第三人参加了诉讼。天津市第二中级人民法院依某G租赁公司的申请于2015年4月10日向浙江省三门县房地产管理处发了(2015)二中民二诉保字第84—1号协助执行通知书,查封、轮候查封了三门县某C房地产公司所有的位于三门县海××镇××大道××号大楼内的多套房产。

2015年10月10日天津市华正资产评估有限公司向天津市第二中级人民法院出具编号为华正评报字(2015)第Ⅱ—46号的《天津市第二中级人民法院诉讼涉及的浙江某L大酒店有限公司设备价值资产评估报告书》,该资产评估报告书的摘要部分提到对天津市第二中级人民法院因案件诉讼之目的而委托评估的浙江某L大酒店名下并纳入《融资租赁合同》附件一《出售回租设备清单》中的设备进行了实地查看与核对,并做了必要的市场调查与询证,履行了公认的其他必要评估程序。原告所提的异议财产清单中的所有财产除了金属箱在该资产评估报告书的相关备注栏中注明"现场未见"外,其余财产均在该资产评估报告书中得到一一对应,其中厨房设备就是指《固定资产—厨房用具评估明细表》第2项至第462项财产、地毯就是指《固定资产—其他资产评估明细表》第563项至第595项(包括了第9层至第27层商务标间地毯、走道毯)、游泳设备就是指《固定资产—其他资产评估明细表》第118项至第130项、热泵热水工程就是指《固定资产—机器设备评估明细表》第209项至第214项。根据该资产评估报告书,所有的被评估的资产最迟在2009年启用。

## 诉讼主张及答辩意见

原告某G租赁公司诉称:2015年3月,原告提起了执行异议申请,请求立即中止(2014)杭仲(金)调字第00118号调解书的执行,并返还原告的财产。2015年4月29日,杭州市中级人民法院作出了(2015)浙杭执异字第4号执行裁定书,认为:原告以已购买了上述不可拆卸酒店设备设施,主张上述不可拆卸酒店设备设施所有权，并以此对抗被告的抵押权实现，此主张缺乏法律依据，驳回了原告的异议。原告认为此裁定错误。

被告某X信托公司辩称：(1)浙江某L大酒店无权处分异议清单项下财产，其与某G租赁公司签订的《融资租赁合同》对涉案异议财产的处分无效；(2)某G租赁公司受让取得异议财产不符合法律规定，不适用善意取得。

## 法院认定及判决

审理法院认为，出租人异议财产清单中的所有财产，最迟在2009年已经全部投入使用，其中电梯、空调设备、风机、配电箱、冷/热量表、锅炉及辅机、离心泵、电动三通阀、电动二通阀、应急电源、控制柜、预制双层不锈钢烟囱、不锈钢水箱、电梯装潢、低压开关柜、变频节能仪、集中控制系统、两翼自动旋转门、热泵热水工程、变压器、温控器、机柜、服务器机柜、水泵是保证三门县海游镇滨海大道18号大楼(包括浙江某L大酒店三门金陵某L大酒店)正常运行必不可少的一部分，本身已经成为三门县海游镇滨海大道18号大楼的一个有机组成部分，最高人民法院《关于审理建筑物区分所有权纠纷案件具体应用法律若干问题的解释》第3条第1款①规定："除法律、行政法规规定的共有部分外，建筑区划内的以下部分，也应当认定为物权法第六章所称的共有部分：(一)建筑物的基础、承重结构、外墙、屋顶等基本结构部分，通道、楼梯、大堂等公共通行部分，消防、公共照明等附属设施、设备，避难层、设备层或者设备间等结构部分；(二)其他不属于业主专有部分，也不属于市政公用部分或者其他权利人所有的场所及设施等。"这些作为附属设施、设备的财产是三门县海游镇滨海大道18号大楼全体业主(包括浙江某L大酒店、某C房地产公司及其他已经购买房屋的业务)的共有部分，承租人浙江某L大酒店在没有征得三门县海游镇滨海大道18号大楼全体业主同意的情况下，擅自将这些共有部

① 对应《最高人民法院关于审理建筑物区分所有权纠纷案件适用法律若干问题的解释(2020修正)》第3条，除将原表述中的"物权法第六章"对应调整为"民法典第二编第六章"外，其他部分无修改。后文不再赘述。

分作为融资租赁合同的标的物转让给出租人，违反了《物权法》第70条[①]“业主对建筑物内的住宅、经营性用房等专有部分享有所有权，对专有部分以外的共有部分享有共有和共同管理的权利”的规定，因此是无权处分的民事行为。

出租人异议财产清单中去渍台、厨房设备（可移动的厨房设备除外）、桑拿设备、泳池设备、操作台、海鲜池是保证浙江某L大酒店三门金陵某L大酒店正常运行必不可少的一部分，这些财产本身已经成为酒店的一部分，也是抵押物的组成部分。出租人异议财产清单中的吸水型地毯垫、红色迎宾地毯属于三门县海游镇滨海大道18号大楼的从物，在某X信托公司与浙江某L大酒店签订《抵押合同》之前已经存在，也是抵押物的从物。某X信托公司享有的抵押权效力及于出租人异议财产清单中的吸水型地毯垫、红色迎宾地毯。浙江某L大酒店在抵押期间在没有经过登记在先的抵押权人某X信托公司同意的情况下擅自将前述财产作为融资租赁合同的标的物转让给出租人，是无权处分的无效的民事行为。

原告异议财产清单中的客房卫生间移动艺术玻璃、灯具支架、灯具、玻璃、地毯分布在三门县海××镇××大道××号大楼的各个楼层，包括大楼全体业主专有部分和共有部分，浙江某L大酒店在没有取得登记在先的抵押权人某X信托公司和全体业主的同意下，将客房卫生间移动艺术玻璃、灯具支架、灯具、玻璃、地毯作为融资租赁合同的标的物转让给出租人，如前所述，是无权处分的无效的民事行为。

至于可移动的厨房设备及没有找到的金属箱并不是本院的拍卖公告中要拍卖的财产，该公告明确拍卖范围不包含该房产内的可移动拆卸的设备、设施，因此原告对可移动的厨房设备、没有找到的金属箱主张所有权不属于本案需要审查的异议财产范围。

某G租赁公司系专门提供融资租赁服务的专业公司，应当具备相应的风险管控能力，在与浙江某L大酒店签订融资租赁合同之前就应查明合同标的物所在的大楼业主除了浙江某L大酒店以外还有其他业主，还应当查明浙江某L大酒店已

---

① 对应《民法典》第271条，内容无修改。后文不再赘述。

经将其名下位于三门县海××镇××大道××号的房产抵押给了某X信托公司，而且应当知道这些融资租赁的标的物最迟在2009年已经投入使用。《物权法》第106条第1款[①]规定："无处分权人将不动产或者动产转让给受让人的，所有权人有权追回；除法律另有规定外，符合下列情形的，受让人取得该不动产或者动产的所有权：（一）受让人受让该不动产或者动产时是善意的；（二）以合理的价格转让；（三）转让的不动产或者动产依照法律规定应当登记的已经登记，不需要登记的已经交付给受让人。"故某G租赁公司不符合善意取得的构成要件，其无权取得异议财产清单中的财产的所有权。

综上所述，浙江省杭州市中级人民法院执行浙江某L大酒店位于三门县海××镇××大道××号的房产（含房产内不可拆卸的固定装修）及其相应土地使用权符合法律规定，原告某G租赁公司主张异议财产清单中的财产属其所有没有事实和法律依据，原告的诉讼请求均不成立，浙江省杭州市中级人民法院不予支持。依照相关法律法规，一审法院判决如下：驳回原告某G金融租赁有限公司的诉讼请求。

## 二审上诉及判决

一审判决之后，某G租赁公司继续提起上诉。根据浙江省高级人民法院2016年4月12日作出的（2016）浙民终9号民事判决书，二审法院认定及判决如下：

涉案异议财产清单项下的去渍台、厨房设备（可移动的厨房设备除外）、桑拿设备、泳池设备、操作台、海鲜池，在浙江某L大酒店将三门县海游镇滨海大道18号大楼抵押给某X信托公司之前，已通过安装、固定等方式添附于该大楼，成为该大楼的附合物。涉案吸水性地毯垫、红色迎宾地毯虽与前述大楼在物理上可相互分离，但是因该些地毯分布于酒店各个楼层，不仅与酒店各楼层地面尺寸匹配，且

① 对应《民法典》第311条第1款，内容无实质修改，仅在表述上删去了第一项最后的"的"字。后文不再赘述。

已相对固定使用较长时间，若使其继续留在原位，在功能上将有助于酒店发挥经济效益，而如果予以拆分或搬离，不仅不能充分发挥其经济效益，还可能极大减损其使用价值。原判将吸水性地毯垫、红色迎宾地毯认定为前述大楼的从物，符合该物的特性。原审法院拍卖公告中已经明确，拍卖的财产不包含前述大楼内可移动拆卸的设备、设施，因此，原审法院未将可移动的厨房设备纳入需要审查的异议财产范围并作出相应的处理，亦无不妥。某G租赁公司上诉提出的原判对事实查明不清的主张，不能成立。

本案虽然属于执行异议之诉，但审查的对象涉及物的权利归属问题，原审依据最高人民法院《关于审理建筑物区分所有权纠纷案件具体应用法律若干问题的解释》的相关规定对涉案异议财产权属作出认定，适用法律并无不当。从查明的事实来看，涉案的三门县海游镇滨海大道18号大楼，除了浙江某L大酒店之外，还有其他的业主，在某G租赁公司与浙江某L大酒店签订《融资租赁合同》之前，浙江某L大酒店已经将该大楼中属于其名下的房产抵押给某X信托公司并进行了抵押登记，且涉案异议财产最迟在2009年就已经投入使用。作为专门从事融资租赁业务的专业公司，某G租赁公司应当具备相应的风险管控能力。在其与浙江某L大酒店签订《融资租赁合同》之前，应当对融资租赁标的物的权利归属、权利状态及其他相关情况进行查明。但是某G租赁公司对前述事实情况却未尽到查明义务。在此情况下，原判认定某G租赁公司不能善意取得涉案异议财产，亦无不当。

综上，某G租赁公司的上诉理由均不能成立，浙江省高级人民法院对其上诉请求不予支持。根据《民事诉讼法》第170条第1款第1项之规定，判决如下：驳回上诉，维持原判。

## 法律风险及要点解读

在融资租赁业务开展中，如涉及以酒店、建筑物内动产或者附属设施开展售后回租业务的，需要查明抵押物的担保范围，因为抵押物不仅包括主物，还会及于从物。原《担保法司法解释》第63条规定："抵押权设定前为抵押物的从物的，抵押权的效力及于抵押物的从物。”且原《物权法》第191条第2款①亦规定:“抵押期间,抵押人未经抵押权人同意,不得转让抵押财产,但受让人代为清偿债务消灭抵押权的除外。”自2021年起实施的《民法典》,其第397条规定:“以建筑物抵押的,该建筑物占用范围内的建设用地使用权一并抵押。以建设用地使用权抵押的,该土地上的建筑物一并抵押。抵押人未依据前款规定一并抵押的,未抵押的财产视为一并抵押。”此外,《民法典》第274条规定:“……建筑区划内的其他公共场所、公用设施和物业服务用房,属于业主共有。”一些酒店、建筑物的附属设施、设备为建筑物的共有部分,属于建筑物全体业主所共有,承租人在出售这些建筑共有部分时必须经全体业主同意,否则可能会产生无权处分、转让合同无效的结果,进而影响融资租赁合同的法律认定。

## 案例21:以在建工程作租赁物不适格导致被认定为借贷

### 案件主要事实

根据天津市高级人民法院于2015年9月29日作出的(2015)津高民二初字第0040号民事判决书,相关案件主要事实如下:

原告某C(天津)投资租赁有限公司(以下简称某C租赁公司或出租人)于2011年2月21日经天津市滨海新区工商行政管理局核准设立,经营范围包括融资租赁业务、租赁业务、向国内外购买租赁资产、租赁资产的残值处理及维修、租赁交易及相关业务的咨询服务等。2013年9月12日,出租人与被

---

① 对应《民法典》第406条,内容有修改,修改后的表述为“抵押期间,抵押人可以转让抵押财产。当事人另有约定的,按照其约定。抵押财产转让的,抵押权不受影响。抵押人转让抵押财产的,应当及时通知抵押权人。抵押权人能够证明抵押财产转让可能损害抵押权的,可以请求抵押人将转让所得的价款向抵押权人提前清偿债务或者提存。转让的价款超过债权数额的部分归抵押人所有,不足部分由债务人清偿。”后文不再赘述。

告四川华通某 M 有限公司(以下简称四川某 M 公司或承租人)签订《融资租赁合同》(含附件)。约定:租赁物为位于四川省资阳市安岳县石桥铺镇资阳经济技术开发区安岳工业园内的厂房、仓库、办公楼。租赁物系由出租人向承租人购买,并且租赁物在承租人完全付清所有租金后,所有权转移给承租人。承租人同意租赁物在任何情形下不应作为承租人承担其民事责任的财产。若承租人破产,租赁物不得纳入承租人破产财产范畴,若承租人与任何第三人发生经济纠纷,租赁物亦不应在任何方面被纳入可被法院或其他有权政府部门采取强制措施(包括但不限于查封、没收等)的资产范畴。因租赁物系由出租人向承租人购买并出租给承租人,出租人无须实际交付租赁物。租赁期限为 5 年,租期届满时,经承租人申请,出租人有权决定是否同意承租人续租。出租人一次性支付人民币一亿元租赁物购买价款。租金由租金成本和租金利息构成。租金总额为人民币 129,807,035.80 元,年利率为 10.5%,每三个月期末等额本息支付。如中国人民银行公布的 5 年期贷款基准利率调整,租赁利率作同方向、同幅度调整。出租人于新利率执行当日按照新的租赁利率向承租人计收租金。因租赁利率调整引起的当期租金的变动部分应在计收下一期租金时进行加收或减收。对承租人欠付的租金,如贷款基准利率上调,则按新的贷款基准利率作相应调整,如基准利率下调,则按原租赁年利率执行。租金共分二十期支付,每期租金为 6,490,351.79 元(随利率调整相应变化)。租赁期限届满,在承租人清偿本合同项下所有应付租金以及其他应付款项后,租赁物由承租人按照每幢人民币 1000 元,共计 9000 元留购后,即取得租赁物的所有权。同时约定,任何一方因未履行、未完全履行、迟延履行或其他未完全按照合同约定履行其他合同义务,给对方造成损失的,应负责赔偿守约方因此遭受的损失(包括但不限于守约方为索赔而支付的律师费等)。如承租人迟延支付本合同项下的任何款项,应就该笔迟延付款金额按日万分之七的标准向出租人支付迟延违约金,并且出租人有权在承租人该笔迟延付款金额每超出

1个月时，将上月累计的迟延违约金一并纳入迟延应付款的总额，以日万分之七的复利计算当月迟延违约金。另约定了出租人在承租人出现严重违约情形时，可以立即解除合同并取回租赁物。严重违约的情形主要包括：承租人逾期三十日未向出租人或任何第三人支付本合同项下的任何款项；承租人违反本合同约定，且未在本合同约定或出租人书面通知的期限内予以纠正的；承租人发生关闭、停止经营任何主营业务、停业、停产、减资、分立、自行申请或被申请破产或者其他出租人认为可能导致承租人经济状况发生实质性恶化足以影响承租人在本合同项下义务的正常履行的；其他出租人认为可能影响到本合同债务正常履行的事项。同时，出租人可以要求承租人向其支付所有已到期但未支付的款项，以及所有未到期的租金、物业管理费及其他在合同履行完毕的情况下根据合同约定出租人可以取得的收入及减少的支出，并由承租人支付迟延违约金及赔偿损失。双方发生争议由出租人所在地法院管辖。出租人提交的《融资租赁合同》包含了四个附件，分别为《租赁物情况表》、《租赁附表》、《租金支付通知书》样本和《终止租赁通知书》样本，而承租人提交的《融资租赁合同》附件四是《委托付款证明》。另外，承租人提交的《融资租赁合同》和附件二《租赁附表》中均记载融资手续费，附件四《委托付款证明》记载了收款单位是北京金诺银信投资管理中心（有限合伙）。

同日，原、被告双方签订了《工业厂房办公楼买卖合同》。约定根据《融资租赁合同》，出租人拟以售后回租交易方式向承租人出资购买合同项下租赁物并租回给承租人使用。具体为，出租人购买承租人坐落于四川省资阳市安岳县石桥铺镇资阳经济技术开发区安岳工业园内厂房、仓库、办公楼，建筑面积总计61，656.4平方米，其附着的土地面积为313，820.3平方米，土地使用权证书编号为安国用（2008）第05917－05925号。经双方委托评估，确定转让价格为人民币100，000，000元，并明确此款即为《融资租赁合同》约定之租赁物购买价款，同时列明了转让房产的清单与单价。双方还约定出租人在支付租赁物价款时取得租赁物的所有权,该所有权转移的同时视为出租人将租赁物交付给承租人。承租人保证在租赁物所有权转移前或同时,租赁物不存在任何权利上的瑕疵或限制,也不会在租赁物上设定任何担保物权。《融资租赁合同》期限届满时,租赁物所有权转移给承租人。

同日,原、被告签订《抵押担保合同》(含附件)。约定承租人以蜂蜜柠檬茶生产线、利乐包装生产线作抵押担保,以保障《融资租赁合同》的履行。抵押财产的抵押价值为一亿元,被担保债权为抵押权人向抵押人提供的一亿元的融资租赁款。抵押担保范围为主合同项下的主债权本金、利息(含罚息、复利)、违约金、损害赔偿金、抵押权人实现抵押权的费用等。抵押权人实现债权的费用均包括但不限于诉讼费、仲裁费、财产保全费、申请执行费等。承租人在担保期内如被宣布解散或破产,抵押财产不列入破产清算范围,出租人有权并可提前处分抵押财产。此外,任何承租人不能清偿债务的情况发生时,出租人有权依法定方式处分抵押财产。前述抵押物均已办理抵押登记。

上述合同签订后,出租人于2013年9月17日以银行转账方式分三笔向承租人付款10,000,000元、40,000,000元和50,000,000元,共计100,000,000元,银行业务回单中均注明"售后回租"字样。承租人取得融资款项后仅支付了前三期的租金,第四、五期租金未付。出租人以邮政特快专递的方式向承租人送达《租金支付通知书》和《逾期催收通知书》,催讨欠付租金,承租人亦未支付。出租人书面说明,随中国人民银行利率下调,未付的第六期至第二十期租金相应减少。截至2015年1月31日,承租人欠付到期应付而未付租金12,980,703.58元,违约金831,414.07元,未到期租金96,643,426.46元。

另查明,安岳县房地产交易监理所核发的在建工程抵押登记证明记载,2011年8月25日,承租人作为抵押人、安岳县农村信用合作联社作为抵押权人,共同就坐落于石桥铺镇工业园区的在建工程办理了抵押登记。2013年5月17日,安岳县国土资源局核发了安他项(2013)第0127-0135号他项权利证明书,记载安岳县农村信用合作联社等四单位是承租人名下位于安岳县工业园(石桥铺镇秀才村6、7组)的国有土地使用权的土地他项权利人。受承租人委托,四川振华资产评估有限责任公司于2013年9月12日出具川振资评报字(2013)第011号《资产评估报告书》,认定承租人所有的位于安岳县石桥铺镇的部分房屋建筑物的评估总价为人民币121,440,000元。

出租人为追索拖欠租金,于2015年1月23日与北京市××律师事务所签订《委托代理协议》,委托该所律师担任诉讼代理人,律师费包括基础代理费和风险代理费。基础代理费为500,000元,风险代理费按实现回款部分的百分之二收取。出租人已支付首期代理费300,000元。

再查明,在本案审理期间,四川省安岳县人民法院于2015年3月23日立案受理承租人破产重整案并指定四川某诚企业清算事务所为管理人。此后,该院于6月2日书面通知承租人,已立案受理承租人起诉出租人确认合同效力一案。

原、被告双方对于上述事实均不持异议,本院依法予以确认。庭审中,出租人不认可承租人提交的《融资租赁合同》及附件二、附件四上加盖的出租人印章的真实性,强调合同中并未约定融资手续费事项,出租人亦未委托承租人向案外人北京某信投资管理中心(有限合伙)付款。

## 诉讼主张及答辩意见

原告依法诉请判令:(1)被告支付到期应付而未付租金12,980,703.58元(第四、五期)及违约金831,414.07元(以到期应付而未付租金为基数,按日万分之七标准,自第四、五期租金逾期之日起计算至付清之日,暂计至2015年1月31日);(2)被告提前支付未到期租金96,643,426.46元及逾期付款损失(以96,643,426.46元为基数,按人民银行同期贷款基准利率,自起诉之日起计算至付清之日);(3)被告承担原告支出的律师费(首期30万元,最终金额以实际支出为准);(4)原告就被告在《抵押担保合同》项下的蜂蜜柠檬茶生产线、利乐包装生产线折价或拍卖、变卖的价款对上述债务在一亿元的限额内优先受偿;(5)被告承担本案的公告、评估、拍卖、变卖等法定费用(以实际发生数额为准);(6)本案诉讼费用由被告承担。

被告辩称:原、被告所签协议虽名为融资租赁合同,但是租赁物为在建工程及土地。因土地不属融资租赁范围,房屋系在建工程,未取得权属证明,且涉诉房屋和土地在双方签订融资租赁合同之前就已经抵押给了被告所在地的四家信用社并已办理抵押登记,故融资租赁合同项下约定的租赁物并不存在。对于租赁协议的效力问题,应该按照实际的关系来处理,根据最高人民法院的相关司法解释,应该认定为借贷关系,而非融资租赁关系。对于担保合同效力问题,担保合同的基础是融资租赁合同,如果作为主合同的融资租赁合同无效,那么担保合同也无效。此外,被告留存的合同文本与原告提交文本存在差异,被告为取得款项已经按照原告指令向案外人北京某信投资管理中心支付了6,000,000元的融资手续费。截至原告起诉时,被告共计支付了租金、财务费用19,471,055.37元。四川省安岳县人民法院已经受理了被告的破产重整申请并指定了管理人。管理人已经在安岳县人民法院另案起诉确认涉诉融资租赁合同效力,请求中止对本案的审理。

## 法院认定及判决

天津市高级人民法院经审理认为,本案的争议焦点是:(1)涉诉《融资租赁合同》、《抵押担保合同》及《工业厂房办公楼买卖合同》的性质和效力,进而确定出租人本案诉请应否予以支持;(2)承租人另行提起的确认之诉与本案的关系,本案是否应中止审理。

(1)关于涉诉合同的性质及效力问题。

法院认为,本案涉及的《融资租赁合同》、《工业厂房办公楼买卖合同》及《抵押担保合同》等系列配套协议是各方当事人自愿签订,意思表示真实,不违反相关法律规定且已实际履行,均为合法有效。具体分析如下:

融资租赁合同是出租人根据承租人对出卖人、租赁物的选择,向出卖人购买租赁物,提供给承租人使用,承租人支付租金的合同。在融资租赁法律关系中,出租人享有租赁物的所有权。虽然本案《融资租赁合同》第1条明确记载，原、被告共同确认双方的融资形式为承租人以筹集资金为目的，将其所有的租赁物——《工业厂房办公楼买卖合同》项下的不动产转让给出租人，再从出租人处租回租赁物继续使用，并在租赁期内向出租人支付租金，体现的内容是融资租赁法律关系项下的售后回租交易模式，但是由于合同项下的房产已经设定了抵押，在抵押撤销之前出租人是无法办理所有权转移登记手续并取得相应房产的所有权的，出租人对此应为明知。因此出租人签订《工业厂房办公楼买卖合同》《融资租赁合同》，并非是以买卖方式取得所有权后又通过向承租人出租租赁物来实现合同目的，而是通过另行签订《抵押担保合同》，以抵押权作为债权保障完成资金融通。这与融资租赁法律关系中，出租人对租赁物享有所有权的法律关系特征不符，故本案不构成融资租赁法律关系，而应按照借款关系处理。

关于承租人提出的租赁物系在建工程不具备融资租赁物的法律特征且租赁物存在低值高评嫌疑，导致《融资租赁合同》无效的主张。本院认为，双方约定的租赁物系位于安岳工业园内的部分房屋。为签订涉诉合同，承租人委托专业评估机构对于该房屋的价值进行了评估。评估报告中不仅描述了评估对象已于2012年6月建成并投入使用，而且认定总价值为人民币121,440,000元。因承租人为实现融资目的而委托评估，其在与出租人就融资事项进行磋商时，不仅对评估报告的真实性不持异议，而且从未质疑租赁物的客观存在。同时，承租人正是基于已经实际投入使用的租赁物的评估价值与出租人达成了房产买卖的合意，进而签订了本案涉诉融资租赁合同并取得了融资款项。承租人在没有相反证据足以推翻评估结论的情况下，提出租赁物系在建工程且存在低值高评的抗辩，有违诚信原则，天津市高级人民法院不予支持。《工业厂房办公楼买卖合同》是双方基于真实意思表示而达成的合意且已实际履行，未办理产权人变更登记并不影响对该合同有效性的认定。虽然双方签订的《融资租赁合同》实为借贷法律关系性质，但该合同约定的权利义务内容系真实意思表示，双方在签订该合同时对租赁物的权属状况亦应明知，故《融资租赁合同》约定的内容对双方均有约束力。在承租人不能举证证明存在合同法规定的合同无效的法定情形的情况下,《工业厂房办公楼买卖合同》《融资租赁合同》《抵押担保合同》均应认定有效。

关于《融资租赁合同》是否约定了融资手续费问题。本院认为,因承租人支付款项的收款人北京某信投资管理中心(有限合伙)非涉诉融资租赁合同的缔约主体,且承租人提交的合同版本中亦未约定融资手续费用于抵扣融资租赁款项,故承租人是否支付融资手续费与出租人本案诉请的租赁费无关,不属本案的审理范围,承租人可以就此事项向相关主体另行主张。

关于出租人诉请的到期未付租金以及违约金问题。《融资租赁合同》明确约定了融资租赁租金采取分期支付的方式,每期租金金额为6,490,351.79元,每三个月末等额本息支付。现承租人对于欠付第四、五期租金不持异议,理应承担到期应付而未付款项的清偿责任。此外,双方还约定,如承租人迟延支付本合同项下的任何款项,应就该笔迟延付款金额按日万分之七的标准向出租人支付迟延违约金,并且出租人有权在承租人该笔迟延付款金额每超出1个月时,将上月累计的迟延违约金一并纳入迟延应付款的总额,以日万分之七的复利计算当月迟延违约金。依据双方约定,出租人有权要求承租人归还到期款项12,980,703.58元以及相应的违约金。因安岳县人民法院已于2015年3月23日裁定受理承租人破产重整申请,故承租人给付违约金的期限应自当期租金付款日届满次日起至2015年3月23日。关于出租人诉请的尚未到期的全部租金及逾期付款损失问题。本院认为,《破产法》第46条规定:未到期的债权,在破产申请受理时视为到期。附利息的债权自破产申请受理时起停止计息。承租人不能按期偿还款项,至今已呈连续状态,其对未归还的款项数额不持异议。现出租人对承租人享有的未到期的债权,也因承租人破产申请被人民法院受理而视为到期。故出租人主张剩余未到期款项全部提前到期,承租人应当清偿全部未到期款项人民币96,643,426.426元的请求,本院予以支持。因双方未就逾期付款损失问题做出明确约定,故出租人关于承租人应当就未到期款项支付逾期付款损失的诉请,本院不予支持。承租人以其所有的蜂蜜柠檬茶生产线、利乐包装生产线等设备为本案《融资租赁合同》项下主债权本金、利息(含罚息、复利)、违约金、损害赔偿金、抵押权人实现抵押权的费用等在1亿元范围内提供抵押担保,且办理了抵押登记。根据《物权法》第195条及本案《抵押担保合同》的约定,出租人对涉案抵押物依法享有抵押权,其主张对抵押物在抵押担保范围内享有优先受偿权的请求成立,天津市高级人民法院予以支持。

关于律师费及其他费用的承担问题。虽然本案双方当事人对支付律师费问题有明确约定,但因该部分费用属于承租人未按期还款给出租人造成的损失,该部分损失可通过承租人支付的违约金予以补偿,故对出租人的该项诉请不予支持。对于出租人诉请的其他律师代理费及公告、评估、拍卖、变卖等费用,因其未能提交实际发生的证据,天津市高级人民法院亦不予支持。

(2)关于本案应否中止审理问题。

承租人在本案审理期间,向安岳县人民法院就本案《融资租赁合同》效力提起诉讼,请求确认该合同无效,并据此请求本院中止对本案的审理。本院认为,本案作为给付之诉,审理范围当然涵盖对《融资租赁合同》效力的认定。同时,本院立案在先,承租人在本案中已经就涉诉融资租赁合同的效力提出了抗辩意见,承租人请求中止本案审理缺乏法律依据,天津市高级人民法院不予支持。

鉴于安岳县人民法院已裁定受理承租人破产重整申请,出租人作为债权人可依据本判决确定的全部给付金额向承租人管理人申报债权。

综合以上,天津市高级人民法院作出判决如下:(1)被告四川华通某M有限公司于本判决生效后十日内偿还原告某C(天津)投资租赁有限公司人民币12,980,703.58元及违约金(以6,490,351.79元为基数,自2014年9月18日始,按照日万分之一的标准计付至2014年12月17日;以12,980,703.58元为基数,自2014年12月18日始,按照日万分之一的标准计付至2015年3月23日);(2)被告四川华通某M有限公司于本判决生效后十日内向原告某C(天津)投资租赁有限公司偿还人民币96,643,426.46元;(3)原告某C(天津)投资租赁有限公司就被告四川华通某M有限公司在《抵押担保合同》项下的蜂蜜柠檬茶生产线、利乐包装生产线(详见《抵押担保合同》附件一《抵押设备清单》)折价或拍卖、变卖的处置价款，以人民币100,000,000元为限享有优先受偿权；(4)驳回原告某C(天津)投资租赁有限公司其他诉讼请求。

## 法律风险及要点解读

1. 无法转移所有权的在建工程作为租赁物存在适格性瑕疵

如在之前案例中涉及租赁物尽职调查时所作的分析，针对租赁物需要进行是否为固定资产和是否能转移所有权两个维度的分析，在本案例中，出租人即以已办理抵押的房产作为租赁物，由于无法实现所有权转移，因此法院判定相关法律关系并不构成融资租赁关系。

2. 被认定为借贷之后对保证关系的认定问题

如果融资租赁一旦被认定为借贷关系，则需要确认相关的担保合同是否继续有效的问题。最高人民法院倾向于认为，认定不构成融资租赁合同关系，不等于认定主合同无效；如果主合同有效，保证人对主合同内容、权利义务关系的约定均有了解，保证合同本身也无《合同法》第52条规定的合同无效的情形的，则保证合同不因主合同的性质认定变化而必然导致保证合同的无效。相关案例可见最高人民法院(2014)民二终字第109号民事判决书，其中担保人抗辩理由为："本案融资租赁合同被认定为企业间借贷合同，其签订保证合同时的真实意思表示是为有效的融资租赁合同而非借款合同提供保证，案涉《保证合同》因缺乏真实意思表示而无效，三威某业公司与某泰租赁公司故意隐瞒案涉租赁物属违章建筑的事实，对此骗取担保行为，保证人不应承担保证责任。"但山东省高级人民法院一审判决认为，某海投资公司在提供保证担保时对案涉租赁物为违章建筑的事实应属明知，某海投资公司、某海担保公司作为专业的投资、担保公司，在签订《保证合同》亦应知道案涉融资租赁名为融资租赁实为借贷的实际性质。案涉《保证合同》系某海投资公司、某海担保公司真实意思表示的事实依据充分。因案涉主合同有效，某海投资公司、某海担保公司与某泰租赁公司签订的《保证合同》亦为有效合同，最高人民法院对一审判决予以维持。

3. 是否存在低值高买对合同性质认定的影响

本案中被告还有一抗辩理由是认为存在低值高评的情形,《天津法院融资租赁合同纠纷案件审理标准(试行)》第 4.1.3 条亦规定:“售后回租合同的出租人明知租赁物不存在或者租赁物价值严重低值高估的,不认定为融资租赁合同关系。”由于在售后回租交易中,租赁物买卖合同约定的转让价格通常会低于租赁物的交换价值,这是为了实现租赁物的担保属性,而非基于等价交换原则。法院最后也认定为:双方约定的租赁物系位于安岳工业园内的部分房屋。为签订涉诉合同,承租人委托专业评估机构对于该房屋的价值进行了评估。评估报告中不仅描述了评估对象已于 2012 年 6 月建成并投入使用,而且认定总价值为人民币 121,440,000 元。因承租人为实现融资目的而委托评估,其在与出租人就融资事项进行磋商时,不仅对评估报告的真实性不持异议,而且从未质疑租赁物的客观存在。同时,承租人正是基于已经实际投入使用的租赁物的评估价值与出租人达成了房产买卖的合意,进而签订了本案涉诉融资租赁合同并取得了融资款项。承租人在没有相反证据足以推翻评估结论的情况下,提出租赁物系在建工程且存在低值高评的抗辩,有违诚信原则,法院不予支持。

## 三　需核实交易背景

### 案例 22:陶某琴协助骗取贷款犯罪案

#### 案件主要事实

根据浙江省缙云县人民法院 2019 年 9 月 27 日作出的(2019)浙 1122 刑初 131 号刑事判决书,经法院审理查明的主要事实如下:

2013 年 7 月，宋某新授意被告人陶某琴办理融资租赁事宜，并通过伪造加工购销合同、支付款项的承兑汇票、权属转移证明等材料的方式将宽幅薄板流水线的价格虚构为 1.34 亿元及属于新某薄板公司所有，并将上述虚假材料提供给华某租赁公司用以签订融资租赁合同，其中宽幅薄板流水线的设备为 1 号 1150mm 六辊可逆冷轧机组，该机组于2009 年 12 月 16 日由缙云县某航金属制品有限公司向无锡市某轧钢机械有限公司购买，实际购入价格为 1100 万元。

2013 年 7 月 31 日，出租人华某租赁公司与承租人新某薄板公司签订了《回租物品转让协议》《融资租赁合同》，约定该宽幅薄板流水线由华某租赁公司以 6000 万元的价格购买后回租给承租人新某薄板公司使用，新某薄板公司则支付 60 个月租金，60 个月租金分 20 期支付，每期支付租金 3, 544, 906.57 元，并由宋某新、章某提供保证担保；在《回租转让物品明细表》中载明该宽幅薄板流水线原购置总价为 1.34 亿元，购入时间 2009 年 12 月 20 日，生产厂商或供应商为无锡市某轧钢机械有限公司。同日，华某租赁公司还分别与缙云县某航金属制品有限公司、浙江某瑞薄板有限公司签订了保证合同，约定该二家公司分别同意为承租人新某薄板公司在 2000 万元、4000 万元额度范围内为主合同项下租金、违约金、损害赔偿金、其他应付款以及债权人为实现债权而支付的诉讼费用、律师代理费用和其他费用承担连带保证责任，保证期间为至主合同履行期届满后两年。

签订上述合同后，华某租赁公司扣除了保证金、手续费等费用后，于 2013 年 8 月 1 日转账 4290 万元款项至新某薄板公司，新某薄板公司将上述款项于同日转账至杭州某联进出口股份有限公司 1900 万元、金华市某金钢材有限公司 2200 万元、浙江某舟商贸有限公司 200 万元。新某薄板公司在支付了 8, 589, 813.14 元的租金（第一、二期各支付了 3, 544, 906.57 元的租金，第三期支付了 150 万元的租金）后，因资金链断裂则未继续支付租金。2014 年 11 月 27 日，华某租赁公司向本院提起民事诉讼，2015 年 1 月 12 日，本院判决新某薄板公司支付给华某租赁公司到期租金、未到期租金、名义货价共计48,285,811.88元,并支付违约金318,384.94元,并从2014年11月21日起至款还清日止按日万分之五另行计付租金47,385,811.88元的违约金;支付律师费30,000元;宋某新、章某承担连带保证责任;缙云县某航金属制品有限公司在2000万元范围内承担连带保证责任;浙江某瑞薄板有限公司在4000万元范围内承担连带保证责任;在新某薄板公司、缙云县某航金属制品有限公司、浙江某瑞薄板有限公司、宋某新、章某付清上述全部款项前,租赁物的所有权属于华某租赁公司。

## 经庭审质证并被法院确认的证据

1. 被告人陶某琴的供述和辩解证实:① 2013年7月左右,华某租赁公司找到其公司,宋某新就和他们谈拢了融资租赁的业务,是一台1150mm六辊可逆冷轧机,就单独一台机器,这台机器转让给华某租赁公司,然后以回租的方式租回来用,这台机器的转让总金额是6000万元,其中有1500万元是风险金,就相当于保证金,是存在华某租赁公司的账户里面的,还扣了一笔钱,反正最后承租人新某薄板公司拿到的是4200多万元,新某薄板公司每个季度都要付租金给出租人华某租赁公司,要付5年,实际上只付了两三个季度,后面的租金就付不起了。②华某租赁公司的业务办理时需要设备加工合同,一张设备权属转移的证明,还有购买设备的承兑汇票复印件。设备加工合同和设备权属转移的证明是其在采购部那边拿过来的。这两份材料是假的,但是怎么弄来的,其不太清楚,其是在采购部胡某那里直接拿来的,给华某租赁公司的手续中,三张承兑汇票是没有实际交易的,就其公司自己写一下,然后盖一下章,当作一个证明提供给华某租赁公司。实际买这台机器的时候,支付方式不是这三张承兑汇票。华某租赁公司那边也没有认真核对,只要提供了这个材料就行,所以随便写了三张承兑汇票,提供给华某租赁公司之后,这三张承兑汇票就没用了。③与华某租赁公司谈融资租赁时,新某薄板公司的资金就已经很紧张了,如果当时不融资的话,公司当时就可能要倒闭等事实。

2.同案犯宋某新的供述和辩解证实:① 2013 年,新某薄板公司将一套 1150mm 六辊可逆冷轧机组转让给华某租赁公司,转让的总金额是 6000 万元,其中 1500 万元是风险金,没有转给新某薄板公司,然后华某租赁公司转给新某薄板公司约 4500 万元,由新某薄板公司每个季度付给华某租赁公司 300 多万元的租金加利息,合同期限五年,在这期间机器设备的所有权是属于华某租赁公司,使用权是新某薄板公司。一套 1150mm 六辊可逆冷轧机组及一些配套设备(供电设备、酸洗机等),该机组是 2009 年的时候在无锡买来的,购买价格是 1000 多万元,加上配套设施等,这套机组总共投资了 3000 多万元。②新某薄板公司提供给华某租赁公司的设备加工合同,是因华某租赁公司那边办理手续需要其公司评估价值大概一个多亿,所以其公司就弄了一张设备加工合同,提供给华某租赁公司的不是真实的加工合同,具体的事项是由陶某琴去办理的。加工合同是自己这边做起来的,上面供应商无锡市某轧钢机械有限公司的公章,其已记不起来是陶某琴做了假章盖的还是供应商那边帮忙盖的。③2012 年国家开始调控,金融环境不好,企业不好做。大概是 2013 年年初新某薄板公司以 1.28 亿元收购了星某辉的两个酒店,一个是仙某假日酒店,一个是星某辉大酒店,加上银行也收紧放贷,新某薄板公司的资金就很紧张了等事实。

3.证人胡某的证言证实:其于 2007 年至 2015 年在新某薄板公司工作,后任采购部经理。新某薄板公司有两台 1150mm 六辊可逆冷轧机,是在江苏无锡买的,以每台 1100 万元的价格购买。这两台轧机有设备加工合同,设备加工合同上面写的也是 1100 万元。但是后来其受公司财务总监陶某琴授意,联系江苏无锡某轧钢机械有限公司的汪某要求他们重新做一张金额大的设备加工合同,但汪某并未同意,之后有人沟通后,汪某同意了,就重新开了一张设备加工合同给新某薄板公司,盖了他们供货商的章,金额那栏空白的,并且通过传真传过来,其就将新的设备加工合同交给陶某琴等事实。

4.证人俞某的证言证实:其系无锡市某轧钢机械有限公司的法定代表人。

2009年的时候,新某薄板公司在其经营的无锡市某轧钢机械有限公司购买了两台1150mm六辊可逆冷轧机组,并于2009年12月16日签订购销合同。两台轧机的价格每台是1100万元,一共是2200万元。两套机组,一套就是一条流水线。货款已经付了2050万元,还欠150万元没有付清,货款以承兑汇票的方式支付的。其经营的无锡市某轧钢机械有限公司没有与新某薄板公司签订过一份金额为13,400万元的设备加工合同,合同上的章也不是其公司的,也没有其本人签字,其公司也没有在2013年3月26日对"华某金融租赁股份有限公司金华分公司"开具一张"关于设备权属转移的证明"等事实。

5.证人汪某的证言证实:①其系无锡市某轧钢机械有限公司的总经理。2009年12月16日,新某薄板公司与其公司签订了购销合同,其公司卖给新某薄板公司两台1150mm六辊可逆冷轧机组。这笔业务包括两台1150mm六辊可逆冷轧机组和一些需要的配件。一台六辊可逆冷轧机组是一条流水线的一部分,但不包括酸洗线等,那些是前面的工序。每台六辊可逆冷轧机组是1100万元人民币,两台一共是2200万元人民币。除了这笔业务之外,其公司与新某薄板公司没有别的业务往来。这笔业务的货款大部分已经结清了,还有一百多万元没有结清,是通过承兑汇票形式结算的。②公安机关出示的新某薄板公司与其公司关于一份总价13,400万元、一份是总价7600万元的合同肯定是假的,其公司没有签订过这两份合同,上面的章和签字应该都是伪造的等事实。

6.证人朱某的证言证实:①其现系华某租赁公司的副总经理,2013年的时候,其还是项目经理。签订回租协议需要两个流程,首先是授信,其先去新某薄板公司,对整个集团公司的生产经营状况、企业资信、法人的征信情况等做一个大概了解,然后报华某租赁公司法务评审等开会决定,之后再报杭州总公司审批;其次是尽职调查,就是对租赁物是否存在、购买时的价格、是否正常运转、所有权的认定、价值认定,然后其根据这些做一个尽职调查报告,之后提交法务评审后出一个意见,再由他们部门老总认定等,之后就是签订合同,投放资金。②华某租赁公司与新某薄板公司签订的回租协议的回租物是一台1150mm六辊可逆冷轧机组。签订的《融资租赁合同》上写的回租转让物是宽幅薄板流水线，其实1150mm六辊可逆冷轧机组和宽幅薄板流水线是同一个东西，只是说法不一样。这个宽幅薄板流水线从外面看就是一台机器，但是其实还包括附属的直流电动机、轧辊、轴承的物品，不包括酸洗、拉角等流程设备。③其公司与新某薄板公司签订回租协议时，需要对标的物的价值进行认定，其公司是根据新某薄板公司提交的设备加工合同、付款依据、固定资产账册、供应商的权属说明等材料进行认定。其公司给新某薄板公司回租了6000万元，是根据设备的价格，当时根据新某薄板公司提供的材料是13,400万元，还有新某薄板公司的还款能力、生产能力，设备的使用年限、回租的年限、担保公司的担保能力等多方面考虑后得出的一个价格。开始其公司评估是8000万元，后来觉得担保这项能力不是很足，就又减了2000万元，最后价格确定6000万元。其公司确定这个回租价格的材料大部分是新某薄板公司提供的，比如设备的价格、企业的报表、生产能力、设备购买的支付凭证，等等。还有一些是其公司自己调查后得到的，比如企业征信、法人代表征信、实际设备、实际经营，等等。④对新某薄板公司提供的材料，其公司没办法去鉴别真伪，也没有能力去鉴别，只能相信他们企业报上来的，所以当时签订合同时，其认为新某薄板公司提供的材料都是真的，另外，其公司在浙江某金金属科技有限公司做过轧机回租，他们一条生产线价值七八千万元，但机器的产能不到10万吨，新某薄板公司有20万吨的产能，所以宋某新说这个机器价值上亿元，其公司比较相信等事实。

7. 对账单证实：新某薄板公司与无锡市某轧钢机械有限公司于2009年12月签订了两台1150mm六辊可逆冷轧机组的加工合同，合同总金额2200万元，无锡市供货商收到新某薄板公司支付的款项2050.4万元，尚有149.6万元的款项未结清的事实。

8. 工矿产品购销合同(真实合同)证实：2009年12月16日新某薄板公司向无锡市某轧钢机械有限公司购买两台1150mm六辊可逆冷轧机组、2套备件轴承座(工作辊、中间辊、支承辊)，单价为1100万元，总价为2200万元等事实。

9. 华某租赁公司营业执照、金融许可证证实：华某租赁公司的具体经营范围的事实。

10. 设备加工合同(假)、设备照片、关于设备权属转移的证明、商业承兑汇票、融资租赁合同、回租物品转让协议、回租转让物品明细表证实:①宋某新虚构了新某薄板公司于2009年12月20日从无锡市某轧钢机械有限公司以13,400万元的价格购买了宽幅薄板流水线,并且该条宽幅薄板流水线的完整所有权已转移至新某薄板公司及新某薄板公司以商业承兑汇票的形式支付了货款11,500万元的事实。②2013年7月31日,华某租赁公司与新某薄板公司约定以人民币6000万元受让宽幅薄板流水线等回租物品,并在支付回租物品转让款时取得该回租物品所有权;华某租赁公司将回租物品出租给新某薄板公司使用,并约定新某薄板公司不得将该宽幅流水线予以销售、转让、转租、抵押、质押、投资或采取其他侵犯华某租赁公司所有权的行为以及租金、租期、服务费、违约责任等相关权利义务等事实。

11. 浙江某瑞薄板有限公司股东会决议、保证合同证实:浙江某瑞薄板有限公司于2013年7月31日经股东会会议,同意本公司在4000万元额度范围内为新某薄板公司融资租赁人民币6000万元(本金)并按约定偿付由此产生的租金、名义货价和违约金等其他应付款项提供连带责任保证等事实。

12. 缙云县某航金属制品有限公司股东会决议、保证合同证实:缙云县某航金属制品有限公司于2013年7月31日经股东会会议,同意本公司在2000万元额度范围内为新某薄板公司融资租赁人民币6000万元(本金)并按约定偿付由此产生的租金、名义货价和违约金等其他应付款项提供连带责任保证等事实。

13. 法律合规审查意见、项目评审审查意见表、项目审查委员会审议结论表(华某租赁公司对新某薄板公司签订融资租赁合同前的审批材料)证实:华某租赁公司在与新某薄板公司签订融资租赁合同之前的项目审核重点在于拟租赁物1150mm六辊可逆冷轧机组的权属实际归于新某薄板公司,以及新某薄板公司的经营状况情况,对于拟租赁物的价值仅系根据新某薄板公司出具的相关购买价值凭证进行判定等事实。

14. 扣款委托及付款通知书证实:根据新某薄板公司与华某租赁公司签订的

《融资租赁合同》和《回租物品转让协议》的约定，华某租赁公司应向新某薄板公司支付租赁物转让价款计人民币6000万元，同时，新某薄板公司向华某租赁公司支付租赁服务费210万元和风险金1500万元。为简便操作，新某薄板公司特委托华某租赁公司在向其公司支付租赁物价款时直接扣收上述新某薄板公司应付款项共计1710万元，并将剩余款项4290万元打入新某薄板公司中行账号中的事实。

15.（2015）丽缙商初字第152号缙云县人民法院民事判决书证实：2015年1月12日，缙云县人民法院判决新某薄板集团有限公司、宋某新等在付清租金、违约金之前，《融资租赁合同》项下租赁物的所有权属于华某租赁公司等事实。

16.新某薄板公司涉嫌非法吸收公众存款案相关财务资料汇总报告证实：根据新某薄板公司内部账套数据显示，新某薄板公司从2012年6月开始出现资不抵债情况。2012年6月30日资产总额15.54亿余元，负债总额15.63亿余元，净资产为－948.9万余元的事实。

17.银行交易流水证实：2013年8月1日新某薄板公司通过融资租赁方式从华某租赁公司获得的4290万元款项，当日以承兑汇票形式给杭州某联进出口股份有限公司1900万元，给金华市某金钢材有限公司2200万元；以转账形式给浙江某舟商贸有限公司200万元的事实。

## 法院认定及判决

1.关于被告人陶某琴是否构成合同诈骗罪的认定问题。

经查，法院认为被告人陶某琴不构成合同诈骗罪，理由如下：①在签订融资租赁合同时，新某薄板公司虽然已资不抵债，但其生产线仍然处于正常生产状态，并不是属于完全没有履行能力，且提供了担保，虽然设备价值是确定融资金额的一方面原因，但证人朱某的证言证实还需要根据企业的生产经营状况、资信、还款能力、担保公司的担保能力等方面来确定。②签订合同后，新某薄板公司向华某租赁公司支付了租金8,589,813.14元，第一、二期（一期时间为一个季度）租金已全部支付，第三期租金也支付了150万元。说明宋某新、陶某琴既有履行合同的实际行动,也有履行合同的诚意。③宋某新、陶某琴收到华某租赁公司的转让款后,即用于归还杭州某联进出口股份有限公司等公司所欠货款,其目的为了新某薄板公司生产经营,且目前也无其他证据证实其存在逃避履行合同或者把转让款用于个人挥霍等情形,合同不能继续履行的原因是由于资金链完全断裂,客观上丧失了履约能力,最终导致无力支付租金。④宋某新、陶某琴虽然实施了虚构设备价值、产权证明等欺骗行为,但目的是促成合同的成立与生效,获得企业运营所需的融资资金,而非通过该欺骗行为占有华某租赁公司的财产。综上,根据在案的证据还不足以证明宋某新及被告人陶某琴具有通过签订合同的方法非法占有他人财物的主观故意。因此,公诉机关指控被告人陶某琴构成合同诈骗罪的证据不足,本院不予支持。故辩护人提出的辩护意见成立,本院予以采纳。

2. 关于被告人陶某琴是否构成贷款诈骗罪的认定问题。

经查,本院认为被告人陶某琴构成骗取贷款罪,不构成贷款诈骗罪。理由如下:被告人陶某琴接受宋某新的安排虽有隐瞒1号1150mm六辊可逆冷轧机组已转让给华某租赁公司事实的行为,但在办理涉案最高额抵押贷款时,宋某新实际控制的缙云县某航金属制品有限公司还正常经营,且被告人陶某琴、宋某新的供述及在案的相关贷款证据材料均证实涉案贷款及抵押担保均具有前后的延续性,实为转贷,也无证据证实贷款用途用于非法活动或者大肆挥霍,携款逃匿以及贷款到期拒不归还等情形,最终不能按期归还贷款的原因系资金链完全断裂,导致企业停业。综上,根据在案的证据还不足以证明宋某新、陶某琴主观上具有非法占有目的,但宋某新作为缙云县某航金属制品有限公司的实际控制人,被告人陶某琴作为办理贷款的经办人,其二人隐瞒部分抵押物已转让的事实向银行骗取了贷款的行为,符合骗取贷款罪的构罪要件,应以骗取贷款罪定罪处罚。故对辩护人提出被告人的行为不构成贷款诈骗罪的辩护意见,本院予以采纳。

3. 关于骗取贷款金额的认定问题。

经查,1号1150mm六辊可逆冷轧机组的评估净值为3436.8万元,结合本院调取的关于缙云县某航金属制品有限公司授信的批复内容,证实贷款4000万元需由企业提供净值不低于14,000万元的机器设备抵押,即放款比例为4000/14,000,故骗取金额应为3436.8万元×4000/14,000=981.9429万元,因此,公诉机关指控的骗取金额有误,本院予以纠正。

4.一审法院认为,缙云县某航金属制品有限公司以欺骗手段,骗取银行贷款,导致贷款逾期不能归还,给银行造成特别重大损失,侵犯了国家金融管理秩序及金融机构的贷款安全,被告人陶某琴作为办理贷款手续的直接责任人,其行为已构成骗取贷款罪。公诉机关指控的贷款诈骗罪定性有误,本院予以纠正;公诉机关指控的合同诈骗罪不成立,本院不予支持。在共同犯罪中,被告人陶某琴起次要作用,系从犯,应当从轻、减轻处罚或者免除处罚。被告人陶某琴具有自首情节,依法可以从轻或者减轻处罚。

综上,根据被告人的犯罪事实、情节、性质及悔罪表现,本院决定对被告人陶某琴减轻处罚并宣告缓刑。判决被告人陶某琴犯骗取贷款罪,判处有期徒刑二年,缓刑二年六个月,并处罚金人民币10万元(缓刑考验期限,从判决确定之日起计算。罚金限在本判决生效后即向本院缴纳)。

## 法律风险及要点解读

本案件涉及的融资租赁交易,尽管出租人通过法院判决已获得民事胜诉判决,但在相关刑事案件判决书中,可看出出租人在前期尽职调查过程中,仅遵循了融资租赁行业一般惯例,根据承租人提供的设备加工合同、付款依据、固定资产账册、供应商的权属说明等材料进行了相关租赁物的背景核查,包括租赁物权属及价值认定等,但却没有进一步核查出承租人提供材料涉及交易背景是否真实可信,在承租人提供相关设备加工合同均是虚构的情况下,相关交易仍得以正常开展进行。尽管该案件骗贷发生于承租人以租赁物再次向银行办理抵押贷款后续环节,但对于出租人如何在前期尽职调查中核实相关交易真实背景,仍值得进一步深思。

另外,根据2020年6月28日向第十三届全国人大常委会第二十次会议委员长会议提请审议并于2020年12月26日通过的《刑法修正案(十一)》,为了进一步加强企业产权保护和优化营商环境，该修正案对骗取贷款罪的入罪标准进行了修订，将原《刑法》第175条之一第1款“以欺骗手段取得银行或者其他金融机构贷款、票据承兑、信用证、保函等，给银行或者其他金融机构造成重大损失或者有其他严重情节的，处三年以下有期徒刑或者拘役，并处或单处罚金；给银行或者其他金融机构造成特别重大损失或者有其他特别严重情节的，处三年以上七年以下有期徒刑，并处罚金”，修改为“以欺骗手段取得银行或者其他金融机构贷款、票据承兑、信用证、保函等，给银行或者其他金融机构造成重大损失的，处三年以下有期徒刑或者拘役，并处或单处罚金；给银行或者其他金融机构造成特别重大损失或者有其他特别严重情节的，处三年以上七年以下有期徒刑，并处罚金”，即将入罪标准“造成重大损失”或“有其他严重情节”，调整为“造成重大损失”。

## 案例23：某远程医疗集团涉嫌合同诈骗犯罪案

### 案件主要事实

根据北京市大兴区人民法院2018年12月27日作出的(2018)京0115民初10901号民事裁定书，原告北京某Y国际融资租赁有限公司(以下简称北京某Y租赁公司或出租人)向被告阳泉市第×人民医院(以下简称第×人民医院或承租人)和北京某Z科技集团有限公司(以下简称北京某Z公司或供货商)发起融资租赁合同纠纷诉讼，北京某Y租赁公司根据《融资租赁协议》、《买卖协议》和《保证合同》诉请要求承租人第×人民医院及担保人北京某Z公司支付租金(包括全部到期未付和未到期租金)、逾期利息以及律师费，而第×人民医院反诉要求确认涉案《融资租赁协议》无效。

## 一审法院认定及判决

一审法院认为：北京某Y租赁公司系根据《融资租赁协议》、《买卖协议》和《保证合同》诉请要求承租人及北京某Z公司支付租金、逾期利息以及律师费，而承租人反诉要求确认涉案《融资租赁协议》无效。鉴于案件事实与阳泉市公安局城区分局立案的“北京某Z眼科管理有限公司涉嫌合同诈骗”一案侦查事实基本一致。根据最高人民法院《关于在审理经济纠纷案件中涉及经济犯罪嫌疑若干问题的规定》第11条①“人民法院作为经济纠纷受理的案件，经审理认为不属于经济纠纷案件而有经济犯罪嫌疑的，应当裁定驳回起诉，将有关材料移送公安机关或检察机关”，现本案承租人第×人民医院与出租人北京某Y租赁公司以及北京某Z公司签订《融资租赁协议》及《买卖合同》的行为涉嫌合同诈骗罪，本案不宜继续审理，应当驳回北京某Y租赁公司、第×人民医院的起诉。基于以上，一审法院裁定如下：(1)驳回北京某Y国际融资租赁有限公司的起诉；(2)驳回阳泉市第×人民医院的反诉。

## 二审上诉及判决

北京某Y租赁公司随后向北京市第二中级人民法院提起上诉，根据二审法院于2019年5月16日作出的(2019)京02民终5267号民事裁定书，二审法院认为：

人民法院作为经济纠纷受理的案件，经审理认为不属经济纠纷案件而有经济犯罪嫌疑的，应当裁定驳回起诉，将有关材料移送公安机关或检察机关。北京某Y租赁公司系依据其与承租人签订的《融资租赁协议》、其与承租人及北京某Z公司签订的《买卖协议》、其与北京某Z公司签订的《保证合同》提起本案诉讼。本案中，北京某Y租赁公司称其向北京某Z公司支付了涉案租赁物价款18,014,670元，承租人称北京某Z公司作为涉案《买卖协议》中的销售商，在履行合同过程中仅向承租人交付了部分设备，且北京某Z公司的法定代表人韩某某与本案原审被

---

① 对应《最高人民法院关于在审理经济纠纷案件中涉及经济犯罪嫌疑若干问题的规定(2020修正)》第11条，内容无修改。后文不再赘述。

告的法定代表人系同一人。现承租人提交阳泉市公安局城区分局立案告知书，载明“北京某Z公司涉嫌合同诈骗”。根据本案现有证据材料，可以认定本案涉嫌经济犯罪，故在公安机关对涉嫌合同诈骗的行为进行侦查的阶段，本案不宜直接作出处理。一审法院裁定驳回北京某Y租赁公司的起诉、驳回第×人民医院的反诉，于法有据，处理并无不当。北京某Y租赁公司的上诉理由不成立，本院不予支持。

综上，二审法院裁定如下：驳回上述，维持原裁定。

## 法律风险及要点解读

相关案件评析请见对下述案例24的相关评析。

## 案例24：某人民医院控告租赁公司涉嫌合同诈骗

需要说明的是，本案例与上述案例23实质为同样涉及北京某Z医疗集团相关案件，尽管法院最终的裁定结果都是驳回起诉，但在案件具体细节和援引事实上，仍有些许差别。

## 案件主要事实

根据2019年6月6日杭州市滨江区人民法院作出的(2019)浙0108民初547号民事裁定书，以及浙江省杭州市中级人民法院2019年8月2日作出的(2019)浙01民终5907号民事裁定书，相关案件主要事实如下：

2016年8月15日，一审原告浙江某L融资租赁有限公司(以下简称浙江某L租赁公司或出租人)与山东某P人民医院签订了《融资租赁合同》。同日，北京某Z肿瘤医院管理有限公司(以下简称北京某Z公司或供货商)与出租人、承租人又签订了《租赁物买卖合同》，在合同中明确《租赁物买卖合同》为《融资租赁合同》的附件。合同签订后，出租人依约向北京某Z公司支付了租赁物购买价款1350万元，承租人山东某P人民医院在支付了约500万元租金后，自2017年11月起拒付任何租金。

出租人随后将承租人诉至一审法院。

2018年8月25日，山东省邹平县公安局对承租人控告供货商、出租人涉嫌合同诈骗案予以立案。

## 一审法院认定及判决

一审法院认为，根据上述事实，本案涉嫌犯罪。依照最高人民法院《关于在审理经济纠纷案件中涉及经济犯罪嫌疑若干问题的规定》第11条之规定，裁定如下：驳回出租人的起诉。

## 二审上诉及判决

出租人公司随后提起上诉，上诉的事实和理由包括：

(1)本案系正常的民事经济纠纷，不存在合同诈骗等情形。首先，一审法院未查明案件基本事实，仅以“山东省邹平县公安局对某P人民医院所控告涉嫌合同诈骗案予以立案”为由，就认定本案涉嫌犯罪，不符合最高人民法院《关于在审理经济纠纷案件中涉及经济犯罪嫌疑若干问题的规定》第12条[①]规定的“认真审查”的要求。其次，本案在事实上不存在涉嫌犯罪的可能。本案租赁物及出卖方北京某Z公司均为承租人独立选定，浙江某L租赁公司作为《融资租赁合同》的出租方，已经按约向供货商支付租赁物购买价款1350万元。但合同履行至今，出租人仅收到

---

① 对应《最高人民法院关于在审理经济纠纷案件中涉及经济犯罪嫌疑若干问题的规定(2020修正)》第12条，内容无修改。后文不再赘述。

500余万元的租金，承租人自2017年11月开始拒绝支付租金，至今已拖欠租金800余万元，造成出租人巨额的经济损失。作为租赁企业，出租人完全没有必要与其他企业串通将自己的资金“骗出”，然后再以租金的形式分期返还至己方。出租人非但未从承租人处获得任何利益，反而遭受到巨额的经济损失。因此，出租人根本不存在“以非法占有为目的骗取财物”的可能，承租人对出租人的刑事控告是诬告和陷害。再次，本案中，出租人已经履行完毕所有合同义务，可承租人不但未起诉供货商，反而在其穷尽民事诉讼手段之前，径直向公安报案称其被“合同诈骗”。承租人的目的是以公安报案为掩盖，表面上是为追究供货商的法律责任，实际意图为逃避履行向出租人支付租金的合同义务。最后，就涉及供货商的融资租赁交易，确有部分地区的公安机关已经立案，但立案至今未查实任何犯罪事实，更未有任何公安机关将案件移送审查起诉。尤其是北京市海淀区公安局已经对供货商所涉融资租赁业务进行过调查，认为这些融资租赁交易无犯罪事实，并于2019年3月认定不予立案，将案件退回移送到海宁市人民法院。本案与北京市海淀区公安局所侦查案件存在相似的融资租赁交易，因此也应当认为不存在任何犯罪事实。综上，出租人并不具有构成犯罪的主、客观要件，承租人的刑事控告实际为恶意报案，目的为阻却民事案件审理进度，逃避履行其合同义务。一审法院未认真审查本案事实，作出本案“涉嫌犯罪”的认定错误，应当予以撤销。

(2)供货商并非本案当事人，即使承租人与供货商之间存在所谓合同诈骗事实，也与本案融资租赁合同关系无关。本案存在三种法律关系，即供货商与承租人的合作关系，出租人与承租人之间的融资租赁法律关系，以及租赁物买卖合同关系。而本案涉及的仅为出租人与承租人之间的融资租赁法律关系，不涉及租赁物买卖关系，更与承租人和供货商之间的合作关系无关。即使供货商对承租人存在任何违约行为，也应由承租人另行向供货商进行主张，而不应影响承租人支付租金的义务。即本案的法律责任承担主体为承租人，但承租人所控告的刑事案件的责任承担主体指向的是供货商。无论公安机关侦查结果对供货商的法律责任作出何种认定，均不影响承租人的法律责任，对于承租人应当承担何种法律责任，不属于公安机关侦查范围，需要由人民法院单独予以审理。因此，本案与承租人所控告案件在责任主体、法律关系上均不具有同一性，分属不同的法律事实。根据最高人民法院《关于在审理经济纠纷案件中涉及经济犯罪嫌疑若干问题的规定》第 1 条、第 10 条的规定，本案为单纯的经济纠纷，应当与承租人所控告案件分别审理。一审法院作出的驳回起诉裁定应当予以撤销。综上，出租人请求撤销一审裁定，支持其上诉请求。

2019 年 7 月 17 日，出租人提供补充上诉意见称，(1) 已有法院作出判决，认定融资租赁关系与医院所控告内容分属不同法律事实，远程公司是否涉嫌犯罪不影响融资租赁公司主张民事权利。其中陕西省西安市中级人民法院已经作出大量判决，均认定属于不同法律关系。此外，杭州市中级人民法院于 2019 年 3 月 19 日所作的(2018) 浙 01 民终 7358 号民事判决书，其中被告某 N 县中医院也提交了某 N 县公安局的立案通知书，其中也将原告浙江某盈融资租赁有限公司列为犯罪嫌疑人，但是法院认为，融资公司与供货商恶意串通涉及诈骗等刑事犯罪缺乏充分依据，对某 N 县中医院要求将案件移送公安机关的主张不予采纳。(2) 邹平县公安局作出的立案决定，属于以刑事手段干涉民事纠纷，不应作为认定本案是否涉嫌犯罪的依据。本案中，公安机关未采取任何行为，对供货商的任何人员采取过强制措施，未形成任何侦查结论或者起诉意见，更未将案件移送检察院审查起诉。公安机关的立案就是出具了一份立案通知书，对查明事实或惩治犯罪分子未起到任何作用。北京市海淀区公安局已经作出不予立案决定后，医院所在地公安局却迟迟不予撤销案件，出租人有理由认为医院所在地的公安局是以实行地方保护为目的，而作出立案决定。一审法院作出驳回起诉裁定，没有任何依据。

二审法院经审查认为：如经相关职能部门认定，不能确定本案属犯罪性质的，当事人仍可依法通过民事诉讼途径解决民事权益争议。出租人的上诉理由不能成立，本院不予支持。一审裁定适用法律正确，本院予以维持。因此，裁定驳回上诉，维持原判。

## 法律风险及要点解读

有关北京某Z集团的系列案件，其类似于厂商融资的交易模式，导致在其资金链发生断裂之后，作为承租人的诸多医院与各融资租赁公司发生大量纠纷。特别是在直租交易模式下，在案发时部分医院尚未完全收到相应租赁设备，由此造成了影响面广、涉案医院多、舆论压力大、部分医院向高院提出信访的全国性事件。尽管相关处理尚未完全落地，但相关案例中暴露出的针对融资租赁交易背景调查的薄弱环节，仍值得从中吸取教训。

1. 厂商融资背景下对基础交易的真实性调查

在融资租赁的直租模式项下，出租人通常是根据承租人对租赁物的选定，从厂商处购买相关租赁物；根据相关交易安排，为确保资金安全和防止承租人挪用资金，通常由出租人直接将承租人确认的金额付至厂商，在将来租赁物交付时，则由承租人直接从厂商处交易。该模式项下可能存在问题类似于贸易融资项下对基础交易真实性和有效性的审核认定，正如本书第一章中关于直租产品所作的讨论，直租项目中，如果对基础交易核实不实，确实存在承租人和厂商勾结以虚假交易获取直租融资的可能。

在本项目中，融资实质是为北京某Z公司提供资金支持，这也是为何在很多项目中北京某Z公司同意提供相关担保的原因，甚至在部分项目中保证金或者租金都是由北京某Z公司进行垫付的。但正如部分承租人医院抗辩并报案至公安局所呈现的，一旦放松对相关基础交易真实性的审核，部分医院以此为由主动将民事经济纠纷转为刑事案件。尽管北京某Z公司系列案件多为在立案调查过程中、且不排除部分承租人利用“先刑后民”的方式逃避其经济责任，但相关事项的发生足以引起警醒。截至目前，笔者获悉部分案件的出租人已向最高人民法院提出了再审申请，而最高人民法院在2020年2月28日就某案件出具了提审裁定。

2. 民刑交叉案件的处理

随着外部经济形势越发复杂，出租人所面临的各类逾期案件亦呈现复杂化的趋势，比较集中的表现就是各债务人或担保人不仅在民事上对相关法律事实予以否认,且有部分主动采取报案、将案件转为刑事案件的策略,在针对此类可能涉及民刑交叉的案件,我国《民事诉讼法》第 150 条规定了先刑后民的原则:本案必须以另一案的审理结果为依据,而另一案尚未审结的,中止诉讼;中止诉讼的原因消除后,恢复诉讼。最高人民法院《关于在审理经济纠纷案件中涉及经济犯罪嫌疑若干问题的规定》(法释〔2020〕17 号)进一步阐明了法院在审理涉嫌经济犯罪的经济纠纷案件时,应如何适用这一原则。该规定第 1 条规定:"同一自然人、法人或非法人组织因不同的法律事实,分别涉及经济纠纷和经济犯罪嫌疑的,经济纠纷案件和经济犯罪嫌疑案件应当分开审理。"第 10 条规定:"人民法院在审理经济纠纷案件中,发现与本案有牵连,但与本案不是同一法律关系的经济犯罪嫌疑线索、材料,应将犯罪嫌疑线索、材料移送有关公安机关或检察机关查处,经济纠纷案件继续审理。"第 11 条规定:"人民法院作为经济纠纷受理的案件,经审理认为不属经济纠纷案件而有经济犯罪嫌疑的,应当裁定驳回起诉,将有关材料移送公安机关或检察机关。"按照上述规定,适用先刑后民原则应当具备以下几个条件:一是法律事实相同,即民事法律行为与刑事犯罪行为基于同一事实。二是法律关系相同,即民事案件和刑事案件涉及同一法律关系。三是民事案件未审理终结。

2019 年 11 月由最高人民法院印发的《九民会议纪要》中,第 128 条就分别审理情形予以明确:"同一当事人因不同事实分别发生民商事纠纷和涉嫌刑事犯罪,民商事案件与刑事案件应当分别审理,主要有下列情形:(1)主合同的债务人涉嫌刑事犯罪或者刑事裁判认定其构成犯罪,债权人请求担保人承担民事责任的;(2)行为人以法人、非法人组织或者他人名义订立合同的行为涉嫌刑事犯罪或者刑事裁判认定其构成犯罪,合同相对人请求该法人、非法人组织或者他人承担民事责任的;(3)法人或者非法人组织的法定代表人、负责人或者其他工作人员的职务行为涉嫌刑事犯罪或者刑事裁判认定其构成犯罪,受害人请求该法人或者非法人组织承担民事责任的;(4)侵权行为人涉嫌刑事犯罪或者刑事裁判认定其构成犯罪,被保险人、受益人或者其他赔偿权利人请求保险人支付保险金的;(5)受害人请求涉嫌刑事犯罪的行为人之外的其他主体承担民事责任的。审判实践中出现的问题是,在上述情形下,有的人民法院仍然以民商事案件涉嫌刑事犯罪为由不予受理,已经受理的,裁定驳回起诉。对此,应予纠正。”第 130 条规定:“【民刑交叉案件中民商事案件中止审理的条件】人民法院在审理民商事案件时,如果民商事案件必须以相关刑事案件的审理结果为依据,而刑事案件尚未审结的,应当根据《民事诉讼法》第 150 条第 5 项的规定裁定中止诉讼。待刑事案件审结后,再恢复民商事案件的审理。如果民商事案件不是必须以相关的刑事案件的审理结果为依据,则民商事案件应当继续审理。”

## 案例 25:跨境交易中更需关注交易背景尽职调查

在融资租赁业务跨境业务中,由于飞机和船舶的交易涉及的购买价款金额较大,交易双方不在一国境内,且双方亦不属于经常性的交易对手,为保障交割时飞机或船舶交付与价款支付的安全性,一般由租赁公司与卖方共同聘请一个专业化的监管机构(escrow agent),由该代理人充当居间交割代理方,买卖双方将有关飞机或船舶的卖据及购买价款存放在该代理人处,以此保证租赁公司在履行付款义务后,顺利取得标的飞机或船舶的所有权。同时在协议中应当明确:该代理人将确保,只有在收到对方卖据的情况下,才会将租赁公司存放在该代理人处的价款付给卖方,同时将卖据交给买方,并代为向有关登记机关(如飞机的 FAA、船舶的巴拿马船舶注册局)提交有关所有权变更的申报表格等。以下 YS 案件,即是在发现实际购机价格约定不明、且出租人内部发生人员更迭导致对是否继续进行该业务发生内部争论的情况下,作出了终止相关协议的决定;但在追索中间商已收取的款项上,却面临无法追索的窘境。

## 案件主要事实

2004年6月13日，某甲融资租赁公司经批准并由有权人签发核准书，就某甲融资租赁公司从YS航空有限公司以9700万美元/架的A330－300飞机并经营性租赁给境外S航空进行了审批。其中就意向金安排即对外支付进度规定如下：(1)2004年4月某甲融资租赁公司支付250万美元/架的意向金给YS，占飞机采购价格的2.57%，目前已支付；(2)飞机交付日，出租人向空客支付剩余的所有采购价款，计约8800万美元/架，并向YS支付650万美元/架以偿还其已为该飞机垫付的进度款项，某甲融资租赁公司的飞机采购总价为9700万美元/架；(3)若在飞机交付日，采购总价因为空客不可控制的原因而上涨超过9700万美元/架，则该款项应首先从某甲融资租赁公司向YS支付的650万美元中扣减，扣减后仍不足的部分将由某甲融资租赁公司先行付款并后续向YS进行求偿；(4)无论何种情况，出租人为该两架飞机的采购付款实际总额不会超过9700万美元/架。

2005年3月31日，出租人下属境外平台SPV8与YS签署了两架空客A330－300飞机的购买协议、转让协议。根据协议该两架飞机交付时间分别为2005年7月和9月(第一架飞机推迟到8月21日)，价格为9700万美元/架，其中向YS分期支付900万美元/架，向空客支付8800万美元/架。

2005年6月，在后续项目推进过程中，出租人市场部门在安排第一架飞机尾款付款流程时发现YS就这两架飞机向出租人提供过两份与空客签署的意向书，其中一份的价格为9500万美元/架，另一份的价格为8850万美元/架(根据此意向书飞机净价为8650万美元/架)。根据出租人与YS签署的意向书，出租人向其购买的价格9700万美元/架是基于当时YS发来的9500万美元/架的意向书。某甲融资租赁公司在知悉该情况下，就此事向YS严重声明将用法律手段维护出租人的权益，并已致函空客并希望空客确认意向书的真假以及向空客提出，考虑到与空客和S航空的关系，出租人愿意用YS与空客签署的8650万美元接收飞机但尾款部分需要扣除已支付给YS的250万美元,即8400万美元/架。

YS的态度非常强硬,一方面怀疑出租人是因为对该飞机资产价格没有信心,借此谈价;另一方面也表示如果出租人不履行购买协议义务,他们将采取法律手段保护其权益。

空客方面的态度为:(1)空客不想冒着法律风险参与到此事件中;(2)希望出租人给予明确答复是接飞机还是拒绝接飞机;(3)如果出租人决定接飞机,则需要依据现有协议支付给空客8650万美元/架,空客将把飞机所有权转给出租人。

在经过多轮次谈判和协商之后,由于YS态度坚决,既拒绝终止交易又拒绝谈判协商,加上飞机交付在即,出租人于2005年7月在内部初步形成两种可选方案:(1)积极与空客和飞机使用人S航空进行沟通,以8650美元/架的条件采购两架飞机,并按照已经签署的租赁协议把飞机租赁给S航空。与此同时,出租人将继续与YS就其在交易过程中文件造价问题进行协商谈判,要求YS退回出租人在意向书项下已经支付的500万美元的保证金,并赔偿出租人因此遭受的所有损失。若与YS谈判协商不能达成满意的结果,将走法律程序保障出租人的利益。(2)宣布终止飞机购买协议及相关协议,终止交易,在英国法院起诉YS,通过法律手段维护公司权益。

随后,出租人通过邮件方式正式通知空客终止交易并与S航空解除了租赁协议,并随后派出团队赴伦敦作进一步调研,但在后续聘请了律所开展进一步背景调查之后,在2005年11月,出租人获得了如下信息:(1)已经获得了YS在BVI注册的公司文件,上面显示在巴拿马有一家YS的关联公司,出租人随后对巴拿马YS的具体信息作出进一步调查。(2)发现一家巴拿马注册公司,YS的负责人M也是该公司的主席,目前正在调查该公司的具体信息。(3)在YS的公司文件中,发现其公司登记服务中介于2005年6月向公司注册处申请辞去其作为 YS 服务中介的职务，自 9 月起生效。这个信息揭示存在 YS 关闭的风险。(4)目前表明 YS 仍旧在运行的证据为空客的客户清单，YS 仍旧保留在空客的客户清单上。(5)YS 的负责人 M 与其配偶目前是两家公司的董事，这两家公司持有价值分别为 600 万欧元及 280 万欧元的物业。

鉴于以上情况，出租人通过诉讼拿回已支付的 500 万美元的可能性微乎其微。

## 法律风险及要点解读

在跨境二手飞机购买交易中，境外交易主体及相关交易背景的租前尽职调查，无论如何强调都不过分。部分融资租赁公司出于成本考虑，租前对境外客户的背景调查、境外交易真实性调查非常弱，特别是很多中间商，尽管它们在交易中作为卖方出现，但基本上都是壳公司，出租人大多也仅能核实最终实际承租人的背景情况。而对于交易的真实性，譬如在本案件中的中间商从空客购得的飞机价格，从一开始就处于模糊状态；YS 所声称的其已向空客支付的 650 万美元未有明确核定痕迹，等等。即使上述做法为航空业交易惯例，但如果前期即明确交易价格不确定、且中间商大多为壳公司的情况下，需要提前对后续资金的交割作出完整安排。

另外需要关注的是，该案件在决策对外终止合同时，在正式终止的审批流程中应充分进行专业论证。

# 第 3 章 合同审核及租中放款

Chapter 3

在完成租赁产品设计、租前尽职调查并经过公司有权人审批通过后，后续便进入合同审核和项目放款的具体操作环节。

金融机构所有产品的最终载体和表现形式都是各类法律合同文本，无论是融资性租赁产品、经营性租赁产品、问题资产重组业务、境外业务等，相关价格、期限、风险控制方案等，均需落实在相应法律文本中，因此，在融资租赁项目获得内部有权人审批之后，通常各租赁公司将根据审批要求起草交易合同，并交由公司内部的法律部门进行审查或确认。

关于放款操作，其中比较关键的一项即为各类风险缓释措施的落地和执行，只有在前序审批要求的各担保措施落实之后，租赁企业方能进行放款。风险缓释措施中涉及的保证担保、不动产抵押、动产和权利质押等，通常作为相关金融租赁产品不可分割的一部分，但由于相关权利的成立与否更依赖于实际的各类操作，因此，笔者将涉及的如保证担保决议要件、采矿权抵押登记办理、应收账款权利范围及登记办理等，置于本章进行评析和讨论。

## 一　合同审核

和传统银行信贷业务主要为格式合同相比,融资租赁业务中除类似于传统银行信贷的售后回租业务在一定程度能做到标准化之外,其他业务或产品均很难做到高度标准化,因此,针对非标准化的融资租赁交易合同,只能由融资租赁公司内部法律人员进行逐一审核,由此不可避免地导致因信息不对称、法律审核人员专业素养不一、或者因时间紧任务重、或者因对法律审核不重视而衍生的法律风险。

### 案例26:因约定抵押担保措施顺序在后的法律后果

#### 案件主要事实

根据天津市高级人民法院于2015年12月28日作出的(2015)津民二初字第0075号民事判决书,相关案件主要事实如下:

2011年5月20日,某M金融租赁有限公司(以下简称出租人或某M金融租赁公司)与山西某H国际钢铁有限公司(以下简称承租人)签订《融资租赁合同(回租–设备类)》,约定由出租人向承租人购买设备,然后再出租给承租人使用。承租人按照《租赁附表》的约定按期足额向出租人支付租金。还约定若承租人发生预期违约或根本违约,出租人除有权按照合同约定要求承租人承担违约责任、赔偿责任外,还有权采取提前终止合同,向出租人追索融资租赁合同项下承租人应付的所有到期未付租金、违约金、损害赔偿金、剩余所有未偿还的本金部分和其他应付款项,承租人所付款项不足以支付全部欠付款项时，按照费用、违约金、损害赔偿金、租金、剩余所有未偿还的本金部分的顺序予以清偿，合同中还约定承租人向出租人提供符合出租人要求的担保。如发生承租人违约执行各项担保，出租人应首先执行各保证人的保证，然后再就不能及时清偿部分（如有）执行唐山市某F建设投资有限公司的土地抵押担保措施。

2012年，出租人与承租人签订001号融资租赁合同补充协议，对双方于2011年5月20日签订的融资租赁合同中留购款的支付方案、租前息总额、租金支付方案等进行了变更。

2014年3月16日，出租人与承租人签订002号融资租赁合同的补充协议。其中，对双方于2011年5月20日签订的融资租赁合同中第15.2.5条第（1）项中增加了“其中未摊还的本金即指未偿还的设备留购款”的约定。

2011年5月20日，出租人与唐山市某F建设投资有限公司签订《抵押合同》，约定唐山市某F建设投资有限公司以其名下位于唐山市F宗地编号分别为F国用（201×）400－405号的六宗土地为《融资租赁合同》项下承租人的义务提供担保。担保的主债权为出租人在主合同项下对承租人享有的全部债权。抵押担保的范围包括：承租人在主合同项下应向出租人支付的全部租前息、到期租金、未到期租金、罚息、留购价款、违约金、损害赔偿金、出租人为实现债权而支付的各项费用等。上述抵押担保办理了抵押登记。

2011年5月25日、26日，出租人向承租人支付款项共计800,000,000元。

合同履行中，承租人未依融资租赁合同约定支付租金及设备留购款。出租人以承租人、山西某H钢铁集团有限公司、李某某、冯某某、周某某、唐山市F区某欣房地产开发有限公司为被告于2014年3月31日向天津市高级人民法院提起诉讼，经法院主持调解，各方当事人达成调解协议。天津市高级人民法院作出（2014）津高民二初字第0027号民事调解书，该调解书确认承租人应在调解书生效之日起三日内一次性向出租人支付其在《融资租赁合同》项下欠付的租金和设备留购款687,312,500元及截至2014年3月31日已产生的逾期付款违约金34,469,000元,并以687,312,500元为基数,自2014年4月1日起至实际清偿日止,按日万分之五的标准向出租人支付逾期付款违约金,并确认山西某H钢铁集团有限公司、李某某、唐山市F区某欣房地产开发有限公司对承租人的给付义务承担连带清偿责任,冯某某、周某某对承租人的给付义务承担质押担保责任。2014年10月8日,天津市高级人民法院以(2014)津高执字第0039号受理了出租人就(2014)津高民二初字第0027号民事调解书提出的强制执行申请。

另查明,2014年11月12日,山西省运城市中级人民法院作出(2014)运中破字第1号民事裁定书,裁定受理债权人提出对承租人的进行重整的申请。2015年9月25日,山西省运城市中级人民法院作出(2014)运中破字第1、2、3、4、5-5号民事裁定书,批准承租人等公司的重整计划。在重整计划中,出租人被确认的债权金额为723,611,854元,出租人受偿金额为29,160,820.35元。

2011年9月21日,唐山市某F城市建设投资有限公司名称变更为唐山市某F建设投资有限公司。

以上事实有融资租赁合同、抵押合同、国有土地使用权他项权证、付款凭证、民事调解书、民事裁定书等证据以及庭审笔录予以佐证。

## 诉讼主张及答辩意见

原告某M租赁公司诉讼主张为:(1)土地抵押人唐山市某F建设投资有限公司以其提供抵押并在办理《土地他项权利证明书》下的六宗国有土地使用权,为承租人欠付出租人租金和租赁设备留购价款以及截至2015年5月11日的罚息共计823,666,562.50元,承担抵押担保责任。并对承租人以655,312,500元为基数,自

2015 年 5 月 12 日起至实际清偿之日止,按日万分之五的标准对原告产生的逾期付款违约金,承担抵押担保责任。后该项诉讼请求变更为:唐山市某 F 建设投资有限公司以其提供抵押并办理抵押登记的六宗国有土地使用权,为承租人欠付出租人租金和留购价款共计人民币 694,451,033.65 元承担抵押担保责任(上述债权数额是破产管理人确认的债权人民币 723,611,854 元扣除出租人在破产程序中清偿的金额人民币 29,160,820.35 元);(2)本案诉讼费、保全费、律师代理费等与本案诉讼相关的一切费用由抵押人承担抵押担保责任。

被告唐山市某 F 建设投资有限公司辩称:(1)出租人与承租人之间没有真实的融资租赁设备交易,没有转移租赁设备所有权,双方签订的融资租赁合同是恶意串通签订的虚假、无效的合同。(2)融资租赁合同无效,抵押合同也无效,唐山市某 F 建设投资有限公司依法不承担抵押担保责任。虽然抵押合同中有独立担保条款,但独立担保条款只适用于国际商事交易中,在本案中无适用余地,应排除其适用。(3)融资租赁合同被确认无效后而形成的借贷关系,是非法无效的。借贷行为的有效与否,对唐山市某 F 建设投资有限公司不承担担保责任没有影响。抵押合同已因融资租赁合同无效而无效。(4)出租人与承租人的融资租赁合同纠纷已通过司法程序进行了解决,且出租人的诉请金额经过三次庭审都无法确定,应当驳回其起诉。(5)抵押人唐山市某 F 建设投资有限公司申请追加承租人参加诉讼,是为了查清案件事实,不是为了拖延诉讼时间。(6)即使融资租赁合同有效,依据融资租赁合同的约定、性质,基于出租人已在先起诉承租人并在承租人破产重整中申报破产债权的事实,抵押人承担的抵押担保责任都是顺序在后的责任。综上,出租人的诉讼请求没有事实和法律依据,请求依法驳回其诉讼请求。

## 一审法院认定及判决

一审法院认为,出租人与承租人签订的融资租赁合同及补充协议、与抵押人签订的抵押合同均系各方当事人的真实意思表示,内容不违反法律、行政法规的强制性规定,应依法确认合法有效。因承租人未按期支付租金及其他款项,出租人对承租人及担保人山西某H钢铁集团有限公司、李某某、冯某某、周某某、唐山市F区某欣房地产开发有限公司提起诉讼，天津市高级人民法院已就承租人欠付出租人的租金及其他款项作出了(2014)津高民二初字第0027号民事调解书，但抵押人并非该案被告。出租人有权依据《抵押合同》起诉抵押人，对抵押人提出应驳回出租人起诉的答辩意见，一审法院不予采纳。

出租人与承租人在融资租赁合同中约定，如发生承租人违约执行各项担保，出租人应首先执行各保证人的保证，然后再就不能及时清偿部分(如有)执行抵押人的土地抵押担保。出租人与承租人在合同中对担保权实现顺序及条件作出明确约定，因此，出租人应首先向保证人主张保证责任，保证人没有财产或财产不能及时变现的，出租人就未及时受偿的债权，可以向抵押担保人主张实现抵押权。鉴于出租人已在另案中向保证人主张权利，并已于2014年10月8日就生效民事调解书申请强制执行，但至今未获实际清偿。因此，本案中出租人依据抵押合同要求抵押人以其抵押的土地对承租人在融资租赁合同项下的给付义务承担抵押担保责任，应予支持。

关于抵押人主张融资租赁合同无效，故担保合同无效的问题。抵押人以出租人与承租人恶意串通，损害抵押人利益为由主张融资租赁合同无效，缺乏事实依据，一审法院不予支持。

关于抵押人提出融资租赁合同名为融资租赁实为借贷，因此融资租赁合同无效，且抵押人不应承担担保责任问题。首先，本案无论定性为融资租赁合同关系还是借贷关系，都不存在法律规定的合同无效的情形。其次，出租人与承租人签订的名称为"融资租赁合同"的法律关系性质问题，属于司法审查确认的范畴。在合同有效的前提下，《融资租赁合同》中的法律关系性质认定不影响抵押合同主体依约承担合同义务。在涉诉《抵押合同》中明确约定，抵押人为承租人在《融资租赁合同》中的义务向出租人提供担保。故出租人的诉讼主张符合融资租赁合同及抵押合同的约定，且未加重抵押人的担保责任，对出租人的诉讼请求，一审法院予以支持。对于抵押人为证明出租人与承租人之间不是融资租赁法律关系，提出对买卖合同和设备清单上李某某的签名及承租人印章的真伪及形成时间进行鉴定的申请，一审法院不予准许。对于抵押人要求出租人对《设备清单》中所列设备提供所有权证明以及对《设备清单》中所列设备进行三方清单核查的申请，一审法院认为该项请求对确定本案各方责任并无实质影响，亦不予准许。

关于抵押人申请追加承租人为第三人参加诉讼问题。承租人在《融资租赁合同》项下的责任已在天津市高级人民法院（2014）津高民二初字第0027号民事调解书中予以确认，本案担保合同纠纷的处理结果不影响承租人对出租人的责任承担。故对抵押人追加第三人的申请，一审法院亦不予准许。

综上，一审法院天津市高级人民法院作出判决如下：（1）某M金融租赁公司对《抵押合同》项下抵押财产折价或拍卖、变卖的价款在债权额694，451，033.65元范围内享有优先受偿权。某M金融租赁公司应依约先向其他另案担保人主张承担责任。在其他担保人无财产或者财产不能及时变现的情况下，对于不能及时受偿的债权再就唐山市某F建设投资有限公司提供的抵押物实现抵押权；（2）驳回某M金融租赁公司的其他诉讼请求。

## 二审上诉及判决

抵押人不服一审判决，向最高人民法院提起了上诉。2016年10月18日，最高人民法院作出（2016）最高法民终180号终审判决，判决如下：（1）撤销天津市高级人民法院（2015）津高民二初字第0075号民事判决书。（2）某M金融租赁公司对《抵押合同》项下抵押财产折价或拍卖、变卖的价款在债权额723，611，854元中扣除本判决执行时某M金融租赁公司在山西某H国际钢铁有限公司破产程序中实际获偿的数额范围内且以不超过694，451，033.65元为限享有优先受偿权。某M金融租赁公司应依约先向其他另案担保人主张承担责任。在其他担保人无财产或者财产不能及时变现的情况下，对于不能及时受偿的债权再就唐山市某F建设投资有限公司提供的抵押物实现抵押权。（3）驳回某M金融租赁公司的其他诉讼请求。

在二审判决出具之后,2017 年 3 月,抵押人再次向天津市高级人民法院提起诉讼,将出租人列为被告、山西某龙实业有限公司(原为山西某 H 国际钢铁有限公司)作为第三人,其诉讼主张为:(1)请求法院确认免除原告对被告放弃设备所有权部分(6.8 亿元)的抵押担保责任;(2)本案诉讼费由被告承担。天津市高级人民法院作出了(2017)津民初 29 号民事裁定书,一审法院认为在相关案件已由最高人民法院作出了(2016)最高法民终 180 号生效判决后,此次诉讼案件与前述生效判决中两案当事人相同、诉讼标的相同,抵押人另行提起本案诉讼实质上是否定最高人民法院作出的(2016)最高法民终 180 号案件的裁判结果,因此裁定驳回原告的起诉。

抵押人随后也再次提起上诉。2018 年 7 月 3 日,最高人民法院作出了(2018)最高法民终 311 号民事裁定书,作出了驳回上诉、维持原裁定的终审裁定。

## 法律风险及要点解读

严格来说,本案例在合同审核中并不存在问题,关于融资租赁合同中“本合同项下发生承租人违约须执行各方约定的各项担保,出租人应首先执行各保证人的保证,然后再就不能及时清偿部分(如有)执行唐山市某 F 建设投资有限公司的土地抵押担保措施”的约定条款,该等约定为当时商业安排的设定,否则,抵押人很大程度上将无法获取抵押担保。笔者将该案例放在本章,只是借此阐释合同具体条款之重要性,从诉讼时间之长可看出,前期所谈判的商务条款对于后续出租人之权益维系和主张带来了相当的障碍,因此,在事先进行商业谈判或进行商业安排时,异于传统条款的内容,应就其可能法律后果予以充分揭示和披露。

# 案例27：未经法律审核而签署具有法律约束力的交易合同

## 案件主要事实

2009年8月14日，某甲租赁公司业务部门与G International Shipping d.a.c.（以下简称G公司）就一艘MR成品油轮的经营性租赁项目达成一致并签署了相关的《船舶购买协议（Memorundum of Agreement）》（以下简称MOA或购船协议），约定某甲租赁公司指定的香港或自贸区的SPV作为买方以1900万美元的价格向G公司购入一艘MR成品油轮。按照协议约定，某甲租赁公司应于MOA签署且第三方监管账户开立后3个工作日内向G公司支付船舶购买价款的10%作为定金（190万美元）。

2009年8月23日，某甲租赁公司召开内部评审会审议该项目，并由某甲租赁公司有权人于2009年9月9日签发了《项目审批通知书》，批准该项目实施。

## 法律争议

由于各种原因，该项目并未按照协议要求进行投放，某甲租赁公司后续与卖方协商两次推迟定金支付时间，但截至双方沟通商定的2009年9月17日，买方尚未能支付190万美元定金。卖方在拒绝继续推迟放款时间的同时，将船出售给了其他方。

2009年10月7日，卖方向某甲租赁公司及其指定SPV发函，要求某甲租赁公司在2009年10月21日前，支付因某甲租赁公司违约而未能支付的190万美元定金；否则，卖方将发起法律主张程序，甚至不排除采取必要的扣船措施。

2009年10月23日，卖方分别向某甲租赁公司及其指定SPV发出仲裁通知，通知某甲租赁公司其已指派仲裁员,并要求某甲租赁公司在14天内指定仲裁员,否则将依MOA合同约定丧失其指认仲裁员权利,并将适用独任仲裁规则。

某甲租赁公司在聘请外部律师应对伦敦仲裁同时,也就仲裁案件可能的利弊后果进行了推演,特别是在某甲租赁公司部门负责人在合同上直接签约能否构成为表见代理方面,进行了多方论证。在各方努力下,各方于2010年6月达成了和解,并撤回了伦敦仲裁。

## 法律风险及要点解读

从该案件主要事实中可得出,某甲租赁公司是先签署了具有法律约束力的购船协议,然后再通过的内部审批,这种逆程序操作严重违反了公司内部管理规范;更重要的是,该购船协议并未经某甲租赁公司法律审核,市场部门甚至一度认为MOA或购船协议并不具有法律约束力。但从实际签署文本来看,相关协议是明确具有法律约束力的,这也是卖方能够援引英国法下相关案例并进行赔偿主张的原因。尽管在事件发生后,某甲租赁公司可以签署人员并不具有签署授权为由进行抗辩,但相关抗辩理由能否成立、卖方是否会以表见代理等方式进一步主张,尚且需要最终的仲裁结果予以核定。

该案件尽管以和解方式解决,但其中投射出的融资租赁公司在开展跨境业务需要加强的SPV管理、法律合同签署等问题,均应值得高度关注。特别是在跨境融资租赁交易中,一旦跨出国门,所开展的境外业务需要面临域外法律的各项监管要求,譬如当地商业存在及可选公司形式、行业是否涉及特别许可、税务筹划、人员聘用等。由于我国法律制度与其他国家的法律制度存在较大差别,这就要求我国企业在从事海外投资时要对当地法律予以特别注意,避免由于法律风险估计不够、防范不足而导致投资失利;而如果涉及在境外开展金融活动的,更需避免因未能符合当地金融合规监管要求而遭受监管处罚的情形。

## 二 租赁物交接及所有权转移

根据《金融租赁公司管理办法》(2014),“售后回租业务的标的物必须由承租人真实拥有并有权处分”。在具体业务开展中,金融租赁公司应当合法取得租赁物的所有权。且,租赁物属于国家法律法规规定所有权转移必须到登记部门进行登记的财产类别的,金融租赁公司应当进行相关登记;租赁物不属于需要登记的财产类别,金融租赁公司应当采取有效措施保障对租赁物的合法权益。《民法典》第745条明确规定:“出租人对租赁物享有的所有权,未经登记,不得对抗善意第三人。”

融资租赁作为“融资”和“融物”的结合,其中租赁关系得以成立的前提即是出租人合法有效地获得相关租赁物的所有权,并以此为基础出租给承租人,因此,所有权能否合法有效地转移,便成为融资租赁业务操作中重点需要关注的问题。针对租赁物的不同,由于存在不同的法律规定,实际操作中针对所有权转移,便也存在不同的操作管理要求。以动产为例,在《民法典》第224条即明确规定:“动产物权的设立和转让,自交付时发生效力,但是法律另有规定的除外。”第225条规定:“船舶、航空器和机动车等的物权的设立、变更、转让和消灭,未经登记,不得对抗善意第三人。”即针对船舶、航空器和机动车等特定动产,由于有统一的权属登记部门,所以在所有权转移登记管理方面,出租人通常明确要求承租人或第三方配合办理租赁物权属转移登记。针对车辆,通常向车管所办理所有权登记,但在实际业务开展中,由于部分城市存在车辆号牌额度的政策限制或基于向出租车或客运公司开展业务所需,通常将车辆所有权仍登记在承租人名下,出租人与承租人再另行签署明确约定车辆所有权权属的合同或协议。而针对设备为租赁物的,除了动产抵押工商登记之外,由于并不存在设备所有权的公示登记部门,所以在实践中,关于设备所有权是否进行转移,极易引发纠纷,出租人不仅需要核实租赁物真实性,还需确保租赁物所有权的合法转移;在操作中,通常以设备租赁物购买发票、租赁物交付凭证、所有权转移证书、租赁物清单、租赁物现场检视资料作为租赁物交付和所有权转移的证据。鉴于设备没有专门的所有权登记部门、公示力和公信力的缺失导致存在比较多法律纠纷的情况，为防范承租人擅自处分租赁物造成出租人损失，依据目前法律实践，笔者建议以下几种主动保护方式，可供参考：①在租赁业务开始前，充分核验租赁物，查验租赁物相关合同、发票等原始文件或单据，保留相关资料或在相关资料上做出标识，确保承租人对租赁物所有权获取上不存在瑕疵，承租人将租赁物所有权转移给出租人时亦不存在瑕疵；②项目正式启动之后的租后管理中，在相应租赁物的明显位置通过制作铭牌等方式进行标识，并拍照留存；③在人民银行征信中心融资租赁登记公示系统或其他相关系统办理租赁物登记；④对于资产价值大且对出租人比较重要，或原始单据不明或有缺失的租赁物，可以根据国家规定要求承租人将租赁物抵押给出租人，并到相关工商机构办理动产抵押登记。需要说明的是，此类为对抗第三人而同时拥有所有权和抵押权的操作实践，尽管存在一定法律争议，但已被众多租赁公司所采用；另需进一步关注此类抵押登记是否能在当地工商部门顺利办理完成、是否涉及除融资租赁合同之外的如贷款协议的明确要求等。另外，需要区分此类形式物权在司法上对相应法律后果认识的不同，如在《天津法院融资租赁合同纠纷案件审理标准（试行）》中规定，出租人、承租人以及第三人通过合同约定将租赁车辆登记于第三人名下或者抵押给出租人，并办理相关登记手续的，在合同当事人之间，出租人的抵押权、第三人的所有权不发生物权效力。

动产和权利登记缺乏统一的登记制度和登记机关，并非仅在融资租赁行业存在的问题，传统银行业等金融机构在开展动产浮动抵押或者仓单质押时，也面临诸多困扰，如相关生产设备由市场监督局办理动产抵押登记、应收账款由中登网办理质押登记、专利权由国家知识产权局办理登记，等等，因此，立法机关在《民法典》草拟过程中，曾向社会进行了广泛的意见征集，在征集意见相关说明中，立法机关拟设计一套统一的登记制度安排。这也是与《优化营商环境条例》“国家推动建立统一的动产和权利担保登记公示系统，逐步实现市场主体在一个平台上办理动产和权利担保登记”相契合的。2020 年 12 月 22 日，国务院正式下发了《关于实施动产和权利担保统一登记的决定》(国发〔2020〕18 号),明确自 2021 年 1 月 1 日起,在全国范围内实施动产和权利担保统一登记。

在以下租赁物的相关案例中,特别是在以设备为租赁物的项目中,既有未对租赁物进行过实物检视而导致项目出风险的案例、也有未能证明特定租赁物真实存在而被认定为借贷的案例,即如果出租人未能做好相关证据留存和痕迹管理,则租赁物是否真实存在往往是对方抗辩的第一理由,更不用论及租赁物所有权转移方面存在的法律瑕疵。

## 案例 28:融资租赁车辆在征信中心登记未能对抗善意第三人

### 案件主要事实

根据天津市第二中级人民法院于 2017 年 12 月 25 日作出的(2017)津 02 民初 566 号民事判决书,一审法院认定的主要事实包括:

2015 年 6 月 20 日,以某×金融租赁有限公司(以下简称某×租赁公司或出租人)为出租人,以北京东某出租汽车有限责任公司(以下简称北京东某出租公司或承租人)为承租人,双方签订了《融资租赁合同》,合同约定,鉴于:为实现融资租赁之目的,承租人同意向出租人转让承租人享有所有权之设备,再向出租人租回该等设备,出租人同意上述转让并将该等设备租赁给承租人使用,承租人采用售后回租方式租用上述设备,并向出租人支付租金及其他应付款项。出租人与承租人协商一致,自愿签订本融资租赁合同。还约定,出租人向承租人支付设备购买价款,也即融资租赁本金为 79, 488, 000 元,用于购买承租人所有的《出售回租设备清单》中载明的 184 辆出租车。租金总额为 65, 032, 117.8 元,租赁期限为 60 个月,起租日为融资租赁本金付款凭证所记载的日期后第一个日历日的十五日，还租期共计60期，自起租日起算，每月支付一次，后付。每期固定租金1,083,868.63元，租赁利率为《融资租赁合同》项下年租赁利率为8.25%（参照同期中国人民银行5年期贷款基准利率5.5%上浮50%），租前息金额＝融资租赁本金×租赁利率/360×放款日至起租日日历天数，于起租日一次性支付。租金调整方式：租赁期限内，如遇中国人民银行贷款基准利率调整时，出租人将对租赁利率作出同方向、同幅度的调整。利率调整日之前各期和调整日当期租金不变，从下一期租金开始按调整后的租金金额收取。对承租人欠付的租金部分，如遇利率上调，则按新的租赁利率做相应调整，如遇利率下调，则按原租赁利率执行。留购价款：承租人以相当于本合同项下租赁设备购买价款百分之五十的价格留购，即留购价款为39,744,000元。若承租人未按本合同约定支付到期应付租前息、租金及其他应付款项，或未能按期偿付出租人代承租人支付的任何费用，承租人应就逾期未付款项按日万分之五向出租人支付违约金，直至全部付清之日止。承租人任何一期租金未按合同约定向出租人支付即构成违约，出租人有权宣布本合同项下承租人的债务全部或部分到期，要求承租人立即支付应付的所有违约金、损害赔偿金、全部或部分未付租金和其他应付款项。合同附件包括出售回租设备清单（184辆车）、租赁附表等。以上《融资租赁合同》办理了中国人民银行征信中心动产权属统一登记。

同日，承租人与出租人签订《风险金合同》，合同约定，为保障《融资租赁合同》项下承租人付款义务得以顺利、完全履行，承租人同意向出租人支付本合同约定的履约风险金，金额为7,948,800元，如出现《融资租赁合同》被提前终止的情形，风险金应当首先用于支付承租人在《融资租赁合同》项下应当支付的款项，如风险金尚不足补偿该部分款项的，不足部分由承租人补足。

2015年6月20日，胡某奇、曹某岚与出租人就上述《融资租赁合同》项下的主债权签订《最高额保证合同》向出租人提供连带责任保证担保，上述合同约定，担保的最高债权额为 450,576,000 元，被担保的主债权的发生期间为 2015 年 6 月 15 日至 2017 年 6 月 15 日。保证范围为《融资租赁合同》项下全部债务，包括但不限于承租人应向出租人支付的融资租赁本金、全部租前息、全部租金、违约金、损害赔偿金、出租人为实现债权而支付的各项费用（包括但不限于诉讼费、仲裁费、律师费、差旅费及主合同项下租赁物取回时拍卖、评估等费用）和其他所有承租人应付款项。

2016 年 7 月 18 日，北京某实科技中心（以下简称北京某实）、北京某时代数码科技有限公司（以下简称某时代数码）、北京市某液化气有限公司（以下简称某液化气公司）、北京某天下科技发展有限公司（以下简称某安行公司）、北京某工贸有限责任公司（以下简称某工贸公司）分别与出租人就上述《融资租赁合同》项下的主债权签订《最高额保证合同》，向出租人提供连带责任保证担保，上述合同约定，担保的最高债权额为 509,076,000 元，被担保的主债权的发生期间为 2013 年 10 月 15 日至 2017 年 6 月 15 日。保证范围为《融资租赁合同》项下全部债务，包括但不限于承租人应向出租人支付的融资租赁本金、全部租前息、全部租金、违约金、损害赔偿金、出租人为实现债权而支付的各项费用（包括但不限于诉讼费、仲裁费、律师费、差旅费及主合同项下租赁物取回时拍卖、评估等费用）和其他所有承租人应付款项。

2015 年 6 月 20 日、9 月 10 日承租人与出租人签订了《最高额抵押合同》；2015 年 9 月 16 日、2016 年 2 月 1 日北京市某星出租汽车有限责任公司（以下简称北京某星出租公司）与出租人签订了《最高额抵押合同》；2015 年 10 月 29 日，北京市某伦出租汽车有限责任公司（以下简称北京某伦出租公司）与出租人签订了《最高额抵押合同》，上述合同约定，担保的最高债权额为 450,576,000 元，被担保的主债权的发生期间为 2015 年 6 月 15 日至 2017 年 6 月 15 日。承租人以其名下 205 辆出租车、北京某星出租公司以其名下 231 辆出租车、北京某伦出租公司以其名下 40 辆出租车作为抵押财产为上述

《融资租赁合同》项下主债权承担担保责任。

2015年6月20日,北京某实、张某莹、某时代数码分别与出租人签订了《最高额抵押合同》,上述合同约定,担保的最高债权额为450,576,000元,被担保的主债权的发生期间为2015年6月15日至2017年6月15日。北京某实以其名下坐落于海淀区房产、张某莹以其名下坐落于海淀区全部房产、某时代数码以其名下坐落于海淀区的房地产为上述《融资租赁合同》项下主债权承担抵押担保。上述房产办理了他项权登记。

2015年6月20日、9月16日、10月29日、胡某奇、曹某岚、北京华某天企业管理有限公司(以下简称北京华某天公司)、北京天某龙企业管理有限公司(以下简称北京天某龙公司)、北京金某劲企业管理有限公司(以下简称北京金某劲公司)、北京华某力企业管理有限公司(以下简称北京华某力公司)分别与出租人签订了《最高额质押合同》,上述合同约定,担保的最高债权额为450,576,000元,被担保的主债权的发生期间为2015年6月15日至2017年6月15日。胡某奇以其持有北京华某天公司80%的股权、曹某岚以其持有北京华某天公司20%的股权、北京华某天公司以其持有北京天某龙公司100%的股权、北京华某天公司以其持有北京金某劲公司100%的股权、北京华某天公司以其持有北京华某力公司100%的股权、北京天某龙公司以其持有承租人100%的股权、北京金某劲公司以其持有北京某星出租公司100%的股权、北京华某力公司以其持有北京某伦出租公司100%的股权为上述《融资租赁合同》项下的主债权提供质押担保。庭审中,出租人认可,目前承租人、北京天某龙公司的股权质押登记的权利人不是出租人。

2015年7月22日,承租人向出租人出具了《所有权转移证书》及《租赁设备接受书》。同日,出租人向承租人支付了购买涉案租赁设备的相应款项79,488,000元,承租人向出租人支付风险金7,948,800元。

另,原、被告均认可自2015年9月15日至2016年6月15日共收到承租人给付的租金9,498,457.3元,之后承租人未向出租人支付任何租金。截至2017年7月15日,承租人已欠付《融资租赁合同》项下已到期租金14,170,373.81元及逾期付款违约金1,418,805.14元,未到期租金37,952,248.65元、设备留购价款39,744,000元。庭审中,出租人认可风险保证金自未到期租金予以扣减。逾期付款违约金自立案之日2017年7月24日起计算。

另,2014年4月28日,华某融资租赁有限公司(以下简称华某租赁公司)与承租人签订《融资租赁合同》,约定采取售后回租的方式开展融资租赁业务。租赁物转让总价为200,000,000元,租赁物为出租车,数量为728辆。双方在中国人民银行征信中心进行动产权属登记。

2017年6月13日,北京市第二中级人民法院作出(2017)京02民初42号民事调解书。调解内容主要为:承租人向华某租赁公司分期支付款项153,537,002.71元,承租人如期还款后,华某租赁公司退回保证金,如未足额还款,则华某租赁公司有权向法院申请执行。胡某奇、曹某岚、某安行公司、某时代数码、北京某实承担连带保证责任。华某租赁公司有权就(京海)股质登记设字[2015]第00005668号《股权出质设立登记通知书》项下北京天某龙公司出质的股权优先受偿,就(京海)股质登记设字[2015]第00005701号《股权出质设立登记通知书》项下出质人出质的股权优先受偿。华某租赁公司已申请法院对上述自然人、公司的财产采取保全措施。华某租赁公司在未实现债权前,相关《融资租赁合同》项下的租赁物所有权归华某租赁公司所有。

## 诉讼主张及答辩意见

原告诉讼主张为:(1)依法判令承租人立即偿还出租人融资租赁合同项下已到期租金14,170,373.81元,并承担截至2017年7月15日的逾期付款违约金

1,418,805.14 元以及自 2017 年 7 月 16 日起至承租人实际给付之日止的逾期付款违约金(以逾期未付款项为基数,按日万分之五标准计付);(2)判令承租人立即提前偿还出租人融资租赁合同项下未到期租金 37,952,248.65 元、设备留购价款 39,744,000 元及逾期付款违约金(从立案之日起至实际付清之日止,逾期未付款项按日万分之五支付逾期付款违约金);(3)判令胡某奇、曹某岚、北京某实、某时代数码、某液化气公司、某安行公司、某工贸公司就承租人所欠付的上述债务承担连带清偿责任;(4)判令出租人对承租人、北京某星出租公司、北京某伦出租公司名下的抵押车辆享有优先受偿权;(5)判令出租人对北京某实、张某莹、某时代数码名下的抵押房产享有优先受偿权;(6)判令出租人对胡某奇、曹某岚、北京华某天公司、北京金某劲公司、北京华某力公司、北京天某龙公司持有的质押股权享有优先受偿权;(7)判令在承租人付清上述第 1 项、第 2 项全部款项前,《融资租赁合同》项下租赁物的所有权归出租人所有;(8)本案的全部案件受理费、保全费、公告费、律师费 55,000 元,由承租人、胡某奇、曹某岚、北京某星出租公司、北京某伦出租公司、北京华某天公司、北京金某劲公司、北京华某力公司、北京某实、张某莹、某时代数码、北京天某龙公司、某液化气公司、某安行公司、某工贸公司共同承担。

第三人华某租赁公司诉讼请求为:(1)判决承租人名下全部的出租车归华某租赁公司所有;(2)判决某×租赁公司与承租人不构成融资租赁法律关系,对承租人名下的出租车设立的抵押物权不成立;(3)判决北京天某龙公司以其持有的承租人股权设立的质权不成立;(4)诉讼费用由原告某×租赁公司与各被告承担。

## 一审法院认定及主要判决

一审法院认为,出租人与承租人签订的《融资租赁合同》,出租人与胡某奇、曹某岚、北京某实、某时代数码、某液化气公司、某安行公司、某工贸公司签订的《最高额保证合同》,出租人与承租人、北京某星出租公司、北京某伦出租公司签订的《最高额抵押合同》(出租车),出租人与北京某实、张某莹、某时代数码签订的《最高额抵押合同》(房产),出租人与胡某奇、曹某岚、北京华某天公司、北京天某龙公司、北京金某劲公司、北京华某力公司签订的《最高额质押合同》(股权),均是各方当事人真实意思表示,内容不违反法律法规规定,合法有效,各方应依约履行各自所负义务。

出租人已经履行了合同项下的全部付款义务,完成了设备的收购,并将设备出租给承租人使用。承租人应当依照合同约定,按期支付租金。承租人未按期支付租金,构成违约,出租人主张承租人支付所有已到期未付租金、全部未到期租金及逾期付款违约金,有合同依据,应予支持。

胡某奇、曹某岚、北京某实、某时代数码、某液化气公司、某安行公司、某工贸公司、承租人、北京某星出租公司、北京某伦出租公司、张某莹、北京华某天公司、北京天某龙公司、北京金某劲公司、北京华某力公司应依约定承担相应担保责任,并在承担了担保责任后,有权向承租人追偿。

关于租金金额,全部到期未付及未到期租金总额,出租人提供了合同计算依据,且承租人予以确认,该数额一审法院予以确认。

关于出租人主张的逾期付款违约金的问题,承租人逾期履行支付租金义务,出租人按照融资租赁合同的约定要求承租人支付相应违约金,有合同依据和法律依据。出租人按照每一期租金到期日的次日按日万分之五的标准计算违约金,并从立案日开始计收未付租金和设备留购价款的违约金,符合双方约定,亦未超出法律所允许的范围,应予支持。

关于华某租赁公司对承租人名下出租车是否享有权利的问题。因华某租赁公司未能提供明确且充分的证据证明其与承租人就案涉出租车已经办理了登记备案手续,出租人在进行合同签订以及办理登记手续的过程中不存在过错,亦不存在对其他权利人的侵害。故,华某租赁公司对案涉承租人名下出租车主张归其所有、出租人与承租人不构成融资租赁关系、抵押权不成立的请求,缺乏事实根据,一审法院不予支持。

关于承租人、北京天某龙公司的股权质押问题,因股权的质权需要登记予以设立,并起到公示作用。现上述两公司股权质押登记的权利人不是出租人,故出租人不享有该权利。

关于风险金是否抵扣的问题。根据双方合同约定,在《融资租赁合同》被提前终止的情形下,风险金应当首先用于支付合同项下应当支付的款项,出租人主张将风险金用于扣减提前终止时的未付租金,一审法院予以支持。

基于以上,一审法院判决主要内容如下:(1)承租人于本判决生效之日起十日内,向出租人支付已到期租金14,170,373.81元及截至2017年7月15日的逾期租金违约金1,418,805.14元,并支付自2017年7月16日起按日万分之五计算至实际给付之日止的逾期租金违约金。(2)承租人于本判决生效之日起十日内,向出租人支付未到期租金30,003,448.65元(已扣减风险金7,948,800元)及自2017年7月24日起按日万分之五计算至实际给付之日止的逾期付款违约金。(3)承租人于本判决生效之日起十日内,向出租人支付设备留购价款39,744,000元及自2017年7月24日起按日万分之五计算至实际给付之日止的逾期付款违约金。(4)胡某奇、曹某岚分别在最高债权额450,576,000元对应的担保范围内,北京某实、某时代数码、某液化气公司、某安行公司分别在最高债权额509,076,000元对应的担保范围内,对上述第一、二、三项给付事项承担连带保证责任,并在承担保证责任后,有权向承租人追偿。(5)出租人有权就承租人名下205辆抵押车辆、北京某星出租公司名下231辆抵押车辆、北京某伦出租公司名下40辆抵押车辆,折价或者拍卖、变卖该抵押物的价款在最高债权额450,576,000元对应的担保范围内,对上述第一、二、三项给付事项优先受偿。北京某星出租公司、北京某伦出租公司在出租人实现抵押权后,有权向承租人追偿。(6)出租人有权就北京某实名下坐落海淀区层,张某莹名下坐落海淀区层,某时代数码名下坐落海淀区2的房地产折价或者拍卖、变卖该抵押物的价款,在最高债权额450,576,000元对应的担保范围内,对上述第一、二、三项给付事项优先受偿。北京某实、张某莹、某时代数码在出租人实现抵押权后,有权向承租人追偿。(7)出租人有权就胡某奇持有北京华某天公司80%的股权、曹某岚持有北京华某天公司20%的股权、北京华某天公司持有北京金某劲公司100%的股权、北京华某天公司持有北京华某力公司100%的股权、北京金某劲公司持有北京某星出租公司100%的股权、北京华某力公司持有北京某伦出租公司100%的股权折价或者以拍卖、变卖所得价款对上述第一、二、三项给付事项优先受偿。胡某奇、曹某岚、北京华某天公司、北京金某劲公司、北京华某力公司在出租人实现质押权后,有权向承租人追偿。(8)承租人履行完上述第一、二、三项给付义务前,《融资租赁合同》项下租赁物的所有权归出租人所有。(9)驳回出租人其他诉讼请求。(10)驳回华某租赁公司的其他诉讼请求。

## 二审上诉及判决

1. 华某租赁公司上诉请求

华某租赁公司随后向天津市高级人民法院提起上述,其上诉请求为:(1)依法撤销(2017)津02民初第566号民事判决书第5项、第8项、第10项;(2)依法改判承租人名下全部的出租车归华某租赁公司所有;(3)依法改判某×租赁公司与承租人不构成融资租赁法律关系,对承租人名下出租车设定的抵押物权不成立。具体事实与理由:(1)原审判决以华某租赁公司与承租人的相关合同以及民事调解书未明确出租车车牌号,且车辆总数与实际存在差距为由,不予认定民事调解书确认出租车为华某租赁公司所有,属于认定事实错误。租赁清单中已列明租赁物名称、原所有人、承租人、单位数量等,能够确认涉案出租车为华某租赁公司所有。生效的民事调解书也已将承租人的全部出租车确认为华某租赁公司所有。(2)原审判决认定华某租赁公司未对涉案出租车进行登记备案,出租人在签订合同以及办理登记手续过程中不存在过错,属于认定事实和适用法律错误。华某租赁公司在中征网登记了租赁物清单,具备公示且对抗第三人的效力。出租人未提供证据证明其已进行融资租赁查询,不构成善意取得。如果其进行了查询,更能够说明其交易的非善意。(3)出租人对承租人的出租车不享有所有权,本案不具备融物的特征,不构成融资租赁法律关系。(4)出租人对承租人的出租车设立的抵押物权不成立。

2. 二审法院认定及判决

根据天津市高级人民法院于2018年8月20日作出的(2018)津民终217号民

事判决书，二审法院认为：

(1)出租人与承租人是否成立融资租赁法律关系

出租人与承租人签订的《融资租赁合同》系各方当事人的真实意思表示，内容不违反法律法规的强制性规定。合同签订后，双方在中征网办理了动产权属统一登记，某×租赁公司依约履行了合同项下的付款义务，并将收购的涉诉车辆出租给承租人使用，双方之间成立融资租赁法律关系。

关于华某租赁公司主张在出租人与承租人就涉诉车辆签订融资租赁合同之前，华某租赁公司与承租人已就涉案车辆签订《融资租赁合同》，生效法律文书已经确认华某租赁公司对涉诉车辆享有所有权，且华某租赁公司已在中征网做了动产权属统一登记，出租人在登记过程中存在过错的问题。华某租赁公司与承租人签订的融资租赁合同约定的租赁物为728辆，承租人在本案中陈述承租人仅有205辆出租车，存在虚构租赁物的情形，华某租赁公司与承租人的融资租赁合同项下租赁物是否真实存在存疑。且华某租赁公司办理租赁物登记时亦未明确、具体登记租赁物详情，出租人在办理租赁物登记过程中并无明显过错，华某租赁公司提供的现有证据并不能证明本案涉诉出租车系华某租赁公司享有所有权的租赁物。故华某租赁公司的上述主张不能成立。

(2)出租人就承租人涉诉车辆是否依法享有抵押权

《融资租赁司法解释》(2014)第9条第1款第2项①规定，出租人授权承租人将租赁物抵押给出租人并在登记机关依法办理抵押权登记的，出租人的所有权可以对抗第三人。本案中，出租人与承租人签订《最高额抵押合同》约定，承租人以其名下涉诉的205辆出租车提供抵押担保，上述合同系当事人真实意思表示，内容不违反法律、行政法规的强制性规定，合法有效。出租人已依法办理了抵押登记手续，出租人对涉诉车辆依法享有抵押权。

综上所述，华某租赁公司的上诉请求不能成立，应予驳回；一审判决认定事实

---

① 在《最高人民法院关于审理融资租赁合同纠纷案件适用法律问题的解释(2020修正)》中，内容有修改，该条被删除，因《民法典》已明确动产登记统一规则。后文不再赘述。

清楚，适用法律正确，应予维持，二审法院作出了驳回上诉，维持原判的判决。

## 再审审查

1. 再审请求

华某租赁公司随后向最高人民法院发起了再审申请，其再审请求为：(1)撤销一、二审判决；(2)判决承租人名下涉案的出租车归华某租赁公司所有；(3)判决出租人对承租人名下出租车设立的抵押物权不成立；(4)一、二审诉讼费用由被申请人承担。华某租赁公司另请求判决北京天某龙公司以其持有承租人的股权设立给出租人质权不成立，后撤回该请求。

2. 再审裁定

根据最高人民法院于2019年5月9日作出的(2019)最高法民申1276号民事裁定书，再审法院经审查认为：

关于出租人就承租人名下涉案车辆是否享有抵押权的问题。华某租赁公司称其与承租人先签订了融资租赁合同，涉案车辆所有权属于华某租赁公司所有，承租人无权就华某租赁公司的车辆向出租人设定抵押，出租人不享有涉案车辆的抵押权。本院经审查，华某租赁公司与承租人虽然先签订了融资租赁合同，但合同约定的租赁物为728辆出租车，而承租人仅有205辆出租车，二者数据相差甚大。承租人亦未转移728辆车的所有权证为华某租赁公司控制，且虽然华某租赁公司在中国人民银行征信中心做了登记，但只是简单登记了数量，每辆车的车牌及其他信息均未明确，而出租人与承租人就承租人名下涉案车辆设定抵押权后在车辆管理部门及中国人民银行征信中心进行了登记备案，登记的车牌号等信息具体明确。且出租人转移上述抵押车辆的所有权证为己控制，抵押权真实成立。综上，华某租赁公司不能证实其签订融资租赁合同的车辆为承租人抵押给出租人的车辆。华某租赁公司认为出租人就承租人名下涉案车辆不享有抵押权的理由不能成立。最终裁定驳回华某租赁公司的再审申请。

### 法律风险及要点解读

在本案件中,华某租赁公司尽管就拟开展业务合作的车辆办理了融资租赁登记,但由于其并未考虑到车辆所有权登记的特有规定和要求,因此,在承租人再次将相关车辆办理重复融资之后,由于后手出租人在车辆管理部门及中国人民银行征信中心进行了登记备案、登记的车牌号等信息具体明确、且进一步办理了相关抵押权登记,因此,华某租赁公司不得不就其未办理完成车辆所有转移登记的行为,承担相应的不利法律后果。

## 案例29:仅有租赁物清单及文件交接存在的法律瑕疵

### 案件主要事实

根据天津市第一中级人民法院2019年11月25日作出的(2019)津01民初572号民事判决书,法院认定的事实主要有:

2016年8月25日,原告某W国际融资租赁有限公司(以下简称某W租赁公司或出租人)与被告中建S局第三建筑工程有限公司(以下简称中建S局三公司或承租人)签订编号为××××.2016.002的《融资租赁合同(售后回租)》,该合同共有正文21条,附件4项。其中正文和附件的主要内容为:(1)出租人从承租人处购买卡特329D型挖掘机等设备,并回租给承租人使用。(2)价款:合同约定的总价款为60,000,000元,该合同项下的保证金为6,000,000元,手续费为2,940,000元。出租人需实际支付的剩余购买价款为51,060,000元,于承租人完成相关手续后15个工作日内电汇至其银行账户。(3)租赁期、租金、迟延利息、违约金:租赁期限为36个月,自出租人支付设备购买价款之日起算；租金为按季后付；租赁利率为合同生效日中国人民银行颁布的同期限档次贷款基准利率上浮29.48%；迟延利息按照月利率2.5%计算；违约金为租金总额的1%。(4)保证金：保证金不计息，由出租人在支付购买价款时抵扣，如无合同项下的违约事件发生，则该保证金在租赁期满后返还承租人；保证金若用于折抵违约损失，承租人应在出租人通知的期限内补足。(5)租赁物交付：出租人支付设备购买价款后，即视为设备由出租人交付承租人承租人。(6)违约责任：发生承租人不能清偿1,000,000元的任何到期债务等约定的违约事件时，出租人有权：①终止租赁合同，收回及处理设备；处理设备的款项按照处理费用、租金、迟延利息、未到期租金、违约金等款项的顺序折抵，若设备的处分所得不足折抵上述款项的，承租人应补足差额；②向承租人追索本合同项下所有到期未付租金、迟延利息、未到期租金等所有应付款项；③向承租人追索出租人因执行或保护本合同项下出租人权利而产生的合理费用，包括但不限于律师费；④要求承租人支付本合同项下租金总额1%的违约金。如果违约金不足以弥补因其违约给出租人造成的经济损失的，出租人有权要求其就差额部分继续赔偿。承租人支付违约金将不影响出租人要求其支付租约项下的任何其他应付款项。(7)租赁期满所有权转移：租赁期限届满后，如果承租人没有违约事项，在其向出租人支付1000元并签署所有权转移通知的回执后，设备的所有权转移给承租人。(8)合同生效日期：2016年8月25日。该合同由出租人、承租人盖章并由各自法定代表人签字。

该合同附件1为购买价、租期、租金迟延利息、保证金及手续费等情况。附件2为设备清单。附件3为设备交接暨所有权转移证书，承租人表示将附件2的设备所有权转移至出租人，证书上有承租人的盖章和法定代表人签字。附件4为所有权转移通知书及回执的样本。

出租人于2016年8月31日在扣除保证金6,000,000元及手续费2,940,000元后向承租人支付了51,060,000元，承租人向原告出具了金额为

60,000,000元的收据。承租人给付款项的数额及时间为:2016年11月30日给付5,513,688元,2017年2月28日给付5,513,688元,2017年5月31日给付5,513,688元,2017年8月31日给付5,513,688元。自合同附件1所附租金支付表的第5期开始拖欠租金,该期租金的拖欠金额为5,513,688元。其后承租人未再支付租金。

出租人与天津某R律师事务所签订委托代理协议,委托天津某R律师事务所提供法律服务,其中一审阶段律师代理费为381,095元。出租人另支付财产保全责任保险费23,392.26元。出租人委托天津某R律师事务所律师于2018年1月8日向承租人邮寄送达律师函,告知承租人欠租情况。

2018年3月8日,经天津市人民检察院第二分院批准,天津市公安局签发津公(法)捕字[2018]21、22号逮捕证,对涉嫌国有公司、企业、事业单位人员滥用职权罪的李某伟、李某健执行逮捕。李某健为承租人法定代表人。

## 诉讼主张及答辩意见

出租人作为原告,向法院提出如下请求:(1)判令承租人向出租人支付×××.2016.002号《融资租赁合同(售后回租)》项下到期应付未付租金人民币5,513,688元,以及上述款项的迟延利息(迟延利息自该笔租金到期应付日2017年11月30日之次日起计算至实际支付完毕之日止,利率按月利率2.5%计算,暂计算至2018年1月16日为215,952.78元);(2)判令××××.2016.002号《融资租赁合同(售后回租)》项下未到期的租金32,595,816元(全部剩余租金44,109,504元-已到期租金5,513,688元-保证金6,000,000元,其中扣减保证金6,000,000元)全部提前到期,承租人立即偿还出租人提前到期的租金,以及上述款项的迟延利息(迟延利息自该笔租金到期应付日之次日起计算至实际支付完毕之日止,利率按月利率2.5%计算);(3)判令承租人向出租人支付违约金人民币661,642.56元(《融资租赁合同(售后回租)》项下的租金总额人民币66,164,256

元的 1%);(4)判令承租人向出租人支付实现债权所支出的费用,包括但不限于律师费 381,095 元、财产保全所支出的保险费 23,392.26 元、差旅费等;(5)诉讼费用由承租人承担。如果法院认定本案属于借款合同纠纷,在扣除合同手续费 294 万元、保证金 600 万元后,借款本金为 5106 万元,合同利率按人民银行同期贷款利率上浮 29.48%,即年利率 6.15% 计息;逾期利息按照年利率 24% 计算。按偿还的款项先冲抵利息,后冲抵本金的方式,剩余本金为 31,704,732.5 元,尚欠利息为 1,299,894.03 元。

承租人作为被告,答辩意见主要为:(1)本案没有实际租赁物,双方之间不存在融资租赁法律关系,出租人的诉讼请求应予驳回。出租人与案外人李某杰等以及承租人的法定代表人李某健、财务负责人李某伟合谋,各方虚构租赁物,借融资租赁名义行非法放贷之实,现李某健及李某伟已经被捕;①李某健、李某伟等人在刑事案件的供述,能证明案涉租赁物实际并不存在,且出租人未对是否存在租赁物进行审查;②出租人无法提供案涉租赁物的发票、采购合同、付款凭证等基本资料来证明租赁物真实存在,说明租赁物是虚构的;③案涉融资租赁合同附件 2 设备清单上记载有所谓租赁设备的购买时间及供应商,但很多供应商公司在设备购买时还未设立,可见设备清单是虚假的,实际不存在租赁设备;④与租赁物有关的合同条款均未得到实际履行,也证明租赁物不存在;⑤出租人在起诉过程中变更了诉讼请求,在申请财产保全时,也未要求对租赁物进行查封,证明其知晓租赁物实际不存在。(2)案涉融资租赁合同因违反融资租赁企业监督管理办法和银行业监督管理办法的强制性规定而无效,同时也因是以虚假意思表示而实施的民事法律行为而无效。(3)即使不考虑案件需要移送公安管辖的因素,在确定借贷本金时,应以实际发放的金额 51,060,000 元作为借贷本金,出租人违法放贷,不应支持其利息的诉讼请求。(4)因合同无效,故出租人要求支付迟延利息及违约金缺乏合同依据,应予驳回。即使合同有效,迟延利息已足以弥补出租人损失,故不能再主张违约金。迟延利息超过了年利率 24% 的法定上限,出租人主张更高的迟延利息,应举证证明其损失。(5)因合同无效,出租人主张的律师费、保险费、差旅费缺乏合同依据,即使合同有效,合同只约定了出租人有权追索行使出租人权利而产生的合理费用,本案是借贷而非融资租赁,故不存在所谓出租人权利,该约定也就失去了适用的前提。(6)在程序上,因本案涉嫌经济犯罪,应移送公安,驳回起诉。

## 法院认定及判决

一审法院认为,案涉《融资租赁合同(售后回租)》及其附件由出租人与承租人订立,加盖有双方公司公章并由法定代表人签字,应认定是双方的一致意思表示。虽然承租人法定代表人李某健因涉嫌犯罪被逮捕,但案涉《融资租赁合同(售后回租)》本身并不存在违反《合同法》第52条规定的情形,系当事人之间的真实意思表示,应认定为合法有效。

关于案涉《融资租赁合同(售后回租)》法律关系的性质,根据《合同法》第237条的规定,租赁物客观存在且所有权转移给出租人系融资租赁合同区别于借款合同的重要特征。租赁物应当客观存在,并且为特定物。没有确定的、客观存在的租赁物,仅有资金的融通,不构成融资租赁合同关系。本案中,出租人与承租人虽然签订了《融资租赁合同(售后回租)》,并就租赁物及租金等问题作出了约定,且附有设备清单,但租赁物的具体购买价格、折旧折价情况、现存价值等均未体现,特别是出租人未提供其在取得租赁物所有权时对租赁物进行过现场查勘或实物检视、租赁物的现状以及其他能够证明特定租赁物真实存在的证据。故仅凭设备清单不足以证明租赁物真实存在,现有证据无法认定双方当事人之间系融资租赁合同关系。

《融资租赁司法解释》(2014)第1条规定:人民法院应当根据合同法第237条的规定,结合标的物的性质、价值、租金的构成以及当事人的合同权利和义务,对是否构成融资租赁法律关系作出认定。对名为融资租赁合同,但实际不构成融资租赁法律关系的,人民法院应按照其实际构成的法律关系处理。因现有证据仅能证明案涉当事人之间有资金的出借与返还关系,而不足以证明存在实际的租赁物并转移了租赁物的所有权,根据2015年最高人民法院《关于审理民间借贷案件适用法律若干问题的规定》第1条[①]有关“本规定所称的民间借贷,是指自然人、法人、其他组织之间的及其相互之间进行资金融通的行为”的规定,应当认定出租人与承租人之间系民间借贷而非融资租赁合同关系,案涉合同有关资金出借和到期还款的约定系当事人的真实意思表示,应当认定借款合同真实有效。

根据上述分析,出租人与承租人之间实际构成民间借贷法律关系,故有关还款本金,利息及违约金的数额应当按照民间借贷法律规范予以确定。第一,关于初始本金问题,双方在合同中约定的总价款为60,000,000元,合同项下的保证金为6,000,000元,手续费为2,940,000元。出租人实际支付的款项为51,060,000元,故该笔款项应作为双方当事人之间借款合同的本金。第二,关于借款利率问题,双方当事人所订立的合同性质上为借款合同,且合同有效,各方当事人关于利息的约定未超过法定限制基准,应认定为有效。根据双方当事人对于利率标准和定期调整的约定,以及中国人民银行关于贷款基准利率调整的公告,涉案合同的年利率为合同生效日中国人民银行同期同档贷款基准利率上浮29.48%,即4.75%×129.48%=6.15%。借款的逾期利率,因合同约定的逾期利率及违约金已经超过了24%,本院将逾期利息利率调整为以年24%计息。第三,关于承租人欠付本金数额问题,因双方当事人未就还款性质作出特别约定,故依法定抵充顺序,承租人的返款应优先清偿利息,剩余部分抵充本金。结合被告承租人偿还款项的时间及数额情况,以年利率/365计算日利率。经法院逐笔核算,被告承租人在2017年8月31日最后一次偿还案涉借款后剩余本金31,702,379.39元及此后相应利息未付。综上,承租人应当偿还出租人本金31,702,379.39元;期内利息以本金为基数,以年利率6.15%为标准,自2017年9月1日计算至2019年8月31日;逾期利息以本金为基数,以年利率24%为标准,自2019年9月1日计算至实际清偿之日。第四,关于律师费、财产保全保险费、违约金的问题,因该部分费用属于承租人未按期支付租金给出租人造成

① 对应《最高人民法院关于审理民间借贷案件适用法律若干问题的规定(2020第二次修正)》第1条第1款,内容有修订,修订后表述为“本规定所称的民间借贷,是指自然人、法人和非法人组织之间进行资金融通的行为。”后文不再赘述。

的损失,该部分损失可通过承租人支付的逾期利息予以补偿,法院已将逾期还款利率按借贷合同的最高法定限制基准计算,故对出租人的该项请求,法院未予支持。

综合以上,法院判决如下:

1. 本判决生效之日起十五日内,被告中建S局第三建筑工程有限公司支付原告某W国际融资租赁有限公司借款本金31,702,379.39元、利息(利息的计算方法:①利率:年利率6.15%;②计算基数31,702,379.39元;③起始时间:2017年9月1日;④终止时间:2019年8月31日)及逾期利息(逾期利息的计算方法:①利率:年利率24%;②计算基数31,702,379.39元;③起始时间:2019年9月1日;④终止时间:实际给付之日)。

2. 驳回原告某W国际融资租赁有限公司的其他诉讼请求。

### 法律风险及要点解读

在以设备作为租赁物的融资租赁交易中,出租人通常通过租赁物设备清单、所有权转移证明等文件,即主要是通过文件交接的方式来确认租赁物并完成所有权的交接,但在诉讼中,这也往往成为承租人否认融资租赁交易性质的主要攻击点,即融资租赁公司存在管理漏洞,在后续法律诉讼争议中未能提供对租赁物进行过现场查勘或实物检视、租赁物的现状以及其他能够证明特定租赁物真实存在的证据。因此,除了在业务开展前对租赁物开展充分的尽职调查,包括充分核验租赁物、查验租赁物相关购置合同、付款凭证、发票凭证等原始文件或单据包括现场勘查并留存证据之外,在具体业务办理中,也需要进一步确保承租人对租赁物所有权获取上不存在瑕疵。

## 三 保证担保:主体、典型和非典型类担保

在各类风险缓释措施中,由于抵押、质押等都有相关有权机构的登记,因此,一旦予以合法登记并成立,抵押权和质押权便产生对抗其他第三人的法律效力;但是

针对保证担保，由于公司法人形成对外担保需要经过公司内部一定决策程序（或董事会、或股东会）、且需要担保人予以加盖公章，在具体操作中，往往容易遭受担保人的抗辩和质疑。因此，在保证担保中，一方面需要关注提供保证的主体适格性，另一方面则需要关注提供保证担保的相关决议要件，特别是在公司法人提供的保证担保中，包括决议机构和表决标准，均应符合相关法律法规要求。

关于法人对外提供担保的决议要件，《公司法》第16条第1～2款明确规定："公司向其他企业投资或者为他人提供担保，依照公司章程的规定，由董事会或者股东会、股东大会决议；公司章程对投资或者担保的总额及单项投资或者担保的数额有限额规定的，不得超过规定的限额。公司为公司股东或者实际控制人提供担保的，必须经股东会或者股东大会决议。"但该条款并未明确规定如违反上述规定的法律后果，因此，在援引《合同法》第52条认定未经过公司内部决议、或者内部决议有瑕疵的对外担保合同是否为无效合同时，重点在于判断《公司法》第16条属于管理性强制性规定还是效力性强制性规定。最高人民法院在过往审判实践中，多数将《公司法》第16条认定为非效力性强制性规定或管理性强制性规定，相关主要考虑在于确保交易安全，以及公司内部决议程序通常不得约束第三人，进而裁判相关未经公司内部决议的担保合同有效。但即便如此，亦需进一步区分相对人是否为善意相对人，是否尽到相应的审查义务，并以此就可公开查询章程的上市公司和非上市公司、是关联担保还是非关联担保进行了区分。

为进一步统一案件审理思路，《九民会议纪要》其中就公司法人为他人提供担保的相关事宜，明确如下：(1)为公司股东或实际控制人提供关联担保的，须有股东（大）会决议，且决议需在被担保股东回避情况下由其他股东所持表决权半数通过；(2)为其他债务人提供非关联担保的，须根据公司章程规定的决议权限，由股东会或董事会出具决议；(3)银行等金融机构对决议文件的审查为形式审查，对决议签章的真实性、程序的规范性等不作实质审查；(4)对担保公司提供的担保、公司为其控制的公司提供的担保、上市公司公开信息披露的担保等，豁免决议审查要求。对于金融机构而言，其作为债权人对公司机关决议内容的审查一般限于形式审查,只要求尽到必要的注意义务即可,标准不宜太过严苛;公司以机关决议系法定代表人伪造或者变造、决议程序违法、签章(名)不实、担保金额超过法定限额等事由抗辩债权人非善意的,人民法院一般不予支持;但是,公司有证据证明债权人明知决议系伪造或者变造的除外。但需要注意的是,在 2020 年 12 月 31 日最高人民法院发布的《担保制度解释》中,就上市公司对外提供担保涉及的公司决议及对外披露有明确规定,即"相对人未根据上市公司公开披露的关于担保事项已经董事会或者股东大会决议通过的信息,与上市公司订立担保合同,上市公司主张担保合同对其不发生效力,且不承担担保责任或赔偿责任的,人民法院应予支持"。

2021 年 1 月 1 日起实施的《民法典》,其中第三编第十三章中新增"保证合同"一节,根据《民法典》规定,有几处关于保证的规定存在和之前相比明显的调整:(1)关于对保证方式没有约定或者约定不明的,依照原 1995 年《担保法》(主席令第[50]号)第 19 条,视为连带责任保证;而《民法典》第 686 条则调整为"当事人在保证合同中对保证方式没有约定或者约定不明确的,依照一般保证承担保证责任"。(2)关于担保人相互之间的追偿权问题,根据原《担保法司法解释》规定,如果是按份共同保证,则担保人之间不存在相互追偿问题;如果是连带共同保证的,保证人在承担保证责任后,向债务人不能追偿的部分,由各连带保证人按其内部约定的比例分担;没有约定的,平均分担。而《民法典》第 700 条则明确规定,"保证人承担保证责任后,除当事人另有约定外,有权在其承担保证责任的范围内向债务人追偿,享有债权人对债务人的权利,但是不得损害债权人的利益"。《民法典》并未明确连带共同保证人在履行担保义务后,是否可以向其他保证人进行追偿,目前倾向性意见认为若无明确约定的,担保人之间没有追偿权。就此问题,《担保制度解释》第 13 条就共同担保作出了进一步明确规定。(3)关于保证期间的调整,根据原《担保法司法解释》,保证合同约定的保证期间早于或者等于主债务履行期限的,视为没有约定,保证期间为主债务履行期届满之日起六个月;保证合同约定保证人承担保证责任直至主债务本息还清时为止等类似内容的,视为约定不明,保证期间为主债务履行期届满之日起二年。而《民法典》第 692 条则统一调整为,没有约定或者约定不明确的,保证期间为主债务履行期限届满之日六个月。除此之外,《民法典》就保证合同无效、保证期间和诉讼时效等多个问题,均进行了不同程度的调整。

保证担保中另涉及的“物保”和“人保”问题,《民法典》第 392 条明确规定:“被担保的债权既有物的担保又有人的担保的,债务人不履行到期债务或者发生当事人约定的实现担保物权的情形,债权人应当按照约定实现债权;没有约定或者约定不明确,债务人自己提供物的担保的,债权人应当先就该物的担保实现债权;第三人提供物的担保的,债权人可以就物的担保实现债权,也可以请求保证人承担保证责任。提供担保的第三人承担担保责任后,有权向债务人追偿。”按照《民法典》立法说明中将融资租赁视为非典型担保合同的观点,如果把租赁物视同于承租人提供的物的担保,是否意味着出租人需先就租赁物实现债权、而不能直接向保证人主张?为避免约定不明的情形存在,出租人在相关保证合同中,应就“物保”和“人保”相关内容进行明确。如某些融资租赁公司在保证合同中约定“无论债权人对主合同项下的债权是否拥有其他担保(包括但不限于保证、抵押、质押、保函、备用信用证等担保方式),不论上述其他担保何时成立、是否有效、债权人是否向其他担保人提出权利主张,也不论是否有第三方同意承担主合同项下的全部或部分债务,也不论其他担保是否由承租人自己所提供,保证人在本合同项下的保证责任均不因此减免,债权人均可直接要求保证人依照本合同约定在其保证范围内承担保证责任,保证人将不提出任何异议。”于此相反,如果相关表述为“债权人既可以向保证人主张责任,也可以向抵押人主张责任的约定”,则可能因未明确保证人放弃先诉抗辩权而被认为“约定不明”。

此外,针对非典型性担保,如回购合同、流动性支持和差额补足等,最高人民法院在《担保制度解释》中明确为:第三人向债权人提供差额补足、流动性支持等类似承诺文件作为增信措施,具有提供担保的意思表示,债权人请求该第三人承担保证责任的,人民法院应当依照保证的有关规定处理。但对于是否仍继续适用一般保证项下债权人的善良注意义务,据笔者所了解,需对此进一步明确。从过往司法审判实践来看,如针对公司业务中使用频率比较高的“回购担保”,在已有的司法案例中,尽管回购方通常抗辩为“回购承诺”具有担保性质,依据《担保法》应属无效,从而将其法律责任限缩为"二分之一"或"三分之一"①的赔偿责任,但此类抗辩并未获法院支持,法院大多认为回购条款本质上是一种逆向的、独立的交易行为,属于合同债权的范畴;它虽然有一定的债权保障作用,但不构成债权担保的从属性,更不具有担保物权的优先受偿功能。但在2018年最高人民法院公开的"(2017)最高法民终353号"案件中,最高人民法院将当事人一方向商业银行出具的回购承诺认定为保证担保,并认为该保证违反了《担保法》、原《担保法司法解释》中关于担保人主体适格的相关规定,保证担保无效;因此,出具回购承诺函的当事人按照自身过错程度,就保证担保的无效承担三分之一损失赔偿责任。

## 案例30:分公司伪造总公司决议对外提供担保

### 案件主要事实

根据天津市高级人民法院2019年6月18日作出的(2018)津民初59号民事判决书,法院认定的主要事实包括:

2016年10月12日,原告某M金融租赁有限公司(以下简称某M租赁公司或出租人)与被告中建S局第三建筑工程有限公司(以下简称中建S局或承租人)签订了《融资租赁合同》,由承租人采用售后回租的方式向出租人租赁《融资租赁合同》附件一《出售回租设备清单》中的设备,包括起重机、装载

① 对应《担保制度解释》第17条,内容有修改,修改后表述为:"主合同有效而第三人提供的担保合同无效,人民法院应当区分不同情形确定担保人的赔偿责任:(一)债权人与担保人均有过错的,担保人承担的赔偿责任不应超过债务人不能清偿部分的二分之一;(二)担保人有过错而债权人无过错的,担保人对债务人不能清偿的部分承担赔偿责任;(三)债权人有过错而担保人无过错的,担保人不承担赔偿责任。主合同无效导致第三人提供的担保合同无效,担保人无过错的,不承担赔偿责任;担保人有过错的,其承担的赔偿责任不应超过债务人不能清偿部分的三分之一。"后文不再赘述。

机、挖掘机、搅拌机等，设备购买价款为 3 亿元。根据《融资租赁合同》附件二租赁附表的约定，租赁期限为 36 个月，还租期共计 6 期，自起租日起算，起租日为融资租赁本金付款凭证所记载的日期即 2016 年 10 月 13 日之后的第一个日历日的十五日，年租赁利率为 5.7%（参照同期中国人民银行 3 年期贷款基准利率上浮 20%），租金总额为 330, 625, 438. 38 元。租前息于起租日一次性支付，租金支付期间为每半年支付一次，后付。每期租金金额为 55, 104, 239.73 元，留购价款 0 元。租赁期限内，如遇中国人民银行贷款基准利率调整时，出租人将对租赁利率作出同方向、同幅度调整。若承租人未按合同约定支付到期应付租前息、租金及其他应付款项，承租人应就逾期未付款项按日万分之五支付违约金，直至全部付清之日止。承租人任一期租金未按合同约定支付构成违约，出租人有权要求承租人按照合同约定承担违约责任或赔偿损失（包括但不限于诉讼费、律师费、财产保全费、执行费等因清收发生的一切费用），有权宣布承租人的债务全部到期，要求承租人立即支付应付的所有违约金、全部未付租金和其他应付款，承租人所付款项不足以支付全部欠付款项时，按照费用、其他应付款项、违约金、损害赔偿金、租金、留购价款的顺序予以清偿。

同日，出租人与承租人签订了《风险金合同》，约定为保障《融资租赁合同》项下承租人付款义务得以顺利、完全履行，设立履约保证金，金额为 1500 万元。

同日，出租人与承租人签订了《业务合作合同》，约定金额为 450 万元，工作内容包括为开展融资租赁、业务顾问等业务合作，出租人对承租人进行尽职调查，并在此基础上，根据承租人的要求提供行业分析、优化融资方案、融资服务、税收筹划和理财等服务。

同日，出租人与承租人签订了《资产管理合同》，约定金额为 150 万元，内容包括对承租人的资产进行管理，所管理范围由承租人指定，经出租人认可后双方予以确定。

同日，出租人与 S 局四川分公司签订了《法人保证合同》，约定由 S 局四川分公司就承租人在主合同项下对出租人所负的全部债务提供不可撤销的连带责任保证。保证范围为承租人在主合同项下应向债权人支付的全部租前息、全部租金、违约金、补偿金、损害赔偿金、债权人为实现债权而支付的各项费用(包括但不限于诉讼费、仲裁费、律师费、差旅费及主合同项下租赁物取回时拍卖、评估等费用)和其他所有承租人应付款项。如遇主合同项下约定的利率变化情况,还应包括因该变化而相应调整的款项。保证期间自本合同成立之日起至承租人履行债务期限届满之日后两年止。S 局四川分公司保证,已获得中建 S 局的授权,同意保证人为承租人提供连带责任保证,并授权保证人经营管理人员负责相关合同、文件的签署、履行及其他相关事宜,保证人具有提供本保证的资格和能力。保证人提供本保证符合保证人章程规定的程序,已取得了相应的内部授权和有关主管部门的批准,且已办妥一切必要手续。保证人保证向出租人提供所有与本合同有关的批准文件,并对向出租人提供所有有关的批准文件的真实性、合法性负责。如因保证人资格及保证批准程序方面的缺陷而使出租人遭受任何损失,均由保证人负责赔偿。S 局四川分公司负责人李某某在《法人保证合同》上签字。

2016 年 10 月 13 日,承租人向出租人出具了《租赁设备接受书》《所有权转移证书》,并于 10 月 13 日、14 日支付了风险金、资产管理费、业务合作费共计 2100 万元。2016 年 10 月 14 日,出租人向承租人支付了 3 亿元。

天津市滨海新区人民法院(2018)津刑初 20665 号刑事判决书查明,2016 年 10 月,王某坤伙同他人在明知承租人无法提供融资所需的中建 S 局董事会决议及中建 S 局授权书等文件的前提下,由王某坤找人伪造中建 S 局公章并随身携带至中建 S 局办公楼内使用。王某坤在提交给出租人的中建 S 局《授权书》《关于部分工程设备划拨文件的通知》《董事会决议》《董事会成员签字样本》四份文件上分别加盖了伪造的中建 S 局印章。

《授权书》内容为根据生产经营需要,现中建 S 局授权 S 局四川分公司对承租人与出租人签订的融资租赁合同，提供连带担保，签署相关合同协议，落款日期为 2016 年 6 月 17 日。

2018 年 3 月 8 日，承租人法定代表人李某某因涉嫌国有公司、企业、事业单位人员滥用职权罪被逮捕。

承租人为独立法人，法定代表人为李某某，控股股东为中建 S 局，持股比例为 100%。S 局四川分公司是领取营业执照的企业非法人，为中建 S 局的分公司，负责人为李某某。

## 诉讼主张及答辩意见

原告向法院提出诉讼请求为：(1) 请求判令承租人立即向原告支付《融资租赁合同》项下已到期未付租金 55, 104, 239. 73 元。以及截至 2018 年 5 月 13 日的逾期付款违约金 854, 115. 72 元；并以 55, 104, 239. 73 元为基数，自 2018 年 5 月 14 日起至全部付清之日止，按照日万分之五的标准向原告支付逾期付款违约金。(2) 请求判令承租人立即向原告一次性支付《融资租赁合同》项下全部剩余未到期租金 165, 312, 719. 19 元，以及自本案立案之日起至实际支付之日止，以 165, 312, 719. 19 元为基数，按合同约定的日万分之五标准计算的逾期付款违约金。(3) 请求判令被告 S 局四川分公司、中建 S 局对上述第 1、2 项给付事项承担连带保证责任。(4) 请求法院依法判决确认，被告承租人付清上述第 1、2 项款项前，《融资租赁合同》项下租赁物的所有权归原告所有。(5) 请求依法判令本案的诉讼费、保全费及其他与本案诉讼相关的全部费用由各被告共同承担。

承租人辩称，应驳回出租人的全部诉讼请求，理由为：(1) 涉案租赁物并不存在，出租人与承租人不是融资租赁法律关系，而是借贷关系；(2) 出租人没有发放贷款的资质，涉案合同应作无效认定；(3) 出租人无权收取风险金、资产管理费、业务合作费；(4) 出租人主张的违约金不应支持，如支持，标准应为贷款基准利率的 30% 以内；(5) 本案涉嫌经济犯罪，应驳回起诉，移送公安机关处理。

S局四川分公司、中建S局辩称，S局四川分公司未签订保证合同，中建S局也未给S局四川分公司对外签订保证合同的授权。出租人经办过程中，存在过错。

## 法院认定及判决

一审法院认为：

1. 关于《融资租赁合同》的性质及效力问题。根据生效刑事判决查明的事实，《融资租赁合同》项下并不存在租赁物，依照《融资租赁司法解释》(2014)第1条规定，本案应按照借款关系处理。《融资租赁合同》虽应定性为借款法律关系，但该定性不影响双方订立合同之初关于"融资"的真实意思表示，因《融资租赁合同》中融资部分并不违反法律法规强制性规定，该部分约定有效。承租人不能证明出租人以发放贷款为主要业务或主要利润来源，故对承租人提出的出租人没有发放贷款的资质，合同应作无效认定的抗辩意见，法院不予支持。承租人作为借款合同的主体，应按照合同承担偿还借款的义务，出租人主张中建S局为实际借款主体，不符合合同相对性原则，法院不予支持，对其调取相关银行账户资金明细的申请，法院不予准许。

2. 关于承租人借款金额及欠款金额问题。基于双方实际形成借款法律关系，出租人收取的风险金、资产管理费、业务合作费共计2100万元，缺乏合同和法律依据，应从出借金额中予以扣减，故承租人借款金额为2.79亿元。2018年4月15日，承租人未偿还第三期租金构成违约，出租人宣布合同提前到期，合同依据充分。出租人主张合同提前到期日为2018年6月11日，承租人无异议，法院予以确认。截至2017年11月9日，承租人共偿还本金94,582,483.62元，欠付本金184,417,516.38元。出租人按照本金2.79亿元、到期日为2018年6月11日提交欠款明细后，承租人不认可支付违约金且认为违约金的计算标准过高，但对欠付本金、利息等的计算方法及相应数额无异议。故根据合同约定的违约金计算方式以及双方一致认可的本金、利息，承租人应支付出租人本金184,417,516.38元、合同期内利息6,248,680.18元及违约金。(①第三期本金的违约金，以49,245,645.08元为基数，自2018年4月15日起至实际给付之日止，按日万分之五的标准计算；

②剩余本金的违约金,以135,171,871.3元为基数,自2018年6月12日起至实际给付之日止,按日万分之五的标准计算;③期内利息的违约金,以6,248,680.18元为基数,自2018年6月12日起至实际给付之日止,按日万分之五的标准计算)

3.关于《法人保证合同》效力及合同责任承担主体问题。根据李某某自认,《法人保证合同》上S局四川分公司的印章真实,李某某的签字真实。李某某系S局四川分公司负责人,出租人有理由相信其签字行为代表了S局四川分公司。现S局四川分公司不能证明出租人系明知或应知李某某越权对外担保,故李某某对外提供担保并非个人行为,S局四川分公司签订《法人保证合同》并对外提供担保系其真实意思表示,应当承担相应民事责任。鉴于此,S局四川分公司虽然其公章及李某某的笔记进行鉴定提出申请,但鉴定结论对本案事实认定并无影响,故本院对其鉴定申请不予准许。S局四川分公司在《法人保证合同》中向出租人保证批准文件的真实性,而S局四川分公司提供给出租人的《授权书》《董事会决议》《董事会成员签字样本》已被另案生效判决认定不具有真实性,S局四川分公司作为中建S局的分支机构,未经中建S局书面授权对外提供保证,《法人保证合同》无效。

出租人已对《授权书》和中建S局的公司决议履行了形式审查义务,《授权书》内容显示S局四川分公司已经取得对本案《融资租赁合同》进行连带担保的授权,且在案证据不能证明出租人在明知或应知S局四川分公司未经中建S局授权的情况下,仍与S局四川分公司签订《法人保证合同》。本案系S局四川分公司对外提供担保,出租人未对中建S局的章程进行审查,不足以构成过错,故S局四川分公司主张出租人签订保证合同存在过错,缺乏法律依据。

承租人与S局四川分公司明知中建S局的授权系伪造,对保证合同的无效均具有过错,S局四川分公司与承租人应当就出租人的损失承担连带赔偿责任,S局四川分公司的赔偿责任,由S局四川分公司经营管理的财产承担。因出租人不能证明中建S局对S局四川分公司对外担保行为存在过错,故中建S局不承担赔偿责任。

关于出租人主张的律师费30万元,其中10万元已实际支付,该项主张符合合同约定,本院对实际发生的10万元予以支持。承租人提出其法定代表人涉嫌犯罪而本案属于刑事犯罪一节,李某某的刑事案件与本案借款关系不属于同一法律关系,不影响本案借款主体承租人的民事偿还责任的履行,故对其该项抗辩意见不予采纳,本案亦无须中止审理或驳回起诉。

综上,一审法院判决如下:(1)中建S局第三建筑工程有限公司于本判决生效之日起十日内给付某M金融租赁有限公司本金184,417,516.38元、期内利息6,248,680.18元及违约金(①第三期本金的违约金,以49,245,645.08元为基数,自2018年4月15日起至实际给付之日止,按日万分之五的标准计算;②剩余本金的违约金,以135,171,871.3元为基数,自2018年6月12日起至实际给付之日止,按日万分之五的标准计算;③期内利息的违约金,以6,248,680.18元为基数,自2018年6月12日起至实际给付之日止,按日万分之五的标准计算);(2)中建S局第三建筑工程有限公司于本判决生效之日起十日内给付某M金融租赁有限公司律师费100,000元;(3)中国建筑第S工程局有限公司四川分公司于本判决生效之日起就本判决第1、2项给付事项由其经营管理的财产向某M金融租赁有限公司承担连带赔偿责任,其承担赔偿责任后,有权向中建S局第三建筑工程有限公司追偿;(4)驳回某M金融租赁有限公司的其他诉讼请求。

中建S局第三建筑工程有限公司随后向最高人民法院提起上诉,最高人民法院作出了(2019)最高法民终1645号民事判决书,作出了驳回上诉维持原判的判决。

## 法律风险及要点解读

1. 担保人决议要件及债权人善意认定

本援引案例,同样涉及有关于融资租赁关系被重新界定为借款以及相关借款本金计算的问题,但在本章节笔者提请重点关注因担保主体不合格导致担保无效的法律效力问题。如该案例所呈现,该集团分公司提供的担保被认定为无效,但对于金融机构的审查义务,一审法院认定为形式审查即可;且基于保证合同约定,在保证合同认定为无效且保证人存在过错的的情况下，仍需保证人承担全额连带赔偿责任。金融债权人在审查担保提供的决议要件中，在决议要件（决议机构和表决标准）缺失的情况下，如何认定债权人为善意，根据《九民会议纪要》第 18 条规定，无论章程是否对决议机关作出规定，也无论章程规定决议机关为董事会还是股东（大）会，只要债权人能够证明其在订立担保合同时对董事会决议或者股东（大）会决议进行了审查，同意决议的人数及签字人员符合公司章程的规定，就应当认定其构成善意，但公司能够证明债权人明知公司章程对决议机关有明确规定的除外（如上市公司章程公开可查询）；债权人对公司机关决议内容的审查一般限于形式审查，只要求尽到必要的注意义务即可，标准不宜太过严苛。公司以机关决议系法定代表人伪造或者变造、决议程序违法、签章（名）不实、担保金额超过法定限额等事由抗辩债权人非善意的，人民法院一般不予支持。但是，公司有证据证明债权人明知决议系伪造或者变造的除外。

2. 法人分支机构等特定担保主体的相关法律问题

关于法人分支机构对外提供担保，按原《担保法》第 10 条规定，企业法人的分支机构、职能部门不得为保证人；企业法人的分支机构有法人书面授权的，可以在授权范围内提供保证。《民法典》第 683 条删除此条，但未明确如果法人分支机构和职能部门对外提供担保，债权人负有何种审查义务。《担保制度解释》明确为：公司的分支机构未经公司股东（大）会或者董事会决议以自己的名义对外提供担保，相对人请求公司或者其分支机构承担担保责任的，人民法院不予支持，但是相对人不知道且不应当知道分支机构对外提供担保未经公司决议程序的除外。

在担保主体方面，还需关注根据《民法典》新的相关规定，即机关法人、以公益为目的的非营利法人和非法人组织不得为保证人；而原《担保法》第 9 条的表述为：学校、幼儿园、医院等以公益为目的的事业单位、社会团体不得为保证人。根据《民法典》的新表述，可理解成如学校和幼儿园为民办营利法人的，并不限制其对外提供担保。《担保制度解释》对此作出了进一步解释和规定。

# 案例 31：上市公司违规提供担保的赔偿责任

## 案件主要事实

根据最高人民法院 2019 年 12 月 13 日作出的（2019）最高法民终 1524 号民事判决书，以及河南省高级人民法院（2018）豫民初 80 号民事判决书，本案主要事实为：

2017 年 9 月 27 日，安某康与某 J 信托签订《信托合同》。信托期限为 12 个月，受益人为安某康。信托期限内，受益人可以转让信托受益权；信托终止，信托财产返还受益人。合同另约定，信托资金由某 J 信托按照委托人安某康的意愿，以某 J 信托的名义，向安某康指定的某仁国际贸易（上海）有限公司（以下简称某仁公司）发放信托贷款。

2017 年 9 月 27 日，安某康与郭某东签订《差补和受让协议》。协议中明示，郭某东为某仁公司的实际控制人，为保证安某康的资金安全和收益实现，郭某东愿意以差额补足及受让安某康信托受益权的方式为安某康的信托本金及年化 13% 收益的按期足额获取提供担保责任。

按照协议约定，郭某东的差额补足义务指：安某康在《信托合同》项下每个信托利益分配日（含信托存续期间的信托净收益分配日和信托到期分配日），如因包括但不限于某仁公司未能及时、足额清偿《信托贷款合同》项下本息等任何原因，导致安某康未能按照年化 13% 的信托收益率按时、足额获得信托利益分配的，郭某东应就差额部分承担全额补充责任，包括：信托存续期间，若安某康依照《信托合同》所获得信托净收益未能达到年化 13% 的收益率，不足部分，郭某东应当向安某康补足差额；信托到期分配日，郭某东应向安某康支付信托贷款本金 2 亿元，及未补足至年化 13% 收益的差额部分。

郭某东的远期受让信托受益权的义务指：郭某东按照协议约定应当受让安某康的信托受益权。若郭某东已履行完毕差额补足义务，视为支付完毕信托受益权转让价款，则信托终止时，安某康将信托受益权转让给郭某东；若郭某东未按照协议约定履行差额补足义务，安某康有权利要求郭某东补足差额，受让信托受益权。

《差补和受让协议》第3条违约责任约定：郭某东未能按时、足额支付本协议项下任何应付款项的，自逾期支付之日起，以安某康设立信托时交付的信托资金为计算基数，按照每日万分之三向安某康支付违约金，直至实际履行完毕之日止。

2017年9月28日，某J信托按照受托人安某康的指令，与某仁公司签订《信托贷款合同》。合同约定信托贷款金额以实际发放为准，信托贷款期限为12个月，年利率13%。某仁公司应自收到信托贷款之日起，每2个月支付一次贷款利息，借款到期后应一次性将贷款本金及利息清偿完毕。

2017年9月28日，安某康与某通控股股份有限公司(以下简称某通公司或保证人)签订《保证合同》。合同约定保证人某通公司就郭某东依据《差补和受让协议》应向安某康支付的差额补足款、信托受益权转让价款、违约金，以及安某康为实现上述债权而发生的费用向安某康承担连带保证责任。保证期间为2年，自《差补和受让协议》确定的债权到期之日起次日开始起算。

2017年10月11日，安某康按照《信托合同》约定，将2亿元信托资金转入某J信托银行账户。同日，某J信托按照《信托贷款合同》约定，将2亿元信托贷款发放给某仁公司，贷款期限从2017年10月11日至2018年10月10日，双方共同签订《借据》对上述贷款事实予以确认。

2018年10月10日，案涉信托贷款到期，某仁公司依照《信托贷款合同》支付了从2017年10月11日至2018年8月21日的利息，共计10个月零10天。8月21日后未再履行付息义务，郭某东亦未按照《差补和受让协议》约定向安某康补足差额，受让信托受益权。

## 一审法院认定及判决

一审法院认为,案件当事人对《差补和受让协议》《保证合同》的有效性存在异议,对案涉其他合同的真实性和有效性不存在异议。相关案件的争议焦点为:

1.《差补和受让协议》是否有效,即安某康能否依据该协议要求郭某东承担差额补足和远期受让的义务

关于《差补和受让协议》的效力问题。一审法院认为,从《差补和受让协议》内容来看,郭某东依约受让安某康的信托受益权,其取得案涉信托受益权的对价,是向安某康支付信托本金及补足该本金收益不足年化13%的部分。在案涉《信托合同》《信托贷款合同》的背景下,《差补和受让协议》对于郭某东受让信托受益权的对价及支付方式、违约责任的约定,对于《信托合同》《信托贷款合同》而言,显然具有一种分担风险,强化信托资产投资安全的增信作用。故安某康与郭某东签订的《差补和受让协议》既具有信托受益权转让的债权转让法律关系,又具有增信担保作用的差额补充法律关系,系无名合同。其中郭某东对安某康承担的安某康从某J信托获取的信托净收益不足信托本金年化13%部分的差额补充义务,属于郭某东作出的支付承诺,相对于被补充之债权具有独立性。此与通常具有从属性、补充性的保证担保不同,客观上虽然具有增信担保的保障作用,但是有别于担保法意义上的保证担保行为。综上,郭某东主张《差补和受让协议》实为担保合同,因主合同不存在,故《差补和受让协议》作为从合同亦应无效的理由不能成立,不予支持。案涉《差补和受让协议》是独立合同,系安某康与郭某东的真实意思表示,且不违反法律、行政法规的强制性规定,应属有效。协议约定的付款条件已经成就,安某康有权利要求郭某东依约履行协议。

2.《保证合同》是否有效,即保证人某通公司是否应就郭某东按照《差补和受让协议》约定承担的差额补足和远期受让义务承担连带责任

针对焦点二,关于某通公司所做的保证担保的效力问题。一审法院认为,本案中,郭某东持有某通公司35.19%的股份,系该公司的控股股东,且郭某东在案涉《保证合同》签订时任该公司的法定代表人,故郭某东依法有权代表某通公司与安

某康签订案涉《保证合同》。根据《民法总则》第61条[①]的规定,法定代表人对外签订合同所代表的是公司,其法律后果由公司承受,担保合同也不例外。

《公司法》第16条的规定属于管理性规范,意在强调公司章程可以对公司的担保能力做出权利安排和限制规定。其对于法定代表人签约代表权等方面的限制和分配,属于公司内部事务,对公司以外的第三人不具有约束力。若违反《公司法》的上述规定,公司或其他股东可以据此向法定代表人追责,只要不能证明《保证合同》签约双方有恶意串通的行为,即应认定公司签订的《保证合同》有效。具体到本案:首先,案涉《保证合同》第1条"保证人的陈述与保证"第1.2条中明确表示:"保证人为债务人提供保证担保完全出于自愿,并经内部有权机关通过,不违背公司章程,保证人在本保证合同项下的全部意思表示真实有效。"安某康在法律、法规没有明确规定应当履行何种注意义务的情况下,某通公司书面作出上述保证,应视为安某康已尽到相应注意义务。在无证据证明安某康与某通公司时任法定代表人郭某东恶意串通行为损害公司或其他股东利益的情况下,该《保证合同》应为有效合同。其次,即使该《保证合同》的签订违反《公司法》第16条的有关规定,也是由于某通公司或郭某东的不当行为导致的。作为《保证合同》的另一方善意当事人,安某康在已尽到上述注意义务的情况下,对签订《保证合同》并无过错。如果案涉《保证合同》因一方违反《公司法》第16条规定而被认定无效,那无异于让善意方替违法者某通公司或郭某东承担不利后果,显然有违法律之公义。另,若因郭某东违反《公司法》第16条之规定,公司或其他股东可据此向郭某东追责,此亦无涉安某康本人。

根据某通公司的公开材料,2017年,即案涉《保证合同》签署年度,华普天健会计师事务所(特殊普通合伙)经审查某通公司后,出具《2017年度控股股东及其他关联方资金占用情况专项审核报告》,其中明确表示没有发现存在上市公司违反章程规定对外出具担保的事实。且某通公司2017年《内控制度评价报告》中也没有

① 对应《民法典》第504条,内容有修改,修改后的表述为"法人的法定代表人或者非法人的组织的负责人超越权限订立的合同,除相对人知道或者应当知道其超越权限外,该代表行为有效,订立的合同对法人或非法人组织发生效力。"后文不再赘述。

发现内控重大缺陷。可见某通公司认可其与安某康签订的《保证合同》是其真实意思表示。如果按照某通公司主张,该《保证合同》因未经公司股东大会决议、违反公司章程而应认定无效,免除其保证责任,将势必鼓励"出尔反尔"的投机行为。根据禁反言原则,行为人不能通过背信弃义的行为间接获利,否则将妨害交易的安全稳定,并对整体融资秩序和金融债权造成损害。即使作为上市公司,某通公司未如实披露有关担保情况,有可能损害广大股民利益,该行为亦应由股市监管部门依法查处或股民通过其他渠道进行权利救济,并不必然导致担保合同无效。

综上,案涉《保证合同》合法有效,安某康有权利要求某通公司依约承担保证责任。对于某通公司主张《保证合同》无效、其不应承担保证责任的答辩意见,不予采信。

3. 一审法院判决

综上,一审法院主要判决如下:(1)郭某东向安某康承担差额补足及信托受益权远期受让义务,限于判决生效之日起十日内支付安某康信托本金2亿元及信托收益及违约金(信托收益以2亿元人民币为基数,按年化13%为年收益率,自2018年8月21日起计至本金清偿完毕之日止;违约金自2018年10月11日起,以2亿元人民币为基数,按日万分之三计算至全部义务履行完毕之日止。某仁公司分别于2018年11月30日、12月29日向安某康支付的500万元、250万元,共计750万元,在上述应付款项中扣除);(2)某通公司对该判决第一项承担连带保证责任。

## 二审上诉及判决

1. 上诉主张

某通公司随后向最高人民法院提起上诉,主张要求撤销河南省高级人民法院(2018)豫民初80号民事判决,改判驳回安某康的全部诉讼请求;并要求安某康承担本案一、二审全部诉讼费用。其主张的事实和理由为:

(1)案涉《保证合同》对某通公司不发生法律效力,一审判决适用法律错误。

①《公司法》第16条是对公司法定代表人代表权进行限制的强制性规定。法定代表人对外签订合同,系基于其代表权限,如超越法律或公司章程对法定代表人

代表权的限制,则构成无权代表。《公司法》第16条亦规定,公司为公司股东或实际控制人提供担保的,必须经股东会或者股东大会决议。即将公司对外提供担保的决定权授予公司章程确定的股东(大)会或者董事会,而公司法定代表人未经公司机关决议,无权对外提供担保,其签订的担保合同对公司不发生法律效力。

②某通公司系上市公司,其可公开查询的公司章程明确规定公司不得为控股股东提供担保,公司为股东、实际控制人提供担保须经股东大会以特别决议通过。上述规定是公司章程对法定代表人代表权的限制,具有公示性和约束力。

③法定代表人违反《公司法》和公司章程的相关规定,以公司名义对外提供担保系无权代表,未经公司追认,担保合同对公司不发生效力。

④案涉《保证合同》系某通公司的控股股东、实际控制人以及时任法定代表人郭某东以某通公司名义为其自身债务提供担保,因某通公司的公司章程明确规定不得为控股股东提供担保,案涉《保证合同》未经股东大会特别决议且某通公司从未对郭某东的行为予以追认,故案涉《保证合同》对某通公司不发生法律效力。

⑤根据相关监管规定,若认定案涉《保证合同》有效,将严重损害社会公共利益、危及国家金融管理体系。上市公司对外担保应当履行严格的决议程序,说明上市公司对外担保属于关系公众投资者权益等社会公共利益的事项。

(2)安某康没有举证证明其对郭某东是否具有代表某通公司签订担保合同的权限尽到合理的审查义务,不是善意相对人。郭某东以某通公司的名义签订保证合同的行为不构成表见代表,对某通公司不发生效力。

①认定法定代表人越权代表行为的法律后果,应当考察相对人是否为善意,是否尽到合理的审查义务;债权人应当举证证明其在订立合同时对股东大会等决议进行了审查且决议内容符合《公司法》第16条和某通公司章程的规定,否则不构成善意,亦不构成表见代表。

②安某康没有举证证明其已尽到合理的审查义务,而且其本身即为上市公司的实际控制人和董事长,应当知晓上市公司对外提供担保的相关程序,故安某康不是善意的相对人,案涉《保证合同》对某通公司不发生效力。

③一审判决以《保证合同》第1.2条约定的“保证人为债务人提供保证担保完全出于自愿,并经内部有权机关通过,不违背公司章程,保证人在本保证合同项下的全部意思表示真实有效”内容,认定安某康已尽到注意义务、为善意相对人,系认定事实和适用法律错误。前述条款只是担保人的单方陈述,不能证明债权人主动进行了形式审查,不能作为认定相对人已尽到合理注意义务的依据,且亦证明安某康明知案涉《保证合同》需要经过某通公司有权决议机构作出决议,但安某康并未审查某通公司的相关决议,不属于善意相对人。

(3)根据某通公司章程的禁止性规定,某通公司不可能作出同意为其控股股东郭某东提供担保的特别决议和意思表示。而且,某通公司亦从未作出同意为郭某东提供担保的股东大会决议,案涉《保证合同》不是某通公司真实意思表示,且在发生案涉违规担保情形后某通公司及时发布公告予以否认,一审判决认定案涉《保证合同》系某通公司真实意思表示属于认定事实和适用法律错误。

(4)安某康与某仁公司之间不存在债权债务关系,安某康不享有对某仁公司的债权。案涉《差额补足和信托受益权远期受让协议》(以下简称《差补和受让协议》)实际上是担保合同,因主债权(安某康对某仁公司的债权)不存在,该协议作为从合同,应当是无效合同。案涉《保证合同》作为《差补和受让协议》的从合同,也应认定为无效,安某康无权要求某通公司承担担保责任。

①安某康将案涉资金用于设立信托后,其即失去对该资金的所有权,转为持有相应的信托份额。某J信托有限责任公司(以下简称某J信托)与某仁公司之间的债权债务关系,与安某康无关,安某康不享有对某仁公司的债权。

②安某康与郭某东签订的《差补和受让协议》中约定:“乙方(郭某东)愿意以差额补足及受让甲方(安某康)信托受益权的方式为甲方的信托本金及年化13%收益的按期足额获取提供担保责任。”该协议实为担保合同,即本案应定性为担保合同纠纷,而非营业信托纠纷。该协议所担保的对象是本金和年化13%的利息,但这是某仁公司在《信托贷款合同》项下所负债务,而非某J信托基于《J信·融通246号某仁国贸信托贷款事务类单一资金信托计划资金信托合同》(以下简称《信

托合同》)对安某康所负的债务。可见,前述协议意在为安某康对某仁公司的“债权”提供担保,但安某康与某仁公司之间并不存在直接合同关系,安某康对某仁公司并不享有债权。故根据《担保法》的相关规定①,担保合同是主合同的从合同,主合同不成立,则从合同归于无效。而且,某J信托在安某康提起诉讼后,仍向某仁公司发出《催收函》,主张借款本息,在某J信托未放弃向某仁公司追偿借款本息的情况下,安某康诉请支付借款本息缺乏依据。

(5)案涉《保证合同》严重侵害了某通公司其他股东的知情权和决策权。如果某通公司对外承担了担保责任,又得不到追偿,将严重损害包括广大股民在内的大多数股东的利益,亦侵害了某通公司债权人的合法权益,扰乱了证券市场秩序。

(6)案涉资金用途及项目均由包括安某康在内的各方所共同决策,由此产生的风险应由安某康及某仁公司等共同承担,待某仁公司代表各方向河南天某企业集团有限公司(以下简称天某集团)、北大荒某麦(大连)粮食有限公司(以下简称北大荒公司)追偿完毕后再确定其应向某J信托偿还的数额。即便起诉,也应由某J信托起诉某仁公司,而非由安某康起诉某通公司。

2.二审法院认定

二审法院经审查后,认为:

(1)关于案涉《差补和受让协议》的性质及效力的问题

2017年9月27日,安某康与郭某东签订《差补和受让协议》。该协议约定郭某东承担差额补足义务和受让信托权益的义务。其中,差额补足义务指:安某康在《信托合同》项下每个信托利益分配日(含信托存续期间的信托净收益分配日和信托到期分配日),如因包括但不限于某仁公司未能及时、足额清偿《信托贷款合同》项下本息等任何原因,导致安某康未能按照年化13%的信托收益率按时、足额获得信托利益分配的,郭某东应就差额部分承担全额补充责任,包括:信托存续期间,若安某康

① 对应《民法典》第682条,内容有修改,修改后的表述为“保证合同是主债权债务合同的从合同。主债权债务合同无效的,保证合同无效,但是法律另有规定的除外。保证合同被确认无效后,债务人、保证人、债权人有过错的,应当根据其过错各自承担相应的民事责任。”后文不再赘述。

依照《信托合同》所获得信托净收益未能达到年化13%的收益率，不足部分，郭某东应当向安某康补足差额；信托到期分配日，郭某东应向安某康支付信托贷款本金2亿元，及未补足至年化13%收益的差额部分。远期受让信托受益权的义务指：郭某东按照协议约定应当受让安某康的信托受益权。若郭某东已履行完毕差额补足义务，视为支付完毕信托受益权转让价款，则信托终止时，安某康将信托受益权转让给郭某东；若郭某东未按照协议约定履行差额补足义务，安某康有权利要求郭某东补足差额，受让信托受益权。该协议约定的是郭某东补足安某康年化13%的信托收益、支付信托贷款本金和受让安某康的信托受益权，而非为某仁公司在案涉合同项下所负债务承担担保责任。《差补和受让协议》是双方当事人的真实意思表示，不违反法律、行政法规的强制性规定，合法有效。故某通公司关于案涉《差补和受让协议》是担保合同，属于无效合同，本案应定性为担保合同纠纷的上诉理由不成立。

(2)关于案涉《保证合同》是否有效，某通公司是否应承担相应的民事责任的问题

二审法院认为，案涉《保证合同》无效，理由如下：第一，为防止法定代表人未经授权代表公司对外提供担保给公司造成损失，损害中小股东利益，《公司法》第16条规定："公司向其他企业投资或者为他人提供担保，依照公司章程的规定，由董事会或者股东会、股东大会决议；公司章程对投资或者担保的总额及单项投资或者担保的数额有限额规定的，不得超过规定的限额。公司为公司股东或者实际控制人提供担保的，必须经股东会或者股东大会决议。前款规定的股东或者受前款规定的实际控制人支配的股东，不得参加前款规定事项的表决。该项表决由出席会议的其他股东所持表决权的过半数通过。"根据该条规定，担保行为不是法定代表人所能单独决定的事项，而必须以公司股东会或者股东大会、董事会等公司机关的决议作为授权的基础和来源。本案中，没有证据证明郭某东代表某通公司对外签订案涉《担保合同》经过了股东大会决议，其行为属于越权代表。第二，关于公司法定代表人越权代表行为的效力问题，《合同法》第50条[①]规定："法人或者其他

---

① 对应《民法典》第504条，内容有修改，修改后的表述为"法人的法定代表人或者非法人的组织的负责人超越权限订立的合同，除相对人知道或者应当知道其超越权限外，该代表行为有效，订立的合同对法人或非法人组织发生效力。"后文不再赘述。

组织的法定代表人、负责人超越权限订立的合同,除相对人知道或者应当知道其超越权限的以外,该代表行为有效。"因此,认定公司法定代表人越权代表行为效力问题的关键是相对人是否知道或者应当知道法定代表人的行为超越权限,是否属于善意相对人。本案中,郭某东在签订案涉《担保合同》时是某通公司的第一大股东、法定代表人,其以某通公司名义为自己的债务提供担保,属于关联担保,道德风险很高。因此,相对于其他担保,关联担保的相对人应当承担更高的注意义务。而且,《公司法》第16条亦对关联担保和非关联担保作了区分,关联担保"必须经股东会或者股东大会决议"。因此,关联担保的相对人应当审查担保合同是否经公司股东会或者股东大会决议,且决议的表决程序符合《公司法》第16条的规定。第三,某通公司属于上市公司。相对于关联担保的相对人,上市公司的中小股东克服信息不对称、防范上市公司大股东、法定代表人等高管道德风险的成本更高,从公平的角度看,上市公司对公司股东、法定代表人提供关联担保的,相对人应当负担更高的注意义务。此外,上市公司作为公众公司,其章程、关联担保等重大经营事项均应依法公开,相对人可以通过很低的交易成本了解到上市公司法定代表人是否有权自行决定对外担保以及公司股东大会重大决议事项。因此,无论从利益平衡的角度还是从注意义务分配的角度看,上市公司的法定代表人以公司名义对外提供关联担保的,相对人应当审查该担保是否经过股东大会决议。第四,虽然案涉《保证合同》第1.1条和第1.2条中明确约定"保证人可以对外提供保证担保,并有能力承担保证责任""保证人为债务人提供保证担保完全出于自愿,并经过内部有权机关通过,不违背公司章程,保证人在本保证合同项下的全部意思表示真实有效"。但该意思表示系由某通公司时任法定代表人郭某东代表某通公司作出,由于对外担保并非某通公司法定代表人所能单独决定的事项,故上述意思表示亦非郭某东有权在未经某通公司股东大会决议的情况下单独代表某通公司作出。综上,安某康未提交充分有效的证据证明其对郭某东签订案涉《担保合同》经过某通公司股东大会决议进行了审查,未尽到应尽的注意义务,不属于善意相对人,某通公司关于案涉《担保合同》无效的上诉理由成立,本院予以支持。

案涉《担保合同》无效,当事人无权依据合同约定请求合同相对人承担合同义务,故安某康关于请求判令郭某东、某通公司依照该合同约定支付案涉律师费136万元的诉讼请求不能成立,本院不予支持。原《担保法司法解释》第7条规定:“主合同有效而担保合同无效,债权人无过错的,担保人与债务人对主合同债权人的经济损失,承担连带赔偿责任;债权人、担保人有过错的,担保人承担民事责任的部分,不应超过债务人不能清偿部分的二分之一。”某通公司时任法定代表人郭某东以某通公司名义与安某康签订案涉《担保合同》,该合同上加盖了某通公司公章并有郭某东签名。而且,根据某通公司的公开材料,2017年,即案涉《保证合同》签署年度,华普天健会计师事务所(特殊普通合伙)经审查某通公司后,出具《2017年度控股股东及其他关联方资金占用情况专项审核报告》,明确表示没有发现存在上市公司违反章程规定对外出具担保的事实。某通公司2017年《内控制度评价报告》中也没有发现内控重大缺陷。上述事实证明,某通公司内部管理不规范,对于案涉《担保合同》无效,有重大过错。此外,安某康未提交充分有效的证据证明其在签订案涉《担保合同》时对某通公司股东大会决议进行了审查,对于案涉《担保合同》无效亦存在过错。依照原《担保法司法解释》第7条之规定,综合考虑双方当事人过错和全案情况,某通公司应对郭某东不能清偿在案涉《差补和受让协议》项下债务的二分之一向安某康承担赔偿责任。

3. 二审法院判决

综合以上,最高人民法院作出主要判决内容如下:(1)维持河南省高级人民法院(2018)豫民初80号民事判决第一项;(2)撤销河南省高级人民法院(2018)豫民初80号民事判决第二项、第三项;(3)变更河南省高级人民法院(2018)豫民初80号民事判决第二项为:某通控股股份有限公司对郭某东不能清偿本判决第一项所判决债务的二分之一向安某康承担赔偿责任。

## 法律风险及要点解读

本案例旨在讨论关于上市公司这一特定主体对外担保的相关法律问题,因此其中涉及的非典型担保如差额补足和回购等问题并未予以深入讨论。上市公司在对外提供担保时,除需符合《公司法》《民法典》等法律法规之外,另需符合中国证监会和原中国银监会2005年联合颁布的《关于规范上市公司对外担保行为的通知》,根据该通知规定,上市公司提供对外担保的决议要件还存在下述特定要求:(1)所有对外担保均须由董事会三分之二以上出席董事审议同意并作出决议;(2)除此之外,需董事会和股东大会双重决议的情形包括:①上市公司及其控股子公司的对外担保总额,超过最近一期经审计净资产50%以后提供的任何担保;②为资产负债率超过70%的担保对象提供的担保;③单笔担保额超过最近一期经审计净资产10%的担保;④对股东、实际控制人及其关联方提供的担保,且上市公司的关联担保范围不限于股东和实际控制人,扩展至股东和实际控制人的关联方。此外,上市公司控股子公司的对外担保,比照上市公司的有关规定执行。

在关联担保中,相对人应尽合理的审查义务,否则,将不能被认定为善意第三人,特别是在担保人为上市公司其公司章程可公开查询的情况下;而担保人作为上市公司,其对外公开的内控报告中亦未发现和披露此违规担保,证明担保人公司自身也存在过错,因此,法院最终判决担保人承担债务人不能清偿部分的二分之一的责任。此外,在本案中,法院并没有接受《差补和受让协议》为担保合同的抗辩,而是认定其为独立有效的法律合同。

## 案例32:重整中分配的股票回购义务被法院判决履行

### 案件主要事实

根据2019年6月26日北京市西城区人民法院作出的(2017)京0102民初24336号民事判决书,相关案件主要事实如下:

2014年7月10日,深圳中院作出(2014)深中法破字第27、28、29号民事裁定书,受理了“X宝系”重整申请,并指定北京市某伦(深圳)律师事务所、深圳某德清算事务有限公司作为X宝系的管理人。2015年9月21日，管理人出具了《重整计划(草案)》，计划书写明由被告深圳市某维财富投资管理有限公司(以下简称某维财富管理公司)控股的被告深圳市某鼎股权投资有限公司(以下简称某鼎股权投资公司)承接X宝系所有破产债权，承接出资人让渡的X宝系全部股权。此外，X宝系将不再向债权人承担清偿责任。被告某鼎股权投资公司将以现金形式清偿相关有财产担保债权，以深圳某浩(集团)股份有限公司(以下简称深某浩)股票形式清偿普通债权。不参与入伙基金的金融债权人，其债权在重整计划生效后由被告某鼎股权投资公司承接，并由被告某鼎股权投资公司负责按照重整计划向其履行清偿义务，X宝系不再向该金融债权人承担清偿责任。被告某鼎股权投资公司自通过资本公积转增获得深某浩股权之日起2个月内，按照17.45元/股的标准向上述金融债权人清偿，每100元债权可分配5.73股深某浩股票。普通债权由基金收购或被告某鼎股权投资公司承接后，普通债权人对X宝系的债权及债权项下的担保权利相应转由基金及被告某鼎股权投资公司享有。被告某鼎股权投资公司通过“捐赠资产+资本公积金转增股本”的方式获得深某浩股权，并成为深某浩第一大股东。深某浩以资本公积金转增股本，转增后深某浩股本预计不低于10亿股。本次公积金转增的股本不向深某浩原股东分派，转增股权归某鼎股权投资公司所有。某鼎股权投资公司将按照重整计划规定将持有深某浩的股票部分用于清偿X宝系债权，剩余部分归其所有。在时机成熟后，深某浩将依照证监会、深交所相关政策法规在2017年申请在深交所重新恢复上市。未按照重整计划规定受领深某浩股权的债权人，其应分配的股权由被告某鼎股权投资公司代持。

原告中国某M银行股份有限公司北京分行在2015年9月21日对该《重整计划(草案)》的表决意见为：同意。

2015年11月4日，深圳中院作出(2014)深中法破字第27-2、28-2、

29-2号民事裁定书，批准了X宝系重整计划，同时终止了X宝系的重整程序。

2015年12月31日，被告某鼎股权投资公司（受让人，甲方）与原告M银行北京分行（转让人，乙方）及被告某维财富管理公司（丙方）签订《协议》，约定：第1条［定义］1.1："债权"系指依据乙方与借款人、担保人所签订的《借款合同》及相应的担保合同，乙方在（2014）京铁中民（商）初字第83号民事判决书中合法拥有的主债权（包括但不限于借款本金、利息、罚息、复利、诉讼费、保全费、公告费、律师费等）及相关担保权利。本债权已在X宝系破产案中向深圳中院申报债权，该案目前由甲方实际控制人某维财富管理公司作为重组方展开破产重整，并已提出《重整计划（草案）》，现该计划已通过并经法院裁定批准。1.4："债务人"系指债权文件项下借款人、保证人、抵押人、出质人或其承继人，但不包括乙方。第2条［转让债权标的］2.1：乙方依本合同约定向甲方转让其在（2014）京铁中民（商）初字第83号民事判决书中合法享有的债权，该债权数额已依法向X宝系破产管理人申报，并经管理人审核确认，甲方同意按本合同规定受让乙方依法享有的上述债权。2.2：乙方依法享有、向X宝系破产管理人申报，并经审核确认的债权金额为103,972,202.11元。其中有抵押担保的债权为2000万元。第3条［转让债权对价］3.1：依据转让债权的实际情况，双方同意乙方将上述债权中的3500万元债权（含有抵押担保的2000万元债权）原价转让给甲方，即甲方应以现金形式向乙方支付3500万元债权转让款。乙方剩余债权68,972,202.11元全部参与破产重整计划。甲方应于2015年12月31日前支付3000万元转让款给乙方，另外500万元转让款应于2016年6月底付清。3.2：甲方应严格按照重整计划规定，在通过资本公积转增获得深某浩公司股份之日起2个月内，按照17.45元/股的标准作为对价向乙方支付相应数额的深某浩股票，相当于乙方每100元债权可获得5.73股深某浩股票，共计乙方应获得3,952,107股深某浩股票。第4条［抵债股票的处置变现］4.1：甲方保证（该处"保证"二字被划去，另行手写"争取”二字)深某浩股票于2017年6月30日前于国内A股主板上市,并且保证股价不低于6元/股,且已可流通,否则甲方应按本合同规定对乙方所持有之深某浩股票及时进行回购。4.2:如深某浩股票在2017年6月30日前未能完全实现甲方在本合同4.1条款中的承诺,则乙方有权要求甲方按6元/股回购全部乙方所持有之深某浩股票,乙方也有权选择继续持有或在合适的时候自行变现。4.3:甲方应自收到乙方要求回购深某浩股票的通知之日起10个工作日内完成回购并付清全部回购款。4.4:丙方对甲方的上述回购深某浩股票的责任承担连带保证责任。第6条[声明与保证]6.1.3:甲方保证按照合同约定的金额和支付方式向乙方支付债权转让价款。6.2.6:在收到甲方或其合作方支付的3500万元债权转让款及全部深某浩股票过户给乙方,乙方应按甲方书面要求处理与原债权有关的诉讼及强制执行事宜。第7条[违约责任]7.2:若甲方未按时向乙方支付债权转让价款或者深某浩股票回购款,每迟延一天,甲方应按迟延付款总额的0.1%(每日千分之一)向乙方支付违约金。

2015年12月16日,案外第三方深圳市前海某商创业投资发展有限公司(以下简称深某商创业公司)向原告M银行北京分行汇款1000万元,附言为:购买M银行债权预付款。2015年12月31日,深某商创业公司向原告M银行北京分行汇款2000万元,附言为:合同款。2016年6月30日,深某商创业公司向原告M银行北京分行汇款500万元,附言为:合同费。

2016年12月23日,深圳中院作出(2014)深中法破字第27-7、28-7、29-7号民事裁定书,确认了原告M银行北京分行对X宝系享有总额为103,972,202.11元的普通债权。

2016年12月23日,被告某鼎股权投资公司向原告M银行北京分行出具《提请放弃函》,载明:经管理人审查确认,贵行对X宝系享有破产债权金额合计为10,397,202.11元,且均为普通债权。按贵行选择通过“某鼎承债方式”清偿破产债权,根据《重整计划》的规定,贵行可获得5,957,607股深某浩股票。2015 年 12 月 30 日，贵行与我司、某维财富管理公司共同签署《协议》，约定贵行将上述债权中 3500 万元债权（含抵押担保的 2000 万元债权）原价转让给我公司，我司已通过深某商创业公司代我司以现金形式向贵行支付了 3500 万元转让款。贵行剩余债权 68, 972, 202. 11 元全部参加破产重整计划通过“某鼎承债方式”获得清偿，共计可获得 3, 952, 107 股深某浩股票。上述受偿股份数额，最终以法院裁定确认债权金额予以确定，如法院裁定债权金额与管理人认定债权金额不符，则最终实际受偿股份数额予以相应调整。我司特提请贵行向管理人提交《债权转让通知书》以明确上述破产债权的转让关系，同时向管理人提交《放弃函》，承诺放弃对已转让部分债权所对应股票的受偿，合计应放弃 2, 005, 500 股，以避免重复受偿。

2016 年 12 月 30 日，深圳中院作出（2014）深中法破字第 27 -8、28 -8、29 -8 号民事裁定书，确认 X 宝系《重整计划》执行完毕，并终结了 X 宝系破产重整程序。在该裁定书中确认了重整计划执行完毕的标准包括“不担任基金有限合伙的金融债权，以及民间债权自重整计划生效后由某鼎股权投资公司承接”，亦确认了 X 宝系已完成相关工作，并经管理人监督确认，重整计划已执行完毕。

2017 年 5 月 30 日，深圳市深某商控股集团股份有限公司（以下简称深某商集团）出具《情况说明》，称其已向原告 M 银行北京分行支付 3500 万元，其中 2000 万元用于购买原告 M 银行北京分行持有的 X 宝系有抵押的优先债权，1500 万元用于购买原告 M 银行北京分行持有的 X 宝系普通债权。并要求被告某鼎股权投资公司、破产管理人将原告 M 银行北京分行持有的 X 宝系债权对应的股票划转至该公司。

在本案审理过程中，深某商集团向本院出具《回函》，称其与被告某鼎股权投资公司、被告某维财富管理公司约定，以 3500 万元的价格，从被告某鼎股权投资公司处受让其承接的原告 M 银行北京分行所享有的 X 宝系全部债权，其系按照约定将债权受让款项3500万元,支付至被告某鼎股权投资公司、被告某维财富管理公司指定的××银行账户。

庭审中,原告M银行北京分行认可收到上述汇款,但认为该笔款项是深某商创业公司代被告某鼎股权投资公司支付。

2017年6月28日,原告M银行北京分行向被告某鼎股权投资公司和被告某维财富管理公司发出《回购函》,预期被告某鼎股权投资公司不能实现《协议》约定的情形,要求被告某鼎股权投资公司按原告M银行北京分行应得的3,952,107股深某浩股票数量,按每股6元的价格直接于2017年6月30日前向原告M银行北京分行支付股票回购款共计23,712,642元,要求被告某维财富管理公司履行连带保证责任。

被告某鼎股权投资公司、被告某维财富管理公司于2017年7月2日收到《回购函》并于2017年7月7日向原告M银行北京分行出具《复函》,载明:根据我方与贵行于2015年12月31日签署的《协议》第4.2条约定,深圳中某浩股票未能实现在2017年6月30日于国内A股主板市场上市,且保证股价不低于6元/股并已流通,贵行有权要求某鼎股权投资公司按6元/股回购贵行持有的深某浩股票。但客观上来讲,某鼎股权投资公司履行回购义务系以贵行实际持有深某浩股票为前提,目前,深圳中院尚未在前两批的划转协议中通过中国证券登记结算有限责任公司北京分公司(以下简称中登北京分公司)向贵行划转相应偿债股票。之所以前两批法院股票划转名单中不包括贵行,原因是深某商集团对贵行受偿股票提出异议。我方将尽快协调深某商集团及其他各方对上述异议予以解决,贵行持有债权对应的受偿股票将于法院出具第三批划股协执中予以划转。

另查,M银行北京分行原名称为中国M银行股份有限公司总行营业部,2016年4月29日更名为M银行北京分行。

再查,深某商创业公司系深某商集团全资子公司。

## 诉讼主张及答辩意见

原告M银行北京分行向本院提出诉讼请求,请求判令:(1)被告某鼎股权投资公司向原告M银行北京分行支付股票回购款23,712,642元;(2)被告某鼎股权投资公司向原告M银行北京分行支付违约金(以23,712,642元为基数,自2017年7月15日起至实际支付回购款之日止,按照日千分之一的标准计算);(3)被告某维财富管理公司对被告某鼎股权投资公司的上述债务承担连带清偿责任。

被告某鼎股权投资公司、被告某维财富管理公司辩称:不同意原告M银行北京分行的诉讼请求,理由如下:(1)涉案《协议》因违反法院裁定书及重整计划,损害其他债权人之集体利益,应属无效合同,自始不产生法律效力,被告某鼎股权投资公司、被告某维财富管理公司无义务履行股票回购义务,亦不应承担违约责任及相关担保责任。(2)根据重整计划释义部分规定,被告某维财富管理公司系X宝系重组方,被告某鼎股权投资公司系被告某维财富管理公司专门设立用于承接X宝系债务及资产重组的平台公司。根据重整计划第三部分债权分类及调整、受偿方案规定,普通债权中不参与入伙基金的金融债权人,其债权在重整计划生效后由被告某鼎股权投资公司承接,并由被告某鼎股权投资公司负责按照重整计划规定,通过股票方式向其履行清偿义务。自2015年11月4日《重整计划(草案)》经深圳市中级人民法院(以下简称深圳中院)裁定生效之日起,被告某鼎股权投资公司依法承接原告M银行北京分行对X宝系的所有破产债权,各方于2015年12月30日签署的《协议》,并不存在实质购买标的。(3)《协议》第3条第3.2款明确约定,"甲方应严格按照重整计划规定在通过资本公积转增获得深圳中某浩(集团)股份有限公司股份之日起2个月内,按照17.45元/股的标准作为对价向乙方支付相应数额的深某浩股票,相当于乙方每100元债权可获得5.73股深某浩股票,共计乙方应获得3,952,107股深某浩股票"。因《协议》签署时间为2015年12月30日,被告某鼎股权投资公司以为后期股票转增之后可以自行划转进行偿债。然而2016年11月底被告某鼎股权投资公司通过深某浩资本公积转增股本获得约10亿股股票,此时被告某鼎股权投资公司用于债权清偿的4亿股股票已由中登北京分公司予以司法冻结,后续破产债权人的债权清偿,由深圳中院按照重整计划的规定,通过司法协执的方式在上述冻结股票中解冻后,予以统一划转相应股票清偿。届时,由于司法程序规定了合法统一的股票清偿方式,被告某鼎股权投资公司已不可能实际控制并执行偿债股票清偿原告M银行北京分行的破产债权,这属于协议履行过程中存在重大情势变更及不可抗力因素,因为上述重大情势变更及不可抗力因素的存在,原被告之间签署《协议》时相关真实意思表示均已发生实质变化。(4)涉案《协议》约定之股票回购前提/条件一直未成就,被告某鼎股权投资公司无义务履行回购义务。(5)原告M银行北京分行已与案外第三方深某商集团就涉案《协议》转让之债权标的达成实质债权转让关系,涉案《协议》无实质履行标的。

## 一审法院认定及判决

一审法院认为,综合各方当事人提交的证据及本院查明的有关情况,法院将本案争议焦点归纳如下:

1.《协议》是否合法有效

被告某鼎股权投资公司、被告某维财富管理公司认为涉案《协议》因违反重整计划,损害其他债权人的利益,应属无效合同。对此法院认为,被告某鼎股权投资公司、被告某维财富管理公司虽系承接X宝系债务及资产的平台公司及重组方,但其同时是具有独立民事主体资格的法人,并非重整企业本身,因此被告某鼎股权投资公司、被告某维财富管理公司与原告M银行北京分行签订涉案《协议》时是否是以承接X宝系债务的平台公司的身份,需要结合合同内容进行确认。

首先,案涉《协议》中所转让的债权虽系原告M银行北京分行向管理人申报的债权,但在《协议》中并未约定由被告某鼎股权投资公司、被告某维财富管理公司以X宝系重整财产支付受让上述债权的对价。被告某鼎股权投资公司在《提请放弃函》中陈述:“2015年12月30日,贵行与我司、某维财富管理公司共同签署《协议》,约定贵行将上述债权中3500万元债权(含抵押担保的2000万元债权)原价转让给我公司,我司已通过深某商创业公司代我司以现金形式向贵行支付了3500万元转让款。”上述内容足以证明《协议》中约定的现金支付部分系被告某鼎股权投资公司以独立法人身份作出的意思表示，并由深某商创业公司代被告某鼎股权投资公司而非X宝系支付完毕。被告某鼎股权投资公司称上述债权受让人为深某商集团，但深某商集团明确表示其与原告M银行北京分行之间不存在债权转让协议，故在无充分证据证明的情况下，法院对被告某鼎股权投资公司关于其并非债权受让方的相应抗辩意见，不予采信。

其次，《协议》中约定原告M银行北京分行的剩余部分债权以深某浩股票方式进行清偿，其清偿方式及价格虽然与原告M银行北京分行作为普通债权人在重整计划中所享有的权利范围及内容一致，但《协议》签订于X宝系重整期间，原告M银行北京分行作为债权人将其对X宝系享有的债权进行转让的行为并未被现行法律所禁止，被告某鼎股权投资公司通过受让债权取得的X宝系债权也并未消灭。因此被告某鼎股权投资公司才在《提请放弃函》中要求原告M银行北京分行向管理人提交《债权转让通知书》以明确上述破产债权的转让关系，同时向管理人提交《放弃函》，承诺放弃对已转让部分债权所对应股票的受偿，这与重整计划中以股票形式直接清偿X宝系债务达到债务归于消灭的结果存在本质区别。基于此，深圳中院确认X宝系已完成相关重整工作，并经管理人监督确认，重整计划已执行完毕，而非尚有待清偿股票未划转。

最后，被告某鼎股权投资公司、被告某维财富管理公司认为原告M银行北京分行并未将双方之间的债权转让行为通知债务人，但依照法律规定，债权转让是否通知债务人仅在对债务人的效力上存在区别，并不影响转让人与受让人之间的协议效力。

综上，《协议》的主要内容为被告某鼎股权投资公司通过支付现金及股票的方式取得原告M银行北京分行对X宝系享有的债权，上述债权转让合同的相对方为原告M银行北京分行和被告某鼎股权投资公司，系双方当事人真实意思表示，未违反法律法规的强制性规定，应属合法有效。被告某鼎股权投资公司、被告某维财富管理公司认为《协议》无效的相应抗辩意见，法院不予采信。

2. 原告M银行北京分行是否有权要求被告某鼎股权投资公司支付回购款

依照《协议》约定,被告某鼎股权投资公司应在通过资本公积转增获得深某浩股份之日起2个月内,按照17.45元/股的标准作为对价向原告M银行北京分行支付3,952,107股深某浩股票。被告某鼎股权投资公司自认其已于2016年11月底获得上述股票,但结合本案查明情况,被告某鼎股权投资公司并未按约向原告M银行北京分行交付上述股票。虽然被告某鼎股权投资公司称其用于向原告M银行北京分行交付的深某浩股票处于深圳中院托管状态,但按照重整计划,某鼎股权投资公司将按照重整计划规定将持有深某浩的股票部分用于清偿X宝系债权,剩余部分归其所有,被告某鼎股权投资公司在答辩意见中亦陈述其通过资本公积转增的深某浩股票中有4亿股被深圳中院托管。鉴于《协议》中并未对用于支付对价的深某浩股票对应被告中某鼎取得的哪一部分深某浩股票作出明确约定,因此被告某鼎股权投资公司认为出现了情势变更和不可抗力导致其无法交付涉案股票的抗辩意见,缺乏事实依据,法院不予采信。

被告某鼎股权投资公司称原告M银行北京分行未向管理人提供股票账户,但其并未提交证据证明上述事项构成原告M银行北京分行受领股票的障碍,且结合本案证据,被告某鼎股权投资公司在向原告M银行北京分行发送的函件中,亦从未要求原告M银行北京分行提供股票账户信息,故对被告某鼎股权投资公司要求履行先履行抗辩权的抗辩意见,法院不予采信。

《协议》第4.1条约定:被告某鼎股权投资公司保证深某浩股票于2017年6月30日前于国内A股主板上市,并且保证股价不低于6元/股,且已可流通,否则被告某鼎股权投资公司应按本合同规定对原告M银行北京分行所持有之深某浩股票及时进行回购。虽然该条款中"保证"二字被划去,另行手写"争取"二字,但上述修改之处并无双方当事人签字盖章予以确认,且《协议》第4.2条写明如深某浩股票在2017年6月30日前未能完全实现被告某鼎股权投资公司在《协议》第4.1条中的承诺,则原告M银行北京分行有权要求被告某鼎股权投资公司按6元/股回购全部原告M银行北京分行所持有之深某浩股票,佐证了2017年6月30日为双方约定的股票上市最晚期限,故本院认为《协议》第4.1条应为被告某鼎股权投资公司保证深某浩股票于2017年6月30日前于国内A股主板上市,并且保证股价不低于6元/股,且已可流通。

《协议》第4.2条约定,如深某浩股票在2017年6月30日前未能完全实现被告某鼎股权投资公司在本合同4.1条款中的承诺,则原告M银行北京分行有权要求被告某鼎股权投资公司按6元/股回购全部原告M银行北京分行所持有之深某浩股票,原告M银行北京分行也有权选择继续持有或在合适的时候自行变现。虽然《协议》中约定的回购对象为原告M银行北京分行持有的深某浩股票,但结合本案查明情况,被告某鼎股权投资公司并未按约向原告M银行北京分行交付《协议》约定的股票,导致原告M银行北京分行无法持有上述股票,应当视为回购条件已成就。故法院对原告M银行北京分行要求被告某鼎股权投资公司支付回购款23,712,642元(6元/股×3,952,107股=23,712,642元)的诉讼请求,予以支持。对被告某鼎股权投资公司、被告某维财富管理公司认为回购条件尚未成就的抗辩意见,法院不予采信。

3. 原告M银行北京分行是否有权要求被告某鼎股权投资公司支付违约金

《协议》约定,若被告某鼎股权投资公司未按时向原告M银行北京分行支付债权转让价款或者深某浩股票回购款,每迟延一天,被告某鼎股权投资公司应按迟延付款总额的0.1%(每日千分之一)向原告M银行北京分行支付违约金。在庭审过程中,被告某鼎股权投资公司、被告某维财富管理公司认为上述违约金约定标准过高,要求按照中国人民银行同期同类人民币贷款基准利率的标准予以调整。根据《合同法》第114条之规定,当事人可以约定一方违约时应当根据违约情况向对方支付一定数额的违约金,也可以约定因违约产生的损失赔偿额的计算方法。约定的违约金低于造成的损失的,当事人可以请求人民法院或者仲裁机构予以增加;约定的违约金过分高于造成的损失的,当事人可以请求人民法院或者仲裁机构予以适当减少。最高人民法院《关于适用〈中华人民共和国合同法〉若干问题的解释

(二)》第29条[①]规定,当事人主张约定的违约金过高请求予以适当减少的,人民法院应当以实际损失为基础,兼顾合同的履行情况、当事人的过错程度以及预期利益等综合因素,根据公平原则和诚实信用原则予以衡量,并作出裁决。当事人约定的违约金超过造成损失的百分之三十的,一般可以认定为《合同法》第114条第2款规定的"过分高于造成的损失"。可以看出,我国合同法及其相关司法解释对于违约金性质的规定更多体现出补偿性为主,惩罚性为辅的价值取向,即以违约所造成的实际损失为基础,对守约方进行补偿。结合被告某鼎股权投资公司的违约行为性质、程度及原告M银行北京分行的实际损失,法院将本案的违约金标准酌情下调为按照中国人民银行同期贷款利率的标准计算。虽然《协议》约定被告某鼎股权投资公司应自收到原告M银行北京分行要求回购深某浩股票的通知之日起10个工作日内完成回购并付清全部回购款。但鉴于在本案审理过程中回购条件成就方才予以确认,故法院对原告M银行北京分行要求被告某鼎股权投资公司支付违约金(以23,712,642元为基数,自本判决生效之日起至实际付清之日止,按照中国人民银行同期贷款利率的标准计算)的诉讼请求,予以支持;对超出部分,不予支持。

因《协议》第4.4条约定被告某维财富管理公司对被告某鼎股权投资公司的上述回购深某浩股票的责任承担连带保证责任。故法院对原告M银行北京分行要求被告某维财富管理公司对被告某鼎股权投资公司的上述债务承担连带责任的诉讼请求,予以支持。

综上所述,一审法院判决如下:(1)被告深圳市某鼎股权投资有限公司于本判决生效之日起十日内向原告中国M银行股份有限公司北京分行支付股票回购款23,712,642元;(2)被告深圳市某鼎股权投资有限公司于本判决生效之日起十日内向原告中国M银行股份有限公司北京分行支付违约金(以23,712,642元为基

---

① 与下文原《合同法》第114条类似,对应《民法典》第585条,内容有修改,修改后的表述为"当事人可以约定一方违约时应当根据违约情况向对方支付一定数额的违约金,也可以约定因违约产生的损失赔偿额的计算方法。约定的违约金低于造成的损失的,人民法院或者仲裁机构可以根据当事人的请求予以增加;约定的违约金过分高于造成的损失的,人民法院或者仲裁机构可以根据当事人的请求予以适当减少。当事人就迟延履行约定违约金的,违约方支付违约金后,还应当履行债务。"后文不再赘述。

数,自本判决生效之日起至实际付清之日止,按照中国人民银行同期贷款利率的标准计算);(3)被告深圳市某维财富投资管理有限公司对被告深圳市某鼎股权投资有限公司的上述债务承担连带保证责任,被告深圳市某维财富投资管理有限公司在承担保证责任后,有权向被告深圳市某鼎股权投资有限公司追偿;(4)驳回原告中国M银行股份有限公司北京分行的其他诉讼请求。

## 二审上诉及判决

某鼎股权投资公司、被告某维财富管理公司、深圳市某维财富投资管理有限公司随后向北京市第二中级人民法院提起上诉。根据二审法院于2019年12月27日作出的(2019)京02民终13641号民事判决书,法院认定及判决如下:

二审法院经审理认为,最高人民法院《关于适用〈中华人民共和国民事诉讼法〉的解释》第90条[①]规定:当事人对自己提出的诉讼请求所依据的事实或者反驳对方诉讼请求所依据的事实,应当提供证据加以证明,但法律另有规定的除外。在作出判决前,当事人未能提供证据或者证据不足以证明其事实主张的,由负有举证证明责任的当事人承担不利的后果。本案中虽《协议》所转让的债权系M银行北京分行向"X宝系"管理人申报的债权,某鼎股权投资公司、某维财富管理公司分别系承接"X宝系"债务及资产的平台公司和重组方,同时深圳中院批准的"X宝系"《重整计划》亦显示某维财富管理公司为某鼎股权投资公司的实际控制人,但由于M银行北京分行与某鼎股权投资公司、某维财富管理公司签署的《协议》并未约定由某鼎股权投资公司、某维财富管理公司以"X宝系"重整财产作为支付受让上述M银行北京分行申报债权的对价,同时某鼎股权投资公司于2016年12月23日向M银行北京分行出具的《提请放弃函》称:2015年12月30日,贵行与我司、某维财富管理公司共同签署《协议》,约定贵行将上述债权中35,000,000元债权(含

① 对应《最高人民法院关于适用〈中华人民共和国民事诉讼法〉的解释(2020修正)》第90条,内容无修改。后文不再赘述。

抵押担保的20,000,000元债权)原价转让给我公司,我司已通过深某商创业公司代我司以现金形式向贵行支付了35,000,000元转让款。前述内容可以反映出《协议》约定的现金支付部分系某鼎股权投资公司以独立法人身份作出的意思表示,并已由深某商创业公司代某鼎股权投资公司而非"X宝系"支付完毕,且深某商公司在向一审法院出具的《回函》中亦明确表示其与M银行北京分行未签订过债权转让协议。另《协议》虽约定M银行北京分行的剩余部分债权以深某浩股票方式进行清偿,其清偿方式及价格与M银行北京分行作为普通债权人在《重整计划》中所享有的权利范围及内容一致,但该《协议》签订于"X宝系"重整期间,M银行北京分行作为债权人将其对"X宝系"享有的债权再进行转让的行为并未被现行法律所禁止,某鼎股权投资公司通过受让债权取得的"X宝系"债权也并未消灭。某鼎股权投资公司亦自认其已于2016年11月底获得《协议》约定的应由M银行北京分行持有的3,952,107股深某浩股票。据此M银行北京分行与某鼎股权投资公司、某维财富管理公司签署的《协议》系当事人之间的真实意思表示,且现未有证据证明存在违反国家有关法律、法规强制性规定的情形,应认定为有效,签约各方均应依约履行。鉴于《协议》第4.1条约定:某鼎股权投资公司保证深某浩股票于2017年6月30日前于国内A股主板上市,并且保证股价不低于6元/股,且已可流通,否则某鼎股权投资公司应按本合同规定对M银行北京分行所持有之深某浩股票及时进行回购。虽该条款中"保证"二字被划去,另行手写"争取"二字,但上述修改之处并无各方当事人签字盖章予以确认,且《协议》第4.2条写明如深某浩股票在2017年6月30日前未能完全实现某鼎股权投资公司在《协议》第4.1条中的承诺,则M银行北京分行有权要求某鼎股权投资公司按6元/股回购全部M银行北京分行所持有之深某浩股票,同时《协议》第4.4条约定某维财富管理公司对某鼎股权投资公司的上述回购深某浩股票的责任承担连带保证责任。为此一审法院判决某鼎股权投资公司向M银行北京分行支付股票回购款23,712,642元和相应违约金及某维财富管理公司对前述债务承担连带保证责任并无不妥。

综上所述,某维财富管理公司的上诉请求不能成立,应予驳回。一审法院判决认定事实清楚,适用法律正确,应予维持。

## 法律风险及要点解读

在破产重整过程中,为了实现某些特定的重整目的,譬如对上市公司进行“保壳”等,重组介入方往往会采用一些变通的重组方式,以确保在重组完成后的一定时间内,原破产重整公司能够完成一些财务目标。本案例背景即是在债务人X宝系公司进入破产重整程序的情况下,原债权银行将其债权对外转让、并约定由重组方承担特定回购义务。尽管相关股票尚未分配登记到债权人名下,但法院仍认定相关回购义务被触发,重组方需依约履行相关股票回购义务。

# 案例33:回购承诺被法院判定为担保

## 案件主要事实

根据2019年4月10日由湖南省高级人民法院作出的(2018)湘民初33号民事判决书,相关案件主要事实如下:

2006年3月9日,湖南省YZ县人民政府(以下简称YZ县政府)作为出让方,与受让方湖南某Y高速公路发展有限公司(以下简称某Y高速公司)签订《特许合同》,该合同第一章[总则]中明确1.1:为加快湖南省交通基础设施建设,进一步完善国家高速公路网络,促进湖南省经济的发展,尽快修建湖南省境内YZ县城关镇至广东省L州市,报请湖南省人民政府批准,并授权YZ县政府,通过特许经营方式,授予特许经营者依法投资、建设与经营、养护管理本项目的权利;1.3:出让方同意受让方以特许经营权的方式依法投资、建设与经营、养护管理本项目。第三章[项目概况]3.3:高速公路主线及连接线公路主体，附属设施（含但不仅限于服务区及设施、停车场及设施、收费站及设施、养护区及设施、管理办公区及设施、收费系统、监控系统、通信设施、供配电设施、广告设施等）；3.4：项目建设规模及标准：本项目路线全长 48.85 公里，路基宽度 24.5 米，双向四车道高速公路技术标准。第四章［投资资金］4.1：本项目投资、建设、经营、养护管理等费用均由受让方承担；4.2：本项目投资估算总金额 18.91 亿元；4.4：出让方有权监督、检查和敦促投资资金（特别是资本金）的到位情况。第五章［特许经营权］5.2：本合同授予受让方的特许经营权是独占的，专属于受让方。出让方保证不将特许经营权的任何部分或全部授予任何第三方，并保证不自行或通过其指定的机构行使特许经营权的任何部分或全部；5.3：特许经营期：建设期为 36 个月，自本项目开工日起计算，收费经营期为 30 年，建设完成后，按省政府批准的开始收费之日起计算；5.5：特许经营期届满后无偿移交。第八章［项目建设］8.1：根据国家《招标投标法》和有关法规，受让方应在政府交通行政主管部门的监督下，组织对施工承包商、重要设备及重要材料的采购、工程监理单位等依法进行招标。第十五章［合同的生效和终止］15.6：受让方提前终止本合同：15.6.1 如果不是由于受让方违约或不可抗力所致，发生下述一种或几种情况，都视为出让方违约，出让方在收到受让方要求改正的书面通知后 60 天内仍未改正的，受让方有权提出索赔……15.6.2 受让方按本合同本条第一款规定提前终止本合同的，出让方收回本项目，并应同时承担以下义务：（1）承担受让方为本项目的建设而发生的一切尚未清偿的负债；（2）偿还受让方为本项目建设所投入的项目资本金及其利息；（3）偿还受让方为本项目建设所投入资本金从投入之日至终止之日期间的投资收益及资本金从终止日至特许经营期届满之日期间的预期投资收益的合理部分。

2009 年 3 月 16 日，湖南省高速公路管理局（以下简称高管局）向中国某 C 银行股份有限公司湖南省分行（以下简称某 C 行湖南分行）出具《承诺函》，内容为："某 Y 高速公司投资建设 YL 高速公路项目……该公司自开工以来，尽管银行贷款没有及时到位，工程量完成了40%之多，支付的款项从未拖欠。经查实，到目前总共支付资本金8.2亿元之多，可见其投资诚信度……为贯彻落实湖南省委、省政府的招商引资政策，保护投资者利益，体现我局对该公司的信任和支持，我局承诺：贵行对某Y高速公司提供的项目贷款，若该公司出现没有按时履行其到期债务等违反借款合同约定的行为，或者存在危及银行贷款本息偿付的情形，出于保护投资商利益，保障贵行信贷资金安全的目的，我局承诺按《特许合同》第15.6条之规定全额回购YL高速公路经营权，以确保化解银行贷款风险，我局所支付款项均先归还贵行贷款本息。"

2009年8月20日，某C行湖南分行与某M行深圳分行作为贷款人，与借款人某Y高速公司签订《人民币资金银团贷款合同》，由某C行湖南分行与某M行深圳分行共同向某Y高速公司发放贷款12亿元（其中某C行湖南分行发放8.4亿元、某M行深圳分行发放3.6亿元），贷款期限为16年，即从2009年8月起至2025年8月止。自本合同约定的第一笔贷款提款日起至最后一笔贷款的还本日止；贷款首次执行利率为第一笔贷款实际提款日中国人民银行公布的同期同档人民币贷款基准利率，执行利率随中国人民银行公布的同期限档次人民币贷款基准利率的调整而调整；某Y高速公司同意将其合法享有的YL高速公路项目的通行费收费权及其项下的全部收益作为贷款人对借款人所享有债权的质押担保，某Y高速公司控股股东深圳市某晖投资发展有限公司、四川某和实业发展有限责任公司、成都某成房地产开发有限公司及其实际控制人孙某涛提供全程不可撤销连带责任保证；借款人陈述和保证……（四）借款人的财务状况良好，有能力完成借款项目的开发并按期清偿本合同项下全部到期债务……借款人在本合同第24条中作出的任何陈述或保证借款人未按期纠正的，银团有权采取下列一项或多项措施……3.宣布贷款提前到期，同时要求借款人限期偿还已发放的贷款本息；合同还对提款、还款、展期，贷款的使用、监管，双方权利义务，违约责任等进行了约定。2008年6月24日至2011年9月27日，某C行湖南分行向某Y高速公司分14次合计发放8.4亿元。

贷款发放后，某Y高速公司未能按约偿还贷款本息，某C行湖南分行与某M行深圳分行向湖南省高级人民法院提起诉讼，要求某Y高速公司偿还贷款本息，成都某成房地产开发有限公司、深圳市某晖投资发展有限公司、四川某和实业发展有限责任公司、孙某涛承担连带清偿责任。该案经湖南省高级人民法院审理于2014年8月8日作出(2014)湘高法民二初字第24号民事调解书，内容是：(1)某Y高速公司于2014年8月20日前向某C行湖南分行归还贷款本金833,954,313.65元及至2014年7月21日止的利息、罚息、复息32,778,858.17元，2014年7月22日之后的利息、罚息、复息按贷款合同约定计算至付清之日止；(2)某Y高速公司于2014年8月20日前向某M行深圳分行归还贷款本金3.54亿元及至2014年7月21日止的利息、罚息、复息19,401,905.08元，2014年7月22日之后的利息、罚息、复息按贷款合同约定计算至付清之日止；(3)某C行湖南分行与某M行深圳分行对某Y高速公司享有的湖南YZ至广东L州的车辆通行费收费权及其项下全部收益享有质权。当某Y高速公司未履行上述第一、二项偿债义务时，某C行湖南分行与某M行深圳分行有权依法处置某Y高速公司上述收费权及其项下的全部收益，并就处置价款优先受偿；(4)成都某成房地产开发有限公司、深圳市某晖投资发展有限公司、四川某和实业发展有限责任公司、孙某涛对某Y高速公司的上述债务承担连带清偿责任。之后，某Y高速公司未履行调解书确定的义务，某C行湖南分行与某M行深圳分行向湖南省高级人民法院申请强制执行。湖南省高级人民法院以(2014)湘高法执字第13号案立案后，依法委托湖南湘信资产评估有限公司、湖南艾普瑞资产评估有限公司、湖南新星资产评估有限公司对某Y高速公司YZ至L州收费权及其他全部资产在2015年3月31日的市场价值进行评估。评估公司于2015年10月8日作出湘湘信、湘艾普瑞、湘新资评字第20151001号评估报告，认定某Y高速公司委托评估的资产价值为197,296万元,其中高速公路收费权为190,637万元,其他资产含货币资金、应收债权、存货、其他设备等为6659万元。之后,湖南省高级人民法院委托湖南永达拍卖有限公司、湖南鑫盛拍卖有限责任公司、湖南省拍卖公司、湖南嘉华拍卖有限公司对某Y高速公司的资产进行拍卖。拍卖公司登报公告于2015年11月26日公开拍卖某Y高速公司的资产,但因无人竞买,致拍卖标的物流拍,湖南省高级人民法院于2015年11月27日作出(2014)湘高法执字第13－15号执行裁定书,中止(2014)湘高法执字第13号案的执行。

2014年5月22日,原告某C行湖南分行向高管局发出《关于湖南省YL高速公路发展公司问题贷款解决建议的函》,要求湖南省高速公路投资集团或者湖南高速公路建设总公司收购YL高速公司经营权。2014年11月26日,某C行湖南分行与高管局就某Y高速公司不良资产处置情况进行会议协商,并达成一致意见:一是以拍卖形式处置不良资产,立即启动拍卖流程,拍卖价格必须保障湖南省高速公路投资集团、湖南省某C行及某M银行的债权资金不受损失;二是成立不良资产处置小组;三是制定处置工作推进时间表。2014年12月8日,原告某C行湖南分行向高管局发出《关于YZ至L州收费权拍卖方案的函》,根据2014年11月26日会议协商,制定了收费权拍卖的具体方案,请高管局报湖南省交通运输厅。2014年12月17日,湖南省高级人民法院执行局组织召开协调会议,原告及高管局参加了会议,商讨YL高速的回购事宜。2015年5月26日,高管局向湖南省交通运输厅上报了《关于YZ至L州收费权拍卖方案的请示》,分析了拍卖方案,并提出了收购方案。2015年11月7日,湖南省高级人民法院执行局组织召开了协调会,原告及湖南省高速公路建设开发总公司(以下简称高速公路总公司,后改制更名为湖南省高速公路集团有限公司或称高速公路集团)参加会议,商讨高管局被冻结账户拨付迎国检费用事宜。2017年6月30日,原告向高管局发函要求其履行《承诺函》中的回购义务或者直接赔偿银行的经济损失,高管局未予以回应。2018年

2 月 23 日，原告向高速公路总公司发函要求其承担连带清偿责任，履行《承诺函》中的回购义务或者直接赔偿银行的经济损失，高速公路总公司未予回应。

截至 2018 年 3 月 20 日，原告的贷款本息损失为 1,532,085,554.6 元（包括本金 825,949,748.29 元，利息、罚息及复息 706,135,806.31 元，暂计至 2018 年 3 月 20 日，此后的利息、罚息、复息按照合同约定及法律规定另行计算至偿还完毕）。

另查明，高速公路总公司与高管局分别于 1993 年 3 月、1998 年 4 月经湖南省人民政府和省机构编制委员会批准成立的企业法人和事业单位法人，实行"两块牌子，一套班子，合署办公"，属湖南省交通运输厅归口管理。2017 年 12 月 4 日，湖南省人民政府办公厅下发《湖南省人民政府办公厅关于同意实施的复函》（湘政办函〔2017〕110 号），同意湖南省交通运输厅、湖南省国资委上报的《湖南省高速公路体制改革方案》。该方案明确将与高速公路总公司合署办公的高管局及直属事业单位成建制撤销，其承担的社会公共事务管理职责收归湖南省交通运输厅及所属事业单位，只保留高速公路总公司，全部人、财、物整体保留在高速公路总公司；2017 年 12 月 31 日前完成体制改革工作。高速公路总公司再按照现代企业制度要求进行公司制改制，改制更名为湖南省高速公路集团有限公司。

2018 年 10 月 19 日，湖南省国资委向本院出具《关于湖南省高速公路管理局注销清算工作情况的函》。该函载明："依据湖南省人民政府办公厅《关于同意实施的批复》（湘政办函〔2017〕110 号）的要求，成建制撤销湖南省高速公路管理局，现湖南省高速公路管理局注销清算及财产移交工作尚未完成，正在有序推进办理。"

## 诉讼主张及答辩意见

中国某 C 银行股份有限公司湖南省分行（以下简称某 C 行湖南分行）向法院

提出诉讼请求:(1)判令高管局在本案判决生效后三十日内按照《湖南 YZ 至广东 L 州项目特许投资、建设、经营、养护管理合同》(以下简称《特许合同》)第 15.6 条之规定全额回购 YL 高速公路经营权;(2)如高管局没有履行上述回购义务,则应在期限届满后立即向原告赔偿经济损失 1,532,085,554.6 元(包括本金 825,949,748.29 元、利息、罚息及复息 706,135,806.31 元,暂计至 2018 年 3 月 20 日,此后的利息、罚息、复息按照合同约定及法律规定另行计算至偿还完毕);(3)判令高速公路总公司与高管局承担连带赔偿责任;(4)本案案件诉讼费、保全费、评估费等全部费用由二被告连带承担。

高管局没有到庭也未提交书面答辩意见。

高速公路总公司辩称:(1)《承诺函》只是道义上的安慰函,不具有担保债务或保证的性质,也不属于单方允诺,更不能等同于依法成立受法律保护的合同,高管局没有进行回购的义务。(2)即使《承诺函》为保证合同,该保证合同也无效,原告对保证合同的无效存在过错,原告向高管局主张保证责任也超过了保证期间。(3)原告的损失尚没有确定,在原告损失没有确定前不能确定高管局作为无效保证责任人的赔偿责任。原告的损失没有实际发生,也不会实际发生。YL 高速收费权仍属于银团借款案的执行标的物,银团借款案的强制性程序只是暂时终结,随时可以恢复执行,并且原告享有的收费权质押也没有被解除释放。本案中,YL 高速将自己的收费权质押给原告,属于债务人自己提供物的担保的情形,原告应当先就物的担保实现债权,若债权人放弃债务人物的担保,则保证人在物的担保的价值范围内免除责任。(4)高速公路总公司与高管局不构成人格混同。综上所述,请求驳回原告对高速公路总公司的全部诉讼请求。

## 一审法院认定及判决

一审法院经审理认为,本案当事人争议的焦点问题是:1. 某 C 行湖南分行的经济损失应如何确定;2.《承诺函》的性质及效力认定问题;3. 高管局在本案中应如何承担民事责任;4. 高速公路总公司应否对高管局的前述义务承担连带清偿责任。

1. 关于某C行湖南分行在本案中的具体经济损失应如何确定的问题

某C行湖南分行于2009年8月20日与某Y高速公司签订贷款合同后，先后向某Y高速公司发放贷款8.4亿元，某Y高速公司仅偿还部分本息，其余贷款本息未能如期偿还。在某C行湖南分行与某M行深圳分行共同向某Y高速公司提起诉讼主张偿还欠款本息，湖南省高级人民法院立案受理后，各方当事人调解达成协议，湖南省高级人民法院制作了（2014）湘高法民二初字第24号民事调解书。该调解书确定，某Y高速公司在2014年8月20日前向某C行湖南分行归还的本金为833,954,313.65元及至2014年7月21日止的利息、罚息、复息32,778,858.17元。2014年7月22日之后的利息、罚息、复息按照《人民币资金银团贷款合同》的约定计算至贷款全部还清之日止。因某Y高速公司未自动按照调解书履行自己的还款义务，在某C行湖南分行与某M行深圳分行申请湖南省高级人民法院强制执行，湖南省高级人民法院依法委托评估、拍卖某Y高速公司财产后，因无人竞买，导致标的物流拍，某C行湖南分行的债权未能实现。现因某Y高速公司的财产难以处置，其他担保人未能发现有可供执行的财产，本院已裁定终结调解书的本次执行程序，故某C行湖南分行的损失客观存在。在2014年7月22日至2018年3月20日，某Y高速公司偿还部分款项，至2018年3月20日止，某Y高速公司尚欠某C行湖南分行偿还本息1,532,085,554.6元，包括本金825,949,748.29元，利息、罚息、复息706,135,806.31元。高速公路总公司以某Y高速公司尚在继续部分偿还所欠贷款，主张本案债权的不可确定性。法院认为，至本案诉讼止，某C行湖南分行已经将某Y高速公司所还款款项予以冲抵，本案债权数额可以具体确定。某Y高速公司在之后如继续偿还部分款项，则在执行中可予以冲减。高速公路总公司以此主张某C行湖南分行的损失不能确定的抗辩理由不能成立。高速公路总公司还主张本案债权应扣除某Y高速公司质押给原告的高速公路收费权，如前所述，YL高速的高速公路收费权虽然评估价值为190,637万元，但是该收费权经拍卖因无人竞买导致流拍，该质押物无法兑现，故抵押物价值无法从债权总额中扣减。高速公路总公司主张涉案债权应扣除质押物价值的抗辩理由亦不能成立，法院不予支持。

2. 关于《承诺函》的性质及效力的认定问题

《承诺函》签订于YL高速公路项目开工建设以后，在某C行湖南分行作为贷款人之一与某Y高速公司签订《人民币资金银团贷款合同》之前，其出具原因是为确保某Y高速公司获得贷款。从《承诺函》的具体内容来看，其明确载明："若该公司(某Y高速公司)没有按时履行其到期债务等违反借款合同约定的行为，或者存在危及银行贷款本息偿付的情形，出于保护投资商利益，保障贵行信贷资金安全的目的，我局承诺按《特许合同》第15.6条之规定全额回购YL高速公路经营权，以确保化解银行贷款风险，我局所支付款项均先归还贵行贷款本息。"因此《承诺函》是针对特定的银行贷款出具，并表明当某Y高速公司出现不履行到期债务等违反合同的行为，或者存在危及银行贷款本息偿付的情形，高管局承诺以回购经营权的方式确保某C行湖南分行的债权实现。故高管局通过出具《承诺函》的形式为自身设定的代为清偿义务的意思表示明确，符合担保法以及担保法司法解释中关于保证的内涵规定。故《承诺函》具有保证担保的性质。该《承诺函》被某C行湖南分行接受，双方即成立保证合同。高速公路总公司称《承诺函》仅为安慰函缺乏事实和法律依据，不能成立。根据《担保法》第9条的规定，学校、幼儿园、医院等以公益事业为目的的事业单位、社会团体不得为保证人。本案中，高管局作为湖南基础设施高速公路的建设、管理事业单位，不得作为保证人。故《承诺函》违反了法律强制性规定，应为无效。

3. 关于高管局在本案中应如何承担民事责任的问题

因《承诺函》无效，故某C行湖南分行主张高管局应按照《承诺函》的约定全额回购YL高速公路经营权的主张，本院不予支持。原《担保法司法解释》第7条规定："主合同有效而担保合同无效，债权人有过错的，担保人与债务人对主合同债权人的经济损失，承担连带赔偿责任；债权人、担保人有过错的，担保人承担民事责任部分，不应超过债务人不能清偿部分的二分之一。"本案中，高管局作为《承诺函》的出具人，明知其不具备保证人资格仍出具《承诺函》，具有过错。某C行湖南分行作为专业金融机构，明知高管局作为事业单位不能成为保证人，仍要求其出具《承诺函》，亦存在过错。故对某C行湖南分行主张的本案损失，双方均应承担赔偿责任。综合本案诉讼成讼原因、当事人的实际损失以及双方的过错程度,法院酌定高管局对某Y高速公司不能清偿的本息1,532,085,554.6元及以825,949,748.29元为基数按照《人民币资金银团贷款合同》的约定自2018年3月20日起计算至付清之日的利息、罚息、复息承担三分之一的赔偿责任。高速公路总公司主张本案已过保证期限,高管局不应当承担保证责任。因本案中,高管局是对保证合同无效承担的赔偿责任,而非保证责任,故高速公路总公司的该主张不能成立,法院依法予以驳回。

4. 关于高速公路总公司应否对高管局的前述义务承担连带清偿责任的问题

高管局系事业单位法人,其行使管理职能的目的是为湖南省高速公路建设、管理、确保畅通提供保障;高速公路总公司系独立核算、自负盈亏的企业法人,其经营范围主要为湖南省高速公路建设、养护、管理、沿线开发,从事投资经营活动。高管局与高速公路总公司虽为"一套班子,两块牌子",两单位领导人成员既担任高管局的职务也担任高速公路总公司的职务,但这种一人分任多职的行为并不为法律所禁止。故某C行湖南分行以此主张高管局与高速公路总公司人格混同,本院依法予以驳回。某C行湖南分行提交了2017年湖南省人民政府于2017年12月4日发出湘政办函[2017]110号《湖南省人民政府办公厅关于同意实施的复函》,主张两被告存在财产混同。从前述复函的内容来看,复函虽明确将与高速公路总公司合署办公的高管局及直属事业单位成建制撤销,全部人(含退休人员)、财、物整体保留在高速公路总公司,但该证据不足以证明高速公路总公司与高管局存在财产混同,故某C行湖南分行主张高速公路总公司对高管局的本案债务承担连带清偿责任,依法不能成立。高管局的财产整体保留在高速公路总公司,某C行湖南分行可以主张高速公路总公司在财产接收范围内承担清偿责任,因该财产移交工作尚未完成,某C行湖南分行可另案主张。

综上所述,某C行湖南分行的诉讼请求部分成立,湖南省高级人民法院对该部分请求依法予以支持,依照相关法律规定,一审法院判决如下:(1)湖南省高速公路管理局在本判决生效后三十日内对湖南YL高速公路发展有限公司不能偿还中国某C银行股份有限公司湖南省分行的贷款本息1,532,085,554.6元及以825,949,748.29元为基数按照《人民币资金银团贷款合同》的约定计算自2018年

3 月 20 日起至付清之日的利息、罚息、复息承担三分之一的赔偿责任;(2)驳回中国某 C 银行股份有限公司湖南省分行其他诉讼请求。

## 二审上诉及判决

某 C 行湖南分行随后向最高人民法院提起上诉,根据最高人民法院于 2019 年 12 月 18 日作出的(2019)最高法民终 1006 号民事判决书,最高人民法院认定及判决如下:

本院认为,本案系合同纠纷。根据各方当事人二审诉辩主张,本案争议焦点集中在以下四个问题:1. 案涉《承诺函》的性质及效力;2. 高管局应承担的责任;3. 某 C 行湖南分行所受损失数额;4. 高速公路集团是否应就某 C 行湖南分行的损失承担连带责任。

1. 关于案涉《承诺函》的性质及效力

各方当事人均对一审判决依据案涉《承诺函》认定高管局与某 C 行湖南分行之间形成保证合同关系提出异议。《担保法》第 6 条[①]规定:"本法所称保证,是指保证人和债权人约定,当债务人不履行债务时,保证人按照约定履行债务或者承担责任的行为。"《担保法》第 17 条第 1 款[②]规定:"当事人在保证合同中约定,债务人不能履行债务时,由保证人承担保证责任的,为一般保证。"综合案涉《承诺函》出具的背景、目的及其内容来看,该函虽然名为"承诺函",但高管局在该函中明确表示当某 Y 高速公司不能按时履行贷款合同项下还款义务时,高管局承诺回购 YL 高速公路经营权并以所支付的款项优先归还某 C 行湖南分行贷款本息。某 C 行湖南分行对 YL 高速公路经营权享有质权,高管局的承诺提高了某 C 行湖南分行贷款质押物的变现偿债能力,系高管局为某 Y 高速公司向某 C 行湖南分行贷款提供的增信措施。高管局在承诺函中不仅明确表示"确保化解银行贷款风险",还承诺了具体措施和责任。由此可见,高管局并非仅承诺对某 Y 高速公司清偿债务承

① 对应《民法典》第 681 条,内容有修改,修改后的表述为"保证合同是为保障债权的实现,保证人和债权人约定,当债务人不履行到期债务或者发生当事人约定的情形时,保证人履行债务或者承担责任的合同。"后文不再赘述。

② 对应《民法典》第 687 条第 1 款,内容无修改。后文不再赘述。

担道义上的义务或督促履行之责，其通过出具《承诺函》的方式为某Y高速公司向某C行湖南分行的贷款提供担保，担保某C行湖南分行实现案涉债权的意思表示明显，其内容符合《担保法》第17条的规定，故《承诺函》具有保证担保性质。原《担保法司法解释》第22条第1款①规定："第三人单方以书面形式向债权人出具担保书，债权人接受且未提出异议的，保证合同成立。"高管局向某C行湖南分行出具案涉《承诺函》，某C行湖南分行表示接受，并未提出异议。一审法院认定某C行湖南分行与高管局之间成立保证合同关系，认定事实及适用法律并无不当，本院予以维持。《担保法》第9条②规定："学校、幼儿园、医院等以公益为目的的事业单位、社会团体不得为保证人。"本案中，高管局作为履行湖南基础设施高速公路的建设、管理职责的以公益为目的的事业单位，依法不得作为保证人。故《承诺函》因违反法律的强制性规定而应认定为无效。因此，某C行湖南分行、高管局关于《承诺函》性质及效力的上诉理由均不能成立，本院不予支持。

2. 关于高管局应承担的责任

某C行湖南分行上诉主张，即便认定《承诺函》为保证且因违法而无效，高管局与该行过错相当，应当对保证无效承担同等责任。高管局则主张其无过错，不应承担责任。原《担保法司法解释》第7条规定："主合同有效而担保合同无效，债权人无过错的，担保人与债务人对主合同债权人的经济损失，承担连带赔偿责任；债权人、担保人有过错的，担保人承担民事责任的部分，不应超过债务人不能清偿部分的二分之一。"本案中，高管局不具备提供担保的资格仍出具《承诺函》具有过错。但某C行湖南分行作为专业金融机构，对信贷业务中有关担保的法律制度具有更多专业知识，其明知高管局作为事业单位不能对外提供担保，仍接受高管局出具的《承诺函》，并试图以此将信贷风险转嫁给无权提供担保的高管局，明显存在过错。根据前述司法解释的规定，高管局承担责任的最高上限是某Y高速公司不能清

---

① 《担保制度解释》未见对应条款。后文不再赘述。

② 对应《民法典》第683条第2款，内容有修改，修改后的表述为"以公益为目的的非营利法人、非法人组织不得为保证人。"后文不再赘述。

偿债务部分的二分之一。在某C行湖南分行自身存在明显过错的情况下,一审法院依据上述规定,综合本案诉讼成讼原因、当事人的实际损失以及双方的过错程度,酌定高管局对某Y高速公司不能清偿的本息及以按照《人民币资金银团贷款合同》的约定自2018年3月20日起计算至付清之日的利息、罚息、复息承担三分之一的赔偿责任,并无不当。此外,高管局还主张某C行湖南分行与某Y高速公司恶意串通骗取担保,因此其无须承担责任,但并未提供充分证据证明存在恶意串通的事实。故某C行湖南分行与高管局关于高管局承担责任比例问题的上诉主张,均不能成立。

3. 某C行湖南分行所受损失的具体数额

高速公路集团主张某C行湖南分行怠于履行账户资金的监管和扣划义务,第13号案的执行并未最后终结,且某Y高速公司每年仍有高速公路通行费收入可以偿还贷款及利息,故某C行湖南分行的损失具有不确定性。根据本案查明的事实,一审法院作出的(2014)湘高法民二初字第24号民事调解书确认了某Y高速公司应于2014年8月20日前向某C行湖南分行归还贷款本金833,954,313.65元及至2014年7月21日止的利息、罚息、复息32,778,858.17元,2014年7月22日之后的利息、罚息、复息按贷款合同约定计算至付清之日止;某C行湖南分行与某M行深圳分行对某Y高速公司享有的YL高速公路YZ至L州段高速公路项目的车辆通行费收费权及其项下全部收益享有质权。当某Y高速公司未履行上述第一、二项偿债义务时,某C行湖南分行与某M行深圳分行有权依法处置某Y高速公司上述收费权及其项下的全部收益,并就处置价款优先受偿。之后,某Y高速公司未履行调解书确定的义务,某C行湖南分行与某M行深圳分行向该院申请强制执行。该院以(2014)湘高法执字第13号案(以下简称第13号案)立案后,依法委托评估机构对某Y高速公司YL高速公路收费权及其他全部资产在2015年3月31日的市场价值进行评估。之后,该院又委托拍卖机构对某Y高速公司的资产进行拍卖,但因无人竞买,致拍卖标的物流拍,该院于2015年11月27日作出(2014)湘高法执字第13-15号执行裁定,将第13号案指定湖南省郴州市中级人民法院执行。现因某Y高速公司的财产难以处置,其他担保人未能发现有可供执行的财产,故某C行湖南分行的损失客观存在。2014年7月22日至2018年3月20日,某Y高速公司偿还部分款项,至2018年3月20日止,某Y高速公司尚欠某C行湖南分行偿还本息1,532,085,554.6元,包括本金825,949,748.29元,利息、罚息、复息706,135,806.31元。但至本案一审诉讼时止,某C行湖南分行已将某Y高速公司所还款款项予以冲抵,本案债权数额可以具体确定。某Y高速公司在之后如继续偿还部分款项,可在执行中予以冲减。高速公路集团还主张本案债权应扣除某Y高速公司质押给某C行湖南分行的高速公路收费权。如前所述,YL高速的高速公路收费权经拍卖因无人竞买导致流拍,该质押物无法兑现,故抵押物价值无法从债权总额中扣减。因此,高速公路集团主张某C行湖南分行的损失不能确定,理由不能成立。

高管局上诉时还主张某C行湖南分行在《承诺函》出具之前向某Y高速公司发放的1亿元贷款不属于案涉争议的贷款范围。根据本案查明的事实,2008年6月24日至2011年9月27日,某C行湖南分行向某Y高速公司分14次合计发放8.4亿元。尽管当事人所争议的1亿元贷款系某C行湖南分行在高管局出具《承诺函》之前发放,但该笔贷款明确包含在某C行湖南分行、某M行深圳分行随后作为贷款人与某Y高速公司签订的《人民币资金银团贷款合同》当中,即包含在某C行湖南分行根据该贷款合同向某Y高速公司提供的案涉8.4亿元贷款之中。故高管局的该项主张,亦不能成立。

4. 关于高速公路集团是否应就某C行湖南分行的损失承担连带责任

连带责任应以存在法律规定或者当事人约定为前提。本案中,高管局为事业单位法人,高速公路总公司为企业法人,二者主体性质不同,均具有独立承担民事责任的能力。高管局作为事业单位行使管理职能的目的主要为湖南省高速公路建设、管理、确保畅通提供保障。而高速公路总公司自身具有营业执照,系独立核算、自负盈亏的企业法人,经营范围主要为全省高速公路建设、养护、管理和沿线开发,从事投资经营活动。高管局与高速公路总公司虽为“一套班子,两块牌子”,两单位领导班子成员既担任高管局的职务也担任高速公路总公司相应职务,但此种一人分任多职的行为并不为法律所禁止,不能仅以此作为高管局、高速公路总公司存在人员身份混同的依据。高管局是否注销,以及高速公路集团是否改制更名,二者民法上的权利义务承继问题,均由相应法律作出规定,均不导致高速公路集团需对高管局的民事责任承担连带责任的法律后果。某C行湖南分行关于高速公路集团应就该行损失承担连带责任的主张,既无合同依据,亦无法律依据,一审判决不予支持,适用法律正确,应予维持。

综上所述,某C行湖南分行、高管局的上诉理由均不能成立,一审判决认定事实清楚,适用法律正确,应予维持。最高人民法院依据相关法律法规,最终判决驳回上诉,维持原判。

### 法律风险及要点解读

本案例审判中,一审和二审法院均将事业单位出具的回购承诺函认定为保证担保,在事业单位不能对外提供担保的情况下,该保证被判决无效,且金融机构债权人和保证人均存在过错,因此,回购承诺人被判决承担三分之一的赔偿责任。本案例和上一个股票回购的案例,法院即存在不同的判定逻辑和思路,因此,在选用回购这一增信措施时,需要就可能被认定为保证担保并进而被认定保证无效的法律风险提前做好应对和筹划,包括必要的公司内部决议文件要求等。

## 四 采矿权抵押登记的法律效力

## 案例34:以保管采矿权证代替办理采矿权抵押登记的法律风险

### 案件主要事实

根据天津市高级人民法院作出的(2016)津民初3号民事判决书,相关案件主要事实如下:

2013 年 5 月 15 日，原告某 X 金融租赁有限公司（以下简称某 X 租赁公司）与山西离柳某煤集团有限公司（以下简称离柳公司）签订编号 2013 年 X 银租赁设备字第 018 号《融资租赁合同（回租）》，约定某 X 租赁公司以离柳公司所有的铁路专用线、井巷工程为标的开展回租式融资租赁业务，租赁成本为人民币 4.8 亿元。同日，双方签订了编号为 2013 年 X 银租赁设备字第 018－1 号《融资租赁合同（回租）》，约定某 X 租赁公司以离柳公司所有的机电设备、生产设备和安全设备为标的开展回租式融资租赁业务，租赁成本为人民币 3.2 亿元。双方在上述租赁合同均约定，承租人未按时、足额支付任何到期租前息/租金或其他应付款项属于承租人根本违约，出租人有权立即向承租人追索全部租约项下的所有到期未付租金，逾期利息、全部未到期租金以及其他与本合同相关的应付款项。2013 年 5 月 21 日，某 X 租赁公司在扣除了预付租金 1440 万元后，向离柳公司支付了租赁物的购买价款 78,560 万元。

2013 年 5 月 15 日，双方签订编号 2013 年 X 银租赁设备抵字第 018 号《抵押合同》，约定离柳公司将其持有的某 Z 煤矿采矿权抵押给某 X 租赁公司。2014 年 7 月 15 日，双方又签订了编号 2013 年 X 银租赁设备抵字第 018 号－DY《抵押合同》，约定离柳公司将其持有的某 D 煤矿采矿权抵押给某 X 租赁公司，作为对某 X 租赁公司债权的担保。上述抵押合同签订后，均未在主管机关办理抵押登记手续。

因离柳公司在上述融资租赁合同履行过程中，未能如约支付租金，双方于 2014 年 12 月 14 日签订了编号 2013 年 X 银租赁设备补字第 018 号的《融资租赁合同补充协议》，约定除离柳公司之前已经支付的租金、使用离柳公司已支付的预付租金 2400 万元进行抵扣的租金（离柳公司应于 2015 年 12 月 31 日前补足被抵扣使用的预付租金 21,070,315 元），离柳公司应按照如下约定向某 X 租赁公司支付相应款项：（1）于 2015 年 10 月 5 日前向某 X 租赁公司支付自 2014 年 9 月 16 日起至 2015 年 3 月 15 日止产生的租金（租前息及相应的增值税)合计27,149,746.67元;(2)于2016年1月5日前向某X租赁公司支付自2015年3月16日起至2016年1月5日的租金(租前息、租金成本及相应的增值税)合计47,934,134.00元;(3)自2016年3月16日起调整当期及后续各期的租金支付方式(具体由补充协议附件以列表方式明确);如离柳公司逾期支付租金等任何款项的,每逾期一日应按应付未付款项日万分之五的标准支付违约金。补充协议同时约定,离柳公司应于补充协议生效之日起30日内将某Z煤矿及某D煤矿的采矿权抵押至某X租赁公司名下。如未依约办理采矿权抵押登记的,应按照某X租赁公司已经支付的租赁物购买价款(8亿元)的10%支付违约金。前述补充协议签订后,离柳公司未按照约定向某X租赁公司支付租金,至起诉时,离柳公司共欠付某X租赁公司租金人民币121,586,930.74元,截至2016年2月29日因逾期发生利息2,346,696.38元。

## 诉讼主张及答辩意见

某X租赁公司向一审法院起诉请求:(1)离柳公司向某X租赁公司支付欠付租金人民币121,586,930.74元,以及自2015年10月5日起至付清之日止利息(暂计至2016年2月29日2,346,696.38元);(2)离柳公司向某X租赁公司支付因未办理采矿权抵押登记手续而应承担的违约金9,528,000元;(3)某X租赁公司对某Z煤矿采矿权和某D煤矿采矿权依法享有抵押权,且在担保范围内对该等采矿权进行拍卖、变卖所得款项中优先受偿;(4)本案的诉讼费、保全费、拍卖费以及某X租赁公司支出的律师费、差旅费等实现债权的费用由离柳公司承担。

离柳公司一审未提交答辩意见。

## 一审法院认定及判决

一审法院认为，离柳公司为实现融资目的，将其所有的铁路专用线、井巷工程及其相应设备的所有权转让给某X租赁公司，再从某X租赁公司处租回继续使用，并按期向某X租赁公司支付租金，属于融资租赁法律关系的售后回租交易模式。本案中，某X租赁公司和离柳公司签订的编号2013年X银租赁设备字第018号、第018－1号《融资租赁合同》及其对应的《抵押合同》系各方当事人为保证融资租赁交易的正常履行而自愿签订的，系真实意思表示，且不违反法律、行政法规强制性规定，均为合法有效。某X租赁公司依照融资租赁合同约定向离柳公司支付购买租赁物的价款后，离柳公司未按期支付租金，该行为违反合同约定，离柳公司应承担相应的违约责任。故某X租赁公司要求离柳公司支付欠付租金、逾期利息，予以支持。

关于某X租赁公司主张对离柳公司抵押的采矿权行使优先受偿权问题。法院认为，采矿权为不动产性质物权，按照我国相关法律规定，采矿权抵押属于应经登记设立抵押权的财产范畴，本案涉及的某Z和某D采矿权均未在主管部门进行登记备案，故某X租赁公司主张其享有抵押权不能成立，不予支持。某X租赁公司主张某D采矿权未办理登记是基于主管部门的原因，缺乏事实依据，不予支持。因上述采矿权未办理抵押登记，依据双方签订的抵押合同约定，离柳公司应向某X租赁公司支付违约金。某X租赁公司在本案中仅要求离柳公司支付三笔未付租金，其主张离柳公司依据租金比例支付9,528,000元违约金，予以支持。关于某X租赁公司主张的律师费问题，该部分损失已经通过逾期利息和违约金得到弥补，故对该主张不予支持。

综上，一审法院主要判决如下：(1)离柳公司于判决生效之日起十日内向某X租赁公司支付租金121,586,930.74元及截至2016年2月29日利息2,346,696.38元，并按照借款合同约定支付自2016年3月1日至判决确定的给付之日止的利息；(2)离柳公司于判决生效之日起十日内向某X租赁公司支付违约金9,528,000元；(3)驳回某X租赁公司的其他诉讼请求。

## 二审上诉及判决

某X租赁公司随后向最高人民法院提起上诉，根据最高人民法院2016年12月7日作出的(2016)最高法民终605号民事判决书，二审上诉及判决情况如下：

1. 关于采矿权证现状

二审过程中，某X租赁公司提交了最新续期的某D煤矿采矿许可证，2015年10月12日、2016年1月5日、6月21日、9月2日离柳公司分别向某X租赁公司出具的《承诺书》或者《承诺函》，2014年9月16日某X租赁公司致山西省国土资源厅的《告知函》，2016年10月14日北京市长安公证处出具的(2016)京长安内经证字第29337号《公证书》，2014年8月7日北京市某融律师事务所出具的某融2014/18－238号《法律意见书》，2014年8月31日某X租赁公司与北京某融律师事务所签订的某融2014/16－250号《特聘专项法律顾问合同》等证据材料，并申请北京市某融律师事务所律师杨某某出庭作证。离柳公司的委托诉讼代理人对某X租赁公司提交的证据和证人出庭证言当庭表示认可，二审法院对上述证据的真实性予以采信。

2. 二审法院进一步查明事实

基于某X租赁公司提交的上述证据材料，并结合双方当事人二审庭审的当庭陈述，二审法院查明确认以下事实：

2013年11月，离柳公司将案涉某D煤矿采矿权抵押给某M银行太原分行，并在山西省国土资源厅办理了抵押备案。

2014年1月27日，山西省国土资源厅发布《关于进一步明确采矿权抵押备案有关事项的通知》(晋国土资函〔2014〕123号)要求：向非银行机构进行融资，申请办理采矿权抵押备案的，需提供非银行机构法人经营范围含贷款业务的法人营业执照及中华人民共和国金融许可证。

2014年8月1日，离柳公司将某D煤矿采矿许可证原件交予某X租赁公司保管至今。

2014年5月9日，某X租赁公司委托北京市某融律师事务所杨某某律师前往山西省国土资源厅查询某D煤矿采矿权的抵押备案情况，查询结果是某D煤矿采矿权已经抵押备案给某M银行太原分行，并在询问某X租赁公司能否办理抵押备案时被告知营业执照载明的经营范围必须包含贷款业务才可以办理。2014年8月6日，某X租赁公司委托北京市某融律师事务所杨某某律师持某X租赁公司提供的某D煤矿采矿许可证原件，前往山西省国土资源厅查询某D煤矿采矿许可证的抵押备案情况，查询结果是该采矿许可证没有抵押备案。

2015年12月29日，一审法院应某X租赁公司申请轮候查封了案涉某Z煤矿采矿权和某D煤矿采矿权；某X租赁公司当庭陈述在其之前尚有四家单位亦申请法院对某D煤矿采矿权进行了查封，离柳公司表示认可。

3. 二审法院认定及判决

二审法院综合双方诉辩主张和本案事实，认为：

(1)关于某X租赁公司对案涉两项采矿权是否享有抵押权及优先受偿权的问题

矿产资源是指由地质作用形成的，具有利用价值的，呈固态、液态、气态的自然资源。根据《矿产资源法》《物权法》等法律规定，矿产资源属于国家所有。国家在保留矿产资源所有权基础上，将矿产资源的勘查、开采以有偿使用的方式出让给具有相应资质的申请人，并向申请人颁发矿产资源勘查许可证或者开采许可证，获得许可证的申请人即享有相应矿区的探矿权或者采矿权。《物权法》第123条[①]“依法取得的探矿权、采矿权、取水权和使用水域、滩涂从事养殖、捕捞的权利受法律保护”的规定，明确了探矿权、采矿权作为用益物权的法律属性。但物权法并没有明确规定探矿权、采矿权系不动产，亦没有关于探矿权、采矿权抵押登记的明确规定，从而导致实践中对矿业权抵押问题的不同认识和差别化处理。

国土资源部《矿业权出让转让管理暂行规定》(国土资发〔2000〕309号)第3条第1款规定：“探矿权、采矿权为财产权，统称为矿业权，适用于不动产法律法规的调整原则。”《增值税暂行条例实施细则》第23条规定：“条例第十条第(一)项和本细则所称非增值税应税项目，是指提供非增值税应税劳务、转让无形资产、销售

① 对应《民法典》第329条，内容无修改。后文不再赘述。

不动产和不动产在建工程。前款所称不动产是指不能移动或者移动后会引起性质、形状改变的财产,包括建筑物、构筑物和其他土地附着物……”财政部、国家税务总局《关于固定资产进项税额抵扣问题的通知》(财税〔2009〕113 号)规定:“《中华人民共和国增值税暂行条例实施细则》第二十三条第二款所称建筑物,是指供人们在其内生产、生活和其他活动的房屋或者场所……所称其他土地附着物,是指矿产资源及土地上生长的植物。”参照国家相关部委的上述规定以及社会对矿产资源的一般理解,矿产资源可视为土地附着物,矿业权适用不动产法律法规予以调整。因此,在法律、行政法规没有另外规定的情况下,上述部委的规章、规范性文件可以作为认定矿产资源及矿业权属性的重要参考。

根据《物权法》第 9 条第 1 款①“不动产物权的设立、变更、转让和消灭,经依法登记,发生效力;未经登记,不发生效力,但法律另有规定的除外”;第 180 条第 1 款“债务人或者第三人有权处分的下列财产可以抵押:(一)建筑物和其他土地附着物……”;第 187 条②“以本法第一百八十条第一款第一项至第三项规定的财产或者第五项规定的正在建造的建筑物抵押的,应当办理抵押登记。抵押权自登记时设立”的规定,矿产资源作为土地附着物,探矿权、采矿权抵押应遵循登记生效主义原则,抵押权应自登记时设立。目前,矿业权抵押尚无法律明确规定的登记部门。国土资源主管部门作为矿产资源勘查许可证、采矿许可证的审批登记机关,基于国土资源部《矿业权出让转让管理暂行规定》和《关于进一步完善采矿权登记管理有关问题的通知》(国土资发〔2011〕14 号)等规范性文件的规定,为矿业权抵押办理备案手续。同时,也有省、自治区在本行政区域内制定的涉矿地方性法规中包含了矿业权抵押须办理登记或者备案的规定。鉴于不动产物权登记的主要功能和作用在于藉此获得对世的公示效力,就目前矿业权抵押备案的主要功能以及法律效果

---

① 对应《民法典》第 209 条,内容无修改。后文不再赘述。

② 对应《民法典》第 402 条,内容有修改,修改后的表述为“以本法第三百九十五条第一款第一项至第三项规定的财产或者第五项规定的正在建造的建筑物抵押的,应当办理抵押登记。抵押权自登记时设立。”后文不再赘述。

而言，备案与登记并无实质区别，抵押权人可借此取得对抗他人的公示效力和优先受偿权。在法律、行政法规尚无明确矿业权抵押登记部门的情况下，国土资源主管部门依据部门规章或者地方性法规办理的矿业权抵押备案，可视为矿业权抵押登记，矿业权抵押权自登记或者备案时设立。就本案而言，案涉两份抵押合同约定用于抵押的采矿权，均没有在国土资源主管部门办理备案登记，一审法院据此认定两煤矿采矿权抵押权均未设立，并无不当。

某X租赁公司主张即使采矿权抵押权自备案登记时设立，案涉采矿权抵押未备案登记亦非基于某X租赁公司原因，而是因登记部门的原因致使其无法办理抵押备案登记，根据原《担保法司法解释》第59条[①]的规定，其应对案涉两项采矿权享有抵押权，并有权就其拍卖、变卖或折价所得的价款优先受偿。本院认为，某X租赁公司主张对案涉两项采矿权享有抵押权及优先受偿权不能成立。

首先，根据案涉两份抵押合同的约定，办理抵押备案登记的义务人为离柳公司，某X租赁公司并没有证据证明离柳公司前去办理过采矿权抵押备案登记。恰恰相反，某X租赁公司在本案中诉求离柳公司承担8000万元（后变更为9,528,000元）违约金，即是基于离柳公司未按合同约定办理采矿权抵押备案登记构成违约的事实，而且也得到了一审法院的确认和支持。二审庭审过程中，某X租赁公司申请出庭作证的证人也只是证明其受指派前往山西省国土资源厅了解案涉采矿权的权利负担情况，亦非办理采矿权抵押备案登记。某X租赁公司、离柳公司在二审庭审中尽管均陈述办理过案涉采矿权抵押的备案登记，但无法就办理的时间、地点、经办人、提交文件等作出详细具体的说明并提供相应的证据予以证明，亦与某X租赁公司在一审的陈述和主张相悖，在某X租赁公司没有相反证据足以推翻其一审陈述和主张的情况下，根据《民事诉讼证据若干规定》第

① 对应《担保制度解释》第48条，内容有修改，修改后的表述为“当事人申请办理抵押登记手续时，因登记机构的过错致使其不能办理抵押登记，当事人请求登记机构承担赔偿责任的，人民法院依法予以支持。”后文不再赘述。

74 条[①]“诉讼过程中，当事人在起诉状、答辩状、陈述及其委托代理人的代理词中承认的对己方不利的事实和认可的证据，人民法院应当予以确认，但当事人反悔并有相反证据足以推翻的除外”的规定，本院对其二审相应主张不予支持。本案现有证据难以证明离柳公司或者双方确实在抵押合同签订后前往国土资源主管部门办理过案涉采矿权抵押备案登记手续，也就难以进一步确认是否因登记部门的原因导致未能办理案涉采矿权抵押的备案登记。

其次，某 D 煤矿采矿许可证并没有交付给某 X 租赁公司，不具备原《担保法司法解释》第 59 条权利凭证应交付债权人的条件。某 D 煤矿采矿许可证的原件尽管交付给了某 X 租赁公司保管，但某 X 租赁公司在 2014 年 8 月接受某 D 煤矿采矿权抵押时，已明确知悉 2014 年 1 月 27 日山西省国土资源厅发布的《关于进一步明确采矿权抵押备案有关事项的通知》，其经营范围内无贷款业务将无法办理采矿权抵押备案。在此情况下，某 X 租赁公司与离柳公司签订抵押合同，应自行承担相应风险，不属于原《担保法司法解释》第 59 条“因登记部门的原因致使其无法办理抵押物登记”的情形。

最后，基于本案已经查明的事实，某 Z 煤矿采矿权已经抵押给某 M 银行太原分行并于 2013 年 11 月办理了备案登记手续；而某 D 煤矿采矿权，在某 X 租赁公司申请法院查封之前，已经有四家离柳公司的债权人在先申请了查封，某 X 租赁公司不享有对抗上述债权人的优先受偿权。

（2）关于某 X 租赁公司主张支付的律师费、差旅费等实现债权的费用是否应予支持的问题

一审判决基于离柳公司未依约办理矿业权抵押备案登记，认定离柳公司构成违约，支持了某 X 租赁公司请求离柳公司支付 9,528,000 元违约金的诉讼请求。同时一审判决支持了某 X 租赁公司关于因离柳公司逾期支付租金发生的利息损失。因此，一审法院认为某 X 租赁公司主张支付的律师费损失已经通过逾期利息

---

① 本法为审判当时适用，已于 2019 年修正。

和违约金得到弥补，未予支持，并无明显不当。至于某X租赁公司主张的拍卖费并未实际发生；实现本案债权而支出的差旅费用，未提供相应的证据予以证明，本院对该部分上诉请求不予支持。

综合以上，二审法院作出了“驳回上诉，维持原判”的终审判决。

## 法律风险及要点解读

据笔者所了解，其他租赁公司针对特定区域不能办理采矿权抵押登记（如贵州、山西）的规定，即面对当地主管登记机关并不接受非银行机构的抵押权人登记情况，也同样采取了类似的风险管理措施，即一方面明确要求煤矿办理采矿权抵押登记，另一方面也要求“在具备抵押登记条件前，采用书面承诺方式，并将采矿证原件留存出租人保存”。从形式上似乎能够阻止承租人将采矿权再抵押给其他第三人，但该措施就法律上而言，由于采矿权是以登记生效的，因此，该采矿抵押权不仅在法律上无法确立、更无法对抗任何第三人。也就是说，在无法实现抵押权登记情况下，该等措施即不能视为有效风险缓释措施，应从其他风险缓释措施考虑本项目是否应予以叙作。

此类案件尽管可在后续诉讼推进中，可以积极采取有效司法查封措施，将相关采矿权予以查封，但正如本案例所显示，一旦未能及时查封，则只能作为轮候查封进行权利主张，且不能排除承租人将采矿权再抵押给其他第三方金融机构的做法。因此，在前期授信方案论证中，针对特定区域未能实际办理相关权益登记的、或者风险缓释措施存在硬伤的，应予以足够警醒。

自2021年正式实施的《民法典》对此亦进行了明确，其中第395条规定了可以设定抵押权的财产范围，包括如建筑物和其他土地附着物、建设用地使用权、海域使用权、生产设备/原材料/半成品/产品、正在建造的建筑物/船舶/航空器、交通运输工具以及法律行政法规未禁止抵押的其他财产。并在第402条明确了其中需办理抵押登记方告抵押权设立的情形，即“以本法第三百九十五条第一款第一项至第三项规定的财产或者第五项规定的正在建造的建筑物抵押的，应当办理抵押登记。抵押权自登记时设立。”而以动产设定抵押权的，《民法典》第403条规定：“以动产抵押的,抵押权自抵押合同生效时设立;未经登记,不得对抗善意第三人。”即不动产和动产抵押登记的法律效力并不相同,某些不动产抵押权以登记为生效要件;而动产抵押登记仅是发生对抗第三人效力。另外,如果不动产抵押合同在有效签署后未实际办理抵押登记的,仅是抵押权未设立,但不动产抵押合同仍为有效法律合同,抵押合同对双方仍具有法律约束力,抵押权人可要求抵押人负责相应抵押登记义务并承担相应违约责任。

## 五 应收账款质押效力的确认

根据《物权法》第 17 章中关于权利质权[①]的规定,债务人有权处分的应收账款可以出质;以应收账款出质的,当事人应当订立书面合同;质权自信贷征信机构办理出质登记时设立。和应收账款类似的权利质权,如基金份额、股权、注册商标专用权/专利权/著作权等知识产权中的财产权等,根据《民法典》第 443 条、第 444 条、第 445 条规定,质权自办理出质登记时设立。

但相关法律并未就何种应收账款可进行出质进行明确。相比于其他风险缓释措施,应收账款质押因其权利范围可能存在的约定不明、特别是因其还涉及第三方,导致应收账款质押在实务中多容易引起争议。由中国人民银行下发并自 2020 年 1 月 1 日起施行的《应收账款质押登记办法》,即明确了应收账款之定义,“本办法所称应收账款是指权利人因提供一定的货物、服务或设施而获得的要求义务人付款的权利以及依法享有的其他付款请求权,包括现有的和未来的金钱债权,但不包括因票据或其他有价证券而产生的付款请求权,以及法律、行政法规禁止转让的付款请求权”。

在应收账款质权设立过程中,有一个比较值得关注也很现实的问题即是否需要通知出质人的相对方,从诸多相关案例的司法审判实践来看,质权的成立是以登

---

① 对应《民法典》第二编物权项下第四分编担保物权中第十八章第二节的权利质权,内容有修改,其中第 440 条将原有的“应收账款”进一步明确为“现在的以及将有的应收账款。”后文不再赘述。

记作为生效条件的，不通知第三债务人不影响应收账款质权效力，但在实务操作中，为确保质权成立的效力约束第三债务人，通常在应收账款质押协议中附上第三债务人确认函的方式予以固化，以确保在违约事件发生时，能确保应收账款的控制。除此之外，由于同一应收账款可设立多个权利，且部分债务人可能存在重复设定质权、转让或者消灭应收账款等行为，因此，需要债权人采取合理有效措施，避免相关权利存有重大瑕疵或者因之无效的法律风险，相关措施包括认真查询央行征信系统以避免登记在先的应收账款重复出质、甄别真实应收账款并由出质人盖章确认、明确约定应收账款的具体内容、及时通知第三债务人并由第三债务人进行回函确认、对应收账款回款账户实施账户监管措施，等等。

此外，关于应收账款质押登记期限，《应收账款质押登记办法》规定了登记期限最短1个月、最长不超过30年。和之前的登记办法相比，新登记办法将"登记期限以年计算，最长不得超过5年；登记期限届满，质押登记时效"的规定予以删除。事实上，早在最高人民法院就四川省华城建筑有限公司、四川宏鑫融资担保有限公司追偿纠纷案作出的(2018)最高法民申3481号判决书中，即明确了"依照物权法定原则，《应收账款质押登记办法》作为部门规章不能规定应收账款质权的消灭期限，不具有消灭应收账款质权的效力"。

## 案例35：应收账款被授权收款人并非为权利人

### 案件主要事实

根据重庆市第三中级人民法院作出的(2017)渝03民初158号民事调解书、重庆市高级人民法院2018年6月29日作出的(2018)渝民申1172号民事裁定书、重庆市第三中级人民法院2018年12月7日作出的(2018)渝03

民撤1号民事判决书、重庆市高级人民法院于2019年4月28日作出的(2019)渝民终115号民事判决书,以及最高人民法院于2019年9月12日作出的(2019)最高法民申3874号民事裁定书,案件主要事实如下:

2010年5月12日,四川某X建设集团有限公司、重庆市涪陵某Y工程有限公司自愿组成联合体,共同参与重庆某S隧道工程BT融资建设项目施工投标。四川某X建设集团有限公司为联合体的牵头人,联合体的各成员共同授权的联合体代表人,代表联合体各方签署投标文件,联合体代表人的所有承诺均认为代表了联合体各成员。本项目中标后由联合体成员方共同组建重庆某S隧道建设有限公司,代表联合体各方管理本项目。其中四川某X建设集团有限公司占51%的股权,重庆市涪陵某Y工程有限公司占49%的股权。拟组建的某S隧道项目公司资本金由联合体各方按各自所占的股权比例分别提供。拟组建的某S隧道项目公司在建设期负责本项目的融资,联合体各方按各自所占股权比例提供担保。拟组建的某S隧道项目公司在项目管理过程中产生的管理费用,由联合体各方按各自所占的股权比例分别承担。

2010年9月9日,重庆市城市建设投资公司(甲方)与四川某X建设集团有限公司、重庆市涪陵某Y工程有限公司(联合体)(乙方)签订《重庆某S隧道工程BT模式(投)融资建设合同》。BT甲方重庆市城市建设投资公司经重庆市政府批准为重庆某S隧道工程的最终项目业主。经公开招标,BT乙方四川某X建设集团有限公司(牵头人)、重庆市涪陵某Y工程有限公司(成员单位)为某S隧道工程BT隧道工程BT融资建设项目的中标人。BT乙方将组建项目公司,在项目实施阶段,该项目公司按照经BT甲方认可的BT乙方的授权范围及内容,代BT乙方履行本合同中BT乙方的相应责任及义务,但BT乙方并不因此授权而免除其在本合同中的最终责任、义务及权利。

2013年10月12日,BT甲方重庆市城市建设投资公司与BT乙方(联合体)四川某X建设集团有限公司(牵头人)、重庆市涪陵某Y工程有限公司(成员单位)签订《重庆某S隧道工程BT模式(投)融资建设合同补充协议Ⅰ》。BT乙方授权重庆某S隧道建设有限公司收取某S隧道工程所有款项。

2014年8月1日,BT甲方重庆市城市建设投资公司与BT乙方四川某X建设集团有限公司(牵头人)、重庆市涪陵某Y工程有限公司(成员单位)签订《重庆某S隧道工程BT模式(投)融资建设合同补充协议Ⅱ》。重庆市沿山货运通道下穿某S隧道工程不进入原BT合同融资和回购范围,由BT甲方单独进行支付。由于重庆市沿山货运通道下穿某S隧道工程为原BT合同以外的新增设计变更工程,此工程的实施增加了BT乙方的管理范围和工作内容,经BT甲乙双方协商,新增设计变更工程的建设单位管理费为48万元,由BT乙方包干使用。BT乙方委托其组建的项目管理公司(重庆某S隧道建设有限责任公司)收取本新增设计变更工程的所有款项,并由该项目管理公司在每次收取款项时向BT甲方出具正式票据。

2014年12月8日,BT甲方重庆市城市建设投资公司与BT乙方(联合体)四川某X建设集团有限公司(牵头人)、重庆市涪陵某Y工程有限公司(成员单位)签订《重庆某S隧道工程BT模式(投)融资建设合同补充协议Ⅲ》。原BT合同签约总价扣除BT甲方返还BT乙方的招标人使用费5亿元,BT合同签约总价调整为1,216,495,165.45元。按目前的建设工期计划,在2015年春节前某S隧道,西永连接线及双碑西立交主线进行完工验收并实现通车。经双方协商,以上工程完工验收并实现通车后1个月内,BT甲方按所对应的原BT签约总合同价中建筑安装工程费的70%再下浮10%支付给BT乙方。某S隧道工程(原BT合同约定的范围内容全部完成)竣工验收通车基准日后3个月内,BT甲方按本补充协议调整后合同签约总价付至70%及相应建设期利息给BT乙方。BT乙方授权重庆某S隧道建设有限公司收取某S隧道工程所有款项。

2015年11月19日,BT甲方重庆市城市建设投资公司与BT乙方(联合体)四川某X建设集团有限公司(牵头人)、重庆市涪陵某Y工程有限公司(成员单位）签订《重庆某S隧道工程BT模式（投）融资建设合同补充协议V》。BT甲方在本补充协议签订后30日内，按跟踪评审单位重庆市渝咨工程造价咨询有限公司、中审亚太会计师事务所（特殊普通合伙）重庆分所审核出具的某S隧道工程主线通车已完工部分的工程款1,141,233,536.52元作为支付基数（此基数未包含BT甲方使用费5亿元，此基数不作为BT甲乙双方最终结算依据），支付至90%以及相应利息。BT乙方授权重庆某S隧道建设有限责任公司收取某S隧道工程所有款项。

四川某X建设集团有限公司、重庆市涪陵某Y工程有限公司曾制作《关于撤销对重庆某S隧道建设有限公司代为受领款项的授权的通知》。该通知未显示制作时间，四川某X建设集团有限公司陈述是2018年3月16日制作，重庆市涪陵某Y工程有限公司予以否认，但均未予证明。

2017年1月21日，某G融资租赁有限公司与重庆市涪陵某Y工程有限公司签订《所有权转让协议》《售后租赁合同》等约定：重庆市涪陵某Y工程有限公司将其所有的账面价值52,902,194元的机器设备以33,000,000元的市场价转让给某G融资租赁有限公司；某G融资租赁有限公司又将上述机器设备租赁给重庆市涪陵某Y工程有限公司使用；租赁期为21个月，即自起租之日起21个月对应起租日，起租日为《所有权转让协议》约定的支付设备转让价款之日；租金总额为35,476,666.66元，分11次支付；重庆市涪陵某Y工程有限公司应当按照双方确认的《每期资金明细表》和《起租通知书》约定的时间、金额支付各期资金；如重庆市涪陵某Y工程有限公司未按合同约定及时、足额支付到期租金及其他款项，还应支付延迟付款金额按日万分之五计算的违约金等。为保证全面履行上述合同：1.重庆市涪陵某Y工程有限公司除自愿向某G融资租赁有限公司缴纳保证金外，还提供其基于《重庆沿江高速公路支线某T隧道工程总承包合同》（合同金额1,008,264,175元）对重庆市涪陵高速公路建设投资有限公司享有的部分应收工程款设立质押，质押金额为5.04亿元。该质押经中国人民银行征信中心于2017年2月21日登记(登记证明编号:033519×××03907600);2.重庆某S隧道建设有限责任公司自愿提供其基于《重庆某S隧道工程BT模式(投)融资建设合同》对重庆市城市建设投资公司现有的9000万元应收工程款及相应1.4亿元债权设立质押,质押金额为2.3亿元;3.吴某华、吴某林、王某建、周某钢、谢某武、李某涛、吴某庆自愿对上述《售后租赁合同》项下的全部租金、违约金、留购价款、公告费、评估费、律师代理费、案件受理费等实现债权的费用提供连带保证担保。

同日,重庆某S隧道建设有限责任公司(出质人、甲方)与某G融资租赁有限公司(质权人、乙方)签订《权利质押合同(应收账款专用)》。甲方以其基于《重庆某S隧道工程BT模式(投)融资建设合同》对重庆市城市建设投资公司享有的9000万元应收工程款及相应14,000万元债权为乙方办理权利质押,质押金额230,000,000元。甲方为出质人,乙方为质权人,出质之权利为前述应收账款债权。重庆某S隧道建设有限责任公司在协议尾部加盖了公章和法定代表人马某云的私章。该质押经中国人民银行征信中心于2017年2月22日登记(登记证明编号:03354311×××188024)。

上述合同签订后,某G融资租赁有限公司按合同约定扣除保证金1,848,000元后向重庆市涪陵某Y工程有限公司支付设备转让款31,152,000元。重庆市涪陵某Y工程有限公司支付部分款项后,尚欠30,379,400元租金(已扣减保证金1,848,000元)逾期未支付。

## 司法调解

某G融资租赁有限公司多次经催收未果遂诉至重庆市第三中级人民法院,请求重庆市涪陵某Y工程有限公司、重庆某S隧道建设有限责任公司、吴某华、吴某林、王某建、周某钢、谢某武、李某涛、吴某庆九名被告共同支付租金30,379,400元、以3,400,000元为基数自2017年4月30日起至6月15日止按日万分之五计算的违约金、以30,379,400元为基数自2017年6月16日起至付清之日止按日万分之五计算的违约金,以及诉讼保全申请费、诉讼保全担保费、律师代理费等。

2017年10月16日,某G融资租赁有限公司与重庆市涪陵某Y工程有限公司、重庆某S隧道建设有限责任公司、吴某华、吴某林、王某建、周某钢、谢某武、李某涛、吴某庆达成《调解协议》。

2017年10月17日,各方当事人委托诉讼代理人到重庆市第三中级人民法院提交了《调解协议》,达成调解,重庆市第三中级人民法院以(2017)渝03民初158号民事调解书确认如下:

1. 重庆市涪陵某Y工程有限公司在2017年12月30日前向某G融资租赁有限公司支付租金30,379,400元,如重庆市涪陵某Y工程有限公司逾期未付清,则应向某G融资租赁有限公司支付尚欠的租金及以尚欠租金为基数自2017年12月31日起至付清时止按每日万分之五计算的违约金。

2. 某G融资租赁有限公司对重庆市涪陵某Y工程有限公司基于《重庆沿江高速公路支线某T隧道工程总承包合同》(合同金额1,008,264,175元)对重庆市涪陵高速公路建设投资有限公司享有的部分应收工程款在本案债权范围内享有优先受偿权;某G融资租赁有限公司对重庆某S隧道建设有限责任公司基于《重庆某S隧道工程BT模式(投)融资建设合同》对重庆市城市建设投资公司享有的9000万元应收工程款及相应1.4亿元债权在本案债权范围内享有优先受偿权;若上述两工程应收账款在2017年12月30日前付款,则重庆市涪陵某Y工程有限公司和重庆某S隧道建设有限责任公司应将上述工程应收账款优先支付给某G融资租赁有限公司,如未优先支付,某G融资租赁有限公司有权申请强制执行。

3. 吴某华、吴某林、王某建、周某钢、谢某武、李某涛、吴某庆对重庆市涪陵某Y工程有限公司所应承担的本调解书确认的全部债务承担连带清偿责任。

4. 本案案件受理费195,671元,依法减半收取97,835.5元,诉讼保全申请费5000元、诉讼保全担保费17,113.65元、律师代理费297,700元,共计417,649.15元,由重庆市涪陵某Y工程有限公司、重庆某S隧道建设有限责任公司、吴某华、吴某林、王某建、周某钢、谢某武、李某涛、吴某庆共同负担，该款在2017年12月30日前付清。重庆市涪陵某Y工程有限公司支付诉讼保全申请费5000元、诉讼保全担保费17,113.65元、律师代理费297,700元时，某G融资租赁有限公司应向重庆市涪陵某Y工程有限公司交付律师代理合同、诉讼保全申请费发票、诉讼保全担保费发票、律师代理费发票的复印件。

5. 某G融资租赁有限公司自愿放弃其他诉讼请求。

## 出质人对司法调解的再审申请

1. 出质人再审申请理由

司法调解并生效后，出质人重庆某S隧道建设有限责任公司向重庆市高级人民法院提起了再审申请，其再审申请理由为：(1) 重庆市第三中级人民法院制作的调解书所依据的《民事调解协议书》不是该公司的真实意思表示，该公司对该调解协议内容不知情，协议上汪某清的签名不真实，并非汪某清本人所签。重庆涪陵某Y工程有限公司系某S隧道建设公司的股东，并委派工作人员到某S隧道建设公司掌管某S隧道建设公司的公章，经重庆涪陵某Y工程有限公司有关负责人指使，私自在调解协议上加盖公司印章，参与诉讼的代理律师也不是某S隧道建设公司聘请的。(2) 某S隧道建设公司并非某S隧道BT建设合同的当事人，《民事调解协议书》中有关某S隧道建设公司将BT项目应收款优先支付给某G融资租赁有限公司的内容侵害了案外人四川某X建设集团有限公司的合法利益，原审人民法院对该协议书予以确认，违反了法律及有关司法解释的规定。

2. 法院再审判决

2018年6月29日，重庆市高级人民法院作出的(2018)渝民申1172号民事裁定书，认定如下：

(1) 经审查《民事调解协议书》的内容，某S隧道建设公司的法人汪某清在该协议书“被告②”处签名，并加盖了某S隧道建设公司的公章。由于某S隧道建设公司称汪某清的签名不是其亲笔所签，其不知道该调解协议的内容，本案其他当事人也无法提供证据证明该签名是汪某清的亲笔签名，故该签名的真实性存疑。加盖公章是公司对其出具的各种文件、资料予以认可的法定形式，对于公章的保管、使用都应当有严格的规范和要求。在本院听证时，各方当事人均确认某S隧道建设公司在调解协议书上加盖的公章是真实的，且某S隧道建设公司认可该公章由公司员工保管。某S隧道建设公司申请再审称，该公章系重庆涪陵某Y工程有限公司指使派驻到某S隧道建设公司的员工加盖的，但并未提交证据证明。对于某G融资租赁有限公司来说，其并不知晓或掌握某S隧道建设公司公章的使用情况，这是某S隧道建设公司内部管理的问题，不能以此对抗某G融资租赁有限公司。某S隧道建设公司在协议上加盖公司公章视为对该协议的认可，此申请再审理由不能成立。

(2)关于该调解协议是否侵害案外人四川某X建设集团有限公司的合法权益问题。经查，某S隧道建设公司系重庆涪陵某Y工程有限公司和四川某X建设集团有限公司为承建重庆某S隧道工程共同出资成立的项目公司。2010年9月重庆市城市建设投资公司(甲方)与四川某X建设集团有限公司和重庆涪陵某Y工程有限公司(共同乙方)签订《重庆某S隧道工程BT模式(投)融资建设合同》，之后双方还签订了一系列的补充协议。对于重庆市城市建设投资公司在工程过程中应当支付给BT乙方的所有款项，四川某X建设集团有限公司和重庆涪陵某Y工程有限公司均授权(或委托)某S隧道建设公司收取。而《重庆某S隧道工程BT模式(投)融资建设合同补充协议Ⅱ》第6条约定："BT乙方委托其组建的项目管理公司(重庆某S隧道建设有限责任公司)收取本新增设计变更工程的所有款项，并由该项目管理公司在每次收取款项时向BT甲方出具正式票据。"第7条约定："涉及本新增设计变更工程的建安营业税及附加，由BT乙方委托其组建的项目管理公司(重庆某S隧道建设有限责任公司)代扣代缴，并及时向BT甲方申报并按时解缴至BT甲方缴税专户。"从以上两条的约定来看，某S隧道建设公司在工程建设过程中是以自己的名义向重庆市城市建设投资公司收取工程款并开具发票和缴纳相关税费。2017年1月21日，某S隧道建设公司与某G融资租赁有限公司还签订了《权利质押合同》，某S隧道建设公司还向某G融资租赁有限公司出具《应收账款出质确认函》,约定了将BT建设项目应收工程款出质给某G融资租赁有限公司。此后双方还于2017年2月22日到中国人民银行征信中心将该质押合同依法进行了登记,因此,某G融资租赁有限公司有足够的理由相信BT项目的乙方已将项目工程的债权转让给了某S隧道建设公司。即使四川某X建设集团有限公司不认可转让行为,也是某S隧道建设公司向四川某X建设集团有限公司承担责任的问题,并不能据此否定《民事调解协议书》的合法性。该申请再审理由亦不能成立,法院驳回了重庆某S隧道建设有限责任公司的再审申请。

## 第三人撤销之诉

四川某X建设集团有限公司作为案件第三人,于2018年向重庆市第三中级人民法院就(2017)渝03民初158号民事调解书提起了第三人撤销之诉。

1. 第三人诉讼请求

原告四川某X建设集团有限公司向重庆市第三中级人民法院提出诉讼请求:撤销(2017)渝03民初158号民事调解书中确认的和解协议第二项中的部分内容,即"某G融资租赁有限公司对重庆某S隧道建设有限责任公司基于《重庆某S隧道工程BT模式(投)融资建设合同》对重庆市城市建设投资公司享有的9000万元应收工程款及相应1.4亿元债权在本案债权范围内享有优先受偿权;若上述两工程应收款在2017年12月30日前付款,则重庆市涪陵某Y工程有限公司和重庆某S隧道建设有限责任公司应将上述工程应收账款优先支付给某G融资租赁有限公司;若未优先支付,某G融资租赁有限公司有权申请强制执行"。

事实和理由:在某G融资租赁有限公司与重庆市涪陵某Y工程有限公司、重庆某S隧道建设有限责任公司等融资租赁合同纠纷案中,当事人自行达成和解协议,重庆市第三中级人民法院予以确认,并于2017年10月17日制作(2017)渝03民初158号民事调解书,已经发生法律效力;该调解书第二项损害了我公司(未接到参诉通知)的合法民事权益,应依法予以撤销。我公司与重庆市涪陵某Y工程有限公司是《重庆某S隧道工程BT模式(投)融资建设合同》的BT乙方,是该建设合同的权利主体。2010 年 11 月 3 日,我公司与重庆市涪陵某 Y 工程有限公司共同设立了项目公司——重庆某 S 隧道建设有限责任公司,我公司持股 51%,重庆市涪陵某 Y 工程有限公司持股 49%。重庆某 S 隧道建设有限责任公司只是《重庆某 S 隧道工程 BT 模式(投)融资建设合同》中 BT 乙方的代理人和代为收款方,不是该合同的权利主体。重庆市第三中级人民法院作出的(2017)渝 03 民初 158 号民事调解书所确认的民事和解协议第二项的相关内容,以及相关的三个协助执行通知书,将本应由《重庆某 S 隧道工程 BT 模式(投)融资建设合同》中 BT 乙方向甲方获得的合同债权,作为重庆某 S 隧道建设有限责任公司或重庆市涪陵某 Y 工程有限公司可以单独处分的权利,损害我公司(联合体成员、牵头人)的合法民事权益。联合体在履行该建设合同过程中对外有较大融资债务,上述调解书非法处分了联合体的共同债权,将导致联合体不能及时向某 S 隧道 BT 项目的承包商和融资银行付款,它们遭受损失后必然要求联合体的成员赔偿。(2017)渝 03 民初 158 号案件处分了联合体的应收债权,而作为联合体成员之一及牵头人的我公司,并未接到参诉通知,即我公司因不能归责于本人的事由未参加该案诉讼。综上,请求判决撤销和解协议中的第二部分。

2. 各方答辩意见

被告某 G 融资租赁有限公司答辩称:四川某 X 建设集团有限公司提出的诉讼请求和理由均不成立,应当依法驳回。(1)根据重庆市城市建设投资公司与四川某 X 建设集团有限公司、重庆市涪陵某 Y 工程有限公司签订《重庆某 S 隧道工程 BT 模式(投)融资建设合同》的时间是 2010 年 9 月 9 日。四川某 X 建设集团有限公司、重庆市涪陵某 Y 工程有限公司为履行该合同,共同出资 21,000 万元于 2010 年 11 月 3 日成立了独立的公司法人企业即重庆某 S 隧道建设有限责任公司,并在重庆市工商行政管理局沙坪坝分局进行注册登记。其法定代表人是四川某 X 建设集团有限公司委派的马某云担任。在 2017 年 6 月 5 日变更为四川某 X 建设集团有限公司委派的汪某清担任。(2)重庆市涪陵某 Y 工程有限公司因重庆某 S 隧道 BT 工程款迟迟未完成结算,导致资金紧张,经营困难,于 2017 年 1 月 21 日向我公司申请融资。在融资时,重庆市涪陵某Y工程有限公司的法定代表人吴某华与四川某X建设集团有限公司的法定代表人熊某斌沟通同意后,重庆某S隧道建设有限责任公司与我公司签订了《应收账款权利质押合同》《应收账款质押登记协议》,重庆某S隧道建设有限责任公司还出具了《应收账款出质确认函》,并于2017年2月22日依法向中国人民银行征信中心进行了质押公示登记。(3)在重庆市涪陵某Y工程有限公司只支付了第一期租金3,249,333.33元,未再支付剩余款项后,我公司依法提起了诉讼。我公司在重庆某S隧道建设有限责任公司、重庆市涪陵某Y工程有限公司、吴某华、吴某林、王某建、周某钢、谢某武、李某涛、吴某庆的请求下,多次协商达成《民事调解协议》。该协议经我公司法定代表人王某权签字和加盖公章,重庆某S隧道建设有限责任公司法定代表人汪某清签字和加盖公章,重庆市涪陵某Y工程有限公司法定代表人吴某华签字并加盖公章,以及吴某华、吴某林、王某建、周某钢、谢某武、李某涛、吴某庆签字确认后生效。该协议还经人民法院于2017年10月17日开庭质证后才出具的涉案调解书,(2017)渝03民初158号民事调解书的内容,没有违反任何法律、法规的禁止性规定,没有违反当事人的自愿原则,是当事人的真实意思表示。(4)(2017)渝03民初158号民事调解书不存在损害四川某X建设集团有限公司的合法权益的问题。四川某X建设集团有限公司和重庆市涪陵某Y工程有限公司只是重庆某S隧道建设有限责任公司的股东,重庆某S隧道建设有限责任公司是独立法人。重庆某S隧道建设有限责任公司的法定代表人签字和盖章行为是依法代表重庆某S隧道建设有限责任公司。四川某X建设集团有限公司作为股东只是在出资范围内承担有限责任。重庆某S隧道建设有限责任公司将工程款等款项出质行为,是行使自身的权利,并不侵犯四川某X建设集团有限公司的民事权利。因此,在质权合法有效的情况下,重庆某S隧道建设有限责任公司处分自己的权利达成和解,并经法院确认,不存在侵害任何案外人的利益情形。

被告重庆市涪陵某Y工程有限公司、吴某华、吴某林、王某建、周某钢、谢某武、李某涛、吴某庆答辩称:重庆某S隧道建设有限责任公司成立是四川某X建设集团有限公司和重庆市涪陵某Y工程有限公司两个股东组成的项目管理公司。因为是BT项目，成立项目管理公司，实际上是代业主管理施工建设。由于BT项目没有分开划款，业主均是支付给重庆某S隧道建设有限责任公司，我公司与四川某X建设集团有限公司再进行分配。质押给某G融资租赁有限公司的工程款是我公司自己的工程款。(2017)渝03民初158号民事调解书中的工程款是属于我公司建设的部分，与四川某X建设集团有限公司并无关系。请求驳回四川某X建设集团有限公司的诉讼请求。

被告重庆某S隧道建设有限责任公司答辩称：我公司是由BT合同乙方委托成立的项目管理公司，主要职责是代理BT合同甲方做管理工作，为解决项目资金问题成立的；施工是四川某X建设集团有限公司和重庆市涪陵某Y工程有限公司，他们各自有自己的工程任务，按照自己的工程任务进行支付工程款。我公司是两个公司各派一人组建的，我是法定代表人，但管理公章的是重庆市涪陵某Y工程有限公司派出的工作人员。质押和调解我都没参与，也不知道协商的过程。请求支持四川某X建设集团有限公司的全部诉讼请求。

3. 第三人撤销之诉法院认定及判决

重庆市第三中级人民法院认为，本案的争议焦点是四川某X建设集团有限公司是否符合《民事诉讼法》第56条规定的关于第三人撤销之诉的成立条件。

首先，《民事诉讼法》第56条规定："对当事人双方的诉讼标的，第三人认为有独立请求权的，有权提起诉讼。对当事人双方的诉讼标的，第三人虽然没有独立请求权，但案件处理结果同他有法律上的利害关系的，可以申请参加诉讼，或者由人民法院通知他参加诉讼。人民法院判决承担民事责任的第三人，有当事人的诉讼权利义务。前两款规定的第三人，因不能归责于本人的事由未参加诉讼，但有证据证明发生法律效力的判决、裁定、调解书的部分或者全部内容错误，损害其民事权益的，可以自知道或者应当知道其民事权益受到损害之日起六个月内，向作出该判决、裁定、调解书的人民法院提起诉讼。人民法院经审理，诉讼请求成立的，应当改变或者撤销原判决、裁定、调解书；诉讼请求不成立的，驳回诉讼请求。"最高人民法院《关于适用〈中华人民共和国民事诉讼法〉的解释》第295条[①]规定:“民事诉讼法第五十六条第三款规定的因不能归责于本人的事由未参加诉讼,是指没有被列为生效判决、裁定、调解书当事人,且无过错或者无明显过错的情形。包括:(一)不知道诉讼而未参加的;(二)申请参加未获准许的;(三)知道诉讼,但因客观原因无法参加的;(四)因其他不能归责于本人的事由未参加诉讼的。”某G融资租赁有限公司诉重庆市涪陵某Y工程有限公司、吴某华、吴某林、王某建、周某钢、谢某武、李某涛、吴某庆、重庆某S隧道建设有限责任公司本院158号案件审理过程中,重庆某S隧道建设有限责任公司委托了诉讼代理人参加诉讼,并在调解协议上加盖了公章,在诉讼中达成调解,程序上并无不当。重庆市高级人民法院和本院在审理上述案件时亦对某G融资租赁有限公司的诉讼请求和重庆某S隧道建设有限责任公司审理状况进行了调查。重庆某S隧道建设有限责任公司对工程款进行质押,以及参与调解,均是其自主行为,重庆某S隧道建设有限责任公司应依法承担相应的责任。四川某X建设集团有限公司作为重庆某S隧道建设有限责任公司的股东,联合体的牵头人,且派出人员担任重庆某S隧道建设有限责任公司的法定代表人,应当知晓重庆某S隧道建设有限责任公司的行为。其在已知上述情况的前提下,并未申请参加诉讼,亦未撤销重庆某S隧道建设有限责任公司的行为,其不符合《民事诉讼法》第56条规定的“因不能归责于本人的事由未参加诉讼”的情形。同时,即使四川某X建设集团有限公司不认可重庆某S隧道建设有限责任公司的行为,其应当行使股东的权力,对重庆某S隧道建设有限责任公司进行责任追究;对于重庆某S隧道建设有限责任公司与第三人某G融资租赁有限公司之间的质押关系以及达成调解协议,是另一法律关系,并不损害四川某X建设集团有限公司的权益。

综合以上,重庆市第三中级人民法院于2018年12月7日作出了(2018)渝03民撤1号民事判决书,驳回了四川某X建设集团有限公司的诉讼请求。

---

① 对应《最高人民法院关于适用〈中华人民共和国民事诉讼法〉的解释(2020修正)》第295条,内容无修改。后文不再赘述。

## 第三人撤销之诉二审上诉

四川某X建设集团有限公司针对第三人撤销之诉一审判决,向重庆市高级人民法院提起上诉。

重庆市高级人民法院经审理认为:

1.关于四川某X建设集团有限公司提起本案诉讼是否符合民事诉讼法规定的第三人撤销之诉起诉条件的问题。

法院认为,第一,四川某X建设集团有限公司认为其系某S隧道公司提供出质的、基于《BT融资建设合同》对城市投资公司享有的应收工程款的债权人之一。在(2017)渝03民初158号诉讼案件中,四川某X建设集团有限公司应当属于《民事诉讼法》第56条规定的第三人,符合提起本案第三人撤销之诉的主体条件。第二,虽然四川某X建设集团有限公司系某S隧道公司的股东,且委派工作人员马某云、汪某清担任某S隧道公司的法定代表人,但不能据此认定四川某X建设集团有限公司应当知道某S隧道公司的一切行为,包括某S隧道公司参与(2017)渝03民初158号案件诉讼并达成调解协议的行为。四川某X建设集团有限公司现举证证明其在收到城市投资公司于2018年2月11日向其出具的《工作联系函》时,才知晓(2017)渝03民初158号诉讼案件的事实具有合理性。某G租赁公司若认为四川某X建设集团有限公司在此之前就已经知晓(2017)渝03民初158号诉讼案件,则应当对此承担举证证明责任。四川某X建设集团有限公司因不知晓(2017)渝03民初158号诉讼案件,未能参加该案件诉讼,应属不能归责于自己的事由未参加诉讼。四川某X建设集团有限公司自知晓(2017)渝03民初158号诉讼案件,知道其民事权益受到损害之日起六个月内提起本案第三人撤销之诉,符合提起第三人撤销之诉的程序条件。第三,四川某X建设集团有限公司在本案中请求撤销的对象是已经发生法律效力的民事调解书中的部分条款,并且已在起诉时提交了其系基于《BT融资建设合同》对城市投资公司享有应收工程款的债权人之一、已经发生法律效力的(2017)渝03民初158号民事调解书中的部分条款确有错误的相关证据材料。这符合提起本案第三人撤销之诉的实体条件。至于该民事调解书的内容是否实际损害四川某X建设集团有限公司的民事权益,本院将在第二个争议焦点中作详细阐述。综上所述,四川某X建设集团有限公司提起本案诉讼符合民事诉讼法规定的第三人撤销之诉起诉条件,应予受理。

2. 关于(2017)渝03民初158号民事调解书第二项中的部分内容是否应予撤销的问题。

综合庭审查明的事实,法院认为,第一,根据《BT融资建设合同》及其补充协议之约定,四川某X建设集团有限公司和重庆涪陵某Y工程有限公司组成的联合体系某S隧道工程BT融资建设项目的中标人,四川某X建设集团有限公司和重庆涪陵某Y工程有限公司联合组建项目公司即某S隧道公司,在项目实施阶段按照四川某X建设集团有限公司和重庆涪陵某Y工程有限公司的授权,代四川某X建设集团有限公司和重庆涪陵某Y工程有限公司收取某S隧道工程的所有款项及履行其他合同义务。可见,某S隧道公司仅是接受四川某X建设集团有限公司和重庆涪陵某Y工程有限公司的委托,向城市投资公司收取某S隧道工程的工程款,某S隧道公司并非该工程款的实际债权人。四川某X建设集团有限公司和重庆涪陵某Y工程有限公司系基于《BT融资建设合同》对城市投资公司享有应收工程款的债权人。第二,某G租赁公司和某S隧道公司在订立《权利质押合同(应收账款专用)》时,在合同附件三中将《BT融资建设合同》作为该附件清单中的交易合同予以列明,并在"约定结算付款方式"一栏详细引用了《BT融资建设合同》中关于结算放款方式的相关约定。结合《BT融资建设合同》中关于四川某X建设集团有限公司和重庆涪陵某Y工程有限公司作为某S隧道工程的BT乙方,授权某S隧道公司代其履行合同义务的相关约定,说明某G租赁公司和某S隧道公司在订立《权利质押合同(应收账款专用)》时,双方均知道某S隧道公司不是某S隧道工程应收工程款的债权人的事实。而某G租赁公司和某S隧道公司在明知某S隧道公司不享有上述应收工程款债权的情况下,仍签订《权利质押合同(应收账款专用)》,将上述应收工程账款为重庆涪陵某Y工程有限公司的债务提供质押担保,且某G租赁公司、某S隧道公司和重庆涪陵某Y工程有限公司在明知某S隧道公司不享有上述应收工程款债权的情况下,均参与(2017)渝03民初158号案件的调解，并在调解协议中确认某G租赁公司对上述应收工程款享有优先受偿权，此应属某G租赁公司、某S隧道公司和重庆涪陵某Y工程有限公司恶意损害四川某X建设集团有限公司的合法权益，属于恶意调解。(2017)渝03民初158号民事调解书第二项中关于确认某G租赁公司对上述应收工程款享有优先受偿权的内容存在错误，损害了四川某X建设集团有限公司的民事权益，应予撤销。

综合以上，重庆市高级人民法院作出(2019)渝民终115号民事判决书，判决主要如下：(1)撤销重庆市第三中级人民法院(2018)渝03民撤1号民事判决；(2)撤销重庆市第三中级人民法院(2017)渝03民初158号民事调解书第二条中"某G融资租赁有限公司对重庆某S隧道建设有限责任公司基于《重庆某S隧道工程BT模式(投)融资建设合同》对重庆市城市建设投资公司享有的9000万元应收工程款及相应1.4亿元债权在本案债权范围内享有优先受偿权"的内容，以及"若上述两工程应收账款在2017年12月30日前付款，则重庆市涪陵某Y工程有限公司和重庆某S隧道建设有限责任公司应将上述工程应收账款优先支付给某G融资租赁有限公司；如未优先支付，某G融资租赁有限公司有权申请强制执行"中有关重庆某S隧道建设有限责任公司对重庆市城市建设投资公司享有9000万元应收工程款的内容。

## 第三人撤销之诉法院再审

某G融资租赁有限公司随后向最高人民法院提起了再审申请，最高人民法院于2019年9月12日作出了(2019)最高法民申3874号民事裁定书。最高人民法院经审查认为，根据《民事诉讼法》第56条及最高人民法院《关于适用〈中华人民共和国民事诉讼法〉的解释》第292条规定，第三人对已生效裁判、调解书提起撤销之诉的，应符合四个条件：一是未参加原审诉讼系因不能归责于第三人本人的事由；二是生效裁判、调解书内容错误；三是该错误损害了第三人的民事权益；四是第三人提起诉讼未超过法定期间。某G租赁公司申请再审就二审判决关于上述四个条件的认定均提出了异议，并提供了新的证据。经查一审法庭审理笔录，四份《重庆某S隧道工程BT模式(投)融资建设合同》的补充协议及重庆市高级人民法院(2018)渝民申1172号民事裁定分别系四川某X建设集团有限公司、某G租赁公司于一审提交的证据材料,已经质证并被原审法院采信,不属于新的证据;某S隧道公司的营业执照属于当事人身份证明材料,亦不属于新的证据。对于其他新的证据是否足以推翻原审判决,法院结合某G租赁公司的再审申请理由具体评述如下:

1. 某G租赁公司主张,新证据某S隧道公司的章程、股东会决议及《关于应收账款划到指定银行账号的报告》、进账单及某S隧道公司收据、重庆涪陵某Y工程有限公司2015年至2017年审计报告及2016年11月应收账款明细,能够证明某S隧道公司出质的应收账款是属于重庆涪陵某Y工程有限公司的份额,未恶意损害四川某X建设集团有限公司利益。本院认为,某G租赁公司的主张不能成立。首先,四川某X建设集团有限公司、重庆涪陵某Y工程有限公司作为BT乙方与BT甲方重庆城投公司签订的《重庆某S隧道工程BT模式(投)融资建设合同》及四份补充协议,均明确四川某X建设集团有限公司、重庆涪陵某Y工程有限公司是应收账款的权利人;四川某X建设集团有限公司、重庆涪陵某Y工程有限公司联合组建项目公司即某S隧道公司,在项目实施阶段代为收取某S隧道工程款项。可见,某S隧道公司并非应收账款的实际债权人。其次,某G租赁公司和某S隧道公司订立质押合同时,在附件三《出质应收账款清单》中列明《重庆某S隧道工程BT模式(投)融资建设合同》为交易合同,BT乙方为收款方,因此,某G租赁公司理应知道某S隧道公司不是应收账款的权利人。尽管某S隧道公司自称其出质的是属于重庆涪陵某Y工程有限公司的应收账款,但该说法明显与合同约定相悖。最后,四川某X建设集团有限公司、重庆涪陵某Y工程有限公司组成联合体共同参与某S隧道工程BT融资建设项目的施工,双方如何分配应收账款,应视项目竣工结算结果而定。某G租赁公司将BT乙方对重庆城投公司的应收账款等同于项目利润,主张按照双方出资比例按份共有,缺乏事实和法律依据。故原审判决认定158号民事调解书第二项中关于确认某G租赁公司对应收账款享有优先受偿权的内容存在错误,损害了四川某X建设集团有限公司的民事权益,并无不当。

2. 某G租赁公司主张,四川某X建设集团有限公司是某S隧道公司的控股股东,委派员工担任某S隧道公司的法定代表人,必然知晓某S隧道公司的质押行为和涉诉情况。因此,四川某X建设集团有限公司不属于因不能归责于本人的事由未参加诉讼的情形。本案中,虽然四川某X建设集团有限公司系某S隧道公司的股东,委派工作人员担任某S隧道公司的法定代表人,但是某S隧道公司作为独立主体,有权按照BT乙方的授权范围及内容对外代BT乙方履行合同义务,不能推定四川某X建设集团有限公司应当知道某S隧道公司的一切行为。原审判决认定四川某X建设集团有限公司系因不能归责于本人的事由未参加诉讼,亦无不当。

3. 某G租赁公司还主张,重庆市第三中级人民法院(2017)渝03执保19号执行裁定书及相关执行协助通知书、送达回证能够证明四川某X建设集团有限公司早在2017年5月27日就应知晓158号案诉讼。因此,其提起本案诉讼超过法律规定的六个月期限。本院认为,经查,因某G租赁公司申请158号案诉前保全,重庆市第三中级人民法院作出(2017)渝03执保19号执行裁定,并向重庆城投公司送达了协助执行通知书,重庆城投公司于2017年5月27日签收。上述证据的送达对象、签收主体均不是四川某X建设集团有限公司,不能达到某G租赁公司的证明目的。四川某X建设集团有限公司主张于2018年2月11日收到重庆城投公司直接向其发送的《工作联系函》时才知晓158号民事调解书,具有合理性。故原审判决认定四川某X建设集团有限公司2018年4月18日提起本案诉讼,系在知道或者应当知道其民事权益受到损害之日起六个月内,亦无不当。

综合以上,最高人民法院驳回某G融资租赁有限公司的再审申请。

## 法律风险及要点解读

该案例自2017年司法调解生效以来,就其中经司法调解确认的应收账款权利,历经出质人再审申请、第三人撤销之诉的一审、二审以及最高人民法院2019年再审,不可谓不复杂。除了程序上的争议之外,实体方面争论的一个焦点,即在于出质人是否为出质应收账款的权利人、是否侵害了第三人的合法权益。从以上案例可看出,对于应收账款的出质人是否为实际权利人,需要仔细甄别。

# 案例36：电费补贴款并不属于已质押的上网电价

## 案件主要事实

根据湖南省临澧县人民法院于2018年12月27日作出的(2018)湘0724执异46号,相关案件主要事实为:

湖南省临澧县人民法院在执行申请执行人李某贵等人与被执行人临澧县某迪绿色能源开发有限公司、湖南某源生物质燃料有限公司系列执行案(共22案,应执行标的7,840,765.93元)中,案外人某×金融租赁有限公司于2018年12月10日对本院执行冻结、提取被执行人临澧县某迪绿色能源开发有限公司在国网湖南省电力公司的电费补贴款7,032,148.20元提出书面异议。

湖南省临澧县人民法院经审理查明,被执行人临澧县某迪绿色能源开发有限公司与案外人某×金融租赁有限公司于2017年11月9日签订了《电费质押合同》,约定以基于临澧发电厂项目而对国网湖南省电力公司所享有的已发生及未发生的全部应收电费债权以及相关权益对某×金融租赁有限公司在《融资租赁合同》项下对临澧县某迪绿色能源开发有限公司享有的全部债权提供质押担保,双方就该《电费质押合同》办理了质押登记手续。2018年8月15日,北京市第二中级人民法院对某×金融租赁有限公司诉临澧县某迪绿色能源开发有限公司、某迪生态环境科技股份有限公司融资租赁合同纠纷一案作出(2018)京02民初118号民事判决书(现已生效),判决第8项确定"某×金融租赁有限公司对涉案《电费质押合同》项下质押的电费及其收益权享有优先受偿权"。

湖南省临澧县人民法院在执行申请执行人李某贵等人与被执行人临澧县某迪绿色能源开发有限公司、湖南某源生物质燃料有限公司系列执行案中,申请执行人李某贵于2018年10月16日向本院提供可供执行财产线索，称被执行人临澧县某迪绿色能源开发有限公司有一笔国家下拨的电费补贴款在国网湖南省电力有限公司处。湖南省临澧县人民法院即前往该公司调查，查明国家财政给予被执行人临澧县某迪绿色能源开发有限公司的电费补贴款7,032,148.20元在国网湖南省电力公司处尚未领取，本院即于2018年10月18日作出(2018)湘0724执663号执行裁定，将被执行人临澧县某迪绿色能源开发有限公司在国网湖南省电力有限公司享有的电费补贴款7,032,148.20元予以冻结，停止支付。同时，湖南省临澧县人民法院向国网湖南省电力有限公司送达(2018)湘0724执663号协助执行通知书，要求该公司协助执行。2018年10月23日，湖南省临澧县人民法院作出(2018)湘0724执663号之一执行裁定，提取被执行人临澧县某迪绿色能源开发有限公司在国网湖南省电力有限公司享有的电费补贴款7,032,148.20元，同时发出(2018)湘0724执663号之一协助执行通知书，要求国网湖南省电力有限公司协助执行。该公司在扣除税款1,021,765.12元后，已将剩余电费补贴款6,010,303.08元付至本院执行款专户。

## 异议人主张及答辩

案外人某×金融租赁有限公司称，被执行人临澧县某迪绿色能源开发有限公司与案外人某×金融租赁有限公司于2017年11月9日签订的《电费质押合同》，约定以基于临澧发电厂项目而对国网湖南省电力公司所享有的已发生及未发生的全部应收电费债权以及相关权益对某×金融租赁有限公司在《融资租赁合同》项下对临澧县某迪绿色能源开发有限公司享有的全部债权提供质押担保，双方就该《电费质押合同》办理了质押登记手续。2018年8月15日，北京市第二中级人民法院就某×金融租赁有限公司诉临澧县某迪绿色能源开发有限公司、某迪生态环境科技股份有限公司融资租赁合同纠纷一案作出(2018)京02民初118号民事判决书(现已生效),判决第8项确定“某×金融租赁有限公司对涉案《电费质押合同》项下质押的电费及其收益权享有优先受偿权”。临澧县人民法院冻结并提取的临澧县某迪绿色能源开发有限公司在国网湖南省电力有限公司的电费补贴款属于上网电价的一部分,该执行行为已侵害了原告的优先受偿权。请求立即终止对案外人享有优先受偿权的电费补贴款7,032,148.20元的后续执行分配,撤销(2018)湘0724执663号执行裁定书及(2018)湘0724执663号协助执行通知书、(2018)湘0724执663号之一协助执行通知书项下的执行措施,并将该电费补贴款7,032,148.20元返还给案外人。

申请执行人李某贵称,被执行人临澧县某迪绿色能源开发有限公司所产生的电费及财政补贴款系申请执行人向该公司供应的秸秆产生的,案外人与申请执行人均系被执行人的债权人,案外人某×金融租赁有限公司不享有该电费补贴款的优先受偿权。

被执行人临澧县某迪绿色能源开发有限公司未向法院陈述意见。

## 法院认定及判决

湖南省临澧县人民法院认为,法院提取的被执行人在国网湖南省电力有限公司的电费补贴款系国家财政给予被执行人临澧县某迪绿色能源开发有限公司的补贴资金,只是通过国网湖南省电力有限公司发放,并不是被执行人的上网电费,不属于《电费质押合同》约定的“基于临澧发电厂项目而对国网湖南省电力公司所享有的已发生及未发生的全部应收电费债权以及相关权益”范围,该电费补贴款不是上述《电费质押合同》中约定所出质的权利,案外人对涉案电费补贴款不享有优先受偿权。依照相关法律规定,湖南省临澧县人民法院裁定驳回案外人某×金融租赁有限公司的异议请求。

### 法律风险及要点解读

在和电力公司开展授信经营活动中，基于电站运营所产生的稳定现金流，通常各家金融机构会对电站现金流要求设定应收账款质押。各金融机构所签署的《应收账款质押合同》，通常会在合同所附的应收账款权利范围中，明确表述为："出质人与国网某某省电力公司已经签署及今后将要签署的《购售电合同》或其他类合同。"在本援引案例中，承租人作为生物质发电企业，其现金流除了应收电费之外，尚有国家财政拨付的相关补贴，但由于电费质押合同明确表述质押权利范围为"应收电费债权以及相关权益"，由此导致无法覆盖相关国家财政拨付的电费补贴，出租人所提的执行异议亦被法院驳回。因此，公司业务和授信风控人员在设定相关授信方案时，对于应办理质押的权利范围，应在查实企业应收账款来源不同的基础上，有针对性地作出明确要求。

## 六 取印及面签

和重点在于签字效力的境外法域不同，印章在中国公司行为中扮演了比较重要的角色。但由于公司内部控制和经营管理中存在种种问题，部分企业事实上存在两套甚至多套公章，甚至存在法定代表人私刻公司公章的情形。在发生法律纠纷后，部分公司对相关合同效力直接予以否认，甚或以伪造印章为由直接向公安报案。这就要求金融机构或融资租赁公司在对外签署合同时，需要尽相应的合理注意义务，包括对交易对手印章真伪的核实、盖章过程的现场查验等。

# 案例 37：承租人印章不实

## 案件主要事实

根据天津市高级人民法院于 2020 年 8 月 26 日作出的(2017)津民初 79 号民事判决书，相关案件主要事实如下：

某锐视讯有限公司(以下简称某锐视讯公司)系浙江某亿光电设备有限公司(以下简称某亿光电公司)、浙江某佳数字技术有限公司(以下简称某佳数字公司)的唯一股东，高某甲、高某乙分别担任某亿光电公司、某佳数字公司的法定代表人。河北某丙集团宣广有限公司(以下简称河北某丙集团)与某锐视讯公司当庭陈述，双方在双向网建设方面存在合作关系。

2014 年 11 月 27 日，出租人某丁金融租赁公司(以下简称某丁租赁公司)与承租人河北某丙集团签订了《融资租赁合同》，合同约定某丁租赁公司与河北某丙集团选择的供应商签订相应《买卖合同》，购买河北某丙集团选定的租赁设备，再将设备以融资租赁方式出租给河北某丙集团适用，融资租赁本金为 1.73 亿元。合同附件《租赁附表》约定，租赁年利率为 7.2%(参照同期中国人民银行五年期贷款基准利率上浮 20%)，租赁期限自起租日起计 60 个月还清，还租期共计 20 期，租金每三个月支付一次……若河北某丙集团未按合同约定支付到期应付租前息、租金及其他应付款项，或未能按期偿付某丁租赁公司代其支付的任何费用时，河北某丙集团应就逾期未付款项按日万分之五支付违约金，直至全部付清之日止……某丁租赁公司损失包括但不限于采取相关措施而产生的诉讼费用、仲裁费用、律师费、评估费、鉴定费、审计费、运输费、报关费、财产保全费、执行费等及因清收而发生的一切费用。某丁租赁公司在《融资租赁合同》及附件《租赁设备清单》《租赁附表》上加盖了合同专用章和法定代表人章,河北某丙集团在其上加盖公章并章某敏签字。某丁租赁公司在庭审中陈述,在签订合同时,章某敏持有时任河北某丙集团法定代表人张某翔于2014年11月25日签字的授权书,授权章某敏与某丁租赁公司进行业务洽谈并签订融资租赁合同等文件。某锐视讯公司当庭确认章某敏系其员工,代表该公司与河北某丙集团接洽合作业务,某亿光电公司、某佳数字公司对此表示认可,河北某丙集团否认章某敏系河北某丙集团员工。

同日,某丁租赁公司与某亿光电公司、河北某丙集团签订《买卖合同》,约定某丁租赁公司与河北某丙集团签订了《融资租赁合同》,现河北某丙集团选择某亿光电公司为该合同项下设备供应商,某丁租赁公司根据河北某丙集团的选定与要求以1.73亿元的价款向某亿光电公司购买设备。河北某丙集团在《买卖合同》上加盖公章并章某敏签字。

同日,某锐视讯公司、某亿光电公司、某佳数字公司分别与某丁租赁公司签订了编号为001、002、003的《法人保证合同》,高某甲、高某乙分别与某丁租赁公司签订了编号为004、005的《自然人保证合同》。上述保证合同约定,为保障《融资租赁合同》的履行,保证人同意就承租人在主合同项下向某丁租赁公司所负的全部债务提供不可撤销的连带责任保证……如果主合同不成立、不生效、全部或部分无效、被撤销或被解除或主合同性质认定上存在争议,则保证担保的主债权为承租人在主合同项下应向债权人承担的返还财产及赔偿损失的义务。

2014年11月28日,某丁租赁公司向某亿光电公司支付合同款1.73亿元。河北某丙集团向某丁租赁公司出具《所有权转移证书》及《租赁设备接受书》,认可已收到租赁设备购买价款共计1.73亿元,涉案《融资租赁合同》项下租赁设备的所有权转移至某丁租赁公司处;河北某丙集团收到涉案《融资租赁合同》项下全部设备并予以接收,确认上述设备质量完好。上述《所有权转移证书》及《租赁设备接受书》加盖了河北某丙集团公章,同时章某敏在上面签字。

本案审理过程中，河北某丙集团、某丁租赁公司均提出鉴定申请，天津市天鼎物证司法鉴定所（以下简称天鼎鉴定所）接受本院委托对双方的申请事项进行鉴定。河北某丙集团申请对涉案《融资租赁合同》及附件、《买卖合同》及附件、《所有权转移证书》及《租赁设备接受书》中加盖河北某丙集团印章的真实性进行鉴定，天鼎鉴定所作出津天鼎[2018]文书鉴字第1224号司法鉴定意见书，结论如下：涉案《融资租赁合同》及附件、《买卖合同》及附件、《所有权转移证书》及《租赁设备接受书》中加盖河北某丙集团印文均不是同一印章盖印形成。某丁租赁公司申请对2014年11月25日授权书、2014年12月印章样本、涉案《融资租赁合同》及附件、《买卖合同》及附件、《所有权转移证书》及《租赁设备接受书》（以下简称检材）中加盖河北某丙集团印章与河北某丙集团在相关银行、行政机关、河北某丙集团内部文件（以下简称样本一）中加盖印章，河北某丙集团与某戊金融租赁有限公司签订的合同及附件（以下简称样本二）中加盖印章是否为同一印章盖印形成进行鉴定；另外，某丁租赁公司还申请对2014年11月25日授权书以及2014年12月印章样本中“张某翔”签名字迹进行鉴定。天鼎鉴定所出具津天鼎[2018]文书鉴字第1650、1651号司法鉴定意见书，结论如下：检材印文与样本一、样本二印文均不是同一印章盖印形成；2014年11月25日授权书以及2014年12月印章样本中“张某翔”签名字迹与现有样本字迹均不是同一人所写。

2015年3月13日、6月16日，河北某丙集团向某丁租赁公司支付1,176,400元、11,490,780.5元，河北某丙集团提交了某亿光电公司、武汉某讯科技有限公司分别于2015年3月12日、6月15日向其出的委托支付函，以证明河北某丙集团系接受该两家公司委托向某丁租赁公司付款；同年9月15日，北京某博视讯科技有限公司向某丁租赁公司支付11,219,050元；2016年1月至2017年4月，浙江某数科技有限公司分六次向某丁租赁公司支付共计54,204,050.47元。某丁租赁公司确认上述款项均系涉案《融资租赁合同》项下的还款,但第四期还款出现逾期,之后未再收到还款,某锐视讯公司对上述还款事实无异议,并当庭陈述上述各付款主体均系代某锐视讯公司向某丁租赁公司还款。另,某丁租赁公司确认已收取的 8,650,000 元保证金,已经抵扣租金。

另查明,浙江省开化县人民法院于 2017 年 10 月 11 日分别作出(2017)浙 0824 破申 9 号、10 号民事裁定书,裁定受理某亿光电公司、某佳数字公司破产清算的申请,本院依法以该法院选定的管理人作为某亿光电公司、某佳数字公司的诉讼代表人参与本案审理。

2017 年 11 月 16 日,张家口市公安局宣化分局向河北某丙集团出立案告知书,载明"伪造河北某丙集团宣广有限公司印章一案,我局认为符合立案条件,现已立案"。

2014 年 11 月 26 日,经核准,承租人企业名称变更为河北某丙集团宣广有限公司。

河北某丙集团、某锐视讯公司、某亿光电公司、某佳数字公司在庭审中均陈述涉案融资租赁合同项下并没有租赁实物,某丁租赁公司亦未能提交现场查看涉案合同项下租赁物且物品实际存在的证据。

## 诉讼主张及答辩意见

某丁租赁公司作为案件原告,向一审法院提出诉讼请求为:(1)依法判令河北某丙集团按照《融资租赁合同》的约定向某丁租赁公司支付全部逾期未付融资租赁租金 19,387,450 元、未到期融资租赁租金 93,279,437.5 元及暂计算至 2017 年 8 月 15 日的逾期付款违约金 1,543,612.17 元(上述金额合计 114,210,499.67 元),以及自 2017 年 8 月 16 日起至实际支付之日止的逾期付款违约金(以逾期未付款项为基数,按日万分之五标准计算);(2)某锐视讯公司、某亿光电公司、某佳数字公司、高某甲、高某乙分别就河北某丙集团应支付的全部款项承担连带保证责任;(3)河北某丙集团、某锐视讯公司、某亿光电公司、某佳数字公司、高某甲、高某乙共同承担本案案件受理费、保全费、公告费、律师费等某丁租赁公司为实现债权支付的所有费用。

河北某丙集团辩称,河北某丙集团从未与某丁租赁公司签订过《融资租赁合同》和《买卖合同》,双方从未发生过经济往来和业务往来,涉案合同及附件中加盖的河北某丙集团的公章系伪造的,签字代表章某敏非河北某丙集团员工,河北某丙集团从未授权章某敏办理过任何事项。本案立案后,河北某丙集团曾联系高某乙及章某敏,其均承认冒用河北某丙集团的名义签订了涉案合同,并伪造了河北某丙集团的公章。该案涉及刑事犯罪,应将该案移送有管辖权的公安机关侦查。故请求驳回某丁租赁公司的诉讼请求。

某锐视讯公司辩称,某锐视讯公司因上市融资需要,隐瞒实情与某丁租赁公司、河北某丙集团签订《融资租赁合同》。某丁租赁公司履行支付义务后,某锐视讯公司实际使用了资金,但未向河北某丙集团实际发送租赁设备。后某锐视讯公司与河北某丙集团洽谈并承诺租金由某锐视讯公司支付,某锐视讯公司依约支付了几期租金,因某锐视讯公司上市失败等因素,导致公司资金困难、资不抵债,无法继续支付租金。因此本案本质应为借贷合同纠纷,因某锐视讯公司在签订合同时存在欺诈行为,某锐视讯公司愿承担相应民事责任。

某亿光电公司、某佳数字公司公共辩称,认同本案是融资租赁关系。某亿光电公司、某佳数字公司的破产申请已经由浙江省开化县人民法院受理,违约金及利息计算应截至到破产管理之日,即2017年10月11日,此后应不再计算。本案违约金计算过高,应当予以调整。

## 一审法院认定及判决

一审法院认为,涉案保证合同当事人高某甲、高某乙系圣基茨和尼维斯联邦居民,本案系涉外民事纠纷。高某甲、高某乙与某丁租赁公司在保证合同中明确约定该合同及合同项下双方的权利义务适用中华人民共和国法律,并按照中华人民共和国法律解释，因此，依照《涉外民事关系法律适用法》第41条的规定，应适用中华人民共和国法律作为处理相关争议的准据法。综合各方当事人的诉辩意见，归纳本案争议焦点为：1. 本案法律关系如何认定；2. 河北某丙集团应否支付本金及违约金；3. 某锐视讯公司、某亿光电公司、某佳数字公司、高某甲、高某乙应否就上述债务承担连带保证责任。

因各方当事人对本案法律关系存在争议，因此应首先确定某丁租赁公司与河北某丙集团是否成立真实的融资租赁合同法律关系。依照《合同法》第237条“融资租赁合同是出租人根据承租人对出卖人、租赁物的选择，向出卖人购买租赁物，提供给承租人适用，承租人支付租金的合同”的规定，租赁物客观存在系融资租赁合同的重要特征。本案中，虽然某丁租赁公司与河北某丙集团签订的《融资租赁合同》约定了某丁租赁公司向河北某丙集团选定的供应商购买设备后，再将设备以融资租赁的方式出租给河北某丙集团适用，但除了某丁租赁公司外，涉案其他当事人均陈述涉案融资租赁合同项下并没有真实的租赁物，作为出卖人的某亿光电公司庭审中明确表述其未向某丁租赁公司和河北某丙集团交付涉案租赁物，某丁租赁公司亦未能提交现场查看涉案合同项下租赁物且物品实际存在的证据，综合考虑上述情节并结合鉴定情况，能够认定涉案《融资租赁合同》项下没有客观存在的租赁物，仅有资金的融通，因此不足以认定某丁租赁公司与河北某丙集团之间形成融资租赁合同关系。依照《融资租赁司法解释》(2014)第1条第2款“对名为融资租赁合同，但实际不构成融资租赁法律关系的，人民法院应按照其实际构成的法律关系处理”之规定，因现有证据仅能证明涉案当事人之间有资金的出借与返还关系，不足以证明存在实际的租赁物，应当认定本案当事人之间实际构成借款合同关系。

河北某丙集团主张本案涉嫌伪造印章签订合同，故涉案《融资租赁合同》并非真实意思表示，其不应承担相应责任。对此一审法院认为，经过鉴定，涉案《融资租赁合同》及附件、《买卖合同》及附件、《所有权转移证书》及《租赁设备接受书》加盖的河北某丙集团印章与样本印章比对均不一致，且涉案授权书及印章样本中“张某翔”签名字迹并非河北某丙集团时任法定代表人张某翔本人签署，同时，在案证据亦未能证明在上述合同及相关文件上签名的章某敏与河北某丙集团存在关联,因此,涉案《融资租赁合同》并非河北某丙集团的真实意思表示,虽然河北某丙集团就涉案《融资租赁合同》进行了部分还款,但河北某丙集团提交了委托支付函证明其付款行为系接受委托而为,某锐视讯公司的陈述亦对此予以佐证,同时亦无证据证明河北某丙集团实际使用了涉案融资款项,故综合上述情节分析,河北某丙集团并非涉案借款合同关系下的借款人,某丁租赁公司要求河北某丙集团承担还款义务,缺乏依据。在本案庭审中,某锐视讯公司确认章某敏系该公司员工,并认可某锐视讯公司实际使用了涉案融资款项,某丁租赁公司收到的部分还款亦是由某锐视讯公司偿还,结合某锐视讯公司陈述及其与某亿光电公司、武汉汉高楚讯科技有限公司、高某甲、高某乙之间的关联关系,能够认定某锐视讯公司系涉案借款合同关系下的实际借款人,其应向某丁租赁公司承担偿还借款的义务。

基于双方实际形成借款法律关系,某丁租赁公司向某锐视讯公司出借本金1.73亿元。2015年12月15日,某锐视讯公司未依约足额支付《租赁附表》中列明的该期还款,因此某丁租赁公司有权宣布债务提前到期。根据在案证据及各方陈述,某锐视讯公司实际向某丁租赁公司返还款共计88,677,880.97元,某丁租赁公司扣减了8,650,000元保证金,以出借本金减除实际返还款项及保证金,现某锐视讯公司共欠付某丁租赁公司本金75,672,119.03元。另外,《融资租赁合同》约定年利率7.2%(参照同期中国人民银行五年期贷款基准利率上浮20%),并不违反2015年最高人民法院《关于审理民间借贷案件适用法律若干问题的规定》中关于上浮利率的规定精神,因此,某锐视讯公司应支付某丁租赁公司自2015年12月15日起至实际给付之日止的利息(以75,672,119.03元为基数,按年利率7.2%计算)。关于违约金,因本案已判令某锐视讯公司向某丁租赁公司按照合同约定的标准支付利息,同时考虑到对涉案合同性质的分析,对于某丁租赁公司违约金的主张不宜再行支持。关于律师费,因某丁租赁公司未支付相应诉讼费,对于该项诉讼请求,法院不予审查。

关于某亿光电公司、某佳数字公司、高某甲、高某乙应否就上述债务承担连带保证责任。各保证人与某丁租赁公司签订的保证合同均系各方真实意思表示，且根据合同中的约定，即使对《融资租赁合同》的性质认定存在争议，亦不影响各保证人保证责任的承担，因此高某甲、高某乙均应就某锐视讯公司欠付的全部本金及利息承担连带保证责任。某亿光电公司、某佳数字公司因2017年10月11日被浙江省开化县人民法院裁定受理破产清算申请，依照《破产法》第46条“附利息的债权自破产申请受理时起停止计息”的规定，某亿光电公司、某佳数字公司仅就某锐视讯公司欠付本金及自2015年12月15日起至2017年10月11日止所产生的利息承担连带保证责任。

关于鉴定费问题，某丁租赁公司与河北某丙集团在本案中均提出了鉴定申请，所申请的鉴定事项均与河北某丙集团应否承担相应责任的待证事实关联，而最终鉴定结论不能证明某丁租赁公司对河北某丙集团的诉讼主张，因此本案鉴定费用共计34万元应由某丁租赁公司承担。

综合以上，一审法院作出判决如下：(1)被告某锐视讯有限公司于本判决生效之日起十日内给付原告某丁金融租赁公司本金75,672,119.03元，及自2015年12月15日起至实际给付之日止的利息(以75,672,119.03元为基数，按年利率7.2%计算)；(2)被告高某甲、高某乙对上述第一项给付事项承担连带清偿责任，其承担保证责任后，有权向被告某锐视讯有限公司追偿；(3)被告浙江某亿光电设备有限公司、浙江某佳数字技术有限公司在本金75,672,119.03元，及自2015年12月15日至2017年10月11日利息(以75,672,119.03元为基数，按年利率7.2%计算)范围内承担连带清偿责任，其承担保证责任后，有权向被告某锐视讯有限公司追偿；(4)驳回原告某丁金融租赁公司其他诉讼请求。

## 法律风险及要点解读

在该案例中，既涉及对租赁基础交易的真实性调查问题，亦涉及租后管理中对重点事项的跟进问题，但除此之外，该案例中最值得关注的就是承租人的印章经法院印章鉴定后，存在与承租人备案公章不一致的问题，承租人甚至直接以印章被伪造为由报案至当地公安。另据笔者了解,亦有租赁公司直接将某锐视讯有限公司及其实际控制人违法犯罪事实向公安机关报案,上海市第一中级人民法院于2020年4月28日作出的(2019)沪01刑初30号刑事判决书,即将高某甲、高某乙该操作手法定为合同诈骗犯罪。

鉴于真实印章的重要性,某些融资租赁公司的内部管理要求中,明确提出所有项目合同或协议的首次面签,须由管理部门和业务部门进行双人现场办理,承租人合同印章须在面签人员面前当面盖章,面签人员必须保证签字、盖章过程的真实性;首次签约客户(含担保客户)必须取得预留印鉴,每次取印须由管理部门和业务部门完成取印手续。在实际操作管理中,需要确保相关管理规定的落实和执行。

## 案例38:对外加盖公章与备案公章的不一致

在该案件最终判决结果中,虽然落款处加盖的公司合同专用章与其在公安机关备案的公章不是同一枚印章,但不能排除公司实际使用的公章不止一枚的可能性,更不能以此否定合同之效力。

### 案件主要事实

根据最高人民法院2018年9月21日作出的(2018)最高法民申3842号民事裁定书,该案件的主要事实为:

福建某亨建设集团有限公司(以下简称某亨公司)与任某民因建设工程合同纠纷发生法律诉讼,随后某亨公司向法院提起诉讼。在河南省高级人民法院作出(2017)豫民终1083号民事判决书之后,再向最高人民法院提起再审申请。

某亨公司提起再审的事实和理由为：

(1)本案并非由某亨公司提起。某亨公司在原审中明确陈述没有提起本案诉讼，起诉书上加盖的印章不是某亨公司备案和使用的印章，鉴定意见对此已予以确认。

(2)某亨公司不是案涉工程的总承包人。原审中，某亨公司对《天星御墅院项目施工合同》上加盖的印章与其使用和备案的印章是否一致申请了鉴定，鉴定结果是不一致，表明某亨公司未签署过该份施工合同，更不是案涉工程的总承包人。

(3)本案中很多文件都由“福建某亨建设集团有限公司河南分公司”签署，而实际上某亨公司根本没有在河南设立过分公司。河南省郑州市工商行政管理局作出的行政处理决定书已经认定，“福建某建设集团有限公司河南分公司”是他人提供虚假材料所骗取的工商登记，已被撤销，这足以表明“福建某亨建设集团有限公司河南分公司”与某亨公司没有任何关系。某亨公司已进行了刑事报案。

(4)二审判决某亨公司支付工程款利息适用法律错误。任某民在一审中主张的逾期付款滞纳金属违约责任，并非工程款利息，故二审按照最高人民法院《关于审理建设工程施工合同纠纷案件适用法律问题的解释》第18条的规定，判决某亨公司支付逾期付款利息属适用法律错误，且超出了当事人诉讼请求范围。

## 再审认定及判决

再审法院认为，本案主要涉及以下问题：

某亨公司提出，其并未提起本案诉讼，理由是日期为2012年3月9日的民事起诉书原件上的某亨公司公章印文与其在公安部门备案的印章不是同一枚，同时还否认其为案涉项目的承包人。对此，原审已查明，综合任某民提交的证据及相关事实，可以认定任某民有理由相信某亨公司系案涉工程的中标人和承包人。首先，有证据证明某亨公司进驻河南省辉县市建筑市场之前，履行了相关备案手续并参与了案涉工程的投标活动。其次，有证据证明任某民停止施工后分别于2012年1月1日、2月5日与某亨公司就工程决算签订协议，而某亨公司河南分公司被撤销设立登记的时间是2012年12月3日，说明任某民施工期间某亨公司河南分公司依法设立并存续。任某民基于对某亨公司河南分公司工商登记之信赖而签订、履行合同，在无证据证实其自身存有过错的情况下，相应的法律后果应及于某亨公司。最后，尽管《天星御墅院项目施工合同》落款处加盖的“福建某亨建设集团有限公司合同专用章”与某亨公司在公安机关备案的公章不是同一枚印章，但不能排除某亨公司实际使用的公章不止一枚的可能性，更不能以此否定该合同之效力。因此，原判决认定某亨公司确系案涉工程的承包人，应就涉案工程项目对任某民承担工程款支付责任，有事实依据，并无不当。

综上，再审法院裁定驳回福建某亨建设集团有限公司的再审申请。

## 法律风险及要点解读

在本案例中，尽管该公司对外加盖的公章和其备案的公章并不一致，但相关判决仍就相关合同的法律效力予以了认可。事实上，结合之前最高人民法院作出的相关审判案例，有几个关于公司印章的审判结论值得关注：(1)(2013)民提字184号民事判决书中判决“公司在经营管理过程中，存在使用两枚公章的情况；两枚公章均对外代表公司，合同上加盖哪一枚公章，不影响合同的效力”；(2)(2016)最高法民再194号民事判决书中确认：“虽然担保函上公章印文与该公司在公安机关备案的公章印文不一致，但有证据证明担保函上加盖的公章系本公司使用。故公司实际使用的公章并非只有在公安部门备案的一枚的，公司以担保函上加盖的公司公章印文不真实抗辩的，人民法院不予支持。”即不是每个公司只有一枚公章、不是只有公章能代表公司，以及未备案公章不等于伪造公章。

另外，对于“合同签字盖章”，在合同中约定“本合同自签字盖章之日起生效”

或者“本合同自签字、盖章之日生效”的，具体该如何认定，2017 年 9 月由中国法制出版社出版的《最高人民法院司法观点集成》，提出了以下几个参考观点：①当事人在合同书上签字、盖章的效力，是表明合同内容为当事人的真实意思表示；②印章真实不等于协议真实；③对当事人协议中约定的“自双方签字、盖章之日起生效”内容的认定，即“签字、盖章” = “签字” + “盖章”；④对当事人协议中约定的“自双方签字盖章后生效”内容的认定，即“签字、盖章” ≠ “签字” + “盖章”；⑤虽然合同不符合当事人关于签字并盖章成立要件的约定，但当事人事后对合同效力予以认可的，应认定合同依法成立并生效；⑥合同上仅有法定代表人的签字，未加盖单位公章，单位应承担责任。

# 第4章
# 租后管理

Chapter
4

作为融资租赁的“融物”一端，在融资租赁项目完成所有权转移之后，尽管出租人作为租赁物所有权人，但由于租赁物被承租人实际占有和使用，出租人需加强各种监测和检查手段，以确保租赁资产的安全。作为“融资”一端，出租人亦需要就承租人、担保人的经营管理状况定期开展各项检查，并提前做好各类风险预警措施，鉴于针对“人”的租后管理较为常见，故本章节并未针对承租人或担保人的相关租后管理进行深入讨论。针对第二还款来源，出租人亦需要做好各类押品的管理。目前各融资租赁公司实际操作中，业务部门对项目管理的主要半径在于自尽职调查开始至项目放款完成，即基本宣告结束；尽管有租后检查这一要求，但易流于形式，谈不上真正管理。在后续相关项目管理被功能性地切割为市场部门和中后台资产管理或运营部门共同管理格局情况下，如果缺乏信息共享和传递平台，极容易出现管理脱节的问题，譬如船舶建造中的保函管理、租赁物管理等。

# 一　租赁物的租后管理

## 案例39：就租赁物作出明确标识对抗后续再抵押行为

### 案件主要事实

根据四川省乐山市沙湾区人民法院于2015年12月29日作出(2015)沙湾民初字第850号民事判决书，相关案件主要事实为：

2012年2月10日，安徽某甲融资租赁有限公司(以下简称某甲租赁公司)、乐山市沙湾某盛有限公司(以下简称沙湾某盛公司)与广东某达机电股份有限公司(以下简称广东某达公司)签订了合同编号为XB111123RZ、KDXB20111102CRZ、XB20111015RZ、KDXB20111020RZ、XB201201RZ的五份《购销合同》，约定广东某达公司向沙湾某盛公司供应KD3800C瓷质砖自动液压机五台、瓷质砖全自动抛光生产线一条、工程一套等设备。应沙湾某盛公司融通资金的要求，上述设备由某甲租赁公司从广东某达公司处购买后，再以融资租赁设备出租给沙湾某盛公司。

2012年4月25日，某甲租赁公司与沙湾某盛公司签订了《融资租赁合同》，约定某甲租赁公司从广东某达公司处购买的上述设备出租给沙湾某盛公司。根据该合同第2条约定，该合同期限，指从合同生效之日至某甲租赁公司收到沙湾某盛公司所有租金和应付的一切款项后出具《租赁物所有权转移证明书》之日。该合同第14条约定，租赁期满且沙湾某盛公司向某甲租赁公司付清全部租金及其他款项后，由某甲租赁公司向沙湾某盛公司出具《租赁物所有权转移证明书》,租赁物即归沙湾某盛公司所有。

2013 年 10 月 11 日,某甲租赁公司与沙湾某盛公司及广东某达公司约定取消“瓷质砖全自动抛光生产线一条”的发货,同时减少抛光线对应的融资额,融资租赁设备变更为:“KD3800C 瓷质砖自动液压机五台(含四台翻坯机,不带翻坯装置,不含料车)、刮平机一台[GD800/(4 +6B)C]、工程一套等”。

2012 年 7 月 11 日,某甲租赁公司就上述融资租赁设备在中国人民银行征信中心融资租赁登记系统进行了融资租赁物初始登记,并在五台 KD3800C 瓷质砖自动液压机的显著位置上标示:“本机器属于融资租赁设备,所有权人为:安徽某甲融资租赁有限公司。”同时,设备发票均备注:“本发票涉及之货物属安徽某甲融资租赁有限公司所有。未经安徽某甲融资租赁有限公司的同意,不得转让、转租、抵押或其他侵犯所有权的行为。在安徽某甲融资租赁有限公司未出具《所有权转移证明书》之前该设备的所有权不转移”。后因沙湾某盛公司未按约向某甲租赁公司支付租金,某甲租赁公司向安徽省马鞍山市中级人民法院起诉,经该院调解,某甲租赁公司与沙湾某盛公司于 2014 年 10 月 13 日达成(2014)马民一初字第 00093 号民事调解书。该调解书载明:确认融资租赁设备“KD3800C 瓷质砖自动液压机五台(含四台翻坯机,不带翻坯装置,不含料车)、刮平机一台[GD800/(4 +6B)C]、工程一套、窑炉一条、辊台及部分功能设备一套、布料车系统五条”归某甲租赁公司所有;沙湾某盛公司分期向某甲租赁公司支付所欠租金。

2015 年 4 月 22 日,沙湾某盛公司与某乙商业银行股份有限公司沙湾支行(以下简称商业银行沙湾支行)签订了《流动资金借款合同》,沙湾某盛公司向商业银行沙湾支行借款 1800 万元。同日,沙湾某盛公司与商业银行沙湾支行签订了《最高额抵押合同》,将上述融资租赁物中的“工程一套”设备抵押给商业银行沙湾支行,为沙湾某盛公司的上述借款提供抵押担保,双方在沙湾区工商行政管理局办理了动产抵押登记书“川乐沙工商抵字(2015)第 18 号”。另查明,《最高额抵押合同》中动产抵押物清单中所涉融资租赁物“工程一套”系编号为XB20111015RZ《购销合同》中的所有设备。商业银行沙湾支行在与沙湾某盛公司签订抵押合同时，未要求沙湾某盛公司提供抵押设备的增值税发票原件。

## 诉讼主张及答辩意见

某甲租赁公司向法院提起诉讼，请求：(1)撤销沙湾某盛公司将某甲租赁公司融资租赁设备抵押给商业银行沙湾支行的侵权抵押行为；(2)注销沙湾某盛公司与商业银行沙湾支行在乐山市沙湾区工商行政管理局对某甲租赁公司融资租赁设备的抵押登记。审理中，某甲租赁公司明确第1项诉讼请求为：确认沙湾某盛公司将某甲租赁公司的融资租赁设备抵押给商业银行沙湾支行的行为无效。

## 法院认定及判决

四川省乐山市沙湾区人民法院认为：原告某甲租赁公司与被告沙湾某盛公司签订的《融资租赁合同》，原告某甲租赁公司、被告沙湾某盛公司与广东某达公司签订的《购销合同》，被告沙湾某盛公司与被告商业银行沙湾支行签订的《流动资金借款合同》均系双方当事人真实意思表示，合同内容不违反法律、行政法规的强制性规定，属有效合同。

被告沙湾某盛公司与被告商业银行沙湾支行签订的《最高额抵押合同》中涉及的“工程一套”设备属于原告所有的融资租赁物，有原告提供的《融资租赁合同》《购销合同》、中国人民银行征信中心融资租赁登记记录、安徽省马鞍山市中级人民法院(2014)马民一初字第00093号民事调解书、案涉设备增值税发票予以佐证。根据《合同法》第242条①中“出租人享有租赁物的所有权”之规定，被告沙湾某盛

① 对应《民法典》第745条，内容有修改，修改后的表述为“出租人对租赁物享有的所有权，未经登记，不得对抗善意第三人。”后文不再赘述。

公司未付清原告租金及原告未向被告沙湾某盛公司出具《所有权转移证明书》之前,该“工程一套”设备的所有权属于原告。被告沙湾某盛公司在未取得租赁物所有权的情况下,将属于原告的融资租赁物“工程一套”设备设定抵押,原告主张被告商业银行沙湾支行对融资租赁物“工程一套”的抵押物权权利不成立,要求确认对上述融资租赁物设定抵押的行为无效,于法有据,予以支持。

《融资租赁司法解释》(2014)第9条规定:“承租人或者租赁物的实际使用人,未经出租人同意转让租赁物或者在租赁物上设立其他物权,第三人依据物权法第一百零六条①的规定取得租赁物的所有权或者其他物权,出租人主张第三人物权权利不成立的,人民法院不予支持,但有下列情形之一的除外:(一)出租人已在租赁物的显著位置作出标识,第三人在与承租人交易时知道或者应当知道该物为租赁物的;(二)出租人授权承租人将租赁物抵押给出租人并在登记机关依法办理抵押权登记的;(三)第三人与承租人交易时,未按照法律、行政法规、行业或者地区主管部门的规定在相应机构进行融资租赁交易查询的;(四)出租人有证据证明第三人知道或者应当知道交易标的物为租赁物的其他情形。”本案中,首先,原告已在租赁设备的显著位置上作出标识,表明此批设备属于融资租赁物且属于原告所有;其次,商业银行沙湾支行与被告沙湾某盛公司签订抵押合同时,未按照银行行业规定登录融资租赁登记公示系统进行融资租赁交易查询;最后,商业银行沙湾支行亦未要求被告沙湾某盛公司提供抵押设备的增值税发票原件,以确定该抵押设备确为被告沙湾某盛公司所有。鉴于以上情形,被告商业银行沙湾支行提出的其与被告沙湾某盛公司签订抵押合同时尽到了审查义务,有理由相信案涉设备属于被告沙湾某盛公司所有,属于善意第三人的抗辩与法院查明事实不符,被告商业银行沙湾支行应当知道抵押物“工程一套”设备属于融资租物且属于原告所有,其不属于善意第三人,对其抗辩不予采信。被告商业银行沙湾支行不能享有对上述融资租赁物的抵押物权。鉴于二被告对上述融资租赁设备设定抵押的行为无效,二被

① 对应《民法典》第311条,除部分表述的文字调整外,内容无其他修改。后文不再赘述。

告理应到乐山市沙湾区工商行政管理局对上述融资租赁设备的抵押登记予以注销。

综合以上,法院作出一审判决如下:(1)确认被告乐山市沙湾某盛陶瓷有限公司将原告安徽某甲融资租赁有限公司所有的融资租赁物“工程一套”设备抵押给被告某乙商业银行股份有限公司沙湾支行的行为无效;(2)被告乐山市沙湾某盛陶瓷有限公司与被告某乙商业银行股份有限公司沙湾支行于本判决生效之日起三十日内在乐山市沙湾区工商行政管理局注销原告安徽某甲融资租赁有限公司所有的融资租赁物“工程一套”设备的抵押登记。

一审判决宣判后,双方当事人均未提起上诉。

### 法律风险及要点解读

该案例与之前案例中出租人权益因存有瑕疵而未得到法院支持不同,在出租人就租赁物作出有效标识的情况下,承租人将租赁物再次抵押给银行的行为被法院判定为无效。

## 二 对担保人租后检查和监测易踏空

各融资租赁公司在就具体项目进行授信评审时,如发现还款第一来源偏弱,往往比较重视第二还款来源,包括要求承租人提供股权质押、法人保证、不动产抵押等,但在对担保人主体身份核实、担保人签约授权的有效性和印章真伪的认定等问题上,容易存在不够重视的问题。下述案件,反映出公司在对担保人后续动态监测上的漏洞,导致承租人私自将已质押股权进行了解押。

# 案例 40：承租人私自将已质押股权解押并重新质押给第三人

## 案件主要事实

该案例与之前所介绍的案例 28 为同一案例。该案例中，出租人某 X 金融租赁公司在赢得对华某融资租赁公司关于车辆所有权案件同时，法院所查明的事实中确也暴露出某 × 金融租赁公司内部押品管理方面的一些问题。

项目背景为出租人某 × 金融租赁股份有限公司(以下简称某 × 金融租赁或出租人)自 2013 年起与实际控制人胡某某下属的多家出租车公司分别以出租车为租赁物开展了售后回租业务，并分别签署了相关融资租赁合作系列协议。相关项目自 2016 年 5 月起开始发生逾期违约，出租人遂诉至法院，在司法保全推进过程中，出租人发现了以下问题：2015 年 9 月 6 日，北京华某天将其持有的天某龙的股权出质给了出租人某 × 金融租赁公司并办理了质押登记；同年 10 月 23 日，出租人的股权质押登记注销，相关注销申请中有出租人的盖章认可；同年 10 月 28 日，某鑫将其持有的天某龙的股权出质给华某融资租赁有限公司并办理了质押登记；该股权在司法诉讼中被出租人申请了司法冻结。

据出租人了解，相关股权质押的解除不排除是在承租人私自喷制出租人印章的情况下完成的。

## 法律风险及要点解读

为尽快获得胜诉民事判决并促使承租人履行还款义务，某 × 金融租赁公司在民事判决生效之前，并未就上述股权质押解除事宜进行刑事报案。事实上，在各融资租赁公司的内部管理中，对此类质押股权、以及抵押动产等押品均列有明确管理要求，但缺乏动态监测的有效手段，这也是为何在其他相关类似案例中，均出现出租人被人私刻印章并将已质押的股权予以解除的情形。随着技术的进步,承租人伪造各类印章的难度越来越低,这也对出租人的后期押品监管提出了新的要求。在目前各类企业征信和大数据的时代背景下,出租人应尽快借用外部力量,完善自身监测体系。

## 三 重组项目的操作风险

随着经济新常态的到来,特别是供给侧改革带来的产能出清、利润修复、产业结构重塑的新旧动能转换,融资租赁行业也面临部分行业或者部分区域客户大面积违约的情形,鉴于诉讼手段所带来的各项经济成本、时间成本,以及未必理想的效果,各融资租赁公司在最终决定采取诉讼措施之前,通常会结合客户的实际运营现状,采取一些必要的重组措施。在因户施策的重组推进过程中,涉及诸多需要关注的法律事项,譬如针对设计融资性租赁转经营性租赁方案中需要关注的操作实务问题、原各担保措施及登记如何办理等。特别是在项目重组实际操作中,稍一不慎,便可能导致重组或处置结果与原设计初衷的偏离,譬如很可能导致担保存瑕疵或者导致变更后的承租人对前序合同项下的抗辩,甚或导致原有担保措施在解除后被其他债权人保全的情形。因此,需要对不同类型重组中可能存在的操作风险,进行相应地充分论证,笔者尝试总结如下:

(1)针对融资性租赁转经营性租赁,即将原融资性租赁转为经营性租赁,以达到在财务将租赁物取回的意义,其重点涉及的问题将包括:①租赁物价值的确定;②前序所投放资金的持续成本支出;③转为经营性租赁之后需要面临的固定资产折旧及摊销支出;④后续运营管理成本的支出,包括管理方聘任、员工、保险费用等;⑤固定资产减值风险及相应计提要求;⑥内部对于此类取回租赁的规章制度要求;⑦新的经营性租赁租金水平确定及审批;⑧税票开立及税务负担(如有)。

(2)针对债转股,即将原租赁合同项下的应收租赁债权,转为承租人之相应股权,该模式下重点涉及的问题包括:①主动债转股的合规问题,主要是被动持股下银监会的审批;②公司超范围经营问题,存在被认定为合同无效的可能;③工商股权变更登记问题(可执行性);④被动持股按400%计算风险资产,两年处置期要求;主动持股按1250%计算风险资产;⑤转股方案上,或者按照对承租人股权估值确定比例,或者直接按照注册资本进行股权比例确定(通常涉及转增资本公积问题);⑥退出途径的设定,届时是由其他第三方回购,或者其他方式;⑦原租约项下的租赁物所有权,在债转股后根据会计要求,通常要转给承租人,则需要考虑租赁物所有权的安全以及租赁物是否可以再对外抵押的问题;⑧入股后对承租人公司治理结构、经营管理、重大投资决策待梳理等。

(3)针对结构化租金调整,即将原有等额租金或等本租金结构重新设定,变更成"前轻后重"或"加大残值比例"等,主要适用于仍有现金流入但只是资金链比较紧张的客户,而且,将大额租金本金放在租赁后期或者直接加大残值回购比例的,都只能在短时间内解决资产五级分类问题,该模式下重点涉及的问题包括:①后续整体解决方案及相应预案的完善,包括需要针对市场变化的动态调整机制;②主债务调整,各担保措施的持续承诺。在部分融资租赁公司的项目重组过程中,存在将应收租金设定为零但承租人负有支付保证金义务的结构化调整模式,并约定在出租人收取到相应保证金后,出租人有权按一定计算规则将保证金提前冲抵相应租金;该操作方案尽管有其存在合理性,但在部分地方法院的审判指导意见中,明确认为:承租人存在逾期支付保证金、租前息等非租金给付义务违约行为时,出租人有权宣布租金提前到期的,出租人据此主张承租人支付全部租金,不予支持。即,如果只有保证金逾期且不存在其他逾期情形的,承租人只能诉请逾期保证金部分,而无法主张要求全部租金加速到期。因此,针对租金结构化调整后仅收取保证金不收取租金的操作模式,需要根据相关审判指导精神予以相应调整。

(4)针对新增授信,或所谓"借新还旧"操作方式,即新增授信给原承租人以"借新还旧",或是将新增授信给第三方,再由第三方将相关金额转移作为原租约项下的还款来源,该模式下重点涉及的问题包括:①资金安全:基本需要确保资金在当天流出后,当天即能回账,因此在操作上通常会要求相关划款指令、印鉴等提前准备好或盖好;②新增授信下是否能够提供足值租赁物:需要确保新的租约项下有足值适格的租赁物;③原租约项下各担保措施的处理:鉴于新投放构成了新的合同关系,因此,通常应要求就原租约项下的各担保,重新签署新的担保合同并办理各项登记。另外,根据《九民会议纪要》相关审判指导意见,债务重组将新贷用于归还旧贷的,旧贷消灭,旧贷设立的担保物权消灭;对于未注销的旧贷上的担保物权,当事人可约定继续为新贷提供担保。即在借新还旧重组业务下,可与担保人约定以原登记的担保物权继续为新贷提供担保,提高业务便利、降低操作风险。但需要关注未进行涂销或变更登记的担保物权顺位问题。

(5)针对平移债务,或变更承租人模式,即在不新增资金投放的情况下,将债务进行平移,在形式表现上即是对承租人进行了变更,具体可包括直接更换承租人,由新承租人承接原有租约的方式、或者将原租约结清,与第三方建立新的租赁关系的方式,该模式下重点涉及的问题包括:①税票开立;②租赁物交接及债务结算;③新租约项下起租日计算;④原租约项下的担保,特别是采取上述第二种方案的,如果新旧承租人没有任何关联,原租约的解除通常意味着原担保的解除,因此,需要避免五级分类调整的短期行为。

(6)针对转让加回购的模式,将批量不良资产转让给第三方(如资产管理公司等),同时签订回购协议,回购价格事先确定;或提供流动性支持的类担保承诺,该模式下重点涉及的问题即是风险是否实质出表;此外,还需要考虑此种操作方式的合规监管问题。

需要说明的是,在2018年原中国银监会下发的《关于进一步深化整治银行业市场乱象的通知》(银监发〔2018〕4号),明确对"违规掩盖或处置不良资产"提出了监管要求,具体工作要点包括:资产质量分类严重失真,或人为调整分类掩盖不良;违规通过重组贷款、虚假盘活、过桥贷款、以贷收贷、签订抽屉协议或回购协议等掩盖资产质量;通过各类资管计划违规转让等方式实现不良资产非洁净出表或虚假出表;利用空壳公司或设立其他平台与关联账户融资承接不良贷款;将正常和关注类贷款与不良资产一起打包处置,或附带回购协议打包处置不良资产等。因此,除相关操作模式本身存在的法律风险之外,亦需关注相应合规风险。

# 案例 41：借新还旧项下租赁物问题

在推进各项目重组及问题资产处置过程中，往往涉及诸多需要关注的法律事项，譬如在设计融资性租赁转经营性租赁方案中需要关注操作实务问题、原各担保措施及登记如何办理等，特别是在项目重组实际操作中，稍有不慎，便可能导致重组或处置结果与原设计初衷的偏离。以下相关案例，即是在“借新还旧”操作模式下，变更后的承租人再次发生逾期违约，由此导致了相关诉讼。

## 案件主要事实

根据天津市第二中级人民法院于 2017 年 7 月 18 日作出的(2016)津 02 民初 795 号一审民事判决书，相关案件主要事实如下：

2014 年 12 月 16 日，以原告某 M 金融租赁股份有限公司为出租人，以被告山东某 Y 石化集团有限公司(以下简称某 Y 石化公司)为承租人，双方签订了《融资租赁合同》(售后回租—设备类)，该合同约定：“鉴于：为实现融资租赁之目的，承租人同意向出租人转让承租人享有所有权之设备，再向出租人租回该等设备，出租人同意上述转让并将该等设备租赁给承租人使用，承租人采用售后回租方式租用上述设备，并向出租人支付租金及其他应付款项。出租人与承租人协商一致，自愿签订本融资租赁合同。”还约定，原告向被告某 Y 石化公司支付 63, 000, 000 元用于购买某 Y 石化公司所有的《出售回租设备清单》中载明的 49 项设备。租金总额为 65, 539, 799.96 元，租赁期限为 9 个月，起租日为融资租赁本金付款凭证所记载的日期后第一个日历日的十五日(2015 年 1 月 15 日)，还租期共计 3 期，自起租日起算，每季支付一次，后付。第 1 期付款日为 2015 年 4 月 15 日，租金金额为 1, 014, 300 元；第 2 期付款日为 2015 年 7 月 15 日，租金金额为 32, 262, 749.98 元；第 3 期付款日为 2015 年

10 月 15 日，租金金额为 32, 262, 749. 98 元。租赁利率为《融资租赁合同》项下年租赁利率为 6. 44%（参照同期中国人民银行 1 年期贷款基准利率上浮 15%），租前息金额 =融资租赁本金 ×租赁利率/360 ×放款日至起租日日历天数，于起租日一次性支付。租金调整方式：租赁期限内，如遇中国人民银行贷款基准利率调整时，出租人将对租赁利率作出同方向、同幅度的调整。利率调整日之前各期和调整日当期租金不变，从下一期租金开始按调整后的租金金额收取。对承租人欠付的租金部分，如遇利率上调，则按新的租赁利率做相应调整，如遇利率下调，则按原租赁利率执行。若被告某 Y 石化公司未按本合同约定支付到期应付租前息、租金及其他应付款项，或未能按期偿付原告代被告某 Y 石化公司支付的任何费用，被告某 Y 石化公司应就逾期未付款项按逾期未付款项的日万分之五向原告支付违约金，直至全部付清之日止。被告某 Y 石化公司任何一期租金未按合同约定向原告支付即构成违约，原告有权宣布本合同项下被告某 Y 石化公司的债务全部或部分到期，要求某 Y 石化公司立即支付应付的所有违约金、损害赔偿金、全部或部分未付租金和其他应付款项。合同附件包括出售回租设备清单（49 件设备）、租赁附表等。

同日，被告山东某曦集团有限公司（以下简称某曦集团公司）、邵某毅、吴某军分别与原告就上述《融资租赁合同》项下的主债权签订《法人保证合同》及《自然人保证合同》，向原告提供连带责任保证担保，约定保证范围为《融资租赁合同》项下全部租前息、全部租金、违约金、损害赔偿金及原告实现债权而支付的各项费用（包括但不限于诉讼费、仲裁费、律师费、差旅费及主合同项下租赁物取回时拍卖、评估等费用）。

上述合同签订后，原告于 2014 年 12 月 16 日向被告某 Y 石化公司支付了购买涉案租赁设备的相应款项 63, 000, 000 元，同日被告某 Y 石化公司向原告出具了《所有权转移证书》及《租赁设备接受书》。后被告某 Y 石化公司未按照合同约定向原告按期足额支付租金，被告某曦集团公司、邵某毅、吴某军亦未履行相应的连带保证责任。庭审中，原告认可在2015年4月15日前收到被告某Y石化公司给付的第一期全部租金1,014,300元，于2015年9月30日给付的第二期部分租金300,000元，之后被告某Y石化公司未向原告支付任何租金。截至2016年10月13日，被告某Y石化公司已欠付融资租赁合同项下租金64,111,599.03元及逾期付款违约金13,148,577.54元，合计77,260,176.57元。

……

另查，被告某曦集团公司称，2012年11月26日，以原告为出租人，以被告某曦集团公司为承租人，双方签订了编号为2012－×××的《融资租赁合同》(以下简称3亿元合同)(售后回租—设备类)。该合同约定：(1)被告某曦集团公司以融资售后回租的方式向原告融资，即原告向被告某曦集团公司支付300,000,000元用于购买某曦集团公司所有的《出售回租设备清单》中载明的设备，某曦集团公司再将租赁设备从原告处租回并向原告支付租金及其他应付款项；(2)租金总额为322,201,148.88元，租赁期限为24个月，起租日为2012年12月15日，还租期计8期，具体租金支付日期及金额以合同附件二《租赁附表》为准；(3)如某曦集团公司有一期租金未按约定向原告支付，即构成违约，原告有权要求某曦集团公司支付合同项下所有到期未付租金、违约金(按逾期未付款项的日万分之五计算)、损害赔偿金以及其他应付款项。同日，被告某Y石化公司、邵某毅分别与原告就该《融资租赁合同》项下的主债权签订《法人保证合同》及《自然人保证合同》，向原告提供连带责任保证担保，约定保证范围为《融资租赁合同》项下全部租前息、全部租金、违约金、损害赔偿金及原告实现债权而支付的各项费用。

庭审中，当事人均认可上述3亿元合同已履行完毕。被告某曦集团公司陈述其在该合同的履行中多付给原告13,600,688.58元，原告否认被告某曦集团公司多付款的主张。庭审后，原告向本院提交书面意见，主要内容为："认可某曦集团公司向原告支付了33,580,1837.48元款项;对某曦集团公司主张多付原告13,600,688.58元作出如下说明:其中4,500,000元是3亿元合同项下的业务合作费、900,000元是3亿元合同项下的资产管理费、302,063.58元是3亿元合同项下的减免后的违约金、6,300,000元是本案业务项下的风险金、630,000元是本案业务项下的业务合作费。"

## 诉讼主张及答辩意见

出租人向法院提出诉讼请求:(1)判令被告某Y石化公司按照《融资租赁合同》的约定,向原告支付全部未付融资租赁租金64,111,599.03元及至2016年10月13日的逾期付款违约金13,148,577.54元,以及自2016年10月14日起至实际付款之日止的逾期付款违约金(按逾期未付款项的日万分之五计算);(2)判令被告某曦集团公司、邵某毅、吴某军分别就第一项应支付的全部款项承担连带保证责任;(3)被告共同承担本案的诉讼费、保全费及原告实现债权支付的所有费用。

某Y石化公司辩称,某Y石化公司与原告不存在融资租赁合同关系,原告与某曦集团公司存在融资租赁合同关系,自2014年12月尚有部分租金未能如数收回,原告为收回租金,满足业绩,便与某曦集团公司商议,由原告另外借给某曦集团公司63,000,000元,某曦集团公司再将该笔63,000,000元返还给原告,用以偿还某曦集团公司拖欠原告的租金。由于原告并无经营借贷业务的资质及许可,企业间借贷当时不符合法律规定,原告便以将来为某Y石化公司提供优惠融资款和保证63,000,000元由某曦集团公司偿还,诱骗某Y石化公司与其签订虚假的63,000,000元融资租赁合同,以融资租赁名义达到借款给某曦集团公司的目的。故原告与某Y石化公司签订的《融资租赁合同》非某Y石化公司真实的意思表示,是原告以合法形式掩盖非法目的,该《融资租赁合同》应当是无效的。所谓《融资租赁合同》只是原告为实现债权达到借新还旧的目的,借某Y石化公司为资金过桥,某Y石化公司实际也未取得原告支付的所谓设备购买款,直到某Y石化公司收到原告诉状才知道原告违背承诺，欺诈某Y石化公司。某Y石化公司受欺诈与原告签订的《融资租赁合同》显失公平，应予以撤销。

某曦集团公司辩称，认可某Y石化公司的意见。某曦集团公司于2012年与原告签订《融资租赁合同》，该合同标的为300,000,000元，原告利用其优势地位，在某曦集团公司对其租金收取数额有异议的情况下，为自己业绩，再次向某曦集团公司索取63,000,000元，由于某曦集团公司资金紧张，原告直接口头指示某曦集团公司做某Y石化公司的工作，让某Y石化公司出面签订涉案《融资租赁合同》作为过桥资金，并承诺某Y石化公司不承担责任。后由原告自己选定卖方、买方、选定购买财产，并作为出租方与某Y石化公司签订《融资租赁合同》，该合同的签订非某Y石化公司真实的意思表示。从原告与某Y石化公司、某曦集团公司三方款项支付方式足以证实某Y石化公司是出于帮忙走过桥资金，目的是偿还某曦集团公司欠原告的租金。2014年12月15日某Y石化公司用自有资金汇入某曦集团公司账户12,000,000元，某曦集团公司当日汇入原告账户，2016年12月16日，原告汇入某Y石化公司63,000,000元，某Y石化公司扣除2014年12月15日的垫资12,000,000元，余51,000,000元汇入某曦集团公司账户，某曦集团公司又于当日汇入原告账户。另外，根据原告与某曦集团公司签订的300,000,000元的《融资租赁合同》，某曦集团公司应当付款322,201,148.88元，而某曦集团公司向原告实际付款335,801,837.48元，多付13,600,688.6元，在原告与某曦集团公司新的借款关系中，某曦集团公司多付数额应予以扣除，截至2014年12月16日，某曦集团公司尚欠原告49,399,311.4元，后某曦集团公司通过某Y石化公司账户偿还原告借款1,670,000元左右，目前尚欠43,720,000元左右，原告应以借贷关系另行主张权利。涉诉《融资租赁合同》是原告为达到借新还旧的非法目的订立的虚假合同，是无效的合同，所谓《保证合同》也是原告为诱骗某Y石化公司签订的虚假合同，也是无效的。现原告要求某曦集团公司承担保证责任无法律依据，应当予以驳回。

邵某毅书面答辩意见：保证合同没有事实和法律依据，应认定为无效，邵某毅不应承担保证责任。

吴某军书面答辩意见：涉案《融资租赁合同》是虚假的，是原告为保证其债权实现，达到借新还旧目的而订立的，故吴某军不应承担保证责任，请求驳回原告对吴某军的诉讼请求。

## 一审法院认定及判决

一审法院认为，原告与被告某Y石化公司签订的《融资租赁合同》（售后回租—设备类）系双方当事人真实的意思表示，且不违反法律的规定，是合法有效的，当事人均应按照上述合同的约定履行己方的义务。被告某Y石化公司抗辩上述《融资租赁合同》系受原告诱骗，非其真实意思表示，对此，因被告某Y石化公司不能提供证据，该抗辩意见，法院不予采信。上述合同表明被告某Y石化公司同意向原告转让涉诉的49件设备，再向原告租回该等设备。事实上，在合同签订后，双方亦履行了上述合同义务，原告向被告某Y石化公司支付了合同约定的款项，被告某Y石化公司验收并接收了涉案租赁设备，亦向原告支付过部分租金，当事人的上述行为完全符合融资租赁的法律特征，故原告与被告某Y石化公司应为融资租赁合同的法律关系。至于某Y石化公司抗辩其受欺诈与原告签订的《融资租赁合同》显失公平，应予以撤销的问题，因某Y石化公司未在法定的期限内行使撤销权，故该抗辩意见，法院不予采信。

关于被告某Y石化公司欠付租金的问题，自2015年7月15日（第二期租金给付日）起被告某Y石化公司未再按《融资租赁合同》中"租赁附表"之约定向原告支付全部第2期及第3期租金，故被告某Y石化公司的行为已构成违约，现原告要求被告某Y石化公司支付全部未付租金64,111,599.03元的请求，法院予以支持。

关于原告主张的逾期付款违约金的问题，按照最高人民法院《融资租赁司法解释》第20条[①]之规定，承租人逾期履行支付租金义务或者迟延履行其他付款义务，出租人按照融资租赁合同的约定要求承租人支付逾期利息、相应违约金的，人民法

① 对应《最高人民法院关于审理融资租赁合同纠纷案件适用法律问题的解释（2020修正）》第9条，内容无修改。后文不再赘述。

院予以支持。故原告该项请求,本院予以支持。现原告要求被告某Y石化公司应就逾期未付款项按逾期未付款项的日万分之五向原告支付违约金的主张,符合双方合同的约定,亦与法律不悖,法院予以支持。

另,原告与被告某曦集团公司、邵某毅、吴某军分别签订的《法人保证合同》及《自然人保证合同》是各方合同当事人的真实意思表示,符合法律规定,属有效合同。被告某曦集团公司、邵某毅、吴某军均同意为被告某Y石化公司履行前述融资租赁合同项下义务提供连带责任保证。据此,被告某曦集团公司、邵某毅、吴某军应向原告就被告某Y石化公司的上述债务承担连带保证责任,在履行保证责任后,有权向被告某Y石化公司追偿。

综合以上,一审法院判决如下:(1)本判决生效后十日内,被告山东某Y石化集团有限公司支付原告某M金融租赁股份有限公司全部未付租金64,111,599.03元;(2)本判决生效后十日内,被告山东某Y石化集团有限公司支付原告某M金融租赁股份有限公司逾期付款违约金13,148,577.54元(截至2016年10月13日),并给付自2016年10月14日起至实际给付之日止的逾期付款违约金(按逾期未付款项的日万分之五计算);(3)被告山东某曦集团有限公司、邵某毅、吴某军对上述第一、二项给付事项承担连带保证责任,并在承担保证责任后,有权向被告山东某Y石化集团有限公司追偿;(4)驳回原告某M金融租赁股份有限公司的其他诉讼请求。

## 第三人撤销之诉

因与租赁物相关的第三人某Z银行股份有限公司莒县支行,就前述判决向天津市第二中级人民法院提起了第三人撤销之诉,根据天津市第二中级人民法院于2018年12月25日作出的(2018)津02民撤10号民事裁定书,因第三人未在规定时间内预交案件受理费,相关案件按撤回起诉处理。

## 法律风险及要点解读

在本案例中,出租人与承租人在进行了借新还旧操作后,对于新融资租赁合同项下的租赁物，并未作出明确安排，包括原有在中登网的融资租赁登记并未进行补登，由此导致承租人将相关租赁物对外再次融资，包括在案件审理过程中承租人就后续签署的融资租赁合同法律性质提出质疑和抗辩，因此，在涉及借新还旧的操作安排中，需要密切关注相应操作风险。

## 案例42：未能及时进行股权质押变更登记导致权力的丧失

### 甲案件主要事实及法院判决

1. 案件主要事实

根据天津市第一中级人民法院于2017年12月14日作出的(2017)津01民初339号民事判决书，甲案件主要事实为：

2016年4月26日，原告中国S银行股份有限公司天津北辰支行(以下简称S行北辰支行)与被告天津某L集团超高压电缆有限公司(以下简称超高压电缆公司)签订编号为2016年(北辰)字002号《流动资金借款合同》，约定：原告为被告超高压电缆公司提供40,000,000元借款，借款期限为12个月，自实际提款日起算，实际提款日以借据为准，借款用途用于日常生产经营，借款利率以基准利率加浮动幅度确定，其中基准利率为每笔借款发放日前一工作日全国银行间拆借中心公布的一年期贷款基准利率，浮动幅度为加48.5个基点(一个基点为0.01%)。本合同项下借款自实际提款日按日计息，按月结息。借款到期，利随本清。本合同项下逾期罚息利率在原借款利率基础上加收50%确定，挪用借款罚息利率在原借款利率基础上加收50%确定。借款到期一次性偿还。借款为担保贷款的，担保方式为保证和质押。

2015年4月24日，天津市市场和质量监督管理委员会为原告S行北辰支行与被告超高压电缆公司出具股权出质设立登记通知书，编号为（市局）股质登记设字（2015）第0886号，该通知书记载：出质股权所在公司为某T银行股份有限公司，出质数额为10,000,000股，出质人为被告超高压电缆公司，质权人为原告S行北辰支行。

2016年4月26日，原告S行北辰支行（质权人）与被告超高压电缆公司（出质人）签订编号为2016年（北辰）字002号-1《质押合同》，约定：出质人所担保的主债权为质权人依据其与被告超高压电缆公司于2016年4月26日签订的编号为2016年（北辰）字002号《流动资金借款合同》而享有的对债务人的债权。出质人质押担保的范围包括主债权本金、利息、复利、罚息、违约金、损害赔偿金、汇率损失、质物保管费用以及实现质权的费用（包括但不限于诉讼费、律师费、评估费、拍卖费、变卖费等）。质物详见《质物清单》。《质物清单》载明："名称：某T银行股份有限公司股权（1000万股）；权属证明或权利凭证：股权出质设立登记通知书；状况：良好；价值或评估价值：5200万元。"《质物清单》底部加盖原告S行北辰支行和被告超高压电缆公司印章。

2016年4月26日，原告S行北辰支行（债权人）与被告天津市某Y电力开发有限公司（以下简称某Y电力公司）签订编号为2016年（北辰）字002号-2《保证合同》，约定：某Y电力公司所担保的主债权为债权人依据其与被告超高压电缆公司于2016年4月26日签订的主合同[编号为2016年（北辰）字002号《流动资金借款合同》]而享有的对债务人的债权，保证方式为连带责任保证，保证担保的范围包括主债权本金、利息、复利、罚息、违约金、损害赔偿金、汇率损失以及实现债权的费用（包括但不限于诉讼费、律师费等）。保证期限为自主合同项下的借款期限届满之次日起两年。

2016年4月26日，原告S行北辰支行（债权人）与被告天津某L线缆集团有限公司（以下简称某L集团公司）签订编号为2016年（北辰）字002号-4《保证合同》，约定：某L集团公司所担保的主债权为债权人依据其与被告超高压电缆公司于2016年4月26日签订的主合同[编号为2016年（北辰）字002号《流动资金借款合同》]而享有的对债务人的债权,保证方式为连带责任保证,保证担保的范围包括主债权本金、利息、复利、罚息、违约金、损害赔偿金、汇率损失以及实现债权的费用(包括但不限于诉讼费、律师费等)。保证期间为自主合同项下的借款期限届满之次日起两年。

上述合同签订后,原告S行北辰支行依约履行放款义务,于2016年4月26日向被告超高压电缆公司发放贷款40,000,000元。至2017年4月20日借款合同期满,被告超高压电缆公司未如约给付原告借款本息。截至2017年5月20日,被告超高压电缆公司尚欠原告S行北辰支行贷款本金39,984,081.81元,贷款利息424,398.34元,被告某L集团公司、被告某Y电力公司亦未履行保证担保责任。

2.法院认定及判决

天津市第一中级人民法院认为,原告S行北辰支行与被告超高压电缆公司签订的《流动资金借款合同》《质押合同》,原告S行北辰支行与被告某L集团公司、被告某Y电力公司签订的《保证合同》,均系各方当事人的真实意思表示,内容不违反法律、法规的强制性规定,合法有效,各方当事人均应当依约履行。

原告S行北辰支行如约向被告超高压电缆公司履行了放贷义务,被告超高压电缆公司未能按照合同约定期限偿还原告借款本金及利息,其行为已构成违约,应承担违约责任,向原告S行北辰支行偿还尚欠的借款本金及利息。原告S行北辰支行主张被告超高压电缆公司偿还尚欠的借款本金及利息的诉讼请求,事实清楚,证据充分,法院予以支持。

被告超高压电缆公司以其在某T银行股份有限公司的10,000,000股股权向原告提供质押担保,并办理了出质登记手续,质权依法设立,原告S行北辰支行对被告超高压电缆公司向其出质的股权在约定担保范围内依法享有优先受偿权。

被告某L集团公司、被告某Y电力公司与原告S行北辰支行签订《保证合同》,承诺为原告S行北辰支行与被告超高压电缆公司签订的《流动资金借款合同》所形成的债权本息及债权人实现债权的费用提供连带责任保证,保证期间至主合同项下债务履行期限届满之日后两年止。现被告超高压电缆公司未能按期偿还原告到期债务,原告S行北辰支行要求被告某L集团公司、被告某Y电力公司按照《保证合同》的约定,对被告超高压电缆公司未能偿还的借款本息在各自的保证范围内承担连带保证责任,未超过保证期间,符合合同约定,于法有据,法院予以支持。各保证人承担保证责任后,有权向债务人被告超高压电缆公司追偿。

综合以上,法院主要判决如下:(1)本判决生效之日起十日内,被告天津某L集团超高压电缆有限公司偿还原告中国S银行股份有限公司天津北辰支行借款本金39,984,081.81元、截至2017年5月20日的利息424,398.34元,及自2017年5月21日至实际给付之日止的利息(按《流动资金借款合同》约定的标准计付);(2)原告中国S银行股份有限公司天津北辰支行对被告天津某L集团超高压电缆有限公司向其提供质押的某T银行股份有限公司10,000,000股股权,在2016年(北辰)字002号-1《质押合同》中约定的质押担保范围内享有优先受偿权;(3)被告天津某L线缆集团有限公司、被告天津市某Y电力开发有限公司对上述第1项判决确定的给付事项承担连带保证担保责任;被告天津某L线缆集团有限公司、被告天津市某Y电力开发有限公司承担保证责任后,有权向被告天津某L集团超高压电缆有限公司追偿。

## 乙案件主要事实及法院判决

1. 案件主要事实

根据天津市第二中级人民法院于2017年10月20日作出的(2017)津02民初496号民事判决书,乙案件主要事实为:

2016年4月6日,以原告某M金融租赁有限公司(以下简称某M租赁公司)为出租人,以被告天津某L集团超高压电缆有限公司(以下简称超高压电缆公司)为承租人,双方签订了《融资租赁合同》(售后回租—设备类)及《风险金合同》。上述《融资租赁合同》约定:"鉴于:为实现融资租赁之目的,承租人同意向出租人转让承租人享有所有权之设备,再向出租人租回该等设备,出租人同意上述转让并将该等设备租赁给承租人使用,承租人采用售后回租方式租用上述设备,并向出租人支付租金及其他应付款项。出租人与承租人协商一致,自愿签订本融资租赁合同。”还约定,原告向被告超高压电缆公司支付100,000,000元用于购买超高压电缆公司所有的《出售回租设备清单》中载明的5项设备。租金总额为106,045,322.72元,租赁期限为24个月,起租日为融资租赁本金付款凭证所记载的日期后第一个日历日的十五日,还租期共计24期,自起租日起算,每月支付一次,后付。每月固定租金4,418,555.53元。租赁利率为《融资租赁合同》项下年租赁利率为5.7%(参照同期中国人民银行3年期贷款基准利率4.75上浮20%),租前息金额=融资租赁本金×租赁利率/360×放款日至起租日日历天数,于起租日一次性支付。租金调整方式:租赁期限内,如遇中国人民银行贷款基准利率调整时,出租人将对租赁利率作出同方向、同幅度的调整。利率调整日之前各期和调整日当期租金不变,从下一期租金开始按调整后的租金金额收取。对承租人欠付的租金部分,如遇利率上调,则按新的租赁利率做相应调整,如遇利率下调,则按原租赁利率执行。若被告超高压电缆公司未按本合同约定支付到期应付租前息、租金及其他应付款项,或未能按期偿付原告代被告超高压电缆公司支付的任何费用,被告超高压电缆公司应就逾期未付款项按逾期未付款项的日万分之五向原告支付违约金,直至全部付清之日止。被告超高压电缆公司任何一期租金未按合同约定向原告支付即构成违约,原告有权宣布本合同项下被告超高压电缆公司的债务全部或部分到期,要求超高压电缆公司立即支付应付的所有违约金、损害赔偿金、全部或部分未付租金和其他应付款项。合同附件包括出售回租设备清单、租赁附表等。

同日,被告天津某L线缆集团有限公司(以下简称某L集团公司)与原告就上述《融资租赁合同》项下的主债权签订《法人保证合同》,向原告提供连带责任保证担保,约定保证范围为《融资租赁合同》项下全部租前息、全部租金、违约金、补偿金、损害赔偿金及原告实现债权而支付的各项费用(包括但不限于诉讼费、仲裁费、律师费、差旅费及主合同项下租赁物取回时拍卖、评估等费用)。上述《风险金合同》约定:为保证《融资租赁合同》项下被告超高压电缆公司付款义务得以顺利、完全履行,超高压电缆公司同意向原告支付本合同约定的履约风险金,金额为

5,000,000 元,如出现《融资租赁合同》被提前终止的情形,风险金应当首先用于支付超高压电缆公司在《融资租金合同》项下应当支付的款项,如风险金尚不足补偿该部分款项的,不足部分由超高压电缆公司补足。

上述合同签订后,原告于 2016 年 4 月 7 日向被告超高压电缆公司支付了购买涉案租赁设备的相应款项 100,000,000 元,被告超高压电缆公司向原告支付风险保证金 5,000,000 元及业务服务费 1,300,000 元。同日被告超高压电缆公司向原告出具了《所有权转移证书》及《租赁设备接受书》。后被告超高压电缆公司未按照合同约定向原告按期足额支付租金,被告某 L 集团公司亦未履行相应的连带保证责任。庭审中,原告认可收到被告超高压电缆公司给付的第一期至第十一期租金,后被告超高压电缆公司未向原告支付任何租金。截至 2017 年 5 月 24 日,被告超高压电缆公司已欠付融资租赁合同项下已到期租金 8,837,111.06 元及逾期付款违约金 108,254.61 元;未到期租金 48,604,110.83 元。被告某 L 集团公司未履行保证责任。原告庭审中表示被告超高压电缆公司已付原告的风险保证金可从未到期租金中扣减。

另查,赵某屹、韩某秋曾于 2016 年 4 月 6 日分别与原告签订《自然人保证合同》,约定该二人自愿为上述《融资租赁合同》项下被告超高压电缆公司的债务承担连带保证责任。至本案原告起诉时,赵某屹、韩某秋未对超高压电缆公司的债务向原告履行保证责任。原告向本院起诉时曾将赵某屹、韩某秋作为本案共同的被告,后在本案开庭前,原告自愿申请撤回了对被告赵某屹、韩某秋的起诉。

2. 法院认定及判决

审理法院天津市第二中级人民法院认为,原告与被告超高压电缆公司签订的《融资租赁合同》(售后回租—设备类)系双方当事人真实的意思表示,且不违反法律的规定,是合法有效的,当事人均应按照上述合同的约定履行己方的义务。

关于被告超高压电缆公司欠付租金的问题,自 2016 年 4 月 15 日(第十二期租金给付日)起被告超高压电缆公司未再按《融资租赁合同》中"租赁附表"之约定向原告支付第十二期及以后各期租金,故被告超高压电缆公司的行为已构成违约,现原告要求被告超高压电缆公司支付已到期未付租金 8, 837, 111. 06 元和未到期租金 48, 604, 110. 83 元的请求，本院予以支持。另，原告同意在上述未到期租金中扣减风险保证金 5, 000, 000 元，法院准许。

关于原告主张的逾期付款违约金的问题，按照《融资租赁司法解释》(2014) 第 20 条规定，承租人逾期履行支付租金义务或者迟延履行其他付款义务，出租人按照融资租赁合同的约定要求承租人支付逾期利息、相应违约金的，人民法院予以支持。故原告该项请求，法院予以支持。现原告要求被告超高压电缆公司依《融资租赁合同》的性质就逾期未付款项按逾期未付款项的日万分之五向原告支付违约金的主张，符合双方合同的约定，亦与法律不悖，法院予以支持。

另，原告与被告某 L 集团公司签订的《法人保证合同》是合同双方当事人的真实意思表示，符合法律规定，属有效合同。被告某 L 集团公司同意为被告超高压电缆公司履行前述融资租赁合同项下义务提供连带责任保证。据此，被告某 L 集团公司应向原告就被告超高压电缆公司的上述债务承担连带保证责任，在履行保证责任后，有权向被告超高压电缆公司追偿。其撤回对保证人赵某屹、韩某秋的起诉，是对自己权利的处分，法院照准。

综上，审理法院主要判决如下：(1) 本判决生效后十日内，被告天津某 L 集团超高压电缆有限公司支付原告某 M 金融租赁有限公司已到期租金 8, 837, 111. 06 元及逾期付款违约金 108, 254. 61 元(截至 2017 年 5 月 24 日) 及自 2017 年 5 月 25 日起至实际给付之日止的逾期付款违约金(按逾期未付款项的日万分之五计算)；(2) 本判决生效后十日内，被告天津某 L 集团超高压电缆有限公司支付原告某 M 金融租赁有限公司未到期租金 43, 604, 110. 83 元(已扣减风险保证金 5, 000, 000 元)，并给付自 2017 年 7 月 3 日起至实际给付之日止的逾期付款违约金(按逾期未付款项的日万分之五计算)；(3) 被告天津某 L 线缆集团有限公司对上述第一、二项给付事项承担连带给付责任，并在承担给付责任后，有权向被告天津某 L 集团超高压电缆有限公司追偿；(4) 驳回原告某 M 金融租赁有限公司的其他诉讼请求。

需要说明的是，在乙案件的财产保全中，出租人于 2017 年 5 月 31 日通过诉前保全程序依法冻结了超高压电缆公司(持有人编码:Z001179662)持有的某T银行股份有限公司的1100万股股权。中国证券登记结算有限责任公司依据天津市第二中级人民法院出具的(2017)津02财保2号民事裁定书及协助执行通知书对上述股权进行了司法冻结,并向天津市第二中级人民法院提供了《持有人持股信息报表》,该报表显示持股人超高压电缆公司持有的某T银行股份有限公司的1100万股股权无质押登记(质押登记为“0”)。

## 第三人撤销之诉一审

1. 第三人撤销之诉

乙案件的出租人公司在推进强制执行程序时,获知1100万银行股已有甲案件的判决,遂向天津市第一中级人民法院提起再审申请,诉请撤销天津市第一中级人民法院(2017)津01民初339号民事判决第2项,确认S行北辰支行对超高压电缆公司持有的某T银行股份有限公司1000万股股权不享有优先受偿权。

2. 一审法院认为及判决

天津市第一中级人民法院经审查认为,《民事诉讼法》第56条第3款规定:“前两款规定的第三人,因不能归责于本人的事由未参加诉讼,但有证据证明发生法律效力的判决、裁定、调解书的部分或者全部内容错误,损害其民事权益的,可以自知道或者应当知道其民事权益受到损害之日起六个月内,向作出该判决、裁定、调解书的人民法院提起诉讼……”根据该款,有权提起第三人撤销之诉的主体为应当参加诉讼而未参加的原诉讼案件第三人,其中包括该条第一款规定的有独立请求权的第三人和第二款规定的无独立请求权的第三人。对原诉讼案件的诉讼标的享有独立的请求权或者原诉讼案件处理结果与其有法律上的利害关系,是判断当事人是否具备第三人撤销之诉原告主体资格的依据,具体到本案:

首先,出租人不属于(2017)津01民初339号案件中有独立请求权的第三人。339号案件为S行北辰支行与超高压电缆公司、某L集团公司、某Y电力公司之间的金融借款合同纠纷,S行北辰支行依据其与超高压电缆公司签订的《流动资金借款合同》《质押合同》，与某L集团公司、某Y电力公司签订的《保证合同》，向三公司主张支付借款本息并要求承担相应的担保责任。而出租人只是超高压电缆公司的普通债权人，并非上述金融借款合同纠纷中的权利义务主体，对339号案件的诉讼标的不具有独立的请求权，无权提起诉讼。

其次，出租人亦不属于339号案件中无独立请求权的第三人。无独立请求权的第三人是指虽然对当事人双方的诉讼标的没有独立的请求权，但案件处理结果与其有法律上的利害关系的主体。出租人对超高压电缆公司仅仅享有普通债权，其债权并不针对法院财产保全所冻结的特定股权。不论339号案件如何处理，均不影响出租人与超高压电缆公司之间的融资租赁合同法律关系，也不影响出租人依照融资租赁合同对超高压电缆公司所享有的债权的成立。法院对股权进行冻结仅仅是法院财产保全的形式之一，超高压电缆公司名下的各类财产均可以成为保全对象。出租人公司有权申请法院执行超高压电缆公司的各类财产，并不局限于保全所冻结的股权。故出租人公司与339号案件的处理结果并无法律上的利害关系。综上所述，出租人不属于339号案件的第三人，不具备提起第三人撤销之诉的主体资格，对其起诉应予以驳回。

综合以上，一审法院作出了(2018)津01民初260号民事裁定书，裁定驳回M金融租赁有限公司的起诉。

## 第三人撤销之诉二审

1. 上诉诉请及答辩意见

出租人随后向天津市高级人民法院提起上诉：(1)撤销天津市第一中级人民法院作出的(2018)津01民初260号民事裁定；(2)裁定指令天津市第一中级人民法院进行审理；(3)本案全部诉讼费用由被上诉人承担。

事实和理由：2017年12月14日，天津市第一中级人民法院就S行北辰支行与超高压电缆公司、某L集团公司、某Y电力公司金融借款合同纠纷一案作出的2017津01民初339号民事判决，S行北辰支行通过虚构案件事实，提供虚假股权出质登记凭证,误导一审法院作出错误裁判,判决S行北辰支行对诉争股权折价、拍卖或变卖价款享有优先受偿权。出租人作为超高压电缆公司的合法债权人,即案涉股权的首轮冻结权利人,与原诉(2017)津01民初339号案件的处理结果有法律上的利害关系,符合《民事诉讼法》第56条中第三人的条件,出租人有权通过提起第三人撤销之诉的方式维护自身合法权益。出租人曾于2018年1月30日作为案外人就(2017)津01民初339号错误判决向天津市高级人民法院申请再审,法院立案庭审查后答复应提起第三人撤销之诉。(2017)津01民初339号案件的错误判项严重损害了上诉人作为首轮冻结权利人对案涉股权的执行,变价即优先的清偿顺序。出租人对案涉股权的依法受偿是实现债权的唯一方式,现由于(2017)津01民初339号案件的错误判项无法及时得以纠正,直接影响了出租人对案涉股权的正常执行,导致上诉人的合法债权无法得以尽快实现。一审法院认定事实错误,适用法律错误,请求二审法院撤销原裁定,并指令一审法院审理本案。

S行北辰支行答辩称,驳回出租人的全部诉讼请求。出租人不符合起诉条件,原告主体资格不适格,应当依法裁定驳回起诉。(1)案涉股权在之前借款合同项下出质时已经办理了质押登记,根据登记机关的相关规定,只要股权质押登记没有出现注销或者撤销的情形,质押登记一直是有效的,且在案涉质押合同的质押清单中明确载明了之前办理股权质押时的质押登记通知书。某T银行股份有限公司对于S行北辰支行享有质权也不持异议。(2)出租人对于股权出质情况早就知情,本案的立案时间是2018年4月,已经超过法律规定的第三人撤销之诉的6个月期限。(3)出租人在本案中既不是有独立请求权第三人,也不是无独立请求权第三人,也没有证据证明生效判决中存在错误,其民事权益并未受到损害。

2. 二审法院认定及判决

二审法院天津市高级人民法院认为,关于原告的主体资格问题,一审法院认为出租人不属于有独立请求权第三人并无不当,但是对于无独立请求第三人的认定,原则上案件的处理结果影响到第三人的利益的,都可以作为无独立请求权第三人。本案中,虽然出租人对于超高压电缆公司享有的是普通债权,但基于对案涉股权首轮查封的地位，其对于案涉股权的处置价款享有优于一般债权人的受偿权，因此339号案件判决S行北辰支行对案涉股权享有质权，并对股权处置价款享有优先受偿权实质上影响了出租人的民事权益。同时，在案证据亦表明339号民事判决书可能存在错误。且出租人因不能归责于本人的事由未能参加原诉，并已在知晓原诉作出339号民事判决书后六个月内提起本案第三人撤销之诉。据此，出租人属于《民事诉讼法》第56条规定的第三人。

综上所述，天津市高级人民法院于2018年12月25日作出(2018)津民终461号民事裁定书，裁定撤销天津市第一中级人民法院(2018)津01民初260号民事裁定；本案指令天津市第一中级人民法院审理。

## 原判决撤销之后的法院审理

某M租赁公司随后向天津市第一中级人民法院提起诉讼，诉讼请求为：(1)撤销天津市第一中级人民法院(2017)津01民初339号民事判决第2项，依法确认S行北辰支行对塑力超高压电缆公司持的某T银行1100万股股权不享有优先受偿权；(2)本案案件受理费、公告费、律师费等均由各被告承担。

相关案件历经一审、二审审判程序，并于2020年1月19日获得终审法院判决。

## 法律风险及要点解读

在本案中，银行作为原质押股权质权人，针对某笔业务开展了借新还旧操作，期间质押股权公司进行了上市运作，但针对对应上市股份，银行债权人并未及时至中证登进行股份质押登记，由此导致第三方债权人在先查封了相关股份后，其对相应股份并不具有质押优先权利，原有的优先权利因未办理登记而丧失，不可不谓教训深重。

## 四 租赁物取回需进行通盘考虑

在融资租赁合同关系项下，在发生承租人逾期违约行为时，出租人可采取的救济措施中，即包括将租赁物进行取回。同样是取回租赁物，不同的租赁物在取回时所面临的问题也完全不同。譬如，公务机取回，由于公务机通常由第三方公司代管，因此，在取回时重点和代管公司协商谈判即可，包括必要时向代管公司提供的担保等；而以船舶作为租赁物，由于承租人在实际占有船舶的同时，也负责船舶的运营，因此，尽管船舶所有权登记在出租人名下，实际取回时将面临重重困难；针对车辆而言，对于某些车辆限号的城市来说，即使出租人取回车辆，但如果无法获得车牌，车辆本身的价值将大大折损；而针对设备而言，由于设备较差的通用性，再加上设备通常安装在固定位置，取回设备不仅面临着需要拆卸运输的成本问题，更面临着取回后价值贬损的困境。因此，在决策租赁物是否取回以及取回后的再市场营销等问题，都需要在决策前予以通盘考虑。

### 案例 43：船舶取回案例

该案例相应的背景是出租人某 M 金融租赁公司与承租人广东某 X 海运公司就 5 艘 5.7 万吨散货船开展了融资租赁业务，在完成船舶交接并起租之后，承租人于 2012 年 7 月 15 日开始出现首次租金逾期，出租人通过艰苦谈判，与承租人商定了融资性转经营性租赁的方案；但在经营性租赁项下，承租人广东某 X 海运公司于 2014 年 1 月开始拖欠分成租金，4 月底开始拖欠保底租金。在出租人设定的处理方案中,考虑到广东某X海运公司全部船员都采用外包方式,即公司没有自己的船员队伍,而是委托船员劳务派遣公司按需求派遣船员,由劳务公司支付船员工资,广东某X海运公司和劳务公司定期结算,且广东某X海运公司已事实上拖欠了劳务公司每条船2~4个月不等的船员劳务费用即船员工资的情况下,出租人通过和船员公司、船员进行谈判协商,以此实现对船舶的实际控制。在实际控制船舶之后,出租人就经营性租赁项下承租人违约,向天津海事法院发起了诉讼。

## 案件主要事实

根据天津海事法院于2016年2月22日作出编号为(2015)津海法商初字第137-141号民事判决书,相关案件主要事实如下:

原告某M金融租赁股份有限公司(以下简称某M租赁公司)是"X合作"轮、"X和乐"轮、"X和美"轮、"X和谐"轮和"X盛会"轮的船舶所有权人。原告与被告广东某X海运公司于2013年9月25日签订了五份《光船租赁合同》。《光船租赁合同》约定,原告同意将"X合作"轮、"X和乐"轮、"X和美"轮、"X和谐"轮和"X盛会"轮以光船租赁方式租赁予被告广东某X海运公司。

同日,原告与被告广东某粤能源有限公司(以下简称某粤能源公司)签订了《法人保证合同》。《法人保证合同》第4.1条约定,"本保证为不可撤销的连带责任保证,保证人对主合同下承租人全部债务承担连带保证责任"。"X合作"轮于2010年9月19日、"X和乐"轮于2011年9月27日、"X和美"轮于2011年10月14日、"X和谐"轮和"X盛会"轮于2012年1月17日在天津海事局办理了光船租赁登记手续。

原告于2014年8月3日通过现场直接送达的方式向被告广东某X海运公司发送补足租金通知书,被告广东某X海运公司于同年8月5日确认收到上述通知书原件。补足通知书记载:"截至2014年8月3日,贵司欠我司6期保底租金和8期分成租金共计12,503,979.79元,违约金620,845.29元……请贵司于2014年8月8日前向我司支付……”被告广东某X海运公司于2014年8月10日向原告支付五船舶自2014年7月25日至8月9日的保底租金共计人民币1,011,424元，其中包括“X合作”轮16天保底租金人民币32,000元，“X和乐”轮、“X和美”轮、“X和谐”轮和“X盛会”轮16天保底租金各人民币244,856元。原告于2014年9月9日通过传真方式向被告广东某X海运公司发送了题为“对贵司调整租金方案答复和收船通知的函”的函件，函件记载：“现正式通知贵司：1.请于9月11日24:00前全额支付贵司拖欠我司的保底和分成租金13,740,265.43元，罚息860,432.8元；2.配合我司将相关船舶还回至我司随后指定的地点及指定接收方，并配合办理上述船舶光租注销手续。”原告于2014年10月13日通过现场直接送达的方式向被告承租人发送“关于取回船舶的告知函”，告知函记载：“1.终止X和乐、X和美轮、X和谐和X盛会光租合同，并在船舶目前所在港口将船舶取回。2.适时终止X合作光租合同并取回船舶，具体时间另行通知。”

原告委托某Y海事中心接管五船舶，某Y海事中心按五条船每月8000美元的标准收取船舶管理费，上述船舶管理费自2014年11月8日开始计算。某Y海事公司是某Y海事中心的全资子公司，负责五船舶管理期间的费用代付。某Y海事公司实际支付了“X合作”轮于2014年10月1日至2015年4月15日42名船员的工资，“X和乐”轮于2014年10月1日至2015年4月15日44名船员的工资，“X和美”轮于2014年10月1日至2015年4月15日33名船员的工资，“X和谐”轮于2014年10月1日至2015年4月15日38名船员的工资，“X盛会”轮于2014年10月1日至2015年2月8日及2015年2月12日至2015年4月15日23名船员的工资。原告于2015年3月7日向某Y海事中心支付人民币13,464,003.67元，于同年7月6日向某Y海事中心支付人民币9,983,937.89元。某Y海事中心和天津某Y海事公司于2015年7月7日向原告出具权益转让说明。原告于2014年12月24日向中国人民财产保险股份有限公司北京直属支公司支付“X合作”轮自2014年12月13日至2015年12月12日的油污险保险费人民币184,645.61元，原告于2014年12月22日向中国人民财产保险股份有限公司北京分公司支付上述五船舶自2014年12月13日至2015年12月12日船舶险和船壳险第一期保险费人民币776,093.44元，于2015年3月24日支付第二期保险费人民币776,093.44元，于2015年6月24日支付第三期保险费人民币380,549.44元，于2015年9月29日支付第四期保险费人民币380,549.44元。

另查明："X和乐"轮、“X和美”轮、“X和谐”轮和“X盛会”轮于2015年4月16日办理了注销光船租赁登记手续，“X合作”轮于2015年7月20日办理了注销光船租赁登记手续。“X合作”轮于2015年9月7日变更为“海洋之愿”轮。

## 诉讼主张及答辩意见

2015年2月16日原告起诉至天津海事法院，请求判令：(1)原告和被告广东某X海运公司签订的五份《光船租赁合同》于2015年4月15日解除；(2)两被告向原告连带支付租金人民币33,277,079.91元，违约金人民币6,812,183.98元；(3)两被告向原告连带赔偿垫付船员工资人民币13,248,528.48元和物料、备件、加水等费用人民币12,157,645.12元；(4)两被告向原告连带赔偿船舶管理费人民币1,306,960元；(5)两被告向原告连带赔偿合同期间的船舶保险费人民币576,762.99元；(6)两被告向原告连带赔偿上述第三、四、五项诉请款额的利息损失人民币742,891.63元；(7)两被告向原告连带赔偿本金为人民币27,289,896.59元的利息损失（自2015年10月29日起至一审判决作出之日止按中国人民银行同期贷款利率计算）；(8)两被告承担本案诉讼费用。

两被告提出的答辩意见为请求依法驳回原告的诉讼请求，理由为：(1)原告和被告广东某X海运公司的《光船租赁合同》早已解除，且原告早已实际接管了涉案五船舶；(2)两被告的管理人不清楚两被告拖欠租金的具体情况；(3)两被告已经进行破产清算，附利息的债权应自破产申请受理时停止计息；(4)对于原告在未审查船员租用合同的情况下支付工资的行为，应当自行承担相应的后果。

## 一审法院认定及判决

根据原告诉称和两被告辩称，一审法院归纳本案争议焦点如下：1. 五份《光船租赁合同》于何时解除；2. 两被告应当承担的租金、违约金和损害赔偿的具体款额。

法院认为，本案属于《光船租赁合同》纠纷。原告与被告广东某X海运公司签订的五份《光船租赁合同》合法有效，原告是出租人、被告广东某X海运公司是承租人，被告某粤能源公司是连带保证人。

1.《光船租赁合同》的解除时间

基于以下三点理由，一审法院判定关于"X和乐"轮、"X和美"轮、"X和谐"轮和"X盛会"轮的四份《光船租赁合同》于2014年10月13日解除。其一，原告根据合同的约定享有单方解除权且单方节解除权的条件已成就，上述四份《光船租赁合同》第3条第3款约定："……如果承租人连续三期或累计六期未能按照本合同约定的时间足额支付租金的，视为对本租船合同的根本违反，出租人有权按照本租船合同第二十五条的约定解除本合同并撤船。"根据原告发送的"关于取回船舶的告知函"的记载，截至2014年10月13日，被告广东某X海运公司已拖欠10期保底租金和11期分成租金。其二，根据《合同法》第96条[①]的规定，合同一方当时人行使单方解除权，合同自解除通知到达对方时解除，原告于2014年10月13日通过现场直接送达的方式将"关于取回船舶的告知函"送达被告广东某X海运公司。"关于取回船舶的告知函"记载，"终止X和乐、X和美、X和谐和X盛会光租合同，

① 对应《民法典》第565条第1款，内容有修改，修改后的表述为"当事人一方依法主张解除合同的，应当通知对方，合同自通知到达对方时解除；通知载明债务人在一定期限内不履行债务则合同自动解除，债务人在该期限内未履行债务的，合同自通知载明的期限届满时解除。"后文不再赘述。

并在船舶目前所在港口将船舶取回”。其三,《光船租赁合同》的解除未经登记,仅不具有对抗第三人的效力,并不影响合同解除对于双方当事人之间的效力。《船舶登记条例》第6条规定:“船舶抵押权、光船租赁权的设定、转移和消灭,应当向船舶登记机关登记;未经登记的,不得对抗第三人。”原告关于《光船租赁合同》应在注销登记之日解除的主张,法院不予支持。

基于以下三点理由,法院判定关于“海洋之愿”轮(船舶曾用名为“X合作”轮)的《光船租赁合同》于2014年11月8日解除。其一,上述《光船租赁合同》赋予原告作为出租人在一定条件下通过行为单方解除合同的权利,即原告有权通过撤回船舶的方式解除合同,而无须再另行通知被告广东某X海运公司,该合同第25条第1款第1项约定:“承租人未能依照第三条约定支付租金,且只要任何一期租金支付迟延超过10个工作日,或各期租金支付迟延累计超过20个工作日,出租人应给予承租人书面通知,要求其在3个银行工作日之内补足租金。如承租人未能在前述延长期限内支付足额租金的,出租人有权撤回船舶并无须再行通知承租人而终止本租船合同。”该约定不违反效力性强制性规定,该约定合法有效。其二,合同约定的原告有权通过撤回船舶的方式解除合同的条件已成就,拖欠租金发生之后,原告于2014年8月3日向被告广东某X海运公司发送补足租金通知书,于2014年9月9日向被告广东某X海运公司发送题为“对贵司调整租金方案答复和收船通知的函”的函件,被告广东某X海运公司在上述函件记载的期限内仍未足额支付租金。其三,原告委托某Y海事中心管理船舶,某Y海事中心自2014年11月8日开始收取船舶管理费,且原告主张的船舶加油、加水、备件等行为都发生在2014年11月8日之后,可以认定原告于2014年11月8日通过某Y海事中心已实际控制了包括“海洋之愿”轮在内的上述五船舶,两被告关于原告已于2014年9月30日收回五船舶的主张没有证据予以证明,法院不予确认。

综上,基于原告行使合同约定的解除权,关于“X和乐”轮、“X和美”轮、“X和谐”轮和“X盛会”轮的四份《光船租赁合同》于解除合同的通知到达被告广东某X海运公司即2014年10月13日解除,关于“海洋之愿”轮的《光船租赁合同》于原告实际收回船舶之日即2014年11月8日解除。

2. 两被告应支付的租金和违约金

根据关于“海洋之愿”轮的《光船租赁合同》第3条第1款和第2款的约定，租金包括保底租金和分成租金，“海洋之愿”轮的分成租金支付条件未成就，“海洋之愿”轮仅需支付保底租金。“海洋之愿”轮的日保底租金为人民币2000元，按半月结算。被告广东某X海运公司自2014年4月25日开始拖欠“海洋之愿”轮保底租金，其间于2014年8月10日支付了一期16天的保底租金，截至合同解除之日即2014年11月8日，共拖欠十二期182天的保底租金，拖欠金额为182×2000=人民币36.4万元。

上述《光船租赁合同》第3条第5款约定：“如发生任何迟延支付租金，承租人应当按迟延租金总额每日万分之五标准向出租人支付违约金”。被告广东某X海运公司应承担的逾期付款违约金具体款额的计算涉及三个问题。其一，违约金的计算标准，以每年365天计算，日万分之五相当于相当于年利率18.25%，不违反法律规定，本院对上述违约金计算标准予以确认，各期违约金的计算本金为各期拖欠的保底租金。其二，违约金的起算时间，各期违约金的起算时间为各期租金支付日的次日，根据《光船租赁合同》第3条第1款和第3款的约定，租金支付日为每个日历日的10日和25日，遇中国法定节假日往后顺延两个工作日。其三，违约金的终止时间，《破产法》第46条第2款规定，“附利息的债权自破产申请受理时起停止计息”，违约金应计至两被告破产申请受之日，即2015年7月23日，原告关于违约金计算至2015年10月28日的诉请，法院不予支持。

根据关于“X和乐”轮、“X和美”轮、“X和谐”轮和“X盛会”轮的《光船租赁合同》第3条第1款和第2款的约定，按半月结算，上述四船舶的日保底租金为2500美元。日分成租金的计算公式如下：(BSI指数为中国海事服务网公布的昨日6条指标航线平均期租日租金净值，单位是美元)：当BSI指数小于8311.69时，日分成租金为0；当BSI指数大于8311.69小于10,389.61时，日分成租金为(BSI指数-8311.69)×85%；当BSI指数大于10,389.61时，日分成租金为(10,389.61-8311.69)×85%+(BSI指数-10,389.61)×90%。

被告广东某X海运公司于2013年12月25日开始拖欠四船舶分成租金，于2014年4月25日开始拖欠四船舶保底租金，其间于2014年8月10日支付了四船舶一期16天的保底租金，截至上述四份《光船租赁合同》解除之日即2014年10月13日，被告广东某X海运公司共拖欠四船舶10期+4天保底租金和12期+4天分成租金，每条船舶拖欠租金共计人民币4,735,342.03元。

被告广东某X海运公司应承担的逾期付款违约金的计算标准为本金的日万分之五，本金为各期拖欠租金，起算时间为各期租金支付日的次日，终止时间为两被告破产申请受理之日，即2015年7月23日。

被告某粤能源公司作为连带保证人，对于上述被告广东某X海运公司支付租金和违约金的责任，承担连带给付责任。

3. 两被告应承担的损害赔偿责任

原告诉请的基于被告广东某X海运公司弃船导致的损害包括四部分内容，即船舶管理费、船舶保险费、物料备件油水和船员工资。船舶管理费、船舶保险费和物料备件油水，均发生在五份《光船租赁合同》已解除并且原告已实际控制五船舶之后，是原告维护保养自有船舶的必要支出，关于上述诉请，法院不予支持。被告广东某X海运公司弃船后，原告支付被告广东某X海运公司拖欠的船员工资和原告接管船舶后船员交接离船合理期间内工资的行为，是原告为避免损失扩大的适当措施。原告于2014年11月8日通过某Y海事中心接管五船舶，船员交接离船的合理期限可延至11月30日，原告支付的截至2014年11月30日的船员工资，是防止损失扩大而支付的合理费用，应由被告广东某X海运公司承担赔偿责任。被告应赔偿"海洋之愿"轮船员工资人民币806,021元，"X和乐"轮船员工资人民币828,680.1元，"X和美"轮船员工资人民币958,763.2元，"X和谐"轮船员工资人民币829,467.7元、"X盛会"轮船员工资人民币764,866.8元。原告关于上述合理费用自2015年4月15日开始计息的诉求，法院予以支持，利息计至两被告破产申请受理之日，即2015年7月23日。

被告某粤能源公司作为连带保证人，对于上述被告广东某X海运公司应承担的赔偿责任,承担连带给付责任。

综上所述,原告和被告广东某X海运公司签订的五份《光船租赁合同》,基于原告行使解除权已解除,被告广东某X海运公司应承担支付拖欠租金、违约金和损害赔偿的责任,被告某粤能源公司作为连带保证人,对于被告广东某X海运公司上述责任,承担连带给付责任。

基于以上,天津海事法院作出判决如下:(1)合同编号为001的《光船租赁合同》于2014年11月8日解除,合同编号为002、003、004、005《光船租赁合同》于2014年10月13日解除;(2)被告广东某X海运有限公司于本判决书生效之日起十日内向原告某M金融租赁股份有限公司支付合同编号为001的《光船租赁合同》项下的租金人民币36.4万元;(3)被告广东某X海运有限公司于本判决书生效之日起十日内向原告某M金融租赁股份有限公司支付合同编号为001的《光船租赁合同》项下的逾期付款违约金(自各期租金支付日的次日起至2015年7月23日按本金日万分之五的标准计算;本金为各期拖欠的保底租金;租金支付日为自2014年5月起的每个日历月的10日和25日,遇中国法定节假日往后顺延两个工作日);(4)被告广东某X海运有限公司于本判决书生效之日起十日内向原告某M金融租赁股份有限公司支付合同编号为002的《光船租赁合同》项下的租金人民币4,735,342.03元、合同编号为003的《光船租赁合同》项下的租金人民币4,735,342.03元、合同编号为004的《光船租赁合同》项下的租金人民币4,735,342.03元和合同编号为005的《光船租赁合同》项下的租金人民币4,735,342.03元,共计人民币18,941,368.12元;(5)被告广东某X海运有限公司于本判决书生效之日起十日内向原告某M金融租赁股份有限公司支付第四项四合同项下的逾期付款违约金(自各期租金支付日的次日起至2015年7月23日按本金日万分之五的标准计算;本金为各期拖欠的保底租金);(6)被告广东某X海运公司海运有限公司于本判决书生效之日起十日内向原告某M金融租赁股份有限公司赔偿"海洋之愿"轮船员工资人民币806,021元、"X和乐"轮船员工资人民币828,680.1元、"X和美"轮船员工资人民币958,763.2元、"X和谐"轮船员工资人民币829,467.7元、“X盛会”轮船员工资人民币764,866.8元,共计人民币4,187,798.8元;(7)被告广东某X海运有限公司于本判决书生效之日起十日内向原告某M金融租赁股份有限公司赔偿第6项款额的利息(自2015年4月15日至2015年7月23日按中国人民银行同期同类人民币贷款利率计算);(8)被告广东某粤能源发展有限公司对于被告广东某X海运有限公司的上述债务承担连带给付责任;(9)被告广东某粤能源发展有限公司承担连带保证责任后,有权向被告广东某X海运有限公司追偿;(10)驳回原告某M金融租赁股份有限公司的其他诉讼请求。

## 二审法院裁定

在出租人所主张合同解除时间认定、出租人因取船所发生的各类保险/油水/船舶管理费用等未得到一审法院支持后,出租人随后向天津市高级人民法院提起了上诉,涉及增加金额为人民币38,734,038.2元。

2016年7月14日,天津市高级人民法院作出了(2016)津民终233－237号民生裁定书,裁定如下:(1)撤销天津海事法院(2015)津海法商初字第137－141号民事判决;(2)发回天津海事法院重审。

## 重审结果

2016年8月3日,天津海事法院重新立案并重新组成合议庭进行审议。

2017年12月12日,天津海事法院作出了(2016)津72民初734－738号民事判决书,法院认为:某M租赁公司和广东某X海运公司签订的五份《CMAC光船租赁合同》,基于某M租赁公司行使解除权而解除,广东某X海运公司应承担给付拖欠租金、违约金、租金损失和损失赔偿的责任,某粤能源公司作为连带保证人,对于广东某X海运公司的上述责任,承担连带给付责任。

其中判决书第6项为:被告广东某X海运有限公司于本判决书生效之日起十日内给付原告某M金融租赁股份有限公司租金损失人民币5,803,396元。第7项为:

被告广东某X海运有限公司于本判决书生效之日起十日内向原告某M金融租赁股份有限公司赔偿船员工资人民币13,248,528.47元,加油、加水等费用人民币10,692,858.12元,船舶管理费人民币1,306,960元,共计人民币25,248,346.59元。

## 法律风险及要点解读

出租人作为一家金融机构,在承租人逾期支付租金达到合同约定或法定的解除条件时,或者在承租人严重违反合同导致租赁物资产存在重大风险时,通常会要求承租人加速到期支付全部租金、或者解除合同返还租赁物。特别是在船舶、飞机等特定动产上,鉴于出租人作为此类资产的所有权人,为确保资产安全、同时为了减少第三方债务的发生,在承租人的逾期行为在一定期限内未能得到补救的情况下,通常会采取解除合同取回租赁物的措施。

但在合同解除时点的认定上,租赁公司通常主张认为租赁合同的解除时点为承租人按约定或法院判决将相关租赁物履行交付并解除各类登记之时,但承租人一方面往往拒不配合履行各类租赁登记的解除,另一方面承租人在法院审理中却主张合同解除为其收到出租人发出合同解除通知书之日起。承租人的此类抗辩将使得出租人处于非常不利的境地:即出租人任何涉及要求将租赁物取回的函件的发出均可能被承租人在法庭上利用解释为融资租赁合同解除之日,由此租金计算亦到此截止;出租人既无法拿回租赁物进行实际运营,又无法向承租人提出租金支付主张,只能另行主张证明难度很大的后续相关损失。

在相关租后管理中,如涉及各类正式法律函件的发送,措辞应尽量简洁、严谨,特别是如涉及《终止租赁通知书》的对外发送,尽管发此类函通常是希望能起到吓阻对方的作用,但需要关于此类法律函件一旦发出,可能对出租人后续权利主张的潜在不利影响,首先需要明确在租赁物取回之后谁接管或接收;其次即使发出合同解除和取回租赁物通知的,需要明确出租人仍保有原租赁合同项下各主张权益等。《民法典》第565条对于合同解除亦作出了明确规定:"当事人一方依法主张解除合同的,应当通知对方。合同自通知到达对方时解除;通知载明债务人在一定期限内不履行债务则合同自动解除,债务人在该期限内未履行债务的,合同自通知载明的期限届满时解除。对方对解除合同有异议的,任何一方当事人均可以请求人民法院或者仲裁机构确认解除行为的效力。当事人一方未通知对方,直接以提起诉讼或者申请仲裁的方式依法主张解除合同,人民法院或者仲裁机构确认该主张的,合同自起诉状副本或者仲裁申请书副本送达对方时解除。"

本案件除了涉及的船舶取回问题外,还可关注其中由融资性租赁转为经营性租赁的相关操作,并可以和以下公务机取回进行相应比对,从中可看出对租赁物取回的充分推演和论证,以及再营销的市场衔接的重要性。

## 案例44:公务机取回及处置案例

### 案件主要事实

2011 年 12 月,某甲航空租赁有限公司依承租人 A 的选定,在《飞机购买租赁意向书》基础上与 ABC AVIATION SERVICES LTD 公司(以下简称供应商)签署了《飞机购买合同》,购买湾流 G550 公务飞机一架。

2012 年 1 月 16 日,某甲航空租赁有限公司与承租人 A 签订《融资租赁合同》,约定 G550 公务飞机以融资租赁方式出租给承租人 A 使用。双方约定,出租人的实际成本以人民币计算,飞机购买总价款金额为 49,800,000 美元,有关飞机购买价款以《飞机购买合同》项下最终支付的所有相关款项并按照支付时出租人结算银行对出租人实际执行的人民币对美元的卖出价进行折算。实际成本暂按 6.4 美元对人民币汇率折算人民币金额为 318,720,000 元;融资租赁合同约定租赁期限届满,在承租人清偿本合同项下所有应付租金以及其他应付款项后,租赁飞机以人民币 68,720,000 元由承租人留购。

2012年1月16日，某甲航空租赁有限公司与承租人A就履行《融资租赁合同》还签订了《预付租金合同》，约定承租人A同意向某甲航空租赁有限公司预付最后一期租金人民币1500万元。

2012年1月16日，某甲航空租赁有限公司与承租人A就履行《融资租赁合同》还签订了《留购保证金合同》，保证金数额68,720,000元。承租人应在签订合同后五个工作日内将保证金一次性支付至出租人指定账户；如承租人未能按照本合同约定支付保证金的，出租人有权解除《融资租赁合同》，终止向承租人提供融资租赁服务，对此出租人并不承担任何责任。如承租人怠于履行补足保证金之义务，并使保证金余额不足持续达五日时，出租人有权解除《融资租赁合同》，并根据《融资租赁合同》要求承租人承担根本违约的违约责任。

2012年1月16日，某甲航空租赁有限公司与承租人A签订了《飞机管理委托协议》，约定某甲航空租赁有限公司为授权人，承租人A为委托人，选择具有民航营运资质的飞机运营和管理公司作为受托人，代表委托人履行《融资租赁合同》第14条"管理人"下的义务以及运营、维修、维护、改进和更新有关的义务。依据《飞机管理委托协议》，承租人A与香港某商务航空有限公司签订了《飞机管理协议》。

2012年1月16日，某甲航空租赁有限公司与保证人孙某某签订了《保证合同》。保证责任为连带共同保证责任；保证范围为承租人在主合同项下应向债权人支付的全部债务；保证期间自本合同生效之日起至主合同履行期限届满之日后两年止。

2012年1月，某甲航空租赁有限公司就该架序列号为××××的湾流G550公务机办理了适航登记证书，并由香港某商务航空有限公司管理；2012年1月16日，承租人A办理了《租赁飞机接受书》。按照合同约定，该架飞机已于2012年2月15日正式起租。

在后续项目清查中，出租人发现在交付时，承租人 A 没有按照合同约定向某甲航空租赁有限公司支付包括首付款、手续费、租前息、律师费及保证金共计 82,297,120 元人民币。出租人相关部门于 2012 年 5 月 18 日赴承租人公司，与承租人 A 实际控制人及保证人孙某某开展会谈，要求其履行租赁合同义务。在某甲航空租赁有限公司多次催促之下，承租人 A 于 2012 年 5 月 24 日支付 3000 万元，2012 年 9 月 3 日支付 1500 万元，共支付某甲航空租赁有限公司 4500 万元人民币。

针对承租人 A 违约行为，某甲航空租赁有限公司分别于 2012 年 6 月 8 日、7 月 13 日、7 月 31 日和 8 月 2 日发出《律师函》。

2012 年 8 月 13 日，承租人 A 实际控制人孙某某赴出租人处进行会谈，双方于同日签署了《关于违约事实确认及后续安排的协议》；根据该协议，承租人 A 对根本违约事实及欠缴金额均予以了确认，并对后续履行作出了具体承诺：即在 8 月 31 日前支付第三期租金 14,431,702.64 元；在 9 月 14 日之前支付预付租金、手续费、留购保证金、租前息、欠付租金及滞纳金合计 91,705,911.42 元。承租人 A 同意，在承租人未依相关后续协议继续履行的情况下，某甲航空租赁有限公司有权随时解除合同，并可采取各项救济措施，包括直接处置、对外出租或出售飞机等。

尽管承租人 A 于 2012 年 9 月 3 日向出租人支付了 1500 万元，但随后又出现了逾期。2012 年 10 月 25 日，出租人与承租人达成承租人向出租人支付 2710 万元补偿款后，融资租赁合同变更为经营性租赁合同，并形成了《合同终止协议》草稿。但事后承租人未支付补偿款，亦未在终止合同上盖章。在承租人仍未采取积极措施补救的情况下，出租人开始着手更强硬的应对方案，包括：(1)9 月 14 日即安排起草好在法院提起诉讼的民事起诉状；(2)向飞机所在地香港律师咨询，就在港飞机取回可采取手段进行法律咨询，并联合内地多家律所正式开始进行方案论证；(3)在做好保密工作前提下，与境外潜在买家谈判接触。

2012 年 12 月 12 日，根据之前对飞机检查以及和飞机托管公司进行沟通，发现承租人未缴纳各项管理费约达 11.5 万美元的情况下，再次去函敦促承租人尽快支付托管费，否则出租人将进行垫付并处置飞机。

2012 年 12 月 14 日，作为飞机取回前最后通牒，出租人再向承租人发出告知函，并派员至承租人公司，要求在 12 月 17 日之前务必支付完毕相应款项，否则将采取各项必要措施，包括直接处置、对外出租或出售飞机等。承租人公司联系人签收了该份告知函，同时，出租人亦通过邮件当日将相关告知函抄送给了承租人主要负责人。

2012 年 12 月 18 日，出租人召开内部会议，决定以收到新买家定金为触发点，正式开始启动各项工作，包括内部财务测算及处置方案审核通过、与承租人终止租赁合同并约谈其实际控制人、与托管公司谈判飞机取回及新买家合同签署交割事宜。同日，出租人进一步联系其香港律师，委托其与香港托管公司律师商谈飞机取回事宜。

2012 年 12 月 19 日，在前期商务谈判和已签署购机意向函的基础上，新买家正式向出租人支付了 300 万美元定金。

2012 年 12 月 20 日，出租人正式向承租人发出了《终止租赁通知书》。为确保飞机取回，同日向香港托管公司发出了相关公司公函；为进一步确保，亦通过香港律师正式向托管公司律师发出了公函，即如托管公司将飞机重新置于出租人控制之下，出租人将付清各项欠缴费用，并愿意承担因指示托管公司将飞机取回而可能遭受的各项损失或潜在主张。

2012 年 12 月 21 日，托管公司律师即针对出租人香港律师发出的公函进行回应，其认为从程序上其需要履行通知承租人的义务，同时如配合出租人取回飞机要求出租人签署一份补偿协议并开具一份可在香港执行的银行保函。

2013 年 1 月 5 日，出租人派员赴港与托管公司谈判。经长时间谈判，最后托管公司放弃了开立银行保函的要求，由出租人母公司签署补偿协议即可。

2013年1月11日，出租人与新的托管公司签署协议，完成了飞机交接及转场，使飞机正式实际处于出租人控制之下。

2013年1月18日，经对购机协议多轮谈判修改，新买家正式在购机合同上签约。

2013年1月31日，按照惯常二手机交割方式，由监管律所将交易文件署上日期，并将相关购机款释放至出租人账户。

### 法律风险及要点解读

该案例在租赁物交接及后续监控管理上，是存在一定瑕疵的。尽管如此，出租人随后所采取的各项有力措施，无疑是该项目得以最终顺利解决的有力保障。特别是在决策租赁物是否取回时，一方面就境内发起诉讼和境外自力取回进行了详细论证比较，另一方面也从商务上发力，以基本锁定新买家作为取回实施的触发点，并就取回过程中可能面临的各项障碍进行了全盘推演。尽管其他项目下取回租赁物未必能成功复制该模式，但该项目的思路、论证过程、商务谈判无疑具有非常重要的借鉴意义。

## 案例45：冒名收车中的抢劫犯罪行为

### 案件主要事实

被告人余某甲跟随王某发、徐某2等人长期在某H金融租赁有限公司下从事收抵押车的工作。

2017 年 11 月，王某发在抚州市内发现一辆车牌为鄂 F×××××的保时捷凯宴越野车，其通过渠道发现该辆车为抵押车，便和徐某 2、周某及被告人余某甲商量打算私下合伙收这辆车，王某发在凯宴车子底盘上安装带有磁铁的 GPS 随时掌握车子的动向，同时通过朋友司某联系上凯宴车子的第三方担保公司湖北某飞机电实业有限公司老板陈某 1，询问是否要收这辆凯宴车，2017 年 11 月 27 日陈某 1 以湖北某飞机电实业有限公司的名义给王某发下发了一张收车的委托书。

2017 年 12 月 6 日，在王某发的带领下，被告人余某甲等人通过 GPS 追踪到车牌为鄂 F×××××的凯宴汽车的行驶轨迹，便驾驶一辆车牌为鄂 F×××××的黑色迈腾汽车在抚州市汝水大道附近将凯宴车逼停，按照事先的安排，徐某 2、周某分别开凯宴车和迈腾车，王某发与被告人余某甲等人将车主李某强行带上迈腾车夹坐的后座，并称替某 H 金融租赁公司收车。抢得车辆后，被告人余某甲等人在抚州市高速路口附近将李某强放下后驾驶两辆车逃离。

被告人余某甲等人收到这辆凯宴车后将该车多处藏匿，司某和陈某 1 多次向王某发落实收车情况，王某发均称该车辆未收回。2018 年 1 月 19 日，王某发等人将凯宴车以押车借钱的方式向朱某借款 13 万元，口头约定一个月后还款拿回该车辆，后对该 13 万元进行了分配，被告人余某甲获利 18, 000 元。

经抚州市临川区价格认证中心认定，涉案车牌为鄂 F×××××凯宴越野小轿车的认定价格为人民币 69.8977 万元。2018 年 2 月 15 日公安扣押持有人朱某凯宴汽车 1 辆并于 2018 年 2 月 19 日发还被害人李某强。

2019 年 1 月 16 日公安机关在景德镇市华达广场门口将被告人余某甲抓获，并于同日临时羁押于景德镇市看守所。

另查明，涉案的车牌号为鄂 F×××××的凯宴汽车系 2013 年 11 月 1 日，车主徐某 1 与中国某 C 银行股份有限公司襄阳牡丹支行协议约定，以信用卡透支的方式向汽车销售商湖北某飞机电实业有限公司购买的，且徐某1与该银行签订了抵押合同并于2014年2月24日办理了抵押登记。湖北某飞机电实业有限公司对徐某1的债务承担连带保证担保责任。2014年9月15日，徐某1向湖北省襄阳市“襄阳某正名车”车行借款45万元将该车辆质押给徐某2。2016年1月22日，徐某1未在规定的还款期限内还款给徐某2，后徐某2以44万元的价格将车辆转质给娄某。2017年4月6日，娄某通过中间人汪某又以41.5万元的价格将车辆转质给本案被害人李某强。车主徐某1透支170万元向某飞公司支付了购车款后未按约定还款。2017年3月23日，中国某C银行股份有限公司襄阳牡丹支行起诉车主徐某1及担保人湖北某飞机电实业有限公司，经法院判决湖北某飞机电实业有限公司承担应付款项77万余元的连带清偿责任。

## 公诉机关公诉意见

公诉机关认为，被告人余某甲以非法占有为目的，伙同他人驾驶车辆逼停被害人李某强驾驶的凯宴汽车，乘机夺取车辆，且数额巨大，其行为触犯了《刑法》第263条①，犯罪事实清楚，证据确实、充分，应当以抢劫罪追究其刑事责任。其中，被告人余某甲具有《刑法》第25条、第27条、第65条②之规定的情节。根据《刑事诉讼法》第176条第1款之规定，提起公诉，请依法判处。

## 法院认定及判决

根据江西省抚州市临川区人民法院2019年6月21日作出的(2019)赣1002刑初206号刑事判决书，法院认为：被告人余某甲伙同他人以非法占有为目的，采

① 对应《刑法》(2020修正)第263条，内容无修改。后文不再赘述。
② 对应《刑法》(2020修正)相应条款，内容无修改。后文不再赘述。

取先以GPS定位车辆，后驾车逼停等手段，劫取他人车辆，车辆价值人民币69.8977万元，数额巨大，其行为已构成抢劫罪。公诉机关指控的犯罪事实清楚，证据确实、充分，罪名成立，本院予以支持。法院判决主要如下：被告人余某甲犯抢劫罪，判处有期徒刑六年，并处罚金人民币三万元。

### 法律风险及要点解读

相关案例再次提示，在加强对租赁物的租后管理同时，租赁物收回亦需要采取合法合规的方式，并需要加强对员工行为的监督和管理，避免因员工个人不当行为给公司造成重大声誉风险。

## 案例46：强制收车中的寻衅滋事犯罪行为

### 案件主要事实

根据河南省临颍县人民法院于2018年10月8日作出的(2018)豫1122刑初312号刑事判决书，案件主要事实如下：

1. 2017年11月28日上午，被告人王某伙同侯某、孟某、程某(三人另案处理)等人，以接受某Z金融租赁有限公司委托收车为由，准备作案车辆、信号干扰器、定位器等工具，窜至临颍县北大附校幼儿园门口，强行将被害人、车主张某3拉到车内，把张某3购买的黑色奥迪A6汽车(车牌号鲁H×××××)收走，行至107许昌检查站时，因张某3儿子远程将该车油、电断路致使车辆无法行驶，侯某、孟某、程某等人弃车逃跑。后经鉴定，张某3所受损伤程度为轻微伤。

2017年11月29日下午，王某伙同侯某、孟某、程某等人，趁刘某、赵某开着该车到郑州拆定位设备之际，再次在郑州汽配大世界门口，手持电警棒等对刘某、赵某二人进行恐吓，强行将二人按进车内，将该黑色奥迪 A6 汽车收走。

2. 2017 年 11 月 8 日凌晨 0 时 30 分许，被告人王某伙同侯某、孟某、程某等人，在山西太原市中央美峪小区停车场，趁被害人、车主韩某停车时，强行将韩某控制后将鲁 Q××××× 宝马 5 系汽车收走，后将韩某扔在东环高速服务区后逃离。

3. 2017 年 12 月 2 日上午 9 时许，被告人王某、程某、孟某等人按照侯某的安排，在山西临汾尧都区新百汇购物广场强行将被害人、司机赵某及乘车人蒋某控制，将赵某驾驶的车牌号为鲁 G××××× 白色宝马 X1 收走，后将二乘车人扔在高速口附近驾车离开。

公诉机关认为：被告人王某伙同他人，为赚取佣金，以接受汽车担保公司委托收车为由，多次追逐、拦截他人，强行将他人购买的车辆收走，破坏了正常的社会秩序，情节恶劣，王某的行为触犯了《刑法》第 293 条之规定，犯罪事实清楚，证据确实、充分，应当以寻衅滋事罪追究王某的刑事责任。被告人王某主动到公安机关自首，可以从轻或者减轻处罚。

**法院认定及判决**

审理法院认为：被告人王某伙同他人，为赚取佣金，以接受委托收车为由，多次追逐、拦截他人，强行将他人购买的车辆收走，并致受害人张某 3 轻微伤，情节恶劣，破坏了正常的社会秩序，其行为已构成寻衅滋事罪。公诉机关指控其犯寻衅滋事罪，事实清楚，证据确实充分，本院予以支持。我国《刑法》规定，追逐、拦截、辱骂、恐吓他人，情节恶劣的，处五年以下有期徒刑、拘役或者管制。被告人王某的行为依法应在上述量刑幅度内判处刑罚。被告人王某主动投案并能如实供述自己的罪行，应属自首，可对其从轻处罚。被告人王某的犯罪行为造成被害人张某 3 轻微伤，依法应酌情从重处罚。河南省临颍县人民法院判决被告人王某犯寻衅滋事罪，判处有期徒刑一年六个月。

### 法律风险及要点解读

和上一个租赁物取回案例相比，本案例相关外包人员根据出租人的委托，采取了比较激烈的租赁物取回措施，由此触犯相应法律法规而遭受刑事处罚。因此，取回租赁物的自力救济措施应在合法合规的方式下开展进行。

## 案例 47：设备取回获法院支持案例

和船舶、飞机、车辆等租赁物相比，设备租赁物在行使取回权方面，存在更多的障碍。由于设备租赁物通常并非独立存在，对出租人而言，除了中登网的融资租赁登记之外，并无其他具有公示效力的所有权登记，这导致在取回之前的第一步确权方面，就将面临比较大的障碍。即使确认完所有权，后续如何将设备拆除取走、如何将设备再运营或销售等，都对出租人构成了较大的挑战。

### 案件主要事实

根据湖南省益阳市资阳区人民法院作出的（2016）湘 0902 民初 894 号民事判决书，相关案件主要事实为：

2012 年 10 月 20 日，原告某 J 国际融资租赁有限公司（以下简称某 J 租赁公司）与被告益阳市某力塑料包装有限公司（以下简称某力包装公司）签订融资租赁合同，合同约定某力包装公司与某 J 租赁公司开展融资租赁交易。

2014 年 10 月 29 日，某 J 租赁公司以某力包装公司违约为由向北京市朝阳区人民法院提起融资租赁合同纠纷之诉。同年 12 月 18 日，北京市朝阳区人民法院作出（2014）朝民（商）初字第 46462 号民事调解书，确认某 J 租赁公司、某力包装公司双方自愿达成如下调解意见：（1）某力包装公司向某 J 租赁公司支付租金及利息六十三万一千九百十九元一角七分，于2015年3月20日之前分段分数额支付；(2)某力包装公司从2015年1月20日至11月20日，分别于每月20日前向某J租赁公司支付租金四万一千五百四十六元九角三分；(3)某力包装公司除了履行上述付款义务外，某J租赁公司保留融资租赁合同第十七条中约定的全部救济措施；(4)租赁期限届满，如某力包装公司按时足额支付上述款项并履行合同项下的全部义务，某J租赁公司在最后一期租金中抵扣已交的2014年3月20日至12月18日的部分逾期利息三万一千九百十九元一角七分。之后某J租赁公司申请强制执行未果。

2016年3月3日，某力包装公司向益阳市资阳区人民法院申请破产清算。

2016年3月14日，资阳区人民法院裁定受理某力包装公司破产清算申请。2016年5月16日，某J租赁公司向某力包装公司的管理人申报了债权。

2016年6月23日，某J租赁公司向某力包装公司的管理人提出破产清算异议，要求对FR180型机组式凹版印刷机1台依法享有取回权，某力包装公司的管理人不予认可。

2016年7月28日，某J租赁公司向某力包装公司的管理人提出返还租赁物的要求并于2016年8月31日以某力包装公司和某力包装公司的管理人为共同被告提起取回权诉讼。

2016年9月14日，某力包装公司的管理人向某J租赁公司提出调解方案，某J租赁公司在依法支付保管费等费用后则同意取回。因双方没有达成一致意见，某力包装公司的管理人拒绝某J租赁公司行使取回权。

## 一审法院认定及判决

根据湖南省益阳市资阳区人民法院作出的(2016)湘0902民初894号民事判决书，一审法院认为：

法律规定租赁物不属于破产财产，某J租赁公司依法享有融资租赁合同中租赁给某力包装公司使用的FR180型机组式凹版印刷机一台的所有权,有权行使取回权。人民法院裁定受理破产申请的,应当同时指定管理人,管理人应履行接管债务人的财产、印章和账簿、文书等资料;调查债务人财务状况,制作财产状况报告;管理和处分债务人的财产等职责。管理人履行上述职责有相应报酬。对不属于债务人的财产,管理人进行了保管等工作,权利人行使取回权时,会产生委托费、托运费等费用,这些费用法律明确规定应由行使取回权的权利人依法向管理人支付。在某力包装公司的破产财产变价方案提交债权人会议表决之后,某J租赁公司才向某力包装公司的管理人主张取回租赁物,还应当承担迟延行使取回权增加的相关费用。因某J租赁公司至今拒绝向某力包装公司的管理人支付相应的保管等费用,某力包装公司管理人依法有权拒绝某J租赁公司取回该租赁物,故对某力包装公司管理人拒绝某J租赁公司取回该租赁物的请求予以支持,对某J租赁公司的诉讼请求不予支持。

综合以上,一审法院判决驳回了某J融资租赁公司的诉讼请求。

## 二审上诉及判决

1.二审查明事实

某J融资租赁公司随后提起上诉,根据湖南省益阳市中级人民法院2017年9月15日作出的(2017)湘09民终1079号民事判决书,二审法院查明:

2012年10月20日,某J租赁公司与某力包装公司签订融资租赁合同一份,双方约定:某力包装公司购买“陕西北人”FR180型机组式凹版印刷机一台,该设备的价款165万元由某J租赁公司支付,该设备由某J租赁公司租赁给某力包装公司使用;租赁期限为36个月;租赁期内,租赁物的所有权属于某J租赁公司;由某力包装公司分期支付租金及融资利息;租赁期限届满,某力包装公司按时足额支付了合同项下所有款项并履行了合同项下全部义务后,租赁物的所有权转移至某力包装公司;若发生未如约支付租金等款项或未经某J租赁公司事先书面同意转租涉案租赁物等情形时,某力包装公司构成根本违约,某J租赁公司有权要求某力包装公司返还租赁物或直接进入租赁物所在地取回租赁物。上述合同履行过程中，某力包装公司未如约履行租金给付义务，某J租赁公司起诉至北京市朝阳区人民法院后，双方调解达成了分期付款协议，但某力包装公司仍拖欠应付租金。融资租赁合同于2015年11月11日到期。某力包装公司未经某J租赁公司同意，于2015年12月18日与案外人梁某军签订了《工业厂房、设备租赁合同》，合同约定：某力包装公司将公司的厂房与本案诉争设备以年租金50万元的价格整体出租给梁某军，租赁期为两年，租赁期内由梁某军承担厂房、设备的维修费用等。至今梁某军仍在履行该合同，涉案租赁物“陕西北人”FR180型机组式凹版印刷机一台仍由案外人梁某军占有并用于生产。2016年3月，某力包装公司向益阳市资阳区人民法院申请破产，资阳区人民法院裁定受理后，指定湖南鹏达资产管理有限公司担任某力包装公司破产管理人。同年5月，某J租赁公司向益阳市资阳区人民法院申报了诉争租赁物到期未付租金及逾期利息120余万元的债权。同年6月，某J租赁公司向资阳区人民法院以及某力包装公司破产管理人提出了涉案租赁物的所有权及取回权主张。某J租赁公司与某力包装公司破产管理人多次交涉后，某力包装公司破产管理人同意某J租赁公司行使取回权，但要求某J租赁公司支付保管费等相关费用15万元。双方未达成一致意见，某J租赁公司遂起诉于一审法院。

2. 二审法院认定及判决

二审法院认为，某J租赁公司与某力包装公司之间签订的融资租赁合同合法有效。《合同法》第242条规定，出租人享有租赁物的所有权。承租人破产的，租赁物不属于破产财产。《合同法》第248条规定，承租人应当按照约定支付租金。承租人经催告后在合理期限内仍不支付租金的，出租人可以要求支付全部租金；也可以解除合同，收回租赁物。《破产法》第38条规定，人民法院受理破产申请后，债务人占有的不属于债务人的财产，该财产的权利人可以通过管理人取回。本案中，某J租赁公司依约履行了合同义务，某力包装公司长期拖欠租金等费用，又未经某J租赁公司同意将租赁物转租给案外人，某力包装公司已构成违约，某J租赁公司可以要求解除合同,收回租赁物。某J租赁公司主张行使取回权,符合法律规定,本院予以支持。某力包装公司的管理人以某J租赁公司未支付诉争租赁物的保管费为由予以抗辩,因管理人在一审期间对保管费未提出反诉,又没有提供充分证据证明为涉案租赁物支出了15万元保管费的事实,且本案诉争租赁物在管理人接管债务人的财产之前就由债务人某力包装公司租赁给案外人梁某军占有并进行生产经营,故本院对某力包装公司的抗辩不予采信。综上,某J租赁公司的上诉请求成立,本院予以支持。

二审法院最终判决如下:(1)撤销湖南省益阳市资阳区人民法院(2016)湘0902民初894号民事判决;(2)由益阳市某力塑料包装有限公司于本判决生效后三十日内将租赁物——“陕西北人”FR180型机组式凹版印刷机一台返还给某J国际融资租赁有限公司。

### 法律风险及要点解读

该案件为出租人取回租赁物的成功案例,事实上,除了本案中取回租赁物这一方式,在其他破产重整案例中,也有承租人和管理人通过认可租赁物价值、将出租人债权确认为优先债权的案例。

## 案例48:设备取回主张未获得法院支持

### 案件主要事实

本案件主要当事方为出租人某×金融租赁有限公司(以下简称某×租赁公司),承租人为某纳国际(铜陵)电子材料有限公司(以下简称某纳电子公司),

担保人为铜陵某江投资控股有限公司（以下简称铜陵某江公司）。

2012 年 4 月 23 日，某 × 租赁公司与某纳电子公司签订编号为 × × ×《融资租赁合同》，约定：①某纳电子公司以筹措资金为目的，以回租方式向某 × 租赁公司转让租赁物，某 × 租赁公司根据某纳电子公司上述目的融资受让租赁物，租赁物为《售后回租资产清单》中载明的铜箔生产线设备，转让价款为 1.5 亿元；②某 × 租赁公司购买某纳电子公司转让的租赁物并回租给某纳电子公司使用，某纳电子公司承租租赁物须向某 × 租赁公司支付租金，租金支付按《租赁附表》（概算表）及《实际租金支付表》的规定办理；③租赁期限为四年，每三个月支付一次租金，共分 16 期，每期按等额本金方式支付，租金由租赁成本与租赁利息构成，租赁利息以中国人民银行公布的人民币三到五年期贷款基准利率（年 6.9%）上浮 15% 计算，当中国人民银行调整基准利率，某 × 租赁公司以《租金调整通知书》通知某纳电子公司，对某纳电子公司欠付的租金部分，如遇利率上调，则按新租赁利率相应调整，如遇利率下调，则按原利率执行；④在租赁期内，某纳电子公司确保某 × 租赁公司是租赁设备的唯一合法所有权人，保证不会利用其对标的物的占有而在租赁物上设置对出租人不利的权利负担；⑤若某纳电子公司根本违约，某 × 租赁公司有权向某纳电子公司追索合同项下应付所有到期未付租金、滞纳金、未到期剩余租赁成本、留购价款或终止合同、取回租赁物，并要求赔偿损失等。上述合同附件一《售后回租资产清单》记载租赁资产包括造液系统设备等七大项共 14 套，附件二《租赁附表》记载起租日为 2012 年 4 月 15 日，应付租金总额为 175,658,565.57 元，租赁物留购价为 1 元。上述合同签订后，某 × 租赁公司于 2012 年 4 月 28 日将 14,400 万元合同款（扣除了 600 万元手续费）通过网银汇入某纳电子公司账户。

2012 年 7 月 21 日，某 × 租赁公司书面通知某纳电子公司对贷款利率进行调整，贷款年利率由 7.935% 调减到 7.36%。截至 2014 年 10 月 5 日，某纳电子公司共向某×租赁公司支付租金 102,748,780.09 元，其中含本金 84,374,999.46 元、利息 18,373,780.63 元。

铜陵某江公司作为保证人，与某×租赁公司和某纳电子公司签订了案涉《关于铜箔生产线设备租赁合同的担保合同》，为《融资租赁合同》项下某纳电子公司的全部债务向某×租赁公司提供连带保证担保。

2015 年 5 月 15 日，一审法院裁定受理对某纳电子公司的破产清算申请，并指定安徽蓝天会计师事务所担任破产管理人。经某纳电子公司管理人申请，铜陵市衡平公证处于 2016 年 5 月 13 日对某×租赁公司申报债权资料（合同及 33 份发票复印件）与某纳电子公司存档合同及会计凭证中的发票原件、公司现有实物比对情况进行证据保全，作出（2016）皖铜衡公证字第 2113 号、第 2114 号公证书。公证书显示，某×租赁公司申报债权资料中的 2 份发票复印件在某纳电子公司找不到与之相对应的发票原件，另外 31 份发票复印件与某纳电子公司会计凭证中号码相同的发票原件记载的内容不一致：例如编号×××发票，售后回租资产清单附件中的发票复印件记载名称为造液系统设备，金额为 11,656,000 元，发票原件记载名称为不锈钢花纹板，金额为 104,104 元；售后回租附件发票复印件总金额为 179,512,567 元，某纳电子公司与之相对应的发票原件总金额为 10,688,652 元。

## 关于融资租赁合同纠纷和保证效力纠纷的法律诉讼

1. 融资租赁合同纠纷案件

根据安徽省铜陵市中级人民法院（2016）皖 07 民初 25 号民事判决书，以及安徽省高级人民法院（2017）皖民终 174 号民事判决书，一审法院判决：（1）确认编号为 2012×租赁设备字 004 号《融资租赁合同》无效；（2）确认某×金融租赁有限公司对某纳国际（铜陵）电子材料有限公司动产不享有物权。

在某×租赁公司提起上诉后，安徽省高级人民法院作出了二审判决：驳回上诉，维持原判。

随后某×租赁公司向最高人民法院申请再审，根据最高人民法院（2018）民再373号民事判决书，认为上述《融资租赁合同》属名为融资租赁实为企业间借贷合同，应当按照企业间借款合同认定合同效力，并最终认定案涉《融资租赁合同》有效。

2. 保证效力纠纷案件

某×租赁公司另单独就保证人铜陵某江公司提起相应法律诉讼，根据天津市高级人民法院（2018）津民终181号民事判决书，依据最高人民法院（2018）民再373号民事判决认定《融资租赁合同》有效，判决大江公司对某×租赁公司在华纳公司破产清算程序中未受偿的债权承担连带保证责任。

铜陵某江公司向最高人民法院发起了再审申请，根据再审法院作出的（2019）最高法民申1753号民事裁定书，审判法院认为：

保证人铜陵某江公司对案涉保证合同的真实性不持异议，且铜陵某江公司系某纳电子公司的股东，铜陵某江公司董事岳某霆在某纳电子公司亦担任董事职务。在某×租赁公司与某纳电子公司开展融资租赁业务以及铜陵某江公司同意提供担保的相关董事会决议中，岳某霆作为董事在决议上均签字确认。根据以上事实，足以认定铜陵某江公司对案涉交易的真实情况完全知悉。因此，铜陵某江公司所提华纳公司、某×租赁公司涉嫌恶意串通骗取保证的再审申请理由，缺乏事实依据。虽然案涉《融资租赁合同》法律性质属名为融资租赁实为借贷，但该转性认定并未影响合同效力，原二审判决认定案涉保证合同有效，法律依据充分。案涉《融资租赁合同》虽依法被转性认定为借款合同关系，但并不构成当事人对合同内容的变更，亦未加重合同项下的某纳电子公司对某×租赁公司所应承担债务，铜陵某江公司担保对象并未由此发生变化。因此，铜陵某江公司所提不应承担案涉保证责任的再审申请主张，缺乏法律依据，依法不能成立。最高人民法院最终驳回了铜陵某江公司的再审申请。

## 关于租赁物取回诉讼案件

某×租赁公司就租赁物取回,亦发起了相关法律诉讼。涉及案件有安徽省高级人民法院(2017)皖民终169号民事判决书。另根据最高人民法院2018年12月5日作出的民事裁定书,最高人民法院认为:

原审查明,案涉《融资租赁合同》系动产设备售后回租业务,出卖人和承租人均为某纳电子公司,租赁物系某纳电子公司的部分生产设备。双方虽有某×租赁公司购买某纳电子公司租赁物即"造液系统等设备"的约定,但某×租赁公司提交的《售后回租资产清单》、增值税专用发票复印件所记载的租赁物与(2016)皖铜衡公证字第2113号、第2114号《公证书》所证实的某纳电子公司实有机械设备严重不符。某×租赁公司的尽职调查只是针对设备复印件发票,租赁物保险单也仅是一种保障形式,两者均不能证明某×租赁公司所主张的设备客观存在。此外,案涉租赁物的价值与约定的转让价款差异巨大,双方还约定了租金利息。基于以上事实,原判决认为本案所涉主合同系单纯的融资而不具有融物特征,并认定《融资租赁合同》名为融资租赁实为企业间借贷,并无不当。关于《融资租赁合同》的效力问题,本院(2018)最高法民再373号民事判决书已认定为有效,原判决对此问题的认定确有错误。但某×租赁公司在本案中的主要诉请为某纳电子公司返还租赁物或相应的拍卖款,因《融资租赁合同》性质为企业间借贷法律关系,故原判决对该诉请未予支持的处理结果,并无不当。此种情况下,本案不再对原判决关于《融资租赁合同》效力问题的认定进行纠正。

关于某×租赁公司所提本案应与另案合并审理的问题,不属于《民事诉讼法》第200条规定的再审事由,本案不予审查。

综合以上,最高人民法院驳回了某×金融租赁有限公司的再审申请。

## 法律风险及要点解读

和案例47中租赁物取回获得法院支持案例相比,某×租赁公司由于在租赁物特定化和所有权转移上存在瑕疵，不仅导致融资租赁合同被重新定性，且在担保权利的主张方面，也历经多级法院诉讼，方才使自身合法权益得到确认。但在租赁物取回权主张方面，由于存有瑕疵，并未获得相关法院支持。

## 五　档案管理存有漏洞

### 案例49：因项目重组而忽略档案移交管理

#### 案件主要事实

根据天津市高级人民法院于2016年11月23日作出的（2016）津民初19号民事判决书，相关案件主要事实为：

2013年5月30日，某M租赁公司（以下简称出租人）与大兴某电有限责任公司（以下简称承租人）签订《融资租赁合同》。约定：（1）承租人以售后回租方式向出租人融资，出租人在向承租人支付2亿元购买其自有的设备以及附属设施和装备后，交由承租人租赁使用；（2）起租日为2013年6月15日，租赁期限为36个月，租金按季支付，年租赁利率为6.4575%，租金随中国人民银行贷款基准利率作同方向、同幅度的调整，利率调整日之前各期和调整日当期租金不变，从利率调整日下期租金开始，每期租金均按调整后的金额收取；自出租人支付设备购买款之日起至起租日为租前期，承租人支付利息，应于起租日将租前息一次性付清；（3）若承租人未按合同约定支付到期应付租前息、租金及其他应付款项，或未能按期偿付出租人代其支付的任何费用时，应就逾期未付款项按日万分之五向出租人支付直至全部付清之日止的违约金；

承租人有任何一期未按约定向出租人支付租金的即视为根本违约,出租人可提前终止合同,要求承租人支付合同项下所有未到期租金、违约金、损害赔偿金、全部未到期租金和其他应付款项,承租人所付款项不足以支付全部欠付款项时,按照费用、违约金、损害赔偿金、租金的顺序清偿。

同日,出租人与承租人签订《融资租赁合同补充协议》。约定:承租人向出租人支付的租金、租前息及与本合同相关的手续费、资产管理费、咨询服务费等均为含税金额,出租人应为承租人开具发票;承租人支付当期租金后,出租人仅需开具当期租金中利息部分对应金额的发票,如承租人逾期支付当期租金的,出租人在收到当期租金及逾期违约金后向承租人开具相应发票。

同日,出租人与承租人签订《预付租金合同》。约定:承租人在出租人支付租赁物购买价款当日将预付租金 2400 万元一次性支付至出租人账户。

同日,出租人与承租人签订《资产管理合同》。约定:甲方为乙方提供资产管理服务,乙方同意向甲方支付 500 万元资产管理费用并在合同签订后五个工作日内一次性支付;乙方逾期支付资产管理费用,应按逾期未付款项日万分之五向甲方支付违约金。

同日,出租人与承租人《业务合作合同》。约定:双方拟开展业务,包括融资租赁、业务顾问等,甲方在对乙方记性尽职调查的基础上,根据乙方的要求进行行业分析、优化融资方案、融资服务、税收筹划和理财服务;甲方有权向乙方收取提供服务的业务合作费用 300 万元,乙方应在合同签订后五个工作日内一次性支付;乙方逾期支付资产管理费用,应按逾期未付款项日万分之五向甲方支付违约金。

为保证上述《融资租赁合同》项下租金及其他应付款项得到清偿,出租人与鄂尔多斯市某杰培训有限责任公司(以下简称新某杰公司)及内蒙古某兴投资集团有限责任公司(以下简称某兴投资集团)于《融资租赁合同》缔约当日,签订下列合同:

出租人与新某杰公司签订《抵押合同》。约定：新某杰公司以其所有的位于内蒙古自治区鄂尔多斯市东胜区某南路28号的土地使用权即房产[土地使用权证号：东国用(2010)第出让2××号；房屋所有权证号：蒙房权证东胜字第F2010××××××号]，为出租人在《融资租赁合同》及其附件(以下简称主合同)项下对承租人享有的全部债权提供抵押担保。抵押担保的期间为自抵押合同生效之日起至主合同项下承租人的全部债务履行完毕之日止。2013年6月5日，鄂尔多斯市国土资源局核发了蒙房他证T20130××××××号他项权证。

出租人与某兴投资集团签订《法人保证合同》。约定：某兴投资集团对承租人在《融资租赁合同》项下所负全部债务向出租人提供不可撤销的连带责任保证。保证期间自承租人履行债务期限届满之日后两年止。

上述《抵押合同》及《法人保证合同》的担保范围均为承租人在主合同项下应向出租人支付的全部租前息、全部租金、违约金、损害赔偿金、出租人为实现债权而支付的各项费用(包括但不限于诉讼费、仲裁费、律师费、差旅费及主合同项下租赁物取回时拍卖、评估等费用)和其他所有承租人应付款项。如遇主合同项下约定的利率变化情况，还应包括因该变化而相应调整的款项。

2013年6月6日，出租人向承租人银行账户支付了设备购买价款2亿元，并在取得涉案设备后将设备及其附属设施及装备交付给承租人使用。同日，承租人向出租人银行账户支付了3200万元。出租人确认承租人已按照约定向其支付了2400万元预付租金、500万元资产管理费和300万元业务合作费。截至2014年9月15日，承租人实际支付了前4期租金，至第5期租金支付期限届满时出现逾期，出租人以预付租金冲抵了该期租金后，预付租金余额为5,533,110.10元。

另查明，出租人与承租人、新某杰公司(抵押人)及某兴投资集团(保证人)签订《展期合同》，就涉案《融资租赁合同》相关事项作出变更。具体为：

(1)起租日2014年11月15日,租赁期限为60个月,还租期共计30期;租赁利率为8.2368%(参照同期中国人民银行3年至5年期贷款基准利率6.4%上浮28.7%);(2)租金总额148,818,269.7元,自2015年1月15日起每期支付租金4,960,608.99元,最后一期租金付款期限为2019年11月15日;(3)租赁期限内,如遇中国人民银行贷款基准利率调整时,出租人将对租赁利率作出同方向、同幅度的调整,利率调整日之前各期和调整日当期租金不变,从下一期租金开始按调整后的租金金额收取;(4)对承租人欠付的租金部分,如遇利率上调,则按新的租赁利率做相应调整,如遇利率下调,则按原租赁利率执行;(5)本协议生效后,承租人应从当期开始根据本协议的租赁利率、租金金额和租赁期数支付租金,已经支付的租前息和租金不进行调整;(6)出租人应向承租人支付的与本次融资租赁业务相关的风险金为5,553,110.10元;(7)保证人、抵押人同意本协议的约定并承诺继续履行融资租赁合同与保证合同项下的保证和抵押担保义务;(8)本合同为融资租赁合同及保证合同、抵押合同不可分割的一部分,如本合同的约定与原合同约定不一致,应以本合同的约定为准,本合同未约定的,以原合同为准;(9)本合同经各方法定代表人或授权代理人签字、加盖法人公章,且承租人实际支付完毕风险金等后生效。

出租人确认:承租人于2015年9月2日和12月31日还款121,644.51元和30万元,在冲抵2015年1月15日应付租金后,到期未付租金与未到期租金共计144,890,013.04元;承租人于出租人向本院提起诉讼后的2016年2月26日,再次还款15万元。由此,承租人欠付全部到期未付以及未到期租金共计144,740,013.04元,以及截至2016年2月21日的违约金3,909,032.14元。新某杰公司、某兴投资集团亦未就承租人前述欠款承担相应担保责任。

## 诉讼主张及答辩意见

出租人向一审法院提出诉讼请求:(1)判令承租人向原告支付《融资租赁合同》项下全部未付租金144,740,013.04元、计算至2016年2月21日的违约金3,909,032.14元,以及自2016年2月22日起至实际给付之日止的违约金(以应付未付款项为基数,按日万分之五标准计算);(2)判令原告对新某杰公司名下的抵押物享有优先受偿权;(3)判令某兴投资集团对承租人的债务承担连带保证责任;(4)案件受理费、诉讼保全费及其他实现债权的费用由三被告承担。

承租人、新某杰公司、某兴投资集团均未提交书面答辩意见。

## 法院判决

综合以上,天津市高级人民法院作出判决如下:(1)被告鄂尔多斯某电有限责任公司于本判决生效之日起十日内,给付原告某M租赁公司租金144,740,013.04元、截至2016年2月21日的违约金3,909,032.14元,以及自2016年2月22日起至本判决确定的给付之日止的违约金(以逾期未付款项为基数,按日万分之五标准计付);(2)原告某M租赁公司对被告鄂尔多斯东胜区新某杰培训有限责任公司所抵押的位于内蒙古自治区鄂尔多斯市东胜区某南路28号的土地使用权及房产,以本判决第一项确定的被告鄂尔多斯某电有限责任公司应当承担的债务为限,以折价或者拍卖、变卖该抵押财产所得的价款优先受偿;(3)被告内蒙古某兴投资集团有限责任公司对本判决第一项给付事项承担连带保证责任;(4)被告鄂尔多斯东胜区新某杰培训有限责任公司、内蒙古某兴投资集团有限责任公司承担担保责任后,有权向被告鄂尔多斯某电有限责任公司追偿。

## 法律风险及要点解读

本案看似为一例普通融资租赁案件,但在证据质证需要提交合同原件的环节时,方才发现各方于2014年9月签订的《展期合同》中,其他各方均已盖章,但出租人却未实际盖章,由此出租人不得在重组完成后补充内部相关合同用印,这也一定程度上暴露了档案管理中存在的漏洞。鉴于在法律诉讼过程中,法律事实均需依托于证据证明,公司档案作为诉讼证据的最主要来源,其重要性无须多言。就笔者所查询公开案件了解,因档案管理不善而不能进行权利主张的案件,包括不能证明租赁物特定存在的、船舶建造中预付款还款保函原件丢失的、不动产经营性租赁项下权证管理不善的等诸多案例,无一不提醒相关档案管理的重要性。

此外,随着跨境业务的开展,有些融资租赁公司为了确保境外实体化运营的要求,亦有部分境外项目档案直接放置于本地的考虑,特别是为了便于境内外团队之间的相互查询,亦将部分档案进行了电子化处理,在此情况下,对于电子档案的信息安全管理以及可能涉及的跨境数据传输,更需予以关注。

# 第 5 章

# 司法措施的采取

Chapter

5

在承租人出现逾期之后，对于出租人而言，除了上述租后管理措施的加强，如强化风险预警、新增风险缓释措施、取回租赁物之外，还需考虑是否需要根据客户还款意愿或者客观需要采取必要司法措施。可采取的司法措施中，比较常见的即是向法院起诉。

在正式起诉之前，出租人应就诉讼的必要性进行一定论证。从诉讼所耗费的时间和经济成本以及对应的效果来看，诉讼策略的采取和执行能在一定程度上化解问题资产，但就整体效果而言，除前期能有效保全资产，项目风险问题的最终解决仍取决于前期客户信用风险的准入把控和各类风险缓释措施的加强。因此，对于逾期或者预期违约项目是否提起诉讼，应进行充分论证，避免市场部门一逾期即转向法律诉讼随后便不再和客户接触和管理的推诿情形；但同时也要避免市场部门因怕涉诉，而拼命将问题掩盖现象的发生。仅就笔者所了解，发起法律诉讼的目的通常有三类：一类是"以打促谈"型，此类项目承租人存在逾期，但承租人仍具有一定还款能力或者通过对担保措施的主张能够覆盖项目风险，在承租人还款意愿降低的情况下，通过以打促谈的方式，迫使承租人对逾期行为予以补救；另一类是"客观紧迫"型，此类项目最典型的即为承租人处于破产重整前夕、或者承租人出现重大经营不利事件，各债权人与时间赛跑，需要尽快完成财产保全或查封工作；还有一类是"尽职履责"型，此类项目多为经过多次重组，承租人仍存在逾期违约行为，进一步重组空间已不存在，且承租人已事实丧失还款能力，诉讼的提起既为履责，亦是不得不采取的最终手段。在针对诉讼是否必要时，通过对动机和具体项目背景的判断，将有助于公司决策是否正式发起诉讼以及发起诉讼后拟达成的目标。一个整体的诉讼方案，应包括管辖法院选择、外聘律师团队确定、诉讼主张、财产保全措施、证据收集、后续可能的和解方案，等等。

在诉讼推进过程中，还应准备相关财产的线索，以便尽快协助法院采取司法保全措施。另外，鉴于保全不同类型的财产在后续执行程序中将面临不同的处置程序，因此出租人需要根据保全标的的不同，如不动产、股权、资金等，提前进行必要的方案筹划和市场营销。另外，针对一些新型的财产性权益，如私募基金份额、信托受益权、排污权、钢铁产能指标等权益，相关案件在司法保全，以及后续处置中尚未形成统一规范，因此，在实务中需要结合地方法院的审判实践进行规范操作。

除了司法诉讼之外，2017年7月13日，最高人民法院、司法部和原银监会联合下发了《关于充分发挥公证书的强制执行效力服务银行金融债权风险防控的通知》(司发通〔2017〕76号)，将"融资租赁合同"、"债务重组合同"和"各类担保合同、保函"等纳入了可赋予强制执行效力的债权文书范围之中。该文件解决了过往实践中有将融资租赁视为"有财产担保的租赁合同"从而不认可相关公证文书的争议做法。这也意味着融资租赁合同项下，出租人在将前述债权文书进行公证之后，如债务人及/或担保人不履行或履行不适当的，出租人可以依公证债权文书直接向有管辖权的法院申请执行。尽管强制执行公证所带来的利弊存在很大争议，但也不排除在特定情形下，强制执行公证可作为出租人在司法诉讼之外的另外一种选择。

在法院诉讼和强制执行公证之外，另有仲裁和调解相关争议解决处理方式。和法院民事诉讼相区别，仲裁侧重于商业交易引起的纠纷，对于婚姻、收养、监护、扶养、继承等具有人身关系的民事纠纷、以及行政争议，均不在仲裁机构受理范围内。对于审理案件的人员来说，诉讼案件由法院指定法官审理，当事人不能选择法官；但在仲裁案件中，当事人具有一定范围内自主选择仲裁员的权利，而仲裁员自身，可能是律师，可能是学者，也可能是业界专家，这使得仲裁员看待事情的角度和法官会有所不同。最后，在审判结果上，仲裁制度是一裁终局，不存在诉讼中的二审或再审情况。仲裁机构对于程序的掌握也比法院更为灵活。但据笔者的了解，除了部分涉外商事业务采用仲裁外，相关金融租赁公司仍偏向于选择法院诉讼这一争议解决方式。而针对调解，目前实务中是否选用更多取决于当地司法机关对于调解组织所作出的调解决定能否进行效力确认。

鉴于法律诉讼等各类司法措施本身涉及诸多复杂问题，既包括如司法送达、管辖和财产保全等程序性问题，亦涉及诉讼主张提起等需要扎实证据为依托的实体性问题，考虑到本书所有相关案例均为司法相关案例，因此，在本书司法措施章节，笔者仅挑选了有限几个案例以作探讨。

## 一 主张取回租赁物或主张债权的择一行使

在承租人出现逾期之后,出租人如向法院发起诉讼,除了前期采取保全之外,尚且需要结合租赁物和承租人的现状,提出合理的权利主张。根据《融资租赁司法解释》(2014)第21条之规定,出租人既请求承租人支付合同约定的全部未付租金又请求解除融资租赁合同的,人民法院应告知其依照《合同法》第248条的规定作出选择。即依《合同法》第248条规定,承租人应当按照约定支付租金;承租人经催告后在合理期限内仍不支付租金的,出租人可以要求支付全部租金;也可以解除合同,收回租赁物。在诉讼主张的选取上,《融资租赁司法解释》(2014)第21条第2款又规定:"出租人请求承租人支付合同约定的全部未付租金,人民法院判决后承租人未予履行,出租人再行起诉请求解除融资租赁合同、收回租赁物的,人民法院应予受理。"该解释事实设置的是两次起诉的制度,实践中增加出租人的诉累。该规定对于出租人在发起诉讼并确定诉讼方案时具有非常重要的意义,目前出租人的通常实践是以主张债权全部加速到期进行主张。但也不排除针对特定项目,因租赁物价值较高、而承租人还款能力较弱,出租人在主张债权之后,不得不再向法院主张要求返还租赁物。

《民法典》第752条基本继续采用了原有的表述,规定:"承租人应当按照约定支付租金。承租人经催告后在合理期限内仍不支付租金的,出租人可以请求支付全部租金;也可以解除合同,收回租赁物。"

# 案例50：出租人向法院主张租赁物返还

## 案件主要事实

根据天津市高级人民法院2017年8月14日作出的(2016)津民初93号民事判决书，相关案件主要事实如下：

2014年6月25日，原告某X金融租赁公司作为出租人与被告余姚市某S国际大厦经营有限公司(以下简称某S国际大厦)、余姚市某S石浦大酒店有限公司(以下简称某S石浦大酒店)签订了《融资租赁合同》及相应的《买卖合同》。《买卖合同》约定：某S国际大厦将其所有的位于余姚市××××号的房产，以2.8亿元的价格出售给原告；《融资租赁合同》约定：上述房产作为租赁物，由被告某S国际大厦、某S石浦大酒店从原告处租回使用。三方在《融资租赁合同》中确认：租赁物所有权于办理完毕房产过户手续之日由被告某S国际大厦转移至原告，原告依据租赁合同的约定向被告某S国际大厦分三期支付租赁物购买价款，租赁物不改变占有；原告将租赁物出租给被告某S国际大厦、某S石浦大酒店，由被告某S国际大厦、某S石浦大酒店继续占有和使用；租赁期限为120个月，起租日为原告向被告某S国际大厦支付完毕全部租赁物购买价款之日，被告某S国际大厦、某S石浦大酒店应按照不等额还租法，每3个月向原告支付一次租金，租金共计40期。《融资租赁合同》第15.2(1)条约定，若承租人未按本合同约定按期足额支付到期应付租金或其他应付款时，承租人应就逾期未付款项按日万分之五向出租人支付违约金，直到全部付清逾期未付款项及违约金之日止；第15.2(3)条约定，当下列情况之一发生时，构成承租人根本违约：(a)承租人未按时足额向出租人支付任意一期租金或其他应付款项的；《融资租赁合同》第15.2(4)条约定，若承租人发生预期违约、根本违约等违约情形及本合同约定的其他合同提前终止情形时，出租人有权同时采取下列一种或多种救济方式：(a)发出《终止租赁通知书》，宣布提前终止本合同项下租赁；(b)要求承租人立即支付本合同项下所有到期未付租金、违约金、损害赔偿金、全部未到期租金、留购价款和其他应付款项。

同日，原告与被告某S国际大厦、某S石浦大酒店签署《手续费支付协议》，该协议约定，合同项下手续费分六期支付，第一期手续费275.5万元，承租人于出租人支付第一期租赁物购买价款前支付；第二期手续费416.875万元，于出租人支付第二期租赁物购买价款前支付；第三期手续费322.625万元，于出租人支付第三期租赁物购买价款前支付；第四期手续费1595万元，于第四期租金应付日支付；第五期手续费1305万元，于第八期租金应付日支付；第六期手续费705万元，于第十二期租金应付日支付。承租人逾期支付手续费，应按逾期未付款项日万分之五向出租人支付违约金至实际清偿之日止。

同日，原告与被告某S国际大厦、某S石浦大酒店签署《预收租金合同》，合同约定，预收租金为12,600,000元，承租人分三期向出租人支付预收租金，三期预收租金分别为342万元、517.5万元、400.5万元。如承租人未能按照约定履行合同义务，出租人有权未经承租人同意按照费用、其他应付款项、违约金、损害赔偿金、应付租金的顺序自行从承租人交纳的预收租金中抵扣相应未付款项。

同日，原告与被告某S国际大厦签订了编号为DY1的《抵押合同》，被告某S国际大厦自愿将自有财产抵押给原告，抵押担保的主债权为2.8亿元，抵押担保的范围，包括但不限于应向原告支付的租前息、手续费、租金、违约金、损害赔偿金、留购价款和原告为实现债权而支付的各项费用和其他应付款项。被告某S国际大厦提交了《抵押财产清单》，并在余姚市工商行政管理局办理了动产抵押登记。

同日，原告与被告某S石浦大酒店签订了编号为DY2的《抵押合同》，被告某S石浦大酒店自愿将自有财产抵押给原告，抵押担保的主债权为2.8亿元，抵押担保的范围，包括但不限于应向原告支付的租前息、手续费、租金、违约金、损害赔偿金、留购价款和原告为实现债权而支付的各项费用和其他应付款项。被告某S石浦大酒店提交了《抵押财产清单》，并在余姚市工商行政管理局办理了动产抵押登记。

同日，原告与被告某Y购物中心有限公司（以下简称某Y购物中心）签订了编号为BZ1的《保证合同》，保证范围为被告某S国际大厦、某S石浦大酒店在主合同项下的《融资租赁合同》《手续费支付协议》合同项下的应向原告支付的租前息、手续费、租金、违约金、损害赔偿金、留购价款和原告为实现债权而支付的各项费用和其他应付款项。保证方式为不可撤销的连带责任保证，保证期间为主合同约定的债务履行届满之日起两年。

同日，原告与被告某L商业广场有限公司（以下简称某L商业广场）签订了编号为BZ2的《保证合同》，保证范围为被告某S国际大厦、某S石浦大酒店在主合同项下的《融资租赁合同》《手续费支付协议》合同项下的应向原告支付的租前息、手续费、租金、违约金、损害赔偿金、留购价款和原告为实现债权而支付的各项费用和其他应付款项。保证方式为不可撤销的连带责任保证，保证期间为主合同约定的债务履行届满之日起两年。

同日，原告与被告谷某某、孙某甲签订了编号为BZ3的《保证合同》，保证范围为被告某S国际大厦、某S石浦大酒店在主合同项下的《融资租赁合同》《手续费支付协议》合同项下的应向原告支付的租前息、手续费、租金、违约金、损害赔偿金、留购价款和原告为实现债权而支付的各项费用和其他应付款项。保证方式为不可撤销的连带责任保证，保证期间为主合同约定的债务履行届满之日起两年。原告与被告谷某某、孙某甲还签订了编号为DY3的《抵押合同》。被告谷某某、孙某甲自愿将自有财产抵押给原告，抵押担保的主债权为2.8亿元，抵押担保的范围，包括但不限于应向原告支付的租前息、手续费、租金、违约金、损害赔偿金、留购价款和原告为实现债权而支付的各项费用和其他应付款项。被告谷某某、孙某甲提交了《抵押财产清单》，并在三亚市住房和城乡建设局办理了房地产抵押、商品房按揭登记。原告与被告谷某某、孙某甲又签订了编号为DY4的《抵押合同》。被告谷某某、孙某甲自愿将自有财产抵押给原告，抵押担保的主债权为2.8亿元，抵押担保的范围，包括但不限于应向原告支付的租前息、手续费、租金、违约金、损害赔偿金、留购价款和原告为实现债权而支付的各项费用和其他应付款项。被告谷某某、孙某甲提交了《抵押财产清单》，并在陵水黎族自治县住房保障与房产管理局办理了房屋抵押登记。

同日，原告与被告孙某乙签订了编号为ZY1的《质押合同》，被告孙某乙自愿以其持有的股权为被告某S国际大厦、某S石浦大酒店在主合同项下的《融资租赁合同》《手续费支付协议》合同项下对原告所负全部债务提供股权质押担保，质押股权为在某S国际大厦60%的股权，对应出资额为6,000,000元，质押担保的范围，包括但不限于应向原告支付的租前息、手续费、租金、违约金、损害赔偿金、留购价款和原告为实现债权而支付的各项费用和其他应付款项。被告孙某乙在余姚市工商行政管理局办理了股权出质设立登记。

同日，原告与被告陈某某签订了编号为ZY2的《质押合同》，被告陈某某自愿以其持有的股权为被告某S国际大厦、某S石浦大酒店在主合同项下的《融资租赁合同》《手续费支付协议》合同项下对原告所负全部债务提供股权质押担保，质押股权为在某S国际大厦40%的股权，对应出资额为4,000,000元，质押担保的范围，包括但不限于应向原告支付的租前息、手续费、租金、违约金、损害赔偿金、留购价款和原告为实现债权而支付的各项费用和其他应付款项。被告陈某某在余姚市工商行政管理局办理了股权出质设立登记。

同日，原告与被告孙某甲签订了编号为 ZY3 的《质押合同》，被告孙某甲自愿以其持有的股权为被告某 S 国际大厦、某 S 石浦大酒店在主合同项下的《融资租赁合同》《手续费支付协议》合同项下对原告所负全部债务提供股权质押担保，质押股权为在某 S 石浦大酒店 60% 的股权，对应出资额为 6, 000, 000 元，质押担保的范围，包括但不限于应向原告支付的租前息、手续费、租金、违约金、损害赔偿金、留购价款和原告为实现债权而支付的各项费用和其他应付款项。被告孙某甲在余姚市工商行政管理局办理了股权出质设立登记。

同日，原告与被告张某某签订了编号为 ZY4 的《质押合同》，被告张某某自愿以其持有的股权为被告某 S 国际大厦、某 S 石浦大酒店在主合同项下的《融资租赁合同》《手续费支付协议》合同项下对原告所负全部债务提供股权质押担保，质押股权为在某 S 石浦大酒店 40% 的股权，对应出资额为 4, 000, 000 元，质押担保的范围，包括但不限于应向原告支付的租前息、手续费、租金、违约金、损害赔偿金、留购价款和原告为实现债权而支付的各项费用和其他应付款项。被告张某某在余姚市工商行政管理局办理了股权出质设立登记。

同日，原告与被告某 C 金属材料有限公司（以下简称某 C 金属材料公司）及案外人夏某某，签订了编号为 ZY5 的《应收账款质押合同》，约定被告某 C 金属材料公司将自己拥有并有权处分的应收账款专户设定质押。质押标的为被告某 C 金属材料公司与夏某某签订的《房屋租赁合同》项下的全部租金收入。质押担保范围包括但不限于应向原告支付的租前息、手续费、租金、违约金、损害赔偿金、留购价款和原告为实现债权而支付的各项费用和其他应付款项。2014 年 7 月 4 日，原告与被告某 C 金属材料公司在中国人民银行征信中心办理了动产权属统一初始登记，质押财产价值为 13, 800, 000 元。

同日，原告与被告某 C 金属材料公司及案外人符某某，签订了编号为 ZY6

的《应收账款质押合同》，约定被告某C金属材料公司将自己拥有并有权处分的应收账款专户设定质押。质押标的为被告某C金属材料公司与符某某签订的《房屋租赁合同》项下的全部租金收入。质押担保范围包括但不限于应向原告支付的租前息、手续费、租金、违约金、损害赔偿金、留购价款和原告为实现债权而支付的各项费用和其他应付款项。2014年7月4日，原告与被告某C金属材料公司在中国人民银行征信中心办理了动产权属统一初始登记，质押财产价值为7,800,000元。

上述全部合同签订后，原告于2014年7月4日、11日、16日分三次向被告某S国际大厦支付租赁物购买价款76,000,000元、115,000,000元、89,000,000元用于购买租赁物清单项下的全部租赁物房产，被告某S国际大厦向原告支付第一、第二、第三期手续费10,150,000元，被告某S国际大厦向原告支付第一、第二、第三期预收租金12,600,000元。原告于2014年7月与被告某S国际大厦办理全部租赁物产权过户手续。

被告某S国际大厦于2014年10月16日向原告支付了第一期租金7,082,222.22元。第二期租金支付日为2015年1月16日，被告某S国际大厦于2015年2月13日仅支付3,060,500元，第二期到期未付租金为4,000,000元；全部未到期租金为401,223,900元；未支付第四、第五、第六期手续费36,050,000元，留购价款10,000元；到期未付租金4,000,000元的逾期付款违约金，自2015年1月16日至4月9日为166,000元；以上全部欠付款项共计441,449,900元。

因被告某S国际大厦、某S石浦大酒店拖欠第二期租金，原告于2015年2月向被告某S国际大厦、某S石浦大酒店发送《应收租金逾期（催收）通知书》；原告于2015年4月4日向被告某S国际大厦、某S石浦大酒店发函催收欠付租金并给予2015年4月4日至8日的宽限期，如宽限期届满仍未履行租金支付义务，则《融资租赁合同》项下债务全部到期，被告某S国际大厦、某

S 石浦大酒店应于 2015 年 4 月 9 日向原告支付所有到期未付租金、违约金、损害赔偿金、全部未到期租金、留购价款和其他应付款项，原告不再另行通知。如被告某 S 国际大厦、某 S 石浦大酒店迟延支付，原告可以根据《融资租赁合同》约定收取违约金并采取其他相关措施。

原告于 2015 年 4 月 4 日向被告某 Y 购物中心、某 L 商业广场、谷某某、孙某甲、孙某乙、陈某某、张某某、某 C 金属材料公司发函，要求就被告某 S 国际大厦、某 S 石浦大酒店欠付的全部款项履行担保义务。被告某 Y 购物中心、某 L 商业广场、谷某某、孙某甲、孙某乙、陈某某、张某某、某 C 金属材料公司未履行担保责任。

2015 年 4 月 13 日，原告曾向本院提起诉讼，请求法院判令被告某 S 国际大厦、某 S 石浦大酒店向原告支付《融资租赁合同》项下到期未付租金、全部未到期租金、留购价款、逾期付款违约金，违约金计算标准按照逾期未付款项每日万分之五收取违约金（逾期付款违约金 = 逾期未付款项 ×0.05% ×逾期付款天数）计算至实际支付之日及未支付手续费，截至 2015 年 4 月 9 日，被告某 S 国际大厦、某 S 石浦大酒店应向原告支付的到期未付租金暂计 4,000,000 元，全部未到期租金 401,223,900 元，未支付手续费 36,050,000 元，逾期付款违约金应计算至实际支付之日，暂计至 2015 年 4 月 9 日为 209,151.11 元，留购价款 10,000 元，以上全部欠付款项，暂计为 441,493,051.11 元；判令被告某 S 国际大厦、某 S 石浦大酒店向原告支付诉讼产生的交通费、食宿等相关费用，本项费用暂计 20,000 元；判令被告某 Y 购物中心、某 L 商业广场、谷某某、孙某甲、孙某乙、陈某某、张某某、某 C 金属材料公司对被告某 S 国际大厦、某 S 石浦大酒店的上述全部债务承担担保责任；判令案件诉讼费、财产保全费、评估费等费用由十被告共同负担。2016 年 2 月 23 日，本院作出（2015）津高民二初字第 0053 号民事判决书（以下简称在先判决），判决：（1）被告某 S 国际大厦、某 S 石浦大酒店向原告支付第二期到期未付租金 4,000,000 元、全部未到期租金 401,223,900 元、未支付手续费 36,050,000 元、留购价款 10,000 元、到期未付租金的逾期付款违约金 166,000 元,减去已支付的租金 12,600,000 元,以上共应支付 428,849,900 元;(2)原告对被告某 S 国际大厦、某 S 石浦大酒店的 DY、DY2《抵押合同》项下《抵押财产清单》的抵押财产享有抵押权,有权以该财产折价或者在拍卖、变卖该财产的价款中,优先受偿;(3)被告某 Y 购物中心、某 L 商业广场、谷某某、孙某甲在判决第一项给付事项的范围内,向原告承担连带清偿责任;(4)原告对被告谷某某、孙某甲在 DY3《抵押合同》项下《抵押财产清单》和 DY4《抵押合同》项下《抵押财产清单》的抵押财产享有抵押权,有权以该财产折价或者在拍卖、变卖该财产的价款中,优先受偿;(5)原告对被告孙某乙在 ZY1《质押合同》中约定的被告某 S 国际大厦 60% 的股权享有质权,有权以该财产折价或者在拍卖、变卖该财产的价款中,优先受偿;(6)原告对被告陈某某在 ZY2《质押合同》中约定的被告某 S 国际大厦 40% 的股权享有质权,有权以该财产折价或者在拍卖、变卖该财产的价款中,优先受偿;(7)原告对被告孙某甲在 ZY3《质押合同》中约定的某 S 石浦大酒店 60% 的股权享有质权,有权以该财产折价或者在拍卖、变卖该财产的价款中,优先受偿;(8)原告对被告张某某在 ZY4《质押合同》中约定的某 S 石浦大酒店 40% 的股权享有质权,有权以该财产折价或者在拍卖、变卖该财产的价款中,优先受偿;(9)原告在与被告某 C 金属材料公司及案外人夏某某签订的 ZY5《应收账款质押合同》项下、质押财产价值为 13,800,000 元范围内享有质权,有权以该财产折价或者在拍卖、变卖该财产的价款中,优先受偿;(10)原告在与被告某 C 金属材料公司及案外人符某某签订的 ZY6《应收账款质押合同》项下质押财产价值为 7,800,000 元范围内,享有质权,有权以该财产折价或者在拍卖、变卖该财产的价款中,优先受偿;(11)各担保人在承担担保责任后有权向被告某 S 国际大厦、某 S 石浦大酒店追偿;(12)驳回原告的其他诉讼请求。判决作出后,各方当事人均未提起上诉。各被告未主动履行判决确定的义务，天津市第二中级人民法院于2017年1月、3月分别执行回款615,018.49元、344,000元，合计959,018.49元。

经原告委托，上海信衡房地产估价有限公司于2016年10月28日出具编号为沪信衡估报字(2016)第H0952号《房地产估价报告》，评估余姚市城区××××号房地产市场价值为220,400,000元。

## 诉讼主张及答辩意见

原告某X租赁公司向法院提出诉讼请求：(1)判令被告某S国际大厦、某S石浦大酒店将《融资租赁合同》项下全部租赁物返还某X租赁公司；(2)判令被告某S国际大厦、某S石浦大酒店赔偿某X租赁公司在《融资租赁合同》项下损失208,449,900元(暂计算至2016年2月23日，实际损失金额应按照公式"损失金额=428,849,900元+自2016年3月5日起的双倍迟延履行金-租赁物评估价值"，计算至被告实际支付之日)；(3)判令被告某Y购物中心、某L商业广场、谷某某、孙某甲、孙某乙、陈某某、张某某、某C金属材料公司对被告中塑国际大厦、中塑石浦大酒店的上述全部债务承担担保责任；(4)本案诉讼费由十被告共同负担。

被告某S国际大厦、某S石浦大酒店、某Y购物中心、某L商业广场、谷某某、孙某甲、孙某乙、陈某某、张某某、某C金属材料公司经公告送达开庭传票，未到庭参加诉讼。

## 法院认定及判决

法院认为，本案为融资租赁合同纠纷，原告与被告某S国际大厦、某S石浦大酒店签订《融资租赁合同》《买卖合同》《手续费支付协议》《预收租金合同》，为各方当事人真实意思表示，且不违反法律、行政法规的强制性规定，应为合法有效。

关于被告某S国际大厦、某S石浦大酒店是否应将《融资租赁合同》项下全部租赁物返还原告的问题。根据《合同法》第248条规定，承租人应当按照约定支付租金。承租人经催告后在合理期限内仍不支付租金的，出租人可以要求支付全部租金；也可以解除合同，收回租赁物。《融资租赁司法解释》(2014)第21条第2款[①]规定，出租人请求承租人支付合同约定的全部未付租金，人民法院判决后承租人未予履行，出租人再行起诉请求解除融资租赁合同、收回租赁物的，人民法院应予受理。被告某S国际大厦、某S石浦大酒店未履行在先判决确定的义务，本案庭审中，原告表示基于法律规定请求解除合同并返还租赁物，其主张符合法律规定，法院予以支持。

关于损失赔偿数额的问题。首先，根据《合同法》第97条规定，合同解除后，尚未履行的，终止履行；已经履行的，根据履行情况和合同性质，当事人可以要求恢复原状，采取其他补救措施并有权要求赔偿损失。根据《融资租赁司法解释》(2014)第22条第2款[②]之规定，损失赔偿的范围应为承租人全部未付租金及其他费用与收回租赁物价值的差额。考虑到本案中的租赁物为不动产，市场价格波动较大，故本院认为收回租赁物的价值应以在执行阶段中协议或者租赁物拍卖、变卖所得价款确定更符合公平原则。

其次，《预收租金合同》约定，预收租金的抵扣顺序为费用、其他应付款项、违约金、损害赔偿金、应付租金。因此，预收租金12,600,000元不计算在逾期付款违约金的基数中，故2015年4月10日，逾期金额为441,283,900元(到期未付租金4,000,000元+提前到期租金401,223,900元+未支付手续费36,050,000元+留购价款10,000元)。

最后，本案的损失赔偿数额为：到期未付租金4,000,000元+提前到期租金401,223,900元+未支付手续费36,050,000元+留购价款10,000元+已到期未

① 对应《最高人民法院关于审理融资租赁合同纠纷案件适用法律问题的解释》(2020修正)第10条第2款，内容无修改。后文不再赘述。

② 对应《最高人民法院关于审理融资租赁合同纠纷案件适用法律问题的解释》(2020修正)第11条，其中除援引的“依照本解释第十二条”调整为“依照本解释第五条”之外，内容无修改。后文不再赘述。

付租金的违约金 166,000 元 + 441,283,900 元的逾期付款违约金 – 预收租金 12,600,000 元 – 收回租赁物价值。即 428,849,900 元及逾期付款违约金两项数额之和与收回租赁物价值的差额(逾期付款违约金以 441,283,900 元为基数,自 2015 年 4 月 10 日起至实际给付之日止,按照日万分之五计算)。

关于各担保人的担保责任问题。原告与被告某 S 国际大厦、某 S 石浦大酒店分别签订《抵押合同》,与被告某 Y 购物中心、某 L 商业广场分别签订《保证合同》,与被告谷某某签订《保证合同》《抵押合同》,与被告孙某甲签订《保证合同》《抵押合同》《质押合同》,与被告孙某乙、陈某某、张某某分别签订《质押合同》,与被告某 C 金属材料公司签订《应收账款质押合同》,均为各方当事人真实意思表示,且不违反法律、行政法规的强制性规定,应为合法有效。被告某 Y 购物中心、某 L 商业广场、谷某某、孙某甲、孙某乙、陈某某、张某某、某 C 金属材料公司应对被告某 S 国际大厦、某 S 石浦大酒店的全部未付租金及其他费用按照合同约定承担担保责任。原《担保法司法解释》第 10 条规定,主合同解除后,担保人对债务人应当承担的民事责任仍应承担担保责任。但是,担保合同另有约定的除外。被告某 Y 购物中心、某 L 商业广场、谷某某、孙某甲、孙某乙、陈某某、张某某、某 C 金属材料公司作为担保人应继续对损失赔偿的数额承担相应的担保责任。

另,原告提起本案诉讼,请求解除合同、收回租赁物,是基于法院作出在先判决后,被告某 S 国际大厦、某 S 石浦大酒店不履行在先判决确定的义务这一新的事实。故本案为基于新的事实而产生的纠纷,本案判决的效力替代在先判决。另外,原告在庭审中自认在先判决已执行回款 959,018.49 元,因该部分款项不足以冲抵在先判决的诉讼费用,故法院对该部分款项不予抵扣。

综上,依据相关法律法规,法院作出判决如下:(1)解除原告某 X 金融租赁有限公司与被告余姚市某 S 国际大厦经营有限公司、余姚某 S 石浦大酒店有限公司签订的《融资租赁合同》;(2)本判决生效之日起十五日内,被告余姚市某 S 国际大厦经营有限公司、余姚某 S 石浦大酒店有限公司返还某 X 金融租赁有限公司涉案租赁物(租赁物为房产及房产的全部构筑物、附着物,租赁物具体情况详见《融资租赁合同》附件一《租赁物清单》以及《余姚某S项目租赁物权证号新旧对比》)；(3)本判决生效之日起十五日内，被告余姚市某S国际大厦经营有限公司、余姚某S石浦大酒店有限公司赔偿原告某X金融租赁有限公司428,849,900元及逾期付款违约金两项数额之和与收回租赁物价值的差额(逾期付款违约金以441,283,900元为基数，自2015年4月10日起至实际给付之日止，按照日万分之五计算)；(4)收回租赁物价值按照原告某X金融租赁有限公司与被告余姚市某S国际大厦经营有限公司、余姚某S石浦大酒店有限公司协议确定或者以租赁物拍卖、变卖所得价款确定；如果租赁物价值超过本判决第三项赔偿数额，超过部分归被告余姚市某S国际大厦经营有限公司、余姚某S石浦大酒店有限公司所有；(5)被告余姚市某S国际大厦经营有限公司、余姚某S石浦大酒店有限公司以DY1、DY2《抵押合同》项下《抵押财产清单》的抵押财产对本判决第三项赔偿数额承担抵押担保责任，原告某X金融租赁有限公司有权以该财产折价或者拍卖、变卖该财产的价款在合同约定的范围内优先受偿；(6)被告某Y购物中心有限公司、某L商业广场有限公司、谷某某、孙某甲在本判决第三项赔偿数额范围内，向原告某X金融租赁有限公司承担连带保证责任；(7)被告谷某某、孙某甲以DY3《抵押合同》项下《抵押财产清单》和DY4《抵押合同》项下《抵押财产清单》的抵押财产对本判决第三项赔偿义务承担抵押担保责任，原告某X金融租赁有限公司有权以该财产折价或者拍卖、变卖该财产的价款在合同约定的范围内优先受偿；(8)被告孙某乙以ZY1《质押合同》中约定的被告余姚市某S国际大厦经营有限公司60%的股权对本判决第三项赔偿义务承担质押担保责任，原告某X金融租赁有限公司有权以该财产折价或者拍卖、变卖该财产的价款在合同约定的范围内优先受偿；(9)被告陈某某在ZY2《质押合同》中约定的被告余姚市某S国际大厦经营有限公司40%的股权对本判决第三项赔偿义务承担质押担保责任，原告某X金融租赁有限公司有权以该财产折价或者拍卖、变卖该财产的价款在合同约定的范围内优先受偿；(10)被告孙某甲以ZY3《质押合同》中约定的被告余姚市某S石浦大酒店有限公司60%的股权对本判决第三项赔偿义务承担质押担保责任，原告某X金融租赁有限公司有权以该财产折价或者拍卖、变卖该财产的价款在合同约定的范围内优先受偿;(11)被告张某某以ZY4《质押合同》中约定的被告余姚市某S石浦大酒店有限公司40%的股权对本判决第三项赔偿义务承担质押担保责任,原告某X金融租赁有限公司有权以该财产折价或者拍卖、变卖该财产的价款在合同约定的范围内优先受偿;(12)被告某C金属材料有限公司以ZY5《应收账款质押合同》项下、质押财产价值为13,800,000元范围内对本判决第三项赔偿义务承担质押担保责任,原告某X金融租赁有限公司有权以该财产折价或者拍卖、变卖该财产的价款在合同约定的范围内优先受偿(应收账款以中国人民银行征信中心的登记证明为准);(13)被告某C金属材料有限公司以ZY6《应收账款质押合同》项下、质押财产价值为7,800,000元范围内,对本判决第三项赔偿义务承担质押担保责任,原告某X金融租赁有限公司有权以该财产折价或者拍卖、变卖该财产的价款在合同约定的范围内优先受偿(应收账款以中国人民银行征信中心的登记证明为准);(14)各担保人在承担担保责任后有权向被告余姚市某S国际大厦经营有限公司、余姚某S石浦大酒店有限公司追偿;(15)驳回原告某X金融租赁有限公司的其他诉讼请求。

**法律风险及要点解读**

该案件项下租赁物为不动产,出租人已获得不动产相应所有权人登记。出租人在其债权得到确认的司法判决执行未果之后,又发起了要求返还租赁物的诉讼。但笔者对于后续返还租赁物相关判决亦存有一定疑惑,盖因在不动产诉讼中,后续租赁物返还或者说"腾楼"的实现,执行起来亦有相当难度,具体可参考陕西省高级人民法院发布的十大执行典型案例之十"陕西海峡置业公司等与西安星龙科技实业有限公司等房屋买卖合同纠纷执行案",以及福建省高级人民法院公布的十大执行典型案例之三"申请执行人明达光电(厦门)有限公司与被执行人陈某益、张某展租赁合同纠纷案"等相关案例。此外,由于出租人事实上已经是不动产所有权人,如果商业上能够实现不动产再转让,是否有必要再发起诉讼要求返还租赁物,亦值得作进一步探讨。

## 二 以股抵债的选择

根据最高人民法院《关于人民法院民事执行中拍卖、变卖财产的规定》(法释〔2004〕16号)第28条[①],对于第二次拍卖仍流拍的不动产或者其他财产权,人民法院可以依照本规定第19条的规定将其作价交申请执行人或者其他执行债权人抵债。在司法实践中,因"股权、股份价值评估难""股权、股份没有价值""股权、股份价值评估为负值"等情形,导致股权司法处置难以推进,颇为常见,各地法院亦就执行难问题进行专门部署,如在2019年11月5日召开的北京市法院执行局局长座谈会(第十次会议)纪要中,即对"股权、股份的处置"作出了明确规定。本案例即是出租人主动进行以股抵债的操作案例。

### 案例51:股权网络司法拍卖一拍流拍后适用以物抵债程序

#### 案件主要事实及生效判决内容

根据北京市第二中级人民法院于2018年8月15日作出的(2018)京02民初118号民事判决书,相关案件主要事实如下:

2017年11月9日,出租人某X金融租赁公司(以下简称某X租赁公司)

① 对应《最高人民法院关于人民法院民事执行中拍卖、变卖财产的规定》(2020修正)第25条第1款,内容有修改,修改后的表述为"对于第二次拍卖仍流拍的不动产或其他财产权,人民法院可以依照本规定第十六条的规定将其作价交申请执行人或其他执行债权人抵债。申请执行人或者其他执行债权人拒绝接受或者依法不能交付其抵债的,应当在六十日内进行第三拍卖。"后文不再赘述。

与某D能源公司签订《融资租赁合同》及其附件《租赁附表》《实际租前息/租金支付表》，主要内容为：某D绿色能源公司为兴建位于L县规模为30,000万千瓦的生物质电站项目向某X金融租赁公司筹措资金，双方开展融资租赁业务。某D绿色能源公司（承租人）以筹措资金、回租租赁物使用为目的，以售后回租方式向某X金融租赁公司（出租人）转让租赁物，出租人根据本合同约定向承租人支付租赁物购买价款，从承租人处受让租赁物所有权并回租给承租人使用。租赁物购买价款为2亿元；租赁物的留购价款为1元；租前期及租赁期限共3年；租金总额为218,629,716.60元，分12期支付，每3个月支付一次；租赁利率为5.4625%。

2017年11月9日，某X金融租赁公司（质权人）与某D生态环境公司（出质人）（以下简称某D公司）签订《股权质押合同》，出质人同意以其对某D绿色能源公司合法持有的股权/股份为质权人在主合同项下对主合同债务人享有的全部债权提供质押担保；担保的主债权为228,810,644.44元，其中租赁成本为200,000,000元。2018年2月9日，某D生态环境公司为某X金融租赁公司办理了股权出质登记手续，某X金融租赁公司取得了编号为（L）股质登记设字[2018]第217号的《股权出质设立登记通知书》。

2018年2月15日，某D绿色能源公司按照《租金支付表》的约定，向某X金融租赁公司支付了第一期租金18,219,143.05元，此后租金再未支付。

由于承租人某D绿色能源公司未能按照《土地抵押合同》的约定于2018年5月3日前为某X金融租赁公司办理涉案土地抵押登记手续，某X金融租赁公司认为某D绿色能源公司已构成根本违约，遂于2018年5月7日向北京市第二中级人民法院提起诉讼，并申请法院对某D绿色能源公司和某D生态环境公司相应的财产采取财产保全措施。

一审法院判决L县某D绿色能源开发有限公司于本判决生效之日起10日内，向某X金融租赁有限公司支付未到期租金200,410,573.55元；某X金融租赁有限公司就判决确定的L县某D绿色能源开发有限公司的债务,对涉案《股权质押合同》项下的质押股权(编号为股质登记设字[2018]第217号《股权出质设立登记通知书》)拍卖、变卖所得的价款享有优先受偿权。

在获得法院生效判决后,出租人向法院申请执行,执行案号为(2018)京02执662号,并就裁决文书项下质押股权申请进行评估拍卖。北京二中院于2019年2月11日向某D公司邮寄了拍卖通知书,告知案涉股权于2019年2月25日将在"京东网"进行首次拍卖。某D生态环境公司于2019年2月14日签收前述通知书。

## 原告执行申请

因北京二中院于2019年2月25日对案涉股权进行的网络司法拍卖流拍,某X租赁公司于2019年3月1日申请以拍卖保留价34,544,930元以物抵债。

北京二中院据此于2019年3月4日作出(2018)京02执662号之一执行裁定,裁定将案涉股权作价34,544,930元过户至某X租赁公司名下抵债。

## 被告执行异议及复议

异议人某D生态环境公司对北京二中院评估提出书面执行异议,以该院执行及委托评估程序违法、出具评估报告(补)的专业人员不符合法定资质条件、评估机构作出评估报告(补)所依据的财务数据等相关资料来源不明、评估机构未在评估鉴定期限内完成评估工作、评估机构对关联方债务计提全额减值无依据为由,向该院执行实施部门提出异议。

在2019年12月16日由北京市第二中级人民法院作出(2019)京02执异1243号执行裁定书,驳回某D生态环境公司的异议申请之后,异议人某D生态环境公司继续向北京市高级人民法院申请复议,复议称原审裁定事实认定不清、法律适用不当,其理由是:(1)北京二中院对案涉股权进行评估拍卖程序违法。在选择评估机构时,法院未提前通知异议人到场,异议人亦未收到选定评估机构的通知;拍卖公告发布三日前,法院未告知异议人网络司法拍卖事宜,异议人在拍卖公告发布之后,才收到《拍卖通知书》。(2)评估机构的评估程序严重违法,其评估结果有失公允,严重损害异议人利益。其一是评估机构未在委托期限内出具评估报告。在没有证据证明评估机构曾申请延长评估期限的前提下,评估机构出具评估报告的时间超出委托期限。无论评估报告(补)是独立的评估报告,还是评估报告的补正说明,评估机构出具评估报告(补)的行为违反了法定委托期限的规定。评估报告(补)应无效,却被作为案涉股权司法拍卖起拍定价的依据,严重损害了异议人的利益。其二是评估机构在评估报告(补)中对承租人关联方应收款作出大幅度核减,没有事实依据和法律依据。评估报告(补)对承租人关联方应收款评估减值80%~100%不等,仅该处调整就使得评估价格下降了70,106,251.84元。其三是评估机构单向收集评估资料,有失公允。评估机构因出租人的异议作出评估报告(补),却未向某D生态环境公司、承租人关联方核查资料。评估机构称其曾向所涉关联方寄发询证函,但未收到回复函。某D生态环境公司通过查询评估机构快递单单号显示,评估机构说法有误。(3)北京二中院未依法履行评估活动监督职责,使异议人丧失了及时获得救济的机会。根据最高人民法院《关于人民法院委托评估、拍卖和变卖工作的若干规定》第1条之规定,执行法院应当对评估机构的评估活动进行监督。北京二中院怠于履行监督职责,具体包括:一是异议人对评估报告(补)提出异议、评估机构做出说明后,异议人再次提交异议,北京二中院未依法交由行业协会专业复审委员会组织专业技术评审,也未释明救济途径的行为;二是出租人对评估报告提出异议后,该院未将该异议转交某D生态环境公司,导致某D生态环境公司失去主动与评估机构沟通、核查关联方应收款的机会,放任评估机构仅凭出租人提供的信息作出评估价,造成某D生态环境公司评估材料来源丧失了公允性,必然导致评估价也丧失了公允性。(4)案涉股权网络司法拍卖一次流拍即被北京二中院裁定以物抵债,违反最高人民法院《关于人民法院网络司法拍卖若干问题的规定》第26条的规定，侵害异议人权益。综上，请求撤销北京二中院（2019）京02执异498号执行裁定和（2018）京02执662号之一执行裁定、（2018）京02执662号协助通知书。

## 法院认定及判决

北京市高级人民法院经审查，对北京二中院查明的事实予以确认。补充查明：北京二中院在选择评估机构时，未提前通知某D生态环境公司到场，选定评估机构后，未告知某D生态环境公司。经与北京二中院执行法官核实，评估机构称向其口头提出延长评估期限申请，其表示同意。某D生态环境公司于2019年1月22日向北京二中院再次提交《对北京市京价价格评估有限公司〈对某D生态环境公司和L县某D公司异议书的回复〉的回复》，北京二中院于2019年1月25日签收。

北京市高级人民法院认为：

1. 关于北京二中院对案涉股权评估程序违法的问题。案涉股权系由北京市高级人民法院随机确定的评估机构进行评估，该程序符合相关规定。北京二中院在选择评估机构时，未提前通知某D生态环境公司到场，选定评估机构后，未告知某D生态环境公司。北京二中院上述执行行为确有不当，在程序上存在一定瑕疵，但不足以导致选定评估机构无效。

2. 关于评估机构评估程序严重违法的问题。某D生态环境公司所提评估机构未在委托期限内出具评估报告、评估报告（补）。复议审查中经核实，评估机构向北京二中院执行法官提出延期出具评估报告的口头申请，北京二中院予以准许。该复议理由，缺乏事实根据，本院不予支持。某D生态环境公司称评估机构在评估报告（补）中对承租人关联方应收款作出大幅度核减、单向收集评估资料，导致两次评估结果相差7000万余元，构成评估机构评估程序严重违法的复议理由，实质上是针对评估报告的参照标准、计算方法或者评估结果等提出异议。北京二中院已依法转交评估机构复核，评估机构作出书面说明，北京二中院也已将该书面回复送达某D生态环境公司。

3. 关于某D生态环境公司所提北京二中院对案涉股权发布拍卖公告前未通

知属于拍卖程序违法、北京二中院以第一次网络司法拍卖流拍后即抵债违反法律规定的复议理由,是针对北京二中院就案涉股权网络司法拍卖提出的复议。鉴于某D生态环境公司异议请求为评估异议,北京二中院仅就该异议进行审查并作出裁定。故某D生态环境公司所提该项复议请求超出异议请求范围,本院不予审查。综上,某D生态环境公司所提复议请求,本院不予支持。北京二中院(2019)京02执异498号执行裁定,应予维持。依照最高人民法院《关于人民法院办理执行异议和复议案件若干问题的规定》第23条第1款第1项[①]之规定,裁定如下:驳回复议申请人某D生态环境科技股份有限公司的复议申请,维持北京市第二中级人民法院(2019)京02执异498号执行裁定。

### 法律风险及要点解读

和所有的质押股权评估类似,本案在推进以股抵债处置时,出质人对股权评估提出了异议申请,盖因评估机构在就股权价值进行评估时,确实很容易发生因材料不齐而未能准确对股权进行估值的情形。但笔者援引本案例的目的并非在于解释介绍相关诉讼中的程序性争议,而在于出租人主动进行以股抵债的相关决策逻辑。笔者认为,除非相关公司仍能运营产生现金流,或者为具有特定许可的公司,相关项目如在申请股权进行抵债处理后,出租人作为公司股东,后续需就公司运营管理等承担相应责任。该案例亦为相关不良资产处置提供了另外一种解决思路。

## 三 强制执行公证

由于《民事诉讼法》明确赋予了经公证的债权文书的强制执行力,这也就意味

① 对应《最高人民法院关于人民法院办理执行异议和复议案件若干问题的规定》(2020修正)第23条第1项,内容无修改。后文不再赘述。

着,公证债权文书和生效法院判决、仲裁裁决书一样,可以作为法院的执行依据。在发生争议后,债权人应当申请强制执行,直接提起诉讼的,法院不予受理。比起通常需要经过少则三个月、多则一年以上的法院审理流程才能拿到生效法院判决,无疑为债权人节约了大量时间。被执行人认为公证债权文书记载错误的,只能提起执行异议,而不能就相关事宜提起诉讼。公证债权文书是否确有错误,应在执行程序中予以认定。未经执行程序,当事人提起诉讼主张公证债权文书确有错误,不具执行效力的,不属于诉讼的审理范围。而且,从审查标准看,只有符合特定条件的异议才能算有效异议。执行异议程序并非仅在公证债权文书执行中独有,所有生效法律文书执行过程中都可能会面临此类挑战。

但公证债权文书亦可能存在一些弊端,一是对原有合同约定管辖的变更,根据《民事诉讼法》相关规定,发生法律效力的民事判决和裁定,由一审人民法院或者与一审法院同级的被执行的财产所在地法院执行;其他法律文书则由被执行人所在地或者被执行的财产所在地法院执行。即如果通过法院诉讼,金融机构可以依据合同约定的管辖法院申请执行,尽量避免被执行人利用其所在地优势的不利干扰。但公证债权文书的强制执行,则只能在被执行人所在地或者被执行财产所在地法院执行。现实中不排除有些被执行人充分利用其当地资源包括被执行人可能与“被执行人住所地”法院有千丝万缕的关系,公证的债权文书能否执行到位,具有极大不确定性,增加了执行风险。二是和正常履行相比相应成本的增加。尽管从诉讼的角度比较,公证债权文书的公证收费要比法院诉讼成本低,譬如以 1 亿元标的额为例,诉讼费约为 54 万元;而公证债权文书的费用,虽然各地收费略有差异,但一般按照标的额的千分之三收取,也即 30 万元左右。需要说明的是,前述管辖以及成本问题,目前在实务中均得到了一定程度解决,一是管辖可通过债务人在要求银行开立账户的形式,选定相应财产所在地;二是关于公证债权文书费用,部分公证机构已将前期费用降至万分之几的比例。因此,是否选择采用公证债权文书,仍需要结合各租赁公司现状以及项目情况进行综合判断。

# 案例52：出租人向法院申请强制执行并成功划扣相应资金

## 案件主要事实

根据北京市第二中级人民法院于2017年11月7日作出的(2017)京02执异330号执行裁定书，相关案件主要事实如下：

2016年7月19日，北京市长安公证处作出(2016)京长安执字第142号执行证书，载明：申请执行人为某X金融租赁有限公司(以下简称某X租赁公司)；被执行人为某Y水电站有限公司(以下简称某Y水电站)、某Z控股集团有限公司(以下简称某Z集团公司)、广东省某N发电集团有限公司(以下简称广东某N发电集团)、李某某。执行标的为：(1)租金总计人民币594,320,941.13元；(2)自2016年5月19日起至上述款项全部支付完毕之日止的违约金；(3)名义货价1.00元；(4)为实现全部债权支付的所有相关费用，包括但不限于律师费、公证费用人民币1,722,372.44元、执行费、拍卖佣金、评估费等以及所有其他应付款项。某X租赁公司据此向本院申请强制执行，北京市第二中级人民法院以(2016)京02执759号立案执行。执行过程中，北京市第二中级人民法院于2017年1月18日向云南电网有限责任公司送达协助执行通知书，协助冻结、扣划云南电网有限责任公司应支付给被执行人某Y水电站的电费60,000万元。2017年6月28日，申请执行人某X租赁公司与被执行人某Y水电站、某Z集团公司、广东某N发电集团、李某某达成执行和解协议，内容如下：(一)被执行人已于2017年6月28日向申请执行人支付项目公证费1,783,327.44元、律师费2,821,749.55元及127,583,100.73元其他应付款项，合计132,188,177.72元。被执行人应协助申请执行人完成对云南电网有限责任公司协助执行通知的变更，确保前述变更后申请执行人处于协助执行通知中所有申请执行人的首位，且变更内容能够确保本协议后续执行。完成前述变更后，申请执行人同意申请解除对被执行人在某D银行开立的电费结算账户的查封。（二）后续付款：在被执行人清偿本协议第一条约定款项基础上，被执行人后续付款以剩余本金366,699,017.88元为基数，以原融资租赁合同约定之利率标准（按1~5年期同期中国人民银行贷款利率上浮20%，目前执行年利率5.70%）计算，按照自2017年7月起每月偿付租金2000万元的方式向申请执行人还款，直至结清本协议项下全部款项。（三）费用支付：在被执行人清偿本协议第一条约定律师费的基础上，剩余律师费按照本协议约定的“后续付款”还款金额确定，与“后续付款”同时间同频次计算，收费标准为：每期律师费金额＝“后续付款”每期还款金额的本金金额×0.8%＋“后续付款”每期还款金额的利息金额×6.4%。剩余律师费由被执行人与最后一期租金同时向申请执行人支付，即被执行人应于最后一期租金支付时间向申请执行人支付租金4,866,122.05元及律师费4,096,286.79元，共计8,962,408.84元。本协议项下被执行人后续需向申请执行人支付共计388,962,408.84元，具体付款时间及金额见附件1：“后续付款及律师费分期计算表”。（四）被执行人如果提前还款的，申请执行人将根据提前还款情况重新计算并向被执行人出具新的“后续付款及律师费分期计算表”，被执行人应予以配合执行。（五）本协议项下被执行人向申请执行人支付的租金、公证费、律师费等全部款项，应支付至申请执行人以下指定银行账号：开户行：××银行总行营业部，户名：某X金融租赁有限公司，银行账号：××××××。（六）法院执行费用由被执行人承担（如有）。（七）本协议须全面履行，被执行人未履行、未及时履行或未全面履行协议，申请执行人有权向北京市第二中级人民法院申请恢复原执行证书的执行。（八）本协议经申请执行人及各被执行人的法定代表人或授权代表签字并加盖公章生效。本协议一式六份，申请执行人、各被执行人、北京市第二中级人民法院各留存一份。(九)本协议所涉及"后续付款"的时间、金额及分期支付的律师费数额详见附件1:"后续付款及律师费分期计算表",附件1与本协议具有同等法律效力。

北京市第二中级人民法院于2017年6月29日向云南电网有限责任公司发出协助执行通知书,内容如下:(一)解除本院2017年1月18日协助执行通知书内容中的第一项,即截至2017年6月30日全部应支付给某Y水电站的电费解除冻结,打入购电合同指定的某D银行账户。(二)自2017年7月1日起至本案全部案款履行完毕(全部金额:388,962,408.84元),从每月应支付给某Y水电站的电费中直接扣划至以下账户:开户行:××银行总行营业部,户名:某X金融租赁有限公司账号:××××。每月扣划金额为人民币2000万元整。(三)剩余电费由你公司依据原合同履行,与法院无关。

另查,某D银行与某Y水电站于2011年7月27日签署《某D银行股份有限公司人民币资金借款合同》,贷款金额为210,000万元,同日,双方签订《某D银行股份有限公司人民币资金贷款应收账款质押合同》,由出质人某Y水电站以云南省某某水电站应收账款向某D银行出质,并在中国人民银行征信中心系统上就该应收账款质押进行了登记,该登记中载明,按质权人贷款额在项目融资额中所占的比例计,如按合同金额计,该比例为18.39%。2013年5月10日,某D银行与某Y水电站签订《某D银行股份有限公司人民币资金借款合同变更协议》,变更贷款金额为人民币190,000万元,某Y水电站承诺继续以原质押合同项下出质权利提供担保。2013年5月17日,某D银行与某Y水电站就同一项目签订《某D银行股份有限公司人民币资金借款合同》,贷款金额为140,000万元,同日双方签订《某D银行股份有限公司人民币资金贷款应收账款质押合同》,由出质人某Y水电站以云南省某水电站应收账款向某D银行出质,并在中国人民银行征信中心系统上就该应收账款质押进行了登记。

再查，2016年9月23日，某Y水电站与云南电网有限责任公司签订《某电厂购售电合同补充协议》，约定将电费结算账户变更为某Y水电站在某D银行云南省分行开立的×××账户。

## 异议人诉讼主张

案外人某D银行向北京市第二中级人民法院提出书面异议，请求北京市第二中级人民法院中止对该行享有法定优先权的云南电网有限责任公司向某Y水电站支付电费的执行，撤销(2016)京02执759号协助执行通知书第2项之内容。

## 法院认定及判决

北京市第二中级人民法院认为，应收账款质权作为担保物权，在债务人不履行到期债务或者发生当事人约定的实现质权的情形时，质权人可以对应收账款主张优先受偿权。本案争议焦点是某D银行主张的其对某Y水电站享有的应收账款质权能否阻却法院给云南电网有限责任公司发送的协助执行通知在388,962,408.84元范围内要求协助每月扣划2000万元给付某X租赁公司的执行。某D银行与某Y水电站签订书面权利质押合同，约定某Y水电站以享有的应收账款向某D银行出质，并在中国人民银行征信中心办理了应收账款质押登记，法院对此不持异议，但某D银行主张享有的应收账款质押权，仅占全部应收账款金额的部分，并未覆盖全部应收账款，且未经生效法律文书确定最终实现质权的范围。某X租赁公司作为申请执行人，在执行中与某Y水电站、某Z集团公司、广东某N发电集团、李某某达成执行和解协议，本院向云南电网有限责任公司发出协助执行通知书要求其从每月应支付给某Y水电站的电费中扣划2000万元给付某X租赁公司，程序合法无不妥之处。综上，因某D银行未提交证据证明本院要求协助执行的电费包含在其享有优先受偿权的应收账款内，其所提异议请求本院无法予以支持。依照相关法律法规，北京市第二中级人民法院裁定如下：驳回案外人某D银行的异议请求。

## 法律风险及要点解读

以上案例中的出租人，通过公证债权文书并向法院申请强制执行的方式，成功地保全了其合法权益。尽管对于公证债权文书是否有必要办理，各租赁公司态度不一，但在具体办理中，需要关注以下相关内容：一是办理强制执行公证时力求全面，除主债权文书外，各类担保文书都可一并办理公证，但是需要注意，各份文件中都要有明确的给付内容，合同当事人都需要明确表示愿意接受强制执行，譬如可参考的条款为"承租人、出租人对本合同中所规定的义务无异议，承租人明确承诺：如届时发生承租人不履行或不完全履行本合同项下租金、租前息、名义货价或其他任何应付款项的支付义务的情形，本合同约定的承租人违约的任何情形，任何按照本合同的约定出租人可解除本合同或宣布本合同加速到期的情形或者其他需要申请强制执行的情形时，出租人可不经诉讼，直接向有管辖权的人民法院申请对承租人强制执行。承租人自愿接受强制执行，并自愿放弃对出租人直接申请强制执行的抗辩权。关于公证过程中所应提交的文件、办理的手续等本合同未尽事宜，按照适用于该公证机构的规定和程序办理"。二是在债权文书中约定明确的实现债权费用的计算方式，包括在申请执行证书之前确定律师费数额或计算方式并写入执行证书，防止因疏忽造成资金损失。三是合理设计利息、罚息、违约金的金额，在符合法律、法规的范围内，维护自身合法权益。四是如债务人违约，及时收集整理相关的证据材料，按照规定申请执行立案，并积极应对可能发生的执行异议、复议、执行异议之诉等程序。五是申请执行公证债权文书的，需要提交执行申请书、公证书和执行证书，执行证书亦由公证处出具。

# 第6章
# 破产重整
Chapter
6

随着供给侧改革的推进，在甄别并采取合理有效措施推进“僵尸企业”处置的过程中，破产重整无疑发挥了很大的作用。破产重整司法程序能够在实现“去产能”目标的同时，将特定的宝贵资源从“僵尸企业”中释放，最大限度地提高社会生产力。但对于出租人企业内部管理而言，特别是作为融资租赁项下的出租人，需要对进入破产重整司法程序有整体宏观的把握，确保在债权申报、租赁物主张和取回、债权人会议投票表决、法院强制裁判权等各个实际操作环节之中，能够提前筹划应对，并及时做好与管理人的沟通。

根据《合同法》第242条之规定，出租人享有租赁物的所有权；承租人破产的，租赁物不属于破产财产。《破产法》第38条规定：“人民法院受理破产申请后，债务人占有的不属于债务人的财产，该财产的权利人可以通过管理人取回。但是，本法另有规定的除外。”又，最高人民法院2020年4月下发的《关于推进破产案件依法高效审理的意见》第8条中规定：“接管过程中，对于债务人占有的不属于债务人的财产，权利人可以依据企业破产法第三十八条的规定向管理人主张取回。管理人不予认可的，权利人可以向破产案件受理法院提起诉讼请求行使取回权。诉讼期间不停止管理人的接管。”因此，出租人在证明其对租赁物所有权的行使并不存在法律瑕疵的前提下，融资租赁这一产品在面对破产重整情况时能够为出租人提供租赁物取回权这一有力抓手。

在正式颁行的《民法典》中，融资租赁合同专章中删除了原《合同法》中“承租人破产的，租赁物不属于破产财产”这句表述。此外，结合之前盛传的在全国人大审议《民法典》时有将担保的范围扩大至融资租赁的讨论，导致了融资租赁行业在该条款被删除之后的不同解读。但从笔者和业务从业者讨论来看，大部分从业者认为，《民法典》未保留该表述，并不意味着出租人的权利会凭空消失，只要出租人在租赁物所有权的获取上是依法合规的，再加上《破产法》中的相关表述，其对租赁物的法律权利是需要经过譬如消灭、抛弃、行政、命令、司法裁决或转让才会发生变化的，而不会仅因未明确表述即告丧失。

# 一 破产主要步骤及程序

## 案例53：某C航运企业破产重整项目

### 债务人及破产重整基本情况

某C航运企业股份有限公司(以下简称某C航运企业)系上市公司,是长江及沿海干散货航运主要企业之一。自2008年国际金融危机以来,受财务费用负担沉重、航运运价长期低迷等因素影响,某C航运企业经营逐步陷入困境。截至2013年6月30日,某C航运企业合并报表项下的负债总额合计达58.6亿元,净资产为-9.2亿元,已严重资不抵债。经债权人申请,湖北省武汉市中级人民法院(以下简称武汉中院)于2013年11月26日依法裁定受理某C航运企业重整一案,并指定破产管理人。因连续三年亏损,某C航运企业股票于2014年5月16日起暂停上市。

2014年3月18日,武汉中院裁定批准了重整计划并终止重整程序。通过成功实施重整计划,在无国有资产注入及外部重组方资金支持的情况下,通过资产公开处置、出资人权益调整以及股票公开竞价处置,某C航运企业不但清偿了重整中的全部债务,同时,由于股票公开竞价处置产生溢价,公司在重整程序中依法获得了约7000万元的资金用于补充公司现金流。某C航运企业2014年年底实现净资产约1.2亿元,营业利润约2.24亿元,成功实现扭亏,股票于2015年12月18日恢复上市。

(1)债务人基本情况

某C航运企业股份有限公司(以下简称某C航运企业、债务人或者公司)成立于1992年6月15日,其股票在深圳证券交易所(以下简称深交所)上市交易,公司控股股东为中国某C航运(集团)总公司(以下简称某C航运集团)。截至2013年11月26日,某C航运企业总股本为674,722,303股,某C航运集团持有180,281,001股某C航运企业股票,占总股本的26.72%。

公司主营业务为船舶租赁、销售、维修及技术开发;引航、国内船舶代理、货运代理业务;劳务服务及水路运输相关业务;综合物流;对交通环保产业、交通科技产业的投资;高新科技产品研制、开发及应用(国家有专项审批的项目经审批后方可经营);国内沿海、内河普通货船及外贸集装箱内支线班轮运输;国际船舶普通货物运输。

(2)债务人破产重整前困境

①重整受理前债务人的资产负债情况

截至2012年12月31日,某C航运企业的净资产为-5.7亿元。而根据某C航运企业2013年半年报披露的情况,截至2013年6月30日,某C航运企业合并报表项下的账面资产合计49.4亿元,公司合并报表项下的负债总额合计58.6亿元,净资产为-9.2亿元,已严重资不抵债。

②重整受理前债务人的经营情况

根据某C航运企业披露的2012年年度报告,公司2012年全年合并报表的营业收入总额为21.1亿元,净利润为-19.0亿元。而截至2013年上半年,公司合并报表的营业总收入7.5亿元,净利润为-3.4亿元,整体的经营状况持续恶化,已陷入严重的经营困境。同时,受制于财务费用负担沉重、航运运价长期在低谷徘徊等因素的影响,公司已难以在短期内通过主营业务的经营恢复持续盈利能力。

③债务人股票的交易情况

因某C航运企业2011年、2012年两个会计年度经审计的净利润连续为负值，根据《深圳证券交易所股票上市规则》第13.2.1条的有关规定，公司股票自2013年4月25日起被深交所实施退市风险警示。按照《深圳证券交易所股票上市规则》，如果某C航运企业无法在2013年度实现扭亏为盈并实现净资产转正，则会因触发“连续三年亏损”和“净资产连续两年为负”两项标准而被深交所在2014年4月30日之后做暂停上市处理。如果在2014年内继续亏损、确认净资产为负值或无法实现主营业务盈利，则会被深交所作退市处理。由于“保牌”形式异常严峻，如果无法通过重整程序尽快实施债务重组并恢复公司的持续经营能力，某C航运企业将很难摆脱退市的命运。

## 案件受理情况

2013年5月14日、15日，某C航运企业债权人南通某益船舶燃物供应有限公司、珠海某亚节能产品有限公司以某C航运企业不能清偿到期债务，并且资产不足以清偿全部债务为由，依法向武汉市中级人民法院(以下简称武汉中院)申请对某C航运企业进行重整。

在接收债权人申报材料后，武汉中院按照《破产法》以及相关规定对案件管辖权、债权人主体资格、债权的真实性以及合法性、破产原因等内容进行了形式上以及实质上的审查，并严格按照法律的规定在法定期限内履行了通知某C航运企业的义务。

经审查，武汉中院依法对本案享有管辖权，而南通某益船舶燃物供应有限公司、珠海某亚节能产品有限公司作为申请人的主体资格适格。同时，某C航运企业不能清偿到期债务且资产不足以清偿全部债务，符合进行重整的条件。2013年11月26日，武汉中院依法裁定受理某C航运企业的重整申请，并于同日依法指定由武汉市人民政府金融办、武汉市人民政府法制办、武汉市人力资源和社会保障局、武汉市工商行政管理局、武汉市江汉区人民政府、北京市金杜律师事务所、众环海华会计师事务所有限公司组成的某C航运企业清算组担任某C航运企业管理人(以下简称管理人),由北京市金杜律师事务所律师担任管理人负责人。

## 债权的申报、审查及确认情况

2013年11月28日,武汉中院依法在武汉当地有影响力的媒体上发布了关于某C航运企业重整案件受理及债权申报的公告,确定债权申报的截止日期为2013年12月27日,并按照《破产法》的规定向某C航运企业的271家已知债权人发送了书面的通知书、受理公告等关于债权申报的书面文件。

(1)债权的申报及审查情况

截至债权申报期满,管理人共接受144家债权人有效债权申报146笔,申报债权总金额8,185,370,133.47元。在武汉中院的监督和指导下,管理人完成了全部的债权审查工作,并依法编制了《债权表》提交债权人会议核查。

其中,经管理人初步审查确认债权金额合计为4,698,677,396.20元。具体情况如下:①有财产担保债权1笔,初步确认债权金额为115,056,518.28元;②税款债权1笔,初步确认债权金额为9,596,407.15元;③普通债权132笔,初步确认普通债权金额合计4,574,024,470.77元。此外,另有4笔债权因涉及诉讼未决等原因,在第一次债权人会议召开时管理人暂未予审查确定,债权申报金额总计897,143,195.48元。此外,有8家债权人申报的共计2,013,667.12元的债权经审查不予以确认。

(2)债权的裁定确认情况

根据第一次债权人会议对债权的核查情况,武汉中院分别于2014年2月13日、9月5日作出民事裁定书。综合相关民事裁定书,经武汉中院裁定确认的某C航运企业重整案有财产担保债权人1笔,债权金额为115,056,518.28元,税款债权人1笔,债权金额9,596,407.15元,普通债权人134笔,债权金额为5,433,708,110.01元。

此外,截至第一次债权人会议核查情况,仍有一笔债权因涉及诉讼未结无法得到管理人审查确认,该债权申报金额为32,560,239.55元,申报债权性质为普通债权。

## 重整计划草案的内容

2013年12月30日,管理人在第一次债权人会议召开前依法向武汉中院及债权人会议提交了《某C航运企业股份有限公司重整计划草案》(以下简称《重整计划草案》),并在第一次债权人会议上进行表决。草案的主要内容如下:

(1)出资人权益调整方案的主要内容

以某C航运企业现有总股本为基数,按每10股转增5股的比例实施资本公积金转增股票,共计转增337,361,152股(最终转增的准确股票数量以中国证券登记结算公司深圳分公司实际登记确认的数量为准)。上述转增股票将在管理人的监督下部分用于偿付某C航运企业的各类债务和费用,部分用于改善公司持续经营能力等。

(2)偿债资金及股票筹集方案的主要内容

①执行重整计划所需资金将通过某C航运企业账面的货币资金、处置资产的变现资金以及追收的应收款项等方式筹集。

②执行重整计划所需的股票将通过实施出资人权益调整方案所转增的股票筹集。

③对于需要以现金方式支付的破产费用及各类债权,如通过前述途径筹集的资金不足以清偿的,在按照重整计划规定清偿相应债权并进行预留后,以剩余部分的股票变现补足。仍有剩余的,由管理人变现后用于补充某C航运企业的流动资金。

(3)债权调整方案及债权清偿方案的主要内容

①有财产担保债权经裁定确认后,就担保财产变现价款优先受偿,或由某C航运企业按担保财产评估价值以现金一次性清偿完毕。该组债权不能全额清偿的部

分,将作为普通债权按照普通债权组受偿方案进行清偿。

②职工债权由某C航运企业以分配转增股票或现金全额清偿。

③税款债权由某C航运企业以现金清偿。

④每家普通债权人20万元以下(含20万元)的债权部分,由公司以现金方式全额清偿。每家普通债权人超过20万元以上的债权部分,以转增股票进行分配,每100元普通债权可分得4.6股某C航运企业股票,以某C航运企业股票2013年12月27日停牌价2.53元/股折价,该部分普通债权清偿比例约为11.64%。

⑤预计债权的调整及清偿。对于预计债权,因诉讼尚未终结暂无法确定的债权在经裁定确认后,以及未申报但受法律保护的债权在重整计划执行完毕后,可以要求某C航运企业按照重整计划中规定的普通债权清偿方案清偿。

(4)经营方案的主要内容

将现有资产中部分与主营业务关联性较低、盈利能力较弱或长期闲置的低效资产进行剥离,改善现有资产结构和状况。

(5)重整计划执行完毕的标准

自下列条件全部满足之日起,重整计划视为执行完毕:①各类债权已按照本重整计划的规定获得现金清偿或分得股票,或者债权人与某C航运企业就执行本重整计划的债权清偿另行达成协议且不损害其他债权人利益的,视为债权人已按照本重整计划的规定接受清偿;②债权人未领受的分配款项或股票以及预计债权对应的偿债资金及用于偿债的股票,已按照重整计划的规定全额提存至管理人指定的银行账户或证券账户。

## 第一次债权人会议的召开情况

2013年12月30日上午9时,在武汉中院的召集和主持下,某C航运企业召开第一次债权人会议。会议主要包括如下议程:

(1)管理人依法向武汉中院以及债权人会议报告了前期各项重整工作进展情况,债权人会议依法核查了管理人提交的《债权表》。

(2)根据表决《某C航运企业股份有限公司财产处置方案》(以下简称《财产处置方案》)以及《重整计划草案》的需要,经管理人依法申请,武汉中院依法按照如下标准为债权人确定了临时债权额:①对《债权表》中记载的债权,按照管理人初步审查确认的债权金额及债权性质确定临时债权额;②对于因诉讼未决等原因暂时未确定的债权,按照债权人申报的债权本金及债权性质确定临时债权额;③经审查不予确认的债权,不予确定临时债权额。武汉中院明确告知,对临时确定的债权额,仅限在第一次债权人会议上对《财产处置方案》和《重整计划草案》行使表决权。

(3)管理人对《财产处置方案》作了说明,并将《财产处置方案》提交债权人会议进行表决。最终,表决同意《财产处置方案》的债权人为123家,超过出席本次会议有表决权债权人的半数,其所代表的债权额已达到无财产担保债权总额二分之一以上,根据《破产法》的规定,《财产处置方案》经本次债权人会议表决通过。

(4)管理人对《重整计划草案》作了说明,并由债权人分组对《重整计划草案》进行表决。

(5)在本次会议上,武汉中院依法指定债权人某X金融租赁公司担任债权人会议主席。

## 重整计划草案的表决情况

(1)第一债权人会议表决重整计划草案的情况

在2013年12月30日上午9时召开的某C航运企业第一次债权人会议上,由债权人分组对《重整计划草案》进行了表决。

经审议,职工债权组和税款债权组均现场表决通过《重整计划草案》。

因有财产担保债权组以及普通债权组中部分债权人未能及时取得授权而无法对《重整计划草案》行使表决权,为保障债权人的合法权益,武汉中院宣布将有财产担保债权组以及普通债权组投票表决期限延期至2013年12月31日上午11时30分。截至延期表决期限届满,有财产担保债权组表决通过《重整计划草案》。而普通债权组中，参加表决的普通债权人共130家，同意《重整计划草案》的普通债权人120家，同意人数占出席会议人数的92.31%，超过普通债权组出席会议债权人的半数；同意的债权人所代表的债权金额为3,453,782,477.96元，占普通债权组债权总额的63.17%，未超过普通债权组债权总额的三分之二。由于普通债权组未能表决通过《重整计划草案》，《重整计划草案》在第一次债权人会议上未获通过。

(2)重整计划草案再次表决的情况

经报请武汉中院审查同意，管理人以通信方式组织普通债权组再次表决《重整计划草案》。2014年1月20日，管理人向全体普通债权人寄送有关书面说明以及再次表决《重整计划草案》的表决票。2014年2月21日，在武汉中院以及债权人代表的监督下，管理人现场开启债权人提交的表决票并对表决结果进行统计。经现场统计，参加再次表决的普通债权人共135家(含未参加第一次债权人会议的五家债权人)，同意《重整计划草案》的普通债权人为125家，同意人数占出席会议人数的92.59%，超过普通债权组出席会议债权人的半数；其所代表的债权金额为3,655,279,993.42元，占普通债权组债权总额的66.85%，超过普通债权组债权总额的三分之二。最终，普通债权组表决通过了《重整计划草案》。

综上所述，经过两次表决，债权人会议表决通过《重整计划草案》。

## 出资人会议表决出资人权益调整方案情况

2013年12月30日下午，在武汉中院的召集和主持下，某C航运企业的出资人组会议采取现场投票与网络投票相结合的方式召开。截至投票结束，参加网络投票的出资人共796家，出席现场投票的出资人共3家。经现场统计，代表股份为270,307,770股的出资人同意出资人权益调整事项，占出席会议行使有效表决权股本总数的97.44%。《重整计划草案》涉及的出资人权益调整方案获得出资人组表决通过。

## 重整计划的裁定批准情况

对于管理人提交的提请武汉中院裁定批准《重整计划草案》的请求,根据《破产法》以及相关规定,结合《重整计划草案》的内容以及债权人会议、出资人会议表决情况,武汉中院审查认为:

(1)债权人会议表决《重整计划草案》的程序符合法律规定。经审查,债权人会议分组表决《重整计划草案》的各项程序均符合法律规定的要求。鉴于在第一次债权人会议上普通债权组未能表决通过《重整计划草案》,管理人组织普通债权组通过通信方式进行了再次表决。武汉中院对管理人提交的通信方式表决《重整计划草案》的报告进行了审查,认为通信方式表决不违反法律的强制性规定,也有利于降低债权人的重整成本、推进重整进程。在实施通信表决的全过程中,武汉中院从保障债权人合法权益的角度出发,重点对管理人具体执行通信方式表决的关键环节如对债权人的通知程序、表决票的制作以及表决结果的现场统计等方面进行了审查和监督,并邀请债权人代表对计票过程进行了现场监督,确保了表决结果的法律有效性。

(2)出资人组表决出资人权益调整方案程序符合法律规定。某C航运企业作为上市公司,出资人会议表决出资人权益调整方案的程序应当同时符合《破产法》以及《关于审理上市公司破产重整案件工作座谈会纪要》等破产相关法律法规的规定,同时表决程序也应当符合《公司法》以及《深圳证券交易所股票上市规则》等证券规范性文件的规定。经审查,出资人会议召开的程序以及表决结果的标准均符合破产相关法律法规以及证券规范性文件的规定。

(3)《重整计划草案》内容符合法律规定。经审查债权人会议、出资人组表决通过的《重整计划草案》及出资人权益调整方案,武汉中院认为,该方案的内容囊括了《破产法》第81条规定的必备内容,其内容较好地平衡了各方的利益,也符合《破产法》第87条关于法院裁定批准《重整计划草案》的规定。

综合以上情况,2014年3月18日,武汉中院依法裁定批准了《重整计划草案》并终止重整程序。

## 重整计划执行情况

在重整计划执行阶段，结合某C航运企业的客观情况，武汉中院除要求管理人以及债务人定期汇报重整计划执行的进展情况外，重点从以下几个方面监督以及依法协助债务人执行重整计划：

(1)监督并协助执行出资人权益调整方案。为顺利实施出资人权益调整方案中的资本公积金转增股本的工作，根据管理人以及债务人的申请，武汉中院依法出具相关民事裁定书以及协助执行通知书，请求中国证券登记结算有限责任公司深圳分公司协助办理某C航运企业资本公积金转增股本的登记手续。以某C航运企业现有总股本为基数，按每10股转增5股的比例实施资本公积金转增股票，共计转增337,361,152股；并协助将上述某C航运企业实施资本公积金转增的337,361,152股划转至某C航运企业破产企业财产处置专用账户。

(2)监督债务人清偿债务，协助向债权人分配股票的划转工作。在武汉中院依法裁定确认债权之后，因债权人依法转让债权、债权人以留置物优先清偿以及债务人的保证人依法清偿债权等原因，最终债权清偿对象、清偿方式以及清偿金额与民事裁定书中记载的债权情况有所变动。对此，武汉中院指导管理人以及债务人对相关变动情况的合法性逐一进行了核实。2014年8月27日、9月11日以及9月12日，在武汉中院的监督及审查下，管理人以及债务人分三批完成了债权清偿中的现金清偿工作；2014年9月12日，应管理人以及债务人的请求，武汉中院依法出具相关民事裁定书以及协助执行通知书，请求中国证券登记结算有限责任公司深圳分公司协助将某C航运企业破产企业财产处置专用账户内的某C航运企业212,856,724股流通股股票过户至某M金融租赁公司等61个由债权人指定的证券账户内。

(3)确认重整计划按期执行完毕。2014年9月15日，在管理人的监督下，某C航运企业已经全部执行完毕《重整计划草案》。2014年9月24日，某C航运企业向武汉中院提交了《提请裁定确认重整计划执行完毕申请书》以及《关于某C航运企业股份有限公司重整计划执行情况的报告》，申请武汉中院裁定确认《重整计划草案》执行完毕。2014 年 9 月 22 日，管理人向武汉中院提交了《关于某 C 航运企业股份有限公司重整计划执行情况的监督报告》，依法向武汉中院报告了债务人执行完毕《重整计划草案》的情况。

经审查及复核，武汉中院认为，在管理人的监督下，某 C 航运企业已按照《重整计划草案》的规定向债权人履行完毕清偿义务，因债权人原因未领受的分配款项以及股票也已全额提存至管理人指定的银行账户和证券账户。根据《重整计划草案》有关重整计划执行完毕标准的规定，某 C 航运企业已经执行完毕《重整计划草案》。鉴于此，武汉中院依法裁定确认某 C 航运企业重整计划执行完毕。

### 法律风险及要点解读

从该案例中，可以完整地看出项目在推进到司法重整阶段后，所涉及的各具体法律程序以及不同的债权人分组投票情况。本案例旨在提供对破产管理的整体法律框架和各具体程序的了解和掌握。

## 二 破产程序中共益债权的申请

### 案例 54：某 Y 煤化工破产重整项目

该项目在破产重整中存在和其他破产项目不一样的地方，破产管理人对于出租人部分租赁债权，即在某 X 制焦有限公司租赁项目（以下简称承租人甲）项下约 1.02 亿元的租赁合同，确认为共益债权并继续履行。

## 项目背景

(1)某X制焦有限公司项目

2012年2月7日，承租人甲回租项目经出租人当年度第××次项目评审委员会审议，审议结果为有条件同意；2012年2月21日，有权签字人签发了《项目审批通知书》，租赁金额5亿元，授信额度敞口控制在3亿元以内，另外2亿元仅限于“T+0”使用。

2012年8月3日，经出租人内部流程各有权人签署完毕《融资租赁项目放款及费用支付审批书》，当日放款金额3亿元。同日，承租人甲向出租人出具《所有权转移证书》，确认其于该日收到出租人支付的租赁设备购买价款3亿元。

因租金逾期，2015年9月23日，出租人业务部门提交业务事项签报，以保证金抵扣了应收未收租金2051万元。

2015年11月10日，承租人甲1.03亿元回租项目经第×××次融资性租赁业务评审委员会审议，审议结果为同意表决内容；同日，有权人签发《项目审批通知书》，租赁金额102,836,253.56元，金额为重组前原授信的未收回本金金额。重组后原合同结清。

(2)某D煤电股份有限公司(以下简称承租人乙)

2011年9月16日，经出租人当年度第×××次业务评审委员会审议，批准承租人乙6亿元回租项目，期限4年，由某Y煤化工集团有限公司(以下简称某Y煤化工)提供连带责任保证。

2011年11月9日和2012年1月10日，分别放款3亿元，合计6亿元。2011年11月9日，承租人乙向出租人出具《所有权转移证书》，确认其于2011年11月9日收到出租人支付的租赁设备购买价款3亿元。2012年1月19日，承租人乙向出租人出具《所有权转移证书》，确认其于2012年1月10日收到出租人支付的租赁设备购买价款3亿元。

2015年9月23日，因项目出现逾期，出租人业务部门提交业务事项签报，申请承租人乙项目下保证金抵扣部分应收未收租金。

2015年11月10日，业务部门提交业务事项签报，拟申请于2015年11月15日前将结清承租人甲、承租人乙和承租人丙所有逾期利息并进行重组，同时豁免相关承租人17个合同项目下所有罚息；同日，经出租人当年度第××次融资性租赁业务评审委员会审议，审议结果为有条件同意；有权人于当日签发了《项目审批通知书》。

2015年11月12日，出租人业务部门提交业务事项签报，为重组之目的，申请承租人甲、承租人乙和某D煤业集团有限公司租赁项目（以下简称承租人丙）等项下17个合同提前还款并终止。

（3）承租人丙

2013年2月4日，经出租人第×次业务评审委员会审议，批准承租人丙10亿元回租项目，期限5年，由某Y煤化工提供连带责任保证。

2013年3月，分三次放款3亿元、3亿元和4亿元，合计10亿元。

2013年5月28日，经出租人业务评审委员会审议，批准承租人丙3亿元回租项目，期限5年，由某Y煤化工提供连带责任保证。

2013年7月15日，放款3亿元。

2014年9月4日，经出租人当年度第35次业务评审委员会审议，批准承租人丙4亿元回租项目，期限5年，由某Y煤化工提供连带责任保证，该笔授信实际是为整个集团进行结构性的调整。

2014年10月至2015年7月，出租人共放款10次，实际放款合计3.54亿元。

2015年11月10日，经出租人当年度第×××次融资性租赁业务评审委员会审议，批准对承租人乙和承租人丙的存量项目进行重组，重组后主体为承租人丙，合计金额1,209,876,823.23元，是重组前未收回本金合计，期限5年

(前2年只付息不还本,第3~5年按半年等额本息付租),由某Y煤化工提供连带责任保证。重组后原合同结清。

需要说明的是,由于承租人乙和承租人丙是“两块牌子,一套班子”,同时运行。且承租人乙余额较小,因此,2015年11月,出租人对上述逾期合同未偿还本金进行了借新还旧方式的重组,承租人统一为承租人丙。经过多次重组和变更,某Y煤化工集团项下,出租人存有两个承租人、三个合同,两个承租人分别是承租人甲和承租人丙。

## 破产重整整体情况

2016年8月23日,昆明中院依法裁定受理债权人对承租人甲的重整申请,并指定承租人甲清算组担任管理人;同日,昆明中院裁定受理申请人云南省某国有公司对某Y煤化工的重整申请,并指定某Y煤化工清算组担任管理人。

2016年10月7日,出租人取得承租人甲管理人签发的继续履约函,2016年12月,承租人甲偿还了逾期租金,但2017年5月再次逾期。根据出租人业务部门汇报材料,2017年以来企业生产经营一直不正常,一季度发生大额亏损,现金流紧张,尚未恢复融资能力,现金流覆盖利息全额支付较为困难。

在承租人甲进入破产重整程序之后,承租人丙的债务重整尚未启动,但由于担保人某Y煤化工已被提起破产重整,因此,承租人丙两笔合同项下约12亿元的租赁债权本金,在推进处置过程当中,未来存在较大不确定性风险。承租人丙相关融资租赁合同项下,由于涉及租赁合同项下的设备需要被某国有企业收购,因此,出租人面临对自行处置方案和直接向担保人某Y煤化工进行债权申报方案的比较难题;特别是在自行处置尚不能完全清偿的情况下,需要就剩余债权部分继续向担保人某Y煤化工进行申报,但这对出租人处置时点的把握要求较高,出租人须在某Y煤化工执行首次清偿方案前完成相关租赁物置换及补充申报剩余债权。

## 承租人甲破产重整草案

为了对后续承租人甲破产案中以“共益债务”这一处置方式的巨大优势有更好理解，本报告就承租人甲的债权分类、清偿方案简单摘录如下：

根据《破产法》的相关规定，结合债权人向承租人甲公司管理人申报债权的实际情况，债权分为担保债权、职工债权、税收债权、普通债权四类。

(1)担保债权的调整及清偿方案

截至2016年10月12日，担保债权共申报5笔，经管理人初步审查，确认金额726,573,266.77元、不予确认金额760,126.27元、暂未确认金额424,040,752.37元。担保债权在对应担保财产评估值范围内优先受偿，在本重整计划执行期限内以现金方式一次性清偿完毕。担保债权就对应担保财产评估值优先受偿后，仍未得到全额清偿的部分，列入普通债权，按照普通债权的调整及清偿方案清偿。

(2)职工债权的调整及清偿方案

经管理人调查、公示的职工债权及经管理人确认的社保债权共计45,484,786.42元，全额清偿，不作调整。在本重整计划执行期限内，以现金方式一次性清偿完毕。

(3)税收债权的调整及清偿方案

截至2016年10月26日，税收债权共申报1笔，经管理人初步审查，确认金额17,567,613.88元、不予确认金额3,119,772.07元。税收债权全额清偿，不作调整。在本重整计划执行期限内，以现金方式一次性清偿完毕。

(4)普通债权的调整及清偿方案

截至2016年10月26日，普通债权共申报346笔，经管理人初步审查，确认金额为3,685,941,695.10元(其中3,067,063.62元债权人申报为税收债权，管理人确认为普通债权)、不予确认金额为141,826,118.65元、暂未确认金额为239,377,583.39元。另外，管理人已审查确认的担保债权因优先受偿不足转为普通债权金额637,439,422.28元。

根据《偿债能力分析报告》，承租人甲在破产清算状态下的普通债权清偿比例为1.49%。为最大限度地保护普通债权人的合法权益，根据承租人甲的实际情况,本重整计划将对普通债权的清偿比例作一定幅度的提高。

每家普通债权人50万元以下(含50万元)的债权部分,100%全额清偿,超过50万元的债权部分(如有)按15%的比例清偿,其余部分予以豁免。在本重整计划执行期限内以现金方式一次性清偿完毕。

另外,重整费用和共益债务的支付:重整费用按照相关法律及协议的规定随时支付;共益债务,包括因继续履行合同所产生的债务、因继续营业而应支付的劳动报酬和社会保险费用以及由此产生的其他债务,共益债务由承租人甲随时清偿。

## 法律风险及要点解读

1. 破产之后共益债务的争取和申请

仅就承租人甲破产案件而言,本项目和其他破产案件区别在于:出租人以剩余债务为依托,经各方努力之下,向管理人争取了将出租人融资租赁合同继续履行并列为共益债务,避免了因列为低受偿率的普通债务而导致债权发生大额贬损的情形。列为共益债务的法律依据是《破产法》第18条第1款之规定:“人民法院受理破产申请后,管理人对破产申请受理前成立而债务人和对方当事人均未履行完毕的合同有权决定解除或者继续履行,并通知对方当事人。管理人自破产申请受理之日起二个月内未通知对方当事人,或者自收到对方当事人催告之日起三十日内未答复的,视为解除合同。”

尽管被列为共益债务的后续履行仍可能继续出现问题,但对于出租人在破产案件中的合法权益维护而言,争取列为共益债务,无疑是巨大有益的尝试。

2. 融资租赁案件和承租人破产案件的衔接

在2014年最高人民法院下发的《融资租赁司法解释》中,由于该解释与《破产法》没有衔接,导致在承租人进入破产程序时,大量涉及金融租赁公司的诉讼、执行被中止或终结,客观上为承租人和担保人在法定程序之外,提供了一个逃避债务的机会。其中,比较突出的两个问题是法院管辖问题和执行问题。

①关于管辖。《破产法》第 21 条规定："人民法院受理破产申请后，有关债务人的民事诉讼，只能向受理破产申请的人民法院提起。"但《破产法》第 124 条同时规定："破产人的保证人和其他连带债务人，在破产程序终结后，对债权人依照破产清算程序未受清偿的债权，依法继续承担清偿责任。"在实践中，如涉及担保人的案件即强行规定在受理破产申请的人民法院起诉，则改变了民事管辖约定优先的原则，使担保人在法律之外，获得了逃避债务的管辖特权。目前即出现了大量由于承租人申请破产的案件，法院对所涉担保案件的审理亦中止；或受理破产的法院要求审理法院中止审理，使金融租赁公司的债权悬空。就此问题，在后续涉及诉讼策略的分析时，特别是出租人只起诉担保人要求担保人承担担保责任的，可先行主张案件管辖依照原担保合同约定；原告为出租人，被告为出租人要求履行未履行清偿责任的担保人。如担保人要求承租人参与诉讼的，人民法院可以将承租人列为第三人参与诉讼。审理中只确定承租人的债务数额，对承租人的债务责任不作实体判决，由受理破产申请的人民法院统一处理。担保人要求承租人承担责任的，人民法院不予支持。

②关于执行。《破产法》第 19 条规定："人民法院受理破产申请后，有关债务人财产的保全措施应当解除，执行程序应当中止。"对于"债务人财产"的范围，《破产法》第 30 条规定："破产申请受理时属于债务人的全部财产，以及破产申请受理后至破产程序终结前债务人取得的财产，为债务人财产。"但对非债务人财产，如对担保人财产的执行，法律或司法解释都没有作出规定。法院的习惯做法是涉及承租人所有的执行程序都终止，全案移送受理破产申请的法院；受理破产申请的法院也要求执行法院全案移送。且不论该等移送要求的正当与否，就执行能力而言，受理破产申请的法院实际执行的可能性几乎为零，这也导致了金融租赁公司的不良资产倍增，极大地损害了出租人的利益。在后续各涉诉事项推进中，可依据目前的一些司法实践，即协调法院增加执行担保人的财产可以不终止；法律依据是出租人按照《破产法》第 124 条仅请求担保人承担担保责任的执行程序，应作出除外处理。

# 三 出租人义务履行完毕的确认

## 案例55：江苏某亨破产管理项目

### 案件主要事实

2012年12月11日，原告某F融资租赁有限公司（以下简称某F租赁公司）与被告江苏某亨纸业有限公司（以下简称某亨公司）、被告杭州某意纸业有限公司（以下简称某意公司）签订《融资租赁合同》。约定某亨公司、某意公司以筹措资金为目的，以回租方式向某F租赁公司转让租赁物，某F租赁公司将受让租赁物出租给某亨公司、某意公司使用。约定租赁本金5800万元，利率10.1205%，前端费407.16万元，保证金290万元，名义货价1.17万元。同时约定若某亨公司、某意公司按约定支付租金且无其他违约行为，保证金自动冲抵最后一期或几期租金。若某亨公司、某意公司在本合同项下出现违约时，某F租赁公司有权使用保证金补偿因某亨公司、某意公司违约而遭受的损失。如任何一期租金或其他应付款项到期未付，自该租金或款项应付之日起至某亨公司、某意公司实际清偿日止，每逾期一日，某F租赁公司将按逾期租金或其他逾期款项的万分之十收取滞纳金。如某亨公司、某意公司在租赁期间未能按时足额支付任何一期租金或其他应付款项，某F租赁公司有权提前终止合同，并要求某亨公司、某意公司立即付清全部租金、滞纳金、违约金及一切其他应付款项。名义货价应于最后一期租金一并支付。某亨公司、某意公司承担因本合同的签订和履行而产生的所有费用（如有）、某F租赁公司为实现债权而支付的诉讼费、仲裁费、公证费、律师费、执行费及其他任何实际支出费用。

同日,某F租赁公司与浙江板桥某园环保集团有限公司(以下简称某园公司)、某亨公司、某意公司签订《保证合同》、与夏某胜、应某凤、某亨公司、某意公司签订《保证合同》。上述保证合同内容相同,均约定为《融资租赁合同》项下债务人应付的租赁本金人民币5800万元整、利息及所有其他应付款项提供保证担保,担保范围为债务人在《融资租赁合同》项下对债权人承担的所有付款义务。包括但不限于租金(租赁本金和利息)、保证金、手续费、滞纳金、违约金、损害赔偿金、名义货价、提前还款费用、其他预付款项以及债权人为实现债权而支付的所有费用(包括但不限于诉讼费、仲裁费、公证费、律师费、执行费及其他实际支出费用)。保证方式为连带保证责任,保证期间自《融资租赁合同》生效之日起算,至债务人在《融资租赁合同》项下最后一笔付款义务履行期限届满之日起两年。同日,某F租赁公司与某亨公司、某意公司签订《保证金合同》,约定某亨公司、某意公司向某F租赁公司于起租日前一次性支付520万元租赁保证金,如约履行合同时,保证金冲抵最后一期或几期租金,某亨公司、某意公司违约时,某F租赁公司有权自行使用保证金补偿其遭受的损失。

2012年12月18日,某F租赁公司与某亨公司、某意公司确定《租金支付表》,详细约定了某亨公司、某意公司应支付租金的期数,每期租金支付日、每期应付租金、本金、利息(含税)、剩余本金的数额。上述合同签订后,某F租赁公司支付了租赁本金5800万元,某亨公司、某意公司缴纳了前端费407.16万元及810万元保证金。双方完成了合同约定的结算、所有权转移、租赁物接收、动产权属登记及开具增值税发票的事项。

合同履行中,某亨公司、某意公司按《租金支付表》如约给付了截至2014年3月14日共五期的租金。但自2014年6月之后至今未按约支付租金。为此,2014 年 6 月 23 日,某 F 租赁公司分别向某亨公司、某意公司、某园公司、夏某胜、应某凤发出《关于×××××号融资租赁合同的租金催告通知》,向某亨公司、某意公司催付租金、滞纳金,向某园公司、夏某胜、应某凤主张承担保证责任。某 F 租赁公司于 2014 年 9 月 4 日提起诉讼。某 F 租赁公司委托北京市某律师事务所代理进行诉讼,支付律师费 10 万元。

另查:2014 年 9 月 15 日,浙江省富阳市人民法院作出(2014)杭富破(预)字 5-2 号民事裁定书,裁定受理某意公司因不能清偿到期债务,且资不抵债而向法院提出的重整申请。

## 诉讼主张及答辩意见

原告向天津市第一中级人民法院提起诉讼,并请求:(1)判令某亨公司、某意公司向某 F 租赁公司支付融资租赁租金 3969.006326 万元、滞纳金 9.639 万元(第 6 期 567 万元本金的日万分之十自 2014 年 6 月 14 日起至当月 30 日),合计 3978.645326 万元(滞纳金应计至五被告实际支付日);(2)判令某亨公司、某意公司向某 F 租赁公司支付名义货价人民币 1.17 万元;(3)判令某亨公司、某意公司向原告支付律师费 10 万元(前述第一项至第三项诉讼请求金额合计人民币 39,898,153.26 元);(4)判令某园公司、夏某胜、应某凤对上述第 1 项至第 3 项诉讼请求承担连带责任;(5)本案全部诉讼费由五被告承担。

被告某亨公司答辩称:对原告的诉讼请求和依据的证据认可。对原告第 1 项诉讼请求的租金同意支付,滞纳金希望原告予以减免。

被告某意公司提交书面答辩意见称:(1)某意公司已进入了破产重整程序,诉争合同属于双方均未履行完毕的合同,管理人未选择继续履行时,应予解除;(2)某 F 租赁公司仅能主张合同解除后的损害赔偿;(3)即便裁决合同继续履行,案涉合同项下前端费、租金计取标准违背合同法确立的诚实信用、等价有偿和公平交易原则,显失公平,表现为:①原告收取的前端费金额巨大且无事实和法律依据,该等费用应冲抵借款本金;②原告收取高额保证金无法律依据且加重被告责任,有失公平;③原告之融资本质上属于高利息融资,对其高额收益应予调整;④原告诉请的滞纳金仅能计算至2014年9月14日;(4)原告诉请的律师费证据不足。

被告某园公司、夏某胜、应某凤未提交答辩意见。

## 一审法院判决

天津市第一中级人民法院经审理于2014年12月15日作出(2014)一中民二初字第141号民事判决书:(1)解除某F租赁公司与某亨公司、某意公司的《融资租赁合同》;(2)本判决生效后30日内,某亨公司、某意公司共同给付某F租赁公司融资租赁租金(3969.006326万元-810万元)3159.006326万元、名义货价1.17万元、律师费10万元,以上共计3170.176326万元;(3)本判决生效后30日内,某亨公司以567万元为基数按中国人民银行同期贷款利率的四倍给付某F租赁公司自2014年6月14日起至实际给付之日止滞纳金;某意公司承担给付截至2014年9月14日的滞纳金的责任;(4)某园公司、夏某胜、应某凤对上述第二项诉讼请求承担连带责任;(5)驳回某F租赁公司其他诉讼请求。

## 二审上诉及判决

一审宣判后,承租人某意公司提起上诉。

二审法院认为:《融资租赁合同》系各方当事人的真实意思表示,内容不违反法律、行政法规的强制性规定,合法有效。合同明确约定如某亨公司、某意公司在租赁期间未能按时足额支付合同项下任何一期租金或其他应付款项时,某F租赁公司有权提前终止合同,并要求某亨公司、某意公司立即付清全部租金、滞纳金、违约金及一切其他应付款项。根据《合同法》第248条的规定,承租人经催告后在合理期限内仍不支付租金的,出租人可以要求支付全部租金;也可以解除合同,收回租赁物。现某亨公司、某意公司未按约支付租金,某F租赁公司提起诉讼要求其付清全部租金及名义货价,符合合同约定和法律规定。

某F租赁公司提起本案诉讼后,浙江省富阳市人民法院裁定受理某意公司的重整申请,某意公司管理人在本案诉讼中主张依据《破产法》第18条行使合同解除权。对此,本院认为,《破产法》第18条规定破产管理人享有的法定解除权仅适用于受理破产申请后,管理人对破产申请受理前成立而债务人和对方当事人均未履行完毕的合同有权决定解除。在融资租赁合同中,出租人负有支付租赁物购买价款、将租赁物交付承租人使用的积极义务并承担保证承租人在租赁期间对租赁物占有、使用的消极义务。出租人就其中的积极义务履行完毕,即实现了签订融资租赁合同的实质性目的,应认定出租人就融资租赁合同已履行完毕。另外,是否支持承租人管理人行使合同解除权,除需要考量是否有利于破产财产价值最大化和恢复其偿债能力之外,还应兼顾融资租赁合同中出租人的利益。本案中,某F租赁公司与某亨公司、某意公司签订的是售后回租式融资租赁合同,租赁物原本就归某亨公司所有,某F租赁公司签订融资租赁合同的主要目的是收取租金,并非收回租赁物。某F租赁公司依约支付完转让价款即视为将租赁物交付给某亨公司、某意公司使用,某F租赁公司就融资租赁合同的主要义务已经履行完毕。在某亨公司、某意公司未按期支付租金,某F租赁公司在先提起诉讼要求某亨公司、某意公司支付全部租金的情况下,某意公司再依据《破产法》第18条就融资租赁合同行使解除权缺乏依据。此外,对某意公司管理人行使解除权的主张不予支持,不会导致破产财产绝对价值的减少,并且有利于平衡某F租赁公司与某意公司其他债权人的利益。

天津市高级人民法院经审理于2015年7月20日作出(2015)津高民二终字第0070号民事判决书:(1)维持天津市第一中级人民法院(2014)一中民二初字第141号民事判决第2、4、5项;(2)撤销天津市第一中级人民法院(2014)一中民二初字第141号民事判决第1项;(3)将天津市第一中级人民法院(2014)一中民二初字第141号民事判决第3项变更为“本判决生效后30日内,某亨公司以567万元为基数按中国人民银行同期贷款利率的四倍给付某F租赁公司自2014年6月14日起至本判决确定的给付之日止的滞纳金,某意公司以上述基数和计算方法给付某F租赁公司自2014年6月14日至2014年9月14日止的滞纳金”。

**法律风险及要点解读**

该项目借鉴意义在于，在承租人提起了破产申请且被法院受理之后，如后续破产管理人以《破产法》第18条规定的管理人合同解除权，要求解除融资租赁合同而抗辩出租人的支付租金请求，法院需综合考量合同履行状态、解除合同是否有利于破产财产价值最大化，以及平衡出租人利益等因素。当出租人已完成支付租赁物购买价款将租赁物交付承租人使用的合同义务时，应认为出租人一方就融资租赁合同已履行完毕，在出租人在先提起诉讼要求承租人支付全部租金的情况下，人民法院对承租人管理人行使解除权的抗辩不予支持。

## 四 破产法院的强制批准权

在某些破产重整案例中，针对重组方案，《破产法》第84条规定，“出席会议的同一表决组的债权人过半数同意重整计划草案，并且其所代表的债权额占该组债权总额的三分之二以上的，即为该组通过重整计划草案”，且“各表决组均通过重整计划草案时，重整计划即为通过”。但具体到每个破产重整方案，未必每个重整计划草案都能获得通过，针对一些具有经营运营价值的企业，为了实现法律规定破产重整程序的目的，即在不实质性损害债权人权益的情况下拯救濒临破产的公司，相关法院可依据《破产法》第87条第2款行使对破产重整计划的强制批准权。但这并不意味着法院强制批准权的行使没有任何约束和限制，在2018年3月《全国法院破产审判工作会议纪要》中，针对“重整计划草案强制批准的条件”进一步明确：“人民法院应当审慎适用企业破产法第八十七条第二款，不得滥用强制批准权。确需强制批准重整计划草案的，重整计划草案除应当符合企业破产法第八十七条第二款规定外，如债权人分多组的，还应当至少有一组已经通过重整计划草案,且各表决组中反对者能够获得的清偿利益不低于依照破产清算程序所能获得的利益。”

## 案例 56:破产法院可依职权就破产重整方案行使强制批准权

### 案件主要事实

2016 年 10 月 27 日,甘肃某×实业集团有限公司(以下简称某×集团)以不能清偿到期债务,明确缺乏清偿能力,为摆脱企业财务困境,重获经营能力和偿债能力为由,向陇南中院申请破产重整。

2016 年 12 月 2 日,陇南市中级人民法院以(2016)甘 12 民破字 01 号民事裁定书,裁定某×集团进入破产重整程序。2017 年 1 月 16 日,陇南中院以(2016)甘 12 破 01 -2 号民事裁定书批准由债务人自行管理财产和营业事务。

2017 年 3 月 20 日,某×集团破产重整第一次债权人会议在陇南市召开,会上管理人向债权人通报了债权申报及审查情况。2017 年 7 月,在组织完成了某×集团的资产审计、评估、分析等各项工作基础上,某×集团于 2017 年 7 月初向陇南中院及管理人先行递交了《某×集团重整计划(初稿)》。

### 破产申请人主要存在问题

某×集团目前的主要问题为:

1. 受钼金属市场价格长期持续低迷,致使流动性不足;

2. 为深圳某欣矿业集团有限公司(以下简称某欣矿业)和深圳市某欣投资有

限公司(以下简称某欣投资)提供担保形成多起诉讼纠纷,导致部分资产被查封冻结,进而又引发多起债务诉讼,致使财务陷入困境;

3. 下属矿山企业前期投资规模大,项目多,资金需求量大,矿山建设受环保、安全等审批因素的影响,投资周期长,投资项目在没有形成产能的情况下,债务均已到期并酿成诉讼,导致资金链断裂,进而形成所属部分企业自2015年下半年以来陆续处于停产、半停产状态,未完工的建设项目全部搁浅。

## 破产重整计划

根据某×集团于2017年8月31日出具的《重整计划(草案)》,其重整计划概要如下:

1. 根据债权申报与审核情况以及对债务人资产进行审计与评估,债务人如进入破产清算,现有资产中具有营运价值的无形资产将大幅流失,普通债权人将面临无产可分的困局。在引进重整方投入50亿元资金的条件下,债务人财产价值得以保持,其中42.5亿元偿债资金注入后,某×集团的全体债权人将快速实现债权,其中普通债权人的清偿率将提升至8%;重整方承诺在重整计划批准且持续运营公司的债务重组方案或债转股方案通过后,将剩余7.5亿元建设资金注入重整方认可的某×集团下属拟持续运营公司,则将有利于持续运营公司自身偿债能力的提升,使得对持续运营公司享有债权的权利人损失得以减少。

2. 重整方注入50亿元资金,其中42.5亿元用于清偿重整费用、共益债务、有财产担保债权和普通债权,其余7.5亿元资金在重整计划批准且持续运营公司的债务重组方案或债转股方案通过后将作为投资分别注入拟持续运营的公司,完成拟持续运营公司的扩建、技改、建设和恢复生产,维持和提升整体资产价值,以更大限度地清偿该等持续运营公司的自有负债与或有负债,对于该等持续运营公司,将分别实施债务重组方案或债转股方案。

3. 对债务人特定财产享有担保权的债权,担保物以评估清算值,在担保债权额内予以优先清偿,未清偿部分转为普通债权按比例受偿。

4. 重整费用、共益债务、职工债权、税收债权等依法享有优先受偿权的债权，按照重整计划确定的清偿方案100%受偿。

5. 普通债权人依据其最终确定的债权额度，按确认债权金额8%的比例受偿，后续根据债权确认以及资产变现情况进行补充分配。

## 表决情况

2017年9月1日，债务人某×集团向陇南中院提交了《重整计划(草案)》。法院于2017年9月22日召开债权人会议，对《重整计划(草案)》进行了表决，第二次表决结果为：职工债权人组、出资人组表决通过该《重整计划(草案)》；对债务人的特定财产享有担保权的债权人组、普通债权人组表决未通过该《重整计划(草案)》。

2017年11月30日，债务人对《重整计划(草案)》部分条款进行了完善和细化，产生了《甘肃某×实业集团有限公司重整计划(草案)修正案》，将修正后的《重整计划(草案)》提请再次表决。在第三次债权人会议上，针对修正后的《重整计划(草案)》，对债务人特定财产享有担保权的债权人超过半数、且同意债权人所代表的债权额占该租债权总额的比例超过三分之二，因此，对债务人特定财产享有担保权的债权人组通过《重整计划(草案)》；普通债权人组表决仍未通过该《重整计划(草案)》。

## 法院裁定

基于以上，债务人向法院提出了申请，申请法院裁定批准重整计划草案及修正案，终止重整程序，并予以公告。

陇南中院于2017年12月25日作出了(2016)甘12民破字01－10号民事裁定书，法院认为：甘肃某×实业集团有限公司是国内矿业行业的一家大型民营企业，其所辖独资、控股、参股、或间接参股公司52家，分布在全国10余个省市，而该集团的主要资产也就是对各子公司因投资而享有的股权。如对该集团公司宣告破产清算,就要对该集团公司在各独资、控股、参股子公司的股权或资产进行变卖处置,因该集团公司子公司数量多、分布广,因此资产变现难度大、周期长、成本高,并不利于各债权人及时实现权益,必然影响各子公司的正常运营和生产,极可能引起部分子公司连环破产,带来如职工安置等一系列社会问题。在第三次债权人大会上对修正后的某×集团《重整计划(草案)》表决中,对债务人的特定财产享有担保权的债权人组、职工债权人组、出资人组表决通过该《重整计划(草案)》;税务债权人经通知未申报债权,但某×集团在制定的《重整计划(草案)》中按审计确认的欠税金额对该债权予以全额预留了清偿资金,因此某×集团申请批准的《重整计划(草案)》对税务债权人权益未造成实质性的损害;普通债权人组虽表决未通过某×集团《重整计划(草案)》,但《破产法》第87条第2款第3项规定,在《重整计划(草案)》中,普通债权所获得的清偿比例,不低于其在《重整计划(草案)》被提前批准时依照破产清算程序所能获得的清偿比例,人民法院可以裁定批准《重整计划(草案)》,现某×集团提交的《重整计划(草案)》中对普通债权的清偿比例要高于按破产清算程序所能获得的清偿比例,因此,该重整计划草案及修正案符合法律规定的批准条件,依法维护了债权人的合法权益。有权清偿程序符合法律规定,经营方案具有可行性,应予以批准。综上所述,为了实现法律规定破产重整程序的目的,即在不实质性损害债权人权益的情况下拯救濒临破产的公司,本案经合议庭评议,审判委员会讨论,依照《破产法》第87条之规定,裁定如下:(1)批准债务人甘肃某×实业集团有限公司的重整计划草案及修正案;(2)终止债务人甘肃某×实业集团有限公司的重整程序。

## 法律风险及要点解读

如在上述案例中所呈现的重整计划经债权人三次表决尚且未获得通过,考虑到仅有普通债权人组未表决通过且重整方案的受偿率高于破产清算受偿率,法院依职权强制批准了相关重整方案。

## 五 美国法破产相关规定

随着境外业务的开拓，出租人有必要对投资所在国或者承租人所在国的政治和法律环境、经济环境、投资回报进行一定了解。而在其中，在发生境外承租人破产或重整的极端情况下，由于法域的不同，出租人通常会比较紧张，然而由于国外的破产重整法律制度其一定程度上区别于国内破产法律制度，因此，出租人应如何有理有据地进行合理应对，并及时维护自身合法权益，就显得非常重要了。

### 案例 57：Z 公司 Chapter11 项目

#### 项目主要事实

2016 年 8 月 25 日，出租人有权部门签发了编号为 FJ2016034 号审批通知书，就与美国 Z 公司开展 2 架环快 6000 飞机开展售后回租业务进行了审批。其中购机价格为 4000 万美元/架，租赁期限为 7 年。

2016 年 8 月 25 日，出租人有权部门签发了项目审批通知书，就与 Z 公司开展 4 架挑战者 650 飞机开展直租业务进行了审批；其中购机价格为 2690 万美元/架，出租人提供八成融资，租赁期限为 7 年。其中，该 4 架飞机由出租人 10 架挑战者 350 订单转化而来，由出租人购买 4 架飞机，融资租赁给承租人；10 架挑战者 650 订单已支付款项为 3, 715, 000 美元，将在第一架挑战者 650 的进度款中抵扣。

2016年9月20日，就两架环快6000飞机，出租人通过Wells Fargo信托安排，由Wells Fargo作为买方、T公司作出承租人、U公司作为受益人（另一架飞机的受益人为G公司），签署了出售及回租协议，在该协议中，关于支付款项约定如下：支付对价为4000万美元，其中2750万美元支付给受益人、628万美元支付给出租人作为租赁项下各费用、628万美元支付给实际承租人Z公司。

同日，作为租赁项下统一安排，Wells Fargo作为出租人、T公司作出承租人签署了主租赁协议，并由Z公司美国公司、Z公司新加坡公司提供法人担保、实际控制人M提供个人连带担保。

同日，T公司作为出租人、Z公司USA作为承租人签署了《飞机转租协议》。

2016年9月20日，出租人在爱尔兰所设立的Y公司，作为信托发起人，就4架挑战者650设立了信托，由Wells Fargo作为信托管理人。

同日，和环快6000飞机项下出租人、承租人、转租赁等操作模式一致，除了不涉及售后回租内容，各相关方分别签署了4架挑战者650的租赁协议。

2016年10月26日，在第一架挑战者650即将交付的情况下，由Wells Fargo作为出租人、T公司作出承租人签署了主租赁协议；并由T公司作为出租人、Z公司USA作为承租人签署了《飞机转租协议》。在转租赁合同项下，同日由各方签署了飞机交接证书。

## 破产进程

2017年9月15日（美国时间），Z公司USA公司和Z公司新加坡公司联合正式向美国当地法院提起了Chapter 11项下的破产保护。

在承租人提出破产保护申请后，法院开展了多轮的法院聆讯（court hearings），包括指定破产管理人、Z公司可使用现金以维系公司运营，以及庞巴迪提出的戳破自动停止的动议申请等。

2017 年 9 月 29 日，法院下发管理人聘任令(Trustee Appointment Order)，并随后于 10 月 5 日指认 J 作为 Chapter 11 项下管理人。

2017 年 10 月 12 日，就无担保债权部分，法院指定设立了无担保债权人委员会。

2017 年 10 月 20 日，在管理人无法在原定的 10 月 30 日之前准备齐破产申请的资产负债表等必要文件的情况下，法院准许了管理人提出的延期申请，将相关日期延至 2017 年 12 月 4 日。

2017 年 11 月 15 日，在美国法律规定针对特定合同(如 executory contract)在 60 天到期后即可取回飞机的情况下，由于管理人并未提出合理重组方案，多家出租人正式在法庭上主张要求取回飞机。

2017 年 12 月 2 日，经各方努力协调，包括为项目提供个人连带担保的 M 的努力下，出租人已交付的三架飞机正式取回，并转场至加拿大相应机场。

2017 年 12 月 6 日，出租人收到了新的承租人支付新租赁合同项下 699 万美元的汇款凭证。

后续取回飞机之后的其他权益主张，包括原租约项下违约损失、取回飞机成本、尚未交付飞机需向厂商赔偿损失等，包括取回飞机之后的再销售等，相关事项尚且在推进之中。

## 导致提交美国破产法庭的事件

2017 年 8 月，破产申请人管理层得知其实际控制人 M 有违其对公司尽职履责义务，据传从事了涉及上百万美元金额的职务侵占、欺诈等行为。2017 年 8 月 17 日，破产申请人召开了特别董事会会议，并决定将实际控制人 M 及其妻子从公司目前的高管人员序列中予以免除职务，同时聘任了新任 CEO。在 2017 年 9 月 5 日召开的特别董事会会议上，董事会授权新任 CEO 研究破产申请可能及提起破产申请。

破产申请人认定实际控制人M不仅有监守自盗之嫌疑，且怀疑其为了获取高额回购，代表公司签署了多笔对公司有侵害的商业合同。

破产申请人对实际控制人M涉嫌的诈骗非常重视，并于2017年9月8日针对实际控制人M提起了民事诉讼，指控内容包括：(1)使用公司资金用于购买和维修个人物品，涉及金额达300万美元至1000万美元；(2)在法国和新加坡购买并翻修相关房产；(3)在新加坡至少购买了3辆豪华轿车，涉及200万美元到300万美元；(4)举办超级奢侈和豪华的聚会；(5)用公司公务机免费搭载其朋友至世界各地，包括新加坡、墨尔本、东京、洛杉矶以及法国等地，并导致公司商业机会的丧失。

2016年，一位投资人向Z公司进行了重大投资，投资内容包括7000万美元的贷款和6000万美元的资本金。在申请人提起控诉之时，预计该投资人还剩有7000万美元的贷款尚未收回。该投资人也曾要求将上述贷款即刻归还，但破产申请人判定难以清偿。

在现金流的巨大压力、日常经营活动中发生的各类债务，以及一些非法债权人提起的涉欺诈主张之下，破产申请人认定其应提交破产法下第11章的破产保护申请，以维护其公司正常运转、并筛选出之前由实际控制人M签署的欺诈合同予以拒绝，由此破产申请人提起了美国法项下第11章的破产保护申请。

## 美国破产法相关内容介绍

1. 简要介绍

美国作为英美法系下的判例法国家，其针对一些联邦事务，亦颁发了一些成文法典，其中就包括1978年颁发的《破产法》(Bankruptcy Code)。该法共包括第一章总则(General Provisions)、第三章案件管理(Case Administration)、第五章债权人/债务人/破产财产(Creditors, Debtor, and the Estate)、第七章清算(Liquidation)、第九章自治区债务调整(Adjustment of Debts of a Municipality)、第十一章重组(Reorganization)、第十二章普通年收入农场家庭债务调整(Adjustment of Debts of a Family Farmer with Regular Annual Income)、第十三章普通收入个人债务调整(Adjustment of Debts of an Individual with Regular Income)和第十五章附属以及其他跨境案件(Ancillary and Other Cross-Border Cases)。

在上述章节当中,对于企业而言经常适用的是第七章清算和第十一章重组。

第七章清算主要是关于清算程序的内容。这章有时候也被称为直接破产或正常破产章节。除政府单位、银行、保险公司或铁路公司外,基本所有的债务人均可适用该章。清算流程启动包括自愿申请和非自愿的法院批准,通常在法院命令下达之后,会指派临时管理人。管理人在处置破产人财产时,应遵循“利益各方权益最大化”(with the best interests of parties in interest)原则。适用第七章进行清算通常也作为退出经营的方式之一,企业将不再存续。

第十一章重组通常用于企业重组,但事实上可适用第七章的非企业个人债务人也是可以适用该章的。在依据第十一章发起申请后,在重组进程中,通常债务人(debtor in possession)仍保留其对企业资产和经营的权利;管理人(trustee)仅有在未来债权人、股东和破产财产权益时才会被指定。第十一章事实上在债务人和因受重组而权益授权的其他方之间就重组进行的努力,因此,除特别小的经济案件,依第十一章提起申请的案件通常会指任正式的无担保权益债权人委员会(an official committee of unsecured creditors),除此之外,法院也可视情况指任其他债权人委员会、或者出资人委员会等。在依第十一章发起申请后的120天内,如未指任管理人,债务人有权排他性地提出重组方案。仅有在债务人失去该排他权之后,债权人、出资人、管理人或其他人方可提出重组或清算方案。

第十一章重组通常包括以下四个步骤:①方案提交,该方案可以是重组方案也可以是清算方案;②方案支持者需提交一份单独文件和披露声明,该等文件需包括债务人历史沿革和后续发展,以及方案支持情况以及给其他受影响方足以判断的信息等(需要说明的是,该阶段法院只批准披露的程度,而不是方案本身);③方案需提交至受影响的债权人和出资人进行表决;债权人组通过表决为人数超过半数且代表债权金额超过2/3,出资人组通过表决为超过出资份额的2/3;④法院批准,在通过前述投票程序之后,如法院认定该方案符合“债权人和出资人权益最大化”

原则且具有可执行性的,法院将批准该方案。即使投票未通过,法院亦有权依“强迫接受”(cramdown power)对方案予以确认。如无通过重组方案的,则相关程序将转到第七章的清算程序。

2. 自动停止(Automatic Stay)

在向法院提交了破产申请之后,“自动停止”即开始发生效力,禁止任何针对债务人资产进行主要的法律行为,停止将一直发生法律效力直至该财产不在破产申请人财产范围,或依美国 11 U. S. C § 362 (d)之规定获得了法院的释放(relief);而向法院申请释放能否或准许通常具有不确定性,时间和经济成本都比较高。

此外,如果担保债权人的权益未得到足够保护(adequately protected)或债务人在担保财产中无任何权益且该担保财产并非为有效重组的必要部分,则相关方可向法院申请释放令。

在Z公司案件中,债权人之一庞巴迪公司,即在债务人提出重组之后第一事件向法院申请了释放,以对抗自动停止的法律效力。

3. 强臂力(Strong-Arm Powers)

破产管理人具有强臂力以避免债务人的资产转移,但此类权力通常用在未登记的留置权、或者为无担保债权人提供的资产转移行为。

如在美国 Enron Corporation 破产案件中,针对 Enron 设定的诸多结构化融资项下的特殊目的公司,检查者即依据强臂力权力,认定相关的资产转让交易应重新界定为贷款而非真实销售,该等结构化融资包括将相关资产从 Enron 资产负债表上移出或增加相关收入,但事实上 Enron 仍承担了最终的风险和受益。

4. 终止合同(Rejection of Contracts)

破产管理人如认定相关执行合同(executory contract)对债务人而言负担太重,可要求将合同予以终止或解除。终止或解除合同的后果即将合同对方置于无担保债权行列;或者,债务人可确认该等合同并要求合同对方继续履行,即使合同中有条款约定在发生破产或清算事件下合同解除或终止。执行合同是指互负有履行重大履行义务的合同,任何一方对自身义务的不履行即将构成合同项下的实质违约,执行合同的类型通常包括房屋租赁合同、个人财产租赁、劳动合同、服务合同等。

飞机租赁亦属于执行合同,但飞机租赁又不同于一般的执行合同。在第 1110 部分对于飞机出租人或飞机债权人提供了特别的保护措施,如债务人未能就违约救济和后续履行在破产案件提起后60 天内达成一致的,飞机抵押权人和出租人有权戳破自动终止禁令而将飞机取回。

## 法律风险及要点解读

随着境内外破产案件的增多,出租人在跨境经营时,一方面需要做好前期各类尽职调查,审慎选择合作伙伴;另一方面也需要考虑适用法律和管辖法院的选择,对当地营商环境应有一定认知和评估。如上述案件,出租人在其债权尚未得到清偿的情况下,反而被破产管理人发起了要求返还的法律诉讼。这既有美国法下发起诉讼成本很低导致“滥诉”情况发生的原因,也有出租人在海外承租人经营层发生重大变动时未及时关注分析的原因。无论如何,随着国际大环境的变化,出租人跨境经营更需重视对国别风险的分析和判断。

# 第 7 章 金融职务类犯罪

Chapter 7

随着国内金融行业的快速发展,各类金融犯罪行为也随之增加,因开展金融活动而涉及的刑事类犯罪大致可分为金融市场类犯罪、金融诈骗类犯罪、金融管理类犯罪和职务类犯罪。金融市场类犯罪包括内幕交易罪、利用未公开信息交易罪、操纵证券期货市场罪等;金融诈骗类犯罪包括集资诈骗罪、贷款诈骗罪、信用证诈骗罪、信用卡诈骗罪等;金融管理类犯罪包括高利转贷罪、非法吸收公众存款罪、洗钱罪等;职务类犯罪则包括违法发放贷款罪、职务侵占罪、挪用资金罪等。

对于上述金融类犯罪行为中,金融机构一方面需要做好防火墙,避免自身和客户权益受到外部违法犯罪行为的损害;另一方面在内部员工管理中,亦需要避免内外勾结的违规情形。特别是针对员工可能触发的各类职务类犯罪行为,更需提前做好各项防范,如根据中国银保监会办公厅2020年2月下发的《预防从业人员金融违法犯罪指导意见》,即对各类重点领域的金融违法犯罪预防工作,提出了明确的工作要求;盖因一旦员工的刑事犯罪行为构成监管定义下的“业内案件”(详细可见《银行保险机构涉刑案件管理办法》)则金融机构后续的各类行政审批均将受到限制,对金融机构后续业务的开展带来很大的限制和损害。

## 一 非国家工作人员受贿罪

根据《刑法》第163条[①]规定,公司、企业或者其他单位的工作人员利用职务上的便利,索取他人财物或者非法收受他人财物,为他人谋取利益,数额较大的,处三年以下有期徒刑或者拘役,并处罚金;数额巨大或者有其他严重情节的,处三年以上十年以下有期徒刑,并处罚金。数额特别巨大或者有其他特别严重情节的,处十年以上有期徒刑或者无期徒刑,并处罚金。公司、企业或者其他单位的工作人员在经济往来中,利用职务上的便利,违反国家规定,收受各种名义的回扣、手续费,归个人所有的,依照前款的规定处罚。国有公司、企业或者其他国有单位中从事公务的人员和国有公司、企业或者其他国有单位委派到非国有公司、企业以及其他单位从事公务的人员有前两款行为的,依照本法第385条、第386条的规定定罪处罚。

根据《刑法》第184条[②]之规定,银行或者其他金融机构的工作人员在金融业务活动中索取他人财物或者非法收受他人财物,为他人谋取利益的,或者违反国家规定,收受各种名义的回扣、手续费,归个人所有的,依照本法第163条的规定定罪处罚。

### 案例58:某金融租赁公司高管非国家工作人员受贿犯罪

#### 案件主要事实

根据广东省高级人民法院2020年1月7日作出的(2018)粤刑终1328

---

① 对应《刑法》(2020修正)第163条,内容无修改。后文不再赘述。

② 对应《刑法》(2020修正)第184条,内容无修改。后文不再赘述。

号刑事裁定书,相关案件事实如下:

1. 案件当事人

犯罪嫌疑人为王某某,男,1965 年 2 月 25 日出生,汉族,硕士研究生文化,原系某 X 金融租赁有限公司董事、总经理,某 Y 金融租赁有限公司董事、总裁、党委副书记,户籍所在地广东省深圳市南山区。因本案于 2015 年 2 月 5 日被指定居所监视居住,同年 2 月 17 日被逮捕。

2. 受贿的事实

某 D 银行王某某于 1999 年 12 月至 2008 年 5 月担任某 X 金融租赁有限公司的董事、总经理,同案人吴某样(已判刑)同期担任副总经理。2008 年 6 月 20 日,王某某受某 D 银行委派担任某 Y 金融租赁有限公司董事、总裁,吴某样担任副总裁。AINC 公司是一家在英属维尔京群岛成立的公司,公司负责人是同案人何某玲(已判刑)。

2007 年,中国某 S 航空股份有限公司计划采取竞标方式引进一批经营性租赁飞机投入航线运营。2007 年年中,王某某委托何某玲为某 X 金融租赁有限公司取得中国某 S 航空股份有限公司的飞机租赁项目提供咨询服务。之后,某 X 金融租赁有限公司与 AINC 公司签订了合作协议,约定 AINC 公司以飞机净租金总额的 0.5% 向某 X 金融租赁有限公司收取咨询服务费。2007 年下半年,何某玲促成某 X 金融租赁有限公司取得中国某 S 航空股份有限公司的 4 架飞机租赁业务。在继续运作的过程中,王某某通过吴某样向何某玲提出在以后运作成功的飞机租赁项目中,何某玲应将 AINC 公司从某 X 金融租赁有限公司收取的咨询服务费的 50% 作为好处费送给王某某和吴某样,吴某样同时向何某玲承诺某 X 金融租赁有限公司会相应提高支付 AINC 公司的咨询服务费费率。2007 年 12 月 14 日,某 X 金融租赁有限公司与 AINC 公司签订第二份合作协议,约定 AINC 公司促成某 X 金融租赁有限公司取得 6 架飞机租赁业务,AINC 公司收取的咨询服务费为每架飞机净租金额的 0.8%、超过6架则每增加1架飞机递增0.1%。2007年年底至2008年,何某玲先后促成某X金融租赁有限公司、某Y金融租赁有限公司取得中国某S航空股份有限公司的9架飞机租赁业务。2007年至2012年,某X金融租赁有限公司和某Y金融租赁有限公司先后向AINC公司支付咨询服务费计人民币52,598,491.17元。2008年至2010年,何某玲按照约定多次将AINC公司收取的部分咨询服务费兑换成1750万港元送给吴某样,吴某样于2010年至2011年将其中550万港元分三次送给王某某。

3. 非国家工作人员受贿的事实

2006年年初,上诉人王某某与某宇飞机融资(控股)有限公司(以下简称某宇公司)负责人马某东(已判刑)商定帮助某X金融租赁有限公司运作取得某E航空股份有限公司的飞机经营性租赁业务,某宇公司收取项目租金的2.5%作为咨询服务费并将1%作为好处费送给王某某。2006年5月和11月,某X金融租赁有限公司与某宇公司签订了相关合作协议及补充协议。在马某东的运作下,某X金融租赁有限公司取得某E航空股份有限公司1架飞机的经营性租赁业务,某宇公司也按约取得某X金融租赁有限公司支付的咨询服务费。2006年年底、2007年年初、2008年年初,马某东分三次送给王某某计212万港元。

## 一审判决

广东省深圳市中级人民法院于2018年5月31日作出(2016)粤03刑初156号刑事判决书。一审法院判定认为,被告人王某某的行为已构成受贿罪和非国家工作人员受贿罪。王某某犯数罪,应当并罚。王某某归案后如实交代其非国家工作人员受贿罪的犯罪事实,认罪态度较好,主动通过家人退缴部分赃款,可酌情从轻处罚。综合以上,一审法院作出判决如下:(1)被告人王某某犯受贿罪,判处有期徒刑十二年,并处罚金人民币五十万元;被告人王某某犯非国家工作人员受贿罪,判处有期徒刑六年;数罪并罚,决定执行有期徒刑十五年,并处罚金人民币五十万元;(2)继续追缴赃款,上缴国库。

## 二审判决

原审被告随后提出上诉,提出原判认定王某某伙同吴某样收受何某玲1750万元的证据不足,除王某某在侦查阶段的几份有罪供述外,没有其他直接证据予以证实,且王某某在侦查阶段后期至审判阶段均否认受贿犯罪,证人何某玲也没有直接指证向王某某行贿;王某某在侦查阶段举报某国有银行原监事长某D银行收受商人张某跟贿赂,应认定王某某具有立功表现。请求依法改判或发回重审。

二审法院认为:上诉人王某某身为国家工作人员,利用职务上的便利,伙同同案人非法收受他人财物,为他人谋取利益,数额特别巨大,其行为已构成受贿罪;其身为公司工作人员,利用职务上的便利,收受他人财物,为他人谋取利益,数额巨大,其行为又已构成非国家工作人员受贿罪。王某某一人犯数罪,依法应当并罚;其归案后如实交代非国家工作人员受贿犯罪的事实,依法可对该部分犯罪从轻处罚;其归案后主动通过家人退缴部分赃款,可酌情从轻处罚。原审判决认定的事实清楚,证据确实、充分,定罪准确,量刑适当,审判程序合法。王某某及其辩护人要求改判或发回重审理由不成立,不予采纳。依照《刑法》第64条、第69条第1款、第3款、第163条第1款、第385条第1款、第386条①及《刑事诉讼法》第236条第1款第1项的规定,裁定如下:驳回上诉,维持原判。

## 法律风险及要点解读

中介合同作为《民法典》项下合同编第二十六章单独规定的有名合同,指的是中介人向委托人报告订立合同的机会或者提供订立合同的媒介服务,委托人支付报酬的合同。合法的中介服务在飞机、船舶等领域颇为常见,但正如本案例中所看到的,中介服务容易被公司内部人员利用,存在引发犯罪行为的可能。

---

① 以上条款对应《刑法》(2020修正)相应条款,内容无修改。后文不再赘述。

## 二　职务侵占罪

根据《刑法》第271条[①]规定，职务侵占罪是指公司、企业或者其他单位的人员，利用职务上的便利，将本单位财物非法占为己有，数额较大的行为。国有公司、企业或者其他国有单位中从事公务的人员和国有公司、企业或者其他国有单位委派到非国有公司、企业以及其他单位从事公务的人员有前款行为的，依照本法第382条、第383条的规定定罪处罚。

至于数额较大的起点数额，根据最高人民法院、最高人民检察院2016年4月18日联合发布的《最高人民法院、最高人民检察院关于办理贪污贿赂刑事案件适用法律若干问题的解释》第11条，《刑法》第163条规定的非国家工作人员受贿罪、第271条规定的职务侵占罪中的“数额较大”“数额巨大”的数额起点，按照本解释关于受贿罪、贪污罪相对应的数额标准规定的二倍、五倍执行。贪污或者受贿数额在3万元以上不满20万元的，应当认定为《刑法》第383条第1款规定的“数额较大”，依法判处3年以下有期徒刑或者拘役，并处罚金。贪污或者受贿数额在20万元以上不满300万元的，应当认定为《刑法》第383条第1款规定的“数额巨大”，依法判处3年以上10年以下有期徒刑，并处罚金或者没收财产。

根据上述规定，非国家工作人员受贿犯罪以及职务侵占犯罪6万元以上100万元以下为数额较大；100万元以上为数额巨大。

---

① 对应《刑法》(2020修正)第271条，内容无修改。后文不再赘述。

# 案例 59：某租赁公司员工职务侵占犯罪

## 案件主要事实

根据2019年7月15日由上海浦东新区人民法院作出的(2018)沪0115刑初4048号刑事判决书，经法院审理查明的主要事实为：

1. 案件当事人

被告人徐某某，男，1987年2月24日出生，汉族，户籍地云南省昆明市，住云南省昆明市。

2. 检察院指控

2016年8月至2017年10月，被告人徐某某在担任某东国际租赁有限公司(以下简称某×租赁公司)交通事业部客户经理期间，利用负责云贵川等地客户营销、风险评估、项目导入等职务便利，单独或伙同上述公司交通系统事业部高级客户经理雍某睿、客户经理杜某甫(均另案处理)，虚构某×租赁公司及关联公司A1(天津)融资租赁有限公司(以下简称A1公司)与A2国际融资租赁(深圳)有限公司、A3融资租赁(深圳)有限公司、A4融资租赁(深圳)有限公司等提供联合租赁的事实，将云南某园区开发投资有限公司等14户承租人应当支付给某×租赁公司、A1公司的服务费共计人民币2790.2万元占为己有。

为证实上述指控，公诉机关当庭宣读并出示证人证言、相关合同、情况说明、案发经过等证据，据此认为应当以职务侵占罪追究徐某某的刑事责任，现提请法庭依法判处。

## 法院查明事实

2016年8月至2017年10月，被告人徐某某担任某×租赁公司交通事业部客户经理，经与同时担任上述部门高级客户经理雍某睿、客户经理杜某甫进行沟通协商后，单独或伙同雍某睿、杜某甫利用负责云南、贵州、四川等地客户营销、风险评估、项目导入的职务便利，通过虚构某×租赁公司、A1公司与其他公司开展联合租赁的方式，侵占腾冲公司等14家单位应当支付给某×租赁公司与A1公司的服务费共计2790.2万元，通过上述联合租赁公司、吴某英、郭某玲、苟某等账户过账后占为己有。

## 法院认定及判决

法院认为：被告人徐某某作为公司工作人员，利用职务上的便利，将本单位钱款非法占为己有，侵占数额为2790.2万元，数额巨大，其行为已构成职务侵占罪。公诉机关指控的事实清楚、证据确实充分，罪名成立，应予支持。针对被告人及辩护人的辩解意见，经查实，同案关系人雍某睿、杜某甫的供述、融资单位出具的情况说明、相关书证等证据能够证实徐某某单独或伙同他人参与上述全部融资项目，证据间能够相互印证形成证据锁链；另被告人称账户钱款系帮助雍某睿家庭理财的意见，证人苟某的证言对其辩解予以否认，本案没有其他证据能够证实其辩解，故上述辩解意见均不予采纳。本院根据被告人犯罪的事实、犯罪的性质、情节、对社会的危害程度及查封冻结情况，依照《刑法》第25条、第59条、第64条、第271条[①]的规定，判决如下：(1)被告人徐某某犯职务侵占罪，判处有期徒刑8年，没收财产人民币30万元。(刑期从判决执行之日起计算，判决执行以前先行羁押的，羁押一日折抵刑期一日，即自2018年1月30日起至2026年1月29日止。)(2)已经扣押的赃款依法发还被害单位，尚未退出的赃款应予继续追缴或责令退赔后发还被害单位。

---

① 以上条款对应《刑法》(2020修正)相应条款，内容无修改。后文不再赘述。

### 法律风险及要点解读

在职务类犯罪中,非国家工作人员受贿罪和职务侵占罪某些情况下界限并不容易区分,在本案中,检查机关和法院将相关犯罪行为界定为职务侵占的一个主要证据,即其在业务往来中,虚构了联合租赁这一事实,以达成非法占有的目的。但该判定在业界仍存在一定争议,因对于出租人而言,其内部审批项下所应能收到的款项均应已收取,由此也有观点认为应判为诈骗犯罪。但具体到本案,法院认定犯罪人侵害的是出租人潜在的公司收益,构成侵占公司财务犯罪行为。

## 三 违法发放贷款罪

根据《刑法》第186条[①]规定,银行或者其他金融机构的工作人员违反国家规定发放贷款,数额巨大或者造成重大损失的,处5年以下有期徒刑或者拘役,并处1万元以上10万元以下罚金;数额特别巨大或者造成特别重大损失的,处5年以上有期徒刑,并处2万元以上20万元以下罚金。银行或者其他金融机构的工作人员违反国家规定,向关系人发放贷款的,依照前款的规定从重处罚。单位犯前两款罪的,对单位判处罚金,并对其直接负责的主管人员和其他直接责任人员,依照前两款的规定处罚。关系人的范围,依照《商业银行法》和有关金融法规确定。又根据《最高人民检察院、公安部关于公安机关管辖的刑事案件立案追诉标准的规定(二)》第42条之规定,银行或者其他金融机构及其工作人员违反国家规定发放贷款,涉嫌下列情形之一的,应予立案追诉:(1)违法发放贷款,数额在100万元以上的;(2)违法发放贷款,造成直接经济损失数额在20万元以上的。

目前有部分从业人员总结出银行从业人员违法发放贷款罪的14种主要表现形式,譬如发放冒名贷款,即未依法对借款人身份条件进行严格审查,明知借款人

---

① 对应《刑法》(2020修正)第186条,内容无修改。后文不再赘述。

和实际用款人不一致的情况下仍发放贷款；又如明知用款人提供虚假贷款资料，未按规定对借款人借款用途、还款能力等情况进行严格审查，违反贷款发放流程，发放贷款，等等。

以下案例中，关于其他金融机构的判定，或许对金融租赁公司有一定的现实借鉴意义。

## 案例60：某小额贷款公司员工违法发放贷款犯罪

### 案件主要事实

根据南京市高淳区人民法院于2019年5月20日作出的（2018）苏0118刑初48号刑事判决书，主要涉及违规发放贷款的事实包括：

1. 案件当事人

被告人甘某贵，男，1963年1月17日出生，原南京市高淳区某×农村小额贷款有限公司（以下简称某×小贷公司）总经理，中共党员，住南京市高淳区。2017年3月10日因涉嫌犯违法发放贷款罪被南京市公安局高淳分局刑事拘留，同年4月14日被逮捕。现羁押于南京市高淳区看守所。

2. 检察院指控

就被告人违法发放贷款犯罪行为，南京市高淳区人民检察院指控内容为：

2014年以来，被告人甘某贵利用担任某×小贷公司总经理，具有贷款审批职责，在明知借款人非实际用款人或资金用途与实际用途不符等情况下，仍违反国家规定，发放贷款合计人民币780万元，造成损失人民币530万元。具体事实如下：

(1)2014年12月3日，被告人甘某贵在明知甘某甲无资金需求、借款人与用款人不一致的情况下，违规向甘某甲发放贷款人民币200万元，后用于归还被告人甘某贵个人债务。2014年12月22日，该笔贷款归还。

(2)2014年以来，被告人甘某贵明知某×小贷公司申请贷款用于经营周转的张某，实际是将贷款用于与自己共同投资的美国石油项目，仍分别于2014年9月23日、11月28日违规向张某发放贷款人民币580万元。贷款经多次续贷，至今仍有530万元未归还。

公诉机关认为，被告人甘某贵利用职务上的便利，挪用本单位资金归个人使用及进行营利活动，数额巨大、作为其他金融机构的工作人员违反国家规定发放贷款，数额特别巨大且造成特别重大损失，其行为分别触犯了《刑法》第186条第1款、第272条的规定，犯罪事实清楚，证据确实、充分，应当以挪用资金罪、违法发放贷款罪追究其刑事责任。被告人甘某贵系判决宣告前一人犯数罪，依据《刑法》第69条①的规定，应当数罪并罚。

## 法院认定违法发放贷款部分事实

法院经审理认定：

(1)被告人甘某贵的供述、证人甘某甲、李某的证言、贷款资料、银行资金流水能够相互印证，证实该笔贷款系甘某甲以经营建筑为名所贷，事实上由被告人甘某贵用于归还其向李某的个人借款。被告人甘某贵作为某×小贷公司的总经理，具有贷款审批职责，其在明知其弟甘某甲无资金需求、借款人与用款人不一致的情形下仍违规发放贷款200万元，其行为破坏了贷款管理制度，违反了国家有关贷款发放规定，构成违法发放贷款罪。被告人甘某贵及其辩护人认为该笔贷款的发放符合公司规定不属于违法发放的辩解、辩护意见，与查明的事实不符，不予采纳。

---

① 对应《刑法》(2020修正)相应条款，内容无修改。后文不再赘述。

(2)关于公诉机关指控的违法发放贷款第2笔,经查,被告人甘某贵的供述,证人张某、俞某、陈某乙、徐某丁等人的证言,张某汇款给陈某乙的汇款记录、张某贷款资料、贷款明细等证据,证实:张某于2013年年初开始在某×小贷公司多次贷款,贷款资料是其真实经营的建材店或承建的道路施工项目,某×小贷公司工作人员前后去实地考察过几次,张某在贷款发放后个人用于投资美国石油项目,甘某贵事后得知他把这些钱改变了用途,投资到美国石油项目。综合上述证据,不足以证明被告人甘某贵明知张某资金用途与实际用途不符的情况下仍向其发放贷款、具有违法发放贷款行为,指控被告人甘某贵违法发放贷款罪证据不足。

(3)关于辩护人提出某×小贷公司不是违法发放贷款罪"其他金融机构"的主体,且被告人甘某贵未违反"国家规定"发放,不构成违法发放贷款罪的辩护意见。经查,在案的某×小贷公司营业执照等工商资料、江苏省政府金融办文件以及中国人民银行业监督管理委员会、中国人民银行《关于小额贷款公司试点的指导意见》等书证均能证实,某×小额贷款有限公司系依法成立,依法经营小额贷款业务的非存款类金融机构。首先,小额贷款公司是非货币银行类金融机构,被告人甘某贵作为小额贷款公司总经理,主体属于金融机构工作人员。其次,违法发放贷款罪中"违反国家规定",是指违反《商业银行法》《担保法》《贷款通则》等一切法律或行政法规有关信贷管理的规定。如依法应对借款人是否符合有关贷款条件进行审查而不审查,依法应对借款人的信用等级及借款安全性、合法性、营利性进行调查、评估而不调查评估,应签订借款合同而不签订借款合同等行为,均属于"违反国家规定"的行为。本案中,被告人甘某贵作为某×小贷公司总经理,是其他金融机构工作人员,其明知甘某甲无资金需求、借款人非实际用款人,而利用自己的贷款审批职责,违法向甘某甲发放贷款后由其个人使用,其行为符合违法发放贷款罪的构成要件。

## 法院判决

法院认为,被告人甘某贵作为其他金融机构工作人员,利用职务上的便利,挪用本单位资金人民币1928万元,归个人使用或进行营利活动,数额巨大;作为其他金融机构工作人员违反国家规定发放贷款,数额巨大,其行为均已触犯刑法,分别构成挪用资金罪、违法发放贷款罪。被告人甘某贵判决宣告前一人犯数罪,依法应当数罪并罚。鉴于被告人甘某贵挪用的部分资金案发前已归还、违法发放的贷款已归还,可酌情从轻处罚。判决如下:(1)被告人甘某贵犯挪用资金罪,判处有期徒刑七年六个月;犯违法发放贷款罪,判处有期徒刑一年,并处罚金人民币二万元。数罪并罚,决定执行有期徒刑八年,并处罚金人民币二万元。(2)责令被告人甘某贵退赔赃款人民币933万元,返还被害单位南京市高淳区某×农村小额贷款有限公司。

## 法律风险及要点解读

在本案例中,值得注意的是法院将小额贷款公司归为其他金融机构的认定,以及对于"违反国家规定"的相关解释。对于持有金融牌照的金融租赁公司而言,也相当具有借鉴意义。

# 后 记

在整理案例过程当中，笔者曾一度试图对每个案例加上要点解读，但一者很像是事后“马后炮”，二者受自身眼界所限，所谓解读更多时候只是一家之言，未必全面和客观，更何况其中有些所谓的经验教训，在相关案件事实和法院判决列明之后，对很多人而言是不言自明的，所谓“魔鬼都藏在细节中”；笔者针对有些案例所作的分类，仅是为了便于讨论而将其归入某个类别，事实上相关案例也并非是在分类标题栏所列示的那么简单。

本书初稿形成于 2018 年，原本只是想作为参考工具，但随着融资租赁诉争案件的增加和各类案情的日益复杂，以及可研究案例的增多，特别是以《民法典》为代表的诸多新法规的颁布，笔者愈加觉得有必要把过往的案例进行梳理，并从一个非纯粹法律专业的角度，将相关案例嵌入公司制度和管理体系，与融资租赁同业者分享。

“治大国若烹小鲜”，又所谓大道相通，公司治理和国家治理在一定程度具有相似性。在国家治理体系方面，正如习近平总书记在中共十九届四中全会关于“坚持和完善中国特色社会主义制度、推进国家治理体系和治理能力现代化”的讲话中所指出的，中国特色社会主义制度和国家治理体系是党和人民长期奋斗、接力探索、历尽千辛万苦、付出巨大代价取得的根本成就。在每一个案例背后,都能找到各融资租赁公司的内部管理制度和要求,正所谓每一项制度都是血的教训,只是后来者们仅仅从制度或管理要求本身,难以得知背后真实的原因,或者不知道因违反规则而可能带来的致命法律后果,并由此轻视了相关制度的遵守和执行。希望相关的案例,能一定程度上起到警示作用。

2020 年 12 月 6 日

北京　海淀

# 附　录

# 本书判决书汉语拼音索引

## A



## B

科技集团有限公司等融资租赁合同纠纷”二审民事裁定书(2019 年 5 月 16 日)

北京市第二中级人民法院“国家开发银行与北银金融租赁有限公司案外人执行异议”一审民事裁定书(2017 年 7 月 28 日)

北京市第二中级人民法院“中信金融租赁有限公司与凯迪生态环境科技股份有限公司等融资租赁合同纠纷”一审民事判决书(2018 年 8 月 15 日)

北京市高级人民法院“中信金融租赁有限公司等”民事执行裁定书(2019 年 10 月 30 日)

**C**

重庆市高级人民法院“重庆双碑隧道建设有限责任公司与吴某华、李某等融资租赁合同纠纷”申请再审民事裁定书(2018 年 6 月 29 日)

重庆市高级人民法院“四川公路桥梁建设集团有限公司与重庆国兴融资租赁有限公司等合同纠纷”二审民事判决书(2019 年 4 月 28 日)

**G**

广东省高级人民法院“王某受贿罪、非国家工作人员受贿罪”二审刑事裁定书(2020 年 1 月 7 日)

**H**

河南省临颍县人民法院“王某寻衅滋事罪”一审刑事判决书(2018 年 10 月 8 日)

湖南省益阳市中级人民法院“北京京城国际融资租赁有限公司等诉益阳市美凯力塑料包装有限公司取回权纠纷案”二审民事判决书(2017 年 9 月 15 日)

**J**

吉林省白城市洮北区人民法院“杨某合同诈骗罪”一审刑事判决书(2019 年 7

12 月 14 日)

天津市第一中级人民法院“国网国际融资租赁有限公司与中建六局第三建筑工程有限公司融资租赁合同纠纷”一审民事判决书(2019 年 11 月 25 日)

天津市高级人民法院“北车(天津)投资租赁有限公司诉四川华通柠檬有限公司融资租赁合同纠纷案”一审民事判决书书(2015 年 9 月 29 日)

天津市高级人民法院“北京生产资料贸易有限公司诉民生金融租赁股份有限公司等船舶融资租赁合同纠纷案”二审民事判决书(2013 年 6 月 28 日)

天津市高级人民法院“工银金融租赁有限公司、铜陵大江投资控股有限公司保证合同纠纷”二审民事判决书(2019 年 1 月 18 日)

天津市高级人民法院“广东蓝海海运有限公司与民生金融租赁股份有限公司船舶融资租赁合同纠纷上诉案”二审民事判决书(2015 年 3 月 9 日)

天津市高级人民法院“华电融资租赁有限公司、民生金融租赁股份有限公司融资租赁合同纠纷”二审民事判决书(2018 年 8 月 20 日)

天津市高级人民法院“江苏东方重工有限公司(以下简称东方公司)与南京两江海运股份有限公司船舶建造合同纠纷上诉案”二审民事判决书(2015 年 3 月 19 日)

天津市高级人民法院“民生金融租赁股份有限公司与北京市鑫颐海出租汽车有限责任公司、北京海淀颐海出租汽车有限责任公司融资租赁合同纠纷”一审民事判决书(2018 年 11 月 27 日)

天津市高级人民法院“民生金融租赁股份有限公司诉唐山市丰南建设投资有限公司担保合同纠纷案”一审民事判决书(2015 年 12 月 28 日)

天津市高级人民法院“民生金融租赁股份有限公司、中国工商银行股份有限公司天津北辰支行第三人撤销之诉”二审民事裁定书(2018 年 12 月 25 日)

天津市高级人民法院“南通康海船务有限公司与民生金融租赁股份有限公司公司船舶融资租赁合同纠纷上诉案”二审民事判决书(2015 年 10 月 16 日)

天津市高级人民法院“山东海右石化集团有限公司、山东晨曦集团有限公司融

## Z

司等融资租赁合同纠纷上诉案”二审民事判决书(2016 年 12 月 27 日)

最高人民法院“南通康海船务有限公司、民生金融租赁股份有限公司合同纠纷”再审审查与审判监督民事裁定书(2018 年 9 月 28 日)

最高人民法院“唐山市丰南建设投资有限公司与民生金融租赁股份有限公司担保合同纠纷上诉案”二审民事判决书(2016 年 10 月 18 日)

最高人民法院“铜陵大江投资控股有限公司与工银金融租赁有限公司保证合同纠纷再审案”民事裁定书(2019 年 6 月 12 日)

最高人民法院“中建六局第三建筑工程有限公司、民生金融租赁股份有限公司融资租赁合同纠纷”二审民事裁定书(2018 年 10 月 16 日)

**图书在版编目(CIP)数据**

案解金融租赁公司全流程法律风险管理 / 郑欢编著
. -- 北京 : 法律出版社, 2021
ISBN 978 - 7 - 5197 - 5389 - 4

Ⅰ. ①案… Ⅱ. ①郑… Ⅲ. ①金融租赁－金融公司－企业法－案例－中国 Ⅳ. ①D922.291.915

中国版本图书馆 CIP 数据核字(2021)第 035386 号

**案解金融租赁公司全流程法律风险管理**
**ANJIE JINRONG ZULIN GONGSI QUANLIUCHENG FALÜ FENGXIAN GUANLI**

郑 欢 编著

策划编辑 蒋 橙
责任编辑 蒋 橙
装帧设计 李 瞻

**出版** 法律出版社
**总发行** 中国法律图书有限公司
**经销** 新华书店
**印刷** 中煤(北京)印务有限公司
**责任校对** 朱海波
**责任印制** 吕亚莉

**编辑统筹** 法律应用出版分社
**开本** 710 毫米×1000 毫米 1/16
**印张** 31.5
**字数** 456 千
**版本** 2021 年 6 月第 1 版
**印次** 2021 年 6 月第 1 次印刷

法律出版社/北京市丰台区莲花池西里 7 号(100073)
网址/www. lawpress. com. cn
投稿邮箱/info@ lawpress. com. cn
举报维权邮箱/jbwq@ lawpress. com. cn
销售热线/400 - 660 - 8393
咨询电话/010 - 63939796

中国法律图书有限公司/北京市丰台区莲花池西里 7 号(100073)
全国各地中法图分、子公司销售电话:
统一销售客服/400 - 660 - 8393/6393
第一法律书店/010 - 83938432/8433 西安分公司/029 - 85330678 重庆分公司/023 - 67453036
上海分公司/021 - 62071639/1636 深圳分公司/0755 - 83072995

**书号**:ISBN 978 - 7 - 5197 - 5389 - 4 **定价**:118.00 元
(如有缺页或倒装,中国法律图书有限公司负责退换)